Subotica
Sombor
Bečej
Novi Sad
Tovarnik
DUNAV
Belgrade
A3-E70
18
SAVA
A3-E75
21
Zvornik
Valjevo
SERBIE
E763
Kragujevac
DRINA
19
PERUĆAČKO JEZ.
Užice
19-3
5
Niš
ZLATAR
ZELJIN
Pljevlja
Novi Pazar
MONTÉNÉGRO
E80-E65
Peć
Priština
Nikšić
2
18
HAJLA
KOSOVO
Podgorica
Cetinje
ALBANIE
AFRIQUE
AUTRICHE
HONGRIE
SLOVÉNIE
CROATIE
BOSNIE-HERZÉGOVINE
ITALIE
MONTÉNÉGRO

W0299650

GEOGUIDE
en un clin d'œil !

Un repérage géographique
Une couleur par région

Nos mises en avant
★ Incontournable
☆ Site remarquable
☺ Coup de cœur

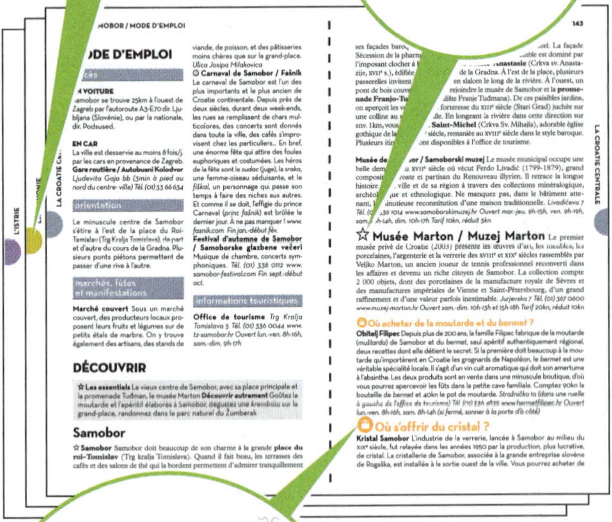

Un repérage thématique
- Culture et patrimoine
- Shopping
- Sports et loisirs
- Activités familiales
- Cafés, bars et lieux de sortie
- Restauration
- Hébergement

Boîte aux lettres GEOGUIDE
5, rue Gaston-Gallimard
75328 Paris Cedex 07
www.geo-guide.fr
contact@geo-guide.fr

GEOGUIDE

Croatie

Miljenko Jurković
Nicolas Peyroles
Julie Subtil

Ont également collaboré à cet ouvrage
Laurent Boscq, Julien Collet,
Kristijan Jusic, Élisabeth Mauris,
Saša Paparella, Nathalie Rolland

CROATIE

GEOPANORAMA

GEOPRATiQUE

Delta de la Neretva (p.441), au sud-est de Split.

GEOREGION

GEODOCS

CROATIE

Détails de sculptures, portail principal, cathédrale Saint-Laurent de Trogir (p.432).

GEOPANORAMA

COMPRENDRE LA CROATIE

Géographie

Trait d'union entre l'Europe centrale et la Méditerranée, la Croatie s'étend sur 56 538km². Son territoire dessine un croissant du Danube, au nord-est, à l'Istrie, à l'ouest, et aux bouches de Kotor, au sud-est. La République partage ses frontières terrestres avec la Hongrie et la Slovénie au nord, et avec la Bosnie-Herzégovine, la Serbie et le Monténégro à l'est. Sa frontière maritime avec l'Italie trace une diagonale nord-ouest/sud-est au cœur de l'Adriatique. Les eaux territoriales croates couvrent 31 067km².

Relief et paysages

LE BASSIN PANNONIEN On distingue trois grandes zones géomorphologiques : le Bassin pannonien, les Alpes Dinariques et la côte adriatique. Le vaste ensemble de plaines alluviales et de petits massifs primaires qui se déploie entre la Drave (frontière avec la Hongrie), le Danube (frontière avec la Serbie) et la Save (frontière avec la Bosnie-Herzégovine) fait partie du Bassin pannonien. La modération du relief, dont l'altitude moyenne ne dépasse pas 500m, et la fertilité des sols (lœss et argile) du Nord-Est rendent les plaines de Slavonie et de Baranja (région frontalière de la Hongrie) particulièrement propices à l'agriculture et à l'élevage. La sylviculture est plus développée dans le Nord-Ouest, un peu plus montagneux.

LES ALPES DINARIQUES Elles s'étirent sur 640km le long de la côte adriatique, de l'Italie à l'Albanie au sud, selon un axe nord-ouest/sud-est. Cette chaîne étroite est constituée de plissements parallèles de calcaire et de dolomie. L'érosion de ces roches sédimentaires du secondaire a donné naissance à des formes karstiques, notamment dans le Gorski kotar (montagne proche de la frontière slovène, au nord de Rijeka), sur le haut plateau de la Lika, un peu plus au sud, et dans les spectaculaires massifs du Velebit et du Biokovo, qui dominent le littoral dalmate. Maints termes utilisés pour désigner les phénomènes karstiques viennent du croate, tels que "doline" (dépression fermée) et "poljé" (vaste doline, dominée par des versants rocheux, sur le fond plat de laquelle coule une rivière). Les poljés sont en général consacrés à l'agriculture. Certains forment des lacs de retenue vitaux pour la production hydroélectrique. Les Alpes Dinariques

Carte d'identité

Superficie La Croatie (*Hrvatska* en croate) occupe 87 605km² (56 538km² de superficie terrestre et 31 067km² de surface maritime)
Point culminant Dinara (1 831m)
Régime politique Démocratie parlementaire, république de type semi-présidentiel
Divisions administratives 20 régions administratives (*županija* ou comitat) auxquelles s'ajoute l'agglomération de Zagreb, et 423 communes
Population 4 150 000 habitants (estimation 2018) dont près de 20% vivent à Zagreb, la capitale
Langue Croate
Principales religions Catholiques (88%), orthodoxes (4,5%), musulmans (1,4%)

(de Dinara, mont culminant à 1 831m) possèdent un magnifique manteau forestier. Aussi leurs rares habitants vivent-ils surtout de la sylviculture. Cette région est traversée par le grand axe de circulation nord-sud Zagreb-Rijeka et son pendant nord-ouest-sud-est Zagreb-Split.

LE LITTORAL ADRIATIQUE Le littoral de Croatie, l'un des plus découpés d'Europe, forme une étroite plaine côtière au pied des Alpes Dinariques. Il est prolongé par 1 185 îles et îlots, dont seuls 67 sont habités. Les plus vastes sont Krk (410km²), Cres (404km²), Brač (395km²) et Hvar (300km²). Les chapelets d'îles qui s'étirent parallèlement à la côte dalmate ne sont que les sommets émergés de montagnes ennoyées depuis la dernière grande glaciation.

Climat

Il est de type continental dans la majeure partie du pays, avec des hivers rigoureux et des étés chauds, et une moyenne annuelle des températures de 10-12°C dans le Bassin pannonien. Cette dernière est de 8-10°C dans la région montagneuse du Gorski Kotar, et elle descend à 2°C sur les sommets des Alpes Dinariques. La moyenne des précipitations annuelles se situe entre 1 000mm dans l'ouest et le nord du pays et 3 000mm dans le Gorski kotar. Le littoral adriatique et les îles jouissent d'un climat méditerranéen, caractérisé par des étés particulièrement longs et chauds, et par des hivers doux et courts. La température annuelle moyenne y oscille entre 22 et 26°C (celle de l'eau de mer atteint 23-25°C en juillet). La moyenne des précipitations annuelles, rarement neigeuses, est de 1700mm. Avec près de 2 600 heures de soleil par an, le littoral adriatique est l'un des plus ensoleillés d'Europe.

Protection de l'environnement

Les espaces naturels protégés représentent 9% du territoire croate. La petite République abrite huit parcs nationaux. Trois d'entre eux (Kornati, Brijuni, Mljet) protègent des écosystèmes insulaires, deux (Krka et Plitvice, classés par l'Unesco sites du patrimoine mondial) de spectaculaires chutes karstiques, et les trois autres (Risnjak, Paklenica et Velebit Nord) des écosystèmes montagneux. Le plus récent est celui du Velebit Nord, créé en 1999. Il abrite les extraordinaires formations karstiques du Hajdučki kuk et du Rožanski kuk (un jardin botanique naturel) et le gouffre de Lukina jama, l'un des plus profonds du monde, dont le lac souterrain héberge une espèce endémique de sangsue récemment découverte, le *Croatovranchus mestrovi*. On recense aussi onze parcs naturels, dont quatre montagneux : Biokovo (imposante montagne karstique où ont trouvé refuge des rapaces menacés comme l'aigle fauve, l'aigle serpentaire et le vautour fauve à tête blanche) ; mont Učka ; Medvednica et Žumberak autour de Zagreb ; Telašćica (lac salé et profonde baie de l'île de Dugi otok) ; Velebit (le territoire protégé le plus vaste de Croatie, classé réserve de la biosphère par l'Unesco) ; lac Vrana (le plus grand de Croatie, 30km²) ; Lonjsko Polje (l'un des marais les plus étendus et les mieux préservés d'Europe) ; Kopački rit (une vaste zone inondable entre la Drave et le Danube où prospèrent 275 espèces d'oiseaux) ; Lastovo, sur l'île éponyme ; et celui des monts Papuk (point culminant de Slavonie), qui a reçu de l'Unesco le statut de Géoparc. Ajoutons deux réserves naturelles intégrales et 79 réserves naturelles spéciales, quelque 70 paysages protégés et plus de cent monuments naturels.

Flore

Contrairement à celles d'autres pays d'Europe, la flore et la faune croates n'ont guère souffert de la dernière grande glaciation. Et nombre d'espèces relictuelles, souvent apparues au tertiaire, contribuent à la biodiversité. La variété du relief et la rencontre, sur son territoire, des climats méditerranéen et continental ont doté la Croatie d'une flore riche de plus de 5 500 espèces végétales. La forêt couvre le tiers du pays. Au nord-ouest, elle est surtout constituée d'essences à feuilles caduques, comme le chêne commun, l'érable de montagne, le hêtre et le charme, le chêne pédonculé et le tilleul blanc. La forêt tapisse également les montagnes : hêtres et sapins de 500m à 1 200m ; genévriers, pins noirs et autres résineux adaptés à l'enneigement à l'étage subalpin. La flore du littoral adriatique et des îles se caractérise par des forêts de chênes verts et de pins d'Alep et des zones de maquis (cistes, myrtes, romarin, lavandes, lentisques, etc.). À ces végétaux de type méditerranéen s'ajoutent des espèces subtropicales : palmiers, agaves, lauriers-roses et aloès. La flore croate possède l'un des plus forts taux d'endémisme d'Europe. On recense plus d'une centaine de plantes spécifiques au territoire national, concentrées dans les montagnes côtières du Biokovo et du Velebit. Mentionnons l'iris croate (*Iris croatica*), l'iris de l'Adriatique (*Iris adriatica*), la sibirée croate (*Sibiræa altaiensis croatica*) et la Velebitska degenija (*Degenia velebitica*), une fleur jaune qui ne pousse que sur les pentes méridionales et centrales du Velebit et dont le parc national du même nom a fait son emblème.

Faune

Elle présente elle aussi une grande diversité, et plus de 380 espèces animales sont protégées. Le Bassin pannonien possède une riche avifaune, qui va de l'épervier à la chouette sylvestre en passant par la mésange boréale, sans oublier le gibier à plumes : tétras, canards sauvages et faisans. Les mammifères sauvages les plus largement représentés sont le loup, l'ours brun, le sanglier, le chevreuil et la martre. La Dobra, la Kupa, la Mrežnica, la Korana et les lacs de Plitvice sont réputés pour leurs truites, tandis que la Save, le Danube et la Drave regorgent de carpes et de silures. Les parcs naturels jouent un rôle crucial dans la sauvegarde des biocénoses régionales. Le Kopački rit, en Slavonie, est un havre pour de nombreux oiseaux migrateurs et le principal lieu de reproduction des poissons danubiens. Il abrite, en outre, d'importantes hardes de cerfs, de chevreuils et de sangliers. La réserve ornithologique du parc naturel du Lonjsko polje donne asile à des espèces rares

UN CAVERNICOLE INCONSTANT

Espèce endémique rarissime, le **protée** (*Proteus anguinus*) est un amphibien de 20 à 30cm de long et de couleur chair, qui ne vit que dans les eaux souterraines des Alpes Dinariques jusqu'au cours de l'Ombla, près de Dubrovnik. Ce survivant de la préhistoire est doté à la fois de poumons et de branchies, et il peut pondre ou mettre bas.

comme le pygargue à queue blanche et la cigogne noire. Sur l'île de Cres, dans le golfe du Kvarner, une réserve est dévolue au vautour fauve à tête blanche, un rapace menacé d'extinction. La mer Adriatique abrite des espèces typiquement méditerranéennes, mais son relatif isolement lui vaut un taux d'endémisme élevé. Près des côtes, les herbiers de posidonies servent de frayère et de nursery à de nombreuses espèces de poissons (sars, labres, crénilabres, rougets, etc.), tandis que des bancs migrateurs de thons, d'anchois, de maquereaux, de sardines et de cétacés parcourent le domaine pélagique.

Histoire

La préhistoire

LE PALÉOLITHIQUE Le tranchoir découvert sur le site de Šandalja, près de Pula, fait remonter la présence de l'homme dans la région à près d'un million d'années. La hache de Punikva témoigne de la diffusion de la culture acheuléenne dans le Hrvatsko zagorje, au nord de Zagreb, il y a plusieurs centaines de milliers d'années. Dans la même région, sur la colline de Hušjnak, près de Krapina, le scientifique croate Dragutin Gorjanović-Kramberger (1856-1923) découvrit en 1899 les restes d'un homme de Neandertal (*Homo primigenius var. Krapiniensis*). Le site est aujourd'hui considéré comme le plus grand gisement mondial de néandertaliens, avec plus de 900 fossiles humains et un millier de fragments d'outils et d'armes en pierre de la culture moustérienne, vieille de 130 000 ans. La grotte de Vindija, non loin de Varaždin, a livré les restes de néandertaliens vieux d'environ 28 000 ans, les plus récents jamais mis au jour. Cette découverte accrédite l'hypothèse selon laquelle l'homme de Neandertal a cohabité avec *Homo sapiens*, l'homme moderne. Les recherches sur le site rupestre de Mujina Pečina, dans la plaine des Kaštela, en Dalmatie, attestent la présence de néandertaliens dans cette région méridionale.

LE NÉOLITHIQUE En Croatie, il est marqué par le développement d'une bonne dizaine de cultures différentes. Le littoral adriatique subit surtout l'influence de cultures méditerranéennes, et la Croatie continentale celle des cultures danubiennes. L'une des premières communautés d'agriculteurs éleveurs apparues dans les plaines du nord de la Croatie est celle de Starčevo, née vers 5300 avant notre ère. Les Starcéviens bâtissent des fonds de cabanes et de maisons, inhument leurs défunts en position fœtale, façonnent des outils en pierre polie et en os ainsi que des figurines et des récipients en terre ornés de résilles peintes ou incisées. La culture de Sopot, qui rayonne sur l'actuelle Slavonie et le Srijem, dans la seconde moitié du Ve millénaire, se caractérise par la construction d'habitations fortifiées, ceintes de fossés remplis d'eau. Elle produit une céramique fort intéressante, avec des récipients biconiques gris foncé ou noirs, à décor cannelé et estampé. La principale culture insulaire du néolithique tardif est celle de Hvar (3500-2300 avant notre ère). De son berceau, les îles de Dalmatie centrale, elle s'étend à tout le littoral oriental de l'Adriatique. On retrouve ainsi les caractéristiques de cette culture en Herzégovine actuelle, à l'est, et jusqu'en Dalmatie septentrionale et en Istrie, à l'ouest. Elle a légué des céramiques finement polies caractérisées par des motifs de spirales incisées ou peintes en rouge.

L'ÂGE DU BRONZE La culture la plus importante de l'âge du bronze est celle de Vučedol (3000-2200 avant notre ère), qui rayonna sur une dizaine de pays actuels d'Europe centrale et du Sud-Est. Vučedol, le berceau de cette civilisation, et longtemps son centre le plus important, se trouve sur la rive droite du Danube, près de Vukovar. Le vaste parc archéologique montre les prémices d'une urbanisation : un réseau de rues ordonné autour de la place principale et une distinction entre les habitations et les bâtiments à usage économique. On prend soin des morts dans une nécropole. L'organisation spatiale de l'ensemble du site atteste aussi une hiérarchisation de la société : si la majeure partie de la population vit de l'agriculture et de l'élevage, émergent une aristocratie et une caste militaire, grâce à l'essor de la métallurgie et, partant, des échanges. On travaille déjà le cuivre dans la région quand s'épanouit cette culture, mais la civilisation de Vučedol est la première à maîtriser l'alliage cuivre-étain (bronze), comme en témoignent les fonderies et moules d'armes découverts sur le site. La céramique gagne également en raffinement : les plus belles pièces sont gravées de motifs géométriques ou recouvertes d'une pâte obtenue à l'aide de coquillages et d'escargots de rivière pilés. Le répertoire des formes est assez varié, mais les œuvres les plus remarquables sont certainement les vases rituels en forme de colombe dont on peut admirer un spécimen, la fameuse *Colombe de Vučedol*, au Musée archéologique de Zagreb.

L'Antiquité

LA COLONISATION GRECQUE Vers 395 av. J.-C., des Grecs venus de Syracuse, en Sicile, s'implantent à Issa, sur l'île de Vis. Le site est rapidement fortifié, et sa position avancée dans l'Adriatique en fait un comptoir et un port d'une haute valeur stratégique. Issa profite de la mort du tyran de Syracuse, Denys l'Ancien, en 367 av. J.-C., pour prendre son indépendance et elle fonde d'autres colonies insulaires, telles que Korkyra (Lumbarda), dans l'île de Korčula, et sur la côte : Tragurion (l'actuelle Trogir) et Epetion (Stobreč, près de Split). Vers 385-384 av. J.-C., des Grecs venus des Cyclades s'installent dans l'île de Hvar avec le soutien d'Issa. Pharos, la ville qu'ils édifient sur un site illyrien et dotent de remparts cyclopéens, devient le deuxième comptoir hellénistique de Croatie par l'importance. Il sert d'ailleurs de tête de pont à la colonisation du littoral. En témoigne une inscription décrivant la victoire des Phariens sur les habitants d'Idassa, l'actuelle Zadar.

ILLYRIENS ET CELTES Depuis l'âge du bronze, des peuplades indo-européennes dites illyriennes sont installées en Croatie : les Liburnes et les Delmates occupent le littoral, les Iapodes et les Breuces, l'intérieur. Ces redoutables guerriers ne mènent pas une longue guerre aux Grecs, comprenant les avantages qu'ils peuvent tirer de leur présence. Les échanges de biens (sel, vin, huile, objets en verre et en métal) et les apports technologiques grecs (amélioration des méthodes culturales, développement de l'artisanat, etc.) favorisent la formation de petits États qui ne résisteront pas à la conquête romaine. Au IVe siècle avant notre ère, tandis que les Grecs prennent pied sur la côte, les Celtes s'installent en Pannonie, repoussant les Illyriens vers le sud.

L'Illyricum romain

LE DERNIER SOULÈVEMENT ILLYRIEN La conquête romaine de l'Illyrie, qui débute en 168 av. J.-C., ne prendra fin qu'au début de notre ère, au terme de guerres sanglantes. La région est érigée en province sénatoriale en 27 av. J.-C., puis en province impériale en 17 av. J.-C. De 6 à 9 apr. J.-C., les Breuces orchestrent un ultime soulèvement, appelé guerre de Batonus – du nom du commandant en chef illyrien, Baton. D'après les sources, leur armée compte plus de 200 000 soldats et 9 000 cavaliers – 800 000 rebelles en tout. Craignant qu'elle marche sur Rome, Auguste envoie un puissant contingent mater l'insurrection.

LA COLONISATION ROMAINE DES RÉGIONS CÔTIÈRES... Les colonisateurs importent leur système politique et administratif, introduisent la monnaie comme moyen de paiement, tracent des routes, construisent des ponts et des aqueducs, développent la culture de l'olivier, des agrumes et de la vigne. Ils urbanisent également les agglomérations, les dotant de temples et de théâtres. En Istrie, le port de Pola (Pula) accède au rang de colonie au Ier siècle avant notre ère, et Parentium (Poreč) au début du Ier siècle apr. J.-C. Des camps militaires fortifiés (*castra*) et des colonies sont fondés dans toute la Dalmatie. L'agglomération illyrienne de Iader (Zadar) devient un municipe, puis une colonie sous César ou Auguste. Elle est urbanisée selon une trame orthogonale et dotée d'un beau forum, encore conservé. La *colonia Iulia Martia Salonæ* (Salona, ou Salone), née de la réunion de plusieurs villages illyriens, abrite le siège administratif de la Dalmatie romaine. Le forum, inhabituellement situé à proximité du port, témoigne de son rôle commercial. Conquis dès 167 av. J.-C., le comptoir grec d'Epidauros (Cavtat) est lui aussi élevé au rang de colonie sous Auguste.

... ET DE L'ARRIÈRE-PAYS Il en va de même de Mursa (l'actuelle Osijek), en l'an 133, qui devient l'une des colonies dominantes de la plaine pannonienne. Son *castrum* du début du Ier siècle accueille, un temps, le siège du gouverneur de Pannonie inférieure. Au Ier siècle est fondée la *colonia Flavia Siscia* (Sisak), important port fluvial qui possède un hôtel des monnaies impérial. La place forte de Cibalæ (Vinkovci) est édifiée sous Caracalla (211-217) pour défendre le *limes Pannonicum*, frontière avec le monde "barbare". Deux empereurs romains y naîtront : Valentinien, en 321, et Valens, vers 328. Autre centre urbain fortifié, Andautonia (Šćitarjevo, près de Zagreb) possède de beaux thermes. Les Romains aménagent également plusieurs stations thermales dans cette région, telle Aquæ Iassæ (Varaždinske Toplice), qui demeure le site antique le plus complet de Croatie continentale, avec son forum et plusieurs complexes thermaux.

La christianisation et l'Antiquité tardive

Les premières communautés chrétiennes se forment au IIIe siècle, et le christianisme connaît une diffusion rapide à partir du règne de l'empereur Constantin (306-337), avec la fondation de nombreux évêchés en Dalmatie et en Istrie, dont le plus important est celui de Salona, capitale de la Dalmatie.

Quand s'effectue le partage de l'Empire romain, en 395, la frontière entre les empires d'Occident et d'Orient est fixée sur le Danube et la Drina. Lorsque l'empire romain d'Occident s'effondre, en 476, la Dalmatie est rattachée à l'État ostrogoth, et le reste de l'Illyrie à l'empire romain d'Orient. Sous Justinien (527-565), les Byzantins reprennent aux Ostrogoths l'ensemble du territoire dalmate. Cette reconquête est marquée par la construction d'une série de forteresses sur la côte et dans les îles et par celle de nombreuses églises, comme la basilique Euphrasienne de Poreč et la première cathédrale de Dubrovnik. Au milieu du VIe siècle, les attaques des Slaves et des Avars se multiplient. Ils finissent par avoir raison des défenseurs du *limes Pannonicum* et s'installent peu à peu dans tout le pays.

Le haut Moyen Âge

L'INSTALLATION DES CROATES Vers 630, une armée avaro-slave ruine Salona, capitale de la province romaine de Dalmatie et principal foyer chrétien. Ses habitants se réfugient dans le palais de Dioclétien tout proche, autour duquel se développera la ville médiévale de Split. L'installation des Avars et des Slaves bouleverse la structure ethnique d'une région où se mêlent déjà Illyriens, Grecs, Romains et Celtes. En 641, le pape Jean IV envoie l'abbé Martin en Istrie et en Dalmatie racheter des captifs chrétiens et recueillir les restes des martyrs dans les églises détruites. Martin remplit sa mission avec succès et repart à Rome déposer ces reliques dans le complexe basilical du Latran.

Quelques dates clés

VIIe s. Installation des Croates sur les rives de l'Adriatique
Xe-XIe s. Premier royaume croate
XIIe s. Union des couronnes croate et hongroise
1409 La Dalmatie devient vénitienne ; seule Raguse (Dubrovnik) conserve son indépendance
1493 Les Ottomans déciment la noblesse croate à la bataille de Krbava
1527 Les Habsbourg sont appelés sur le trône croate
Début du XVIIe s. La Croatie est réduite au tiers de sa superficie
1699 Reflux des Ottomans après la Grande Guerre turque
1797 Chute de la République de Venise. La Dalmatie et l'Istrie reviennent à l'Autriche
1809-1815 Les Provinces illyriennes sous contrôle français
1830-1848 Renaissance croate
1918 Création du royaume des Serbes, des Croates et des Slovènes
1941 Création d'un État croate indépendant, satellite de l'Axe
1945 La Croatie entre dans la fédération yougoslave communiste
1971 "Printemps croate"
1991-1995 Déclaration puis guerre d'Indépendance
1999 Décès du président nationaliste Franjo Tuđman, remplacé par le modéré Stjepan Mesić
2009 La Croatie devient membre de l'Otan
2013 Entrée du pays dans l'Union européenne

ENTRE FRANCS ET BYZANTINS Après quelque 150 ans de cohabitation de différents groupes ethniques sur le territoire dalmate, on voit les Croates, issus d'une seconde vague de migration slave, s'y établir vers la fin du VIIIe siècle. Leur assimilation à la culture locale, romanisée et profondément chrétienne, en fait les premiers Slaves à se convertir au christianisme. Dans les années 780-790, Charlemagne prend l'Istrie aux Byzantins et, en boutant les Avars hors de Pannonie, place sous tutelle franque tout le territoire qui s'étend entre le Danube et la Save. Au tout début du IXe siècle, sous l'influence franque, les Croates créent un premier État constitué entre la Zrmanja, la Cetina et la côte : la Croatie (*ducatus Croatiæ*). Plusieurs petits duchés se constituent également au sud : la Pagania (autour de la Neretva), le Zahumlje (entre Split et Dubrovnik et en Herzégovine) et la Travunja (au nord de Dubrovnik). L'accord passé entre les Francs et les Byzantins à Aix-la-Chapelle, en 812, rattache l'Istrie et la Pannonie à l'Empire carolingien et place le duché de Croatie sous sa suzeraineté. Byzance ne conserve que trois villes du littoral dalmate (Zadar, Trogir et Split) et quatre îles. En 811, Charlemagne a fixé les nouvelles frontières du patriarcat d'Aquilée, qui englobe désormais l'Istrie. La nouvelle liturgie catholique, qui se distingue nettement du rituel byzantin, se diffuse ainsi d'Istrie vers la Dalmatie. La Croatie profitera du morcellement de l'Empire franc, après la mort de Charlemagne, pour affirmer son indépendance.

Le royaume croate (IXe-XIIe s.)

La Croatie (*regnum Chroatorum*) est gouvernée depuis la fin du VIIIe siècle par des ducs, puis à partir du Xe siècle par des rois. Le duc Trpimir (845-864) est le premier *dux Croatorum* – souverain d'un État croate dont le centre se situe entre Nin, Salona et Knin – à faire la paix avec les Byzantins et à se soustraire à la domination des Francs, même s'il demeure théoriquement leur vassal. Ce prince favorable à l'Église est aussi un protecteur des sciences : il accueille des savants à sa cour, tel le bénédictin Gottschalk (v. 805-v. 868), l'un des hommes les plus instruits de son temps. Sous l'influence de ce fameux théologien carolingien, Trpimir fait construire le premier monastère bénédictin de Croatie, sur le site de Rižnice, près de Solin. Après une guere civile, Domagoj (864-876) s'empare du pouvoir et reçoit du pape le titre de duc, puis celui de "glorieux duc". En 871, sa puissante flotte de guerre aide Louis III d'Italie à reprendre Bari aux Sarrasins. Byzance et Venise en profitent pour attaquer la côte et les îles… Le duc Branimir (879-892), qui poursuit l'œuvre de Domagoj, entend affranchir totalement la Croatie des Francs comme de Byzance. Il manifeste sa loyauté envers le pape Jean VIII dès le début de son pontificat. En retour, ce dernier le bénit, de Rome, avec tout le peuple croate en 879. Cet acte marque la reconnaissance de l'indépendance de l'État croate et de la souveraineté de Branimir sur celui-ci. Tomislav (910-928) établit la frontière nord du royaume sur la Drave, en repoussant les Magyars. Il vole au secours de Byzance contre les Bulgares et, en récompense, se voit confier l'administration des villes dalmates. Probablement vers 925, le pape Jean X le sacre roi. L'armée de Tomislav aurait compté 100 000 fantassins, 60 000 cavaliers et 180 navires de guerre. Le règne de Petar Krešimir IV (1058-1074) marque l'apogée du royaume, avec la reconquête des villes dalmates et de

Zrinski (1647-1664) se distingue contre les Turcs. Mais la politique centralisatrice des Habsbourg suscite le mécontentement croissant des noblesses croate et hongroise. Le vice-roi (*ban*) Petar Zrinski, son beau-frère Fran Krsto Frankopan et un groupe d'aristocrates hongrois proposent secrètement la couronne hungaro-croate à Louis XIV. Mais le roi de France, qui vient de faire la paix avec les Habsbourg, la refuse. Zrinski offre ensuite au sultan ottoman de reconnaître sa suzeraineté en échange de l'autonomie interne de la Croatie. Celui-ci semble favorable, mais son grand vizir refuse. Fran Krsto Frankopan et les nobles se rendent alors à Vienne pour dénoncer le complot, et les meneurs n'ont plus qu'à implorer le pardon de Léopold Ier. L'empereur fait mine d'accepter et attire les conjurés dans la capitale pour les jeter aussitôt en prison. Le comte Zrinski et le marquis Frankopan (dernier héritier des comtes de Krk) sont exécutés le 30 avril 1671. Les immenses terres des Zrinski sont confisquées par les Habsbourg, et la noblesse croate perd ses droits municipaux.

CROATE CRAVATE Lors de la guerre de Trente Ans (1618-1648), des régiments croates servent dans les armées de Louis XIII et de Louis XIV. Les soldats français, puis la cour de Versailles s'entichent bientôt du foulard que les intrépides cavaliers du Royal-Croate nouent autour de leur cou. C'est ainsi que la cravate - le mot apparaît vers 1650 - est lancée ! Elle connaîtra maintes variantes avant de s'imposer comme un accessoire essentiel du costume masculin occidental.

LE XVIIIE SIÈCLE La centralisation du pouvoir se renforce sous les règnes de Marie-Thérèse (1740-1780) et de Joseph II (1780-1790). La Croatie se modernise ; on commence à y construire des routes, et des réformes agraires tentent d'améliorer le sort des serfs. Toutefois, à partir de 1764, l'impératrice ne convoque plus le Parlement croate, celui-ci ne lui ayant accordé qu'un tiers de la participation financière demandée pour la guerre de Sept Ans ; le Conseil royal mis sur pied en 1767 pour régler toutes les questions concernant la Croatie est supprimé en 1779, et la Croatie se retrouve pour la première fois subordonnée à la Hongrie. La germanisation du pays va s'accentuer sous le règne de son fils et successeur. En 1785, Joseph II divise la Croatie et la Hongrie en 10 régions dont il nomme les gouverneurs. En 1786, il impose la langue allemande dans les administrations croate et hongroise. Sous son règne de corégent, on construit la route Joséphine, qui relie Karlovac à Senj. Inaugurée en 1779, elle constitue dès lors la principale voie de communication vers le sud de la Croatie. Autre point positif, la proclamation de la patente de tolérance religieuse rend toutes les religions égales en droit.

Le XIXe siècle

LES PROVINCES ILLYRIENNES En 1797, quand Venise est soumise par Napoléon Bonaparte, ses possessions en Croatie reviennent aux Habsbourg. En 1806, la république de Raguse (Dubrovnik) perd son indépendance, acquise au XIIe siècle. Les Autrichiens cèdent à Napoléon Ier la Dalmatie en 1806 et, en 1809, l'Istrie et les territoires croates situés au sud de la Save.

Ces “provinces illyriennes” resteront sous administration française jusqu’en 1813 et seront placées sous tutelle austro-hongroise en 1815, à la suite du Congrès de Vienne.

LA RENAISSANCE NATIONALE CROATE : 1830-1848 Cette brève expérience de l’unité retrouvée, après de longs siècles passés sous domination étrangère, et les réformes progressistes engagées par les Français favorisent l’émergence du sentiment national. D’autant que les Hongrois cherchent à imposer l’usage de leur langue aux Croates. Dans les années 1830 naît le Mouvement illyrien, qui s’efforce de réunir politiquement tous les pays croates et revendique l’union culturelle de tous les Slaves du Sud par l’usage d’une langue littéraire commune. Le Mouvement ouvre des salles de lecture, fonde des chorales et des sociétés savantes dans tout le pays, dont la plus importante est la Matica ilirska (la Reine – dans le sens de reine des abeilles – illyrienne). Cette association littéraire et scientifique, qui cherche à promouvoir la culture et l’activité économique, voit le jour en 1842. Parmi les “illyriens” célèbres, citons l’écrivain Ljudevit Gaj (1809-1872), qui rédige une nouvelle grammaire et un nouveau dictionnaire croates, le poète et ban Ivan Mažuranić, le compositeur Vatroslav Lisinski, etc.

LA RÉVOLUTION DE 1848 Les mouvements révolutionnaires européens de 1848 touchent la Croatie comme la Hongrie. Les Habsbourg nomment alors un réformateur, Josip Jelačić (1801-1859), ban de Croatie. Il met en œuvre de nombreuses réformes, dont l’abolition du servage et de la corvée. À la demande de l’empereur, Jelačić participe avec son armée à l’écrasement de la révolution hongroise et mate l’insurrection qui s’est emparée de Vienne. Cependant, au lieu de l’unification tant attendue de ses terres, la Croatie n’obtient que la restitution du Međimurje et elle se voit imposer le pouvoir absolu de Vienne.

L’“ABSOLUTISME DE BACH” (1848-1858) Alexander von Bach, ministre de l’Intérieur puis chancelier de François-Joseph, promulgue une série de lois répressives qui abolissent les provinces historiques et les institutions croates, interdisent l’utilisation du drapeau et l’édition de revues en croate. La situation de la population, pressurée d’impôts, devient difficile, et de nombreux hauts fonctionnaires croates sont contraints de démissionner. Le seul point positif est l’élévation de Zagreb au rang d’archevêché en 1852.

RESTAURATION DU DUALISME AUSTRO-HONGROIS Ce régime absolutiste est abrogé en 1860, et la vie culturelle et politique nationale renaît aussitôt. Le Parti national de l’évêque Strossmayer revendique l’union des Slaves du Sud d’Autriche-Hongrie (Croatie, Slovénie, Bosnie et Voïvodine), tandis que le Parti du droit de Starčević prône l’indépendance de la Croatie. En 1867, le territoire croate est partagé entre l’Autriche (Dalmatie, Istrie et Confins militaires) et la Hongrie (Slavonie et Croatie “historique”). Un compromis règle l’année suivante les relations croato-hongroises : la Croatie conserve son autonomie et obtient la reconnaissance de son identité culturelle et politique (drapeau, langue, institutions). Budapest ayant besoin d’un accès à la mer, Rijeka devient un protectorat hongrois. Les Confins militaires seront rattachés à la Croatie en 1881.

La première Yougoslavie (1918-1941)

LE ROYAUME DES SERBES, DES CROATES ET DES SLOVÈNES La fin de la Première Guerre mondiale marque l'effondrement de la monarchie austro-hongroise. Le 1er décembre 1918 est fondé le royaume des Serbes, des Croates et des Slovènes. On pourrait voir là la concrétisation du projet ébauché par l'historien Juraj Križanić au XVIIe siècle, et échafaudé par le Mouvement illyrien, d'un État associant tous les peuples slaves du Sud sur un pied d'égalité. Mais la monarchie des Karađorđević entend surtout défendre les intérêts et particularismes des Serbes et, alliée des vainqueurs de la Grande Guerre, elle va vouloir imposer ses conditions. Dès 1844, Ilija Garašanin, ministre de l'Intérieur de la principauté de Serbie, insistait dans un document secret, *Načertanije*, sur l'importance de l'élargissement des frontières serbes à la Bosnie, afin de doter le royaume d'un accès à la mer Adriatique. Désormais, ce texte étaiera toutes les revendications territoriales qui mèneront à l'éclatement de la Yougoslavie au début des années 1990.

RÉSISTANCE PACIFIQUE La Constitution de Vidovdan, en 1921, prévoit un État unitaire et centralisé, avec Belgrade pour capitale. Le Parti paysan croate de Stjepan Radić, qui défendait le principe d'un État fédéral et a obtenu une forte majorité aux élections de 1920, s'oppose au vote. En 1925, Radić est arrêté, mais on le relâche rapidement car il accepte de reconnaître la monarchie serbe. En échange, il obtient un poste ministériel, qu'il quittera en 1927. Ses désaccords fréquents avec le Parti radical, au pouvoir en Serbie, valent à Radić d'être abattu en pleine séance du Parlement, en juin 1928. Il sera désormais considéré comme un martyr de la lutte pour l'indépendance de la Croatie.

LE ROYAUME DE YOUGOSLAVIE En janvier 1929, Alexandre Ier instaure une dictature. Le pays, qui prend le nom de royaume de Yougoslavie, est découpé en neuf régions administratives dépourvues de toute légitimité historique. Selon la Constitution octroyée de 1931, chaque loi votée par le Parlement doit être entérinée par le roi, qui nomme les vice-rois de Croatie et contrôle ainsi le travail des institutions gouvernementales croates. Cette politique d'unitarisme affiché, qui s'accompagne d'une sévère répression militaire et policière de toute opposition, provoque une radicalisation des nationalistes croates. Le Parti communiste, actif depuis 1920, est entré en clandestinité ; le député du Parti du droit Ante Pavelić, qui a émigré après l'assassinat de Radić, a fondé avec le soutien des Italiens, des Bulgares et des Hongrois une société secrète révolutionnaire et nationaliste, l'Oustacha (Insurgés). Le 9 octobre 1934, un nationaliste macédonien assassine le roi Alexandre Ier à Marseille.

L'ÉPHÉMÈRE "BANOVINE DE CROATIE" En 1939, le régent Paul négocie avec le docteur Maček, nouveau chef du Parti paysan, un accord qui garantit aux Croates leur autonomie au sein de la banovine (vice-royauté) de Croatie, territoire qui englobe la plupart des territoires historiques croates. Mais la guerre va empêcher l'application de ce texte… auquel de nombreux Serbes sont hostiles.

La Seconde Guerre mondiale

LE RÉGIME OUSTACHI Au printemps de 1941, l'offensive germano-italienne dans les Balkans vaut à la Yougoslavie une défaite foudroyante. Le royaume est dépecé, et des régimes collaborationnistes sont installés à Belgrade et à Zagreb. Le 10 avril, Ante Pavelić, leader de l'Oustacha, devient le chef suprême de l'État indépendant de Croatie (Nezavisna Država Hrvatska, ou NDH), qui regroupe la Croatie, la Bosnie-Herzégovine et une partie de la Voïvodine. Même s'ils gardent leurs distances vis-à-vis du régime, nombreux sont les Croates à applaudir la création de cet État autonome – du moins sur le papier. Toutefois, à l'enthousiasme succède la déception quand, dès mai 1941, Pavelić cède à l'Italie (qui a déjà obtenu l'Istrie, Zadar, Rijeka, Cres, Lošinj et Lastovo dans les années 1920) la majeure partie de la Dalmatie, des zones du littoral nord et du Gorski kotar. Puis la politique de persécution des Serbes, des Juifs, des Tziganes et des opposants croates (introduction de lois raciales, puis ouverture de camps de concentration) menée par les Oustachi suscite une résistance active.

LES PARTISANS YOUGOSLAVES En juin 1941, la première unité de partisans croates est mise sur pied à Sisak. Le mouvement grossit rapidement dans toute la Yougoslavie pour former une véritable armée, que dirige le Croate Josip Broz, dit Tito, secrétaire général du Parti communiste clandestin depuis 1937. Avec le soutien des Alliés, les Partisans deviennent le principal mouvement de résistance dans les territoires européens occupés.

La Croatie dans la Yougoslavie de Tito

LE SOCIALISME YOUGOSLAVE Le 29 novembre 1945 est proclamée la République fédérative de Yougoslavie qui, de "populaire", deviendra "socialiste" (SFRJ) en 1963. Elle va tenter d'imposer le communisme comme idéologie supranationale aux six Républiques (Slovénie, Croatie, Bosnie-Herzégovine, Serbie, Monténégro et Macédoine) et un idiome hybride, le serbo-croate, comme langue officielle. En rompant avec Staline, en 1948, Tito instaure un nouveau modèle de socialisme, qui repose sur l'autogestion en matière d'économie et sur la recherche d'un équilibre entre l'OTAN et les membres du pacte de Varsovie sur la scène diplomatique. Cette poursuite d'une "troisième voie" entre les deux grands blocs issus de la Guerre froide s'affirmera à partir de 1956 au sein du mouvement des non-alignés.

CONFISCATION D'UNE PARTIE DES RICHESSES... Dans cette deuxième Yougoslavie, la position de la Croatie n'est nullement moins délicate. C'est, avec la Slovénie l'une des deux Républiques les plus riches de la fédération. S'y développent la métallurgie, les chantiers navals, l'industrie chimique et pétrolière et, à partir de la fin des années 1960, le tourisme. Elle assure également une part déterminante de la production alimentaire, la Slavonie et la Baranja étant d'importants greniers de la Yougoslavie. Vers la fin des années 1980, le tourisme en Croatie rapporte plusieurs milliards de dollars à l'État central. Toutefois, le système de solidarité instauré en 1965 oblige Zagreb à reverser une partie de ses revenus au Fonds fédéral d'aide aux régions insuffisamment développées.

... ET COERCITION Sous le couvert du slogan socialiste "Égalité, fraternité et unité" s'instaure un nouveau système répressif. Tito parvient ainsi à affaiblir le pouvoir de la Serbie au sein de la fédération en transformant les deux régions de Voïvodine et du Kosovo en provinces autonomes. Mais, peuple le plus nombreux, les Serbes continuent de dominer l'appareil d'État et accaparent les hauts postes dans l'armée, la police et le renseignement. En 1966, le limogeage par Tito d'Aleksandar Ranković, numéro deux du régime et patron des services secrets, met fin à deux décennies de répression systématique de toute manifestation identitaire croate, allant jusqu'à l'assassinat de dissidents en exil.

LE "PRINTEMPS CROATE" Les Croates revendiquent, en vain, une redistribution plus équitable des richesses et la reconnaissance de leurs particularismes culturels, notamment l'utilisation de leur langue, dès 1967. Le mécontentement prend une ampleur sans précédent en 1971, quand les dirigeants communistes croates critiquent ouvertement le centralisme belgradois et sollicitent une libéralisation de l'État. Ce "Printemps croate" devient vite un mouvement de masse qui réclame une démocratisation du régime et une réforme du système fédéral qui donnerait aux Républiques le droit à l'autodétermination et leur permettrait de contrôler leurs rentrées de devises. Le mouvement est durement réprimé. Cependant, la nouvelle Constitution de 1974 reconnaît dans son préambule le droit des Républiques à l'"autodétermination jusqu'à la sécession". Cette décision aura son importance dans les événements qui marqueront le début des années 1990.

Josip Broz, dit Tito (1892-1980)

Josip Broz naît en 1892 à Kumrovec (p.128), d'un père croate et d'une mère slovène. Il travaille comme ouvrier métallurgiste avant de servir dans l'armée austro-hongroise à partir de 1913. Fait prisonnier par les Russes en 1915, il entre au parti communiste, dont il devient activiste en 1923. Nommé Secrétaire général du Parti communiste yougoslave en 1937, il organise en 1941 la résistance antifasciste, puis libère le territoire yougoslave avec les Partisans. En 1945, il prend la direction du gouvernement de la République fédérale yougoslave nouvellement proclamée. À partir de 1948, il se démarque de Moscou, prônant un socialisme "national", et obtient bientôt un soutien économique et financier des Occidentaux. Après la conférence de Bandung (1955) et l'émergence d'un mouvement neutraliste, il se rapproche de Nehru (Inde) et de Nasser (Égypte). Le 19 juillet 1956, tous les trois signent la Déclaration de Brioni invitant les pays du tiers-monde à ne s'aligner ni sur Moscou ni sur Washington. Élu président de la République en 1953, il est nommé président à vie lors de la refonte de la Constitution en 1974. Il le restera effectivement jusqu'à sa mort, le 4 mai 1980.

L'effondrement de la Yougoslavie

Tito meurt le 4 mai 1980 à près de 88 ans et, avec ce chef d'État charismatique, disparaît toute perspective d'une Yougoslavie unifiée. Est instaurée une fédération collégiale, composée d'un représentant de chaque République et dotée d'une présidence à rotation annuelle.

LA MONTÉE DES NATIONALISMES Elle s'exprime dès 1981 au Kosovo, la province la plus pauvre de la fédération. Les étudiants de l'université de Priština descendent dans la rue en mars-avril pour réclamer que le Kosovo passe du statut de province autonome à celui de République, mais la répression est brutale. Les Albanais, qui représentent alors 77% de la population locale, visent, à terme, la séparation d'avec la Yougoslavie, tandis que les Serbes, dont le Kosovo constitue le berceau historique, veulent sa réintégration dans la république de Serbie... En 1986, Slobodan Milošević entame son ascension politique et lance un programme visant à rendre à la Serbie sa grandeur médiévale et justifiant son hégémonie sur les autres Républiques yougoslaves. Élu à la présidence de la République serbe en 1989, il fait adopter une réforme constitutionnelle qui supprime l'autonomie de la Voïvodine et du Kosovo et les rattache à la Serbie. D'un autre côté, la chute du régime roumain et du Mur de Berlin et la désintégration de l'Union soviétique créent en Yougoslavie, surtout en Croatie et en Slovénie, un climat politique favorable au développement démocratique et au multipartisme.

LES ÉLECTIONS DE 1990 ET LEURS CONSÉQUENCES Les premières élections multipartites, organisées au printemps 1990, portent à la présidence croate Franjo Tuđman, chef du parti HDZ (Communauté démocratique croate). La minorité serbe, voyant dans l'expression du nationalisme croate une possible résurgence de l'État oustachi, se rebelle contre Zagreb. Avec l'aide de Belgrade et de l'armée fédérale yougoslave (JNA), le Parti serbe de Knin crée la région "autonome" serbe de Krajina, qui proclame en février 1991, sa séparation d'avec la Croatie sous le nom de "république de Serbie – région autonome serbe de Krajina". En mars 1991, cette rébellion s'étend à la Slavonie occidentale. Et l'armée fédérale intervient de plus en plus ouvertement au côté des séparatistes.

L'INDÉPENDANCE CROATE En mai, le Croate Stipe Mesić, qui doit prendre la présidence tournante de la Yougoslavie, en est empêché par les Serbes et les Monténégrins. Les institutions fédérales étant paralysées, Tuđman décide d'organiser un référendum sur l'indépendance de la Croatie en s'appuyant sur la Constitution de 1974. Plus de 90% des électeurs se prononcent pour. Celle-ci est proclamée le 25 juin 1991.

La guerre en Croatie

Au cours de l'été, l'armée fédérale, qui ne soutient désormais plus que les intérêts des nationalistes serbes, prend en main la conquête du territoire croate. À la mi-août 1991, elle entre en Slavonie orientale. Le 27, elle dispose autour de Vukovar quelque 600 chars et 50 000 soldats. En dépit de l'écrasante supériorité tactique et numérique de l'ennemi, les combattants retranchés dans la ville résistent jusqu'au 18 novembre. Dans la grande catastrophe humanitaire qui suit la chute de Vukovar, plus de 4 000 combattants blessés et de 3 000 à 5 000 civils sont internés dans des camps serbes. Les Serbes descendus de Krajina atteignent la côte et attaquent Zadar et Šibenik. À la mi-octobre, la ville-musée de Dubrovnik est bombardée. Le centre historique est touché par les pilonnages de la marine de guerre yougoslave et plus de 1 200 habitants fuient la ville. En janvier 1992, la communauté européenne reconnaît l'indépendance de la Croatie, qui entrera à l'ONU le 22 mai. Un tiers du territoire croate est occupé. En janvier 1993, la libération des villages de l'arrière-pays de Zadar permet de construire un pont flottant près du village de Maslenica et de rétablir ainsi une liaison entre le littoral dalmate et le reste du pays. En mai 1995, l'opération “Éclair” libère en 3 jours plus de 500km^2 en Posavina et en Slavonie occidentale. En août, plus de 150 000 hommes participent à l'opération “Tempête”, qui reprend aux Serbes plus de 10 000km^2. La Croatie récupère Knin, une portion de la Dalmatie septentrionale, la Lika orientale, Kordun et la Banija. Les accords de paix de Dayton, en novembre 1995, confirment la Croatie dans les frontières qui étaient les siennes du temps de la Yougoslavie. La Slavonie orientale, placée sous l'administration des Nations unies, reviendra dans son giron en janvier 1998.

Le renouveau

Le président Tuđman décède le 10 décembre 1999. Les élections législatives de janvier 2000 sont remportées par une coalition de centre gauche sociale-démocrate/libérale. Le leader social-démocrate Ivica Račan devient Premier ministre, et Stipe Mesić, vice-président du Parti du peuple croate, accède à la présidence de la République. Pendant les quatre premières années de son mandat, il fait voter une série de réformes constitutionnelles qui suppriment la Chambre régionale du Parlement et limitent les pouvoirs du président de la République. Le mandat de la coalition est aussi marqué par l'amélioration générale des infrastructures routières. En décembre 2003, Ivo Sanader, chef du HDZ réformé, est nommé premier ministre. En avril 2004, son gouvernement remporte une victoire en politique étrangère quand la Commission européenne accepte l'ouverture de négociations avec la Croatie en vue de son adhésion à l'Union européenne. En janvier 2005, Stipe Mesić est réélu président de la République, et les élections législatives de novembre 2007 confirment l'équipe au pouvoir. Quand Ivo Sanader démissionne en juillet 2009, il est remplacé par Jadranka Kosor, première femme à occuper ce poste, qui doit gérer les graves conséquences de la crise économique mondiale. En 2010, le social-démocrate Ivo Josipović remporte l'élection présidentielle, et le 1er juillet 2013, la Croatie devient le vingt-huitième pays de l'Union européenne. Les élections présidentielles de janvier 2015 voient la victoire de Kolinda Grabar-Kitarović, du HDZ, première femme élue à la tête de l'État en battant le président sortant.

Politique

La Croatie est une république de type semi-présidentiel. La Constitution adoptée en décembre 1990 la définit comme une démocratie parlementaire, un “État indivisible, démocratique et social”. Les principales valeurs garanties par la Constitution sont l'État de droit, le respect des droits de l'homme et la justice sociale. Le pouvoir procède du peuple et appartient au peuple en tant que communauté de citoyens libres et égaux en droits. La Chambre des députés est l'organe principal du pouvoir législatif. Ses 151 membres, élus pour 4 ans au suffrage universel, promulguent les lois, votent les réformes constitutionnelles et entérinent le budget gouvernemental. Jusqu'en 2001, le Parlement (*Sabor*) comprenait, en outre, une Chambre régionale haute, équivalent du Sénat en France, mais avec la dissolution de cette assemblée, la Croatie a opté pour un système monocaMériste. Le président de la République est élu au suffrage universel pour 5 ans, et son mandat est renouvelable une fois. La réforme constitutionnelle de 2000 a sensiblement réduit les prérogatives du chef de l'État. Commandant en chef des forces armées, il nomme le premier ministre et, sur la proposition de ce dernier, les membres du gouvernement. Il peut dissoudre la Chambre et joue un rôle important en matière de politique étrangère. Le gouvernement détient l'essentiel du pouvoir exécutif. Il fait appliquer les lois et propose des amendements à la Chambre des députés. Le Conseil constitutionnel protège les libertés constitutionnelles et les droits de l'homme, juge de la conformité constitutionnelle des lois, de celle des élections multipartites et des référendums. Le Conseil suprême (*Vrhovni sud*) est l'instance la plus élevée, qui garantit la promulgation des lois.

Partis politiques

Phénomène de société intéressant en Croatie, depuis 1990 se sont fait enregistrer plus de 80 partis politiques, qui ont tous le droit de présenter des candidats aux élections législatives. Mais, avec les années, le corps électoral a opté en faveur de quelques partis puissants, dont l'éventail s'étend du centre gauche aux partis nationalistes de droite. Le HDZ (Union démocratique croate) se revendique comme étant de centre-droit. Le programme du SDP, Parti social-démocrate, qui appartient aujourd'hui au centre gauche, prône la justice sociale et défend les droits des travailleurs. Le HSS (Parti paysan croate) s'engage, lui, à défendre aussi les intérêts des paysans et des pêcheurs ; c'est un parti traditionnel de centre droit à l'électorat majoritairement rural. Le HNS (Parti du peuple croate), parti démocrate de gauche, a plutôt une assise urbaine. Héritier du parti nationaliste fondé en 1861, le HSP (Parti croate du droit) se situe à droite sur l'échiquier politique. Le HSLS (Parti social-libéral croate) s'est sensiblement rapproché du centre droit. Le Laburisti (Parti travailliste), fondé en 2010, s'appuie sur une ligne de centre gauche populiste.

Économie

Malgré des dommages de guerre évalués à 31,7 milliards de dollars, l'économie croate a renoué avec la croissance à partir de la fin des années 1990. Longtemps tournée vers l'Est, elle s'est rapprochée de l'Union européenne, et ce avant même son intégration de 2013. Mais le pays a été plus que d'autres durement frappé par la crise économique apparue en 2008, et son PIB a connu sept années consécutives de récession, avant une reprise en 2016, confirmée en 2017. Parallèlement, le chômage est passé de 11% de la population active en 2010 à plus de 19% en 2013, avant de retomber spectaculai-

Langue

Langue officielle de la république de Croatie, le croate appartient au groupe méridional des langues slaves. On utilise pour l'écrire l'alphabet latin, enrichi de signes diacritiques spécifiques. On distingue trois groupes dialectaux, désignés d'après la forme que prend dans chacun d'eux le pronom interrogatif "quoi" (*što, kaj* et *ča*). On parle le kajkavien dans le Nord-Ouest : la région de Zagreb, le Međimurje, le Turopolje et jusqu'en Posavina. Le čakavien est utilisé dans l'Ouest et le Sud-Ouest, c'est-à-dire en Istrie et en Dalmatie. Ces deux régions présentent des variantes dialectales très nettes. Le štokavien, qui a été choisi comme idiome officiel et langue littéraire du pays, est usité en Slavonie et dans tout l'Est de la Croatie. Pour le croate littéraire, on distingue également trois sous-groupes : l'ikavien, l'ékavien et l'(i)jékavien. C'est ainsi que "fenêtre" se dit *prozor* en štokavien, *oblok* en kajkavien et *ponistra* en čakavien ; "tomate" (*rajčica*) et "haricot sec" (*grah*) donnent respectivement en kajkavien *paradajz* et *bažul*, alors qu'en čakavien on entendra *pomidor* et *fažol*, sous l'influence de l'italien.

CROATE OU SERBO-CROATE ?

C'est Tito qui, en 1954, par souci de fédéralisme, tenta de profiter de la proximité des langues serbe et croate, ainsi que bosnienne et macédonienne, pour les fusionner en une langue unique baptisée "serbo-croate" ou "croato-serbe". Mais les guerres des années 1990, suivies de l'éclatement de la Yougoslavie et des indépendances, firent ressurgir très vite les particularismes linguistiques. Aujourd'hui, le serbo-croate n'existe plus, officiellement remplacé par les quatre langues historiques dans chacun des pays concernés.

PANORAMA

Inventions croates

De la Renaissance à nos jours une série d'inventeurs croates ont apporté une contribution inestimable au progrès scientifique et technique. Au début du XVIIe siècle, Marin Getaldić (1568-1626) étudie et construit des miroirs paraboliques, dont l'un est conservé au Musée maritime de Greenwich. Faust Vrančić (Faustus Verantius, 1551-1617), de Šibenik, publie une étude sur la résistance de la voilure à l'air, les *Machinæ novæ* en 1616. Cet ouvrage extraordinaire contient plus de cent dessins, esquisses et projets visionnaires, tel l'*Homo volans*, prototype du parachute. Le savant jésuite Ruđer Bošković (1711-1787) invente la lunette achromatique, et sa théorie des particules élémentaires en fait le père de l'atomisme. Officier de la marine austro-hongroise, Ivan Lupis (1814-1875) construit la première torpille en 1860. Il l'améliore avec le concours de l'ingénieur écossais Robert Whitehead, et elle devient à partir de 1880 une arme standard des marines de guerre les plus puissantes. Ferdinand Zeppelin doit sa notoriété aux plans du ballon dirigeable à armature métallique qu'il acheta à la veuve de David Schwartz (1852-1897). Les prototypes conçus par ce dernier, un Zagrébois autodidacte, volent à Saint-Pétersbourg en 1894 et à Berlin en 1897. Edvard Penkala (1871-1923) déposa plus de 80 brevets dans les domaines de la chimie, de l'ingénierie et de l'aviation, dont, en 1906, celui du premier stylo mécanique à réservoir intégré, communément appelé *pen-*

kala en croate. Le plus grand inventeur croate est sans conteste Nikola Tesla (1856-1943). Ce physicien émigre en 1884 aux États-Unis, où il commence par travailler avec Thomas Edison avant d'ouvrir son propre laboratoire. Il dépose plus de 100 brevets dans le domaine de l'électrotechnique, dont on retiendra le radar, la lampe à pastille de carbone, ancêtre du tube de néon, le moteur électrique à courant alternatif, la génératrice électrique et le projet de la première station de radio. C'est en son honneur qu'on a baptisé tesla (T) l'unité d'induction magnétique, en 1956. Le métier d'inventeur suscite encore de nombreuses vocations : en témoigne la série de prix internationaux qui a couronné récemment des scientifiques croates dans les domaines de la construction navale, de l'électrotechnique et des emballages.

Arts plastiques

La préhistoire

La préhistoire a doté les musées croates d'un fonds très riche. L'œuvre la plus précieuse, exposée au musée de Vinkovci, est sans doute le *Calendrier de Vučedol* (2600 avant notre ère). Ce vase sur lequel les saisons sont représentées en quatre registres portant les symboles des constellations est probablement le plus vieux calendrier astronomique d'Europe. La céramique usuelle et les dépôts d'offrandes funéraires des âges du bronze et du fer sont présentés dans les musées de Zagreb, Split, Pula, Zadar et Vinkovci. L'art illyrien s'illustre, notamment, avec la belle tête en ambre de Kompolje (500 av. J.-C.), issue de la culture iapode.

L'influence hellénistique

L'art grec atteint la Croatie aux VIIIe-VIIe siècles av. J.-C., avec l'importation de vases, de sculptures, d'armes, etc. En Istrie, sur le territoire des Iapodes (Lika et Bosnie occidentale) et dans les îles de Dalmatie centrale s'ouvrent des ateliers qui travaillent d'après les modèles hellénistiques. Outre de nombreuses figurines de Tanagra et des vases peints (*gnathia*), nous sont parvenues quelques œuvres exceptionnelles, telle la *Tête d'Artémis* (IVe s. av. J.-C.) retrouvée à Issa. Les traits particulièrement harmonieux de cette sculpture semblent indiquer une influence de Praxitèle. Autre chef-d'œuvre, le relief en marbre de *Kairos* (personnification grecque de l'instant favorable) de Tragurion-Trogir est sculpté au IIe ou Ier siècle av. J.-C. d'après celui de Lysippe. On a découvert il y a peu un grand bronze grec au large de l'île de Lošinj, un *Apoxyomenos* (jeune homme à sa toilette) attribué à l'école de Lysippe. On conserve à Zagreb le *Liber linteus Zagabriensis*, cinq bandelettes de tissu ayant servi à envelopper une momie et qui portent la plus longue inscription connue en langue étrusque.

L'époque romaine

L'Illyricum doit aux Romains son urbanisation générale. Ceux-ci aménagent un dense réseau de routes, avec viaducs et ponts, et la division du territoire (*ager*) en centuries leur permet de partager les terres entre colons et vétérans. À l'instar de Parentium-Poreč et de Iader-Zadar, la plupart des agglomérations adoptent le plan en damier des cités romaines. Les domaines ruraux (*villæ rusticæ*) témoignent eux aussi d'une organisation spatiale aboutie. Ainsi, l'immense complexe aménagé au Iᵉʳ siècle dans la baie de Veriga, sur l'île de Veli Brijun, réunit une résidence luxueuse, avec thermes et palestre, des temples et des bâtiments réservés aux activités agricoles distribués au fond d'une baie. Pula recèle plusieurs monuments complets du Iᵉʳ siècle : l'arc de triomphe des Serges, qu'étudieront Michel-Ange, Palladio, Serlio, Sangallo et Piranèse, le temple d'Auguste, un temple prostyle à la monumentalité simple, et l'amphithéâtre bâti par les Flaviens, l'un des mieux préservés du monde romain. Salona, qui comptait 40 000 habitants, a révélé les vestiges de son enceinte, avec tours et portes (*porta Cæsarea*), ceux de plusieurs temples, d'un théâtre, d'un aqueduc, de thermes et d'un amphithéâtre. La statuaire des Iᵉʳ-IIᵉ siècles a produit des marbres remarquables : la *Salonitaine*, une tête de jeune femme au modelé délicat, une monumentale *Minerve* provenant d'Aquæ Iasæ, une tête d'Hercule retrouvée à Æquum, un couple aux proportions harmonieuses, *Vénus et l'Amour*, exposé au Musée archéologique de Split, des statues d'empereurs romains découvertes à Ænona et le magnifique groupe impérial de Narona, près de Metković. À partir du IIᵉ siècle, on importe des sarcophages de Rome et de l'Attique. Ceux du *Bon Pasteur* et du *Passage de la mer Rouge* (IVᵉ s.) annoncent l'ère chrétienne et comptent parmi les plus beaux de Méditerranée.

L'Antiquité tardive

Le palais de Dioclétien à Split est le plus vaste monument antique de Croatie (38 000m²). Cette résidence impériale, bâtie à partir de 295 sur la côte, non loin de Salona, s'inscrit dans un quadrilatère irrégulier de murailles ponctuées de 16 tours et percées de 3 portes terrestres et d'une quatrième donnant sur la mer. Son organisation spatiale en fait une combinaison du camp militaire romain et d'une *villa rustica*. Les appartements impériaux occupent la partie sud du palais, les lieux de culte (péristyle, trois temples et mausolée de Dioclétien), le centre, et les bâtiments à vocation économique ou militaire, la partie nord. À Salona se développe le culte des chrétiens persécutés par Dioclétien. On élève, du IVᵉ au VIᵉ siècle, des basiliques et autres lieux de culte autour des tombes de Domnius et d'Anastase, martyrs qui deviendront les saints patrons de Split. La nécropole de Marusinac renferme une insolite église à nef centrale découverte, la *basilica discoperta*, et le mausolée de saint Anastase, qui influencera les constructions ultérieures de la région. On retrouve à Pula, Nesactium et Poreč l'église double (*basilicæ geminæ*) qui forme le complexe épiscopal de Salona. La plupart des autres villes romaines (Osor, Krk, Rab, Zadar, Trogir, Split, Dubrovnik, etc.) reçoivent aussi une cathédrale, qui gardera jusqu'à nos jours une partie de son aspect originel. Les musées abritent leur mobilier liturgique en pierre, des vestiges de peintures, de mosaïques et de l'orfèvrerie (lustres, reliquaires, encensoirs, etc.). Le VIᵉ siècle est particulièrement fécond. Sont bâties la basilique cruciforme à trois nefs de Salona, l'église Sv. Marija formoza de Pula, dont subsiste une très belle chapelle mémoriale cruciforme, et la fameuse basilique Euphrasienne de Poreč. Cette dernière réunit sur un même axe un baptistère, un atrium et une basilique à trois nefs et trois absides. Le premier "âge d'or" byzantin rayonne dans la sculpture, les placages de marbres polychromes, les dorures et les stucs et dans les splendides mosaïques de l'abside, dédiées pour la première fois au culte de la Vierge Marie. La résidence épiscopale, au nord de l'atrium, demeurera intacte. Sur le littoral de l'Adriatique (Istrie, îles de Brač et de Šolta) s'édifient plus de 200 églises à nef unique. Le christianisme gagne même les lieux les plus reculés. En témoigne l'extraordinaire palais fortifié du gouverneur ostrogoth de Polače, sur l'île de Mljet.

Le haut Moyen Âge (VIIe s.-début du XIe s.)

De cette époque où l'État croate voit le jour subsistent près de 200 églises - un nombre considérable ! L'Istrie est la première région à subir l'influence carolingienne, en témoigne la crypte de la cathédrale de Novigrad, presque identique à celle d'Aquilée (fin VIIIe s.). Si l'église de l'abbaye Sainte-Marie-Majeure (fin VIIIe s.), près de Bale, conserve le plan basilical hérité de l'Antiquité tardive, elle offre l'un des premiers exemples européens d'une organisation spatiale des bâtiments autour du cloître. Le royaume croate subit aussi l'influence carolingienne. Saint-Donat de Zadar est sûrement la rotonde la mieux préservée d'Europe après la chapelle palatine d'Aix-la-Chapelle. Saint-Sauveur, à la source de la Cetina, près de Knin, doit aux églises carolingiennes son corps occidental tripartite coiffé d'un clocher saillant. Dans les villes côtières demeurées sous domination byzantine, on retrouve des types architecturaux tardo-antiques comme la rotonde à six absides (Sainte-Trinité de Split). Quelques églises du haut Moyen Âge ont encore leur clôture de chœur (chapelle Saint-Martin de Split). Mais c'est dans les musées archéologiques que l'on peut admirer la majeure partie de ce mobilier liturgique sculpté, aux entrelacs caractéristiques. Ceux de Zadar et de Split abritent de véritables archives en pierre, ces chancels, sarcophages, architraves et linteaux dont les inscriptions mentionnent presque tous les souverains du premier royaume croate.

Le roman (XIe-XIIIe s.)

Au XIe siècle, les Bénédictins réformés favorisent la diffusion du roman en fondant sur la côte adriatique une cinquantaine d'abbayes. Saint-Michel de Kloštar, en Istrie, avec ses peintures murales de 1040, et surtout Saint-Pierre de Supetarska Draga, à Rab, restent de précieux témoins de cette époque. La prospérité favorise les commandes, souvent royales. Si les abbatiales subissent des influences italiennes, les églises perpétuent les traditions locales du haut Moyen Âge tout en introduisant des innovations importantes, dont le portail sculpté (Saint-Laurent de Zadar). La figure humaine faisant de nouveau partie du vocabulaire des sculpteurs, des scènes des vies du Christ et de la Vierge apparaissent sur les chapiteaux, les linteaux et les chancels, dont le plus admirable, le chancel de Saint-Dominique de Zadar, est exposé au Musée archéologique de la ville. La peinture murale suit la tradition ottonienne dans l'Ouest (Saint-Martin de Sveti Lovreč en Istrie) et byzantine dans le Sud (Saint-Michel de Ston). Dans la plupart des villes côtières s'ouvrent de grands chantiers aux XIIe et XIIIe siècles. On reconstruit les cathédrales paléochrétiennes en adoptant les formes à l'honneur en Lombardie, en Toscane (cathédrale et église Saint-Chrysogone de Zadar) ou dans les Pouilles (Sainte-Marie de Mljet). Les cathédrales dalmates abritent les plus belles réalisations de la sculpture romane tardive. Celle de Trogir a gardé son ciborium, son ambon et surtout son portail sculpté par Maître Radovan en 1240, un chef-d'œuvre de la statuaire médiévale. La sculpture sur bois a offert des trésors à la cathédrale de Split : les scènes de la vie du Christ qui animent les panneaux de ses portes (Andrija Buvina, 1214) et ses stalles aux délicats bas-reliefs. C'est dans de modestes églises d'Istrie que la peinture romane a le mieux résisté au temps. Les plus beaux cycles de fresques parent les murs de Saint-Jérôme de Hum (XIIe s.) et de Saint-Vincent de Svetvinčenat (XIIIe s., Ognobenus de Trévise).

Le gothique (XIIIe-XVe s.)

Le premier art gothique fait son apparition au milieu du XIIIe siècle avec la reconstruction de la cathédrale de Zagreb, dont le plan rappelle celui de la cathédrale de Troyes, et l'érection de la chapelle Saint-Étienne, des églises franciscaines de Zadar et Pula et de l'abbaye cistercienne de Topusko (vers 1300). Le gothique tardif (XVe s.) s'illustre avec Saint-Marc de Zagreb - une église-halle à trois nefs -, le monastère paulinien de Lepoglava et la chapelle des Frankopan à Krk. En Istrie se mêlent les influences du Nord et du Sud : c'est ainsi que Matija de Pula et Petar de Ljubljana collaborent à l'édification de l'église Sainte-Marie près de Čepić (1492). À la fin de la période, plusieurs écoles œuvrent dans les villes dalmates. La cathédrale de Korčula, bâtie à partir de 1441 sur des plans de Iacopo Correr de Trani, sera achevée dans le style gothique fleuri par les frères Andrijić. La sculpture dénote des influences variées. En Croatie continentale, elles viennent du Nord : l'atelier praguois des Parler participe à la décoration de la cathédrale de Zagreb et du portail sud de Saint-Marc. Les plus beaux portails gothiques de Dalmatie, ceux des cathédrales de Zadar (1324) et de Šibenik (1431), ainsi que l'autel de Saint-Domnius de la cathédrale de Split, dû à Bonino da Milano (1428), attestent une influence lombarde. Une vingtaine d'années plus tard, Juraj Dalmatinac (Georges le Dalmate) achèvera la chapelle Saint-Anastase dans le style gothique flamboyant. La sculpture gothique a doté les églises du littoral de magnifiques stalles de chœur en bois. Zadar recèle les plus belles : celles de la cathédrale Sainte-Anastasie, réalisées en 1418 par Matteo Moronzon, et celles de l'église Saint-François, signées Giovanni di Borgo San Sepolcro (1394). L'art s'aventure de plus en plus hors des lieux de culte, comme le montre la statue de Roland, symbole de la chevalerie, dressée sur une place de Dubrovnik (1418). Dujam Vušković et Ivan Pavlov ornent de fresques Saint-Domnius de Split, mais les peintres sont moins sollicités en Dalmatie qu'en Croatie septentrionale et en Istrie. Ainsi la chapelle Saint-Étienne de Zagreb est décorée au XIVe siècle à la manière de l'école de Rimini. En Istrie, le Maître Vincent de Kastav couvre les murs de Sainte-Marie de Beram d'extraordinaires fresques de style gothique tardif. Les villes du littoral recèlent maintes œuvres du cercle de Paolo Veneziano (*pala Bembo* à Vodnjan, crucifix de l'église des Dominicains de Dubrovnik, polyptyques de Krk, Zadar, Rab et Trogir), le plus grand artiste du Bassin adriatique au XIVe siècle. Au XVe siècle, Blaž Jurjev Trogiranin (Blaise de Trogir), Lovro Dobričević et d'autres maîtres locaux peignent dans l'esprit du "gothique international" des polyptyques, des *Vierges à l'Enfant* et des crucifix. Le joyau de l'orfèvrerie gothique est la châsse de saint Siméon, à Zadar, réalisée de 1377 à 1380 par Francesco da Milano avec le concours de grands artistes locaux.

La Renaissance (XVe-XVIe s.)

Le fleuron de l'architecture Renaissance en Croatie est sans conteste la cathédrale de Šibenik, dont Juraj Dalmatinac reprend la construction en 1441, à son retour d'Italie. Le sculpteur et architecte met au point une méthode d'assemblage des blocs de pierre sans mortier, donnant ainsi à la cathédrale l'aspect d'un immense reliquaire. À sa mort, Nikola Firentinac (Nicolas le Florentin) achève la voûte en berceau et la croisée, qu'il coiffe d'une coupole, marquant l'édifice d'un sceau Renaissance. Mais c'est pour la cathédrale de Trogir que Nicolas le Florentin réalise son chef-d'œuvre à partir de 1468 : la chapelle du Bienheureux-Jean-de-Trogir, un écrin Renaissance parfait pour l'ensemble sculptural dont il partage l'exécution avec Andrija Aleši et Ivan Duknović. À Dubrovnik, les idées nouvelles importées d'Italie s'allient aux traditions locales pour donner naissance à un style mixte gothico-Renaissance. Le nouveau vocabulaire architectural, qui tend à mettre en rapport forme et fonction, est utilisé notamment pour la reconstruction du palais des Recteurs dans la seconde moitié du XVe siècle. Mais le palais Sponza, érigé au début du XVIe siècle pour accueillir l'administration des Douanes et l'hôtel de la Monnaie, en est la meilleure illustration : arcades à l'antique au rez-de-chaussée, fenêtres gothiques au 1er étage et fronton Renaissance au 2e étage. Les idéaux humanistes de la Renaissance trouvent leur expression dans les résidences d'été que se font bâtir les riches marchands et nobles ragusains autour de la ville à partir du XIVe siècle et surtout aux XVe-XVIe siècles. Avec son logis donnant sur des jardins clos conçus comme une réduction de la nature, la villa type se veut la retraite idéale de l'honnête homme esthète et cultivé. La plupart des grands artistes croates de la Renaissance sont appelés à travailler à l'étranger. Le Dalmate Franjo Vranjanin se rend célèbre à Naples, en Provence et en Sicile avec des bustes d'une grande douceur de lignes et d'une stylisation marquée. Ivan Duknović, sculpteur formé à Rome qui excelle dans le modelé des volumes, réalise une partie de son œuvre à la cour de Mathias Corvin à Budapest. C'est un élève de Squarcione, Juraj Čulinović, qui introduit le style Renaissance dans la peinture croate. L'un des plus grands maîtres de cette période est Nikola Božidarević, dont le triptyque conservé au monastère dominicain de Dubrovnik représente saint Blaise, le patron de Raguse, tenant dans ses mains une représentation digne de foi de la ville, dans une composition fourmillant de détails. Juraj Klović profite dès 1516 de la protection des Grimani à Venise. Il travaillera plus tard à Rome. Celui que Vasari surnomme le Michel-Ange de la miniature est accepté dans le cercle des plus grands artistes de son temps et immortalisé par Raphaël dans sa fameuse fresque de *L'École d'Athènes*.

MAÎTRES DE LA RENAISSANCE CROATE

Nikola Firentinac (Niccolò Fiorentino) v. 1418-1506
Juraj Dalmatinac (Giorgio Dalmata) v. 1420-1475
Franjo Vranjanin (Francesco Laurana) v. 1420-v. 1502
Juraj Ćulinović (Giorgio Schiavone) v. 1434-1504
Ivan Duknović (Giovanni Dalmata) v. 1440-v. 1510
Nikola Božidarević 1460-1517
Juraj Klović (Giulio Clovio) 1498-1578

Le baroque (XVIIe-XVIIIe s.)

Baroques, les XVIIe et XVIIIe siècles sont aussi turbulents. Les guerres avec les Ottomans entraînent la militarisation de certaines régions. Adoptant les principes de l'architecture militaire moderne, plusieurs villes abritent alors leur centre administratif et leurs églises derrière des remparts bastionnés. En témoignent la Tvrđa d'Osijek, place forte admirablement préservée, la ville forte de Slavonski Brod et les vestiges des enceintes de Zadar, Split et Šibenik. Artisans de la Contre-Réforme, les Jésuites jouent un rôle décisif dans la diffusion du baroque. Ils dotent les grandes villes croates d'édifices portant l'empreinte de l'Europe centrale (Sainte-Catherine de Zagreb), de Venise (Saint-Guy de Rijeka, une rotonde monumentale) ou de Rome, telle l'église Saint-Ignace de Dubrovnik. Cette dernière, bâtie d'après les plans du jésuite Andrea Pozzo, fait partie du plus beau complexe baroque de toute la côte. Un escalier majestueux, conçu par Pietro Passalacqua en 1735, la relie, avec le collège jésuite attenant, au reste de la ville. À Dubrovnik, ville la plus prospère de la côte adriatique, le séisme dévastateur de 1667 favorise l'épanouissement de ce style. On rebâtit la cathédrale de l'Assomption et l'église Saint-Blaise. La théâtralité chère au baroque gagne l'aménagement urbain, avec la reconstruction de la rue principale, Stradun, bordée de façades presque identiques. C'est aussi l'époque où se multiplient les églises de pèlerinage, entourées d'une galerie à arcades souvent peinte et rythmée de tours d'angle (Belec, Trški Vrh, Kutina, etc.). Cette interaction des espaces intérieur et extérieur se retrouve dans les demeures seigneuriales qui se multiplient en Croatie du Nord : le bâtiment principal se dresse souvent au cœur d'un parc (Gornja Bistra, Stubički Golubovec, Gornja Stubica, etc.). Des peintres et sculpteurs de différents ateliers donnent aux lieux de culte un décor intérieur aussi fastueux qu'exubérant. Le sculpteur Francesco Robba (1698-1757) se distingue par les figures saisies en plein mouvement, dans leurs drapés à cassures plates, qui ornent ses autels en marbre. Les Pauliniens relaient les Jésuites dans la diffusion de la Contre-Réforme et du baroque. Leur couvent de Lepoglava devient le lieu de rencontre des artistes. Le plus doué d'entre eux est le paulinien Ivan Ranger (1700-1753), dont les peintures murales expriment parfaitement, par le trompe-l'œil et une iconographie originale, l'esprit baroque. Le maître de la peinture dalmate et vénitienne d'alors est Federiko Benković (Bencovich, 1677-1753).

Depuis le XIXe siècle

DU NÉOCLASSICISME AU MODERNISME Dans la seconde moitié du XIXe siècle, l'expansion démographique qui accompagne l'effervescence culturelle et économique de Zagreb nécessite une vaste opération d'urbanisme. Le plan d'aménagement de la ville Basse s'ordonne autour du "Fer à cheval vert" de Milan Lenuci (1849-1924) : une suite d'espaces verts jalonnée d'édifices publics d'envergure nationale, dont l'Académie croate des sciences et des arts, la gare centrale et le Théâtre national. Comme d'autres monuments, ce dernier est conçu par des architectes étrangers, les Viennois Fellner et Helmer. Chantre du néoclassicisme, Bartol Felbinger (1785-1871) dessine les plans de plusieurs hôtels particuliers et surtout ceux du palais du baron Vrkljan à Januševec, non loin de Zagreb. L'Allemand Herman Bollé

IVAN MEŠTROVIĆ (1883-1962)
Cet élève de l'architecte Otto Wagner et d'Auguste Rodin va dominer la sculpture croate de la première moitié du XXe siècle, avec des œuvres aussi monumentales que poétiques, souvent empreintes de mysticisme et d'un patriotisme fervent. Il a laissé aussi bien des portraits et des nus féminins que des bas-reliefs, des monuments (*Grgur de Nin* à Split) et des fontaines (*La Source de la Vie* à Zagreb).

(1845-1926) met à l'honneur d'autres styles "néo" apparus vers 1850. Il achève la reconstruction de la cathédrale de Zagreb et réalise maints édifices publics, son chef-d'œuvre historiciste étant le cimetière néo-Renaissance de Mirogoj. En peinture, Vjekoslav Karas (1821-1858) s'impose comme le chef de file des réalistes avec ses remarquables portraits de style Biedermeier. Après s'être consacré à des thèmes religieux et historiques, Mato Celestin Medović (1857-1920) représente avec la spontanéité d'un grand coloriste les paysages de son Pelješac natal. Un autre paysagiste doué, Menci Klement Crnčić (1865-1930), restitue magistralement les lumières changeantes de la côte dalmate. Vlaho Bukovac (1855-1922) est connu pour ses portraits et le rideau *Le Renouveau croate* qu'il peint pour le Théâtre national de Zagreb. Mais il initiera surtout à l'impressionnisme les jeunes talents de l'école "bariolée" de Zagreb. Le symbolisme croate trouve son maître en Bela Čikoš-Sesija (1864-1931), qui couche sur la toile visions poétiques de la Bible et thèmes mythologiques ou historiques. En donnant à Zagreb ses premières statues publiques, dont celle du ban Jelačić, l'Autrichien Antun Dominik Fernkorn (1813-1878) imprime un nouvel élan à la sculpture. C'est ainsi qu'Ivan Rendić (1849-1932) laissera plus de 200 œuvres, dont les statues de Croates célèbres qui ornent les places de la capitale. Élève de Rodin, Robert Frangeš-Mihanović (1872-1940) révèle un don pour les sujets animaliers, tandis que le travail de Rudolf Valdec (1872-1929) s'inscrit plutôt dans la mouvance symboliste associée au style Sécession. En effet, le mouvement de la Sécession qui naît à Vienne au tournant du XIXe siècle gagne bientôt Zagreb, Rijeka et d'autres villes de Croatie comme Osijek, où les hôtels particuliers et le cinéma édifiés par Ante Slaviček sur l'avenue de l'Europe illustrent brillamment ce style. Le chef-d'œuvre de la Sécession croate reste toutefois le bâtiment des Archives nationales, à Zagreb, conçu par Rudolf Lubinski en 1913 et décoré et meublé par une pléiade d'artistes : Frangeš, Valdec, Vod, Crnšić, Iveković, Auer, Tišov, Rački, Kovačević et autres. À ce mouvement succède le modernisme, dont l'architecte Viktor Kovačić (1874-1924), disciple d'Otto Wagner, défend les principes fonctionnalistes. Ses réalisations les plus marquantes sont la Bourse, l'église Saint-Blaise et la maison Frank à Zagreb. Parmi les autres grandes figures de l'époque, se distinguent Ivan Meštrović (cf. encadré) et Frano Kršinić (1897-1982), natif de Korčula, qui marque la sculpture de cette époque avec des œuvres d'un lyrisme expressif.

CERCLES, ÉCOLES ET GROUPES Au début du XXe siècle, les peintres du "cercle de Munich" (Miroslav Kraljević, Josip Račić, Vladimir Becić et Oskar Herman) apportent leur touche aux tendances contemporaines. Dans le sillage de Marino Tartaglia (*Autoportrait*, 1917), Marijan Trepše, V. Gecan, M. Uzelac et V. Varlaj explorent, chacun à sa manière, les champs de l'ex-

L'ÉCOLE DE HLEBINE

L'art naïf apparaît sur la scène artistique croate dans les années 1930, quand le peintre Krsto Hegedušić fait connaître les paysages et les activités quotidiennes brossés sans souci de réalisme par les habitants du village de son enfance. Ivan Generalić (1914-1992), Franjo Mraz et Mirko Virius sont les talentueux pionniers de cette "école de Hlebine", qui obtiendra une reconnaissance internationale après la Seconde Guerre mondiale.

pressionnisme et de la "nouvelle objectivité". Drago Ibler, Stjepan Planić, Mladen Kauzlarić et d'autres architectes de l'"école de Zagreb" s'illustrent dans l'entre-deux-guerres. Certains travaillent en étroite collaboration avec Zemlja (Union des artistes de la terre, 1929-1935), un groupe de peintres, de sculpteurs et d'architectes (Krsto Hegedušić, M. Detoni, Oton Postružnik, etc.) qui critique vivement la société. L'école de Hlebine (cf. encart) se fait connaître parallèlement à cette époque. Après la Seconde Guerre mondiale, l'art croate se démarque ouvertement du réalisme socialiste, seul art officiel autorisé dans les autres pays communistes. Le groupe EXAT 51 (1951-1956) rassemble des peintres et des architectes (Ivan Picelj, Aleksandar Srnec, Vjenceslav Richter, Božidar Rašica, notamment) qui regardent ostensiblement vers l'Ouest. Dix ans plus tard, Zagreb devient le centre d'un mouvement international, Nove tendencije, tourné vers le constructivisme et l'abstraction géométrique. Julije Knifer (1924-2004) se rend célèbre avec ses *Méandres monochromes*. Il fait aussi partie, avec le sculpteur Ivan Kožarić, du groupe Gorgona (1959-1966), dont l'activité marque l'avènement de l'art conceptuel. Les peintres Edo Murtić (1921-2005) et Oton Gliha (1914-1999) demeurent les maîtres de l'abstraction dans les années 1960 et 1970, tandis que Vojin Bakić (1915-1992) et Dušan Džamonja (1928-2009) dominent la sculpture. Parallèlement se développe le design industriel (B. Bernardi) et, bientôt, s'épanouissent de nouveaux médias comme la vidéo, dont les principaux représentants sont Sanja Iveković et Dalibor Martinis.

Littérature

La naissance de la langue croate

La littérature croate naît avec l'arrivée des premiers missionnaires à la charnière des VIIIe et IXe siècles. Les premiers écrits (IXe s.) sont des textes latins gravés dans la pierre qui citent les noms des souverains croates. Toujours au IXe siècle, les saints frères Cyrille et Méthode forgent l'alphabet glagolitique pour traduire les Évangiles du grec en slavon (vieux slave ecclésiastique). Les Croates utilisent le glagolitique à partir du XIe siècle dans les textes liturgiques. Dans le même temps, le slavon intègre des éléments de la langue vulgaire, donnant ainsi naissance au croate. En Dalmatie méridionale, le slavon et le croate vernaculaire s'écrivent alors dans une forme particulière du cyrillique, la *bosančica*. Jusqu'à la Renaissance, les Croates utilisent donc trois langues, le croate, le slavon et le latin, et trois alphabets : romain, glagolitique et cyrillique. Il faut souligner que le latin est la langue médiévale officielle et que le slavon et l'alphabet glagolitique sont le plus souvent réservés à l'expression du sacré. Les Croates sont le seul peuple catholique d'Europe à avoir obtenu du pape, dès l'époque médiévale, l'autorisation d'utiliser leurs propres langue et alphabet dans la liturgie. Les caractères romains, employés dès la fin du Moyen Âge pour la notation du croate, l'emportent très tôt sur le glagolitique et la *bosančica*, même si ces deux alphabets se maintiennent dans certaines zones rurales jusqu'au XIXe siècle. Toutefois, ce n'est qu'en 1847 que les Croates – et ce sont les derniers Européens à le faire – abandonnent le latin comme langue officielle au profit de la leur, cf. Langue (p.28).

Le Moyen Âge (IXe-XIVe s.)

Les premiers textes sont généralement écrits en glagolitique, alphabet importé en Dalmatie par des émules des saints Cyrille et Méthode. Ceux qui nous sont parvenus sont le plus souvent des textes juridiques, historiques ou religieux : la plaque de Baška (1100), plus ancien texte mentionnant le mot "croate" en glagolitique, la *Loi de Vinodol* de 1288 ou encore la *Chronique du pope de Doclea*, de la fin du XIIe siècle.

Renaissance et classicisme (XVe s.-1835)

À partir du XVe siècle, les lettres croates débordent du cadre religieux et, sous l'influence de la Renaissance italienne, on voit fleurir une poésie épique, lyrique et dramatique. La littérature profane naît avec l'humaniste Marko Marulić (1450-1524), érudit natif de Split qui écrit en latin, en italien et en croate. C'est dans cette langue qu'il rédige son chef-d'œuvre, *Judith*, un poème épique inspiré de la Bible, qui encourage la lutte nationale contre les Ottomans avec l'aide de Dieu. Le premier grand dramaturge croate est le Ragusain Marin Držić (1508-1567), auteur de poèmes pastoraux et surtout de comédies qui sont encore jouées et font toujours autant rire. La plus connue est peut-être *Dundo Maroje* (*Oncle Maroje*), pièce écrite en 1550 et qui sera représentée dans toute l'Europe. Le maître de la littérature baroque est aussi un Ragusain : Ivan Gundulić (1589-1638), dont les épopées *Osman* et *Dubravka* chantent la lutte contre les envahisseurs turcs, qui menacent jusqu'à sa ville natale. Au siècle des Lumières s'illustrent deux poètes : Andrija Kačić Miošić (1704-1760), dont *Le Plaisant Discours du peuple slave* jouera un grand rôle dans l'éveil de la conscience nationale, et Ruđer Bošković (1711-1787), dont les œuvres didactiques prêchent le retour à la nature et l'éducation du peuple. Bošković est, en outre, un éminent philosophe, astronome, physicien et mathématicien de son époque.

La littérature moderne (1835-1914)

Après 1835, les écrivains se rassemblent autour du poète Ljudevit Gaj (1809-1872) et rédigent des ouvrages patriotiques, tels les *Budnice*, ces poèmes qui exaltent la grandeur de la langue et de l'histoire du peuple croate et ses liens avec les autres nations slaves. Ivan Mažuranić (1814-1890) donne alors à la littérature nationale l'un de ses classiques : le poème épique *La Mort de Smail-aga Čengić*, inspiré par la lutte contre les Turcs. Dans ces mêmes années, Antun Mihanović compose *La Patrie croate*, dont les vers deviendront ceux de l'hymne national. La personnalité centrale de la seconde moitié du

XIXe siècle est August Šenoa (1838-1881), père du roman historique et social croate, mais aussi critique, feuilletoniste, poète et dramaturge. Son œuvre la plus lue est *L'Or de l'orfèvre* (1871), un mélodrame dont l'intrigue se déroule à Zagreb au XVIe siècle. L'œuvre rencontra un tel succès qu'une statue de son héroïne, la tendre Dora Krupičeva, a été dressée à l'entrée de la vieille ville. Le grand poète réaliste Silvije Strahimir Kranjčević (1865-1908) influencera durablement les générations suivantes. Du même courant relèvent Eugen Kumičić (1850-1904), Ante Kovačić (1854-1889), Vjenceslav Novak (1859-1905) et Josip Kozarac (1858-1906), poètes et romanciers régionalistes qui évoquent tous les questions sociales de leur époque. Beaucoup d'écrivains modernes finissent leur vie dans la misère, parfois loin de leur pays natal. Citons Dragutin Domjanić (1875-1933), qui compose des poèmes en dialecte, et le dramaturge Ivo Vojnović (1857-1929) dont le chef-d'œuvre, la *Trilogie ragusaine*, relate la chute de la noblesse ragusaine. Les poètes errants Janko Polić Kamov (1886-1910) et Antun Gustav Matoš (1873-1914) marquent également la charnière des XIXe et XXe siècles. Tant dans son œuvre que par ses actes, Kamov se révolte ouvertement contre la morale hypocrite du monde plein de préjugés et de haine dans lequel il vit. Après un long séjour à Paris, Matoš écrit une série de sonnets à thèmes patriotique et amoureux et des nouvelles. À la même époque, Ivana Brlić-Mažuranić (1874-1938), dont les *Contes croates de jadis* (1916) ressuscitent la mythologie slave, donne à la littérature enfantine ses meilleurs titres.

PANORAMA

Écrivains contemporains

Tout comme Miroslav Krleža (p.38), le poète et romancier Ivo Andrić (1895-1975) est l'une des principales personnalités de la littérature croate contemporaine. Entré en littérature en 1914, il obtiendra le prix Nobel en 1961. Ses romans *Prokleta avlija* et *Le Pont sur la Drina* évoquent la vie en Bosnie sous la domination ottomane. Il faut signaler que Croates, Bosniens et Serbes se disputent ce Croate de Bosnie, qui écrivait dans les trois langues en utilisant de nombreuses expressions turques et se définissait comme yougoslave. Le symboliste Tin Ujević (1891-1955) et l'expressionniste Antun Branko Šimić (1898-1925) sont les chefs de file de la poésie d'avant-garde. Ivan Goran Kovačić (1913-1943), qui mourut sous les coups d'un *tchetnik*, a laissé, pour sa part, son nom au prix qui récompense depuis 1971 les plus grands poètes croates. Cette couronne de Goran (*Goranov vijenac*) a distingué, notamment, Zvonimir Golob (1927-1997), Dobriša Cesarić (1902-1980), Vesna Parun (1922-2010), Dragutin Tadijanović (1905-2007) et Ivan Slamnig (1930-2001). Autre écrivain marquant du XXe siècle, Ranko Marinković (1913-2001) a laissé une œuvre multiforme ; par ses jeux linguistiques, sa veine mi-naturaliste mi-grotesque, son roman

MIROSLAV KRLEŽA
Né en 1893 et mort en 1981, cet auteur, qui fait ses débuts pendant la Grande Guerre, demeurera la figure centrale des lettres croates du XXe siècle. Écrivain engagé, précurseur de l'existentialisme (*Le Retour de Philippe Latinowicz*, 1929), il dénonce vigoureusement la guerre dans son recueil de nouvelles *Mars, dieu croate* et l'hypocrisie de la société bourgeoise dans son drame expressionniste *Le Cycle des Glembay*.

Le Cyclope est l'un des meilleurs du siècle. Bien des auteurs contemporains voient leurs œuvres traduites en différentes langues. Dubravka Ugrešić (née en 1948), Slavenka Drakulić (née en 1949) et Miljenko Jergović (né en 1966) sont peut-être ceux qui rencontrent le plus grand succès à l'étranger. Les Croates plébiscitent plutôt Ivan Aralica, Nedjeljko Fabrio et Pavao Pavličić.

Musique

Du côté des classiques

Comme ailleurs, les premières compositions sont religieuses. La musique médiévale est indissociable du chant liturgique qui relève de deux traditions, l'une grégorienne, l'autre glagolitisante et utilisant le slavon d'Église. De cette époque nous sont parvenus près d'une centaine de manuscrits, comme l'*Agenda pontificalis* et le *Missale plenum* de la Bibliothèque archiépiscopale de Zagreb et l'*Évangéliaire d'Osor*, aujourd'hui conservé à la Bibliothèque vaticane. Plusieurs compositeurs croates de la Renaissance s'illustrent hors de leur pays natal, tel Franjo Bosanac (Franciscus Bossinensis, né vers 1510). Il publie à Venise deux recueils de transcriptions de *frottole* (chansons populaires italiennes à quatre voix), et une quarantaine de ses propres compositions pour luth (*ricercari*), miniatures instrumentales d'une grande délicatesse. Au début du XVIIe siècle, le maître baroque Ivan Lukačić (Ioannis Lucacih, 1587-1648) travaille à Split. On lui doit de nombreux motets, mais seul son recueil de *Sacræ cantiones* (1620) nous est parvenu entier. Au XVIIIe siècle sont créées les premières œuvres pour orchestre. Luka Sorkočević (1734-1789), descendant d'une famille de notables ragusains, écrit les sept premières symphonies croates. Sa carrière diplomatique lui permet de se lier d'amitié avec Haydn et Glück, mais ses compositions rappellent plutôt celles de Mozart. Violoniste virtuose, Ivan Mane Jarnović (1747-1807) écrit de nombreuses pièces pour orchestre, dont 20 remarquables concertos pour violon, et fait une brillante carrière d'interprète et de chef d'orchestre dans toute l'Europe. Au XIXe siècle, la musique subit l'influence du Mouvement illyrien. En 1846, Josip Runjanin met en musique le poème *La Patrie croate* d'Antun Mihanović, qui deviendra l'hymne national. Vatroslav Lisinski (1821-1854) compose les premiers opéras croates : *Amour et Malice*, créé en 1846, et *Porin*, qui puise dans les thèmes de l'histoire nationale, en 1897. Boris Papandopulo (1906-1991) est l'un des musiciens croates les plus brillants du XXe siècle. Ce pianiste, chef d'orchestre et compositeur est surtout célèbre pour ses oratorios qui s'inspirent du texte et du chant a cappella des *klape*, polyphonies traditionnelles dalmates. L'avant-garde est représentée par Milko Kelemen (1924-2018) qui, outre de nouvelles techniques de composition, utilise abondamment les instruments électroniques. C'est aussi le fondateur de la Biennale de musique contemporaine, aujourd'hui reconnue dans le monde entier, qui se tient depuis 1961 à Zagreb.

Musique populaire et jazz

Le chanteur populaire Ivo Robić (1923-2000) entama sa carrière en 1948 et enregistra près d'une centaine de disques. Il a composé de nombreux hits, dont *Morgen*, qui lui valut son premier succès international en 1958, et *Stranci u noći*. Vendue au fameux compositeur et arrangeur allemand Bert Kaempfert, cette chanson est aujourd'hui plus connue sous le titre de *Strangers In the Night*. Le vibraphoniste Boško Petrović (1935-2011) est le plus grand musicien de jazz croate. Il fonda le célèbre Zagreb Jazz Quartet en 1959 et a joué avec John Lewis, Stan Getz, Joe Pass et d'autres grands jazzmen, et collaboré à plus de 80 albums. Son principal apport tient sans doute à ses arrangements inspirés de chansons folkloriques croates. Citons aussi la compositrice et chanteuse de jazz Tamara Obrovac (née en 1962) et le pianiste de jazz Matija Dedić (né en 1973), cofondateur de plusieurs ensembles, dont le Boilers Quartet, et compositeur qui puise son inspiration dans différentes formes de musiques urbaines. Le pianiste Maksim Mrvica (né en 1975) revisite avec virtuosité les compositeurs classiques. Enfin, Severina, Thompson, les Bambi Molesters et TBF figurent parmi les groupes ou artistes pop à la mode.

Cinéma

Le 7e art suscite l'intérêt dès le début du xxe siècle, et un studio de cinéma, Croatiafilm, s'ouvre à Zagreb en 1917. La figure marquante des années 1930 est Oktavijan Miletić (1902-1987). Ce cinéaste passionné achète sa première caméra à l'étranger et tourne des parodies et des films de genre populaires, dont le premier long métrage croate, *Lisinski*, en 1944. Dans *Koncert* (1954), Branko Belan ose s'affranchir des débats idéologiques et dans H-8 (1958), Nikola Tanhofer évoque les problèmes du quotidien en s'inspirant de faits divers relatés par les journaux. À la charnière des années 1950 et 1960, c'est surtout l'école de films d'animation de Zagreb qui se distingue par la qualité de ses productions. Et Dušan Vukotić est le premier Européen à remporter un oscar dans cette catégorie en 1962 pour son court-métrage *Surogat* (*Le Substitut*). Le cinéma d'auteur prend son essor dans les années 1960, souvent en adaptant des œuvres littéraires. Zvonimir Berković adopte un langage filmique proche de celui de la composition musicale dans *Rondo* (1966), mélodrame qui met en scène un triangle amoureux. En 1967, dans *Breza* (*Le Bouleau*), drame paysan adapté d'un roman de Slavko Kolar, Ante Babaja apporte un soin remarquable et remarqué au traitement de l'image. Krešo Golik tourne en 1970 *Tko pjeva zlo ne misli* (*Qui chante ne pense pas à mal*), une comédie musicale adaptée d'un roman des années 1930 évoquant les rêves inassouvis de la petite bourgeoisie zagréboise. Cette œuvre a été élue film du siècle en Croatie. Dans les années 1990, la guerre fait perdre son élan à la production ; la réflexion s'oriente sur le tribut payé par les Croates au régime communiste. Krsto Papić dépeint le crépuscule de la Yougoslavie et aborde pour la première fois les problèmes de l'émigration politique croate dans *Les Années d'or* (1993). Zrinko Ogresta recevra plusieurs prix pour *Fragments* (1991), l'histoire d'un homme qui cherche à faire la lumière sur le destin de son père et de son grand-père disparus pendant et après la Seconde Guerre mondiale. Dans *Les Cerveaux lavés* (1995) et surtout *La Poussière rouge* (1999), il critique ouvertement la dérive mafieuse des milieux d'affaires et la crise économique et morale que traverse le pays à la fin des années 1990. Vinko Brešan traite avec beaucoup d'humour du long "règne" de Tito et des débuts de la guerre d'Indépendance dans *Comment la Guerre a commencé sur mon île* (1996) et *Le Fantôme de Tito* (1999), et de la dénatalité dans *Bonté divine* (2013). Les jeunes réalisateurs se démarquent assez nettement de ces thèmes. Dans *Mondo Bobo* (1997), Goran Rušinović utilise le noir et blanc pour livrer une vision poétique complètement nouvelle, proche de celle du cinéma américain indépendant. Dalibor Matanić est l'espoir le plus prometteur du cinéma national. Son premier long métrage, *La Caissière veut aller au bord de la mer* (2000), brocarde les provincialismes, tout comme *Kino Lika* (2008), quand *De charmantes jeunes filles mortes* (2002) aborde le thème de l'homosexualité, et *Soleil de plomb* (2015) celui des rivalités ethniques.

Gastronomie

La gastronomie croate doit sa richesse à sa position au carrefour de la Méditerranée et de l'Europe centrale et à la diversité de ses terroirs. Les différentes cuisines régionales respectent les saisons et les aliments, produits le plus souvent sans pesticides ni conservateurs, ont partout la même fraîcheur. L'eau de source est aussi très bonne, et celle du robinet potable dans tout le pays.

La cuisine du Nord

Viandes, choux, pommes de terre et poissons d'eau douce sont ses principaux ingrédients, et ses recettes dénotent des influences orientale, autrichienne et hongroise. La région est réputée pour ses viandes grillées ou rôties à la broche et pour sa charcuterie artisanale : saucissons, saucisses, boudins, *kulen* (saucisses relevées au paprika) et jambons crus ou fumés. De la tradition locale relèvent différentes recettes de soupes aux nouilles (*juha*) ou aux boulettes de viande, la dinde sur son "nid" de *mlinci* (lamelles grillées de pâte filo), le cochon de lait rôti à la broche, les feuilles de chou fermenté farcies de viande hachée et de riz (*sarme*), la tourte au fromage blanc et aux courgettes (*gibanica* ou *štrudla*) et les *štrukli* (gros raviolis au fromage blanc cuits à l'eau puis nappés de crème fraîche et passés au four, servis salés ou sucrés). Les poissons d'eau douce comme la

Côtes de porc vigneronnes (*Kotlet s trsja*)

Pour 4 personnes *4 côtes de porc dans l'échine, 50g de lardons, 4 prunes, 1 grappe de raisin noir, 2 carottes, 1 branche de céleri, 10cl de vin rouge, persil*
Émincer les carottes, les prunes dénoyautées, le céleri et le persil, et égrener le raisin, puis faire revenir les lardons dans une poêle, ajouter les côtes de porc et les faire dorer sur chaque face.
Ajouter les prunes et les légumes émincés, poivrer et poursuivre la cuisson à feu modéré, en mouillant de vin rouge. Quand les côtes de porc sont cuites, réserver la préparation au chaud, et déglacer la poêle avec le restant de vin.
Faire revenir le raisin jusqu'à ce que la peau se détache des grains et les ajouter à la sauce, laisser juste frémir avant de verser sur les côtes de porc.
Servir avec des tagliatelles, fraîches de préférence.

truite, la carpe, la perche et le brochet sont le plus souvent grillés. Le *fiš-paprikaš* (assortiments de poissons cuits dans une soupe épaisse et relevée au paprika rouge) est une spécialité slavonne. Au nombre des spécialités sucrées figurent le strudel aux pommes ou aux cerises, le gâteau roulé au pavot ou aux noix, et la *kremšnita* (une épaisse couche de crème pâtissière entre deux fines couches de pâte feuilletée). Au petit déjeuner se consomme un fromage blanc à peine plus épais que la faisselle, accompagné de crème fraîche. Côté vins, cette région produit surtout des blancs issus des cépages riesling et kraljevina, dont les plus réputés proviennent des terroirs de Kutjevo, d'Ilok, d'Erdut et de Požega.

La cuisine du littoral

Conformément aux traditions méditerranéennes, la gastronomie de la côte adriatique fait la part belle aux poissons et fruits de mer et aux légumes, mais aussi au vin, aux fromages et aux fruits. En entrée, on sert toutes sortes de fromages de chèvre et de brebis - frais, fumés ou marinés dans de l'huile -, souvent avec du jambon cru, quelquefois fumé (*pršut*), et des olives. On peut savourer des salades de poulpe, des filets d'anchois (dans le Kvarner) ou des sardines entières salées (en Dalmatie). On finit le repas par des fruits frais ou secs (agrumes, cerises griottes, figues et amandes), de petits gâteaux et autres desserts à base de fruits secs, de noix ou d'amandes…

EN ISTRIE La gastronomie istrienne réalise une synthèse parfaite des cuisines méditerranéenne et continentale, en accommodant le poisson comme le porc. Si elle utilise de nombreux aromates (romarin, basilic, sauge, menthe, laurier, etc.), elle est surtout célèbre pour les truffes noires - reconnues comme les meilleures au monde - et blanches, qui entrent dans toutes sortes de préparations : pâtes, jambon cru et même gâteau au chocolat ! Dans les terres, on sert d'excellents ragoûts de gibier, des saucisses fumées, des plats à base d'asperges sauvages et des gâteaux aux marrons. Sur la côte, vous pourrez goûter de délicieux risottos aux fruits de mer et les huîtres fraîches du Limski *kanal*. Les vins les plus réputés sont issus des cépages malvoisie (*malvazija*), chardonnay, merlot et teran. On produit aussi des eaux-de-vie (surtout du marc, ou *grappa*, souvent aromatisé au miel ou avec des herbes, comme le gui ou la rue), que l'on appelle *medica*, *biska* et *ruta*.

Langoustines à la *buzara*

Pour 4 personnes *16 langoustines, 3 tomates, 20g de croûtons de pain, 2 clous de girofle, 1 gousse d'ail, persil, 1 verre de vin blanc*
Débiter en dés le pain et les tomates ébouillantées et pelées. Faire revenir brièvement les croûtons dans l'huile chaude d'une poêle, ajouter les dés de tomate, l'ail et le persil émincés, saler et poivrer. Laisser les tomates rendre un peu de leur eau avant de verser le vin blanc. À ébullition, ajouter les langoustines et les clous de girofle, couvrir et laisser cuire à feu doux 15-20min. Accompagner de polenta ou de pain à la farine de maïs.

DANS LE KVARNER ET EN DALMATIE Plus au sud, on vous proposera surtout des plats de fruits de mer frais ou d'agneau. Le poisson est le plus souvent grillé, poché ou préparé en *brudet* (morceaux de différents poissons mijotés dans du vin avec des oignons, des tomates et des aromates). Les coquillages et crustacés sont servis à la *buzara* (vin blanc, huile d'olive, ail et persil) ou en salade. Dans toutes les préparations entrent laurier, ail, persil, romarin et beaucoup d'huile d'olive. L'art culinaire insulaire se distingue par sa variété et par l'utilisation d'herbes sauvages. L'agneau de pré-salé de Cres a un moelleux et une saveur inoubliables ; à Krk, on fait mijoter les poulpes séchés comme les faisans et autres viandes de gibier dans une sauce presque aussi épaisse que celle du goulasch. L'île de Pag produit un fromage aux laits de brebis et de vache (*Paški sir*) fort réputé. Au dessert se dégustent dans toute la région la *rožata* (crème caramel), des gâteaux à base de *skuta* (fromage blanc de brebis évoquant la ricotta italienne), ainsi que des *fritule* et *kroštule* (petits beignets à la pâte très fine). Il faut absolument goûter aux oranges, aux figues et aux amandes confites et à la pâte de coings de la région de Dubrovnik. Vous n'aurez aucun problème pour arroser vos repas d'un vin de qualité ! Hvar et Vis possèdent chacune leur route des vins, tout comme la péninsule de Pelješac, qui produit sans doute le meilleur rouge dalmate, le *dingač*. Comme le Plavac et le Babić, ce vin est issu d'un excellent cépage autochtone, le *plavac mali*. Le *žlahtina* de Krk, le *pošip* de Pelješac, le *grk* et la *maraština* de Korčula sont les blancs les plus réputés. On distille aussi du marc aromatisé aux herbes, de l'eau-de-vie de prune et de figue et, à Zadar, la fameuse liqueur claire de cerises marasques appelée *maraskino* (marasquin).

Mosaïque du IVe siècle, basilique Euphrasienne de Poreč (p.214).

Détail de porte, palais des Recteurs, Dubrovnik (p.496).

GEOPRATIQUE

INFORMATIONS UTILES DE A À Z

ALLER EN CROATIE

en avion

DE FRANCE

Croatia Airlines La compagnie nationale croate relie quotidiennement Paris à Zagreb (toute l'année), et à Split, Zadar et Dubrovnik d'avr. à oct. Également en saison des vols directs entre Lyon et Split, et entre Nice et Dubrovnik. Croatia Airlines assure aussi des liaisons régulières entre Zagreb et d'autres villes croates (Brač, Osijek, Pula et Zadar). Comptez environ 2h de vol pour Paris-Zagreb. *Tél. 01 42 65 30 01 www.croatiaairlines.com*

Air France Un vol quotidien Paris-Zagreb. *www.airfrance.com* ***France*** *Tél. 36 54* ***Croatie*** *Tél. 385 148 90 800*

Transavia La compagnie *low cost* du groupe Air France propose des vols au départ de Paris-Orly à destination de Dubrovnik et Split. *Tél. 0892 05 88 88 www.transavia.com*

Volotea Une compagnie espagnole *low cost* qui propose des vols pour Dubrovnik au départ de Nantes, Bordeaux, Strasbourg et Marseille, pour Pula au départ de Nantes, Bordeaux, Toulouse et Marseille. *Tél. 0821 610 752 www.volotea.com*

Ryanair Deux vols/sem. en haute saison de Paris-Beauvais et de Marseille à destination de Zadar. *Tél. 0892 780 210 www.ryanair.com*

DE BELGIQUE

Croatia Airlines Vol Bruxelles-Zagreb tlj. sauf samedi. *Aéroport Zaventem, Departure Hall boîte 31 Tél. 02 75 35 132 www.croatiaairlines.com*

TUI Fly Cette compagnie *lowcost* propose d'avr. à sept. 2 vols/sem. à partir de Bruxelles pour Dubrovnik et Split. *www.tuifly.be*

Ryanair La compagnie à bas coûts programme 2 vols/sem. au départ de Bruxelles-Charleroi vers Zadar et Pula. *Tél. 08 92 56 21 50 ou 0902 88 087 www.ryanair.com*

Thomas Cook Airlines Cette compagnie *lowcost* relie Bruxelles à Dubrovnik et Split d'avril à octobre. *Tél. 070 22 32 20 www.thomascookairlines.com*

Mesures de sécurité pour le bagage cabine

Lorsqu'ils passent aux points de contrôle de sécurité des aéroports européens et canadiens, les voyageurs peuvent être en possession de produits liquides (gels, substances pâteuses, lotions, contenu des récipients à pression, dentifrice, gel capillaire, boissons, parfums, mousse à raser, aérosols...) à condition que les contenants ne dépassent pas, chacun, 100ml ou 100g et qu'ils soient regroupés dans un sac en plastique transparent à fermeture par pression et glissière, bien scellé, d'une capacité maximale de 1l (env. 20cmx20cm). Les articles ne doivent pas remplir le sac à pleine capacité ni en étirer les parois. Un seul sac est permis par personne. Les aliments pour bébé et le lait, quand les passagers voyagent avec un enfant de deux ans ou moins, de même que les médicaments vendus sur ordonnance et les médicaments essentiels en vente libre ne sont pas soumis à ces restrictions. Nous vous conseillons donc de placer dans vos bagages de soute, avant l'enregistrement, tous les produits liquides dont vous n'aurez pas besoin en cabine.

PRATIQUE

DE SUISSE

Croatia Airlines La compagnie propose un vol quotidien Zurich-Zagreb et des liaisons Zurich-Dubrovnik et Zurich-Pula. *Limmatquai 138 Tél. 044 2610 840 www.croatiaairlines.com*

Swiss Vols directs au départ de Zurich pour Zagreb, Split et Pula, et de Genève pour Pula. *Tél. 0848 700 700 www.swiss.com*

EasyJet L'été, cette compagnie *low cost* relie 6 fois/sem. Genève à Split et Dubrovnik en été (2 fois/sem. en avr.-juin et sept.-oct.). *Tél. 0900 000 161 www.easyjet.com*

DU CANADA

Air Canada Aucun vol direct du Québec vers la Croatie. Il faut transiter par Toronto, Francfort ou Munich. *www.aircanada.com*

Air Transat Vols saisonniers directs entre Montréal et Zagreb (9h env.) *Tél. 0825 120 248 www.airtransat.ca Ouvert lun.-ven. 9h-19h, sam. 9h-18h*

en voiture

DE FRANCE Il faut passer par l'Italie ou l'Allemagne. Dans le premier cas, de Paris, suivez l'A6 jusqu'à Lyon. Prenez la direction de Chambéry (via l'A43) et empruntez le tunnel du Fréjus avant de rejoindre l'A32, puis l'A4 qui traverse l'Italie. À Trieste continuez jusqu'à Ljubljana, où vous pourrez suivre l'E70 en direction de Zagreb. Via l'Allemagne, rejoignez Strasbourg, puis prenez l'A5 vers Karlsruhe, d'où vous suivrez la direction de Stuttgart. Continuez sur l'A8/A10, via Munich, Salzbourg et Ljubljana.

DE BELGIQUE De Bruxelles, le plus simple est de passer par Cologne

(E314), puis par Francfort. Continuez sur l'E35 jusqu'à Karlsruhe et suivez l'A8/E52 en direction de Stuttgart. De là, vous pourrez rejoindre l'itinéraire (par l'Allemagne) indiqué précédemment.

DE SUISSE De Genève, rejoignez l'Italie en empruntant le tunnel du Mont-Blanc, puis l'A5. Suivez ensuite l'E70 vers Trieste, puis Ljubljana pour arriver à Zagreb.

en train

Pas de lignes directes entre la France ou la Belgique et la Croatie : il faudra transiter par l'Italie, et compter deux ou trois changements, pour une durée de trajet de 17 à 22h.

DE SUISSE
Un train circule toutes les nuits entre Zurich et Zagreb (14h). *Tél. 0848 44 66 88 www.cff.ch*

PASS INTERRAIL
Les compagnies de chemin de fer de trente pays se sont unies pour proposer deux pass, Global Pass et One Country Pass, permettant de voyager en 1re ou en 2e classe sans limite de trajets en dehors de son propre pays. *www.interrail.eu*

en car

DE FRANCE
Eurolines La compagnie assure trois liaisons hebdomadaires (mer., ven., dim.) entre Paris (départ à 8h30), Zagreb, Rijeka, Zadar, Šibenik, Split, Makarska et Dubrovnik. Paris-Zagreb : AR à partir de 160€. Également des départs de nombreuses villes de province. *Gare routière internationale Paris-Gallieni 28, av. du Général-de-Gaulle 93541* ***Bagnolet*** *Tél. 0892 89 90 91 www.eurolines.fr*

DE BELGIQUE
Eurolines De Bruxelles, un car tlj. pour Zagreb et un autre pour Split. Comptez 22h de trajet et env. 230€ pour un billet adulte AR Bruxelles-Zagreb. *Gare routière de Bruxelles-Nord Rue du Progrès, 80* ***Bruxelles*** *www.eurolines.be*

DE SUISSE
Eurolines La compagnie relie Genève Berne, Bâle et Zurich à Rijeka, Zadar et Split les mar., jeu., ven. et dim. Durée du voyage : plus de 13h. *Tél. 0900 573 747 (info et rés.) www.eurolines.ch*

en bateau

Blue Line Traversées Ancône (Italie)-Split de 3 à 4 fois/sem. de mi-mars à mi-oct., avec des arrêts sur l'île de Hvar en été. *www.blueline-ferries.com*
Jadrolinija Les ferries de cette compagnie croate assurent des liaisons régulières au départ d'Ancône (Italie) vers Zadar (juin-sept., 2-7 fois/sem.), Split (toute l'année, 2-5 trajets/sem.) et Hvar (été, 2 trajets/sem.), et au départ de Bari (Italie) vers Dubrovnik (mars-oct. 2-7 trajets/sem.). Comptez de 8h à 13h de trajet. *www.jadrolinija.hr*
SNAV D'Ancône (Italie), liaisons en car-ferry vers Split (fin mars-fin oct., tlj.) et Hvar (été, tlj.). De Pescara, bateau rapide vers Hvar en été (5 fois/sem.). *www.snav.it*
Venezialines De Venise à Poreč, Rovinj, Pula, Rabac et Mali Losinj entre avril et octobre. *www.venezialines.com*

AMBASSADES ET CONSULATS

Ambassade de France (plan 2, B3) *Hebrangova 2 10000* ***Zagreb*** *Tél. (01) 48 93 600 http://hr.ambafrance.org*
Consulat de France à Zagreb (plan 2, C2) *Hebrangova 2 10000* ***Zagreb*** *Tél. (01) 48 93 680 http://hr.ambafrance.org*

Consulat de France à Dubrovnik (plan 17, B1) *Nikole Tesle 9 20000* ***Dubrovnik*** *Tél. (098) 345 140*
Ambassade du Canada (plan 2, A3) *Prilaz Gjure Deželića 4 10000* ***Zagreb*** *Tél. (01) 48 81 200 zagrb@international.gc.ca*
Ambassade de Belgique (plan 1, B1) *Pantovčak 125 B1 10000* ***Zagreb*** *Tél. (01) 45 78 901 http://croatia.diplomatie.belgium.be*
Ambassade de Suisse (plan 2, B3) *Bogovičeva 3 10000* ***Zagreb*** *Tél. (01) 48 78 800 www.eda.admin.ch/zagreb*

ARGENT ET CHANGE

monnaie et change

L'unité monétaire croate, la **kuna** ("martre"), se subdivise en 100 lipa ("tilleuls"). L'abréviation locale (kn) diffère de l'abréviation internationale (HRK). Il existe des coupures de 5, 10, 20, 50, 100, 200, 500 et 1 000 kunas ainsi que des pièces de 1, 2, 5 et 25 kunas et de 1, 2, 5, 10 et 50 lipas. Mais l'**euro** est de plus en plus utilisé dans le pays, dans les grands hôtels comme pour le paiement des chambres d'hôtes, où l'on vous indique souvent le prix d'abord en monnaie européenne, et aussi dans les restaurants. Le **taux de change** de la kuna est relativement stable : 1€ = 7,4kn (en 2018), 1kn = 0,13€. Vous trouverez des guichets de change, notamment dans les banques, les postes et les agences de voyages, ainsi que dans les gares et les aéroports. Les frais se montent en général à 1% ou 1,5%. Évitez de changer votre argent dans les hôtels, qui appliquent des commissions très élevées. En dehors des pays limitrophes, les kunas sont difficilement convertibles à l'étranger. Pensez donc à changer vos dernières espèces avant de quitter la Croatie.

cartes bancaires

La plupart des cartes bancaires sont acceptées par les distributeurs des banques et des postes, ainsi que dans la majorité des commerces, restaurants et hôtels des grandes villes. En revanche, le paiement par carte est encore peu répandu sur les îles dalmates et dans les villages de l'intérieur et de l'Istrie. Les chambres et appartements chez l'habitant se paient en espèces. Numéros d'urgence à appeler de l'étranger en cas de perte ou de vol de votre carte de crédit :
Serveur interbancaire d'opposition Serveur français où l'on peut faire opposition en cas de perte ou de vol d'une carte bancaire, quelle que soit la carte. *Tél. 0800 220 111 (en Croatie)*
Card Stop Serveur interbancaire belge où l'on peut faire opposition

PRATIQUE

cours croisés indicatifs des devises (fin 2018)

Kuna croate	Euro	Franc suisse	Dollar canadien
5	0,65	0,75	1
10	1,35	1,50	2
20	2,70	3	4
30	4	4,50	6
50	6,70	7,50	10
75	10	11,30	15
100	13,50	15	20
200	27	30	40
500	67	745	100
1 000	134	150	200

en cas de perte ou de vol d'une carte Visa ou Mastercard. *Tél. (32) 70 344 344 www.cardstop.be*

ASSURANCES

Il est conseillé de souscrire un contrat d'assurance voyage pour parer toute annulation du séjour, perte ou vol des bagages, maladie ou accident et bénéficier, le cas échéant, d'une assistance médicale (remboursement des frais engagés sur place et rapatriement sanitaire éventuel). Vérifiez qu'un tel service n'est pas déjà inclus ou proposé à moindre coût par votre mutuelle de santé, votre assurance automobile ou domestique, voire par votre assurance bancaire. Dans ce dernier cas, prenez bien soin de payer vos titres de transport et contrats de location sur place avec votre carte de crédit. Les compagnies aériennes et les agences de voyages proposent également des contrats assurance-assistance. Vérifiez que votre assurance couvre les sports dits "à risques" comme la plongée et la randonnée, si vous comptez les pratiquer en Croatie.

AVA (Assurances Voyages et Assistance) *25, rue de Maubeuge 75009* ***Paris*** *Tél. 01 53 20 44 28 (rens.) www.ava.fr*

Europ Assistance *1, promenade de La Bonnette 92230* ***Gennevilliers*** *Tél. 01 41 85 93 65 (rens.) www.europ-assistance.fr*

Allianz Global Assistance *54, rue de Londres 75008* ***Paris*** *Tél. 01 42 99 82 81 (rens.) ou 01 42 99 02 02 (service médical 24h/24) www.allianz-voyage.fr*

BUDGET

La Croatie n'est pas vraiment une destination bon marché. Bien sûr, vous y dépenserez moins qu'en Italie, et un bon dîner au restaurant ne sera pas ruineux, mais vous consacrerez toutefois la majeure partie de votre budget à l'hébergement (environ 800kn/nuit pour deux) si vous logez à l'hôtel. Les passages répétés des voitures sur les bateaux pour rejoindre les îles (100-150kn) augmentent sensiblement les frais. Les petits budgets opteront de préférence pour les campings (120kn pour 2 personnes) et les chambres chez l'habitant (150-200kn/pers.). Les prix sont souvent majorés en haute saison, cf. Quand partir ? (p.57).

hébergement

Sauf mention contraire, les prix indiqués dans ce guide s'entendent pour une chambre double en haute saison, petit déjeuner et taxes de séjour compris. Les hôtels de l'intérieur du pays affichent généralement les mêmes prix tout au long de l'année, tandis que les hôtels du littoral augmentent progressivement leurs tarifs de 30 à 60% entre la basse saison (de décembre à février) et la haute saison (juil.-août). Les prix que nous indiquons pour les chambres et les appartements chez l'habitant valent pour un séjour de plus de trois nuits. Dans le cas contraire, il convient souvent de les majorer de 20 à 30% pour tout séjour plus court.

GAMME DE PRIX	RESTAURATION	HÉBERGEMENT
Très petits prix	moins de 75kn	moins de 300kn
Petits prix	de 75 à 120kn	de 300 à 450kn
Prix moyens	de 120 à 180kn	de 450 à 600kn
Prix élevés	de 180 à 250kn	de 600 à 1 100kn
Prix très élevés	plus de 250kn	plus de 1 100kn

restauration

Les gammes de prix concernant la restauration sont calculées pour un repas comprenant une entrée et un plat ou un plat et un dessert, boissons non comprises. Mais là encore, il ne s'agit que de données indicatives moyennes, car dans un même restaurant, vous pourrez opter pour un plat de pâtes ou un risotto, réduisant ainsi l'addition de 30 à 40%, ou pour du poisson et des fruits de mer, 20 à 30% plus chers que les plats de viande.

DÉCALAGE HORAIRE

La Croatie vit à l'heure GMT+1 en hiver et à l'heure GMT+2 en été. L'heure est donc la même à Zagreb qu'à Paris, Bruxelles et Berne, et en avance de 6h sur celle de Montréal.

DOUANES

Les tolérances douanières sont de 1l d'alcool fort, 2l de vin, 500g de café, 200 cigarettes ou 50 cigares, et 50ml de parfum. Aucune limite n'est fixée à l'importation de devises étrangères, mais il est obligatoire de déclarer à la douane tout montant supérieur à 40 000kn. Les équipements électroniques professionnels de valeur doivent être déclarés à l'arrivée en Croatie. Si vous voyagez avec votre chien ou votre chat, vous devrez présenter un certificat de vaccination contre la rage, daté de moins de 6 mois et de plus de 15 jours.

remboursement de la TVA

Pour les achats supérieurs à 500kn, vous pouvez obtenir de la douane croate le remboursement de la TVA (PVD, 22%) à votre sortie du pays. Pour cela, il vous faudra présenter la facture et le formulaire de remboursement (*porezni ček*), certifié par le commerçant.

ÉLECTRICITÉ

Comme dans la plupart des autres pays européens, le réseau électrique croate fonctionne au 220V, 50Hz, avec des prises à deux fiches rondes.

FÊTES ET JOURS FÉRIÉS

fêtes et festivals

La plupart des festivals ont lieu l'été. Les plus importants sont mentionnés dans le tableau ci-contre. De nom-

jours fériés

1er janvier	Nouvel An (*Nova godina*)
6 janvier	Épiphanie (*Sveta tri kralja*)
mars-avril	Pâques et lundi de Pâques (*Uskrs i uskrsni ponedjeljak*)
1er mai	Fête du Travail (*Praznik rada*)
mai-juin	Fête-Dieu (*Corpus Christi, Tjelovo*)
22 juin	Jour de la Résistance antifasciste (*Dan antifašističke borbe*)
25 juin	Fête nationale (*Dan državnosti*)
5 août	Jour du Souvenir national (*Dan pobjede i domovinske zahvalnosti*)
15 août	Assomption (*Velika Gospa*)
8 octobre	Jour de l'Indépendance (*Dan neovisnosti*)
1er novembre	Toussaint (*Svi sveti*)
25-26 décembre	Noël (*Božić*)

calendrier des principales manifestations

février	**Rijeka** Carnaval (*Riječki karneval*)
début avril (*années impaires*)	**Zagreb** Biennale de musique contemporaine (*Muzičko biennale*)
fin mai-début juin	**Zagreb** Sem. de la danse contemporaine (*Tjedan suvremenog plesa*)
	Zagreb Exposition internationale de plantes (*Floraart*)
fin juin	**Zagreb** Festival international de théâtre contemporain (*Eurokaz*)
fin juin-début juillet	**Šibenik** Festival international de l'enfant (*Međunarodni dječji festival*)
	Đakovo Festival des broderies (*Đakovački vezovi*)
	Zadar Festival de théâtre d'été (*Zadarsko kažališno ljeto*)
juillet	**Omiš** Festival de chants dalmates (*Festival dalmatinskih klapa*)
	Zagreb Festival baroque (*Zagrebački barokni festival*)
fin juillet	**Zagreb** Festival folklorique (*Međunarodna smotra folklora*)
	Motovun Festival du film (*Filmski festival*)
juillet-début août	**Zadar** Soirées musicales de Saint-Donat (*Glazbene večeri u sv. Donatu*)
10 juillet-25 août	**Dubrovnik** Festival d'été (*Dubravčke ljetne igre*)
mi-juillet-mi-août	**Split** Festival d'été (*Splitsko ljeto*)
juillet-août	**Osor** Soirées musicales (*Osorske glazbene večeri*)
	Pula Festival du film (*Filmski festival*)
	Pag Festival d'été (*Paško ljeto*)
	Korčula Festival de danses des épées (*Moreška*)
1er week-end d'août	**Sinj** Tournoi de l'anneau (*Sinjska alka*)
3e week-end de septembre	**Vinkovci** Festival d'automne (*Vinkovačke jeseni*)
fin septembre-début octobre	**Varaždin** Nuits baroques (*Varaždinske barokne večeri*)
octobre	**Livade** Journées de la truffe (*Dani Tartufa*)

PRATIQUE

breux villages et stations balnéaires organisent leurs propres "festivals d'été" : théâtre, danse, expositions, musique. Les programmes sont disponibles auprès des offices de tourisme.

HANDICAPÉS

Les grands hôtels sont généralement bien équipés, et plusieurs musées et sites touristiques sont accessibles aux personnes en fauteuil roulant. Côté transports, si les ferries restent difficilement accessibles aux handicapés, ces derniers bénéficient de la gratuité dans les tramways de Zagreb.
Saveza Osoba & Invalidetetom Hrvatske Association des handicapés de Croatie. *Savska cesta 3 10000* ***Zagreb*** *Tél. (01) 48 29 394 www.soih.hr*

HÉBERGEMENT

hôtels

Hormis quelques palaces de la Belle Époque, une poignée d'hôtels de charme récents et les établissements des grandes chaînes internationales, le parc hôtelier croate date pour l'essentiel des années 1970. Il s'agit donc le plus souvent de grands établissements en béton, dénués de charme mais dotés de bons équipements sportifs (terrains de tennis, piscines, salles de fitness...). Si l'hôtel a été rénové récemment, vous y trouverez un excellent confort, un équipement moderne, du mobilier design, du parquet ou des moquettes neuves. Dans le cas contraire, hélas encore trop fréquent, l'hôtel aura conservé son mobilier et sa décoration d'origine, ainsi que des moquettes râpées et des salles de bains en piteux état. Dans certaines villes de l'intérieur, vous n'aurez pas forcément le choix, mais si vous le pouvez, optez pour les hôtels de petite taille et les pensions familiales, en général plus intimes. La liste complète des établissements, classés par région et par gammes de prix, est disponible sur le site Internet de l'office de tourisme croate (*http://croatia.hr*).

LES BOUTIQUES-HÔTELS Ce concept, élaboré à la fin des années 1990 en réaction aux grandes chaînes normalisées, se répand aujourd'hui rapidement dans le pays. Le genre répond à des critères particuliers : un style original, une décoration souvent luxueuse, parfois précieuse, un personnel attentionné et discret, un nombre restreint de chambres (jamais plus d'une vingtaine), et des prestations supplémentaires (situation idéale, restaurant gastronomique, etc.). Mais nulle boutique dans les couloirs !

campings

Peu répandus dans l'intérieur du pays, les campings abondent dans les îles et sur le littoral. Vous y trouverez aussi bien d'immenses complexes balnéaires pouvant accueillir 5 000 personnes, avec bungalows, piscine, supermarché, discothèque, clubs de sports, etc., que de petits campings de 25 emplacements aménagés dans des jardins privés. Ils sont généralement ouverts de mai à octobre. Les campings naturistes, répertoriés sous le sigle "FKK", se concentrent principalement en Istrie et dans le Kvarner. Le camping sauvage est interdit sur l'ensemble du territoire.

Union des campings de Croatie / Kamping udruženje Hrvatske Le portail officiel de l'hôtellerie de plein air en Croatie. *Pionirska 1* ***Poreč*** *Tél. (052) 451 324 www.camping.hr*

auberges de jeunesse

La Croatie ne compte pas plus d'une dizaine d'auberges de jeunesse affiliées à la Fédération internationale. Il faut être titulaire de la carte de membre pour pouvoir y loger, mais certaines vous délivreront des cartes provisoires moyennant 10-50kn. Longtemps réquisitionnées pour abriter les réfugiés des conflits de l'ex-Yougoslavie, elles ont été rénovées depuis, sauf celle de Zagreb : c'est pourquoi nous ne vous recommandons que des AJ privées dans la capitale. La plupart proposent l'hébergement en dortoir avec salles de bains communes.

Fédération internationale des auberges de jeunesse *www.hihostels.com*

Fédération croate des auberges de jeunesse / Hrvatski ferijalni i hotelski savez *Savska 5/1 10000* ***Zagreb*** *Tél. (01) 48 29 294 www.hfhs.hr*

chez l'habitant

Sans doute la meilleure formule d'hébergement à petits prix en Croatie ! De plus, vous n'aurez aucune difficulté à vous loger, même en haute saison, car, dans les zones touristiques, rares sont les habitants qui ne possèdent pas au moins une chambre à louer : une manière pour eux d'arrondir leurs fins de mois. Pour faire une première sélection parmi les nombreuses offres, privilégiez les chambres d'hôtes ayant le **label d'État** : elles arborent la signalétique (étoiles blanches sur fond bleu) et la licence nationales. Cela permet d'éviter beaucoup de mauvaises surprises. Les chambres sont visitées régulièrement et les étoiles correspondent à un cahier des charges précis. La location s'effectue directement auprès des particuliers (repérez les enseignes "*sobe*", "*room*", "*zimmer*" ou "*apartaman*"), par l'intermédiaire d'une agence de voyages, ou, dans les villages et les petites îles par celui de l'office de tourisme. N'hésitez pas à consulter leurs sites Internet d'avance, et sachez que le paiement en euros est de plus en plus courant. En revanche, évitez de suivre les femmes qui attendent dans les gares ferroviaires ou maritimes. Si elles sont là, c'est qu'elles n'ont pas reçu d'autorisation officielle de location et que leurs chambres ne remplissent pas les critères de confort requis. Lors de la réservation, si vous souhaitez une chambre avec salle de bains (catégorie supérieure), spécifiez-le. Dans les grandes villes, assurez-vous que la location n'est pas trop excentrée. Les chambres se trouvent généralement dans la maison même des loueurs (l'occasion de faire leur connaissance !), tandis que les appartements sont plutôt indépendants. Ces derniers, globalement plus récents, offrent un équipement moderne qui conviendra parfaitement à des vacances en famille. Dans les deux cas, les draps et les serviettes sont fournis, mais ne sont pas changés automatiquement. Le petit déjeuner est rarement proposé.

www.booking.com Des milliers d'adresses de chambres, d'appartements, mais aussi d'hôtels avec réservation facile et immédiate.

www.airbnb.com Chambres chez l'habitant ou appartements pour toutes les bourses.

tourisme rural

Particulièrement développé en Istrie, le concept de tourisme rural (*agroturizam*) désigne aussi bien les tavernes et tables gastronomiques servant des produits du terroir (huile d'olive, truffes, vins, fromages, charcuterie...) que l'hébergement à la ferme (chambres, appartements et gîtes toutes catégories). Il n'est pas rare que les *agroturizam* proposent le vivre et le couvert, offrant un séjour rustique et nature loin des sentiers battus. Face au succès croissant de ce tourisme vert et au potentiel prometteur de la Croatie, plusieurs *agroturizam* se sont ouverts dans tout le pays, notamment sur l'île de Korčula et dans la région du Konavle, au sud de Dubrovnik. Ces derniers sont affiliés au réseau français Accueil paysan.

Offices de tourisme d'Istrie *www.istra.hr* ***Pula*** *Forum 3 Tél. (052) 219 197* ***Poreč*** *Pionirska 1 Tél. (052) 452 797*
Accueil paysan *117, rue des Alliés 38030* ***Grenoble*** *Tél. 04 76 43 44 83 www.accueil-paysan.com* **Contact France** *Association Couleurs Sensation Tél. 04 76 46 17 05* **Contact Croatie** *Tél. (020) 791 211 (Mme Katija Bokarica)*

phares et "maisons Robinson"

Treize phares, campés sur des îlots déserts ou sur des caps rocheux, reconvertis en appartements modernes parfaitement équipés, et une myriade de vieilles maisons de pêcheurs sans eau courante ni électricité, éparpillées dans l'archipel des Kornati et sur les îles de Pašman (archipel de Zadar) et de Korčula... Voilà une formule de séjour à la semaine, idéale pour les personnes éprises de solitude et de grand air. En contrepartie, vous serez parfois tributaire d'un ravitaillement par bateau (de 1 à 5 fois par sem.). Certains phares étant toujours en activité, les gardiens peuvent proposer des sorties de pêche et un service de restauration. Il est quelquefois possible également de louer un bateau à la semaine. Pour tous renseignements sur les phares, prenez contact avec l'agence Plovput, les phares et balises croates. Les "maisons Robinson" sont gérées, entre autres, par les agences françaises Bemex Tours et Croatie Tours, cf. Voyagistes (p.71).

Phares croates / Hrvatski svjetionici *Obala Lazareta 1 21000* ***Split*** *Tél. (021) 390 609 ou 099 218 8942 www.lighthouses-croatia.com*

HEURES D'OUVERTURE

Les **banques** ouvrent en principe du lundi au vendredi de 8h à 17h et le samedi de 8h à 12h. Les **administrations** accueillent le public du lundi au vendredi de 8h à 16h. Les principaux **bureaux de poste** ouvrent du lundi au vendredi de 7h à 19h (21h en été sur la côte) et le samedi de 7h à 13h. Les **commerces** fonctionnent en général du lundi au vendredi entre 8h et 19h, et le samedi de 8h à 14h. Horaires plus tardifs et ouverture éventuelle le dimanche en été. Les **musées** sont en principe fermés le lundi et le dimanche après-midi. En été, une pause est généralement observée de 14h à 17h. Les horaires et jours d'ouverture sont cependant aléatoires, à vérifier auprès des **offices de tourisme**. Ces derniers font la journée continue dans les grandes villes et sur les sites touristiques. Hors saison, ils ferment le samedi après-midi et le dimanche. Les **lieux de culte** n'ouvrent en général que pour les offices du matin et du soir ; les cathédrales et les sanctuaires très touristiques restent en principe ouverts toute la journée en été. Pour les **restaurants**, reportez-vous à la rubrique Restauration (p.57).

INTERNET

Pour préparer votre voyage, consultez également les sites des offices de tourisme régionaux (p.55). Pour les villes et les îles, reportez-vous aux rubriques Mode d'emploi dans les GEORégions concernées.

sites sur la Croatie

http://croatia.hr Site officiel de l'office de tourisme de Croatie.
www.regardsurlacroatie.com Le blog de l'office de tourisme de Croatie en France, très complet et utile pour tous les francophones.
www.croatietourisme.com Un site touristique indépendant très complet et mis à jour régulièrement.
www.macroatie.com Site élaboré pour et par les Croates vivant en France (forum, actualités, sports...).
www.atlas-croatia.com Site de l'agence de voyages Atlas. Renseignements, sur les hébergements, informations pratiques, sportives et culturelles.
www.dalmacija.net Site touristique consacré à toute la Dalmatie.

OFFICES DE TOURISME

en Croatie

La plupart des villes et villages touristiques de Croatie possèdent un office de tourisme (*turistička zajednica*) ou un bureau d'information saisonnier (*turistički informativni centar*), à ne pas confondre avec les *turistički biro*, qui sont des **agences de voyages** (p.56). Vous y trouverez le plus souvent un accueil chaleureux et professionnel, ainsi qu'une documentation fournie (plans de villes, brochures, itinéraires de randonnée, liste d'hébergements...). Le personnel parle généralement l'anglais, l'allemand et l'italien. L'usage du français est nettement moins répandu, en dehors des grands sites touristiques de Dalmatie. Vous trouverez ci-dessous les contacts des principaux offices de tourisme régionaux. Pour les offices de tourisme municipaux, reportez-vous à la rubrique Mode d'emploi des villes concernées.

Office de tourisme régional de Zagreb *Preradovićeva ulica 42* ***Zagreb*** *Tél. (01) 48 73 665 www.tzzz.hr*

Office de tourisme régional d'Istrie *Pionirska 1* ***Poreč*** *Tél. (052) 452 797 www.istra.hr*

Office de tourisme régional du Kvarner *Nikole Tesle 2 51410* ***Opatija*** *Tél. (051) 272 988 www.kvarner.hr*

Office de tourisme régional de Zadar *Jurja Barakovića 5 23000* ***Zadar*** *Tél. (023) 315 316 www.zadar.hr*

Office de tourisme régional de Šibenik *Nikole Ružića bb 22000* ***Šibenik*** *Tél. (022) 219 072 www.sibenikregion.com*

Office de tourisme régional de Split *Prilaz braće Kaliterna 10 21000* ***Split*** *Tél. (021) 490 032 www.dalmatia.hr*

Office de tourisme régional Dubrovnik-Neretva *Vukovarska 24 20000* ***Dubrovnik*** *Tél. (020) 324 999 www.visitdubrovnik.hr*

AGENCES DE VOYAGES Les agences de voyages croates s'occupent plus particulièrement de la réservation des appartements et chambres chez l'habitant et de l'organisation d'excursions : visites culturelles, expéditions sportives et, surtout, croisières autour des îles de l'Adriatique, dont certaines, comme les Kornati, ne sont accessibles qu'en excursion organisée – à moins de disposer d'un bateau. La plupart des agences louent des voitures, scooters et vélos, et peuvent réserver des billets de train, d'avion et de ferries. Les agences mentionnées ci-dessous sont représentées dans tout le pays, mais il en existe plusieurs centaines d'autres, d'envergure nationale ou locale. Au fil de ce guide, vous retrouverez les adresses des principales agences dans les rubriques "Mode d'emploi".

Atlas *Izidora Kršnjavog 1 10000* ***Zagreb*** *Tél. (01) 24 15 611 www.atlas-croatia.com*

Kompas Travel *M. Vlašića 20* ***Poreč*** *Tél. (052) 451 100 www.kompas-travel.com*

à l'étranger

EN FRANCE

Office de tourisme de Croatie Accueil téléphonique uniquement. *Tél. 01 45 00 99 55 info@croatie-tourisme.fr http://croatia.hr*

EN BELGIQUE

Office national croate du tourisme *Av. de Tervuren 32* ***Bruxelles*** *Tél. 02 26 57 917 info@visitcroatia.be http://be.croatia.hr Ouvert lun.-ven. 10h-12h et 14h-16h*

EN SUISSE

Kroatische Zentrale für Tourismus *Seestrasse 160 8002* ***Zurich*** *Tél. 433 362 030 info@visitkroatien.ch http://ch.croatia.hr Ouvert lun.-ven. 9h-12h et 13h-17h*

PLAGES

Si les eaux cristallines et les criques paradisiaques de l'Adriatique font le succès de la Croatie, sachez que les plages de sable y sont rares. Vous trouverez plus souvent de gros galets lisses et blancs, des rochers plats ou de petites berges en béton aménagées le long des côtes rocheuses. Pour les enfants, mais aussi pour les adultes, pensez à prendre des sandales en plastique ou de vieilles baskets, car la pierre est parfois coupante et les oursins abondent. Les plages naturistes, nombreuses sur tout le littoral, sont reconnaissables au sigle FKK, abréviation de l'allemand *Frei Körper Kultur* ("culture libre du corps").

POSTE

La poste croate (Hrvatska pošta) est reconnaissable à son enseigne jaune frappée d'un clairon. La plupart des localités disposent d'un bureau de poste, généralement ouvert de 7h à 19h du lundi au vendredi et de 7h à 13h le samedi. Si vous désirez vous faire adresser du courrier en poste restante, mentionnez le nom et l'adresse du bureau principal de la localité. Le courrier vous sera remis sur présentation d'une pièce d'identité. Pour envoyer une carte postale en Europe, vous devrez acheter un timbre à 4,60kn. Comptez au moins une huitaine de jours d'acheminement en été (quelquefois plusieurs semaines...), un peu moins en hiver. La plupart des postes disposent d'un bureau de change et de cabines téléphoniques. Renseignements sur le site www.posta.hr.

POURBOIRE

Le service est généralement inclus dans la note, mais si vous êtes satisfait, il est tout de même d'usage d'arrondir la note, de laisser de 10 à 30kn, ou de 5 à 10% de la note selon son montant.

QUAND PARTIR ?

La Croatie étant devenue une destination estivale à la mode, mieux vaut éviter le mois d'août pour se rendre sur la côte : hôtels saturés, embouteillages fréquents, plages bondées... Privilégiez donc les demi-saisons : mai et juin pour les couleurs dont se pare la nature en fleur et pour les premières flâneries en terrasse, et septembre-octobre pour la beauté des lumières et la température encore agréable de la mer, gage de baignades inoubliables. En dehors de ces périodes, les petites stations balnéaires et les infrastructures touristiques des îles sont souvent fermées, la fréquence des ferries baisse sensiblement, et il neige fréquemment dans l'arrière-pays en hiver. Pas de changement de rythme en revanche dans les grandes villes et à l'intérieur de la Croatie.

RESTAURATION

où se restaurer ?

La plupart des hôtels proposent la demi-pension, mais la qualité de

climat et saisons

Saison touristique	mai-octobre ; pic de fréquentation en juil.-août	
Températures	**Dubrovnik**	**Zagreb**
min./max. en février	6°C/13°C	-1°C/5°C
min./max. en août	21°C/28°C	16°C/27°C
Précipitations	**Dubrovnik**	**Zagreb**
moyenne en février	125mm/9j.	50mm/7j.
moyenne en août	40mm/2j.	75mm/6j.
Ensoleillement	**Dubrovnik**	**Zagreb**
moyenne en février	5h/j.	3h/j.
moyenne en août	11h/j.	9h/j.
Température de la mer	**Dubrovnik**	
moyenne en février	13°C	
moyenne en août	24°C	

la nourriture n'est pas toujours au rendez-vous. En revanche, dans les *agroturizam* d'Istrie (p.54), vous pourrez déguster une excellente cuisine de terroir. L'appellation agrotourisme, qui s'applique également à de nombreuses tables gastronomiques, est généralement gage de qualité. Partout ailleurs, vous pourrez prendre vos repas dans des restaurants (*restoran*) au cadre souvent classique ou dans des tavernes (*konoba*, *klet* ou *gostionica*), plus rustiques et moins onéreuses. Si votre budget est limité, rendez-vous dans les pizzerias, les stands de *čevapčići* (boulettes de viande hachée grillée) et de *burek* (feuilletés au fromage), ou élaborez un pique-nique en arpentant les allées des marchés (*tržnica/pazar*). Enfin, sachez que le petit déjeuner n'est servi habituellement que dans les hôtels et les pensions, les Croates se contentant bien souvent le matin d'un simple café. Les pâtisseries (*slastičarnica*) et les cafés viennois (*kavana*) de l'intérieur offrent une bonne alternative matinale.

horaires

La plupart des établissements sont ouverts sans interruption du matin au soir, car les Croates déjeunent à des heures aléatoires, souvent après la fermeture des bureaux, en général vers 16h. Le soir, les restaurants se remplissent assez tôt, autour de 20h dans l'intérieur du pays (21h sur la côte en été), et les cuisines ferment en principe vers 22h-23h. Si vous souhaitez manger du poisson et des crustacés, tâchez d'arriver tôt pour profiter d'un plus grand choix.

au menu

Dans les zones touristiques, la carte (*jelovnik*) est en principe traduite en anglais, en allemand, en italien et souvent en français. Dans le cas contraire, n'hésitez surtout pas à demander conseil au serveur. La plupart des restaurants et des tavernes proposent sensiblement le même type de menu. **En entrée** (*predjelo/a*) : des soupes (*juha/e*), des salades (*salata*), du jambon fumé (*pršut*), du fromage (*sir*), mais aussi des plats de pâtes (*tjestenina/pasta*) ou des risottos (*rižoto*), qui suffisent bien souvent à combler l'appétit. En **plat de résistance** (*glavno jelo*), si vous portez votre choix sur une viande, celle-ci pourra être grillée (*meso*), présentée en ragoût ou parfois cuite sous une cloche en fer (*ispod peke*). Gargotes et auberges populaires peuvent également afficher une *merenda* au menu : un plat du jour, généralement typique, copieux et bon marché (30kn au maximum). Les premiers arrivés sont les premiers servis et souvent, après 13h30, la formule est épuisée. Si vous passez vos vacances sur le littoral ou dans une île, n'hésitez pas à céder à l'attrait d'une belle carte de fruits de mer (*plodovi mora*) et de poissons (*riba*) dont le prix est annoncé au kilo. En revanche, les **desserts** (*deserti*) sont assez peu variés : crêpes (*palačinke*), fruits (*voće*), glaces (*sladoled*) et éventuellement quelques pâtisseries locales. Rares sont les établissements qui proposent un menu du jour. Les restaurateurs du littoral offrent parfois un pâté de poisson maison (*fiš paté*) en guise d'amuse-gueule. Même si les prix ont tendance à s'envoler sur le littoral en été, l'**addition** n'est jamais très élevée. Pour connaître la gamme de prix établie par ce guide, reportez-vous au paragraphe Budget (p.50). Quand vous recevrez l'addition (*račun*, prononcez "ratchoun"), ne soyez pas surpris si l'on vous a facturé le pain (*kruh*), qui compte en réalité pour le couvert. Pour en savoir plus sur les spécialités culinaires, reportez-vous à la rubrique Gastronomie du GEO-Panorama (p.41).

boissons

EAU L'usage consistant à servir de l'eau en carafe n'est pas très répandu, mais vous pourrez commander une bouteille d'eau minérale plate (*obična/negazirana voda*) ou gazeuse (*mineralna/gazirana voda*).

BIÈRES Les bières blondes locales les plus répandues sont l'Ožujsko (brassée à Zagreb) et la Karlovačko (brassée à Karlovac), mais vous pourrez également essayer la Laško et la Zlatorog, d'origine slovène, produites sous licence en Croatie. L'Osjeko brassée à Osijek, la Staro Česko de Rijeka et la Kaltenberg d'origine allemande, mais brassée à Split, sont distribuées au niveau régional. Les amateurs de bière brune commanderont de préférence une Tomislav (brassée à Zagreb). La bière est généralement servie en bouteille de 33cl (*malo pivo*, littéralement "petite bière") ou de 50cl (*veliko pivo*, littéralement "grande bière"). Si vous la souhaitez à la pression (*točeno pivo*), précisez si vous voulez 20cl (*dva deci*) ou 30cl (*tri deci*), sinon elle vous sera automatiquement servie au demi-litre (*pola litre*).

VINS ET EAUX-DE-VIE Pour accompagner le repas, faites votre choix parmi les nombreux vins blancs (*bijelo vino*) et rouges (*crno vino*) produits sur place. Souvent méconnus au-delà des frontières croates, certains se révèlent être d'excellents crus. Le vin blanc est parfois coupé avec de l'eau gazeuse lorsqu'il est très alcoolisé (*gemišt*) : le résultat est curieux, mais rafraîchissant. Les innombrables eaux-de-vie et liqueurs à base de fruits et de plantes (*rakija*, *travarica*, notamment) peuvent être servies indifféremment à l'apéritif ou en digestif.

BOISSONS CHAUDES Le café (*kava*) est la boisson chaude la plus appréciée. Il est servi expresso, cappuccino, allongé (*duga kava*), avec un nuage de lait (*kava sa mlijekom*), au lait (*bijela kava*) ou avec de la crème Chantilly (*kava sa šlagom*). Chez soi, on le prépare généralement à la turque (*turska kava*). Si vous préférez le thé, demandez un *indijski čaj*, plutôt qu'un *čaj* tout court (prononcez "tchaï"), terme qui désigne surtout les infusions.

SANTÉ ET DÉSAGRÉMENTS

accès aux soins

La situation sanitaire est excellente. Selon les accords signés entre la Croatie et les autres pays de l'Union européenne, les frais médicaux engagés sur place vous seront remboursés au retour par votre caisse d'assurance maladie sur présentation des justificatifs de paiement et des prescriptions. Avant de partir, n'oubliez pas de vous procurer la **CEAM (carte européenne d'assurance maladie)**. Individuelle et nominative, elle est à retirer, en France, auprès de votre caisse d'assurance maladie, et de votre mutuelle en Belgique.

urgences et hôpitaux

Pour une affection bénigne, n'hésitez pas à entrer dans une pharmacie (*ljekarna*), mais en cas d'accident ou de problème médical grave, entrez en contact avec le service d'urgence ou l'hôpital (*bolnica*) le plus proche.

risques particuliers

Vous ne courez aucun risque sanitaire particulier en vous rendant en Croatie. N'oubliez pas toutefois de vous enduire régulièrement de crème solaire, de vous couvrir la tête et de boire beaucoup d'eau pour éviter tout désagrément lié à la chaleur estivale (coups de soleils, insolation, déshydratation...). Sauf indication contraire, l'eau du robinet est potable dans toute la Croatie. Pour parer aux attaques des moustiques qui sévissent dans les îles boisées et dans les zones humides telles que le Kopački rit et le Lonjsko Polje, portez des manches longues et utilisez des produits répulsifs. Des sandales en plastique vous protégeront efficacement des oursins si vous vous baignez en mer. Emportez des chaussures montantes pour vous prémunir contre les serpents si vous projetez de faire des randonnées en montagne.

SÉCURITÉ

Hormis quelques vols qui sont toujours possibles dans les gares des grands centres touristiques, la Croatie est aujourd'hui l'un des pays les plus sûrs d'Europe. En revanche, il convient de faire attention aux mines laissées par la guerre de 1991-1992, notamment sur l'ancienne ligne de front de la Krajina (régions de Sisak, Lonjsko Polje, Karlovac, Plitvice, Sinj et Knin) et également en Slavonie (régions d'Osijek, Kopački Rit et Vukovar). Le déminage se poursuit activement et la plupart des zones présentant des risques sont signalées par des panneaux, mais de manière générale évitez de vous éloigner des routes et des sentiers balisés et n'entrez pas dans les maisons abandonnées. En été, les risques d'incendie sont très élevés dans les régions boisées du littoral. Soyez donc vigilant et prévenez immédiatement les pompiers en cas de problème (*tél. 93 ou 112*).

SPORTS ET LOISIRS

nautisme

Avec 1 185 îles, récifs et rochers, dont seulement 67 habités, une infinité de baies splendides et bien protégées, des eaux cristallines et une cinquantaine de ports de plaisance (marinas) parfaitement équipés, la Croatie est devenue l'une des destinations phares des plaisanciers. Les navigateurs étrangers sont ainsi de plus en plus nombreux à laisser leur bateau en hivernage dans les ports de Croatie, pour revenir chaque année explorer une nouvelle portion du littoral. Pour profiter des joies du nautisme, sachez qu'il est également possible de louer des bateaux sur place.

CONTACTS UTILES

Adriatic Croatia International (ACI) Cette organisation gère plus d'une vingtaine de marinas. Location de bateaux. *Maršala Tita 151 51410* ***Opatija*** *Tél. (051) 271 288 www.aci-marinas.com*

Fédération de voile croate / Hrvatski jedriličarski savez Écoles de voile et régates. *Trg Franje Tuđmana 3/2 21000* ***Split*** *Tél. (021) 345 788 www.hjs.hr*

Sauvetage en mer *Tél. 9155*

RÉGLEMENTATION Les voiliers et les yachts arrivant en Croatie par voie maritime sont tenus de se rendre directement dans l'un des ports ouverts au trafic international – Umag, Poreč, Rovinj, Pula, Raša-Bršica, Rijeka, Mali Lošinj, Korčula, Zadar, Šibenik, Split, Ploče, Ubli (Lastovo) et Dubrovnik – ou dans les ports disposant d'un poste de douane saisonnier (avr.-oct.) – Novigrad, Sali, Ugljan, Božava (Dugi Otok), Primosten, Hvar, Stari Grad (Hvar), Vis, Komiža (Vis), Cavtat. La déclaration des embarcations s'effectue auprès des autorités portuaires ou à la capitainerie, sur présentation des passeports de chaque membre de l'équipage, des documents du bateau (aptitude à la navigation, assurance, carte bleue...), du permis de navigation du skipper et du certificat d'utilisation de radio VHF. Vous devrez alors vous acquitter des droits de navigation (env. 40kn), d'une indemnité de sécurité (20kn/mètre pour les bateaux de plaisance, 40kn/mètre pour les yachts) et du forfait de manutention (env. 20kn par pied). L'autorisation de naviguer dans les eaux territoriales croates est valable un an. La navigation et le mouillage des bateaux sont interdits dans les grands ports de la marine croate – Pula, Šibenik, Split (Lora) et Ploče (Bazine) –, dans la partie sud-est de l'archipel de Brijuni, dans les zones consacrées à la mytiliculture et à l'ostréiculture (kanal de Lim, baie de Ston...) et dans certaines zones protégées des parcs nationaux des Kornati et de Mljet.

MÉTÉOROLOGIE Parmi les principaux vents qui soufflent sur l'Adriatique figure la ***bora***, un vent de terre hivernal froid et sec de secteur nord-est. La bora souffle en rafales particulièrement violentes dans le canal du Velebit, le golfe de Trieste, autour de Šibenik, Split, Makarska, Pelješac et Dubrovnik. Comme la bora, le ***jugo*** (sirocco), vent chaud et humide de sud-est, se lève surtout en hiver (oct.-jan.). Il est accompagné de précipitations et souffle en général plusieurs jours sans discontinuer. Le ***maestral*** (mistral), qui souffle du nord-ouest l'été, se lève en principe vers 11h et s'arrête le soir. Il est souvent signe de beau temps, mais il peut atteindre force 5. Des **bulletins météo** en croate, en anglais, en italien et en allemand sont diffusés sur les canaux VHF (73 pour l'Adriatique Nord-côte ouest d'Istrie et l'Adriatique Sud-côte est, 69 pour l'Adriatique Nord-côte est et 67 pour l'Adriatique Centre-côte est), et plus épisodiquement sur les stations radio de Rijeka (canal 24), de Split (canaux 7, 21 et 28) et de Dubrovnik (canaux 4 et 7).

LOCATION DE BATEAUX La plupart des grands ports et des marinas, ainsi que les principales agences de voyages proposent la location de navires avec ou sans skipper, sur présentation du permis de navigation et du certificat d'utilisation d'une radio VHF. Pour une location à la semaine, n'hésitez pas à réserver plusieurs mois d'avance. Vous pourrez aussi réserver un bateau par l'intermédiaire d'une agence française spécialisée dans le nautisme. Pour en savoir plus, l'idéal est de vous rendre au Salon du nautisme, qui se tient à Paris chaque année au mois de décembre.

ÉCOLES DE VOILE Nombreuses en Croatie, elles proposent notamment des cours et des stages tous niveaux sur différents types d'embarcations. Vous trouverez ci-dessous les coordonnées des trois écoles les plus importantes, qui sauront également vous renseigner sur les possibilités de régates. Vous pouvez aussi vous adresser à la Fédération de voile, cf. Contacts utiles (p.60).

Academia Navalis Adriatica (ANA) *Nautička 3 51222* ***Bakar*** *Tél. (051) 711 814 www.anasail.com*

Ultra Sailing *Uvala baluni bb 21000* ***Split*** *Tél. (021) 398 578 www.ultra-sailing.hr*

Oreb Club *Civijića 11 10000* ***Zagreb*** *Tél. 099 534 1369 www.oreb-sailing.hr*

PRATIQUE

GEOPLUS

La plongée en Croatie

Par **Julien Collet**, journaliste

Une côte très découpée et ornée de petites baies et de nombreuses criques sauvages, plus d'un millier d'îles comme autant d'opportunités de nouvelles découvertes, des eaux limpides, des dizaines d'épaves échouées au fond de la mer : la Croatie offre de multiples possibilités de plongée, et attire à juste titre les amoureux et les curieux de la vie sous-marine. Pour en profiter, il faut privilégier, comme sur terre, les périodes de moindre affluence, mai-juin et septembre-octobre.

La principale caractéristique des eaux croates est sans aucun doute leur clarté exceptionnelle : le courant principal, en provenance de Grèce et d'Albanie, n'est en effet pas chargé d'eaux alluvionnaires, et il charrie également très peu de rejets industriels. Autre particularité : le système de courants entre les îles, très faible, ce calme favorisant la limpidité et le développement d'une importante vie fixée. La Croatie est également le pays des tombants vertigineux. Affleurant la surface ou offrant leurs parois au regard des plongeurs à partir d'une quinzaine de mètres, ils dégringolent ensuite le plus souvent à des profondeurs impressionnantes. Qu'ils soient truffés de failles horizontales et d'anfractuosités, dans lesquelles nichent langoustes et homards, galathées, crabes-araignées et poulpes monstrueux, ou joliment dessinés par la courbe d'une voûte, ils dévoilent toujours une vie sous-marine fixée riche en couleurs :

Adresses utiles

Fédération croate de plongée (Hrvatski ronilački savez) *Dalmatinska 12* ***Zagreb*** *Tél. (01) 48 48 765 www.diving-hrs.hr*

Secours en mer *Tél. 9155*

Caisson hyperbare de Pula *Kochova 1a* ***Pula*** *Tél. (052) 217 877 www.oxy.hr*

Caisson hyperbare de Crikvenica *Gajevo šetalište 21* ***Crikvenica*** *(35km au sud de Rijeka) Tél. (051) 785 229 ou 099 2407 481 www.oxy.hr*

Caisson hyperbare de Split *Šoltanska 1* ***Split*** *Tél. (021) 354 511*

Cabinet hyperbare Gošović *Split Tél. (021) 343 980 ou (021) 361 355*

Polyclinique hyperbare de Dubrovnik *Dr. Roka Mišetića 2* ***Dubrovnik*** *Tél. (020) 431 687 ou 098 381 685 www.oxy.hr*

Institut de médecine navale ***Split*** *Tél. (021) 354 511 ou (021) 381 712* anémones, grandes ascidies rouges, dentelles de neptune, cérianthes, ou encore nudibranches colonisent sans compter parois et surplombs. Les grottes ne sont pas rares dans cette architecture sous-marine, et elles raviront les plongeurs de tous niveaux. À la lueur de vos phares, vous surprendrez sans doute des crevettes, des cigales, voire des homards. Les gorgones s'imposent à mesure que l'on gagne en profondeur, l'arborescence bicolore des gorgones caméléons par exemple, de toute beauté, pouvant atteindre aisément les deux mètres d'envergure. Les éponges, elles aussi emblématiques des fonds croates, sont largement représentées à toutes les profondeurs. Brunes, orangées ou roses, encroûtantes ou tubulaires, les axinelles communes et les éponges tubulaires jaunes comptent parmi les plus caractéristiques. La Croatie s'est longtemps spécialisée dans la pêche des éponges. L'activité, qui connut son apogée dans les années 1930, est toujours pratiquée sur la petite île de Krapanj, face à Šibenik. Route maritime commerciale majeure depuis plus de six siècles, la côte croate compte également plus de 1 500 épaves référencées dans ses eaux. Les deux conflits mondiaux ont littéralement tapissé le fond de reliques souvent majestueuses.

Les plus beaux spots

EN ISTRIE

Véritable cimetière sous-marin de la Première et de la Seconde Guerre mondiale, l'Istrie se singularise par le grand nombre d'épaves de différents types : bateaux et navires de transport de passagers et de marchandises, bâtiments de combat, torpilleurs et sous-marins.

Baron-Gautsch Ce navire austro-hongrois a dramatiquement coulé en 1914 à l'ouest des îles Brijuni. Ses 84,5m de longueur reposent entre 28 et 42m de fond.

Coriolanus Une unité de combat de la marine royale britannique de 46m de longueur, coulée le 5 mai 1945 par une mine. De 11 à 25m de fond.

Flamingo Ce torpilleur de la marine austro-hongroise a été coulé par ses propres mines au large de Premantura. Navire de 40m de longueur, reposant entre 40 et 45m de fond.

Giuseppe-Dezza Torpilleur de la Seconde Guerre mondiale, le *Guiseppe-Dezza* (73m de longueur) a probablement été coulé par une torpille larguée d'un avion britannique. Entre 30 et 36m de fond.

U-81 Un célèbre sous-marin allemand de la bataille de l'Atlantique, détruit par un bombardement. Après la guerre, la marine yougoslave, qui voulait le réhabiliter, remorque l'épave vers Pula, mais les amarres se brisent, et le sous-marin coule au large du cap Stoja. 35m de fond.

John-Gilmore Ce bateau commercial de 65m a été coulé par une mine en 1915 au large de Pula. De 36 à 43m de fond.

Josefina Le même type de bâtiment que le précédent, coulé la même année dans les mêmes conditions. Il repose par 41m de fond.

Varese Un deux-mâts à vapeur italien (65m de longueur), utilisé pour le transport des phosphates entre Venise et Tunis, coulé en 1915 à l'entrée du port de Pula. Entre 32 et 41m de fond.

Hans-Schmidt Cette épave d'origine inconnue (on a pu seulement retrouver le chantier naval dont il est issu, à savoir

Hans Schmidt, aux Pays-Bas, sans doute dans les années 1920) fait 110m de longueur. Elle repose entre 32 et 40m de fond.

Parc national des Brijuni Zone protégée réservée à la plongée avec un encadrement, le parc des Brijuni constitue un excellent endroit pour découvrir la faune et la flore abondante de l'Adriatique, notamment les coraux et les éponges. Également une grande variété de fonds rocheux.

Fraškeri On y trouve plusieurs tunnels sous-marins reliés entre eux et un tombant qui commence à 14m de fond. Au sud de Pula.

Reef Stoja Des canyons, des fissures et des grottes propices aux rencontres avec de nombreuses espèces de poissons.

Valvoline Canyon et grottes sous-marines à moins de 20m de fond.

DANS LE GOLFE DU KVARNER

Cette région bénéficiant d'un système de courants particulièrement faibles et de zones abritées, l'eau y est ainsi totalement limpide et la vie fixée abondante. Les côtes ouest des îles de Cres et de Lošinj sont parmi les plus riches de l'Adriatique, alors que la zone du canal de Velebit est, elle aussi, caractérisée par une clarté exceptionnelle et des tombants richement habités. Les îles désertes de Prvić, Grgur et Goli sont surnommées la "Polynésie adriatique" par les océanographes et les biologistes marins. Bien sûr, de nombreuses épaves, ici aussi, jonchent le fond.

Lina Un bateau de commerce italien de 70m de longueur coulé en 1912 au cours d'une tempête de neige au large du cap Pečenj. On le trouve entre 28 et 55m de fond.

TA-36 Ce contre-torpilleur italien a été coulé par une mine en mars 1944 au large de Rabac. Il faisait 82m de longueur, et repose entre 45 et 65m de fond.

Tihany Bâtiment de la marine austro-hongroise, échoué sur une île en février 1917, le *Tihany* (60m de longueur) a été coulé durant son déséchouage devant le port d'Unija. De 33 à 39m de fond.

Vis Un navire de transport coulé par une mine en 1946, dans le canal entre l'Istrie et l'île de Cres. Le *Vis* (120m de longueur) est sans doute l'une des épaves les mieux conservées de l'Adriatique.
Il repose entre 47 et 63m de fond.

Peltastis Un petit navire grec naufragé en 1968 suite à une tempête, près de la côte de Krk. De 20 à 30m de fond.

EN DALMATIE

La multitude d'îles et la côte particulièrement rocheuse de la Dalmatie offrent toute une palette de situations pour le plongeur curieux : faune, flore, sites archéologiques, parcs marins, épaves, tombants, grottes, îlots désertiques, sites de snorkeling, etc. Hormis peut-être la partie du littoral comprise entre Šibenik et Makarska, vous trouverez des sites intéressants partout !

Francesco-de-Rimini Ce bâtiment en acier de 42m de longueur disposant de deux mâts, coulé en mars 1944 par l'aviation britannique près des côtes nord de l'île de Kaprija, se révèle très bien conservé.

Vassilios-T Un grand bâtiment grec de transport de marchandises en

très bon état gisant au pied du cap Stupišće, entre 20 et 55m de fond.
Teti Petit navire de transport moderne, le *Teti* s'est échoué puis a coulé sur la côte nord de l'île Mali Barjak. On le trouve entre 10 et 34m de fond.
S-57 L'épave de ce torpilleur allemand est sans aucun doute l'une des plus spectaculaires de l'Adriatique. Sabordé par son capitaine en août 1944 à proximité du littoral de la péninsule de Pelješac, il repose entre 20 et 37m de fond.
Parc naturel régional de Telašćica Cette zone protégée est réservée à la plongée avec encadrement. Le nombre et la variété de sites de grande qualité sont importants, mais les clubs trop rares : on en trouve à Vodice, sur l'île de Murter et entre Biograd et Primošten.
Parc national des Kornati Les mêmes richesses, et les mêmes contraintes que le précédent.
Drvenik et Tmar Beaucoup de sites intéressants et accessibles sur ces deux îles, notamment des grottes sous-marines, des tombants et des récifs réputés, dont la Cathédrale, au nord de Tmar.
Šolta Cette île compte de nombreux spots très variés, accessibles à tous les niveaux. On peut notamment y explorer plusieurs grottes, des murs, des formations rocheuses, et une épave de bateau de pêche, le *Ribolovac*.
Grotte de la baie de Lučice Sur l'île de Brač, cette grotte verticale comporte une entrée à 3m de profondeur et deux sorties à 34 et 44m, avec parfois des bancs de pélagiques qui évoluent à l'intérieur.
Lastovo Elle est riche de sites naturels impressionnants : tombants, canyons et tunnels, dont celui de Bijelac, au nord-ouest.
Korčula La côte sud-ouest de l'île comporte plusieurs grottes remarquables dans une eau parfaitement claire.
Mljet Plusieurs grottes, un site d'amphores et le plus grand récif corallien de Méditerranée.
Vis Incontournable à plus d'un titre pour ses grottes bleues, ses tombants et ses épaves.

Réglementation

Pour être autorisé à plonger en club, vous devez adhérer à la Fédération croate de plongée. On vous établira une carte de membre lors de votre première plongée sur présentation de votre passeport ou de votre carte d'identité, de votre brevet de plongée international, et contre le paiement de 100kn. Cette carte sera ensuite valable dans toute la Croatie pour une durée d'un an. Pour plonger en autonomie, hors des structures d'un club, vous devrez vous acquitter d'un permis délivré par les autorités maritimes (env. 2 400kn). Certains sites protégés requièrent une autorisation spéciale et un permis supplémentaire.
C'est le cas notamment des parcs nationaux des Brijuni, des Kornati et de Mljet, ainsi que du parc naturel de Telašćica. Les îles de Vis, Lastovo et Palagruža sont aussi soumises à une réglementation particulière. Il est parfois tout simplement interdit de plonger sur certaines zones sans passer par une structure reconnue.
Comme en France, la plongée est interdite à proximité des ports, des engins de pêche et des lieux de mouillage. Une signalisation claire (pavillon alpha) en surface est obligatoire.

MARINAS On recense une cinquantaine de marinas en Croatie, distantes les unes des autres d'une journée de navigation tout au plus (voir les Modes d'emploi des villes). Près de la moitié sont affiliées à l'ACI-Club (*www.aci-marinas.com*). Si un certain nombre de places à quai est garanti aux navigateurs de passage, il peut être utile de réserver sa place en été dans les ports les plus fréquentés. En principe, toutes les places à quai bénéficient d'un raccordement aux réseaux de distribution d'eau et d'électricité. Les marinas disposent toutes d'un point météo, de sanitaires avec douches, d'une supérette, d'un service de restauration et parfois d'un service de blanchisserie. Le canal VHF est le même pour toutes : 17.

plongée sous-marine

La Croatie compte parmi les destinations méditerranéennes favorites des plongeurs. Il existe plus de 150 clubs sur le littoral, tous affiliés à la Fédération croate de plongée. Ils proposent des cours et stages tous niveaux (répondant aux normes CMAS, PADI, SSI, NAVI, BSAC), des sorties accompagnées et la location de matériel. Comptez à partir de 400kn/pers. pour une sortie accompagnée, équipement compris, et un supplément de 50kn pour les plongées nocturnes, cf. La plongée en Croatie (p.62).

autres sports nautiques

Le ski nautique et le jet-ski sont proposés par la plupart des clubs nautiques des grandes stations balnéaires. N'hésitez pas à faire une petite virée en kayak de mer, autour des îles et des récifs, un excellent moyen pour découvrir des criques isolées. Les clubs de planche à voile sont présents un peu partout sur le littoral, mais les meilleurs "spots" sont situés à Viganj (dans la péninsule de Pelješac), à Bol (sur l'île de Brač) et à Baška (sur l'île de Krk). Tous ces endroits sont également prisés par les amateurs de kitesurf. Les cours d'initiation et la location du matériel restent encore très onéreux.

sports d'eaux vives

La Cetina est le cours d'eau croate qui se prête le mieux à la pratique du canoë-kayak, du rafting et du canyoning, cf. Omiš (p.424).

randonnée pédestre

Vous pourrez explorer les reliefs boisés des parcs naturels de la Medvednica et du Samoborske Gorje voisins de Zagreb. Plus près du littoral, de belles promenades en forêt vous attendent, notamment dans le parc national de Risnjak et dans la vallée de la Mirna (Istrie). Les nombreux sentiers des îles de l'Adriatique vous permettront de longer les côtes rocheuses ou d'accéder à de petites criques sauvages. En bref, les possibilités de promenade et de randonnée à la journée sont infinies et généralement recensées sur de petites cartes distribuées par les offices de tourisme. Les marcheurs chevronnés s'attaqueront aux massifs karstiques des parcs nationaux du Biokovo et de Paklenica, où plusieurs refuges non gardés ont été aménagés dans de vieilles maisons de bergers. Liste disponible auprès de la Fédération croate d'alpinisme, cf. escalade ci-après.

RECOMMANDATIONS Privilégiez le printemps et l'automne pour cette activité, la chaleur estivale rendant la marche particulièrement éprouvante dans les zones rocailleuses et lors de l'ascension de certains sommets. En juillet-août, partez très tôt le matin, muni d'une bonne réserve d'eau, de vivres, de crème solaire et d'un chapeau à large bord. Soumettez vos itinéraires aux autorités des parcs ou aux offices de tourisme afin de vous assurer de leur faisabilité.

escalade

Les voies d'escalade les plus prisées sont les falaises du parc national de Paklenica, notamment celle de l'Anića kuk (712m), qui compte près de 400 axes tous niveaux. Avec ses deux gorges, il possède de nombreuses voies équipées. Le parc de Paklenica accueille d'ailleurs chaque année, de la fin du mois d'avril au début du mois de mai, la célèbre compétition internationale d'escalade "Big Wall Speed Climbing". L'intérieur de l'Istrie présente aussi de nombreuses falaises bien équipées. Les massifs du Velebit (quelques sommets à plus de 1500m), de l'Učka, du Dinara (avec 1831m, le mont Dinara est le point culminant de Croatie), du Mosor et du Biokovo offrent également quelques belles voies aux amateurs de varappe. Pour tout renseignement sur les clubs, contactez la Fédération croate d'alpinisme.

Fédération croate d'alpinisme / Hrvatski planinarski savez *Kozarčeva 22 10000* ***Zagreb*** *Tél. (01) 48 23 624 www.hps.hr*

cyclotourisme

La plupart des offices de tourisme distribuent gratuitement des cartes recensant les itinéraires cyclistes balisés. Location de vélos et de VTT sur les grands sites touristiques, généralement en agence de voyages (env. 100kn/j.).

TÉLÉPHONE

appels nationaux

Pour appeler d'une région à l'autre en Croatie, il faut composer l'indicatif de la ville précédé du 0, puis le numéro de votre correspondant. En revanche, pour téléphoner dans la même région, il suffit de composer le numéro à 6 ou 7 chiffres du correspondant. Les appels sur poste fixe bénéficient d'une réduction de 75% entre 22h et 7h, le dimanche et les jours fériés. Les **numéros de portable** commencent par 091, 095, 096, 098 ou 099, les

PRATIQUE

numéros utiles

INDICATIFS RÉGIONAUX

Bjelovar	043	**Osijek**	031	**Šibenik**	022
Čakovec	040	**Požega**	034	**Varaždin**	042
Dubrovnik	020	**Pula**	052	**Vinkovci**	032
Gospić	053	**Rijeka**	051	**Virovitica**	033
Karlovac	047	**Sisak**	044	**Zadar**	023
Koprivnica	048	**Slavonski Brod**	035	**Zagreb**	01
Krapina	049	**Split**	021		

NUMÉROS D'URGENCE

Police	Tél. 192
Pompiers	Tél. 193
Urgences médicales	Tél. 194 (Croatie) ou 112 (Europe)
Assistance routière	Tél. 1987
Sauvetage en mer	Tél. 9155

numéros payants par 0800 et les numéros gratuits par 060 (ces derniers ne sont accessibles qu'à l'intérieur du pays)

Renseignements téléphoniques nationaux *Tél. 988*

Annuaire téléphonique croate *http://imenik.tportal.hr*

appels internationaux

Pour appeler la Croatie de l'étranger, composer le 00 (indicatif international), le 385 (code de la Croatie) suivi de l'indicatif de la ville (sans le 0) et du numéro local. Pour appeler l'étranger de Croatie, composer le 00, puis l'indicatif du pays concerné (33 pour la France, 32 pour la Belgique, 41 pour la Suisse, 1 pour le Canada), suivi du numéro du correspondant (sans le 0 initial pour la France, la Belgique et la Suisse).

Renseignements téléphoniques internationaux *Tél. 902*

Opérateur international *Tél. 901*

téléphonie portable

Trois grands opérateurs se partagent le réseau GSM croate : T-Mobile (ex-Cronet, préfixe 098 et 099), VIPnet (préfixe 091) et Tele 2 (préfixe 095). La Croatie étant membre de l'Union européenne, tout voyageur européen peut depuis 2017 y utiliser son téléphone mobile aux mêmes conditions que dans son pays d'origine. Ceci vaut également pour les données Internet liées à l'utilisation de la 3G ou de la 4G.

TRANSPORTS SUR PLACE

avion

Les aéroports de Zagreb, Split, Dubrovnik, Pula, Rijeka-Krk, Zadar, Osijek, Brač et Lošinj sont reliés entre eux par des vols de la compagnie Croatia Airlines.

Croatia Airlines *Tél. (01) 66 76 555 www.croatiaairlines.com*

train

Le réseau des chemins de fer croates (Hrvatske željeznice) couvre surtout l'intérieur du pays et offre quelques liaisons directes avec l'Autriche, l'Allemagne et la Suisse. Confortable et peu onéreux, le voyage en train se révèle malheureusement assez lent, mais convient parfaitement à un trajet de nuit en couchette. De jour, mieux vaut emprunter le car.

Chemins de fer croates / Hrvatske željeznice *Tél. 060 333 444 www.hzpp.hr*

car

Avec un réseau dense, des départs réguliers et des horaires fiables, le car est le moyen le plus rapide et le plus pratique pour se déplacer sur le continent, comme dans les îles, où les cars attendent l'arrivée des ferries pour permettre aux voyageurs de rallier les différentes localités. Les horaires sont affichés dans les gares routières (*autobusni kolodvor*) et parfois disponibles dans les offices de tourisme.

Renseignements nationaux *Tél. 060 313 333*

Renseignements internationaux *Tél. (01) 60 08 631*

Réseau Zagreb *Tél. (01) 60 08 600 www.akz.hr*

Réseau Rijeka *Tél. (051) 660 660 www.autotrans.hr*

Réseau Split *Tél. 060 327 777 www.ak-split.hr*

voiture

RÉSEAU ROUTIER La Croatie dispose de plus de 1200km d'autoroutes.

PRATIQUE

Ce réseau, en grande partie payant, relie Zagreb à Rijeka (A1 puis A6) et à Ploče via Zadar, Šibenik et Split (A1). En attendant que ce tronçon soit prolongé jusqu'à Dubrovnik, il faut suivre la fameuse "Magistrale". Cette nationale, qui longe le littoral, est tellement encombrée en été que la vitesse moyenne y dépasse rarement 50km/h. Il faudra donc être patient, mais aussi très vigilant car les conducteurs pressés tentent souvent de doubler coûte que coûte, même dans les virages. Le reste du pays est bien desservi : A2 (Zagreb-Krapina) et A4 (Zagreb-Varaždin-Gorican) pour le Zagorje, A3 (Zagreb-Lipovac) et A5 (Beli-Manastir-Đakovo) pour la Slavonie, A11 (Zagreb-Sisak), A8 et A9 en Istrie...

Assistance routière *Tél. 987*

Automobile club croate État du trafic. *Tél. (01) 46 40 800 www.hak.hr*

Réseau des autoroutes croates *Tél. 0800 0422 www.hac.hr*

CODE DE LA ROUTE ET FORMALITÉS La vitesse est limitée à 130km/h sur autoroute, 110km/h sur voie rapide, 90km/h sur route et à 50km/h en agglomération. Le port de la ceinture de sécurité est obligatoire, tout comme l'allumage des feux de croisement en journée. L'usage du téléphone portable au volant est interdit, et le taux d'alcoolémie autorisé au volant est de 0,5g/l. Pour entrer en Croatie avec votre propre véhicule, vous devez être muni de votre permis de conduire, de la carte grise du véhicule et de la carte verte.

RÈGLES DE CONDUITE Soyez prudent et attentif : sur de nombreux axes secondaires – mais aussi sur des voies importantes comme la Magistrale –, les limitations de vitesse sont parfois contraignantes (70, 50 voire 40km/h) alors que la situation ne semble pas toujours les justifier. L'attitude des conducteurs locaux oscille entre deux extrêmes : tout à fait scrupuleuse, ou parfaitement dangereuse (se faire doubler à pleine vitesse sans aucune visibilité dans un virage de montagne n'est par exemple pas rare). Il est vivement recommandé de calquer votre conduite sur les plus prudents : les contrôles inopinés sont fréquents, surtout en fin de semaine. En cas d'excès de vitesse, l'amende de 500kn doit être réglée immédiatement en espèces. À défaut, il faudra vous rendre au poste de police.

STATIONS-SERVICE ET PARKINGS Les stations-service croates sont normalement ouvertes de 7h à 19h (22h en été) et parfois 24h/24 dans les grandes villes. Assez nombreuses sur les grands axes, elles se font beaucoup plus rares sur les routes secondaires. Les centres-villes étant, pour la plupart, réservés aux piétons, vous trouverez souvent plusieurs parkings payants à proximité

PRATIQUE

Tableau kilométrique

	Zagreb	Dubrovnik	Osijek	Pula	Rijeka	Split
Dubrovnik	600					
Osijek	285	560 (par Bosnie)				
Pula	270	710	550			
Rijeka	165	600	450	110		
Split	410	230	690	515	360	
Zadar	285	350	560	330	240	155

(5-10kn/h), mais en été, notamment sur la côte, il faudra vous armer de patience pour dénicher une place.

moto

Longer l'Adriatique et ses eaux cristallines en pouvant s'arrêter n'importe quand pour profiter d'un paysage ou d'une crique... La moto constitue un moyen de locomotion parfaitement adapté au pays. Elle est particulièrement intéressante pour éviter les embouteillages de la Magistrale, ou pour accéder plus facilement aux centres historiques de villes comme Dubrovnik, Zadar ou Split. L'accès aux ferries se fera aussi plus aisément et pour un budget plus restreint – certains trajets en ferry sont onéreux en voiture. Si vous souhaitez faire le voyage avec votre propre moto, il est possible d'éviter un aller-retour par la même route côtière en prenant un ferry pour Ancône (Italie), mais pensez à bien réserver d'avance.

bateau

La plupart des liaisons maritimes entre la côte et les îles de l'Adriatique sont gérées par la **compagnie nationale Jadrolinija**, mais certaines zones sont desservies par quelques compagnies privées croates et italiennes (liste ci-après). Le trafic est assuré par des ferries, qui embarquent les voitures, et/ou des catamarans réservés aux piétons, plus rapides mais souvent plus chers. Pour embarquer une voiture, il est conseillé d'arriver au moins 1h avant l'appareillage, surtout en été pour les îles les plus touristiques. La **réservation des billets** ne garantit pas de place en cas d'affluence. Nombreuses dans le Kvarner, les lignes ferries inter-îles sont assez rares en Dalmatie : vous serez souvent obligé de repasser par les ports de Dubrovnik ou de Split. En dehors des grandes îles touristiques, les **horaires** des bateaux s'adaptent en général aux besoins des insulaires (départ de l'île le matin et retour le soir), obligeant les visiteurs à passer au moins une nuit sur place. Les horaires sont disponibles sur le site Internet de Jadrolinija ou à ses guichets dans les gares maritimes. Les trajets vers les îles sont organisés à partir de **quatre ports principaux** : Split pour les îles de Brač, Vis, Lastovo, Šolta, Hvar et Korčula ; Dubrovnik pour Mljet et les îles Élaphites ; Rijeka pour Cres, Lošinj et Rab ; Zadar pour Dugi Otok, Pašman, Ugljan et l'ensemble de l'archipel de Zadar.

www.croatiaferries.com Un site en anglais très complet sur les horaires (*Timetables*) et les prix, les compagnies de ferries et les ports croates.

Jadrolinija *Tél. (051) 666 111 www.jadrolinija.hr*

G&V Line *Tél. (020) 313 119 www.gv-line.hr*

Kapetan Luka *Tél. (021) 645 476 www.krilo.hr*

LNP *Tél. (021) 352 527 http://lnp.hr*

Rapska plovidba *Tél. (051) 724 122 www.rapska-plovidba.hr*

transports urbains

Dans les grandes villes de Croatie, le plan du réseau d'autobus est disponible à l'office de tourisme. On peut acheter les tickets au chauffeur, mais on les paiera plus cher que dans les kiosques. La capitale et Osijek disposent également de lignes de tramway. Le prix d'une course en taxi revient aussi cher à Zagreb que dans la plupart des autres métropoles européennes.

lire une adresse

Les règles de déclinaison complexes de la langue croate s'appliquant aux noms propres, la toponymie se révèle tout à fait déconcertante. Ainsi, la rue Ljudevit Gaj pourra être mentionnée comme Ulica Ljudevita Gaja ou abrégée Gajeva, de même que la rue Ivan Tkalčić sera nommée Ulica Ivana Tkalčića ou Tkalčićeva. Ces variations s'appliquent sans réelle distinction sur les panneaux, les cartes et dans le langage courant. Enfin, sachez que les lettres "bb" signifient "sans numéro" quand elles figurent en fin d'adresse.

US ET COUTUMES

Lors de votre voyage, vous serez amené à faire des rencontres chaleureuses, même si les Croates sont d'un abord réservé. Commencez par apprendre quelques formules de politesse en croate, cf. Lexique (p.566). L'effort sera apprécié, même si de nombreux habitants comprennent l'anglais, l'allemand ou l'italien. Le français est peu pratiqué. Évitez d'aborder l'épineux sujet des conflits de l'ex-Yougoslavie. En été, l'afflux des visiteurs est tel que l'accueil peut être expéditif sur la côte. En revanche, dans l'intérieur, votre présence tiendra parfois de l'événement ! Enfin, lors de la visite des églises, une tenue correcte sera exigée (épaules et jambes couvertes), sous peine de se voir refuser l'entrée.

VISA ET PASSEPORT

Dans le cas d'un séjour de moins de 3 mois, une carte d'identité ou un passeport en cours de validité sont requis pour les ressortissants de l'UE (la Croatie n'a pas encore intégré l'espace Schengen) et les citoyens helvétiques. Les Canadiens n'ont pas besoin de visa, un passeport suffit. Tout séjour de plus de 3 mois doit faire l'objet d'une demande auprès des représentations diplomatiques croates à l'étranger. Tout voyageur étranger doit se déclarer à la police locale dans les 48 heures suivant son arrivée en Croatie. Une formalité accomplie par votre logeur (hôtel, camping, chambre d'hôtes).

VOYAGISTES

Séjour, circuit, croisière ou aventure... à vous de définir les critères de votre voyage selon votre budget et vos envies.

spécialistes de la Croatie

Adriagate Une grande agence croate basée à Split, mais qui accueille téléphoniquement ou par Internet en français. Nombreuses prestations (hébergement, circuits, croisières, etc.). *Tél. (021) 271 870 www.adriagate.com*

Atlas Ce tour-opérateur croate organise des croisières, des vacances en montagne, des thalassos, de l'agritourisme. Vaste choix d'hébergements en hôtel ou en villa et location de bateaux. *www.atlas-croatia.com*

Amslav Ce spécialiste du voyage vers l'Europe de l'Est propose des circuits sur mesure. *60, rue de Richelieu 75002* ***Paris*** *Tél. 01 44 88 20 40 www.amslav.com*

Bemextours Spécialiste de la Croatie : séjours en hôtel, logement chez l'habitant, transport aérien, voyages à la carte, croisières, location de voitures. *4, av. Desfeux 92100* ***Boulogne-Billancourt*** *Tél. 01 46 08 40 40 www.bemextours.com*

Dalmatie Tours Une agence spécialisée dans la location de bateaux (voiliers, bateaux à moteur...), mais qui propose aussi des circuits sur mesure et des hébergements. *Tél. (022) 441 942 (Croatie) contact@dalmatie-tours.com www.dalmatie-tours.com*

séjours sportifs

Allibert Spécialiste des randonnées à pied ou à VTT, à la montagne (circuits possibles pour tous niveaux). Des agences à Paris, Chamonix, Chapareillan, Nice et Toulouse. *www.allibert-trekking.com* **France** *37, bd Beaumarchais, 75003 Paris Tél. 04 76 45 84 84* **Belgique** *Tél. 02 318 32 02* **Suisse** *Tél. 022 519 03 23*

Atalante Randonnées dans le monde, dans le respect de la nature et de l'autre. Itinéraires à la carte selon trois niveaux de difficulté. *www.atalante.fr* **France** *18, rue Séguier 75006 Paris Tél. 01 55 42 81 00 ou 04 72 53 24 80* **Belgique** *Continents insolites Rue César Franck, 44b 1050 Bruxelles Tél. 02 318 42 69*

Chemins du Sud Spécialiste de la randonnée en petits groupes et sans portage. *Tél. 04 90 09 06 06 www.cheminsdusud.com*

Grand Angle Agence spécialisée dans les voyages à pied, à skis, à raquettes ou à vélo. *Tél. 04 76 95 23 00 www.grandangle.fr*

Huwans clubaventure Séjours sportifs : trekking, 4x4, 260 itinéraires dans 90 pays. *18, rue Séguier* **Paris** *Tél. 01 44 32 09 30 www.huwans-clubaventure.fr Ouvert lun.-sam. 10h-19h*

Terres d'Aventure Ce spécialiste du voyage à pied propose d'autres thèmes de voyage : "Circuits accompagnés", "Voyages en famille", "Rando-liberté", découverte, neige haute montagne... *www.terdav.com* **France** *30, rue Saint-Augustin 75002 Paris Tél. 01 70 82 90 00* **Belgique** *Chaussée de Charleroi, 23 Bruxelles Tél. 02 543 95 60* **Suisse** *Rue de la Rôtisserie, 19 1204 Genève Tél. 022 518 05 13*

UCPA L'Union nationale des centres sportifs de plein air propose des voyages sportifs en France comme à l'étranger. Une soixantaine d'activités "Air" (parachutisme, planeur), "Neige" (ski, raquettes), "Eau" (surf, raft) ou "Terre" (escalade, équitation). *12, rue des Halles 75001* **Paris** *Tél. 01 45 87 47 86 ou 0825 880 800 www.ucpa-vacances.com*

séjours culturels

Arts et Vie Séjours de découverte des villes d'art croates, excursions sur la côte dalmate, circuits, week-ends... *(autres points de vente à Marseille, Lyon, Nice et Grenoble) 251, rue de Vaugirard 75015* **Paris** *Tél. 01 40 43 20 21 www.artsetvie.com*

Clio Itinéraires culturels classiques (animés par un conférencier) ou thématiques (festivals musicaux ou expositions). *34, rue du Hameau 75015* **Paris** *Tél. 01 53 68 82 82 www.clio.fr*

Intermèdes Séjours, circuits, expositions et croisières animés par des conférenciers historiens ou historiens de l'art. En Croatie : circuits, séjours et croisières de 4 à 12 jours. *10, rue de Mézières 75006* **Paris** *Tél. 01 45 61 90 90 www.intermedes.com*

Voyageurs du Monde Spécialiste du voyage individuel à la carte dans 70 pays dont la Croatie. *www.voyageursdumonde.fr* **France** *Cité des Voyageurs 55, rue Sainte-Anne 75002 Paris Tél. 01 42 86 16 00 ou 01 83 64 79 48 (uniquement pour Croatie) (autres agences à Bordeaux, Grenoble, Lille, Lyon, Marseille, Montpellier, Nantes, Nice, Rennes, Rouen, Strasbourg et Toulouse)* **Belgique** *Chaussée de Charleroi, 23 1060 Bruxelles Tél. 02 54 395 50* **Suisse** *19, rue de la Rôtisserie 1204 Genève Tél. 022 518 04 94*

croisières

ABCroisière Croisières à petits prix sur toutes les mers du monde ou le long des fleuves. *Tél. 04 20 10 10 68 ou 00 33 489 05 90 10 (de l'étranger) www.abcroisiere.com*

PRATIQUE

Adriagate Croisières sur des goélettes en bois dans le golfe du Kvarner, ou autour des îles dalmates, ou encore combinées avec des marches. Également une croisière 100% naturiste. *Tél. (021) 271 870 www.adriagate.com*
Croisierenet.com Nombreuses offres à tous les prix. *Tél. 04 22 13 16 07 www.croisierenet.com*
CroisiEurope Au départ de Dubrovnik avec escales à Split, Šibenik, Trogir, Hvar... à bord de La Belle Adriatique. *www.croisieurope.com* ***France*** *147, bd du Montparnasse 75006 Paris Tél. 08 26 10 12 34* ***Belgique*** *Ravenstein, 56 1000 Bruxelles Tél. 251 411 54* ***Suisse*** *Av. de la Gare, 50 1001 Lausanne Tél. 021 320 72 35*
Plein Cap Selon les années, croisières sur l'Adriatique et le long des côtes croates. *251, route de La Colle 06270* ***Villeneuve-Loubet*** *Tél. 04 93 20 21 20 www.plein-cap.com*
Ponant Croisières luxueuses le long de la côte croate au départ de Venise ou d'Athènes. *408, av. du Prado 13008* ***Marseille*** *Tél. 0820 22 50 50 www.ponant.com*

VOYAGEZ À LA CARTE

GEOGuide a sélectionné pour vous des lieux de séjours, des sites à visiter, des adresses-plaisirs et des activités multiples. Choisissez ce qui vous ressemble et goûtez pleinement votre voyage...

- Culture et patrimoine
- Shopping
- Sports et loisirs
- Activités familiales
- Cafés, bars et lieux de sortie
- Restauration
- Hébergement

la Croatie en famille

Festivals et tournois de chevalerie, musées pédagogiques, châteaux, mais aussi rencontres avec les ours du Velebit ou les dauphins de Lošinj, sans oublier les plages, les plongées et les balades de toutes sortes, cf. des sports et des loisirs (p.76) : la Croatie constitue sans aucun doute une destination familiale par excellence.

Loisirs et découverte

Festivités

patrimoine

En Croatie, il est difficile de dissocier la main de l'homme de celle de la nature : la côte incroyablement découpée abrite ainsi des dizaines de ports protégés par de hautes murailles, derrière lesquelles a pu s'exprimer tout le génie humain, tandis que dans l'arrière-pays, des trésors naturels longtemps ignorés s'offrent aujourd'hui au regard émerveillé des visiteurs.

Antiquité

Moyen Âge, Renaissance

Baroque

Patrimoine mondial

Réserves et parcs naturels

des sports et des loisirs

Criques secrètes, fonds marins aux eaux limpides, lacs bleu azur, rivières et cascades : la Croatie est le paradis des amateurs de baignade et de plongée, mais aussi de ski nautique ou de kitesurf. Pour ceux que l'eau rebute, les massifs montagneux et parcs naturels offrent leurs sentiers de randonnées, à parcourir à pied, à vélo ou encore à cheval.

Équitation

Escalade

Golf

Kayak, rafting

Parcs de loisirs

Les plus belles plages

Plongée

Randonnée

Ski

Ski nautique

Thermalisme

Tyrolienne

Vélo

Windsurf, kitesurf

Voile

plaisirs de bouche

Avec ses nombreuses influences, notamment italiennes, l'Istrie offre aux gourmets le meilleur de la gastronomie croate : huile d'olive, truffes, cf. L'Istrie gourmande (p.232). Mais les autres régions ne sont pas en reste, concoctant plaisirs sucrés et salés qui raviront tous les palais.

Caves et vignobles

Gourmandises salées

Gourmandises sucrées

GEORÉGION

LA CROATIE CENTRALE

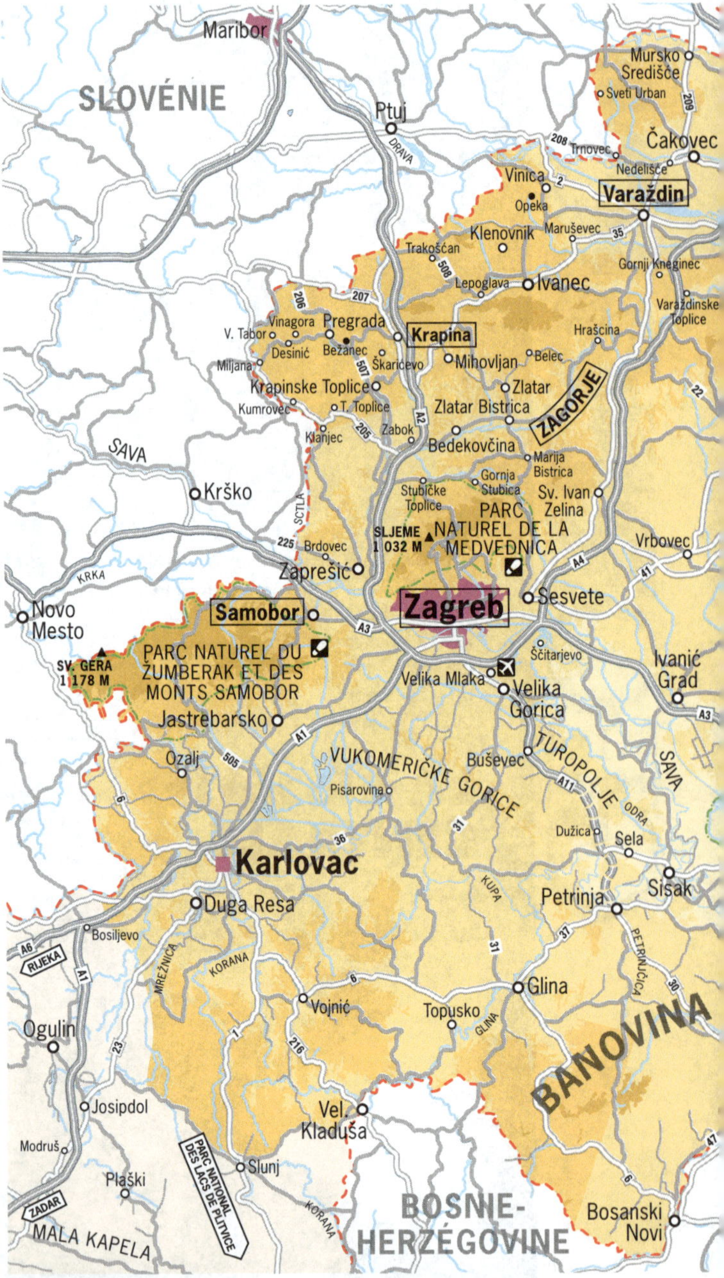

Maribor
SLOVÉNIE
Ptuj
DRAVA
Mursko Središće
Sveti Urban
Čakovec
Trnovec
Nedelišće
Vinica
Opeka
Varaždin
Klenovnik
Maruševec
Trakošćan
Gornji Kneginec
Lepoglava
Ivanec
Varaždinske Toplice
Vinagora
Pregrada
V. Tabor
Desinić
Bežanec
Krapina
Hrašćina
Miljana
Škarićevo
Mihovljan
Belec
Krapinske Toplice
Zlatar
ZAGORJE
Kumrovec
T. Toplice
Zlatar Bistrica
Klanjec
Zabok
Bedekovčina
SAVA
Marija Bistrica
Gornja Stubica
Krško
Stubičke Toplice
Sv. Ivan Zelina
PARC NATUREL DE LA MEDVEDNICA
SLJEME 1 032 M
SCTLA
Brdovec
Vrbovec
Zaprešić
KRKA
Zagreb
Sesvete
Novo Mesto
Samobor
PARC NATUREL DU ŽUMBERAK ET DES MONTS SAMOBOR
SV. GERA 1 178 M
Ščitarjevo
Ivanić Grad
Velika Mlaka
Velika Gorica
Jastrebarsko
TUROPOLJE
Ozalj
VUKOMERIČKE GORICE
Buševec
SAVA
Pisarovina
ODRA
Dužica
Sela
Karlovac
Sisak
KUPA
Duga Resa
Petrinja
Bosiljevo
RIJEKA
MREŽNICA
KORANA
PETRINJČICA
Glina
Vojnić
Topusko
GLINA
BANOVINA
Ogulin
Josipdol
Vel. Kladuša
Modruš
PARC NATIONAL DES LACS DE PLITVICE
Slunj
Plaški
ZADAR
KORANA
BOSNIE-HERZÉGOVINE
Bosanski Novi
MALA KAPELA

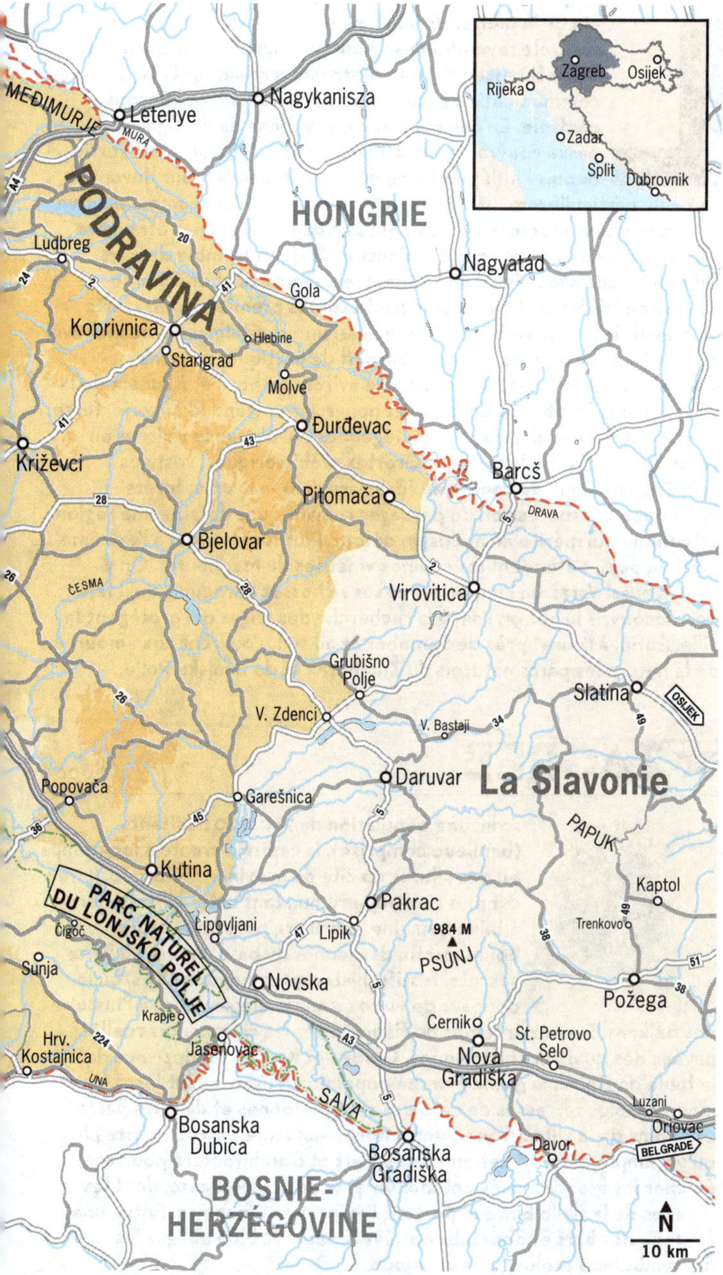

Zagreb
Osijek
Rijeka
Zadar
Split
Dubrovnik
MEĐIMURJE
Letenye
Nagykanisza
MURA
PODRAVINA
HONGRIE
Ludbreg
Nagyatád
Gola
Koprivnica
Hlebine
Starigrad
Molve
Đurđevac
Križevci
Barcš
Pitomača
DRAVA
Bjelovar
ČESMA
Virovitica
Grubišno Polje
Slatina
OSIJEK
V. Zdenci
V. Bastaji
Daruvar
La Slavonie
Popovača
Garešnica
PAPUK
Kutina
PARC NATUREL DU LONJSKO POLJE
Kaptol
Pakrac
Čigoč
Lipovljani
Lipik
984 M
PSUNJ
Trenkovo
Sunja
Novska
Požega
Krapje
Cernik
St. Petrovo Selo
Hrv. Kostajnica
Jasenovac
Nova Gradiška
UNA
SAVA
Luzani
Oriovac
Bosanska Dubica
Bosanska Gradiška
Davor
BELGRADE
BOSNIE-HERZÉGOVINE
N
10 km

Loin de la mer et de son long ruban touristique, la Croatie centrale revendique sa position originale, à la confluence des influences slave et austro-hongroise, sur l'axe de communication naturel entre l'Adriatique et l'Europe centrale. En son centre, Zagreb, riche de vestiges d'un passé couvrant plus d'un millénaire d'Histoire, est sortie depuis l'indépendance de sa somnolence, pour devenir une ville particulièrement dynamique, à l'énergie vitale communicative. L'énergie vitale et communicative qui s'en dégage n'est pas étrangère à la venue de très nombreux étudiants issus de l'ensemble du pays. Cité culturelle avec plus d'une vingtaine de musées et une bonne dizaine de théâtres, Zagreb, construite sur les premiers contreforts du massif de la Medvednica, s'avère aussi une capitale verte et sportive, où la nature jamais très éloignée permet de pratiquer nombre d'activités : randonnée, ski, ou encore aviron. Au nord et à l'ouest de la ville, vers les frontières slovaque et hongroise, s'étend le Zagorje, terre de chevalerie, de magiciens et de légendes qui plonge le visiteur au cœur des racines de la Croatie. Grottes préhistoriques, vestiges romains, châteaux de contes de fées, lacs dans la brume, forêts profondes... la succession de paysages romantiques dessine une région méconnue qui mérite au moins un détour. Plus loin encore, à l'extrême nord du pays, s'étendent les collines vineuses du Međimurje. On y trouve aussi Varaždin l'impériale et ses richesses baroques, qu'il fait bon découvrir le nez en l'air, à la recherche des anges qui protègent la ville. Enfin, à l'ouest près de Samobor et au sud, s'ouvrent aux amoureux de la nature les parcs naturels du Žumberak et de Lonjsko Polje.

★ ZAGREB

10000

Avec une population de 780 000 habitants (banlieue comprise), la capitale croate a longtemps eu des allures de cité de province endormie. Il n'en est plus rien aujourd'hui, tant cette ville moderne, à taille humaine, qui attire pour leurs études une bonne partie des jeunes du pays, recèle de lieux secrets, festifs, historiques ou populaires, où la douceur de vivre se marie élégamment à l'histoire des Balkans. Prenez le temps de flâner entre les charmantes ruelles pavées des quartiers historiques, Gradec et Kaptol, fondez-vous dans la foule de Dolac, le grand marché populaire, musardez sur les innombrables terrasses de café des rues piétonnes et dans les parcs et jardins de la ville... Vous comprendrez alors que Zagreb mérite plus qu'un simple détour ! Les amateurs d'art et d'architecture pourront écumer les grands musées et monuments de la Ville-Basse, dont les façades de la Belle Époque portent l'empreinte viennoise. Enfin, une tournée des bars et des clubs enfiévrés pourrait bien obliger les noctambules à prolonger leur séjour.

DEUX COLLINES RIVALES Le site, occupé dès l'âge du bronze et fortifié par les Slaves vers le VIIIe siècle, entre dans l'histoire en 1094 avec la fondation d'un évêché sur un contrefort de la Medvednica. Tandis que les chanoines érigent une cathédrale sur les hauteurs de Kaptol, le "quartier du Chapitre", la bourgade de Gradec se développe sur la colline d'en face. Après avoir été dévastée comme sa voisine par les Tatars, en 1242, cette dernière obtient le statut de ville royale libre, assorti de nombreux privilèges, dont celui de battre monnaie. Gradec se repeuple ainsi rapidement et s'entoure de remparts. La rivalité économique qui s'instaure entre les deux municipalités donne lieu à de fréquents affrontements, qui cessent lors des grandes foires annuelles. Au XVe siècle, devant l'avancée des Turcs, le roi Mathias Corvin autorise Kaptol à se fortifier à son tour. Le différend entre les deux cités corsetées devient politique, Gradec soutenant les Habsbourg et Kaptol les Hongrois. Mais au XVIe siècle, la menace ottomane se précisant, les deux rivales se résignent enfin à s'allier – il faudra pourtant attendre 1850 pour que l'union devienne officielle ! Malgré l'ouverture par les Jésuites d'un collège et d'une académie, et la reconstruction baroque de la Ville-Haute, les XVIIe et XVIIIe siècles sont peu glorieux : épidémies de peste, incendies et transfert du pouvoir à Varaždin de 1756 à 1776.

NAISSANCE DE LA VILLE MODERNE Dans les années 1830, Zagreb devient le foyer de l'illyrisme, mouvement qui prône l'union des Slaves du Sud et leur libération du joug austro-hongrois. L'accent étant mis sur la défense des arts et de la langue croates, Zagreb se dote d'institutions culturelles et éducatives (théâtre, opéra, Académie des arts et des sciences, université, etc.). Dans le même temps, l'essor de l'industrie et des transports attire des populations nouvelles, qui s'installent au pied des deux collines historiques. Lancé en 1857, l'aménagement de la Ville-Basse selon un plan en damier va s'accélérer après le séisme de 1880. L'ingénieur croate Milan Lenuci (1849-1924) et l'architecte viennois Herman Bollé (1845-1926) en sont les maîtres d'œuvre. La ville se pare de majestueuses façades historicistes (du néoroman au néoclassique). Cet âge d'or architectural se poursuit avec la construction d'imposants bâtiments Sécession (Art nouveau) au début du XXe siècle. Mais comme ailleurs en Europe, la Première Guerre mondiale vient mettre un terme à cette Belle Époque.

ZAGREB AUJOURD'HUI À partir des années 1950, sous l'effet de l'exode rural et d'une industrialisation accélérée, les banlieues ouvrières de Novi Zagreb (le "Nouveau Zagreb") voient le jour au sud de la Save. Lors de la guerre de 1991-1995, Zagreb est relativement épargnée par les bombardements, la seule attaque notable étant menée contre le palais présidentiel occupé alors par Franjo Tuđman à Gradec. Les séquelles économiques du conflit (chômage élevé, bas salaires…) se sont estompées et Zagreb, devenue la capitale d'une Croatie indépendante, membre de l'Union européenne, affiche désormais l'énergie d'une métropole économique et culturelle.

MODE D'EMPLOI

accès

EN AVION

Aéroport / Zračna luka Zagreb L'aéroport international de Zagreb est installé à Pleso, 17km au sud-est de la capitale. Il est relié à la gare routière de Zagreb (*autobusni kolodvor*) par les **bus** de la compagnie Pleso prijevoz (départ toutes les 1/2h entre 7h et 20h de l'aéroport, entre 4h30 et 20h30 de Zagreb, trajet 20-30min, ticket 30kn). Il est également relié au centre-ville par des **taxis** (comptez entre 100 et 200kn plus 10kn par bagage. N'hésitez pas à demander le prix avant de monter). *Tél. (01) 45 62 222 www.zagreb-airport.hr*

EN VOITURE

Le réseau autoroutier relie Zagreb aux grandes villes côtières de Rijeka (A6-E65 puis A1-E59) et de Split (A1), ainsi qu'à Krapina (A2-E59) et Varaždin (A4-E71), dans le Nord. L'A3-E70 permet de gagner rapidement Zagreb en traversant toute la Slavonie. Toutes les autoroutes sont payantes.

EN TRAIN

Au moins 5 trains/j. à destination des grandes villes de Croatie continentale (Osijek, Varaždin, Karlovac, Sisak...). De 2 à 5 trains/j. pour Rijeka, Pula, Split et les autres villes de la côte. Liaisons avec Belgrade, Bucarest, Budapest, Ljubljana, Vienne, Munich, Venise, etc.

Gare ferroviaire / Glavni kolodvor (plan 2, C4) La gare est située sur la place du Roi-Tomislav, au sud de la place du Ban-Jelačić. Consigne 15kn/24h. *Trg kralja Tomislava 12 (accès trams 6 et 13, ou à 10min à pied de la place du Ban-Jelačić - Trg bana Jelačića) Tél. 060 333 444 www.hzpp.hr*

EN CAR

Nombreuses liaisons avec de grandes villes croates (notamment Dubrovnik et Zadar, sur la côte) et étrangères (Trieste, Sarajevo, Francfort, Zurich, Vienne...).

Gare routière / Autobusni kolodvor (plan 1, B1) Au sud-est du centre-ville. Consigne 20kn les quatre premières heures, puis 2,50kn/h. *Avenija Marina Držića 4 (tram 6 de Trg bana Jelačića) Tél. 060 313 333 www.akz.hr*

orientation

Trg bana Jelačića, la place du Ban-Josip-Jelačić, que prolonge vers l'ouest Ilica, la grande artère commerçante, marque le centre de la capitale. Au nord s'élèvent les deux collines historiques, Gradec et Kaptol, qui forment la Ville-Haute (Gornji Grad). Au sud de la place et jusqu'à la ligne de chemin de fer, s'étend la Ville-Basse (Donji Grad), sortie de terre à la fin du XIXe siècle. Plus au sud, le cours de la Save sépare le

Tableau kilométrique

	Zagreb	Karlovac	Osijek	Plitvice	Rijeka	Samobor
Karlovac	55					
Osijek	280	330				
Plitvice	140	85	410			
Rijeka	165	115	440	165		
Samobor	25	45	300	130	160	
Varaždin	90	140	340	220	250	110

centre historique de la capitale de Novi Zagreb.

Colline de Kaptol (plan 2, B2-C2) Première colline de la Ville-Haute, Kaptol constitue un excellent point de départ pour découvrir Zagreb. Ses rues pavées irriguent un centre historique que domine la cathédrale de l'Assomption flanquée de deux tours particulièrement impressionnantes.

Colline de Gradec (plan 3) Plus haute que la précédente, elle fait assurément jeu égal, avec ses rues bordées de belles façades du XIXe siècle qu'éclairent, à la nuit tombée, d'antiques becs de gaz.

Ville-Basse (plan 2) À la différence de celles de la Ville-Haute, ses rues sont tracées selon un quadrillage rigide qui délimite une succession de places adjacentes aux jardins joliment fleuris.

Quartiers excentrés (plan 1) Parmi ceux-ci, le quartier de Novi Zagreb abrite surtout de grands ensembles résidentiels construits dans les années 1950-1990. Apprécié pour ses espaces verts, il a accueilli récemment le musée d'Art contemporain.

circuler

EN VOITURE

En raison du nombre important de rues à sens unique, de voies réservées aux trams et de la fréquence des embouteillages, nous vous conseillons de vous déplacer à pied, d'autant que Zagreb est une capitale à taille humaine, et que la plupart des musées et monuments ne sont guère éloignés les uns des autres.

EN FUNICULAIRE, BUS ET TRAMS

Les **autobus** et les **tramways** de la compagnie ZET (centre et proche banlieue) circulent en principe de 4h à 0h. La nuit, service sur quatre lignes seulement, et plus sporadique, environ un tram toutes les heures. Les tickets (10kn en journée, 15kn la nuit) s'achètent en kiosque, à la poste ou à bord et doivent être compostés. Forfait journée 30kn. Plan du réseau à l'office de tourisme. Transport plus original, un petit **funiculaire** (Zet Uspinjača) permet de gravir depuis 1889 les 30m de dénivelé séparant la Ville-Basse (accès Tomićeva) de la Ville-Haute (accès Strossmayerovo šetalite). Surnommé "le Retardataire", il fonctionnait à la vapeur d'eau jusqu'à son électrification en 1934. Départ toutes les 10min de 6h30 à 22h, tarif 4kn.

ZET *Ozaljska 105 Tél. 0800 200 060 ou (01) 36 51 555 www.zet.hr*

EN TAXI

Comptez entre 10 et 15kn la prise en charge, puis env. 5kn/km.

Radio-taksi *Tél. 060 800 800 ou (01) 66 00 671 ou (01) 66 01 235 www.radio-taksi-zagreb.hr*

Zagreb Taxi *Tél. 098 16 31 202*

Cammeo *Tél. 1212 http://taxi-cammeo.hr*

Eko Taxi *Tél. 1414 www.ekotaxi.hr*

LOCATION DE VÉLOS

Bike.com.hr (plan 2, A3) Comptez 40kn/3h ou 100kn/j. casque et antivol fournis. *Kačićeva 9 Tél. (095) 50 65 251 www.bike.com.hr Ouvert tlj. 8h-20h*

informations touristiques

Centre d'informations touristiques / Turistički informativni centar grada Zagreba (plan 2, C2) Le plus grand et le plus central. Vous y trouverez des plans de ville et de tram, des fascicules gratuits de conseils pratiques recensant les balades et visites à faire en ville (liste complète des musées et galeries), ainsi que d'excellents périodiques portant sur l'actualité culturelle (notamment *Zagreb in Your Pocket* et *Events and Performances*). L'office de tourisme organise aussi des visites guidées de la ville (175kn/pers.). *Trg bana Jelačića 11 Tél. (01) 48 14 051 ou (01) 48 14 052 www.infozagreb.hr Ouvert juin-sept. : lun.-ven. 8h30-21h, sam. 9h-18h, dim. 10h-16h ; oct.-mai : lun.-ven. 8h30-20h, sam. 9h-18h, dim. 10h-16h*

Office de tourisme principal (plan 2, B2) *Kaptol 5 Tél. (01) 48 98 555 www.infozagreb.hr*

Office de tourisme régional de Zagreb (plan 2, B4) *Preradovićeva ulica 42 Tél. (01) 48 73 665 www.tzzz.hr Ouvert lun.-ven. 8h-16h*

visites

Balade en Segway Comme dans d'autres capitales européennes, le Segway, ce véhicule monoplace électrique, est devenu un moyen alternatif et populaire pour visiter Zagreb. Plusieurs itinéraires (historique, nocturne, à la carte) de durées différentes variant entre 50min et 3h sont proposés, avec une courte formation au maniement de l'appareil incluse. Départ entre mars et novembre, et pendant la semaine de Noël devant l'hôtel Esplanade, près de la gare. Tarifs de 250 à 500kn selon le tour. *Tél. (01) 30 10 390 http://zagreb.segwaycitytour.hr Réservation lun.-sam. 9h-18h*

Zagreb City Bus Deux lignes de bus - une rouge (1h), une verte (2h) - permettent de découvrir Zagreb en autobus à impériale avec commentaires en 7 langues diffusés par écouteurs. Les tickets (70kn, 7-18 ans 35kn) s'achètent à bord ou aux guichets de la compagnie ZET, cf. circuler. *www.zet.hr*

Blue Bike De mai à octobre, l'office de tourisme organise plusieurs balades à vélo dans la capitale. La réservation s'effectue par mail, avant 19h la veille, ou par téléphone. Tarif 190kn ou 25€/pers., vélo et casque fournis, 150kn ou 20€/pers. si l'on dispose déjà d'un vélo. *Tél. 098 188 3344 www.zagrebbybike.com*

pass touristique

Zagreb Card Moyennant 98kn pour **24h** ou 135kn pour **72h**, cette carte nominative vous permet d'utiliser gratuitement et sans restriction les transports urbains. Elle donne aussi droit à la gratuité dans plusieurs musées ainsi qu'à des remises dans certains restaurants et magasins. Elle est vendue dans tous les centres d'information touristique, de nombreux hôtels de la capitale et sur le site Internet de l'office de tourisme. *www.zagrebcard.com*

urgences

Police *Tél. 192*
Pompiers *Tél. 193*
Urgences *Tél. 194 ou 112*
Hôpital général (plan 1, A1) *Sv. Duh 64 Tél. (01) 37 12 111*
Pharmacies ouvertes 24h/24 (plan 2, B2) *Trg bana Jelačića 3 Tél. (01) 48 16 198 Ilica 301 Tél. (01) 37 50 321*

marchés

Marché alimentaire Dolac (plan 2, B2) Grand marché quotidien, surnommé à juste titre le "ventre de Zagreb" (p.88). *Colline de Kaptol Lun.-sam. 6h30-15h, dim. 6h-13h*

Marché aux puces de Britanski trg (plan 2, A2) Le dimanche matin, un déballage d'antiquités, de bibelots et de bijoux artisanaux dans une ambiance chaleureuse. L'un des rendez-vous dominicaux des Zagrébois. *Britanski trg (du centre, remonter Ilica vers l'ouest)*

fêtes et manifestations

Biennale de musique contemporaine / Muzički biennale Plusieurs lieux dans la Ville-Basse. *www.mbz.hr En avr. les années impaires*

Secrets de Grič / Tajne Grić (plan 2, A2) Visites guidées nocturnes de la Ville-Haute aux flambeaux et en costumes, entre histoire et folklore. *Tél. 091 46 15 672 www.tajnegrica.hr Juin-sept. : ven.-sam. à la tombée de la nuit*

Semaine de la danse contemporaine / Tjedan suvremenog plesa Dans différents lieux. *www.danceweekfestival.com Fin mai-début juin*

Été de Stross / Ljeto na Strossu (plan 3, A2-B2) Cinéma en plein air, concerts, théâtre de rue et autres animations gratuites sur la promenade Strossmayer. *www.ljetonastrosu.com Fin mai-début sept.*

Cest is d'Best Festival de rue dans le centre de Zagreb. *www.cestisdbest.com Fin mai-début juin*

Animafest Second plus ancien festival de film d'animation en Europe, l'Animafest réunit chaque année depuis 1972 dans différents cinémas de la ville ce qui se fait de mieux en la matière au niveau international. *www.animafest.hr Début juin*

Relève de la garde (plan 3, A1-A2) Elle a lieu à midi face au palais du Ban (Banski Dvori). *Pl. Saint-Marc Juin-oct. : sam.-dim.*

Festival de feux d'artifice Vatrometa (plan 1, B2) Durant trois soirs, un festival pyrotechnique international, tiré du parc Bundek, illumine chaque année le ciel de Zagreb. *Parc Bundek Fin juin*

Festival VIP INmusic (plan 1, A2) Trois jours de musique pop et rock sur une île du lac Jarun. Multiples scènes, possibilité de camper sur place. *Lac Jarun www.inmusicfestival.com Fin juin-début juil.*

Nuits d'été de Zagreb / Zagrebački ljetni festival Concerts de musique classique, pop, opéras dans les églises et les parcs. Programme à l'office de tourisme. *Fin juin-début juil.*

Festival folklorique international / Međunarodna smotra folklora Danses et musiques traditionnelles de toute la Croatie et d'ailleurs. *Trg bana Jelačića www.msf.hr Mi-juil.*

PIF Le rendez-vous incontournable depuis 1968 des marionnettistes du monde entier. Spectacles en plein air et dans les théâtres, expositions et ateliers de fabrication. *Tél. (01) 660 16 26 www.pif.hr Début sept.*

Zagreb Film Festival Films primés dans les plus grands festivals internationaux. *www.zagrebfilmfestival.com En oct. ou nov.*

DÉCOUVRIR

La colline de Kaptol

☆**Les essentiels** La cathédrale, le grand marché de Dolac **Découvrir autrement** Déambulez dans la fiévreuse rue Ivana Tkalčićeva, sirotez un thé accompagné d'une *kremšnita* au Johann Franck

Siège épiscopal depuis le XIe siècle, la moins élevée des deux collines de la Ville-Haute est dominée par l'impressionnante silhouette de la cathédrale, flanquée de deux tours massives. Kaptol, c'est aussi le nom de la place qu'elle domine et que ponctue une statue dorée de la Vierge entourée de quatre anges due à Antun Fernkorn (1873). De là, on peut rejoindre le marché Dolac, à l'ouest, ou remonter, au nord, la rue Kaptol, axe principal du quartier. L'enceinte qui protégeait la colline a pratiquement disparu, mais on peut encore en suivre le tracé dans sa partie sud-est. Il suffit de longer les jolies maisons basses de la rue Vlaška et l'agréable parc Ribnjak.

☆ **Cathédrale / Katedrala Marijina Uznesenja (plan 2, C2)** La cathédrale de l'Assomption-de-la-Vierge-Marie (également dédiée à saint Étienne) a connu une histoire mouvementée. Un premier édifice, construit sur les ruines d'un monument primitif et consacré au début du XIIIe siècle, fut dévasté par les Tatars en 1242. Le nouveau chantier dura jusqu'à la fin du XVe siècle, évoluant progressivement du plan basilical à celui de l'église-halle à trois nefs de même hauteur. Dûment fortifiée aux XVIe et XVIIe siècles, face à la menace ottomane, la cathédrale devint l'un des derniers remparts occidentaux de la chrétienté. Le séisme qui ravagea Zagreb en 1880 nécessita une nouvelle campagne de reconstruction. C'est ainsi que l'édifice doit à Herman Bollé son imposante façade et ses deux clochers néogothiques hauts de 103m et 105m. Si l'architecte viennois respecta la structure médiévale, il eut moins d'égards pour le mobilier baroque : seuls subsistent la chaire et quelques autels latéraux, tel celui de la Vierge Marie (1778), dans l'angle sud-ouest. Sur le mur, à droite de l'entrée, on remarquera la grande inscription en glagolitique sculptée en 1941 pour célébrer le 1 300e anniversaire de l'évangélisation des Croates. Sur le mur de la nef sud, on distingue encore une fresque du XIIIe siècle appartenant au cycle de la vie de la Vierge. La cathédrale abrite les monuments funéraires de Croates illustres : derrière le chœur, le gisant de cire du cardinal Alojzije Stepinac (1898-1960) dans son sarcophage fait l'objet d'une dévotion particulière, comme en témoignent les nombreux ex-voto qui l'entourent. Sa pierre tombale, dans l'angle nord-est, est l'œuvre d'Ivan Meštrović. Mais le bien le plus précieux de la cathédrale reste son **trésor**, l'un des plus riches d'Europe, jalousement conservé à l'abri des regards au-dessus de la sacristie, avec notamment une impressionnante collection de médailles précieuses et d'habits liturgiques remontant au XIe s. Pour plus de détails, procurez-vous le plan explicatif de la cathédrale. *Tél. (01) 48 14 727 Ouvert lun.-sam. 10h-17h, dim. 13h-17h* **Trésor** *Kaptol 31 Tél. (01) 48 94 892 Tarif 20kn, réduit 10kn*

Rue Kaptol / Kaptol ulica (plan 2, B1-C2) C'est dans cette artère que résidaient les chanoines. Elle est bordée de maisons baroques et historicistes. Remarquez notamment la façade du n°5, l'édifice de style historiciste qui abrite le théâtre Komedija et, au n°9, le monastère Saint-François (admirable chapelle baroque à gauche de l'entrée).

☆ ☺ **Marché de Dolac / Tržnica Dolac (plan 2, B2)** Surnommé le "ventre de Zagreb" et approvisionné par les petits producteurs de la région, le grand marché populaire de la capitale bat son plein chaque matin. Primeuristes et fleuristes installent leurs étals sur l'esplanade, sous les parasols rouges typiques de Šestine, un village de la Medvednica dominant la capitale. Au sous-sol sont regroupés charcutiers, bouchers, fromagers et sur la gauche de la place, dans un bâtiment annexe, le marché aux poissons. On effectue quelques emplettes dans cette débauche de couleurs et de senteurs, avant d'aller prendre un verre

Plan 1 Zagreb, agglomération

Restauration ■ 1 à 5

Ab Ovo p.120 — 3 C1
Bistro Baranjska
Citadela p.119 — 4 C1
Grana Grill Pub p.120 — 5 A2
Grill Žar p.118 — 2 B1
Zlatni Medo p.118 — 1 B1

Pâtisseries, cafés, bars et lieux de sortie ■ 10 à 16

Aquarius p.117 — 12 A2
Koncertna Dvorana "Vatroslav Lisinski" p.115 — 14 B1
Limb p.107 — 10 B1
Močvara p.116 — 11 B2
Sirup p.116 — 15 B1
Slatkica N°1 p.112 — 16 C1
The Best p.117 — 13 B2

Hébergement ■ 20 à 26

As p.123 — 26 B1
Motel Plitvice p.122 — 24 A2
President Pantovčak p.124 — 25 B1
Ravnice Youth Hostel p.122 — 20 C1
Vila Tina p.123 — 22 C1

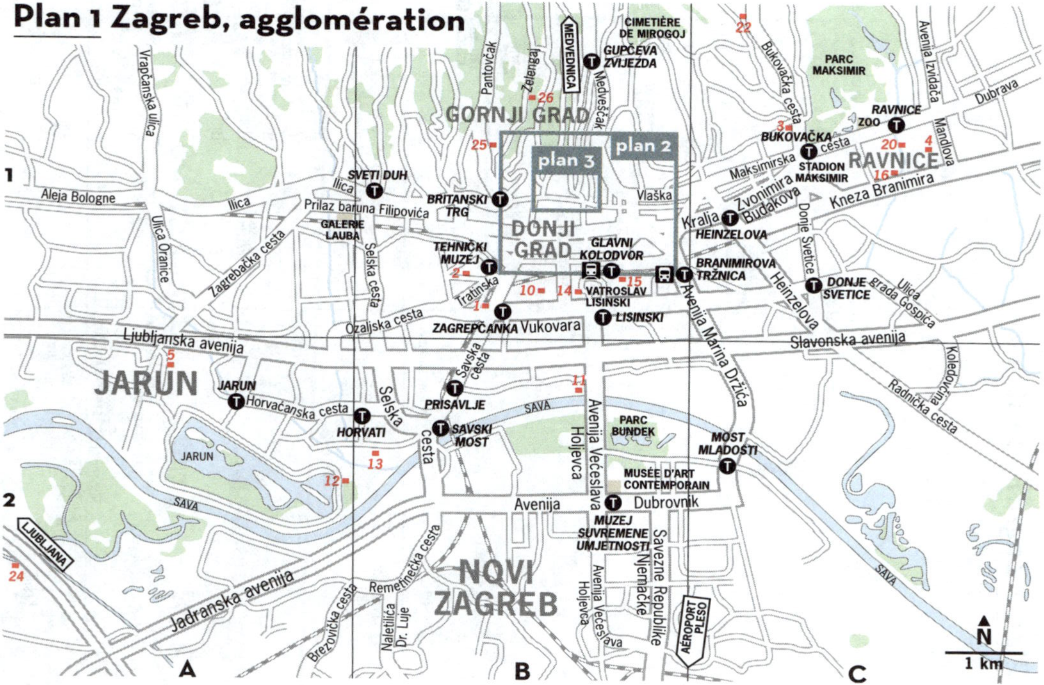

Plan 2 Zagreb, centre

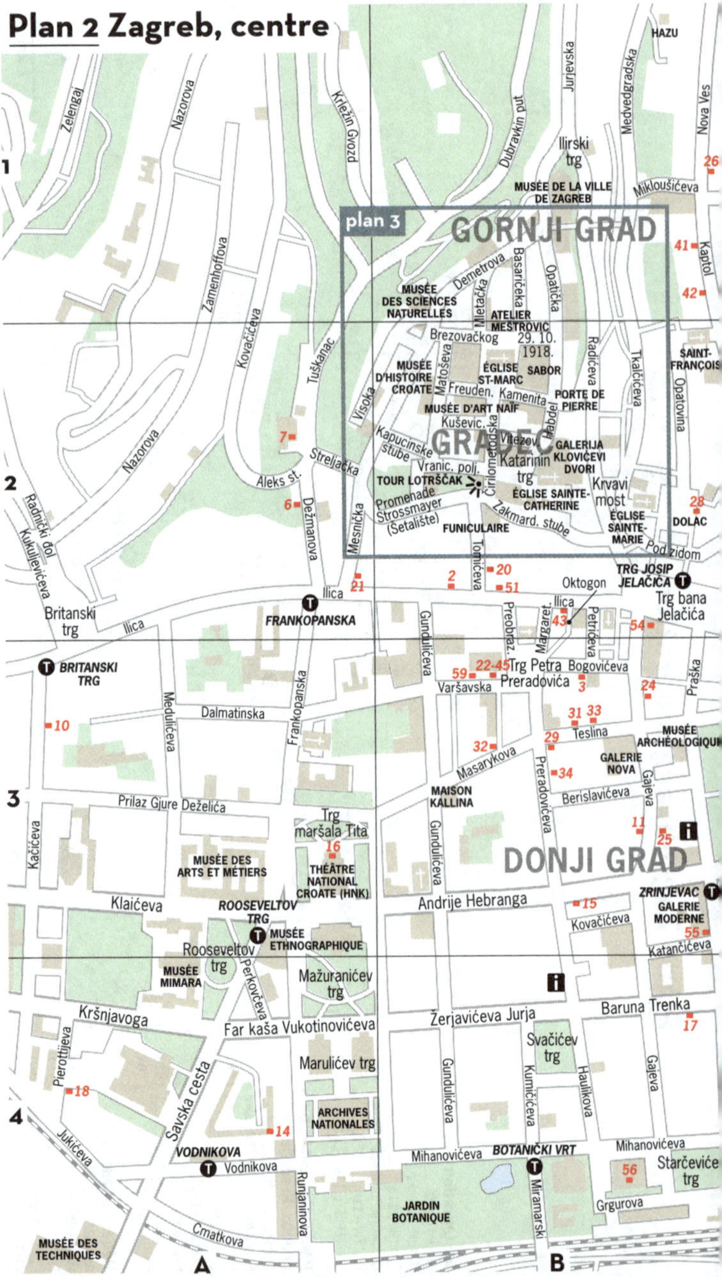

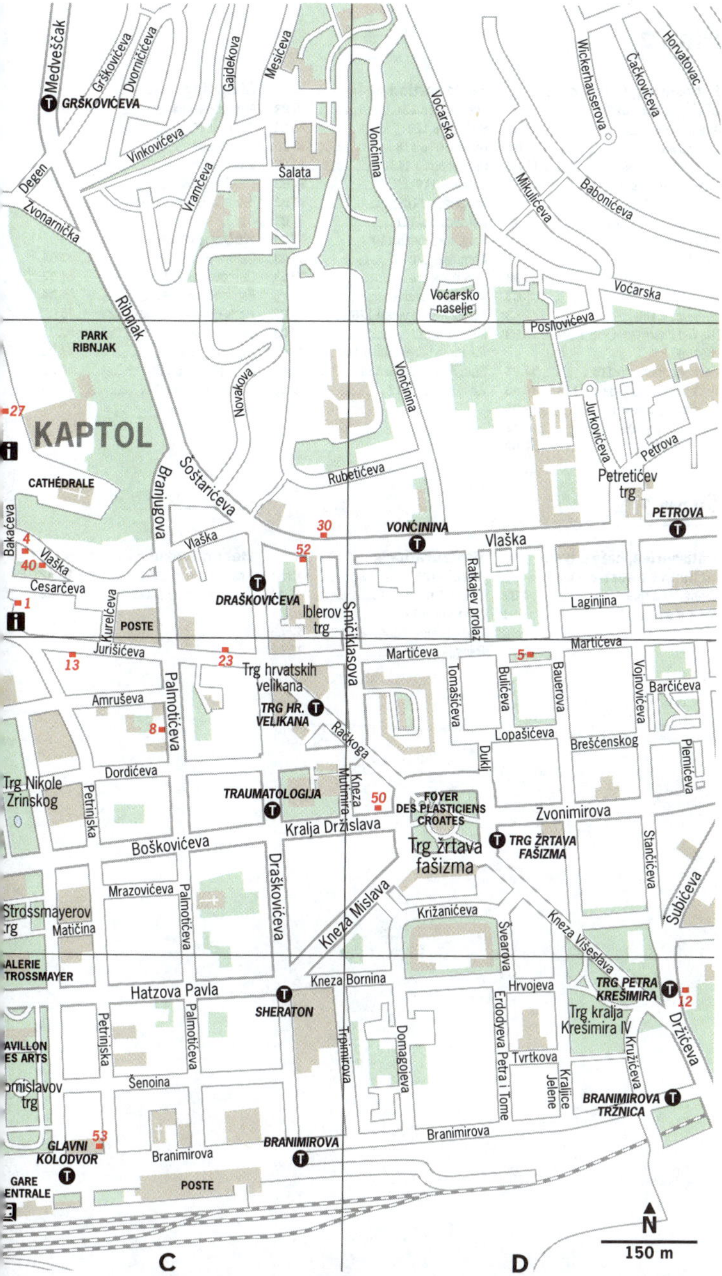
Medveščak
GRŠKOVIĆEVA
Grškovićeva
Dvorničićeva
Gajdekova
Mesićeva
Vončinina
Voćarska
Wickerhauserova
Čačkovićeva
Horvatovac
Vinkovićeva
Degen
Zvonarnička
Vramčeva
Šalata
Mikulićeva
Babonićeva
Voćarsko naselje
Voćarska
Poslovićeva
Ribnjak
PARK RIBNJAK
Novakova
Vončinina
Jurkovićeva
Petrova
27
KAPTOL
Šoštarićeva
Branjugova
CATHÉDRALE
Rubetićeva
Petretićev trg
PETROVA
Bakačeva
4
40
Vlaška
30
VONČININA
Vlaška
52
Ratkajev prolaz
Cesarčeva
1
DRAŠKOVIĆEVA
Iblerov trg
Laginjina
Kurelčeva
POSTE
Smičiklasova
Jurišićeva
13
23
Martićeva
5
Martićeva
Trg hrvatskih velikana
Tomašićeva
Bulićeva
Bauerova
Vojnovićeva
Barčićeva
Amruševa
Palmotićeva
TRG HR. VELIKANA
8
Račkoga
Lopašićeva
Brešćenskog
Dukić
Plemićeva
Trg Nikole Zrinskog
Đorđićeva
Petrinjska
TRAUMATOLOGIJA
Mutimira
Kneza
50
FOYER DES PLASTICIENS CROATES
Zvonimirova
Kralja Držislava
Boškovićeva
Trg žrtava fašizma
TRG ŽRTAVA FAŠIZMA
Stančićeva
Šubićeva
Mrazovićeva
Palmotićeva
Draškovićeva
Kneza Mislava
Križanićeva
Strossmayerov trg
Matičina
Švearova
Kneza Višeslava
GALERIE STROSSMAYER
TRG PETRA KREŠIMIRA
12
Hatzova Pavla
Kneza Bornina
Hrvojeva
SHERATON
Trg kralja Krešimira IV
Petrinjska
Palmotićeva
Držićeva
PAVILLON DES ARTS
Trpimirova
Domagojeva
Erdodyeva Petra i Tome
Tvrtkova
Kružićeva
Tomislavov trg
Šenoina
Kraljice Jelene
BRANIMIROVA TRŽNICA
53
Branimirova
GLAVNI KOLODVOR
BRANIMIROVA
Branimirova
GARE CENTRALE
POSTE
N
150 m
C
D

◀Plan 2

Plan 3▶

Plan 3 Zagreb, Gradec

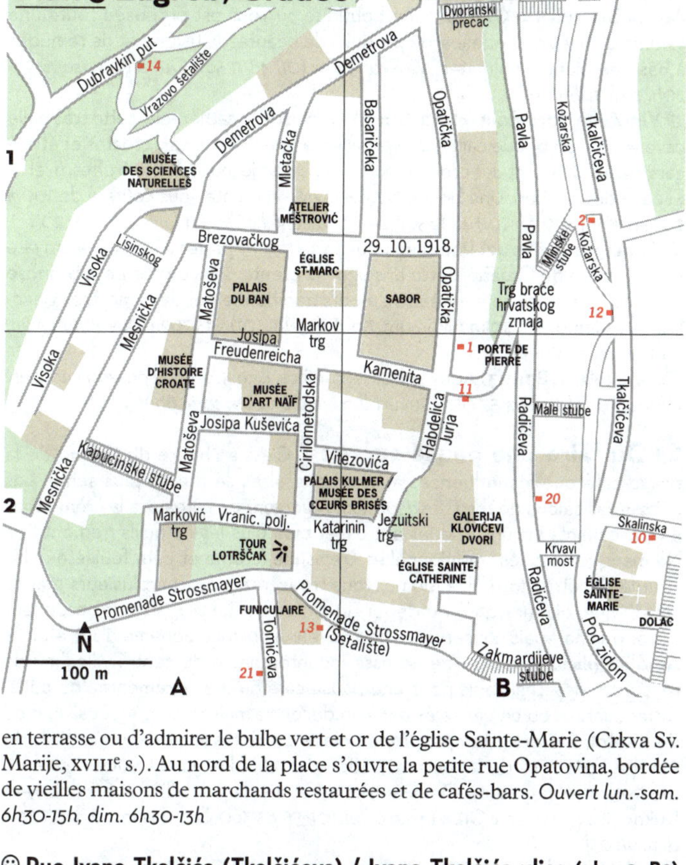

en terrasse ou d'admirer le bulbe vert et or de l'église Sainte-Marie (Crkva Sv. Marije, XVIIIe s.). Au nord de la place s'ouvre la petite rue Opatovina, bordée de vieilles maisons de marchands restaurées et de cafés-bars. *Ouvert lun.-sam. 6h30-15h, dim. 6h30-13h*

☺ Rue Ivana Tkalčića (Tkalčićeva) / Ivana Tkalčića ulica (plan 2, B2)

Cette longue artère piétonne fut aménagée en 1898 sur le lit de la rivière qui coulait entre les collines de Kaptol et de Gradec, ce qui lui valut le surnom de "*Potok*" (ruisseau). Tkalčićeva est l'une des plus jolies rues de la ville, avec ses terrasses animées, et ses adorables maisons basses aux couleurs pastel et aux balcons de bois. C'est sans doute là que s'exprime le mieux la douceur de vivre zagréboise !

Glyptothèque de l'Académie croate des Sciences et des Arts / Gliptoteka (plan 2, B1) Fondé en 1937, ce musée installé dans une ancienne tannerie du XIXe siècle expose une riche collection de pierres gravées et sculptées, couvrant toute l'histoire de la discipline, depuis l'Antiquité jusqu'à nos jours. Un parc de sculptures en plein air attenant au musée mérite également une visite. *Medvedgradska 2 Tél. (01) 46 86 050 http://gliptoteka.mdc.hr Ouvert mar.-ven. 11h-19h, sam.-dim. 10h-14h Tarif 20kn, réduit 10kn*

Où acheter des souvenirs ?

Aromatica (plan 2, C2 n°40) Une boutique où vous est proposée toute une gamme d'huiles essentielles, de produits de beauté, de tisanes et de remèdes à base de plantes dalmates. *Vlaška 15 Tél. (01) 48 11 584 Ouvert lun.-sam. 9h-20h, dim. 10h-18h*

☺ **Vinoteka Bornstein (plan 2, B1 n°41)** Proche de la cathédrale, cette très belle cave voûtée en brique cache une excellente sélection de vins croates et étrangers, d'eaux-de-vie, et des produits gourmands d'Istrie (huile d'olive, truffes, miel...). Espace dégustation. Une bonne bouteille de vin croate vous coûtera de 100 à 200kn. *Kaptol 19 Tél. (01) 48 12 361 www.bornstein.hr Ouvert lun.-sam. 10h-20h*

Croata (plan 2, B1 n°42) Pour ceux qui ne sauraient pas encore que la cravate est originaire de Croatie, cette enseigne présente dans tout le pays propose de belles pièces en soie ornées de motifs traditionnels et de caractères glagolitiques. Comptez 250kn minimum. *Kaptol 13 Tél. (01) 645 7024 Ouvert lun.-ven. 8h-20h, sam. 8h-13h*

Croata (plan 2, B2 n°43) Autre adresse, sur Ilica. *Ilica 5 (dans le passage couvert Oktogon) Tél. (01) 64 57 052 Ouvert lun.-ven. 8h-20h, sam. 8h-15h*

Où faire une pause sucrée ?

C'est à l'heure du thé ou de la pause-café que les influences austro-hongroises se font le plus sentir. Les pâtisseries-salons de thé (*slastičarnica*) regorgent de gâteaux à la crème tous plus alléchants les uns que les autres, et bien plus légers qu'ils n'en ont l'air. Ne manquez pas les traditionnelles *kremšnite* (crème et pâte feuilletée), les *štrudle* et autres *torte*. De même, vous trouverez à Zagreb plusieurs grands cafés "viennois" (*kavana*) du début du XXe siècle. La plupart ont perdu leur décor original, mais conservé un peu de leur ambiance bohème d'autrefois.

Amélie (plan 2, C2 n°4) Une adresse incontournable du centre-ville, lieu de rencontre des Zagrébois pour une pause café ou thé, agrémentée de pâtisseries sucrées ou en-cas salés dans un décor de maison de poupées, au pied de Kaptol. Par beau temps, prenez place en terrasse et dégustez la Torta Amélie, spécialité de la maison. Pâtisseries 15-20kn, glaces 9-10kn, café ou thé 9-13kn. Wifi gratuite. Deux autres adresses dans la ville, Dobri dol 49 et Duknovićeva 4 (plan 1, C1). *Vlaška 6 Tél. (01) 55 83 360 Ouvert lun.-sam. 8h-23h, dim. 9h-23h*

Johann Franck (plan 2, C2 n°1) L'ancien et vénérable Gradska Kavana a rouvert avec une nouvelle déco alliant respect de la tradition (nombreux clins d'œil à l'histoire de Zagreb) et modernité, qui fait grincer quelques dents, mais la vaste terrasse déployée sur la place est toujours là pour une pause au soleil, un café, une glace ou même un petit déjeuner. Un peu cher néanmoins : cafés 12-19kn, autres boissons 18-30kn. *Trg bana Jelačića 9 Tél. 091 78 38 153 http://johannfranck.hr Ouvert dim.-jeu. 8h-2h, ven.-sam. 8h-4h*

Où boire un verre le soir ?

☺ **Melin (plan 3, B1 n°2)** Sans doute le bar le moins cher et le moins m'as-tu-vu de la rue Tkalčićeva. Excellente atmosphère, que l'on s'installe dans la salle, sous la verrière ou en terrasse. À savourer pour sa fraîcheur les après-midi d'été, et le soir pour son ambiance musicale et les DJ qui s'y produisent parfois. Concerts le jeudi soir hors saison. *Tkalčićeva / Kožarska 19 Tél. (01) 48 28 966 Ouvert tlj. 10h-0h*

La colline de Gradec

☆ **Les essentiels** Le musée de la Ville, l'atelier d'Ivan Meštrović, le musée d'Art naïf, l'église Sainte-Catherine **Découvrir autrement** Faites le plein d'émotions au musée des Cœurs brisés, admirez le panorama sur la Ville-Basse de la promenade Strossmayer

De nombreux itinéraires permettent de gravir la seconde colline de la Ville-Haute. Nous vous indiquons les principaux, mais vous en découvrirez sans doute d'autres, plus secrets. De la place du Ban-Jelačić, on peut remonter **Radićeva**. À mi-pente, cette rue commerçante bordée de belles façades du XIXe siècle laisse sur sa gauche la porte de Pierre. En venant de Kaptol, on empruntera, dans Tkalčićeva, l'une des nombreuses ruelles en escalier qui gravissent le flanc oriental de la colline et débouchent sur Radićeva. L'une de ces ruelles, **Krvavi Most**, doit son nom au "pont sanglant" qu'elle a remplacé, et qui fut le théâtre de nombreuses rixes entre les occupants des deux collines voisines et rivales. D'Ilica, on peut monter à bord du vieux funiculaire (Zet Uspinjača), cf. circuler (p.85), ou gravir l'escalier derrière la Pansion Jägerhorn (p.123), pour déboucher au pied de la tour Lotrščak (Kula Lotrščak). Quel que soit l'itinéraire choisi, on restera sous le charme de Gradec, de ses façades baroques et néoclassiques et de ses ruelles encore éclairées, pour la plupart, par des becs de gaz.

Porte de Pierre / Kamenita Vrata (plan 3, B2) La dernière des quatre portes du Gradec médiéval fut endommagée par le grand incendie de 1731 et restaurée en 1760. Les Zagrébois honorent dans la pénombre d'une petite chapelle votive, sous la porte voûtée, un tableau de la Vierge, miraculeusement épargné par les flammes. Un lieu de recueillement et de ferveur religieuse où les cierges éclairent depuis des siècles des centaines d'ex-voto. En remontant la rue Kamenita, remarquez, au n°9, l'une des plus anciennes pharmacies de Croatie (1355). L'arrière-petit-fils de Dante y aurait travaillé.

Opatička (plan 3, B1) Cette longue rue est bordée d'élégantes façades de la fin du XIXe siècle, telle, au n°10, celle de l'Institut d'histoire croate (Hrvatski Povijesni Institut), que protège une splendide grille en fer forgé de Herman Bollé.

☆ ☺ **Musée de la Ville de Zagreb / Muzej grada Zagreba (plan 3, B1)** Ce musée installé dans l'ancien couvent des Clarisses (XVIIe s.) brosse un remarquable tableau de l'histoire de la cité depuis ses origines. Sa visite est donc un préambule ou un complément indispensable à la découverte de la capitale croate ! Dans une grande et belle salle voûtée du sous-sol, on découvre tout d'abord les témoignages d'une occupation préhistorique du site et un pan de rempart du VIIe siècle mis au jour par des archéologues. Les salles suivantes relatent le développement de Gradec et de Kaptol, à l'aide de maquettes et de superbes reconstitutions du portail de la cathédrale (XIIIe s.) et de l'autel baroque de l'église Saint-Marc (XVIIIe s.). Sont ensuite évoquées la période austro-hongroise et la Renaissance illyrienne, illustrée par la figure du ban Josip Jelačić. Puis viennent les grands aménagements urbains de Donji-Grad, la Ville-Basse, à la charnière des XIXe et XXe siècles : belle exposition de mobilier, étonnante série de cibles peintes (c'est l'époque des clubs de tir), reconstitution des boutiques d'Ilica, la grande artère commerçante, etc. Enfin défile le XXe siècle, des grandes inventions comme le stylo plume à réservoir de Slavoljub Penkala, en 1911, à la montée du communisme (affiches de propagande), en passant par les premières baignades dans la Save et la vie rurale. Après une salle consacrée à l'école zagréboise de dessin animé, le parcours se termine sur la guerre d'indépendance de 1991-1995 et la visite du pape Jean-Paul II en 1998. *Opatička 20 Tél. (01) 48 51 361 ou (01) 48 51 362 www.mgz.hr Ouvert mar.-sam. 10h-19h, dim. 10h-14h Tarif 30kn, réduit 20kn*

Place Illyrienne / Ilirski trg (plan 2, B1) Cette tranquille placette, au nord du musée de la Ville, est dominée par la tour du Prieur (Popov toranj, XIIIe s.). Réputé pour être le plus ancien de Zagreb (1846), le café Palainovka invite à une pause avec vue sur la chapelle néogothique qui s'élève au nord de la place. Celle-ci est due à Herman Bollé (1895).

☆ ☺ **Atelier d'Ivan Meštrović (plan 3, A1)** La fondation Meštrović a entrepris de présenter l'œuvre du grand sculpteur croate (1883-1962) dans les trois maisons contiguës des XVIIe et XVIIIe siècles, où il vécut et travailla de 1922 à 1942 avant de les léguer à la ville en 1952. Le mobilier et certaines parties de la maison ont été réalisés par l'artiste, qui était aussi architecte, cf. Foyer des Plasticiens croates (p.100). Ils donnent aux intérieurs un caractère intime, habité. On retrouve, à travers les statues exposées dans l'atelier, les pièces de l'étage, le patio et le jardin, toutes les lignes directrices de son œuvre : les leçons de son maître Rodin (*Artiste au travail*, 1914), son patriotisme (*Histoire des Croates*, 1932), sa ferveur religieuse (nombreuses *Vierges à l'Enfant, Pietà, Crucifixions*) et un *Buste de Moïse* (1918) d'une magnifique virilité. Transparaissent aussi son aspiration à la monumentalité (*Études pour Grégoire de Nin*, 1927) et l'influence Sécession (dessins de *L'Archange Gabriel*, 1919). Magistral ! *Mletačka 8 Tél. (01) 48 51 123 www.mdc.hr Ouvert mar.-ven. 10h-18h, sam.-dim. 10h-14h Tarif 30kn, réduit 15kn*

Place Saint-Marc / Markov trg (plan 3, A1-A2) La place Saint-Marc, qui s'étend devant l'église du même nom, est depuis longtemps le siège des institutions nationales. À l'ouest s'élève l'édifice baroque du **palais du Ban** (Banski Dvori, début XIXe s.). Cette ancienne résidence officielle des bans (vice-rois) de Croatie, abrite l'actuel gouvernement. Le Parlement croate se réunit dans le bâtiment néoclassique, édifié en 1910, qui se dresse à l'est de la place, le **Sabor** – c'est là que fut proclamée, en octobre 1918, la séparation de la Croatie de l'Empire austro-hongrois. Au sud de la place, à l'angle de la rue Saints-Cyrille-et-Méthode (Ćirilometodska), on remarquera la tête sculptée et barbue de Matija Gubec, meneur de la révolution paysanne de 1573, qui fut supplicié sur la place, coiffé d'une couronne de fer chauffée au rouge, cf. Gornja Stubica (p.114). Cette même rue abrite l'ancien hôtel de ville.

Église Saint-Marc / Crkva Svetog Marka (plan 3, A1) Cette église consacrée au XIIIe siècle et plusieurs fois remaniée a joué un rôle majeur dans l'histoire de la ville : les bans de Croatie et les dignitaires locaux venaient prêter serment devant son autel de la Sainte-Croix ! Son toit polychrome de

LA *KUNA*, MONNAIE D'ÉCHANGE
La martre, ou *kuna* en croate, est présente sur les toits de l'église Saint-Marc. C'est la fourrure de ce petit carnassier qui servait à payer les impôts dès les Romains. Au XIIIe siècle, elle figurait déjà sur un écu d'argent frappé par les bans croates, et c'est donc tout naturellement qu'elle a donné son nom à la monnaie actuelle du pays.

tuiles vernissées (un ajout des années 1880) est devenu un emblème de la capitale. Sur le pan sud sont reproduits les blasons du royaume Triunitaire (Croatie, Dalmatie et Slavonie) et de la cité. Avant d'entrer dans l'église, arrêtez-vous devant les statues du portail sud, réalisées au XIVe siècle dans l'atelier d'Ivan Parler. Les fresques qui ornent l'intérieur sont signées Jozo Kljakovic (1889-1969) et l'on peut admirer, dans le chœur, un christ monumental dû à Meštrović, comme les émouvantes *Pietà* et *Vierge Marie* des autels latéraux. *Markov trg Accessible aux heures de messe*

Musée d'Histoire croate / Hrvatski povijesni muzej (plan 3, A2) Son principal intérêt est d'être logé dans le palais Vojković-Oršić (1764), le plus bel édifice baroque de la Ville-Haute. Le musée possède un fonds très riche (mobilier, objets usuels, armes, tableaux, sculptures, photographies, etc.), montré par roulement dans le cadre d'expositions thématiques. *Matoševa 9 Tél. (01) 48 51 900 www.hismus.hr Ouvert lun.-ven. 10h-18h, sam.-dim. 10h-13h Tarif 10kn, réduit 5kn*

☆☺ **Musée d'Art naïf / Hrvatski muzej naivne umjetnosti (plan 3, A2)** Il s'est substitué en 1994 à la "galerie d'Art paysan" ouverte en 1952 pour accueillir les œuvres de l'école de Hlebine (p.137). Les scènes champêtres et les paysages d'Ivan Generalić (1914-1992), de Franjo Mraz (1910-1981) et de Mirko Virius (1889-1943), précurseurs du mouvement, y sont bien sûr à l'honneur, mais on y expose aussi des œuvres de leurs successeurs, ainsi que celles d'artistes naïfs étrangers. Ces tableaux vivants et colorés ne manquent ni d'humour ni de sensibilité, oscillant entre le réalisme cru et la fantasmagorie. Demandez la brochure de présentation en français, très complète. *Svetog Ćirila i Metoda 3 Tél. (01) 48 51 911 www.hmnu.hr Ouvert mar.-sam. 10h-18h, dim. 10h-13h Tarif 25kn, réduit 15kn*

☺ **Musée des Cœurs brisés (plan 3, A2-B2)** Ouvert en 2010 dans une aile du palais Kulmer, ce lieu magique est dédié aux amours mortes. Partant de l'idée que la séparation d'avec l'objet qui symbolise le plus une relation avortée permet de s'en guérir, les créateurs ont réuni (et continuent à collecter) des milliers de souvenirs d'amours défuntes venues du monde entier, objets du quotidien, anodins ou symboliques, lettres, bijoux ou habits. Le résultat est un musée concept émouvant, qui s'enrichit sans cesse de nouvelles donations, véritable œuvre d'art vivante en perpétuelle évolution. Bar et jolie boutique de souvenirs. *Cirilometodska 2 Tél. (01) 48 51 021 http://brokenships.com Ouvert juin-sept. : tlj. 9h-22h30 ; oct.-mai : tlj. 9h-21h Tarif 40kn, réduit 30kn*

☆☺ **Église Sainte-Catherine / Crkva Sv. Katarine (plan 3, B2)** Elle fut édifiée par les Jésuites de 1620 à 1632, sur le modèle du Gesù de Rome. La sobriété de sa façade blanche ne laisse nullement imaginer l'opulence de l'intérieur : les murs et la voûte sont tapissés de stucs rose et blanc dus à Antonio Quadrio (1720), tandis que le chœur est orné d'un splendide trompe-l'œil, réalisé par le Slovène K. A. Jelovšek (1762), dont l'éclairage astucieux accentue l'illusion. Les autels en bois noir et doré des six chapelles latérales parachèvent ce décor baroque d'une chaleur étonnante. *Katarinin trg Tél. (01) 48 51 950 Accessible aux heures de messe*

Galerija Klovićevi dvori (plan 3, B2) Installée dans l'ancien collège jésuite (XVIIe s.) qui jouxte l'église Sainte-Catherine, cette galerie accueille des grandes expositions temporaires d'arts plastiques d'envergure nationale et internationale. Depuis son ouverture en 1982, ce bel espace promeut des disciplines graphiques comme la bande-dessinée, la caricature et l'illustration. La biennale des illustrateurs y est organisée chaque année. *Jezuitski trg 4 Tél. (01) 48 51 926 http://gkd.hr Ouvert mar.-dim. 11h-19h Tarif 40kn, réduit 30kn*

Promenade Strossmayer / Strossmayerovo šetalište (plan 3, A2-B2) Cette esplanade plantée de châtaigniers, qui s'étire de part et d'autre de la tour Lotrščaka a été aménagée au XIXe siècle sur le tracé des remparts de Gradec. Petite pause-fraîcheur bienvenue en été et vue dégagée sur toute la partie sud de Zagreb. Durant les nuits d'été de "Strossmartre" (p.86), la promenade se transforme en lieu festif avec projections de films, concerts et autres animations gratuites… et arrosées.

Tour Lotrščak / Kula Lotrščak (plan 3, A2) Vestige du rempart du XIIIe siècle qui s'élevait à la place de l'actuelle promenade Strossmayer, la tour Lotrščak est le théâtre d'un cérémonial inchangé depuis une centaine d'années. Chaque jour à midi pile, on y tire un coup de canon qui, selon la légende, commémore la mise en déroute d'une armée turque impressionnée par l'adresse des artilleurs croates. D'un seul boulet, ces derniers auraient décapité un coq rôti que l'on apportait au pacha. En vérité, ce "rituel" fut instauré en 1877 pour permettre aux églises de mettre leurs horloges à l'heure. Vue imprenable sur les toits de Zagreb du belvédère, au sommet de la tour. *Strossmayerovo šetalište 9 Tél. (01) 48 51 768 Ouvert lun.-ven. 9h-21h, sam.-dim. 10h-21h Tarif 20kn, réduit 10kn*

Où acheter des souvenirs ? Les amateurs d'art pourront faire le tour des petites galeries de la rue Pavle Radić, plus communément appelée Radićeva.

Où faire une pause ?

Crafter's Lav (plan 3, B2 n°1) Café, galerie d'art, salon de thé… Le Crafter's Lav est un lieu unique, aménagé avec raffinement dans un ancien palais, avec une charmante petite terrasse surveillée par un lion de pierre. Il constitue l'endroit idéal pour faire une pause accompagnée d'en-cas sucrés ou salés faits maison, et pour profiter des divers événements culturels qui y sont organisés : expositions de peintures, de sculptures, soirées tango, concerts, etc. Café-thé 10-25kn, pâtisseries 18-22kn, glaces 10-12kn, en-cas 30-50kn. Wifi gratuite. *Opatička 2 Tél. (01) 49 22 108 Ouvert dim.-jeu. 9h-0h, ven.-sam. 9h-2h*

La Ville-Basse (Donji Grad)

☆ **Les essentiels** Le musée des Arts et Métiers, le jardin botanique, la galerie Strossmayer des Maîtres anciens, la galerie moderne **Découvrir autrement** Faites du lèche-vitrine sur Ilica, suivez l'exemple des Zagrébois en faisant une pause au Velvet caffe

Le nord de la Ville-Basse

Place du Ban-Jelačić / Trg bana Jelačića (plan 2, B2) Cette esplanade fut aménagée dans les années 1830 sur le champ de foire médiéval. Centre névralgique de Zagreb, elle accueille, chaque jour, la valse des tramways et des piétons. C'est aussi à l'ombre de ses hautes façades historicistes et modernes que se déroulent les grandes manifestations sociales et culturelles locales. Elle doit son nom au ban (vice-roi) Josip Jelačić (1811-1859), chargé par l'empereur d'Autriche de réprimer la révolte séparatiste hongroise en 1848. Loin d'être récompensée par l'unification des territoires croates tant attendue, l'aide apportée par son armée se solda par l'abolition de l'autonomie locale et la destitution du ban. Amère désillusion, qui érigea cependant Jelačić au rang de héros populaire. Une statue fut élevée en son honneur en 1866 sur l'esplanade, le représentant à cheval, épée pointée vers la Hongrie, au nord. Déboulonnée par Tito, qui voyait là une incitation au nationalisme, la statue retrouva sa place en 1990. Mais, par souci de pacifisme, l'épée est désormais tournée vers le sud. L'office de tourisme se tient au sud-est de la place, à l'angle de la rue Jurišićeva.

TERRASSES AVEC VUE

Si vous cherchez une terrasse aux beaux jours, vous n'aurez que l'embarras du choix. Il semble, en effet, que les Zagrébois soient passés maîtres dans l'art de paresser au soleil et de s'observer du coin de l'œil. La coutume veut que le samedi, entre 10h et 14h, on sorte sur son 31 et qu'après avoir fait ses courses au marché de Dolac, on fasse le tour des places et des rues piétonnes avant de s'installer à une terrasse. Ce rituel traditionnel, nommé la *špica*, se déroule sur la place Centrale, Trg bana Jelačića (plan 2, B2), la place aux Fleurs (Trg Preradovića) et dans la rue Bogovićeva (plan 2, B3).

Ilica (plan 2, A2-B2) Comme une frontière de bitume entre ville haute et ville basse, Ilica est depuis plusieurs siècles la grande artère commerçante de Zagreb (et la plus longue rue de la ville). Boutiques d'artisans et enseignes de grandes marques, cafés cachés et bars où l'on se montre, pâtisseries et restaurants s'y succèdent sur plusieurs centaines de mètres, et les Zagrébois l'arpentent, de jour comme de nuit.

Place Predradović / Predradovićev trg (plan 2, B3) Dominée par l'église orthodoxe de Zagreb, cette petite place piétonne est plus connue comme la "place aux Fleurs" (Cvjetni trg), en référence aux quelques fleuristes qui y dressent leurs étals. Aux beaux jours, elle est envahie par les terrasses de cafés branchés. Dans l'angle nord-est, une élégante galerie couverte de la Belle Époque, communément appelée Oktogon, permet de rejoindre Ilica.

Galerie Nova (plan 2, B3) Partant du principe que "l'art n'est pas un miroir, mais un marteau", le collectif de designers WHW *(What, How, for Whom)* a ouvert avec l'aide de la ville cette galerie d'art contemporain innovante et plutôt "pointue", dans le but d'exposer des œuvres connectées avec la situation sociale et politique du pays et de ses habitants. Quoi, comment et pour qui ? Telle est la question… *Teslina 7 Tél. (01) 48 72 582 www.whw.hr Ouvert mar.-ven. 12h-20h, sam. 11h-14h*

☺ **Maison Kallina / Kuća Kalina (plan 2, B3)** Ne manquez pas la façade Sécession de cette maison qui marque l'angle des rues Masarykova et Gundulićeva. Son revêtement de céramique à décor floral rappelle qu'elle a été édifiée en 1903 pour le compte d'un certain Josip Kalin, propriétaire d'une faïencerie. *Masarykova / Gundulićeva*

Foyer des Plasticiens croates / Hrvatsko društvo likovnih umjetnika (plan 2, D3) Cet étonnant bâtiment circulaire, au centre d'une grande place de la Ville-Basse, fut construit en 1938 par Ivan Meštrović (sculpteur, mais également, et beaucoup plus rarement, architecte) pour accueillir des expositions. Durant la Seconde Guerre mondiale, il fut un temps transformé en… mosquée, flanqué de trois minarets, avant de retrouver sa destination et sa forme initiale en 1951. Aujourd'hui, il est géré par une association d'artistes plasticiens qui y organisent des expositions temporaires croates et internationales. *Trg žrtava fašizma 16 Tél. (01) 46 11 819 www.hdlu.hr Ouvert mer.-ven. 11h-19h, sam.-dim. 10h-18h Tarif 20kn, réduit 10kn*

Où faire du shopping ?

Galerie commerciale Cvijetni (plan 2, B3 n°45) Après avoir fait couler beaucoup d'encre lors de sa construction (destruction d'un immeuble ancien, travaux très lourds...), cette galerie commerciale est aujourd'hui incontournable pour les Zagrébois, qui y déambulent et aiment à s'y retrouver dans ses nombreux restaurants ou à ses terrasses. Son grand parking souterrain (12kn/h) est également très utile pour le centre-ville. Grand supermarché. *Trg Petra Preradovića 6 Tél. (01) 48 74 370 www.centarcvjetni.hr Ouvert lun.-sam. 9h-21h, dim. 10h-18h Restaurants tlj. 7h-0h*

Où profiter d'une pause sucrée, boire un café ?

Velvet caffe (plan 2, A2 n°6) C'est un café pas comme les autres, considéré comme le salon de thé culturel des Zagrébois. L'été, une belle terrasse et la verdure avoisinante attirent les habitués et les passants, désireux de fuir la cacophonie du centre-ville. À l'intérieur, une atmosphère Art déco avec beaucoup de style, l'espace étant divisé en deux, l'un frais et printanier, l'autre plus intimiste, qui invite à prendre un livre ou à se blottir au chaud les soirs d'hiver. Gâteaux maison et en-cas réalisés selon les produits de saison. Café 10-15kn, thés 20kn, gâteaux 10-18kn, en-cas salé 10-70kn, vin au verre 18-25kn. *Dežmanova ulica 9 Tél. (01) 48 46 743 Ouvert lun.-ven. 8h-23h, sam.-dim. 8h-14h*

Vincek (plan 2, B2 n°2) Ses gâteaux à la crème et ses glaces en ont fait la pâtisserie la plus renommée de la capitale. La spécialité de la maison ? La *Vincek Torta*, à base de crème – bien sûr ! –, de chocolat blanc et noir, de miel, de noix et de cannelle. Quatre autres adresses dans la ville. *Ilica 18 Tél. (01) 48 33 612 www.vincek.com.hr Ouvert lun.-sam. 8h30-23h*

Millennium (plan 2, B3 n°3) Au rez-de-chaussée, la pâtisserie attire irrésistiblement avec ses gâteaux multicolores et ses dizaines de glaces aux parfums variés, mais n'hésitez pas à prendre l'ascenseur pour vous retrouver dans un bar lounge aux tons pastel, murs de galets, jeux de lumières, écran géant et DJ résident. L'un des lieux de rendez-vous de la jeunesse huppée zagréboise. Pâtisseries 15-30kn, glaces 25-30kn, cocktails 35kn. Wifi gratuit. *Bogovićeva 7 Tél. (01) 48 10 850 www.slasticarnica-millennium.hr Ouvert lun.-ven. 8h-0h, sam. 8h-1h, dim. 9h-0h*
Booksa (plan 2, D3 n°5) Posté un peu à l'écart du centre touristique, ce café non-fumeur, qui ne sert de l'alcool que lors des événements qu'il organise, est installé dans une ancienne librairie, et constitue un endroit idéal pour lire, écrire, ou consulter de la documentation sur le calendrier artistique indépendant ou alternatif de la ville. Lectures d'écrivains, débats, concerts, wifi gratuit. *Martićeva 14d Tél. (01) 46 16 124 ou 091 974 4863 www.booksa.hr Ouvert mar.-dim. 10h-21h*

Où se faire une toile ?

Kino Tuškanac (plan 2, A2 n°7) À quelques pas de l'effervescence d'Ilica, dans la verdure du parc Tuškanac, ce très beau cinéma d'art et d'essai propose une programmation haut de gamme type ciné-club, avec des films en V. O. du monde entier. Durant l'été, le cinéma affiche les longs métrages programmés aux Festivals du film de Pula et de Motovun. *Tuškanac 1 Tél. (01) 48 34 039 http://kinotuskanac.hr Ouvert tlj. 18h-22h*
☺ **Kino Grič (plan 2, C3 n°13)** Posté à quelques mètres de la place principale, c'est l'un des endroits préférés de la jeunesse zagréboise. Du hall de l'ancien cinéma Kosmaj qui occupait les lieux jusqu'en 2009, seule demeure la machine à pop-corn, mais dans la salle sont toujours projetés des films d'art et d'essai en version originale (billet 15kn). Au sous-sol, un petit night-club fait chauffer l'ambiance en hiver, et toutes les trois semaines, le jeudi, sont organisées des expos de jeunes artistes croates (Art Thursday). *Jurišićeva 6 Tél. (01) 48 34 900 Ouvert 7h30-23h Night-club ouvert jusqu'à 2h le jeu., ven. sam. soir*

En suivant le Fer à cheval vert

L'aménagement de la Ville-Basse, lancé en 1857, accordait une large place aux espaces verts. C'est le fameux "Fer à cheval vert" dessiné par l'architecte urbaniste Milan Lenuci : de larges avenues bordées d'édifices monumentaux et ponctuées de squares qui forment un "U". Celui-ci commence à l'actuelle place du Maréchal-Tito (Trg Maršala Tita), se poursuit vers le sud et le jardin botanique (Botanički vrt), puis la gare (Glavni Kolodvor), avant de remonter vers le nord et la place Zrinski (Trg Nikole Š. Zrinskog). Les façades historicistes (fin XIXe s.) et Sécession (début XXe s.) qui jalonnent le parcours n'ont pas toutes été rénovées, mais l'ensemble a fière allure, surtout lorsqu'une myriade de tulipes égaie les parterres au printemps.

Place du Maréchal-Tito / Trg Maršala Tita (plan 2, A3) Au nord-ouest du Fer à cheval vert, la place est dominée par les imposantes façades néobaroques du Théâtre national croate et néo-Renaissance du musée des Arts décoratifs.

Théâtre national croate / Hrvatsko Narodno Kazalište (plan 2, A3) L'édifice fut érigé en 1894-1895 sur les plans des Viennois Fellner et Helmer,

Un week-end à Zagreb

Conjuguant les richesses patrimoniales, les attraits touristiques et les atouts d'une grande ville, la capitale croate se révèle une métropole à taille humaine, idéale à découvrir le temps d'un week-end. Pour guider votre flânerie entre les rues majestueuses de la Ville-Basse ou la vieille ville médiévale de Gradec, quelques pistes...

Samedi

Au programme de la journée, la Ville-Haute composée des deux collines de Kaptol et de Gradec, sièges du pouvoir religieux pour la première, et politique pour la seconde. Derrière ses grands monuments, découvrez un quartier où se cachent nombre de petits cafés et restaurants.

MATINÉE

9h **Johann Franck** (p.94) Point névralgique de Zagreb, l'impressionnante place bana Jelačića se révèle le bon endroit pour prendre le pouls de la ville... et un excellent petit déjeuner dans ce beau café mêlant tradition et modernité.

10h **Cathédrale de l'Assomption-de-la-Vierge-Marie** (p.88) Le principal édifice religieux de la capitale, pilier de la foi croate, superpose les styles avec sa façade d'inspiration médiévale due à Herman Bollé, tandis que son intérieur croule sous les ors baroques. N'oubliez pas de prendre rendez-vous si vous souhaitez admirer son trésor, aux centaines d'œuvres d'art.

11h **Marché Dolac** (p.86) Mêlez-vous à la foule des Zagrébois venus s'approvisionner en produits de bouche dans le très coloré marché Dolac, également appelé "le ventre de Zagreb".

12h **Place aux Fleurs** (p.99) Cédez à la *špica*, cette coutume qui veut que l'on s'installe à une terrasse après le marché. Le haut lieu de ce rituel traditionnel est incontestablement cette petite place piétonne.

13h **Baltazar** (p.120) Après l'apéritif, le déjeuner sur les pentes de Kaptol, dans l'excellent restaurant Baltazar. Au menu, viandes de Slavonie ou poissons d'Istrie.

APRÈS-MIDI ET SOIRÉE

14h30 **Colline de Gradec** (p.95) L'après-midi est consacré à ce tout petit périmètre de la Ville-Haute. Centre touristique de la ville, cet ancien village médiéval est aussi le siège politique du pays. Commencez par le **musée de la Ville** (p.95) pour apprendre son histoire, puis déambulez autour de l'église Saint-Marc avant de visiter l'atelier et la maison du grand sculpteur croate **Ivan Meštrović** (p.96), élève de Rodin. Autre regard, moins massif sur le monde, admirez les toiles colorées du **musée d'Art naïf** (p.97). Terminez en beauté par le poétique et troublant **musée des Cœurs brisés** (p.97) avant une balade romantique sur la

promenade Strossmayer (p.98) avec une vue inoubliable sur la ville.
18h **Ilica** (p.99) En fin d'après-midi, partagez avec la population locale l'animation d'Ilica, la grande artère commerçante de Zagreb. Découvrez les boutiques de créateurs souvent dissimulées au fond des cours.
19h **Tkalčićeva** (p.93) On ne peut visiter Zagreb sans passer par la rue Ivana Tkalčića (son autre nom) avec ses maisons basses aux couleurs pastel et aux balcons de bois. À regarder les gens et la nuit passer, on y comprend la douceur de vivre zagréboise. Idéal pour l'apéritif.
20h30 **Trilogija** (p.119) En remontant Tkalčićeva, passez sous la porte de Pierre, et dégustez la cuisine inventive du restaurant Trilogija, dont les produits sont en provenance directe du marché de Dolac. Atmosphère chaleureuse sous des voûtes médiévales.
22h **Melin** (p.94) Pour clore cette première journée, rendez-vous dans ce bar à l'atmosphère simple et sincère, sous la verrière ou en terrasse de la rue Tkalčićeva.

Dimanche

Partez à la découverte de la Ville-Basse. Avec son plan en damier et ses majestueuses façades Art nouveau, elle alterne harmonieusement architecture et espaces verts.

MATINÉE

9h **Britanski trg** (p.86) Petit déjeuner au marché aux puces sur des terrasses agréables, autour des antiquaires, libraires, et autres marchands de bijoux installés sur des étals colorés.
11h **Fer à Cheval vert** (p.101) Arpentez le Fer à Cheval vert, suite d'avenues, de squares et de jardins en forme de U. Admirez les statues monumentales de Meštrović, devant le Théâtre national Croate. Terminez par une visite à l'extraordinaire collection d'art ancien de la **Galerie Strossmayer** (p.105).
13h30 **Apetit City** (p.121) Profitez d'un déjeuner-dégustation dans ce ce restaurant pour découvrir la gastronomie *slow food* croate, au croisement des influences méditerranéenne et continentale.

APRÈS-MIDI ET SOIRÉE

15h30 **Cimetière de Mirogoj** (p.112) Partez à la découverte d'un site original : l'immense cimetière de Mirogoj, dessiné par Herman Bollé, avec sa riche statuaire sous les arbres et sa galerie néo-Renaissance.
17h30 **Musée d'Art contemporain** (p.111) Un peu excentré, le musée d'Art contemporain est un incontournable de la ville, tant par son architecture fonctionnaliste que par les collections permanentes et temporaires qui y sont organisées. Ne manquez pas le toboggan qui descend du toit jusqu'au rez-de-chaussée.
20h **Stari Fijaker 900** (p.119) Un dernier repas typique de la région de Zagreb : viande en sauce et grillée, gibier. Avec sa clientèle d'habitués, le Stari Fijaker 900 est l'occasion d'approcher un autre pan du Zagreb populaire.
22h **Sax** (p.116) Pour clore ce week-end à Zagreb dans l'un de ses fameux clubs de jazz, qui attire depuis des années, les amateurs de blues, de be-bop et de soul.

architectes qui avaient déjà à leur actif plusieurs salles de spectacles. En attendant que le projet de visites guidées aboutisse, vous pourrez découvrir l'intérieur du théâtre en assistant à une représentation (p.115). L'occasion d'apprécier son décor néobaroque : stucs, dorures, fresques et un rideau de scène magistral, copie conforme du *Renouveau croate* de Vlaho Bukovac (1895). Devant le théâtre, prenez le temps d'admirer le *Puits de la vie* de Meštrović, fontaine qui contraste quelque peu par sa douce sensualité avec la rigueur et la monumentalité de l'*Histoire des Croates*, œuvre du même artiste installée de l'autre côté de la rue, au pied du rectorat.

☆ ☺ **Musée des Arts et Métiers / Muzej za umjetnost i obrt - MUO (plan 2, A3)** La renommée internationale de ce musée n'est plus à faire. Outre des expositions temporaires, ce bâtiment néo-Renaissance (1887) dessiné par Herman Bollé abrite une extraordinaire collection de mobilier et d'objets décoratifs conçus et/ou utilisés en Croatie, qui s'étend du Moyen Âge à nos jours. L'excellent parcours chronologique, organisé sur deux étages, permet de goûter l'exubérance du baroque et du rococo, le fonctionnalisme du style Biedermeier et la poésie de l'Art nouveau. Bon guide en anglais en vente au guichet (30kn). *Trg maršala Tita 10 Tél. (01) 48 82 111 www.muo.hr Ouvert mar.-sam. 10h-19h, dim. 10h-14h Tarif 40kn, réduit 20kn*

Musée Mimara / Muzej Mimara (plan 2, A4) Il donne sur la place Roosevelt, juste à l'ouest du Fer à cheval vert. Logé dans un bâtiment néo-Renaissance de 1895, il abrite les quelque 3 500 œuvres d'art léguées à la municipalité par le controversé Croate Ante Topić Mimara (1898-1987). Mis à part les quelques années où il s'initia, à Rome, à la restauration d'œuvres d'art, la vie de ce généreux donateur demeure mystérieuse (notamment durant et après la Seconde Guerre mondiale), tout comme l'origine de son extraordinaire collection… D'autant que cette dernière comprend un nombre étonnant de tableaux attribués à des maîtres européens comme Rembrandt, Velázquez, Turner, Delacroix, ou provenant de leur atelier. Même si l'authenticité de certaines œuvres est sujette à caution, la section peinture n'en reste pas moins admirable, tout comme la section d'art liturgique, et celle consacrée à la verrerie de l'Égypte antique à la Sérénissime, ainsi qu'aux porcelaines d'Extrême-Orient. Compte tenu de la richesse de cette collection, mieux vaut peut-être privilégier certains thèmes, plutôt que de tout voir au pas de course. Demandez le plan du musée à l'entrée. *Rooseveltov trg 5 Tél. (01) 48 28 100 www.mimara.hr Ouvert juil.-sept. : mar.-ven. 10h-19h, sam. 10h-17h, dim. 10h-14h ; oct.-juin : mar.-mer. et ven.-sam. 10h-17h, jeu. 10h-19h, dim. 10h-14h Tarif 40kn, réduit 30kn*

Musée ethnographique / Etnografski muzej (plan 2, A3) Ce musée installé dans un grand bâtiment Sécession, à l'angle nord-ouest de la place Mažuranić, possède une extraordinaire collection de costumes et outils traditionnels provenant des trois grands ensembles géographiques de la Croatie : Bassin pannonien, côte adriatique et Alpes dinariques. Au rez-de-chaussée, une belle collection de pièces provenant de “cultures non-européennes”, rapportées d'Asie, d'Afrique, d'Amérique et d'Océanie par des marins et voyageurs croates à la fin du XIXe siècle. *Mažuranićev trg 14 Tél. (01) 48 26 220 www.emz.hr Ouvert mar.-jeu. 10h-18h, ven.-dim. 10h-13h Tarif 20kn, réduit 15kn*

Archives nationales / Hrvatski državni archiv (plan 2, A4) C'est sur la jolie place Marko-Marulić (Marulićev trg) que s'élève l'imposant bâtiment des Archives nationales, conçu par Rudolf Lubinski (1913). Cette construction, qui conjugue fonctionnalisme et richesse des éléments décoratifs et sur laquelle veillent seize chouettes monumentales, est considérée comme le fleuron de la Sécession croate. Elle est malheureusement fermée au public.

Musée des Techniques / Tehnički muzej (plan 2, A4) Parmi les quelque 6 000 machines et dispositifs mécaniques en tout genre que présente ce musée, il convient de signaler pour les enfants la section des transports (tramways, locomotive, sous-marin, collection de vieilles voitures, etc.) et celle qui est dévolue aux camions de pompiers. Également dignes d'intérêt : le planetarium, la reconstitution d'une mine de charbon, sur près de 300m dans les sous-sols, et le cabinet d'expérimentations de Nikola-Tesla où sont reproduites les expériences de ce physicien croate d'origine serbe (1857-1943) qui a donné son nom au Tesla (T), unité d'induction magnétique. *Savska cesta 18 (tram n°12 de Trg bana Jelačića, à l'écart du Fer à cheval vert) Tél. (01) 48 44 050 http://tehnicki-muzej.hr Ouvert mar.-ven. 9h-17h (visite de la mine 15h, démonstration Nikola Tesla 15h30), sam.-dim. 9h-13h (visite de la mine 11h, démonstration Nikola Tesla 11h30) Tarif 20kn, moins de 7 ans gratuit*

☆ **Jardin botanique / Botanički vrt (plan 2, B4)** Fondé en 1889, le jardin botanique compte plusieurs milliers de spécimens végétaux répartis entre un arboretum, des parterres à la française et quelques serres fermées au public. Il offre un agréable refuge ombragé aux flâneurs, et une fraîcheur bienvenue en été autour de ses deux petits lacs. *Marulićev trg 9a Tél. (01) 48 98 060 Ouvert avr.-oct. : lun.-mar. 9h-14h30, mer.-dim. 9h-19h Entrée libre*

Place du Roi-Tomislav / Tomislavov trg (plan 2, C4) Cette esplanade et sa statue équestre honorent le premier roi de l'État croate (xe s.). Au sud s'élève la façade néoclassique de la gare centrale (Glavni Kolodvor, 1892) et au nord l'harmonieux **pavillon des Arts**, conçu par le collectif des artistes Sécession zagrébois lors du "Salon croate" de l'Exposition millénaire de Budapest en 1896. Cet édifice à charpente métallique, qui n'a jamais cessé depuis d'accueillir des œuvres d'art, continue aujourd'hui sa mission avec de remarquables expositions temporaires. **Pavillon des Arts / Umjetnički Paviljon** *Tomislavov trg 22 Tél. (01) 48 41 070 www.umjetnicki-paviljon.hr Ouvert mar.-dim. 11h-20h Tarif 30kn (50kn pour certaines expositions), réduit 20kn*

☆ ☺ **Galerie Strossmayer des Maîtres anciens / Strossmayerova Galerija starih majstora (plan 2, C4)** Cette galerie de peinture est installée au 2e étage du palais construit en 1884 par Herman Bollé, sur les plans du Viennois Friedrich von Schmidt, pour abriter l'Académie croate des sciences et des arts ou HAZU (Hrvatska akademija znanosti i umjetnosti), fondée par l'évêque Strossmayer (p.170). La collection de tableaux léguée par ce dernier rassemble des joyaux de la peinture européenne du XVe au XIXe siècle. Elle fait la part belle aux écoles italienne et espagnole (Fra Angelico, Carpaccio, Bellini, Véronèse, Ribera, une merveilleuse *Marie-Madeleine* du Greco, etc.), mais comprend également des œuvres de maîtres flamands et hollandais - dont un grivois *Mariage paysan* de Pieter Bruegel le Jeune. Une salle est consacrée à la peinture française des XVIIe-XIXe siècles : paysage de Courbet et admirable scène de souk à Marrakech de Delacroix. Les amateurs apprécieront cette sélection éclairée, loin de l'étourdissante accumulation de certains musées zagrébois ! En sortant, on pourra jeter un coup d'œil à l'original de la plaque de Baška (1100), découverte dans l'île de Krk et conservée dans l'atrium (hall d'entrée) du bâtiment. Il s'agit du plus ancien élément de mobilier liturgique mentionnant le mot "croate" en écriture glagolitique. Voir aussi, au sud du bâtiment, la statue monumentale de l'évêque Strossmayer due à Meštrović. *Trg Nikole Š. Zrinskog 11 Tél. (01) 48 95 117 www.mdc.hr Ouvert mar. 10h-19h, mer.-ven. 10h-16h, sam.-dim. 10h-13h Tarif 30kn, réduit 10kn*

☆ ☺ **Galerie moderne / Moderna galerija (plan 2, B3)** Sis à l'angle de la place Zrinski et de la rue Andrije-Hebrang, ce musée occupe deux étages (un par siècle) du palais Vranyczany. Il présente plus de 700 chefs-d'œuvre de la création artistique croate des XIXe et XXe siècles - des portraits de Vlaho Bukovac à l'art conceptuel des années 1990-2000, en passant par les bronzes d'Ivan Meštrović et les scènes parisiennes de Miroslav Kraljević. *Andrije Hebranga 1 Tél. (01) 60 41 040 www.moderna-galerija.hr Ouvert mar.-ven. 11h-19h, sam.-dim. 11h-14h Tarif 40kn, réduit 30kn*

Place Zrinski / Trg Nikole Šubića Zrinskog (plan 2, C3) Communément appelée Zrinjevac, elle constitua le tout premier espace vert du Fer à cheval (1872). Elle reste l'un des lieux de promenade préférés des Zagrébois. Il faut dire que ses allées ombragées, ses fontaines, ses parterres fleuris et son kiosque à musique forment un ensemble particulièrement harmonieux cerné d'élégantes façades historicistes. Dans le nord du parc, on peut voir une petite colonne météorologique réalisée par Herman Bollé.

Musée archéologique / Arheološki muzej (plan 2, B3) Si la collection compte des milliers d'objets, seules les sections consacrées à la préhistoire croate et à l'Égypte ancienne sont réellement dignes d'intérêt. La première recèle la célèbre *Colombe de Vučedol*, un vase légué par la civilisation qui se développa à Vučedol, près de Vukovar (p. 168), vers 3000 avant notre ère. Autre fierté du musée, sa momie égyptienne, dont les bandelettes, exposées au mur, portent le plus long texte connu rédigé en étrusque (IIIe-Ier s. av. J.-C.). Au rez-de chaussée et dans la jolie cour intérieure, le *lapidarium* présente des sculptures et statues grecques et romaines, au milieu desquelles on peut faire une pause ou boire un verre. *Trg Nikole Š. Zrinskog 19 Tél. (01) 48 73 101 www.amz.hr Ouvert mar.-mer. et ven.-sam. 10h-18h, jeu. 10h-20h, dim. 10h-13h Tarif 30kn, réduit 15kn*

Où boire un verre le soir ?

Dobar Zvuk (plan 2, B3 n°11) Ce bar occupe plusieurs pièces d'un appartement au 1er étage d'un immeuble (entrée sur cour). Déco minimaliste, billards, parquet et clientèle jeune un brin décalée, musique tendance rock-punk-metal. Bonne ambiance à toute heure, et bières pas chères. *Gajeva 18 Tél. 0977 221 752 Ouvert lun.-ven. 8h-2h, sam. 12h-2h, dim. 16h-0h*

Sedmica (plan 2, A3 n°10) Deux petites salles superposées, quelques tables dans la cour... l'exiguïté de ce bar d'habitués contribue à délier les langues.

Idéal pour multiplier les rencontres et bien commencer la soirée. *Kačićeva 7a Tél. (01) 48 46 689 Ouvert lun.-sam. 8h-0h, dim. 17h-0h*

Krivi Put (plan 2, A4 n°14) Krivi Put, qu'on pourrait traduire par "à rebrousse-poil" ou "de travers", a connu différents lieux avant de s'établir sur Savska. Et à chaque fois, l'énergie alternative de ceux qui se retrouvent sur ces bancs et ces tabourets, le long de tables en bois, dans la cour, semble se régénérer. L'un des endroits préférés des étudiants de Zagreb. *Savska 14 Ouvert lun.-sam. 10h-2h, dim. 17h-1h*

The Old Pharmacy Club (plan 2, B3 n°15) Derrière une très belle façade du XIXe siècle un tantinet décrépite, se cache un faux vieux pub anglais installé dans les locaux d'une très ancienne pharmacie. Boiseries, parquets, écrans géants pour les retransmissions sportives et bon choix de bières et de whiskys. Dans la salle non-fumeur, de confortables chesterfield invitent à l'intimité. *Andrije Hebranga 11 Tél. (01) 49 21 912 Ouvert lun.-sam. 8h-2h, dim. 16h-0h*

Les quartiers excentrés

☆ **Les essentiels** Le musée d'Art contemporain, le cimetière de Mirogoj
Découvrir autrement Promenez-vous dans le parc Maksimir ou randonnez dans le parc naturel de la Medvednica

La rive nord de la Save

Jarun (plan 1, A2) Ce quartier situé au sud-ouest de la capitale, au nord de la Save, s'est développé à partir de la fin des années 1970 autour du **lac Jarun**, vaste plan d'eau aménagé également connu sous le nom de Zagrebačko more, la "petite mer de Zagreb", et qui attire en nombre les habitants de la ville lors des beaux jours.

Où boire un verre le soir ?

☺ **Limb (plan 1, B1 n°10)** Depuis le milieu des années 1990, la francophone Selma (elle a fait une thèse sur *Madame Bovary*...) officie dans cette ruelle, derrière la voie ferrée, à 10min à pied du centre de Zagreb. Une clientèle d'habitués, dont beaucoup de journalistes et d'artistes, s'y retrouve le vendredi et le samedi à partir de 22h, pour un coude à coude festif et chaleureux dans les deux petites salles et sous la véranda plantée d'un cerisier. Et tous les samedis après-midi, le Limb se transforme en librairie quand un bouquiniste vient y déballer ses caisses. L'un des meilleurs bars de Zagreb. *Plitvička 16 (du centre, emprunter le petit tunnel qui passe sous la voie ferrée à l'ouest du jardin botanique) Tél. (01) 61 71 683 Ouvert lun.-ven. 8h-2h, sam. 16h-2h, dim. 19h-2h Fermé en août*

S'adonner aux sports nautiques

Base de loisirs du lac Jarun / Rekreacijsko športski centar (plan 1, A2) Vaste plan d'eau artificiel aménagé juste au nord de la Save, le lac Jarun forme, aux beaux jours, la "petite mer" de Zagreb. Les nageurs sont nombreux à profiter de ses eaux claires, tandis que cyclistes et joggeurs s'en donnent à cœur joie tout autour. Des clubs d'aviron, de canoë-kayak, de voile, etc. sont installés sur sa rive. Concerts en plein air début juillet dans le cadre du Festival VIP INmusic (p.87). *Jarun bb Tél. (01) 30 31 888 www.sportskiobjekti.hr*

Une capitale entre Europe centrale et Méditerranée

Par **Saša Paparella**, journaliste zagrébois

Nichée entre les Balkans et le versant sud des Alpes, sur la plus courte route reliant l'Europe centrale à la Méditerranée, Zagreb s'est construite au carrefour de cultures multiples. Fortement marquée par la présence austro-hongroise qui s'étendit du Moyen Âge à la fin de la Première Guerre mondiale, on pourrait s'y croire dans une ville autrichienne ; c'est pourtant la première grande ville balkanique quand on arrive de l'Ouest.

Douceur de vivre Géographiquement et historiquement, la frontière nord des Balkans est formée par la rivière Sava, qui sépare la vieille ville (les deux collines de Gradec et de Kaptol) du Nouveau Zagreb (Novi Zagreb), son quartier plus moderne. Pendant des siècles, à l'époque où une grande partie de la Croatie actuelle subissait l'occupation turque (à l'exception de Zagreb et de l'étroite plaine littorale), la frontière de l'Empire ottoman passait tout près de la ville. Si ces influences mêlées d'Europe centrale et de Balkans sont indéniables pour tout visiteur, on ne peut nier qu'il flotte également sur Zagreb une douceur de vivre presque méditerranéenne que les nombreux migrants en provenance de l'Adriatique ont apportée avec eux depuis plus d'un siècle. En outre, Zagreb est l'une des rares grandes capitales où les habitants peuvent pratiquer la randonnée, l'alpinisme ou le ski à proximité immédiate, en l'occurrence dans le parc naturel voisin de la Medvednica, dont les sommets dominent la ville.

Carte d'identité de Zagreb

Histoire Fondation d'un évêché à Kaptol en 1094, statut de "ville libre" pour Gradec qui se fortifie en 1242, union stratégique de Gradec et de Kaptol au XVIe siècle, fusion des deux communes pour former Zagreb en 1850, capitale de la Croatie indépendante en 1991, entrée dans l'Union européenne en 2013

Population 800 000 habitants (densité 1 240hab./km²) dont 91% de Croates, 2,5% de Serbes, 1% de Bosniaques, 1% d'Albanais, 0,5% de Slovènes, 0,5% de Roumains...

Jumelages Shanghaï (Chine), Kyoto (Japon), Saint-Petersbourg (Russie), Vienne (Autriche), Lisbonne (Portugal), Budapest (Hongrie), Sarajevo (Bosnie)...

Cafés et terrasses Zagreb est remplie de terrasses de cafés ou de restaurants, et les Zagrébois profitent de chaque rayon de soleil pour aller boire un verre ou se régaler des nombreux plats que propose la cuisine croate. À tel point qu'on a parfois l'impression que peu de gens travaillent dans la ville ! Quant à la tradition des grands cafés viennois, quoique sur le déclin, elle demeure encore grâce à quelques établissements, notamment avec les grands hôtels. Le plus célèbre est le grand café de l'hôtel Regent Esplanade (p.124), construit près de la gare en 1925 pour accueillir les voyageurs de l'Orient-Express, ce train mythique qui reliait Paris à Istanbul et continua après 1961 à percer le Rideau de fer. C'est à quelques lieues de Zagreb, en Slavonie, que se déroule l'action du *Crime de l'Orient-Express* d'Agatha Christie. Aujourd'hui, ce lien ferroviaire n'existe plus, pourtant, les recettes et les denrées culinaires qui arrivaient par train sont devenues et demeurent partie prenante de la gastronomie locale.

Une gastronomie multiculturelle La cuisine zagréboise est à l'image de ce mélange d'influences que l'on ressent dans la ville : austro-hongroise, mais aussi méditerranéenne, et même turque. L'en-cas le plus populaire est ainsi le *burek*, une pâtisserie salée d'origine turque fourrée le plus souvent avec du fromage ou de la viande hachée. Parmi les autres spécialités d'origine ottomane servies à Zagreb et dans la région du Zagorje, on peut citer les *štrukli*, à base de fromage blanc sucré ou salé que l'on peut cuire ou frire, mettre dans une soupe ou servir en dessert. Pour le plat principal, je vous recommande la *purica s mlincima* - dinde cuite au four dans une gangue de farine avant d'être grillée. *Zagrebački odrezak* est une variante locale de cordon bleu – plat que l'on trouve aussi en Serbie où on l'appelle *karađorđeva šnicla* (du nom de l'ancienne famille royale serbe, Karađorđe ou Karageorges) ou en Slovénie sous le nom de *ljubljanski odrezak*. Pour le brunch, les Zagrébois aiment "manger avec la cuillère" un goulash de vin, des tripes, des plats de poireau ou de chou. Nous apprécions aussi le *sarma* (chou farci), les *punjena paprika* (poivrons farcis), le *buncek* (jambon cuit souvent avec du raifort), ou les *faširani šnicli* (steak haché). Un autre plat très populaire : la *kotlovina* ("chaudière"), mélange de côtelettes et de saucisses qu'on cuisine les jours de fête en plein air dans le centre de Zagreb et qu'on agrémente de *muštarda* (moutarde), un souvenir du passage des soldats de Napoléon lorsque les Provinces illyriennes – alors sous domination française – s'étendaient aux portes de la capitale. Enfin, depuis que l'autoroute a mis Zagreb à une heure à peine du port de Rijeka, on peut toujours trouver du poisson frais et des fruits de mer, notamment au pittoresque marché de Dolac, ventre palpitant de la ville, où se retrouvent chaque matin les producteurs de toute la région.

Âge d'or et enfer Commencé dans les années 1980, du temps du socialisme, avec la restauration de la rue Tkalčićeva, l'aménagement du centre-ville a permis de créer une zone piétonne particulièrement agréable : là où autrefois se succédaient des hôtels borgnes, s'étendent désormais les terrasses de bars branchés. Elle a été élargie depuis à la place du Ban-Jelačić, aux rues Gajeva, Bogovićeva, et à la place de Petar Preradović (que les habitants appellent "la Place des Fleurs"), où se promènent chaque samedi les célébrités croates. Ces années 1980, celles des dernières années de la Yougoslavie, sont considérées comme l'âge d'or de Zagreb, et virent ainsi l'éclosion de nombreux groupes de la Nouvelle Vague musicale yougoslave. L'éclatement du pays et la guerre qui frappa la Croatie en 1991 ont mis brutalement fin à cette époque, et bien que le conflit ait pris fin en 1995, il fallut encore plusieurs années pour que la ville retrouve son dynamisme et que les ressentiments s'estompent. Pour s'affirmer sur la scène internationale, le jeune pays s'est accroché au rôle capital du sport, notamment lorsque l'équipe nationale de football s'est classée à la troisième place de la Coupe du monde organisée en France en 1998. Les années grises ont pris fin avec la mort en 1999 du président autocrate et nationaliste Franjo Tuđman, et depuis l'an 2000, la Croatie s'est dotée d'un gouvernement pro-européen pendant que les Zagrébois reprenaient leur vie d'avant la guerre.

De Tito à l'Union européenne Aujourd'hui les divisions idéologiques sont globalement oubliées, et ne demeurent que quelques manifestations occasionnelles sur la place du maréchal Tito (Trg Maršala Tita) d'une poignée de nationalistes croates qui considèrent Josip Broz (le vrai nom de Tito) comme le boucher de son propre peuple. Cependant, la majorité des Zagrébois ne ressent aucune animosité contre le nom de cette place, consciente que Tito est encore, avec Dubrovnik et quelques joueurs de football, la "marque" croate la plus connue dans le monde. Même durant l'ère communiste, les Croates n'ont jamais oublié leur affiliation avec l'Europe, et se rendaient bien compte que la Yougoslavie de Tito n'était pas aussi rigide que les autres pays du camp socialiste, les citoyens yougoslaves pouvant voyager à l'Ouest, d'où ils rapportaient des jeans, des appareils électroménagers, mais aussi des disques. Cette ouverture séculaire fait qu'ils sont toujours un peu étonnés quand on cite leur patrie parmi "les nouveaux pays européens". En tout état de cause, les Zagrébois et l'ensemble des citoyens croates ont accueilli avec joie l'entrée du pays dans l'Union européenne en 2013. La ville s'est préparée à l'arrivée de touristes plus nombreux avec notamment l'ouverture d'auberges de jeunesse (*hostels*) et de plusieurs lieux de sortie en plein centre-ville, et les manifestations festives se multiplient, comme le festival In music au mois de juin, qui réunit plus de 50 000 personnes au bord du lac Jarun. Avec l'entrée de la Croatie dans l'Union européenne, nous attendons avec optimisme l'avenir, en souhaitant que le multiculturalisme qui a longtemps été l'une des principales caractéristiques de notre ville ne soit plus seulement limité à sa gastronomie...

Novi Zagreb

Ce quartier résidentiel aménagé dans les années 1950-1990 au sud de la Save abrite un parc des expositions (Zagrebački velesajam, avenija Dubrovnik). Aux beaux jours, on peut profiter du Bundek (plan 1, B2), un agréable espace vert riverain du fleuve, qu'agrémentent un lac et des pistes cyclables, mais c'est surtout le musée d'Art contemporain qui attire les visiteurs à Novi Zagreb.

☆ **Musée d'Art contemporain / Muzej suvremene umjetnosti - MSU (plan 1, B2)** Il occupe un imposant bâtiment fonctionnaliste de 14 500m², conçu par Igor Franić et inauguré en 2009, dont la forme évoque l'un des *Méandres monochromes* du peintre slavon Julije Knifer (1924-2004). Puisant dans un fonds riche de quelque 12 000 peintures, dessins, sculptures, photos, vidéos, etc., la collection permanente présente les principaux courants qui animent l'art international depuis la Seconde Guerre mondiale. La part belle revient, bien évidemment, à l'art croate, mis en perspective par quelques œuvres du début du XXe siècle : l'abstraction avec le collectif Exat 51, le constructivisme de Nouvelle Tendance, les œuvres conceptuelles de Gorgona, etc. Sous les pilotis comme sur les terrasses et le toit du musée prennent place des installations d'artistes comme Carsten Höller ou Jan Fabre. Le complexe accueille également des expositions temporaires, mais aussi des spectacles dans son auditorium multimédia. Il abrite par ailleurs une librairie avec salle de lecture, une boutique et un café-restaurant. *Av. Dubrovnik 17 (accès depuis la gare centrale, tram 6, arrêt Sopot et bus 166, 219, 220, 221, 268, 310, 311, 313) Tél. (01) 60 52 700 www.msu.hr Ouvert mar.-ven. et dim. 11h-18h, sam. 11h-20h Tarif 30kn, réduit 15kn, famille 50kn Audioguide (anglais) 15kn Visite guidée gratuite (en anglais) de la collection permanente tlj. 17h, sam. 18h, visite guidée gratuite des expos temporaires tlj. 16h*

La banlieue proche

Parc Maksimir / Maksimirski perivoj (plan 1, C1) Envie d'une promenade romantique et rafraîchissante ? Rendez-vous au parc Maksimir, qui s'étale sur près de 18ha au nord-est de la capitale. Dessiné sur le modèle des jardins à la française à l'initiative de Mgr Maksimilian Vrhovac, évêque de Zagreb, le premier jardin public d'Europe du Sud-Est (1794) fut remodelé à l'anglaise au XIXe siècle. On déambule librement entre ses chênaies et ses pelouses agrémentées de plans d'eau et d'un belvédère. *Accès par les trams 11 ou 12 de Trg bana Jelačića Ouvert tlj. lever du soleil-coucher du soleil*

Zoo (plan 1, C1) C'est l'un des plus anciens parcs zoologiques du Sud-Est de l'Europe. Posté au sud du parc Maksimir, il est certes modeste en taille (7ha) mais très agréablement aménagé et végétalisé. Il regroupe 275 espèces d'animaux, dont des lions, des panthères des neiges, des hippopotames nains, des pandas roux, etc. Le mercredi, en vous annonçant à l'avance à la direction du parc, vous pouvez devenir "soigneur d'un jour" et participer à l'entretien des animaux (tarif 400kn). *Tél. (01) 23 02 198 www.zoo.hr Ouvert mars, oct. : tlj. 9h-18h ; avr., sept. : tlj. 9h-19h ; mai-août : tlj. 9h-20h ; nov.-fév. : tlj. 9h-16h Tarif 30kn, réduit 20kn*

☆ ☺ **Cimetière de Mirogoj (plan 1, B1)** S'il est un site qu'il faut absolument visiter à Zagreb, c'est bien le cimetière monumental de Mirogoj, ouvert depuis 1876. L'extraordinaire galerie néo-Renaissance, coiffée d'imposants dômes verts, qui court sur son côté ouest, est l'œuvre de Herman Bollé. Parmi les nombreux monuments funéraires qui s'égrènent sous ses arcades, on reste saisi par la puissance des statues de Frangeš Mihanović (partie sud). Dans les allées du cimetière, les tombes arborent tantôt une croix catholique, tantôt des caractères cyrilliques, une étoile de David ou un tarbouche musulman. *Aleja Hermanna Bollea 27 (au nord-est du centre-ville, bus 106 de la cathédrale ou tram 14) Tél. (01) 46 96 700 www.gradskagroblja.hr Ouvert avr.-oct. : tlj. 6h-20h ; nov.-mars : tlj. 7h30-18h*

Galerie Lauba (plan 1, A1) Située dans le splendide bâtiment qui abritait autrefois le manège d'équitation de l'armée austro-hongroise, la Galerie Lauba propose de découvrir un panorama de l'art contemporain croate depuis les années 1950 jusqu'à aujourd'hui, en renouvelant chaque mois une partie de l'exposition avec des œuvres issues de l'immense collection Filip Trade (marque de distribution croate). *Prilaz baruna Filipovica 23a (tram 2, 6 ou 11 jusqu'à Sveti Duh) Tél. (01) 63 02 115 www.lauba.hr Ouvert lun.-ven. 14h-22h, sam. 11h-22h Tarif 25kn, réduit 10kn*

Où déguster des pâtisseries ?

Slatkica N°1 (plan 1, C1 n°16) Slavica, la maîtresse des lieux, s'évertue à faire revivre les recettes de gâteaux traditionnels, mais revisitées au goût du jour. Parmi ses œuvres, il faut goûter au Beli Zagreb (noix et crème pâtissière), un régal. L'été, elle concocte également des glaces artisanales aux parfums étonnants : gingembre, punch, pistache, biscuit, pino pinguino… qu'il est possible de savourer en terrasse. Café 8-12kn, part de gâteau 15-20kn, glaces 8-10kn. *Maksimirsko Naselje 27 Tél. 091 906 9288 Ouvert lun.-sam. 9h-21h, dim. 11h-17h*

Assister à un match de football

Stadion Maksimir (plan 1, C1) C'est près du parc Maksimir, dans un stade de 37 200 places, que se déroulent les matchs de l'équipe nationale et du célèbre club du Dinamo Zagreb. Ambiance chaude, voire houleuse lors des matchs opposant le Dinamo au Hajduk Split. Les matchs ont généralement lieu le samedi ou le dimanche. Places à partir de 10kn. *Maksimirska 128 (accès tram 4, 7, 11 et 12 de Trg bana Jelačića) Tél. (01) 23 86 111 ou (01) 23 86 115 www.gnkdinamo.hr*

Le parc naturel de la Medvednica

Érigé en parc naturel en 1981 sous le nom de Park prirode Medvednica (hors plan 1 par B1), le massif boisé recouvert de hêtres, de sapins, de chênes et de châtaigniers, et qui s'étend juste au nord de la capitale, constitue l'un des buts d'excursion dominicale favoris des Zagrébois. Son site le plus fréquenté est sans conteste la forteresse de Medvedgrad. Autre lieu d'intérêt, le **mont Sljeme** (1 035m), point culminant du massif, est coiffé d'une tour de télévision et accessible en téléphérique (en travaux pour une durée indéterminée). **Centre d'information de Bliznec** *Non loin du téléphérique Tél. (01) 45 86 317 www.pp-medvednica.hr*

Forteresse de Medvedgrad Cet édifice du XIIIe siècle, superbement restauré, offre un panorama vertigineux sur Zagreb et ses environs. Un film éducatif y présente le parc naturel, son histoire et ses points d'intérêt. *De Zagreb, rejoindre Šestine (via la rue Pantovčak en voiture ou en prenant le bus n° 102 à Britanski trg) et suivre la petite route qui part au nord jusqu'à Lagvić, puis la piste n°12 (env. 1h30 à pied) En voiture, depuis Šestine, suivre Šestina Cesta sur 400m, puis la petite route à droite sur environ 4km Tél. (01) 45 86 317 ou (01) 45 72 071 Ouvert jan.-mars : sam.-dim. 10h-17h ; avr.-sept. : mar.-dim. 11h-19h ; oct.-déc. : mar.-dim. 10h-18h Tarif 15kn (avec film)*

Grotte Veternica / Špilja Veternica Plus grande cavité du nord de la Croatie, la grotte Veternica a permis de mettre au jour de nombreux vestiges préhistoriques (ossements, silex taillés) et géologiques (cascade pétrifiée, stalagmites, fossiles d'animaux marins et terrestres). Elle demeure aujourd'hui un refuge pour des centaines de chauves-souris, dont 14 espèces ont été recensées. *Bus 124 de Crnomerec à Gornji Stenjevac, puis à pied par le sentier n°3 (20min env.) Ouvert mi-avr.-mi-oct. : w.-e. et j. fér. 10h-16h et vac. scol. Tarif 40kn, réduit 20-25kn (visites guidées uniquement)*

Mine Zrinski / Rudnik Zrinski Nommée d'après son ancien propriétaire, Petar Zrinski (un ancien ban croate du XVIIe siècle), cette ancienne mine d'argent exploitée dès le Moyen Âge a été réhabilitée, avec expositions sur la vie des mineurs et animations souterraines. *Ouvert mi-avr.-mi-oct. : w.-e. et j. fér. 11h-17h (visites guidées uniquement) Tarif 23kn, réduit 18-20kn*

Skier ou randonner à proximité de Zagreb

Station de ski du mont Sljeme Le mont Sljeme se transforme, l'hiver, en une mini-station de ski : 5km de pistes, 3 remontées mécaniques, un télésiège, un hôtel (le Tomislavov Dom), et quelques restaurants. On peut se procurer (à l'office de tourisme de Zagreb et dans tous les restaurants de la Medvednica) une carte au 1/30 000 du massif, indiquant les sentiers et refuges destinés aux randonneurs. *Rejoindre le bourg de Dolje (tram 14 ou 8 jusqu'au terminus de Mihaljevac, puis bus 15) ; de là, route en lacet pour les voitures. Le sentier qui grimpe jusqu'au sommet est plutôt raide et l'arrivée un peu décevante. Tél. (01) 45 53 382 www.sljeme.hr* **Hotel Tomislavov Dom** *Tél. (01) 45 60 400 www.sljeme.hr*

Les environs de Zagreb

Découvrir autrement Parcourez les vestiges romains d'Andautonia, profitez des thermes de Stubičke Toplice, prenez le frais sous le tilleul de Gubec à Gornja Stubica

Le Turopolje

La région du Turopolje, au sud-est de Zagreb, est connue pour son architecture en bois, sacrée comme profane. Ses gracieuses chapelles sont, hélas, rarement ouvertes et parfois difficiles à trouver, aussi ne mentionnons-nous que la plus importante, située juste à la sortie de la capitale. Ceux qui se rendent à Sisak (p.150) feront halte à Buševec (chapelle) et à Dužica (maisons peintes).

☺ **Chapelle Sainte-Barbe / Crkva Sv. Barbare** Petite merveille de bois, la chapelle Sainte-Barbe du XVIIe siècle se cache dans le bourg de Velika Mlaka, à deux pas de l'aéroport de Zagreb. La nef, qui peine à accueillir tous les fidèles lors des offices, est tapissée jusqu'au plafond de splendides panneaux peints de bouquets de fleurs et de scènes de la vie du Christ et de Sainte Barbe. Beaucoup de cachet ! ***Velika Mlaka*** *(de Zagreb, dir. aéroport/Velika Gorica/Sisak, le bourg se situe à gauche de la route avant l'embranchement pour l'aéroport) Tél. (01) 62 34 761 ou 098 623 173 Ouvert lun. et mer. 9h30-18h30, mar. et jeu.-sam. 7h30-11h, dim. 7h30-12h*

☺ **Andautonia** Près du village de Šćitarjevo s'étendent les ruines d'Andautonia, cité illyrienne dont les Romains firent un municipe de Pannonie supérieure. Les fouilles en cours ont permis de dégager des tronçons de rues, des restes des thermes, d'une villa et de quelques autres édifices. Les archéologues ont aussi exhumé des outils, de la vaisselle, des bijoux et de la monnaie du Ier au IVe siècle de notre ère. Le dépôt lapidaire abrite de beaux sarcophages et une stèle votive du IIIe siècle représentant Nemesis, qui laisse à penser qu'Andautonia attirent des combats de gladiateurs dans un amphithéâtre en bois. Chaque année en avril, les journées d'Andautonia accueillent de nombreux visiteurs avec des ateliers de fouille, des repas romains et des jeux pour les enfants. ***Šćitarjevo*** *(env. 10km au sud de Zagreb - bus 308 au départ de Novi Zagreb - et 8km au nord-ouest de Velika Gorica) Ouvert mai-oct. : sam.-dim. 12h-18h Tarif 20kn, réduit 15kn*

Au nord de Zagreb

Au nord de la Medvednica, les petites routes vous mèneront à travers une riante campagne vallonnée, celle du **Zagorje** croate. Le circuit ci-dessous ne comprend que les villages situés au nord de Zagreb, mais vous pouvez prolonger la promenade par Krapina et ses environs (p.126).

Stubičke Toplice Ce petit village doit sa renommée aux vertus curatives de ses sources chaudes (de 43°C à 63°C). La station thermale, fondée à la fin du XVIIIe siècle par l'évêque de Zagreb, Mgr Vrhovac, compte aujourd'hui un complexe hospitalier et plusieurs piscines publiques. La plupart des bassins sont découverts et aménagés dans la verdure. *Env. 50km au nord-ouest de Zagreb par la route du mont Sljeme (la plus jolie), par la route de Gornja Bistra ou par l'A2-E59 (sortie Zabok) Cars au départ de la gare routière de Zagreb* **Office de tourisme** *Viktora Šipeka 24 Tél. (049) 282 727 www.stubicketoplice.hr Ouvert lun.-sam. 8h-16h*

Gornja Stubica Un sentiment de plénitude accompagne l'arrivée à Gornja Stubica : le village semble s'étirer paresseusement, sans réelle limite, sur plusieurs petites collines. Mais au-delà de la balade champêtre, sachez que Gornja Stubica occupe une place particulière dans l'histoire de la région. C'est là que débuta en 1573 la grande jacquerie suscitée par les exactions commises au nom de la guerre contre les Turcs par les seigneurs locaux. La répression fut terrible : 6 000 paysans furent pendus et des dizaines de villages incendiés. Le chef des insurgés, Matija Gubec, qui s'était fait proclamer "roi", fut symboliquement couronné de fer chauffé au rouge avant d'être écartelé à Zagreb. Le **musée de la Révolte paysanne**, dans le château de Gornja Stubica, relate en détail ces événements sanglants. Sur la colline sud, au pied de l'église, se dresse le célèbre tilleul quatre fois centenaire de Gubec (Gupčeva Lipa), sous lequel, dit-on, naquit l'insurrection. À côté du château, grand monument dédié à la révolte, œuvre d'Antun Augustinčić (1973). *7km à l'est de Stubičke Toplice (cars et trains à partir de Zagreb, à 35km)* **Musée de la Révolte paysanne / Muzej seljačkih buna** *Samci 64 Tél. (049) 587 880 www.msb.mhz.hr Ouvert avr.-sept. : tlj. 9h-19h ; oct.-mars : tlj. 9h-17h Entrée 25kn, réduit 15kn*

Marija Bistrica Depuis des siècles, Marija Bistrica, le plus grand centre de pèlerinage catholique en Croatie, voit affluer des centaines de milliers de fidèles venus honorer sa Vierge noire du XVe siècle. Selon la légende, cette statue aurait été cachée par un prêtre en 1545 au moment de l'avancée ottomane et redécouverte en 1588. La statue est conservée dans l'**église Sainte-Marie**, qui domine le village. Sa galerie couverte (XVIIIe s.), typique des églises de pèlerinage, est tapissée d'ex-voto et de fresques illustrant les miracles attribués à cette *Vierge à l'Enfant* portée par un croissant de lune. L'église doit ses tourelles aux tuiles polychromes et son éclectisme architectural à la grande réhabilitation entreprise par Herman Bollé en 1879. C'est dans le vaste amphithéâtre au pied de l'église et du chemin de croix que le pape Jean-Paul II annonça, en 1998, la béatification du cardinal Stepinac. *Env. 10km à l'est de Gornja Stubica et 40km au nord de Zagreb par l'A3 et l'A4 (E65) Cars de Zagreb* **Office de tourisme** *Zagrebačka bb Tél. (049) 468 380 www.marija-bistrica.hr* **Église Sainte-Marie / Crkva sv. Marije** *Ouvert tlj. 7h-19h*

CARNET D'ADRESSES

Lieux de sortie

salles de spectacle

Théâtre national croate / Hrvatsko Narodno Kazalište (plan 2, A3 n°16) Le meilleur moyen de découvrir le Théâtre national croate, splendide édifice de la fin du XIXe siècle, c'est encore d'assister à l'un des excellents spectacles qui y sont donnés. ***Ville-Basse*** *Trg maršala Tita 15 Tél. (01) 48 88 415 www.hnk.hr Ouvert sept.-juin*

Koncertna Dvorana "Vatroslav Lisinski" (plan 1, B1 n°14) Ce vaste ensemble moderne, au sud de la voie ferrée, est le siège du Grand Orchestre philharmonique de Zagreb. Deux auditoriums. ***Ville-Basse*** *Trg Stjepana Radića 4 Tél. (01) 61 21 166 www.lisinski.hr*

Théâtre de marionnettes / Zagrebačko kazalište lutaka (plan 2, B4 n°17) Depuis 1948, ce théâtre propose des spectacles de marionnettes, créations ou issus du répertoire, qui séduisent les petits et les grands enfants quelle que soit leur langue maternelle. Tarif 30-40kn. ***Ville-Basse*** *Trg kralja Tomislava 19 Tél. (01) 48 78 445 www.zkl.hr Ouvert mar.-mer. 18h, jeu. et sam.-dim. 11h*

cafés-concerts, clubs

Les nuits zagréboises n'ont rien à envier à celles des autres métropoles européennes ! La ville regorge de cafés-concerts, de clubs et de boîtes de nuit en tout genre, où les Zagrébois déploient une énergie et une soif de vivre contagieuses. Les lieux à la mode sont regroupés sur la rive nord de la Save et au bord du lac Jarun. Pour connaître le programme des concerts et soirées, jetez un coup d'œil aux affiches placardées dans les rues ou consultez les brochures distribuées gratuitement par l'office de tourisme. Le prix d'entrée ne dépasse pas 30kn, sauf quand l'affiche est prestigieuse.

Sax (plan 2, C3 n°8) Vaste club chaleureux à découvrir le jeudi, vendredi ou samedi soir, quand les concerts de variété, de rock, de pop, ou de soul attirent un public euphorique voire déchaîné. Excellente soirée garantie ! ***Ville-Basse*** *Palmotićeva 22 Tél. (01) 48 72 836 www.sax-zg.hr Ouvert mar.-dim. 20h-4h Fermé juil.-août*

Sirup (plan 1, B1 n°15) Installé juste derrière la gare centrale, dans un ancien bâtiment industriel à l'ambiance étrange, le Sirup constitue depuis plusieurs années l'un des meilleurs clubs électro de Zagreb. On est immédiatement saisi par les rythmes survoltés, créés par les DJ locaux et internationaux. Soirées à thèmes assez déjantées. ***Ville-Basse*** *Koturaška cesta 1 sirupfun@gmail.com Ouvert jeu. 22h-4h, ven.-sam. 23h-6h*

Močvara (plan 1, B2 n°11) Gigantesque centre culturel alternatif installé dans une usine désaffectée de la rive nord de la Save, le "Marais" (traduction de *močvara*) réunit tous les genres pour des projections, performances, lectures et happenings, mais surtout pour ses concerts (du jazz au metal en passant par le funk) et ses nuits endiablées sur la piste de danse. Incontournable. ***Ville-Basse*** *Trnjanski nasip bb (tram 13 de Trg bana Jelačića jusqu'à l'arrêt Lisinski, puis à pied jusqu'au pont Most slobode, le Močvara est situé juste à droite) Tél. (01) 61 59 668 www.mochvara.hr*

Medika (plan 2, A4 n°18) C'est le premier squat légal de Zagreb, installé dans une ancienne usine pharmaceutique couverte de tags. Dans une ambiance jeune et quelque peu sur-

Et aussi...

Shopping

Aromatica ___ 94
Vinoteka Bornstein ___ 94
Croata ___ 94
Galerie commerciale Cvijetni ___ 100

Cafés, bars

Johann Franck ___ 94
Melin ___ 94
Crafter's Lav ___ 98
Velvet caffe ___ 100
Millennium ___ 101
Booksa ___ 101
Dobar Zvuk ___ 106
Sedmica ___ 106
Krivi Put ___ 107
The Old Pharmacy Club ___ 107
Limb ___ 107

Pâtisseries, glaciers

Amélie ___ 94
Vincek ___ 100
Millennium ___ 101
Slatkica N°1 ___ 112

Cinémas

Kino Tuškanac ___ 101
Kino Grič ___ 101

voltée mais sympathique, ce centre culturel alternatif accueille concerts et soirées *dance*, mais aussi des projections de films. Il abrite par ailleurs des ateliers, une librairie et un centre de documentation alternatif. ***Ville-Basse*** *Pierottijeva 11 Tél. (01) 61 97 223 http://attack.hr Concerts en fin de semaine (consulter le site Internet pour la programmation)*

Tvornica kulture (plan 2, D4 n°12) Cette immense salle de concerts, bien connue du milieu alternatif, accueille régulièrement sur ses deux scènes des groupes locaux et internationaux. Concerts en semaine, DJ le week-end. ***Ville-Basse*** *Šubićeva 2 Tél. (01) 45 78 389 www.tvornicakulture.com Ouvert tlj. 23h-4h Café ouvert tlj. 7h-23h*

Aquarius (plan 1, A2 n°12) Installé au bord du lac Jarun, l'Aquarius est LA boîte branchée de Zagreb. Tandis que de grands DJ officient aux platines, une foule particulièrement compacte de *beautiful people* se déhanche sur la piste ronde. Terrasse en été. ***Quartiers excentrés*** *Aleja Matije Ljubeka bb (tram 17 de Trg bana Jelačića jusqu'à l'arrêt Jarun, puis 10min à pied) Tél. (01) 36 40 231 www.aquarius.hr Ouvert tlj. 8h-4h*

The Best (plan 1, B2 n°13) Proche du lac Jarun, cette boîte est spécialisée en musique techno : même David Guetta est venu y faire un tour de platines. Rien de tel pour attirer une clientèle jeune et survoltée ! ***Quartiers excentrés*** *Jarunska 5 (tram 17 de Trg bana Jelačića jusqu'à l'arrêt Studenski dom "S. Radić", puis 10min à pied) Tél. (01) 30 11 943 ou 095 199 7499 www.thebest.hr Ouvert selon la programmation*

Restauration

très petits prix

Nokturno (plan 3, B2 n°10) Dans une ruelle pentue de Kaptol, ce grand restaurant-pizzeria, fréquenté par les touristes comme par les Zagrébois, ne désemplit pas. Vaste choix de pizzas, de pâtes, de risottos, de viandes, de salades... Rien de très raffiné, mais la modestie des prix justifie l'affluence. Terrasse. Pizzas et plats à partir de 30kn. ***Kaptol*** *Skalinska 4 Tél. (01) 48 13 394 Ouvert dim.-jeu. 8h-0h, ven.-sam. 9h-1h*

Vallis Aurea (plan 2, B2 n°20) Installée juste au pied du funiculaire, cette brasserie propose, outre une bonne sélection de bières et de vins, une belle carte de spécialités slavonnes à base de viande. Ses petits prix, ses chaleureuses boiseries et sa terrasse, aux beaux jours, en ont fait une agréable cantine de quartier. Plats 45-90kn. ***Gradec*** *Tomićeva 4 Tél. (01) 48 31 305 www.vallis-aurea.com Ouvert lun.-sam. 9h-23h*

Mimice (plan 2, C3 n°23) L'un des plus anciens "fish & chips" version croate de Zagreb. Dans un sous-sol très sobre, on déguste fritures de

GAMME DE PRIX	RESTAURATION	HÉBERGEMENT
Très petits prix	moins de 75kn	moins de 300kn
Petits prix	de 75 à 120kn	de 300 à 450kn
Prix moyens	de 120 à 180kn	de 450 à 600kn
Prix élevés	de 180 à 250kn	de 600 à 1 100kn
Prix très élevés	plus de 250kn	plus de 1 100kn

petits poissons, maquereaux, sardines ou calamars d'une fraîcheur irréprochable. Ambiance de taverne populaire, service au comptoir. Plats 20-40kn. ***Ville-Basse*** *Jurišićeva 21 Tél. (01) 48 14 524 Ouvert lun.-ven. 8h-21h30, sam. 8h-17h*

☺ **Burgeraj (plan 2, B3 n°34)** Les meilleurs burgers de la ville ! Ici, tout est fait maison, du pain de mie aux sauces, en passant par la préparation de la viande hachée. Essayez le Bacon Cheese, favori des lieux, avec ses rondelles de pommes de terre et sa sauce bacon ou ketchup (44kn). En boisson, bières pressions fabriquées par des micro-brasseries locales, et d'autres bières artisanales, croates et américaines en bouteille. Comptez 50-60kn. ***Ville-Basse*** *Preradovićeva 13 Tél. (01) 487 6791 Ouvert lun.-jeu. 12h-22h, ven.-sam. 12h-23h*

Zlatni Medo (plan 1, B1 n°1) En entrées, petits pains fourrés aux rillons de porc ou au fromage, avec du fromage à tartiner ; en plats principaux, saucisses, petit salé, gratin de haricots secs, champignons variés, choucroute. Grosse carte de viandes. L'établissement brasse d'excellentes bières blanches, blondes, ambrées et brunes, qu'on ne boit nulle part ailleurs. Plats 35-60kn. ***Quartiers excentrés*** *Savska cesta 56 Tél. (01) 61 77 119 www.pivnica.hr Ouvert lun.-sam. 10h-0h, dim. 12h-0h*

petits prix

Grill Žar (plan 1, B1 n°2) De l'avis général, le meilleur grill de la capitale. Grillades à la braise, viandes de qualité et prix modérés. Également un menu végétarien. Plats à partir de 30kn. ***Ville-Basse*** *Badalićeva 19 Tél. (01) 38 20 251 Ouvert lun.-sam. 9h-22h, dim. 11h-16h30*

Batak Grill (plan 2, B3 n°22) Un restaurant de grillades caché dans la galerie commerciale Cvjetni, agrémenté d'une terrasse (non-fumeurs) et d'une décoration très scandinave. À la carte, vaste choix de grillades de bœuf préparées selon la tradition de Leskovac, et servies accompagnées de légumes de saison. Réservation conseillée si vous êtes plusieurs. Comptez 70-120kn le repas avec boisson. Wifi gratuite. Plusieurs autres adresses dans la ville. ***Ville-Basse*** *Petra Preradovića 6 Tél. (01) 48 33 370 www.batak-grill.hr Ouvert tlj. 11h-23h*

Bistro Fotić (plan 2, B3 n°25) À deux pas de Trg Bana Jelačića, un joli petit bistrot avec terrasse, aux couleurs de l'enfance. Au menu, beaucoup de créativité pour ces plats préparés avec les produits frais du marché de Dolac. Une carte très variée proposant pizzas, pâtes fraîches maison, viande en sauce, poisson ou plats végétariens, et qui change chaque semaine. Bonne carte des vins du pays. Formule 40kn, repas 60-120kn. Petit déjeuner jusqu'à 11h. Wifi gratuit. Espace d'expos photos. ***Ville-Basse*** *Gajeva 25 Tél. (01) 48 10 476 Ouvert lun.-sam. 8h-23h*

Le Mika (plan 2, B3 n°33) Maître crêpier français formé en Bretagne, Michael, alias Mika, a ouvert sa crêperie-bistrot à l'été 2018, et a fait découvrir aux Croates et aux visiteurs la saveur authentique d'une vraie galette au blé noir, ou d'une crêpe au froment. Parmi le vaste choix (avec même des versions sans gluten ou végétarienne), nous conseillons la galette emmental, champignons, poulet, et la crêpe caramel, beurre salé. Assiettes créatives, ambiance chaleureuse… Un seul hic, il n'y a pas de cidre en boisson, mais une très bonne carte des vins. Réservation conseillée. ***Ville-Basse*** *Teslina 14 Tél. 098 984 3395 www.lemika.hr Ouvert lun.-sam. 9h-23h*

Bistro Baranjska Citadela (plan 1, C1 n°4) Une fois le seuil franchi, vous voici en Baranja, petite région de la Slavonie : tables de chêne massives, parements de brique au mur et outils ruraux ornent l'espace. L'ambiance est festive, musicale et décontractée. La cuisine, préparée dans le fond dans des marmites chauffant au feu de bois, affiche les spécialités de Baranja : poissons frais gardés en bassin, ragouts de poisson ou de viande copieux, mais aussi de belles grillades. Testez les beignets de filet de perche sauce tartare (*smuđ na orli*) et leur salade de pommes de terre (85kn), ou le *čobanac* de gibier (60kn), simple, sans chichis et très bon. Service attentionné. Comptez 70-100kn le repas. ***Quartiers excentrés*** *Ulica Ravnice V. 10 (dans le complexe sportif) Tél. (01) 238 5416 www.baranjska-citadela.com Ouvert mar.-sam. 10h-22h, dim. 10h-18h*

prix moyens

Kaptolska Klet (plan 2, C2 n°27) Installé au fond d'une vaste et agréable cour ornée d'une fontaine, face à la cathédrale, ce restaurant est réputé pour ses viandes grillées à la broche. Touristique mais correct. Repas env. 150kn. ***Kaptol*** *Kaptol 5 Tél. (01) 48 76 502 Ouvert tlj. 11h-0h*

Restoran Kerempuh (plan 2, B2 n°28) Son nom rend hommage à un gavroche zagrébois, dont la statue se dresse à l'extérieur. On y sert une cuisine de marché plutôt goûteuse et d'une fraîcheur irréprochable. Et pour cause : tous les ingrédients sont choisis le matin même au marché de Dolac, juste en dessous de la terrasse. Bonne carte de vins croates. ***Kaptol*** *Kaptol 3 Tél. (01) 48 19 000 Ouvert lun.-sam. 7h-23h, dim. 7h-16h*

Stari Fijaker 900 (plan 2, A2 n°21) Ce restaurant typique, installé dans une chaleureuse cave voûtée, sur les pentes de Gradec, sert des spécialités culinaires de la région de Zagreb et propose une belle carte de viandes cuisinées ou grillées. Pains maison, accueil familial et clientèle d'habitués. Wifi gratuit. Environ 120-150kn le repas. ***Gradec*** *Mesnička 6 Tél. (01) 48 33 829 www.starifijaker.hr Ouvert lun.-sam. 11h-23h, dim. 11h-22h*

☺ **Trilogija (plan 3, B2 n°11)** Pas de menu, mais selon les produits frais en provenance quotidienne du marché de Dolac, trois entrées, trois plats (viande et poisson) et trois desserts qui changent tous les jours, servis par un personnel sympathique et bilingue. Une cuisine imaginative qu'accompagne une formidable carte de plus de 130 vins locaux ou internationaux servis au verre ou en bouteille. Atmosphère chaleureuse sous des voûtes médiévales, à deux pas de la vieille porte. Comptez 150-180kn. ***Gradec*** *Kamenita 5 Tél. (01) 48 51 394 www.trilogija.com Ouvert lun.-jeu. 11h-0h, ven.-sam. 11h-1h*

Boban (plan 2, B3 n°24) Que ce soit dans le cadre acidulé et cosy du café ou sous les voûtes en brique du restaurant, il y a toujours foule chez Boban ! Si le bon rapport qualité-prix des plats de pâtes et autres risottos y est pour beaucoup, la réputation de cet établissement tient aussi à la notoriété de son fondateur, le célèbre footballeur Zvonimir Boban, ancien joueur du Milan AC. Entrées 20-30kn, plats 65-120kn. ***Ville-Basse*** *Gajeva 9 Tél. (01) 48 11 549 www.boban.hr Ouvert tlj. 11h-23h*

Mali Bar-Pizzeria Karijola-Bar à vins (plan 2, C2 n°30) Un escalier à flanc de colline avec à chaque étage, une terrasse et un bonheur différent : au premier, le restaurant **Mali Bar** sert au déjeuner une cuisine gastronomique basée sur la multiplication de petites portions de plats élaborés façon tapas par une cuisinière renommée, auteure de livres de recettes et animatrice d'une émission culinaire à la télé. Absolument délicieux. Plats 65-130 Kn. Au second, la **pizzeria Karijola**, annexe d'un établissement situé Kranjčevićeva 7 (plan 1, B1), est connue pour préparer les meilleures pizzas de la ville (entre 40 et 80kn). Enfin, tout en haut, un sympathique **bar à vin.** ***Ville-Basse*** *Vlaška 63 Tél. (01) 55 31 016 ou (01) 36 67 044 ou (01) 55 31 014 Ouvert lun.-sam. 13h-0h*

☺ **Korčula (plan 2, B3 n°29)** Voilà un restaurant où il serait impardonnable de ne pas s'arrêter pour faire honneur au *Pečena hobotnica s krumpirom*, soit du poulpe grillé au four avec des pommes de terre, de l'ail et du vin blanc (135kn). Un délice, fondant à souhait ! Autres plats à partir de 80kn. ***Ville-Basse*** *Teslina 17 Tél. (01) 48 72 159 Ouvert lun.-sam. 11h-23h*

Stari Puntijar (hors plan 1 par B1) Étrange atmosphère dans cette salle d'inspiration médiévale, décorée de hallebardes, de mousquets et d'images anciennes de Zagreb et de ses environs. On se croirait dans un décor un peu vieillot, et pourtant, cette salle a vu défiler les dignitaires locaux depuis l'époque titiste. Cave à vins impressionnante, cuisine internationale et locale. ***Quartiers excentrés*** *Gračanska cesta 65 (sur la route de Sljeme, à droite après la dernière station de tramway, puis environ 400m sur la gauche) Tél. (01) 46 75 500 Ouvert tlj. 12h-23h*

Ab Ovo (plan 1, C1 n°3) Un petit bistrot-cocktail-bar qui se fait discret au milieu des terrasses de cafés faisant face au parc Maksimir. Son chef, Filip Horvat, est l'une des étoiles montantes à Zagreb. Sa carte est restreinte, mais sa créativité est réelle et sans cesse renouvelée, avec de si belles couleurs dans l'assiette que l'on retient le premier coup de fourchette ! Les saveurs réservent également plein de surprises : excellent risotto de biftek au parmesan (105kn), ou soupe au chocolat en dessert (35kn). Ambiance tamisée, belle déco moderne. Comptez 150kn le repas. Grand parking à deux pas devant le parc. Réservez, car les places sont limitées. ***Quartiers excentrés*** *Bukovačka cesta 27 Tél. (01) 467 8554 www.abovobistro.com Ouvert mar.-sam. 10h-23h*

Grana Grill Pub (plan 1, A2 n°5) Dans la quartier Jarun, un bistrot-pub très apprécié pour ses grillades. Les viandes sont préparées sur place et cuites au feu de bois, et, preuve de leur succès, le lieu ne désemplit pas depuis le milieu des années 1990.... Au menu, des *pljeskavica* fourrées au fromage ou recouvertes de fromage crémeux de vache (*kajmak*), des *čevapi*, des brochettes ou un bon steak de bœuf avec leurs légumes braisés et la fameuse *lepinja* (pain chausson traditionnel). Grand choix de bières. Terrasse sympathique et déco de bois chaleureuse à l'intérieur. Service convivial. Comptez 80-170kn le repas (copieux). ***Quartiers excentrés*** *Mlake 29 Tél. (01) 388 0224 www.grana-grill-pub.com Ouvert lun. 11h-19h, mar.-ven. 10h-23h, dim. 12h-19h*

prix élevés

☺ **Baltazar (plan 2, B1 n°26)** Année après année, ce Balthazar, spécialisé dans les viandes de Slavonie et du Zagorje, s'est agrandi. Après la véranda, baptisée "Gaspar" et où sont plutôt servis les poissons, cette vénérable entreprise de bouche a rajouté une cave à vins, "Melkior". La qualité des produits ne se dément pas, et leur présentation et le décor en font une étape gastronomique très appréciable. ***Kaptol*** *Nova Ves 4 Ouvert lun.-sam. 12h-0h, dim. 12h-17h*

Agava (plan 3, B1 n°12) De sa terrasse ombragée qui surplombe Tkalčićeva, on peut voir sans être vu et déguster une excellente cuisine traditionnelle dalmate et istrienne, accompagnée de vins choisis. Entrées 30-80kn, plats 100-200kn. ***Gradec*** *Tkalčićeva 39 Tél. (01) 48 29 826 www.restaurant-agava.hr Ouvert tlj. 12h-23h*

Pod Gričkim Topom (plan 3, A2 n°13) Accrochée aux pentes boisées de Gradec, sous la tour Lotrščak, la terrasse de ce restaurant offre une vue splendide sur les toits de Zagreb. Un cadre romantique pour déguster un poisson grillé, suivi d'une petite liqueur digestive. L'intérieur, intime avec ses poutres apparentes et ses photos anciennes, est tout aussi accueillant. Plat 90-180kn. ***Gradec*** *Zakmardijeve stube 5 Tél. (01) 48 33 607 Ouvert sept.-juil. : tlj. 11h-23h ; août : lun.-sam. 17h-0h*

Carpaccio (plan 2, B3 n°31) Il y a comme un avant-goût d'Istrie dans ce restaurant chic du centre-ville décoré d'affiches d'opéras, avec en premier lieu, bien sûr, son grand choix de carpaccios (bœuf, saumon, thon, courgettes, etc., pour env. 90kn), mais aussi toute une gamme de plats italiens, viandes et poissons, cuisinés avec un vrai sens des saveurs et de la présentation. Et une excellente carte de vins, principalement croates. ***Ville-Basse*** *Teslina 14 Tél. (01) 48 22 331 www.ristorantecarpaccio.hr Ouvert lun.-sam. 11h-0h*

Apetit City (plan 2, B3 n°32) Après plusieurs années de succès dans son Bistro Apetit, situé dans un quartier excentré au nord de Zagreb, le chef Christian Cabalier et son épouse ont ouvert une succursale en pleine Ville-Basse, à proximité d'Ilica, au fond d'une cour. Ils y déclinent une cuisine *slow food*, qui mélange avec bonheur les gastronomies européennes et croate, le tout dans un décor moderne de briques et de miroirs. Une véritable expérience culinaire haut de gamme. Également vente de vins et de produits d'Istrie à emporter. Formule 130kn, plats à la carte 120-160kn. ***Ville-Basse*** *Masarykova 18 (Obrtnički prolaz 7) Tél. (01) 48 11 077 www.apetit.hr Ouvert mar.-dim. 9h-0h*

prix très élevés

Dubravkin Put (plan 3, A1 n°14) Considéré comme l'un des meilleurs de la ville, ce restaurant de poisson et de fruits de mer occupe un site de choix dans la verdure, sous le flanc ouest de Tuškanac. Clientèle et cadre élégants, déjeuner 150-200kn, dîner env. 300kn, menus dégustation à partir de 495kn. ***Gradec*** *Dubravkin Put bb Tél. (01) 48 34 975 Ouvert lun.-sam. 11h-0h*

Šestinski Lagvić (hors plan 1 par B1) L'un des plus fréquentés, surtout le dimanche, des nombreux restaurants de la Medvednica, sur la route de Sljeme et près du village de Šestine. Excellente rôtisserie (bœuf, agneau, porc...) et autres spécialités de viandes (tartare mémorable). Et une vue sans pareille sur la ville de Zagreb. Plats à la carte 65-300kn. ***Quartiers excentrés*** *Šestinska cesta bb (dir. de la forteresse de Medvedgrad) Tél. (01) 46 74 417 www.sestinski-lagvic.hr Ouvert tlj. 10h-0h*

Hébergement

Plusieurs agences, comme celles qui suivent, proposent des chambres chez l'habitant ainsi que des appartements de 2 à 6 personnes. Majoration de 30% (souvent négociable) pour tout séjour de moins de 3 nuits. Liste disponible à l'office de tourisme. De mi-juil. à fin sept., louer une chambre dans une résidence universitaire (*studentski dom*) peut être une bonne solution pour les petits budgets.

camping

Motel Plitvice (plan 1, A2 n°24) Le seul camping des environs de Zagreb, situé à 10km du centre de la ville, dans un vaste complexe hôtelier au bord de l'autoroute Zagreb-Ljubljana. Comptez env. 180kn/2 pers. avec tente et voiture. ***Quartiers excentrés*** *Lučko bb Tél. (01) 65 30 444 www.motel-plitvice.hr Ouvert mai-sept.*

auberges de jeunesse

☺ **Shappy Hostel (plan 2, B3 n°59)** Parmi la dizaine d'auberges de jeunesse (*hostels*) de Zagreb, celle-ci est située en plein centre-ville, au cœur de la zone piétonne. Elle propose 43 lits répartis dans 14 chambres (dont certaines pour 2 personnes) ou dortoirs. Bar dansant, terrasse, clim., salle commune pour cuisiner, regarder des films ou faire la fête, wifi gratuit. Pour un prix défiant la concurrence de n'importe quel hôtel. En outre, l'auberge a concocté plusieurs itinéraires thématiques pour partir à la découverte de la ville. De 150kn en dortoir à 220kn/pers. en chambre double. ***Ville-Basse*** *Varšavska 8 Tél. (01) 48 30 483 www.hostel-shappy.com Ouvert 24h/24*

Chillout Hostel (plan 3, A2 n°21) Postée au pied du funiculaire, une auberge de jeunesse confortable et proposant des chambres doubles et des dortoirs de 4 à 8 personnes, le tout sur 4 étages. Bar, cuisine, machines à laver et ordinateurs à disposition. Comptez 120-165kn/pers. en dortoir en haute saison (75-90kn en basse saison), 400kn/2 pers. en chambre double. ***Ville-Basse*** *Tomićeva 5a Tél. (01) 48 49 605 www.chillout-hostel-zagreb.com Ouvert 24h/24*

☺ **Ravnice Youth Hostel (plan 1, C1 n°20)** Une ancienne auberge de jeunesse devenue résidence étudiante, mais qui ouvre ses portes aux voyageurs de juillet à septembre. Ambiance familiale, accueil charmant, chambres impeccables (simple, double ou dortoirs de 4 lits), accès Internet, cuisine, buanderie, jardin fleuri... Le tout pour 100kn en dortoir, 280kn en chambre double. Réservation indispensable. Accès wifi gratuit. ***Ville-Basse*** *Ravnice 38d (compter 15-20min en tram, n°11 ou 12 de Trg bana Jelačića, n°7 de la gare routière et n°4 de la gare de chemin de fer Arrêt Dubrava ou Dubec I) Tél. (01) 23 32 325 http://ravnice-youth-hostel.hr*

prix moyens

☺ **Sobe Zagreb 17 (plan 3, B2 n°20)** Un véritable coup de cœur pour les locations de Rumica Baranović en plein centre historique, entre Kaptol et Gradec. Les 2 appartements (de 2 à 4 pers.) et 3 chambres (de 1 à 2 pers.), complètement indépendants, disposent de tout le confort, avec clim., TV écran plat, wifi, double vitrage, lit king size. Certains bénéficient d'une vue imprenable sur Tkalčićeva, rue la plus animée de Zagreb. Double de 385 à 600kn, appartement

600-900kn. **Gradec** *Radićeva 22 Tél. (091) 170 01 70 www.sobezagreb17.com*

prix élevés

Jadran (plan 2, C2 n°52) C'est sa situation centrale qui valent à ce bloc de béton de l'ère socialiste, sans réel charme, d'être dans cette sélection. Parmi les 48 chambres modernes et bien équipées (jusqu'au sèche-cheveux), évitez celles qui donnent sur rue. Chambre double à partir de 520kn. ***Kaptol*** *Vlaška 50 Tél. (01) 45 53 777 www.hotel-jadran.com.hr*

☺ **As (plan 1, B1 n°26)** Cet hôtel de luxe familial, installé dans le quartier très vert et très protégé des ambassades (le plus cher de la ville), dispose de 19 chambres doubles, de 2 juniors et d'une senior suite, ainsi que d'un restaurant ouvrant sur la nature et réputé pour ses spécialités de la mer en provenance directe de l'Adriatique. Double à partir de 740kn. ***Ville-Basse*** *Zelengaj 2a (15min à pied à travers bois d'Ilica, ou 5min avec le bus 103, juste devant l'hôtel, arrêt Kraljevec) Tél. (01) 46 09 111 ou (01) 46 09 222 www.hotel-as.hr* **Restaurant** *Tél. (01) 46 09 222 Ouvert tlj. 10h-0h*

☺ **Jägerhorn (plan 2, B2 n°51)** Idéalement situé dans une petite impasse entre la rue Ilica et les pentes boisées de Gradec, cet hôtel fondé en 1827 loue 11 chambres impeccables et modernes, et 2 uites pour 3 pers. avec kitchenette. Bon rapport qualité-prix : double à partir de 700kn, suites 1 100kn, parking gratuit. ***Ville-Basse*** *Ilica 14 Tél. (01) 48 33 877 www.hotel-jagerhorn.hr*

Central (plan 2, C4 n°53) À défaut de personnalité, l'hôtel Central a le mérite de s'élever juste en face de la gare ferroviaire. Ses 76 chambres, fonctionnelles (TV, satellite, Internet), sont proposées à partir de 640kn la double, et à partir de 760kn la triple. Celles qui donnent sur la rue restent un peu bruyantes malgré leur double-vitrage. ***Ville-Basse*** *Branimirova 3 Tél. (01) 48 41 122 www.hotel-central.hr*

Hotel Premier Zagreb (plan 2, D3 n°50) Inauguré en 2017 dans un palais Sécession, ce boutique-hôtel 5 étoiles des plus chics est situé à quelques pas du centre-ville. Ses 62 chambres et sa suite présidentielle sont claires, spacieuses et élégantes, décorées de matériaux nobles et raffinés : les contempler repose déjà ! Côté restaurant, le chef étoilé Stefano Cosattini concocte une cuisine fusion méditerranéenne. Du grand art dans l'assiette, et un feu d'artifices en bouche. Beau lounge bar, spa, sauna turc et finlandais, salle de fitness, parking (cher : 30€/j). Comptez 940-1750kn la double avec petit déj. ***Ville-Basse*** *Kralja Držislava 5 Tél. (01) 440 0880 www.lepremier.hr Restaurant ouvert tlj. 6.30-23h, lounge bar tlj. 9h-0h*

Vila Tina (plan 1, C1 n°22) À l'écart du centre-ville, près du parc Maksimir, 24 chambres calmes, tout confort et

GAMME DE PRIX	RESTAURATION	HÉBERGEMENT
Très petits prix	moins de 75kn	moins de 300kn
Petits prix	de 75 à 120kn	de 300 à 450kn
Prix moyens	de 120 à 180kn	de 450 à 600kn
Prix élevés	de 180 à 250kn	de 600 à 1 100kn
Prix très élevés	plus de 250kn	plus de 1 100kn

plutôt kitsch avec, pour certaines, une petite terrasse. Double à partir de 640kn, comptez deux fois plus pour une suite avec douche hydromassante. Piscine, sauna, restaurant. **Quartiers excentrés** *Bukovačka cesta 213 (de Trg bana Jelačića, tram 11 ou 12 jusqu'à l'arrêt Bukovačka-parc Maksimir, puis bus 203) Tél. (01) 24 45 204 www.hotelvilatina.hr*

prix très élevés

President Pantovčak (plan 1, B1 n°25) À quelques encablures de Britanski trg, ce boutique-hôtel marie avec bonheur les éléments de mobilier contemporains et Art déco. Tout à la fois en plein centre et en pleine nature (toutes les chambres donnent sur un parc), il possède de larges baies vitrées ouvrant sur les frondaisons. Excellent restaurant en terrasse. À partir de 980kn la double. ***Ville-Basse** Pantovčak 52 Tél. (01) 48 81 480 www.president-zagreb.com*

Dubrovnik (plan 2, B2 n°54) Le plus central des grands hôtels de Zagreb propose près de 265 chambres et une douzaine de suites réparties dans deux bâtiments. Et toutes les prestations qu'on peut attendre d'un 4-étoiles qui fut longtemps le plus grand hôtel de la ville : restaurant, café, coiffeur, librairie, salles de conférences, etc. Chambre double à partir de 880kn. Parking payant. Offres promotionnelles sur le site Internet. ***Ville-Basse** Gajeva 1 Tél. (01) 48 63 555 ou (01) 48 63 501 www.hotel-dubrovnik.hr*

Palace Hotel (plan 2, B3 n°55) Derrière sa façade monumentale, le Palace Hotel réserve une belle rencontre avec l'architecture Sécession. On reste impressionné par le hall d'entrée tout en courbes sous sa coupole fleurie, et par son vestiaire à l'ancienne. Plus modernes, les 123 chambres sont toutes d'un excellent standing. Café-restaurant orné de splendides fresques Art nouveau. Centre de remise en forme. Double à partir de 740kn, réduction de 20% le week-end. ***Ville-Basse** Trg Josipa Strossmayera Tél. (01) 48 99 600 www.palace.hr*

Esplanade (plan 2, B4 n°56) Plus qu'un palace, l'Esplanade est un véritable monument historique de Zagreb. Construit en 1925 à côté de la gare pour accueillir les passagers de l'Orient-Express, cet immense édifice Sécession fut jusqu'à la Seconde Guerre mondiale le rendez-vous des intellectuels et des artistes. Le must était de se retrouver à l'heure du thé sur la vaste terrasse qui lui a donné son nom. Le palace a rouvert ses portes en 2004 après de gros travaux de restauration, et a été couronné "meilleur hôtel de Croatie". Au total, 208 chambres, dont 14 suites et un appartement présidentiel. Comptez à partir de 1 200kn la double (env. 160€), mais prix variables en fonction de l'affluence : consultez le site. ***Ville-Basse** Mihanovićeva 1 Tél. (01) 45 66 600 www.esplanade.hr*

GAMME DE PRIX	RESTAURATION	HÉBERGEMENT
Très petits prix	moins de 75kn	moins de 300kn
Petits prix	de 75 à 120kn	de 300 à 450kn
Prix moyens	de 120 à 180kn	de 450 à 600kn
Prix élevés	de 180 à 250kn	de 600 à 1 100kn
Prix très élevés	plus de 250kn	plus de 1 100kn

KRAPINA ET LE ZAGORJE

49000

La capitale du Zagorje croate manquant un peu de charme et d'animation, ne mérite donc qu'une brève halte. Ce bourg de quelque 5 000 habitants, baigné par la Krapinica, n'en possède pas moins une longue et riche histoire... En 1899, sur le site de Hušnjak, à la sortie de la localité, l'archéologue et paléontologue Dragutin Gorjanović-Kramberger découvrit les restes fossilisés d'une vingtaine d'hominidés du paléolithique moyen (150 000-40 000 ans), d'un type néandertalien qu'on baptisa *Homo krapinensis*. Plus récemment, Krapina a vu naître Ljudevit Gaj (1809-1872). Ce grand poète et fondateur du Mouvement illyrien œuvra notamment à l'unification des Slaves du Sud en imposant le dialecte štokavien comme langue officielle et littéraire de la Croatie.

L'"OUTRE-MONT CROATE" Vaste région vallonnée et boisée qui s'étend du nord de Zagreb à la frontière slovène, à l'ouest, et aux abords de Varaždin, au nord-est, l'"Outre-Mont croate" (Hrvatsko Zagorje) est l'une des contrées les plus bucoliques de Croatie continentale. Ses hameaux ont conservé leurs granges et leurs séchoirs à maïs en bois, et ses petites routes livrées aux poules, aux oies et aux canards serpentent entre des collines striées de plants de vignes et couronnées par des châteaux forts du XVIe siècle et des églises baroques. Le Zagorje est célèbre pour les manoirs bâtis au XVIIIe siècle par la noblesse croate et austro-hongroise.

MODE D'EMPLOI

accès

EN VOITURE

Krapina se situe 70km (1h) au nord de Zagreb par l'A2-E59 (payante).

EN TRAIN

Plusieurs trains relient quotidiennement Krapina à Zagreb avec changement à Zabok.

Gare ferroviaire / Željeznički kolodvor La gare de Krapina est située dans le sud de la ville. *Frana Galovića 8 Tél. (049) 371 012*

EN CAR

Liaisons fréquentes avec Zagreb et Varaždin.

Gare routière / Autobusni kolodvor
Devant la gare ferroviaire. *Frana Galovića bb Tél. (049) 328 028*

orientation

Le minuscule centre de Krapina s'étire entre la rivière, à l'ouest, et l'autoroute A2-E59, à l'est. Les deux axes principaux que compte la ville de Krapina, Magistratska et Ulica Ljudevita Gaja (Gajeva), convergent pour se rejoindre sur la place Ljudevit-Gaj (Trg Ljudevita Gaja).

informations touristiques

Office de tourisme de Krapina *Magistratska 11 Tél. (049) 371 330 www.tzg-krapina.hr Ouvert lun.-ven. 8h-15h, sam. 8h-12h*

Office de tourisme régional du Krapina-Zagorje *Magistratska 3* ***Krapina*** *Tél. (049) 233 653 www.tzkzz.hr Ouvert lun.-ven. 7h-15h*

adresses utiles

On trouve des **banques** dans les rues Magistratska et Ljudevita Gaja, la **poste** rue Ljudevita Gaja, au numéro 23.

fêtes et manifestations

Semaine de la culture "kaj" / Tjedan kajkavaske kulture Chansons, spectacles et poèmes en kajkavien, l'un des trois dialectes croates. *Krapina Tél. (049) 373 406 www.kajkavske-popevke.hr En sept.*

Festival international de la dentelle / Festival čipke Il présente les productions locales et celles d'autres pays européens. ***Lepoglava*** *(20km au nord-est de Krapina) www.cipkarski-festival.com 3e w.-e. de sept.*

Fête des vendanges On célèbre la fin des vendanges dans les villages du Zagorje, notamment à Pregrada. *Dernier w.-e. de sept.*

Foire au miel et bal illyrien *Krapina www.tzg-krapina.hr En déc.*

DÉCOUVRIR

Krapina et le Zagorje

☆**Les essentiels** L'église Sainte-Marie-de-Jérusalem à Krapina, le château de Veliki Tabor, Klanjec, le château de Trakošćan, l'église Sainte-Marie-des-Neiges de Belec **Découvrir autrement** Profitez des bienfaits des sources thermales de Krapinske Toplice

Krapina

Musée de l'Homme de Neandertal / Muzej Krapinskih Neandetalaca
Telle une grotte préhistorique, ce musée multimédia de 1 200m², inauguré en 2010 après 11 années de travaux, se confond avec son environnement. Après la projection d'un film présentant le site de Hušnjak, où furent retrouvés des ossements fossiles de Néandertaliens, il invite ses visiteurs à remonter le temps pour suivre l'évolution de notre planète, du Big Bang à l'apparition des premiers hommes. Principale attraction : un diorama mettant en scène une famille d'une vingtaine d'hommes et femmes de Neandertal, grandeur nature. Un court sentier, qui grimpe du musée à travers bois vers le site paléolithique original, permet de découvrir une reconstitution un peu kitsch de la vie de ses occupants et des animaux qui peuplaient la région il y a 130 000 ans. *Šetalište Vilibalda Sluge (500m au nord du centre-ville, de l'autre côté de la rivière) Tél. (049) 371 491 www.mkn.mhz.hr Ouvert mars, oct. : mar.-dim. 9h-17h ; avr.-juin, sept. : mar.-dim. 9h-19h ; juil.-août : mar.-ven. 9h-18h, sam.-dim. 9h-19h ; nov.-fév. : mar.-ven. 9h-16h, sam.-dim. 9h-17h Billetterie fermée 1h avant Tarif 50kn, réduit 25kn*

☆ ☺ **Église Sainte-Marie-de-Jérusalem / Crkva Majke Božje Jeruzalemske** Perchée dans le hameau de Trški Vrh, à l'est de Krapina, cette église de pèlerinage dissimule, derrière une jolie enceinte octogonale à tourelles, l'un des plus beaux décors baroques de Croatie. L'accumulation de fresques en trompe l'œil, de stucs dorés, et les volumes tout en courbes de la nef font naître une impression de mouvement qui en ferait presque tourner la tête. La plupart des fresques qui tapissent le sanctuaire ont été réalisées par Antun Lerchinger (1720-1792) dans les années 1750. Plus bas, derrière l'église, les stations du chemin de croix renferment d'originales peintures contemporaines. *À 1km du centre de Krapina en remontant les rues Kardinala Stepinca puis Miroslava Krleže Tél. (049) 371 456 ou (049) 370 285 www.zupa-krapina.hr Ouvert pour les messes de 7h, 9h et 11h, sinon appeler ou demander la clé au gardien (maison verte à gauche de l'entrée principale)*

À l'ouest de Krapina

Si vous comptez découvrir le Zagorje occidental en transports en commun, sachez que les cars en provenance de Zagreb et de Krapina sont peu fréquents et qu'il vaut mieux privilégier les sites principaux (Veliki Tabor et Kumrovec). Si vous êtes motorisé, vous pourrez faire le circuit suivant en une journée à partir de Krapina ou de Zagreb, mais une journée supplémentaire vous permettra de mieux profiter de la campagne et de rencontrer ses habitants.

Église de la Visitation / Sv. Marija od Pohoda Cernée de murailles au sommet d'une colline, l'église baroque de la Visitation (1657) jouit d'une vue somptueuse sur le vignoble du Zagorje. Même si sa nef a perdu beaucoup de son lustre, cette église de pèlerinage ne manque pas de charme. ***Vinagora** (21km à l'ouest de Krapina, dir. Pregrada puis à gauche dir. Miljana et Desinić, enfin à Vinagorski Trg, suivre à droite les indications pour Vinagora) Cars en provenance de Zagreb et Krapina (arrêts à Pregrada) Tél. (049) 343 012*

☆ **Château de Veliki Tabor / Dvor Veliki Tabor** Édifié au XVIe siècle par les comtes Ratkaj sur les vestiges d'une forteresse du XIIe siècle, le château de Veliki Tabor est l'un des fleurons de l'architecture défensive d'inspiration italienne adoptée par les Croates à la Renaissance. Son imposante structure pentagonale, renforcée par des tours rondes et pansues, est juchée sur une colline visible à plusieurs kilomètres à la ronde. De loin, l'impression de puissance est saisissante, et l'intérieur a été remarquablement restauré. Après avoir admiré la cour triangulaire et ses deux galeries à arcades Renaissance, vous pourrez visiter certaines salles du château, sa chapelle, ses belles caves voûtées et son donjon, où une exposition retrace l'histoire des lieux. Une légende romantique s'attache à Veliki Tabor. On raconte qu'au XVe siècle le comte Friedrich Celjski, fils du maître de céans, s'éprit de la ravissante Veronika, paysanne du village voisin de Desinić. Honteuse idylle pour une famille de si haut lignage ! Face à l'entêtement des amoureux, on s'empressa d'éloigner le jeune homme et de noyer cette “sorcière” qui lui avait tourné la tête, avant d'emmurer son cadavre dans le château. Ce serait le crâne de la malheureuse que l'on peut voir dans la chapelle baroque du château. *8km à l'ouest de Vinagora (env. 25km de Krapina) En car de Zagreb et de Krapina* *jusqu'à Desinić, puis 30min (2km) à pied Tél. (049) 374 970 www.veliki-tabor.hr Ouvert mars, oct. : mar.-ven. 9h-16h, sam.-dim. 9h-17h ; avr., sept. : mar.-ven. 9h-17h, sam.-dim. 9h-19h ; nov.-fév. : mar.-dim. 9h-16h (dernière entrée 1h avant fermeture) Tarif 20kn, réduit 10kn*

Miljana À deux pas de la frontière slovène, ce magnifique château du XVIIe siècle, à la façade organisée en arcades, abrite de splendides fresques rococos d'Antun Lerchinger (1720-1787). Il est malheureusement fermé au public. *7km au sud-ouest de Veliki Tabor Tél. (049) 552 333*

Kumrovec C'est dans ce petit village que naquit en 1892 un certain Josip Broz, plus connu sous le pseudonyme de **Tito** (p.22). Si le père du socialisme autogestionnaire yougoslave a fait la célébrité de Kumrovec, on s'y rend désormais pour découvrir le passionnant **écomusée** du Vieux Village. L'ensemble se compose d'une trentaine de maisons, de fermes et de granges en bois, en torchis ou en brique, coiffées pour certaines d'un toit de chaume, et à l'intérieur desquelles ont été reconstituées des scènes de la vie rurale des XIXe et XXe siècles. Le jeu consiste à pousser les portes des maisons éparpillées le long de la rivière, pour explorer tour à tour les ateliers du vigneron, du forgeron et du potier, ou la demeure des jeunes mariés, et, bien sûr, la maison natale de Tito agrémentée de documents, de souvenirs et d'une statue du célèbre maréchal par Antun Augustinčić, cf. Klanjec (p.128). Une visite à faire en famille ! Vous trouverez quelques cafés et restaurants à Kumrovec. *10km à l'est de Miljana (cars de Zagreb)* **Écomusée / Muzej Staro Selo** *Kumrovec bb Tél. (049) 225 830 www.mdc.hr Ouvert avr.-sept. : tlj. 9h-19h ; oct.-mars : tlj. 9h-16h Tarif 20kn, réduit 10kn*

☆ **Klanjec** Voilà encore un village qui a vu le nom de certains de ses enfants passer à la postérité. Le premier, **Antun Mihanović** (1796-1861), dont la statue se dresse sur la grand-place, est l'un des plus éminents poètes croates et l'auteur de l'hymne national. Le second est le sculpteur **Antun Augustinčić** (1900-1979), élève d'Ivan Meštrović et de Robert Frangeš Mihanović. Une **galerie** (Galerija Antuna Augustinčića), à l'entrée de Klanjec, présente des œuvres de jeunesse et des sculptures monumentales de l'artiste, telle la statue équestre *La paix*, dont l'original trône depuis 1954 devant le siège des Nations unies à New York. Le village est dominé par l'imposante silhouette du monastère franciscain, édifié au XVIIe siècle à l'initiative du comte Nikola Erdödy. Les deux splendides sarcophages en étain doré et argenté que l'on peut admirer dans une salle voûtée, sous le complexe, auraient abrité les dépouilles des comtes Emerik et Sigismund Erdödy (XVIIe s.). Visite sur demande auprès du gardien. *À 6km de Kumrovec (prendre l'embranchement à droite qui descend vers le village) Cars de Zagreb et de Krapina www.klanjec.hr* **Galerie Antun Augustinčić** *Trg Antuna Mihanovića 10 Tél. (049) 550 343 www.mdc.hr Ouvert avr.-sept. : tlj. 9h-17h ; oct.-mars : mar.-dim. 9h-15h Tarif 20kn, réduit 10kn*

S'offrir une cure thermale

Krapinske Toplice Les sources de Krapinske Toplice (39°-41°C), riches en calcium et en magnésium, ont donné naissance à l'une des stations thermales

les plus connues du Zagorje occidental. Complexe médical et base de loisirs avec 11 piscines, dont 4 découvertes. Vous pouvez séjourner à l'**hôtel-villa Magdalena** (chambre double env. 500kn : jacuzzi dans la chambre, usage illimité du sauna et du centre de remise en forme, etc.). *10km au sud-ouest de Krapina par l'autoroute dir. Zagreb, sortie Začretje (cars de Zagreb et Krapina)* **Office de tourisme** *Zagrebačka 4 Tél. (049) 232 106 www.tz-krapinsketoplice.hr* **Villa Magdalena** *Mirna ulica 1 Tél. (049) 233 333 www.villa-magdalena.net*

Au nord de Krapina

Lepoglava Tristement célèbre pour abriter la plus grande prison de Croatie, cette bourgade mérite une halte sur la route de Trakošćan, pour son monastère paulinien du XVe siècle, largement remanié au XVIIIe siècle, qui était inclus dans le complexe pénitentiaire jusqu'en 2001. L'**église Notre-Dame** qui en fait partie doit ses belles peintures en trompe l'œil à Ivan Ranger (1700-1753). Lepoglava est également considérée comme l'un des centres nationaux de la **dentelle** (avec les îles de Hvar et de Pag), introduite par les Pères Blancs au XVe siècle. Elle est d'ailleurs inscrite sur la liste du patrimoine immatériel de l'Humanité. À la différence du reste de l'Europe, où l'art de la dentelle était pratiqué par les religieuses ou les nobles, il était en Croatie l'apanage des femmes de la campagne. La dentelle est fêtée à la mi-septembre lors d'un grand festival, et un musée devrait bientôt voir le jour. En attendant, l'association **Ekomuzej Lepoglava** organise diverses activités : ateliers, expositions itinérantes..., et propose une exposition permanente, dans le centre culturel de la ville, doublée d'une galerie-boutique. *20km au nord-est de Krapina (cars de Zagreb et Varaždin)* **Office de tourisme** *Hrvatskih pavlina 7 Tél. (042) 494 317 www.lepoglava-info.hr* **Église Notre-Dame / Crkva Sv. Marije** *Ouvert dim. mat., sinon demander la clé dans la maison d'en face* **Ekomuzej Lepoglava** *Hrvatskih pavlina 7* **Lepoglava** *Tél. (042) 770 427 www.ekomuzej-lepoglava.hr Ouvert lun.-ven. 9h-16h30, sam. 9h-14h Entrée libre*

☆ **Château de Trakošćan / Dvor Trakošćan** Dominant un grand lac artificiel du haut de sa colline, le château de Trakošćan est l'un des plus visités du Zagorje. La forteresse d'origine fut édifiée au XIVe siècle pour défendre les terres des comtes de Celje, maîtres de la région. Au XVIe siècle, les Habsbourg en firent don aux comtes Drašković pour récompenser leurs faits d'armes face aux Ottomans. Cette famille, qui l'occupa jusqu'à la Seconde Guerre mondiale, transforma le château fort en une élégante résidence romantique au XIXe siècle, aménageant le grand parc qui s'étend en contrebas. Remarquablement bien restaurés, les trois étages ouverts à la visite permettent d'admirer une grande partie du mobilier d'origine, ainsi qu'une riche collection d'armes et d'œuvres d'art (scènes paysannes peintes par la comtesse Juliana Erdödy, collections privées des Draškovic...). En redescendant, prenez le temps d'une petite balade ou d'un pique-nique au bord du lac, sinon vous trouverez de quoi vous restaurer au Bistro Trakošćan ou à l'hôtel du même nom au pied du château. *11km au nord-est de Lepoglava et 80km au nord de Zagreb (cars de Varaždin) Tél. (042) 796 281 www.trakoscan.hr Ouvert avr.-oct. : tlj. 9h-18h ; nov.-mars : tlj. 9h-16h Tarif 30kn, réduit 15kn* **Hotel Trakošćan** *Trakošćan bb Tél. (042) 440 800 www.hotel-trakoscan.hr*

À l'est de Krapina

☆ ☺ **Église Sainte-Marie-des-Neiges / Crkva Sv. Marije Snježne** Perdu dans les contreforts des monts Ivanščica, le village de Belec est une étape pour tous les amateurs d'art sacré grâce à sa petite église de pèlerinage Sainte-Marie-des-Neiges, entourée de remparts pour se protéger des incursions ottomanes, et qui s'impose comme l'une des perles du baroque croate. Tapissée de peintures en trompe l'œil du XVIIe siècle par Ivan Ranger (1700-1753), la nef forme un espace elliptique et mouvant, dont la dynamique est renforcée par la profusion de volutes, d'angelots et de saints. En sortant, une petite balade vous mènera jusqu'à la jolie chapelle blanche Saint-Georges (Sv. Jurja), sur les hauteurs du village. ***Belec*** *(env. 30km à l'est de Krapina par la D29) Ouvert dim. matin ou joindre le père Mirko Borjan*

CARNET D'ADRESSES

Restauration, hébergement

L'infrastructure hôtelière du Zagorje occidental étant assez dispersée, mieux vaut réserver son hébergement. La gastronomie locale s'enorgueillit de quelques spécialités comme les *zagorski štrukli* (feuilletés au fromage frais) et la *pura s mlincima* (dinde rôtie accompagnée de pâtes maison).

petits prix

Restauran Neandertal Pub À quelques mètres du musée de l'Homme de Néandertal, cet agréable restaurant avec une terrasse sous les frondaisons sert des spécialités inspirées de la préhistoire locale. On peut ainsi y goûter la *Mamutova juha* (soupe au bœuf Mammouth) servie avec des nouilles maison, ou les côtelettes *Lucy* proposées avec une sauce chasseur et des gnocchis. Également des pizzas. Plats à partir de 50kn. *Šetalište Vilibalda Sluge bb* ***Krapina*** *Tél. (049) 370 066 www.neandertalpub.com*

Gostionica Pod Starim Krovovima Sur la grand-place de Krapina, une dizaine de chambres très correctes et un petit restaurant (plats simples à base de viande). Ambiance un peu triste hors saison. Comptez 80-120kn le repas. *Trg Ljudevita Gaja 15* ***Krapina*** *Tél. (049) 370 536 Ouvert tlj. 6h-22h*

☺ **Trsek** Perchée sur une éminence boisée, au-dessus du village de Desinić, cette ferme-auberge est l'endroit idéal où apprécier la vie rurale du Zagorje. Entre les travaux de la ferme et de la vigne, la famille Ptičar loue 12 petites chambres sans prétention pour 2 ou 3 pers., et propose à ses hôtes une

GAMME DE PRIX	RESTAURATION	HÉBERGEMENT
Très petits prix	moins de 75kn	moins de 300kn
Petits prix	de 75 à 120kn	de 300 à 450kn
Prix moyens	de 120 à 180kn	de 450 à 600kn
Prix élevés	de 180 à 250kn	de 600 à 1 100kn
Prix très élevés	plus de 250kn	plus de 1 100kn

bonne cuisine du terroir à partager avec une clientèle d'habitués sur d'anciens pressoirs à vin. Comptez 100kn le repas, 130kn/pers. la nuitée avec petit déj., ou 180kn/pers. en demi-pension. *Trnovec Desinićki 23* ***Desinić*** *(25km à l'ouest de Krapina, à l'entrée du bourg, sur la droite en venant de Pregrada) Cars de Zagreb et de Krapina Tél. (049) 343 464 www.trsek.hr Restaurant ouvert tlj. 10h-22h*

Grešna Gorica Ce restaurant installé dans une vieille ferme, entre Desinić et Veliki Tabor, fait souvent salle comble le dimanche. Spécialités du Zagorje à savourer sous un toit de chaume en hiver ou sur l'agréable terrasse, avec vue sur le château de Veliki Tabor, l'été. Aires de jeux et animaux en semi-liberté. Env. 100-120kn le repas. ***Desinić*** *(sur la gauche, 1,5km après Desinić, sur la route de Veliki Tabor) Tél. (049) 343 001 www.gresna-gorica.com Ouvert tlj. 9h-22h*

Villa Zelenjak-Ventek Ce grand chalet en bord de route loue 7 chambres modernes et tout confort. Cuisine traditionnelle servie dans une salle lumineuse au décor rustique. Une adresse pratique à défaut d'être incontournable. Comptez 190kn/pers. la nuit avec petit déj., 225kn en demi-pension. *Risvnica 1* ***Kumrovec*** *(4km au sud-est de Kumrovec, à la sortie du défilé de Zelenjak, et 30km au sud-ouest de Krapina) Tél. (049) 550 747 www.zelenjak.com Restaurant ouvert tlj. 8h-22h Fermé Noël, Pâques et fin juil.*

prix moyens

☺ **Vuglec Breg** Dans un village typique du Zagorje, au milieu d'un domaine viticole, cinq cottages en bois rénovés avec des matériaux traditionnels abritent une dizaine de chambres tout confort (540-1 100kn selon confort). Au restaurant avec cheminée et terrasse, sont servies de roboratives recettes traditionnelles (plats 100-150kn), tandis qu'un bar à vins permet de goûter au *Zlatni Vuglec*, un pétillant blanc produit sur place. On peut aussi jouer au tennis (50kn/h), s'adonner au mountainbike (25kn/h) ou, pour les plus jeunes, faire des balades en poney au milieu des vignes. En automne, possibilité de participer aux vendanges et aux libations qui les clôturent. *Škarićevo 151* ***Škarićevo*** *(6km au sud de Krapina) Tél. (049) 345 015 www.vuglec-breg.hr*

Agroturizam Klet Kozjak Cet imposant chalet est posé au sommet d'une colline, d'où le panorama est impressionnant. Un bon endroit pour se mettre au calme et au vert. À l'intérieur, l'ambiance est chaleureuse : tables et chaises massives, murs peints à la chaux, voûtes de briques, poutres en bois... Le restaurant accueille les amoureux de la gastronomie locale. Beau choix de viandes mijotées ou cuites au feu de bois (plateaux pour deux 160-295kn), pâtes fraiches et fromage de chèvre maison, cèpes de la forêt, mais aussi du poisson local, perche, truite, brochet. Comptez 100-150kn le repas. Également 8 chambres et 2 suites douillettes et meublées à l'ancienne dans la tradition du Zagorje (double 475kn avec petit déj.). Réservation souhaitée. Accès wifi. *Kozjak 18a* ***Sveti Križ Začretje*** *(10km au sud de Krapina) Tél. (049) 222 899 ou (049) 228 800 www.klet-kozjak.hr Ouvert ven.-sam. 8h-1h, dim.-jeu. 8h-23h*

prix élevés

☺ **Vinarija Bolfan** Les celliers Bolfan, c'est avant tout une histoire d'amour entre un homme, Tomislav Bolfan, et ses 20ha de vignes qu'il travaille en biodynamie. Au milieu du domaine trône un magnifique chalet-restaurant avec 5 chambres tout confort, et où est célébrée l'union entre la cuisine du Zagorje et les vins de Tomislav. Les trois menus gastronomiques sont liés aux saisons et élaborés avec les produits des fermes voisines. Testez ainsi la fameuse dinde désossée du Zagorje fourrée aux Mlinci avec sa sauce aux myrtilles, ou les rouleaux de veau Red Angus aux légumes et pignons, sauce aux poires, menthe, basilic et ciboulette… Comptez 120-250kn le repas (sur réservation), 600kn la chambre double avec petit déjeuner. Possibilité de balades dans les vignes à pied ou à cheval, location de VTT, dégustation de vins. *Gornjaki 56* ***Hraščina*** *(45km à l'est de Krapina) Tél. (049) 458 287 ou 095 151 5000 www.bolfanvinskivrh.hr Ouvert mer.-sam. 12h-20h, dim. 12h-18h (restaurant)*

★ VARAŽDIN

42000

Établie sur la rive droite de la Drave, 88km au nord-est de Zagreb, Varaždin (plus de 50 000 hab.) se présente fièrement comme la "capitale du baroque, de la musique et des fleurs". Un titre loin d'être usurpé, comme vous le découvrirez en flânant dans les rues piétonnes de la vieille ville, jalonnées de palais aux façades pastel et aux imposantes portes cochères. Sa cathédrale et ses églises accueillent, en automne, les concerts des Soirées baroques. Le reste de l'année, la population estudiantine insuffle sa jeunesse et sa gaieté à la ville.

UN PEU D'HISTOIRE Mentionnée pour la première fois en 1181 sous le nom de Garestin, la cité obtient du roi de Hongrie András II le statut de "ville royale libre" en 1209. Elle prend son essor au XVIe siècle, quand les Habsbourg restaurent sa citadelle pour en faire une de leurs places fortes face aux Turcs. Au XVIIe siècle, les Jésuites y érigent des églises, des couvents et des écoles. Bientôt, nobles et commerçants affluent de toutes parts et se font construire de somptueux palais baroques. En 1756, Varaždin devient même le centre administratif et politique du royaume Triunitaire. Le terrible incendie de 1776, qui réduit en cendres les deux tiers de la ville, ramène le pouvoir à Zagreb, mais Varaždin est bientôt restaurée. Aussi son harmonieux centre baroque fait-il, de nos jours, sa renommée. Dotée, notamment, d'industries textile et agro-alimentaire, Varaždin demeure l'un des pôles économiques de la région et sa vitrine culturelle.

MODE D'EMPLOI

accès

EN VOITURE

Varaždin se trouve 90km (1h) au nord de Zagreb par l'A4-E71-E65 (payante).

EN TRAIN

Liaisons régulières, mais un peu lentes, avec Zagreb, Budapest et Split. **Gare ferroviaire / Željeznički kolodvor** Dans l'est de la ville. *Kolod-*

vorska 17 / Frana Supila Tél. (042) 213 332 ou 060 333 444 (info.)

EN CAR

Nombreux cars pour Zagreb et la plupart des grandes villes de Croatie continentale. Liaisons avec Dubrovnik, Vienne, Munich, etc.

Gare routière / Autobusni kolodvor Elle se trouve dans le sud-ouest de la ville, près de l'Hotel Turist. *Zrinskih i Frankopana bb Tél. 060 333 555 www.autobusni-kolodvor.com*

orientation

Impossible de se perdre dans le centre piéton de Varaždin. Du château (Stari Grad), au nord-ouest, au parc Vatroslava Jagića, au sud-est, vos pas vous ramèneront toujours sur la place du Roi-Tomislav (Trg kralja Tomislava). Les rues Vladimira Nazora (au nord), Stanka Vraza (à l'ouest), Augusta Cesarca (au sud) et Petra Preradovića (à l'est) forment un boulevard circulaire à sens unique autour de la vieille ville.

adresses utiles

Banques et **distributeurs** sur la place du Roi-Tomislav et dans les rues piétonnes voisines. **Poste** avec service de change place de la Liberté (Trg Slobode 9). L'Internet wifi est gratuit dans le centre de la vieille ville grâce à des hotspots.

VIP centar Opérateur de téléphonie mobile offrant un accès Internet gratuit de courte durée. *Trg Kralja Tomislava 3 Tél. (042) 321 221 Ouvert lun.-ven. 9h-20h, sam. 9h-14h*

informations touristiques

Office de tourisme Installé dans la maison (Kuća) Padovec, une belle demeure du XVIIIe siècle, il propose des itinéraires (*Izleti*) très bien conçus pour visiter les environs de Varaždin. *Ivana Padovca 3 Tél. (042) 210 987 www.tourism-varazdin.hr Ouvert lun.-ven. 8h-16h, sam. 10h-13h*

marchés, fêtes et manifestations

Marché / Tržnica Chaque jour de 6h à 14h au nord-est du centre-ville, à côté de la place du Ban-Jelačić.

Marché d'artisanat traditionnel / Trg Tradicijskih obrta Modeste marché mettant à l'honneur dans de petites cabanes les productions d'artisans locaux (tissage, chapeaux, bijoux...). Pratique pour acheter des souvenirs. *Angle des rues Uršulinska et Ivana Padovca Avr.-oct. : jeu.-sam. 10h-16h*

Relève de la garde Elle s'effectue devant l'hôtel de ville (Gradska Vijećnica) en uniforme du XVIIIe siècle. *Mai-oct. : sam. 11h-12h, toutes les 10min*

Špancirfest Près de 1 600 comédiens, musiciens et acrobates d'une vingtaine de pays envahissent les rues de la ville pendant 10 jours, pour des centaines de concerts, spectacles et performances qui transforment la ville en une scène géante. *www.spancirfest.com Fin août*

Festival du film trash Chaque année débarque à Varaždin ce qui se fait de mieux en matière de cinéma indépendant à petit budget. Rencontres et projections de films de science-fiction, d'horreur ou d'arts martiaux du monde entier. Le lauréat remporte une Tronçonneuse d'or... *Centre Multiculturel Kult Anina 2 www.trash.hr Début sept.*

Soirées baroques de Varaždin / Varaždinske barokne večeri Depuis 1971, elles accueillent pendant 3 semaines les plus grands orchestres de chambre, solistes et chorales de Croatie et d'ailleurs pour des concerts organisés dans la plupart des bâtiments baroques de la ville. *Tél. (042) 311 907 www.vbv.hr Fin sept.-début oct.*

DÉCOUVRIR
Varaždin

☆ **Les essentiels** La cathédrale de l'Assomption, le cimetière **Découvrir autrement** Plongez dans une ambiance baroque en arpentant le centre piéton, assistez à un concert des Soirées baroques à l'automne (cf. Mode d'emploi)

La zone piétonne regorge d'édifices baroques aux séduisantes façades pastel. Panneaux explicatifs en anglais sur la plupart des monuments.

Autour de la place de la Liberté / Trg Slobode À l'angle des rues Augusta Cesarca et de Zagreb (Zagrebačka), au sud-ouest de la place, le palais Patačić (Patačić-Puttar) marque l'entrée sud de la vieille ville. L'imposante porte cochère de cet édifice mi-baroque mi-classique (1745) porte encore les armoiries des Patačić. De l'autre côté de la rue Augusta Cesarca, à l'est de la place, le Théâtre national (Narodno kazalište, 1873) dresse son élégante façade néo-Renaissance, dessinée par le Viennois Hermann Helmer. Au nord, difficile de manquer le beffroi (1494) de Saint-Nicolas (Crkva Sv. Nikole), église largement remaniée dans le style baroque vers 1760. De là, remontez la rue piétonne Gundulića pour rejoindre la place du Roi-Tomislav.

Place du Roi-Tomislav / Trg kralja Tomislava Centre névralgique de la ville, cette harmonieuse place piétonne est envahie par les tables des cafés aux beaux jours. L'hôtel de ville (Gradska Vijećnica) veille sur l'esplanade depuis 1573, mais sa façade et son haut clocher datent de sa restauration, en 1793. Sur le côté sud-ouest de la place, on peut admirer d'anciennes demeures de marchands telles que la maison (*kuća*) Ritz, la plus vieille de la ville (1540), et la maison Mrazović, dont la façade sur cour est ornée d'une loggia Renaissance. Le palais Drašković, sur le côté est, fut édifié vers 1750 ; sa façade rococo fut rajoutée peu après par son nouveau propriétaire, le ban de Croatie. De même, l'aile sud fut bâtie pour accueillir les sessions du Parlement de 1756 à 1776.

☆ **Cathédrale de l'Assomption / Katedrala Uznesenja Marijina** La toute première église baroque de la ville se dresse au sud-est de la place du Roi-Tomislav. Édifiée par les jésuites au XVIIe siècle et remaniée au XVIIIe siècle après être passée aux pauliniens, elle a été élevée au rang de cathédrale en 1997, lors de la création du diocèse de Varaždin. On admirera les scènes peintes par Ivan Ranger sur les stalles du chœur (1737), la débauche de colonnes torses, de peintures et de sculptures dorées du retable de l'Assomption (1737) qui orne le maître-autel, et les stucs de Quadrio (1710) dans la chapelle Saint-François-Xavier. Le monastère attenant abrite désormais une faculté. *Pavlinska 5 Ouvert tlj. 8h-10h et 17h-20h*

Place des Franciscains / Franjevački trg Elle doit son nom à son église franciscaine Saint-Jean-le-Baptiste (Franjevačka crkva sv. Ivan Krstitelj), érigée en 1650 par Peter Rabb de Graz. Surmontée d'un élégant clocher à bulbe – le plus haut de la ville (54m) –, la nef présente un beau décor baroque, notamment les stucs bleu et blanc des chapelles latérales, exécutés par Quadrio. En sortant de la cathédrale, les superstitieux pourront, selon un rituel censé porter chance, toucher le gros orteil poli de *Grégoire de Nin*, une statue monumentale de Meštrović. De l'autre côté de la place, la façade rose du palais des Comtes de Varaždin (Palača varaždinske Županije, 1769) jouxte la plus belle façade rococo de la ville. C'est celle du palais Patačić (1764).

Musée d'Entomologie / Entomološki odjel-Svijet kukaca Installé sur le côté nord-ouest de la place des Franciscains, dans le palais Herzer (1795), ce musée propose une passionnante promenade interactive dans le monde des insectes. La collection, lancée en 1954 par le professeur Franjo Koščec (1882-1968), compte aujourd'hui près de 4 500 spécimens de toutes les tailles et toutes les couleurs, superbement présentés dans des tiroirs coulissants ou des vitrines reconstituant leur habitat naturel. À découvrir en famille ! *Franjevački trg 6 Tél. (042) 213 491 www.gmv.hr Ouvert mar.-ven. 9h-17h, sam.-dim. 9h-13h Tarif 25kn, réduit 15kn*

Église des Ursulines / Uršulinska crkva En remontant Uršulinska, on ne peut manquer la gracieuse façade rose et blanc de l'église du couvent des Ursulines (1729), coiffée d'un clocher à bulbe élancé, le plus joli de la ville. L'intérieur n'est visible que lors de la messe dominicale. *Uršulinska*

Château / Stari Grad Pour rejoindre le château Renaissance, au nord-ouest du centre-ville, on franchira le pont-levis et la porte de l'ancienne tour de Garde (Kula Stražarnica, XVIe s.) pour déboucher sur la verdoyante promenade Štrossmayer (Štrossmayerovo šetalište), aménagée sur le tracé des anciens remparts. Si la forteresse remonte au XIIe siècle, elle vit ses défenses considérablement renforcées vers 1560 pour faire face à la menace ottomane. Elle accueille aujourd'hui les collections historiques du **musée municipal**, réparties autour de ses deux jolies cours pavées. La visite permet de découvrir une belle collection de mobilier allant de la Renaissance au style Sécession en passant par le rococo et le Biedermeier. *Strossmayerovo šetalište 7 Tél. (042) 658 754 Ouvert mar.-ven. 9h-17h, w.-e. 9h-13h Tarif 25kn* **Musée municipal / Gradski muzej** *Tél. (042) 658 773 www.gmv.hr Ouvert mar.-ven. 10h-17h, sam.-dim. 9h-13h*

Musée des Anges / Muzej anđela En se promenant dans les rues piétonnes, on découvrira au hasard des façades de petits anges (Andjelinjak) peints qui semblent veiller sur les visiteurs. Ces protecteurs ailés sont l'œuvre de Željko Prstec, artiste plasticien qui depuis les années 1980 a décidé de faire de Varaždin "la cité où dorment les anges". Ils ont désormais un musée dédié, lieu intime et charmant qui met à l'honneur leur créateur. *Silvija Strahimira Kranjčevića 14 Tél. 098 569 520 Ouvert lun.-ven. 10h-13h et 17h-20h, sam. 10h-14h (visite possible sur rdv en dehors de ces horaires)*

Place Miljenko-Stančić / Trg M. Stančića Le temps semble s'écouler un peu plus lentement qu'ailleurs sur cette placette pavée pleine de charme, cernée de vieilles demeures aux toits de tuiles. Derrière sa façade polychrome de style rococo, le palais Sermage (1759) abrite la **galerie des Maîtres anciens et modernes**. Logée au premier étage du palais, cette dernière présente en alternance des expositions temporaires et une partie de son fonds, qui s'enorgueillit d'une *Hélène Fourment* de Rubens et d'autres chefs-d'œuvre de la peinture européenne du XVe au XXe siècle. La **galerie Miljenko-Stančić**, au sud de la place, présente l'œuvre de ce peintre natif de Varaždin (1926-1977). **Galerie des Maîtres anciens et modernes / Galerija starih i novih majstora** *Palača Sermage Trg M. Stančića 3 Tél. (042) 214 172 www.gmv.hr Ouvert mar.-ven. 9h-17h, sam.-dim. 9h-13h Tarif 25kn, réduit 15kn* **Galerie Miljenko-Stančić** *Trg Miljenka Stančića 1 Tél. (042) 311 312 www.gcv.hr Ouvert mar.-sam. 10h-13h et 17h-20h, dim. 10h-13h*

☆ ☺ **Cimetière / Varaždinsko Groblje** Herman Haller, le paysagiste qui aménagea ce cimetière en 1905, décida d'en faire un agréable lieu de promenade, où seule la nature ferait office de décor. Le résultat est plus que convaincant ! Point de sépultures monumentales et lugubres, mais on déambule avec plaisir entre des haies de buis, des magnolias et des tombes pour la plupart si discrètes qu'il est impossible de distinguer les riches des pauvres. Même le sculpteur Frangeš Mihanović semble s'être prêté au jeu en troquant ses œuvres démesurées contre de sobres reliefs funéraires. Plan du cimetière à l'entrée. *Hallerova aleja (500m à l'ouest du centre-ville) Ouvert lever du soleil-coucher du soleil*

Où boire un café ?

Lavra Minuscule repaire d'étudiants caché dans un sous-sol, le Lavra distille, sur fond de reggae, de rap et de hip-hop, une ambiance décontractée (et souvent enfumée) propice aux rencontres. Le lieu accueille aussi des manifestations du festival du film "Trash" (p.133). *Bakaćeva / Ljudevita Gaja 17 Tél. 099 440 440 Ouvert dim.-jeu. 8h-0h, ven.-sam. 8h-2h*

Où faire une pause sucrée ?

Piece of Cake Cette lumineuse pâtisserie artisanale du centre-ville invite à déguster, à l'extérieur ou sur la grande terrasse couverte, un gâteau, un cheesecake ou une coupe glacée aux fruits de saison. Tout est bon, y compris les jus pressés, mais ne manquez pas leurs *torta*, véritables œuvres d'art. Café 7-11kn, *torta* ou cheesecake 13-14kn, jus pressé 14kn. *Kapucinski trg Tél. (042) 421 494 www.torte.hr Ouvert lun.-sam. 8h-22h, dim. 9h-21h*

Les environs de Varaždin

☆ **Les essentiels** Le village de Hlebine **Découvrir autrement** Initiez-vous dans les environs de Čakovec au patrimoine viticole de la région

Varaždinske Toplice Grand centre thermal du nord de la Croatie, cette jolie petite ville de 2 000 habitants s'accroche à une colline verdoyante. On peut profiter de ses eaux sulfureuses (58°C) dans l'immense centre de cure qui domine la ville, mais aussi visiter le site d'**Aquæ Iasæ**, son forum et ses thermes romains du IIIe siècle (Rimskodobne iskopine), au nord-est de la colline. Plus bas, adossée à l'église Saint-Martin (Crkva sv. Martina), l'élégante forteresse (Stari Grad) des XVIe-XVIIe siècles abrite l'office de tourisme. *Env. 10km au sud de Varaždin par une agréable route sinuant à travers les vignobles Cars de Varaždin* **Office de tourisme** *Trg Slobode 16 Tél. (042) 633 133 www.toplice-vz.hr Ouvert juil.-août : tlj. 8h-17h ; sept.-juin : lun.-ven. 8h-16h* **Station thermale** *Tél. (042) 630 000 www.minerva.hr Tarif piscines 35/40kn, réduit 30/35kn*

La Podravina

C'est en découvrant les plaines agricoles de la Podravina ("vallée de la Drave"), parcourues de petits ruisseaux paresseux, avec ses fermes éparses, ses troupeaux vagabonds de moutons, d'oies et de poules, que l'on comprend mieux ce qui a pu inspirer les peintres naïfs de l'école de Hlebine.

Koprivnica Derrière le complexe industriel de Podravka, la plus grande entreprise agroalimentaire de Croatie, Koprivnica (env. 32 000 hab.) cache un élégant centre piéton. Une promenade autour de la place Zrinski et de son grand parc vous permettra de découvrir quelques belles façades baroques des XVIIe et XVIIIe siècles, comme celles du monastère franciscain (franjevački samostan) ou de l'église Saint-Antoine-de-Padoue (Crkva Sv. Antuna). Le premier week-end de septembre, Koprivinica accueille un festival de la Renaissance associant des reconstitutions historiques à des spectacles de musique et de danse et à des dégustations de recettes médiévales. *Env. 50km à l'est de Varaždin (cars à partir de Varaždin)* **Office de tourisme** *Trg bana Josipa Jelačića 7 Tél. (048) 621 433 www.koprivnicatourism.com Ouvert lun.-ven. 8h-16h, sam. 8h-12h*

☆ ☺ **Hlebine** À part quelques façades bétonnées et de nombreuses maisons vides le long de la route, le berceau de l'art naïf croate ressemble à s'y méprendre aux scènes paysannes dépeintes par les précurseurs de l'école de

L'école naïve de Hlebine

C'est dans les années 1930 que, revenant dans le village de son enfance, le peintre zagrébois Krsto Hegedušić découvre les œuvres fraîches et colorées d'Ivan Generalić et de Franjo Mraz, deux jeunes paysans qui s'amusent alors à peindre sur verre des scènes rurales pour passer le temps. Il décide d'organiser aussitôt une exposition à Zagreb, et forts de son succès, les deux autodidactes fondent avec Mirko Virius l'école naïve de Hlebine. Après la Seconde Guerre mondiale, l'école continue de s'illustrer avec les œuvres de Josip Generalić (le fils d'Ivan), Ivan Vecenaj, Mijo Kovacic, Martin Mehkek, Franjo Filipovic... Aujourd'hui, la troisième génération compte près d'une centaine d'artistes, qui travaillent à Hlebine, Gola, Molve, Đurđevac ou Koprivnica. Alors si vous êtes touché par la spontanéité de cet art naïf, ne vous contentez pas de visiter la galerie officielle de Hlebine et faites le tour des ateliers : nul doute que vous y trouverez des trésors ! Ces peintres sont également exposés à Zagreb, au musée d'Art naïf (p.97).

Hlebine. Presque inattendue au centre du village, la **galerie Hlebine** présente dans un lumineux bâtiment moderne les œuvres majeures de trois générations d'artistes naïfs. Une salle est consacrée à Ivan Generalić, dont l'on admirera un splendide *Coq crucifié* et une cocasse *Tour Eiffel* plantée au milieu d'un troupeau de vaches. Vous pourrez ensuite visiter l'atelier et la **maison d'Ivan Generalić** à la sortie du village (dir. Koprivnica) ou l'une des 18 galeries et les ateliers d'art disséminés dans la région (voir la carte affichée juste en face du musée). *16km à l'ouest de Koprivnica par la route principale (dir. Đurđevac), puis route pour Hlebine indiquée à gauche (quelques cars de Koprivnica)* **Galerie d'art naïf de Hlebine** *Trg Ivana Generalića 15 Tél. (048) 836 075 www.hlebine.hr Ouvert lun.-ven. 10h-16h, sam. 10h-14h Tarif 10kn, réduit 5kn* **Maison d'Ivan Generalić** *Gajeva 75-83 Tél. (048) 836 430 Tarif 10kn, réduit 5kn*

Đurđevac Cette bourgade est dominée par un imposant château du XVIe siècle (Stari Grad). Sous les poutres apparentes du 1er étage, la **galerie de Stari Grad** dresse un excellent panorama de la peinture croate du XXe siècle. Outre quelques œuvres naïves, mentionnons les gravures de Tomislav Krizman et les portraits de Vlaho Bukovac et d'Anka Krizmanić. *Env. 25km à l'ouest de Koprivnica (train de Koprivnica)* **Office de tourisme** *V. Nazora 2 Tél. (048) 812 046* **Galerie de Stari Grad** *Starogradska 21 Tél. (048) 812 230 Ouvert lun.-ven. 9h-14h, sam. 10h-13h*

Križevci Cette cité obtint en 1252 le statut de ville royale libre et abrita, au Moyen Âge, de nombreuses réunions de nobles croates. La Ville-Haute et la Ville-Basse formèrent deux entités distinctes jusqu'au XVIIIe siècle et leur unification est fêtée, début juin, par une grande foire dans le centre, avec orchestres, troupes théâtrales... À voir, l'église de la Sainte-Croix (Sv. Križa), la plus vieille de Križevci (XIVe s.), mais plusieurs fois remaniée. Elle renferme un magnifique autel en marbre sculpté par Francesco Robba en 1756. *31km au sud-ouest de Koprivnica et 52km au sud-est de Varaždin* **Office de tourisme** *Trg Strossmayera 5 Tél. (048) 681 199 www.tz-krizevci.hr Ouvert lun.-ven. 8h-15h, sam. 8h-13h* **Musée de la Ville / Gradski muzej** *Tome Sermagea 2 Tél. (048) 682 958 Ouvert lun. et ven. 10h-13h, mar.-jeu. 10h-19h, sam.-dim. 10h-12h Tarif 10kn, réduit 5kn*

ROUTE DES VINS
On dit que ce sont les Romains qui plantèrent les premières vignes sur les douces collines de la région du **Međimurje**, près de la frontière slovène. Aujourd'hui, les domaines viticoles sont disséminés le long d'une route splendide, et on y est accueilli par les mêmes familles depuis plusieurs générations, qui produisent vins blancs et rouges (de type alsacien) issus de cépages locaux et étrangers.

Le Međimurje

Čakovec La capitale administrative du Međimurje, région qui s'étend au nord de Varaždin entre les frontières slovène et hongroise, mérite une mention rapide pour le patrimoine baroque et historiciste de son centre piéton. Sur la place principale (Trg Republike), l'étonnante façade Sécession de l'ancien casino (1904) n'est pas sans rappeler - à moindre échelle - les œuvres du Catalan Gaudí. Plus à l'ouest, au milieu d'un grand parc, se dressent les vestiges de la première forteresse édifiée pour les comtes Zrinski au XVIe siècle et l'imposante structure carrée d'un château du XVIIIe siècle (Stari Grad). À l'intérieur, le **musée du Međimurje** abrite une petite collection archéologique et ethnologique ainsi qu'une galerie d'art moderne. *15km au nord de Varaždin (cars de Varaždin)* **Office de tourisme** *Kralja Tomislava 1 Tél. (040) 313 319 www.tourism-cakovec.hr Ouvert lun.-ven. 8h-19h, sam. 8h-13h* **Musée du Međimurje / Muzej Međimurja** *Trg Republike 5 Tél. (040) 313 285 Ouvert lun.-ven. 8h-18h, sam.-dim. 10h-13h Tarif 20kn, réduit 12kn*

Où faire une dégustation de vin ?

☺ **Vinska Kuća Lovrec** Établie en pleine campagne, dans le hameau de Sveti Urban, au nord de Čakovec, la famille Lovrec est fière, à juste titre, de son domaine. Depuis plus de 100 ans, elle produit d'excellents blancs issus des cépages riesling, chardonnay, sauvignon et pinot gris. Après la visite de la cave, on s'installera sous les vieilles poutres d'une belle grange ou dans le jardin pour une dégustation dans les règles de l'art. Environ 40kn/pers, selon le nombre de vins goûtés, mais si on achète quelques bouteilles, la dégustation sera offerte. Il est préférable d'annoncer sa visite. *Sveti Urban 133* **Sveti Urban** *(20km au nord-ouest de Čakovec : route de Varaždin et de Zagreb jusqu'à Nedelišće, puis à droite dir. Trnovec - Slovénie - et, à G. Hrašcan, celle de Macinec. Suivre ensuite les indications pour Sveti Urban) Tél. (040) 830 171 http://vino-lovrec.hr Ouvert sur rendez-vous de préférence*

CARNET D'ADRESSES

Restauration, hébergement

Pour un en-cas, on pourra se satisfaire des *varaždinski klipići*, ou "doigts de Varaždin". Ces petits pains longs et salés sont vendus dans toutes les boulangeries. Plusieurs familles de Varaždin louent désormais quelques appartements et des chambres. Renseignements auprès de l'office de tourisme (www.tourism-varazdin.com).

très petits prix

Domenico Cette pizzeria nichée au fond d'une impasse doit sa réputation tant à la qualité de ses plats (copieux et bon marché) qu'à son agréable véranda donnant sur le parc Vatroslav Jagić. Comptez 50-70kn. *Trg Slobode 9* ***Varaždin*** *Tél. (042) 212 017 Ouvert lun.-jeu. 8h-23h, ven.-sam. 8h-0h*

petits prix

Verglec À deux pas du centre et du château, ce sympathique restaurant sert une cuisine variée à des prix fort abordables. Viande en sauce ou grillée, poisson (sandre à l'ail...), pâtes variées. Une bonne étape dans la chasse aux trésors de Varaždin. Plats 35-80kn. *Kranjčevićeva 12* ***Varaždin*** *Tél. (042) 211 131 http://verglec.com Ouvert lun.-jeu. 9h-23h, ven.-sam. 9h-0h, dim. 10h-23h*

prix moyens

Pansion Maltar Une trentaine d'agréables chambres mansardées et 3 appartements pour 3 ou 4 personnes dans une petite maison basse à la façade verte, à 2min au sud du centre-ville. La chaleureuse cafétéria du rez-de-chaussée est parfois un peu bruyante, mais l'établissement offre un des meilleurs rapports qualité-prix de la ville. Le prix des chambres (simple 250kn-300kn ; double 500kn) comprend un petit déjeuner excellent et copieux. *Franca Prešerna 1* ***Varaždin*** *Tél. (042) 311 100 www.maltar.hr*

Pansion-restoran Garestin Dans le même style que la pension Maltar, mais un peu plus chère et plus au sud. La chambre simple revient à 300kn, et la double est louée de 350 à 480kn, petit déjeuner compris. L'établissement abrite aussi un grand restaurant proposant de nombreux menus à prix variés (de 98 à 160kn) servis sur une agréable terrasse ombragée. *Zagrebačka 34* ***Varaždin*** *Tél. (042) 214 314*

Hotel Turist Malgré son hall d'entrée flambant neuf et la fiabilité de ses services, le Turist a conservé la triste mine des hôtels socialistes. Il loue 104 chambres et 5 appartements, à partir de 460kn pour deux, petit déj. inclus. *Aleja kralja Zvonimira 1* ***Varaždin*** *Tél. (042) 395 395 www.hotel-turist.hr*

prix élevés

Hotel Istra Même si sa classification 4-étoiles peut sembler exagérée, l'emplacement de cet établissement ancien, entièrement rénové, dans la vieille ville (piétonne) justifie qu'on y passe la nuit. Chambres sous les toits, plutôt petites mais confortables. Double de 550 à 750kn. *Kukuljevićeva 6* ***Varaždin*** *Tél. (042) 659 659 www.istra-hotel.hr*

Hotel Varaždin Situé face à la gare et donc un peu excentré, le Varaždin allie confort, accueil sympathique et gastronomie. Le restaurant où officie un jeune chef en devenir mérite à lui seul le détour : filet de dinde gratinée aux asperges, médaillons de biche aux airelles, beignet de veau au foie gras... Ses 27 chambres modernes et claires disposent quant à elles de TV satellite, wifi, et certaines d'une douche hydromassante. Double à partir de 600kn. *Kolodvorska 19* ***Varaždin*** *Tél. (042) 290 720 www.hotelvarazdin.com* ***Restaurant*** *Ouvert 10h-23h*

Dans la Podravina

Voici quelques bonnes adresses pour ceux qui souhaiteraient poursuivre le circuit vers la Slavonie, à l'est, en passant par la Podravina.

petits prix

Kraluš Depuis 1972, ce pub propose des bières maison et quelques spécialités régionales comme le fromage de vache fumé (*prga*), et la langue de bœuf bouillie (*goveđi jezik kuhani*), à goûter sur la grand-place de Koprivnica, dans un joli cadre à l'ancienne avec vitraux colorés et tables basses en bois. Comptez 70kn le repas sans la bière. *Zrinski trg 10* ***Koprivnica*** *Tél. (048) 622 302 Ouvert tlj. 8h-0h*

Podravska Klet Ce restaurant populaire de Starigrad est installé à deux pas du Turizam Tara, au sommet d'une

GAMME DE PRIX	RESTAURATION	HÉBERGEMENT
Très petits prix	moins de 75kn	moins de 300kn
Petits prix	de 75 à 120kn	de 300 à 450kn
Prix moyens	de 120 à 180kn	de 450 à 600kn
Prix élevés	de 180 à 250kn	de 600 à 1 100kn
Prix très élevés	plus de 250kn	plus de 1 100kn

colline. Il occupe une maison à toit de chaume, récente mais construite avec des matériaux traditionnels. Dans un décor de vieille grange, bonne cuisine du terroir et concerts de *tamburica* le samedi soir. Essayez le jarret de porc (*kuhani buncek*) accompagné de fromage de vache frais (*domaći sir s vrhnjem*) ou une salade de haricots noirs à l'huile de citrouille (*grah salata s bučinim uljem*). Et pour finir, ne manquez pas les excellents *štrudle* à la pomme ou à la cerise. Comptez 100-120kn le repas. *Prvomajska 46a* ***Starigrad*** *(3km au sud de Koprivnica, 57km de Varaždin) Tél. (048) 634 069 Ouvert mar.-dim. 10h-22h*

prix moyens

Hotel Podravina Hôtel un peu triste de l'époque socialiste, à prix moyen : 540kn la double avec un tout petit déjeuner. *Hrvatske državnosti 9* ***Koprivnica*** *Tél. (048) 621 025 www.hotel-podravina.hr*

☺ **Zlatne Gorice** Sur une très jolie route de crêtes entre Varaždin et Varaždinske Toplice, cette élégante villa plantée au sommet d'une colline jouit d'un panorama bucolique sur toute la région. À perte de vue, des vignes et de petits villages. Dans l'assiette, des plats traditionnels (excellentes viandes) agrémentés de vins locaux (riesling, cabernet sauvignon...). Menu 120kn. La terrasse est splendide et l'intérieur très confortable. Quant aux enfants, ils pourront s'aventurer dans un labyrinthe végétal. Bref, une étape recommandée. Également deux chambres tout confort aux étages de la villa (300kn/2 pers.). *Banjščina 104* ***Gornji Kneginec*** *(10km au sud de Varaždin dir. Varaždinske Toplic, sur la route 510 à gauche, 3km après Gornji Kneginec) Tél. (042) 666 054 www.zlatne-gorice.com*

prix élevés

Hotel Picok Comme le Podravina à Koprivnica, un établissement marqué par son passé. Il est doté d'une piscine et d'un centre de remise en forme. Comptez 800kn la double avec le petit déjeuner. *Trg Sv. Jurja 9* ***Đurđevac*** *Tél. (048) 672 200 www.hotel-picok.hr*

SAMOBOR

10430

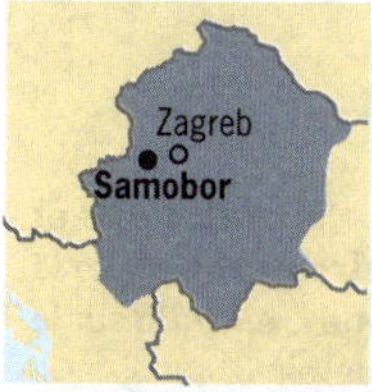

Cette petite ville nichée au pied des monts Samobor, 25km à l'ouest de la capitale, est depuis deux siècles l'une des villégiatures préférées des Zagrébois. Avec ses vieilles maisons de bois, ses églises baroques et ses petits ponts piétons jetés sur la Gradna, le centre-ville invite à la flânerie, avant ou après la dégustation de l'une des spécialités locales : le *bermet* en apéritif, les *češnjovke* (saucisses à l'ail), le salami, la *muštarda* (moutarde), et l'excellente *samoborska kremšnita*, le très fameux millefeuille local ! Ajoutez-y la proximité du parc naturel du Žumberak et des monts Samobor propices à la randonnée, et vous comprendrez pourquoi autant de citadins affluent chaque fin de semaine dans cette charmante localité.

MODE D'EMPLOI

accès

EN VOITURE

Samobor se trouve 25km à l'ouest de Zagreb par l'autoroute A3-E70 dir. Ljubljana (Slovénie), ou par la nationale, dir. Podsused.

EN CAR

La ville est desservie au moins 8 fois/j. par les cars en provenance de Zagreb.
Gare routière / Autobusni Kolodvor *Ljudevita Gaja bb (3min à pied au nord du centre- ville) Tél. (01) 33 66 634*

orientation

Le minuscule centre de Samobor s'étire à l'est de la place du Roi-Tomislav (Trg Kralja Tomislava), de part et d'autre du cours de la Gradna. Plusieurs ponts piétons permettent de passer d'une rive à l'autre.

marchés, fêtes et manifestations

Marché couvert Sous un marché couvert, des producteurs locaux proposent leurs fruits et légumes sur de petits étals de marbre. On y trouve également des artisans, des stands de viande, de poisson, et des pâtisseries moins chères que sur la grand-place. *Ulica Josipa Milakovica*

☺ **Carnaval de Samobor / Fašnik**
Le carnaval de Samobor est l'un des plus importants et le plus ancien de Croatie continentale. Depuis près de deux siècles, durant deux week-ends, les rues se remplissent de chars multicolores, des concerts sont donnés dans toute la ville, des cafés s'improvisent chez les particuliers... En bref, une énorme fête qui attire des foules euphoriques et costumées. Les héros de la fête sont le *sudac* (juge), la *sraka*, une femme-oiseau séduisante, et le *fiškal*, un personnage qui passe son temps à faire des niches aux autres. Et comme il se doit, l'effigie du prince Carnaval (*princ fašnik*) est brûlée le dernier jour. À ne pas manquer ! *www.fasnik.com Fin jan.-début fév.*

Festival d'automne de Samobor / Samoborske glazbene večeri
Musique de chambre, concerts symphoniques. *Tél. (01) 336 0112 www.samobor-festival.com Fin sept.-début oct.*

informations touristiques

Office de tourisme *Trg Kralja Tomislava 5 Tél. (01) 336 0044 www.tz-samobor.hr Ouvert lun.-ven. 8h-16h, sam.-dim. 9h-17h*

DÉCOUVRIR

☆ **Les essentiels** Le vieux centre de Samobor, avec sa place principale et la promenade Tuđman, le musée Marton **Découvrir autrement** Goûtez la moutarde et l'apéritif élaborés à Samobor, dégustez une *kremšnita* sur la grand-place, randonnez dans le parc naturel du Žumberak

Samobor

☆ **Vieux centre** Samobor doit beaucoup de son charme à la grande **place du roi-Tomislav** (Trg kralja Tomislava). Quand il fait beau, les terrasses des cafés et des salons de thé qui la bordent permettent d'admirer tranquillement ses façades baroques et ses maisons basses aux couleurs pastel. La façade Sécession de la pharmacie au n°11 est admirable. L'ensemble est dominé par l'imposant clocher à bulbe de l'**église Sainte-Anastasie** (Crkva sv. Anastazije, XVIIe s.), édifiée sur la rive sud de la Gradna. À l'est de la place, plusieurs passerelles invitent à une balade en slalom le long de la rivière. À l'ouest, un pont de bois couvert permet de rejoindre le musée de Samobor et la **promenade Franjo-Tuđman** (Šetalište Franje Tuđmana). De ces paisibles jardins, on aperçoit les vestiges de la forteresse du XIIIe siècle (Stari Grad) juchée sur une colline au sud de la ville. En longeant la rivière dans cette direction sur env. 1km, vous atteindrez **Saint-Michel** (Crkva Sv. Mihajla), adorable église gothique de la fin du XVe siècle, remaniée au XVIIIe siècle dans le style baroque. Plusieurs itinéraires sont disponibles à l'office de tourisme.

Musée de Samobor / Samoborski muzej Le musée municipal occupe une belle demeure du XVIIe siècle où vécut Ferdo Livadić (1799-1879), grand compositeur croate et partisan du Renouveau illyrien. Il retrace la longue histoire de la ville et de sa région à travers des collections minéralogique, archéologique et ethnologique. Ne manquez pas, dans le bâtiment attenant, la minutieuse reconstitution d'une maison traditionnelle. *Livadićeva 7 Tél. (01) 336 1014 www.samoborskimuzej.hr Ouvert mar.-jeu. 9h-15h, ven. 9h-19h, sam. 10h-14h, dim. 10h-17h Tarif 10kn, réduit 5kn*

☆ **Musée Marton / Muzej Marton** Le premier musée privé de Croatie (2003) présente les œuvres d'art, les meubles, les porcelaines, l'argenterie et la verrerie des XVIIIe et XIXe siècles rassemblés par Veljko Marton, un ancien joueur de tennis professionnel reconverti dans les affaires et devenu un riche citoyen de Samobor. La collection compte 2 000 objets, dont des porcelaines de la manufacture royale de Sèvres et des manufactures impériales de Vienne et Saint-Pétersbourg, d'un grand raffinement et d'une valeur parfois inestimable. *Jurjevska 7 Tél. (01) 367 0600 www.muzej-marton.hr Ouvert sam.-dim. 10h-13h et 15h-18h Tarif 20kn, réduit 10kn*

Où acheter de la moutarde et du *bermet* ?

Obitelj Filipec Depuis plus de 200 ans, la famille Filipec fabrique de la moutarde (*muštarda*) de Samobor et du *bermet*, seul apéritif authentiquement régional, deux recettes dont elle détient le secret. Si la première doit beaucoup à la moutarde qu'importèrent en Croatie les grognards de Napoléon, le *bermet* est une véritable spécialité locale. Il s'agit d'un vin cuit aromatique qui doit son amertume à l'absinthe. Les deux produits sont en vente dans une minuscule boutique, d'où vous pourrez apercevoir les fûts dans la petite cave familiale. Comptez 90kn la bouteille de *bermet* et 40kn le pot de moutarde. *Stražnička 1a (dans une ruelle à gauche de l'office de tourisme) Tél. (01) 336 4835 www.bermetfilipec.hr Ouvert lun.-ven. 8h-16h, sam. 8h-14h (si fermé, sonner à la porte d'à côté)*

Où s'offrir du cristal ?

Kristal Samobor L'industrie de la verrerie, lancée à Samobor au milieu du XIXe siècle, fut relayée dans les années 1950 par la production, plus lucrative, de cristal. La cristallerie de Samobor, associée à la grande entreprise slovène de Rogaška, est installée à la sortie ouest de la ville. Vous pourrez acheter de la vaisselle et des objets décoratifs au magasin attenant. Tâchez de profiter des soldes de printemps et d'automne : ils ne durent qu'un week-end, mais permettent de bénéficier de remises substantielles sur certains articles. On peut aussi visiter l'usine sur rendez-vous et suivre ainsi toutes les étapes d'une production entièrement automatisée. *Magasin Kristal Tuk Milana Langa 63 (à 1km du centre-ville par la rue Starogradska dir. Jastrebarsko en voiture, ou par la promenade Šetalište Franje Trudmana qui longe la rivière à pied) Tél. (01) 336 7101 www.crystal-shop.com Ouvert lun.-ven. 8h-20h, sam. 9h-15h*

Où faire une pause sucrée ?

U Prolazu C'est dans ce modeste café-pâtisserie de la grand-place de Samobor que vous dégusterez la meilleure *kremšnita*, sorte de millefeuille riche en crème, qui participe à la renommée de la ville. Terrasse aux beaux jours. *Trg Kralja Tomislava 5 Tél. (01) 336 6420 Ouvert tlj. 7h-23h*

Piquer une tête

Centre aquatique Vugrinšćak / Bazeni Vugrinšćak À l'extrémité sud de la promenade Franjo-Tuđman, en contrebas du vieux château (Starigrad), deux piscines, l'une grande et l'autre plus petite, ont été creusées au bord de la rivière, et des transats sous parasols et des pelouses accueillantes dispensent un peu de fraîcheur lors des grandes chaleurs. *Vugrinšćak 4 Tél. (01) 333 6330 Ouvert haute saison : lun.-ven. 15h-19h30, sam.-dim. 10h-19h30 Tarif 20kn*

Les environs de Samobor

Le parc naturel du Žumberak et des monts Samobor

Le Park prirode Žumberak-Samoborsko gorje s'étend sur 333km² et protège depuis 1999 les monts Samobor et la chaîne du Žumberak, qui s'étendent en parallèle à l'ouest de Samobor. Hêtraies, pâturages, vignobles, vergers et petits villages tranquilles... La variété des paysages de ces deux massifs vallonnés et leur faible altitude (180m-1 178m) attirent les randonneurs de toute la région. De nombreux itinéraires balisés ont été tracés dans le parc pour permettre aussi bien de courtes balades que des trecks de plusieurs jours avec hébergement en refuge. Pour en savoir plus, rendez-vous au **centre d'information** du parc, installé dans le village de Slani Dol, 10km à l'ouest de Samobor. Outre un petit écomusée, vous y trouverez des interlocuteurs compétents et une documentation fournie. Procurez-vous notamment la carte au 1/50 000 qui recense tous les sentiers et refuges – si vous ne l'avez pas déjà achetée à l'office de tourisme de Samobor ou de Zagreb. Enfin, ceux que la marche ne tente guère pourront faire le tour des caves viticoles disséminées sur le flanc méridional du Žumberak. Liste complète des producteurs à l'office de tourisme de Jastrebarsko, gros bourg viticole établi au pied du massif. **Centre d'information de Slani Dol** *Slani Dol 1* **Slani Dol** *(env. 9km à l'ouest de Samobor, dir. Jastrebarsko, puis tourner à droite juste avant l'église Saint-Michel - Crkva Sv. Mihajla - et suivre les indications. Le centre d'information du parc est perché sur une colline au-dessus de Slani Dol. Pas d'accès par les transports en commun, mais le centre peut organiser un trans-*

fert payant en minibus) Tél. (01) 332 7660 www.park-zumberak.hr Ouvert lun.-ven. 8h-16h Entrée écomusée libre **Office de tourisme de Jastrebarsko** *Vlatko Macek 1* **Jastrebarsko** *(25km au sud-ouest de Samobor ; liaison en car avec Samobor et Zagreb) Tél. (01) 627 2940 www.tzgj.hr Ouvert tlj. 9h-14h*

Randonner

Sentier pédagogique d'Otruševec Au départ de l'auberge Kod Špilje (p.147), ce parcours balisé permet d'embrasser en une boucle d'un peu plus d'une heure la richesse des paysages de la région de Samobor : sous-bois, champs, vignes, point de vue sur la plaine jusqu'à Zagreb, ainsi que de curieux "trous d'air" dans le sol, où l'on peut sentir un souffle frais jaillir des profondeurs à travers de minuscules fissures. Et pour clore cet itinéraire, ne ratez pas l'étonnante grotte Grgos. *5km au nord-ouest de Samobor*

Au sud

Ozalj Voilà une petite ville de province dont le nom évoque à de nombreux Croates l'effervescence littéraire des XVIe, XVIIe et XVIIIe siècles. C'est là, en effet, que sous l'impulsion des comtes Zrinski et Frankopan, des intellectuels et des artistes décidèrent de se réunir et de publier des textes et des dictionnaires afin de promouvoir l'unification du croate basé sur le dialecte kajkavien. Ce fameux cercle littéraire d'Ozalj œuvrait surtout au **château** perché sur un éperon rocheux au-dessus des paisibles eaux vertes de la Kupa. Dans cette forteresse médiévale, plusieurs fois reconstruite jusqu'au XVIIIe siècle, vous découvrirez un musée consacré aux familles nobles qui occupèrent successivement les lieux, et des documents relatifs à l'humanisme et au nationalisme culturel croates, le tout avec de bonnes explications en anglais. Du haut des remparts, vous apercevrez à l'est l'étonnante centrale hydroélectrique de style néo-Renaissance (Munjara) édifiée sur la Kupa en 1907-1908. *45km au sud-ouest de Samobor, 65km de Zagreb* **Château / Stari Grad** *Tél. (047) 731 170 Ouvert lun.-ven. 8h-15h, sam.-dim. 11h-17h (des travaux en cours peuvent perturber les horaires d'ouverture) Tarif 20kn, réduit 10kn*

Karlovac À la croisée des nationales et de l'autoroute Zagreb-Rijeka, Karlovac (60 000 hab.) constitue l'un des plus gros nœuds de communications du pays

Turanj, banlieue martyre de Karlovac

Dès le XVIe siècle, la place forte de Turanj, au-dessus de la rivière Korana, a servi de sentinelle armée à la ville de Karlovac. Durant la guerre de 1991 à 1995, la forteresse fut le théâtre de nombreux combats, comme en témoignent les impacts sur les vieux bâtiments. Pour commémorer cette histoire, la ville de Karlovac envisage d'y construire un musée. En attendant, on peut déambuler sur le site au milieu d'avions, de tanks et de canons. Le contraste avec les édifices austro-hongrois en ruine est saisissant. *Au sud-est de la ville, juste avant de franchir la Korana en venant de Slunj* et une pause agréable entre Zagreb et les lacs de Plitvice. Si vous comptez y faire étape, sachez que Karlovac fut au XVIe siècle l'une des places fortes de la région. Seul subsiste le tracé en étoile des anciens remparts, sur lesquels ont été aménagés des jardins. La partie la plus agréable est la promenade plantée Tuđman (Tuđmana šetalište), bordée de belles maisons à encorbellement du XVIIIe siècle et de nombreux cafés avec terrasses sous les arbres. À la sortie ouest de la ville (1,5km), on pourra grimper jusqu'au château de Dubovac (Stari Grad Dubovac) pour profiter d'une vue panoramique sur la ville. Juché sur sa colline depuis le XIIIe siècle et remanié au XIXe, il a conservé ses trois puissantes tours rondes et son donjon carré. Enfin, pour une pause-détente, rejoignez la rive verdoyante de la Korana au sud-est de la ville. Aux beaux jours, vous pourrez même plonger dans la rivière. *45km au sud de Samobor, 55km de Zagreb* **Office de tourisme** *Ulica Petra Zrinskog 3 Tél. (047) 615 115 www.karlovac-touristinfo.hr Ouvert été : lun.-ven. 8h-15h et 17h-20h, sam. 9h-13h et 17h-20h ; hiver : lun.-ven. 8h-15h, sam. 9h-12h*

CARNET D'ADRESSES

Restauration

petits prix

Samoborska pivnica Il manquait un restaurant à l'hôtel Livadić (p.147). Ouvert en 2012 juste à l'arrière de l'établissement et tenu par la même famille, il propose une cuisine régionale (pieds de cochon, veau sous la cendre...), dans une grande salle voûtée aux murs blanchis à la chaux. On peut même prendre son petit déjeuner sur la terrasse. *Šmidhenova 3* ***Samobor*** *Tél. (01) 33 79 924 Ouvert lun.-ven. 9h-23h, sam.-dim. 9h-0h*

prix moyens

Pri Staroj Vuri Installée sur une hauteur boisée au sud du centre-ville, cette belle demeure baroque abrite l'un des restaurants de viande les plus réputés de Samobor, même si la qualité des plats est parfois inégale. Sur la terrasse ombragée ou dans la salle décorée de pendules anciennes, on savoure le fameux *teleća koljenica*, jarret de veau fondant à souhait, une spécialité de la maison. Plats 55-85kn, repas complet env. 120-140kn. *Giznik 2* ***Samobor*** *Tél. (01) 336 0548 Ouvert lun. et mer.-sam. 11h-23h, dim. 10h-18h*

Gabreku 1929 Depuis 1929 comme son nom l'indique, on sert chez Gabrek une cuisine soignée qui porte haut les richesses gastronomiques de la région. Soupe aux champignons mémorable, sanglier aux canneberges, jarret de veau ou foie braisé : la qualité est dans l'assiette et la clientèle

GAMME DE PRIX	RESTAURATION	HÉBERGEMENT
Très petits prix	moins de 75kn	moins de 300kn
Petits prix	de 75 à 120kn	de 300 à 450kn
Prix moyens	de 120 à 180kn	de 450 à 600kn
Prix élevés	de 180 à 250kn	de 600 à 1 100kn
Prix très élevés	plus de 250kn	plus de 1 100kn

au rendez-vous. Mieux vaut donc réserver. Plats 38-150 Kn, repas env. 150kn. *Starogradska 46* ***Samobor*** *Tél. (01) 336 0722 ou (098) 204 034 Ouvert tlj. 12h-0h*

☺ **Kod Špilje** Excellente cuisine traditionnelle faite de produits issus à 80% de la ferme des propriétaires (canards, oies, chapons, ainsi que les fruits et légumes qui les accompagnent). En entrée, foie gras, omelette au sang de chapon, champignons variés ; en plats de résistance, des volailles maison aux pâtes fraîches, aux châtaignes... Menus 100kn-150kn. Face au restaurant, la grotte Grgos, inventée par le patron en 1973 et visitable sur demande, ravira les enfants. **Otruševec** *(5km au nord-ouest de Samobor) Tél. (01) 337 5888 Ouvert mar.-ven. 10h-23h, sam. 10h-21h*

Hébergement

auberge de jeunesse

Hostel Samobor Pour les jeunes et/ou les petits budgets qui viennent de Zagreb ou d'ailleurs explorer les beautés de Samobor et de sa région, cette auberge de jeunesse installée dans une grande maison à quelques pas de la rivière est un point de chute très correct et abordable. Elle dispose de 82 lits en chambres de 2, 4, 6 ou 10 places. Wifi, machine à laver, billard et vélos gratuits pour les hôtes. Comptez 130kn/pers. et par nuit. *Obrtnička 34* ***Samobor*** *Tél. (01) 337 4107 www.hostel-samobor.hr*

petits prix

Lavica Dans les années 1920, cette belle bâtisse était déjà le but de villégiature de jeunes Zagrébois qui s'y retrouvaient pour festoyer, jouer de la musique ou des pièces de théâtre. Ce vénérable hôtel jouit d'une situation bucolique, au bord de la rivière et face au musée de la ville. Avec ses meubles patinés et ses affiches anciennes, la cave voûtée du restaurant rajoute au charme de l'endroit. Chambres doubles assez spartiates, à 300kn. Repas environ 120-150kn. *Ferde Livadića 5* ***Samobor*** *Tél. (01) 336 8000 www.lavica-hotel.hr Ouvert tlj. 7h-23h*

prix moyens

☺ **Livadić** Un hôtel de charme et une... pâtisserie dans une ravissante maison du début du XIXe siècle, voilà qui pourrait bien vous donner envie de passer la nuit à Samobor ! Parmi les 21 chambres meublées de bric et de broc, nous vous recommandons la 3, la 4 et la 5, qui disposent d'une petite terrasse. Une atmosphère délicieusement baroque règne sur les petites salles voûtées de la **pâtisserie-salon de thé** du rdc. Un cadre idéal pour savourer les traditionnels *kremšnite* et autres gâteaux à la crème. Terrasse sur la place principale. Double de 480 à 530kn. *Trg Kralja Tomislava 1* ***Samobor*** *Tél. (01) 336 5850 www.hotel-livadic.hr* **Pâtisserie** *Ouvert tlj. 8h-23h*

☆ ☺ PARC NATUREL DU LONJSKO POLJE

44000

Classé parc naturel en 1990, le Lonjsko Polje (Park prirode Lonjsko polje) s'étend à l'est de la Save, d'Ivanić Grad à la frontière bosnienne. Il constitue une vaste surface inondable, l'une des plus grandes d'Europe (50 650ha), les crues aléatoires de la Lonja, de la Save, de la Kupa, de l'Una et de la Strug la submergeant six mois par an. On y recense près de 240 espèces d'oiseaux sédentaires et migrateurs (canards, spatules blanches, hérons, aigrettes et pygargues), mais ce sont les cigognes qui font la notoriété du parc. En mars-avril, elles arrivent d'Afrique et nichent sur les toits des villages pour ne repartir qu'à la fin du mois d'août. Au-delà de ses ressources naturelles, le Lonjsko Polje, l'un de nos coups de cœur en Croatie continentale, mérite le détour pour la beauté de son architecture traditionnelle. La plupart des villages établis aux abords des marais ont conservé de robustes maisons en bois, vieilles pour certaines de plus de 150 ans et généralement construites sur deux ou trois étages pour parer aux inondations.

MODE D'EMPLOI

accès

EN VOITURE

Pour découvrir le parc naturel du Lonjsko Polje, la cité industrielle peu attrayante de **Sisak** (85km au sud-est de Zagreb par l'autoroute A3-E70 jusqu'à Popovača, puis la 36 jusqu'à Potok et la 3206) peut servir de point de chute. De là, on empruntera, vers l'est, la petite route qui sinue entre villages et marécages sur une digue, pas toujours asphaltée, de près de 70km. Un itinéraire qui s'étire jusqu'au village de Jasenovac, également accessible de l'est par l'autoroute A3-E70 (sortie Novska). Quel que soit votre point d'arrivée, sachez que vous ne trouverez pas de stations-service sur la route du Lonjsko Polje. Veillez à ne pas quitter les axes balisés, car il reste plusieurs zones minées, notamment autour de Jasenovac.

EN TRAIN

Une quinzaine de liaisons par jour entre Zagreb et Sisak.

Gare ferroviaire La gare de Sisak se trouve au nord du centre-ville. *Trg Republike 1* ***Sisak*** *Tél. (044) 524 724*

EN CAR

Nombreuses liaisons avec les villages environnants et Zagreb. Le seul moyen pour se rendre en car dans le Lonjsko Polje est de rejoindre le village de Čigoć (2 AR/j.)

Gare routière À côté de la gare ferroviaire. *Frankopanska 3* ***Sisak*** *Tél. 060 330 660*

informations touristiques

Centre d'information de Krapje Dol *55km au sud-est de Sisak Tél. (044) 672 080 www.pp-lonjsko-polje.hr Ouvert avr.-sept. : tlj. 8h-16h*

Centre d'information de Čigoć *Čigoč 26 28km au sud-est de Sisak Tél. (044) 715 115 www.pp-lonjsko-polje.hr Ouvert tlj. 9h-17h (sur demande toute l'année)*

Office de tourisme de Sisak Dans le bâtiment de Mali Kaptol, sur la rive de la Kupa. *Rimska bb Tél. (044) 522 655 www.sisakturist.com Ouvert lun.-ven. 7h30-15h30*

adresses utiles

À Sisak, **banques** et **distributeurs** uniquement dans les rues Stjepana i Antuna Radića et Tomislavova, et **poste** au 29 de la rue Stjepana i Antuna Radića.

fêtes et manifestations

Tournoi de chevalerie de Sisak / Sisački viteški turnir Tournoi en costume médiéval. Le vainqueur reçoit le titre de chevalier de la citadelle de Sisak. *3e sam. de juin*

Nuit celtique / Keltska noć Ce spectacle son et lumière sur la Kupa met en scène les fondateurs légendaires de Sisak (fées, druides et guerriers celtes face aux Romains). *1er sam. de sept.*

DÉCOUVRIR

☆**Les essentiels** Le parc naturel du Lonjsko Polje, avec ses villages, sa faune et sa flore, l'église de la Sainte-Croix et la forteresse médiévale de Sisak **Découvrir autrement** En été, cherchez les cigognes dans le village de Čigoć

Le parc naturel du Lonjsko Polje

Prévoyez de consacrer une bonne journée à la découverte du parc si vous comptez vous arrêter quand bon vous semble au bord des marais et dans les villages voisins, faire le tour de leurs maisons en bois et un brin de causette avec leurs habitants, ou peut-être tout simplement parce que le temps semble s'écouler là plus lentement qu'ailleurs. Nous ne mentionnons que quelques-uns des villages du parc, mais sachez qu'il y en a près d'une dizaine, disséminés le long de la route principale (les deux centres d'information délivrent des plans du parc, cf. Mode d'emploi). Le printemps est la meilleure saison pour visiter le Lonjsko Polje, quand la végétation s'épanouit et qu'arrivent les oiseaux migrateurs. *www.pp-lonjsko-polje.hr Droit d'entrée 40kn, réduit 35kn*

ČIGOĆ ET SES CIGOGNES

Le petit village de **Čigoć**, qui abrite le centre d'information du parc, n'a usurpé ni son nom ni son titre de capitale européenne de la cigogne ! Il abrite à la belle saison près d'une quarantaine de couples de ces migrateurs. Les énormes nids qui coiffent ses maisons en bois ont parfois plus de 50 ans et pèsent en moyenne 700kg. *28km au sud-est de Sisak*

Krapje Ce village possède les plus belles maisons de bois du Lonjsko Polje, ce qui lui a valu le titre de "village du patrimoine architectural" en 1995. À la sortie du village, sur la route de Jasenovac, une bifurcation sur la gauche vous mènera au centre d'information de Krapje Dol. Vous y obtiendrez de nombreux renseignements sur les maisons en bois mais aussi sur l'oiseau emblématique du parc : la spatule blanche (*Platalea leucorodia*). *55km au sud-est de Sisak*

Mémorial de Jasenovac / Spomen područje Jasenovac Pendant la Seconde Guerre mondiale, le village le plus oriental du Lonjsko Polje abrita le plus grand camp de concentration du pays. Une énorme tulipe de béton a été érigée à la mémoire des nombreux Juifs, Tziganes, Serbes et résistants croates déportés dans ce camp par les Oustachis. Au moins 70 000 personnes y auraient trouvé la mort. *70km au sud-est de Sisak Ouvert lun.-ven. 9h-17h, sam.-dim. 10h-16h Entrée libre*

Les environs du parc

Sisak

Le seul charme de cette ville de 50 000 habitants tient à ses nombreuses terrasses de café. Bercé par le murmure de l'eau et la douceur des soirs d'été, on en viendrait presque à oublier que sa position stratégique au confluent de la Kupa, de la Save et de l'Oder a pu faire le malheur de la ville autant que sa fortune. Fortifiée par les Celtes, puis conquise par les Romains, elle devint un important port fluvial et la capitale de la province romaine de Pannonie supérieure avant d'être mise à sac par les Huns au Ve siècle. Sisak se rendit à nouveau célèbre en opposant, en 1593, une résistance victorieuse et décisive aux Turcs. La visite du centre-ville ne vous retiendra pas longtemps. Vous pourrez longer la rive orientale de la Kupa jusqu'au Vieux Pont (Stari most), construit en 1936. À côté somnole Veliki Kaptol, un théâtre désaffecté à la façade classique décatie (XVIIIe s). De là, traversez la rue pour rejoindre l'☆ **église de la Sainte-Croix** (Crkva sv. Križa, XVIIIe s.), de style baroque, qui renferme deux statues en marbre dues à Francesco Robba (1698-1757). Devant gisent quelques vestiges de la muraille de la Siscia romaine (Ier s.).

Musée municipal / Gradski muzej Pour en savoir plus sur l'histoire de Sisak, rendez-vous au musée municipal, rue Tomislavova. Il comprend une intéressante section archéologique et numismatique (monnaie, bas-reliefs, stèles funéraires, poteries et bijoux du néolithique au XIe s.), une section historique (artisanat, mobilier, objets usuels et documents) et une section beaux-arts (essentiellement du XXe s.). *Tomislavova 10 Tél. (044) 811 811 www.muzej-sisak.hr Ouvert avr.-sept. : mar.-ven. 10h-18h, sam.-dim. 9h-12h ; oct.-mars : mar.-ven. 7h30-15h30, sam.-dim. sur rdv Tarif 15kn, réduit 7kn*

☆ **Forteresse / Stari Grad** C'est à la sortie sud de la ville, entre la Kupa et la Save, que s'élève la vieille forteresse de Sisak. Récemment restaurée, l'imposante structure triangulaire, surmontée d'une galerie en bois et cantonnée de tours rondes, fut édifiée au XVIe siècle pour défendre les "restes des restes de la Croatie" face aux Ottomans. Elle abrite un intéressant musée d'histoire. La balade du centre de Sisak jusqu'au château fort vous fera longer la paisible rive boisée de la Kupa (env. 30min aller). Vous trouverez de quoi vous rafraîchir et vous restaurer dans le restaurant attenant au château. *Accès en voiture par la rue Tome Bakača Ouvert juin-sept. : mar.-ven. 10h-18h, sam.-dim. 10h-20h Tarif 10kn, réduit 7kn*

Où savourer une pâtisserie ?

Mali Kaptol Cette auberge installée depuis le XVIIIe siècle au bord de la Kupa, face à une vieille grue de levage, rappelle que Sisak a longtemps vécu du trafic fluvial. Installez-vous sur la paisible terrasse ombragée ou réfugiez-vous dans le salon de thé cosy pour déguster une pâtisserie, ou une part de pizza. *Rimska bb (dans le même édifice que l'office de tourisme) Tél. (044) 521 232 Ouvert tlj. 7h-22h30*

Dans la Banovina

La Banovina était le nom donné à une province du royaume de Yougoslavie entre 1939 et 1941, constituée d'une grande partie de la Croatie, avec Zagreb comme capitale. Aujourd'hui, on désigne par ce nom la région délimitée par les rivières Save, Kupa et Una, qui a particulièrement souffert pendant la guerre des années 1990.

Topusko Les sources chaudes de cette station thermale de la vallée de la Glina sont fréquentées depuis l'époque romaine. Au début du XIIIe siècle, des moines venus de Clairvaux y fondèrent une grande abbaye cistercienne, dont subsistent le portail et quelques autres vestiges. Topusko devint célèbre dans la seconde moitié du XIXe siècle quand l'empereur François-Joseph et l'aristocratie européenne allèrent y prendre les eaux. Le complexe thermal abrite de nos jours 5 piscines couvertes ou de plein air, un centre médical et une base de loisirs, un hôtel, un restaurant, plusieurs bars et toutes les commodités. Ses environs se prêtent à la randonnée et aux sports de montagne. *46km au sud-ouest de Sisak* **Office de tourisme** *Trg J. bana Jelačića 4 Tél. (044) 885 203 www.turizam-topusko.com* **Thermes / Lječilište** *Trg bana J. Jelačića 16 Tél. (044) 886 666 www.ljeciliste-topusko.com*

CARNET D'ADRESSES

Restauration, hébergement

Les infrastructures touristiques se sont développées ces dernières années dans et autour du parc. Encouragés par les autorités de la réserve naturelle, les habitants ont retapé leurs vieilles maisons de bois pour pouvoir louer une ou plusieurs chambres aux visiteurs. Aujourd'hui, le parc dispose d'une bonne capacité d'hébergement et de restauration. La station biologique et les centres d'information du parc se feront un plaisir de vous renseigner, cf. informations touristiques (p.148).

petits prix

Tradicije Čigoć Cette charmante maison d'hôtes de style rustique est idéalement située, au cœur du parc, dans le village typique de Čigoć, au milieu des cigognes. Si la déco et l'ameublement privilégient l'ancien, le confort est pourtant sans faille (clim., TV, accès Internet). Au restaurant, plats traditionnels du bassin de la Save, notamment à base de poisson pêché dans la région (menus de 45 à 100kn). Location de vélos. Double à partir de 300kn, petit déjeuner gargantuesque pour 30kn/pers. Accueil adorable. Également un minicamping de 10 emplacements. *Čigoć 7a* ***Čigoć*** *Tél. (044) 715 124 ou 099 264 4555 www.tradicije-cigoc.hr*

Restoran Cocktail Revenus d'Italie où ils ont été formé, les frères Kramarić (Sanjin et Goran) ont ouvert ce restaurant au cœur de Sisak. Au menu, une cuisine gastronomique mêlant avec bonheur influences croates (polenta blanche, spécialité de la Moslavina) et italiennes revisitées. Grande terrasse ouverte en été. Menus de 85 à 120kn, belle carte des vins. *Dr. Starčevića 27* ***Sisak*** *Tél. (044) 549 137 www.cocktail.hr Ouvert lun.-ven. 10h-22h, dim. 12h-17h*

prix moyens

Hotel Panonija Cet austère édifice de béton est l'un des rares hôtels de la région. Trente chambres et 2 appartements. Comptez 380kn la simple et 560kn la double. Restaurant au rdc. *Ivana Kukuljevića Sakcinskog 21* ***Sisak*** *Tél. (044) 515 600 www.hotel-panonija.hr*

GEOREGION

LA SLAVONIE

V

HONGRIE
DRAVA
PODRAVINA
34
Donji Miholjac
34
517
Slatina
49
Valpovo
34
Voćin
Čačinci
53
Bizovac
Bizovačke Toplice-Aquapolis
Đurđenovac
Koška
2
Orahovica
Duzluk
2
PARC NATUREL DES MONTS PAPUK
Našice
VUKA
Velika
KRNDIJA
Kaptol
Kutjevo
53
7
49
Trenkovo
515
Požega
51
38
SLAVONIE
38
Đakovo
38
53
St. Petrovo Selo
Vprolje
ZAGREB
Sibinj
Slavonski Brod
D. Andrijevci
A3
Luzani
Oriovac
V. Kopanica
Bos. Brod
Davor
Bos. Šamac
Derventa
Osijek
Zagreb
Rijeka
BOSNIE-HERZÉGOVINE
Zadar
Gradačac
Split
Dubrovnik

Zmavejac
Suza
BARANJA
DANUBE
212
Sombor
Beli Manastir
Karanac
Kneževi Vinogradi
Tikveški dvorak
Apatin
PARC NATUREL DU KOPAČKI RIT
SERBIE
Darda
DRAVA
Bilje
Kopačevo
Osijek
Aljmas
Erdut
213
Dalj
2
519
Trpinja
518
Borovo
Vukovar
Vučedol
Nuštar
DANUBE
Ovčara
Sotin
Ivankovo
Vinkovci
46
St. Mikanovci
2
Ilok
Lovas
St. Jankovci
57
55
Cerna
46
Tovarnik
BOSUT
57
Komletinci
Lipovac
Županja
A3
BELGRADE
Bošnjaci
Spačva
214
Gunja
SAVA
Brčko
N
10 km

Slave, Drave et Danube délimitent la Slavonie, au cœur du bassin pannonien. Cette région excentrée, coincée entre Hongrie, Serbie et Bosnie-Herzégovine, est constituée de vastes plaines agricoles parsemées de gros villages et de quelques villes plus importantes, dont la capitale, Osijek. Sa situation géographique en a fait l'un des principaux théâtres des combats qui ont déchiré l'ancienne Yougoslavie dans les années 1990. Mais aujourd'hui, les stigmates du conflit sont de moins en moins visibles, et la Slavonie s'est ouverte au tourisme. À Osijek, on peut ainsi découvrir la forteresse, un ensemble baroque unique en Croatie, et admirer les remarquables façades Sécession d'Europska Avenija, tandis qu'à la porte de la ville, le parc naturel Kopački rit nous introduit dans un exceptionnel milieu alluvial, où les terres ennoyées se découvrent en bateau, au milieu des cigognes noires et autres grandes spatules blanches... Si Vukovar, à la frontière de la Serbie, s'efforce toujours de masquer les terribles blessures qui ont éventré ses rues, Đakovo, au sud-ouest, s'abrite paisiblement à l'ombre des deux clochers de sa voyante cathédrale. Plus à l'ouest, Požega, l'"Athènes slavonne", avec sa discrète église Saint-Laurent règne sur la viticole *Vallis aurea* (Vallée d'or).

OSIJEK

31000

Important nœud de communications du nord-est de la Croatie, la capitale administrative de la Slavonie (85 000 hab., quatrième ville du pays, 110 000 dans l'agglomération) n'en reste pas moins à l'écart des grands axes touristiques. Cette ville industrielle établie sur le cours de la Drave, à moins d'une trentaine de kilomètres des frontières serbe et hongroise, fut assiégée pendant neuf mois par les Serbes en 1991-1992. Elle a pansé ses plaies depuis, et il serait dommage de bouder sa visite, car Osijek recèle quelques bijoux architecturaux et constitue une base pratique pour la découverte du splendide parc naturel du Kopački rit.

UNE VILLE CONVOITÉE Grâce à sa position stratégique sur la Drave, 25km en amont du confluent de la rivière et du Danube, l'ex-colonie romaine de Mursa devient un port fluvial prospère au Moyen Âge. En 1526, elle tombe aux mains des Ottomans. Ces derniers la fortifient et en font un centre administratif, militaire et commerçant, avant d'être chassés par les Autrichiens en 1687. Pour asseoir leur pouvoir, les Habsbourg font construire au XVIIIe siècle une formidable citadelle défendue par des remparts en étoile, la fameuse Tvrđa. Parallèlement, les quartiers résidentiels de Donji Grad et de Gornji Grad se développent à l'est et à l'ouest de la place forte. Au XIXe siècle, ses industries (filatures de soie, huilerie, brasserie) font d'Osijek l'une des villes les plus prospères de Croatie et, à la charnière des XIXe et XXe siècles, elle se pare des somptueuses façades de styles historiciste et Sécession. En 1991, la chute de Vukovar, à l'est, ouvre la voie aux troupes de Milošević. Les Serbes s'installent sur la rive gauche de la Drave en septembre et bombardent Osijek jusqu'au cessez-le-feu de mai 1992. Même si une grande partie de sa population serbe, pour la plupart des membres de l'armée yougoslave et leurs familles, s'est exilée depuis, Osijek a recouvré sa réputation de ville multiculturelle et tolérante.

MODE D'EMPLOI

accès

EN AVION

Aéroport / Zračna luka Osijek Cet aéroport accueille des vols directs en provenance de Zagreb, Dubrovnik et Split (Croatia Airlines), ou Bâle-Mulhouse (WizzAir). Un service de bus et des taxis le relie à la ville. *Klisa (20km au sud-est d'Osijek, sur la route de Vukovar) Tél. (031) 284 611 www.osijek-airport.hr*

EN VOITURE

De Zagreb (280km, 3h), suivez l'A3 jusqu'à Selna, puis la route de Kuševac et Đakovo. De Varaždin (338km, 3h30), prenez l'A4 en direction de Zagreb, puis l'A3. Pour gagner le parc du Kopački rit à partir d'Osijek, suivez la route de Beli Manastir jusqu'à Bilje (9km au nord-est), puis celle de Kopačevo (4km à l'est).

EN CAR

Nombreux cars en provenance de Zagreb et de Varaždin, Vukovar, Đakovo, Slavonski Brod, etc. Liaisons régulières avec la côte (Split, Šibenik, Dubrovnik, Zadar) et les pays voisins (Autriche, Hongrie). Pour le parc du Kopački rit, cars jusqu'à Bilje seulement, puis 4km à pied jusqu'au bureau d'accueil de Kopačevo.

Gare routière / Autobusni kolodvor (plan 4, B2) *Trg L. Ružičke 2*

EN TRAIN

La gare d'Osijek, au sud du centre-ville, est desservie plusieurs fois/j. par des trains en provenance de Zagreb (3h de trajet). Également des trains pour Rijeka, Koprivnica, Đakovo et Slavonski Brod.

Gare ferroviaire / Željeznički kolodvor (plan 4, A2) *Trg L. Ružičke 2*

orientation

Osijek s'étire sur la rive droite (sud) de la Drave. Le centre névralgique et commercial de **Gornji Grad**, la Ville-Haute, n'est pas perché sur une colline comme on pourrait le croire, mais simplement

Tableau kilométrique

	Osijek	Požega	Našice	Slavonski B.	Varaždin	Vukovar
Požega	100					
Našice	50	50				
Slavonski B.	90	45	50			
Varaždin	340	230	190	250		
Vukovar	40	135	85	105	355	
Zagreb	280	175	230	190	90	295

situé "en amont sur la rivière". À l'est s'étendent la **Tvrđa**, ancien quartier militaire de la citadelle, et le quartier résidentiel de **Donji Grad**, la Ville-Basse. Pour rallier la Tvrđa à partir de Gornji Grad (1,5km), on pourra suivre, à l'aller, l'élégante avenue de l'Europe (Europska avenija), et, au retour, l'agréable promenade du Cardinal-Franjo-Šeper (Šetalište Kardinala Franje Šepera), le long de la Drave.

circuler

TRAMWAYS

GPP Les tramways de la ville sont utiles pour gagner la citadelle Tvrđa (ligne 1) ou les gares (ligne 2). Fonctionnent de 5h à 0h, 24h/24 le week-end. Plan disponible à l'office de tourisme. *Tél. (031) 228 300 www.gpp-osijek.com*

TAXIS

Student Taxi *Tél. (031) 200 100*

LOCATION DE VÉLOS

Cetratour *Ivana Gundulića 61a Tél. (031) 372 920 www.cetratour.hr*

Bilje plus *Biljske satnije ZNG RH 5* **Bilje** *(7km au nord d'Osijek) Tél. (031) 750 264 info@biljeplus.hr*

informations touristiques

Office de tourisme d'Osijek (plan 4, A1) *Županijska 2 Tél. (031) 203 755 www.tzosijek.hr Ouvert juil.-oct. : lun.-ven. 8h-20h, sam. 8h-12h ; nov.-juin : lun.-ven. 8h-16h, sam. 8h-12h*

Centre d'informations de Tvrđa (plan 4, C1) *Trg Sv. Trojstva 5 Tél. (031) 210 120*

Office de tourisme de Bilje *Kralja Zvonimira 10 (7km au nord-est d'Osijek) Tél. (031) 751 480 www.tzo-bilje.hr*

Centre d'accueil du parc naturel du Kopački rit *Ritska Ulica bb* **Kopačevo** *Tél. (031) 445 445 ou (031) 752 320 http://pp-kopacki-rit.hr Ouvert tlj. 8h-19h*

adresses utiles

Vous trouverez des **banques** équipées de distributeurs dans la Ville-Haute (Gornji Grad), autour de la place Ante-Starčević (Trg Ante Starčevića), et la **poste principale** dans le grand bâtiment Sécession dressé à l'angle des artères Europska Avenija et K. A. Stepinca 17

consignes de sécurité

Les plaines marécageuses qui s'étendent au nord d'Osijek ne sont pas encore entièrement déminées. Les zones à risque sont souvent signalées par un panneau, mais évitez de vous aventurer hors des routes balisées et dans les maisons en ruine.

marchés, fêtes et manifestations

Marché / Tržnica (plan 4, A2-B2) *Trg Lj. Gaja 5 www.trznica.hr Mar.-dim. 7h-14h*

Festival de musique *tamburica* traditionnelle / Festival hrvatske tamburaške glazbe *Tél. (031) 283 253 http://htso.hr 10 jours en mai (rens. à l'office de tourisme)*

Nuits d'été d'Osijek / Osječke ljetne noći Programmation régulière de concerts et de pièces de théâtre. *Juin-août (rens. à l'OT)*

Festival culturel d'été d'Osijek / Osječke ljeto kulture *http://ljetokulture.osijek.hr 15 jours fin juin-début juillet*

Festival de la jeunesse d'Osijek / Osječke ljeto mladih *2 sem. mi-juin*

DÉCOUVRIR
Osijek

☆ **Les essentiels** L'avenue de l'Europe, la Tvrđa, le musée de Slavonie
Découvrir autrement Profitez pendant les chaleurs de l'été de la base de loisirs de Copacabana

Gornji Grad, la Ville-Haute

Le développement économique et culturel de Gornji Grad au tournant des XIXe et XXe siècles a laissé un remarquable patrimoine architectural historiciste et Sécession. Les façades les plus impressionnantes s'élèvent sur l'avenue de l'Europe (Europska Avenija), à l'est, mais de belles surprises vous attendent aussi aux abords de la grand-place, Trg Ante Starčevića, et dans les deux artères principales, Županijska et Kapucinska.

Église Saint-Pierre-Saint-Paul / Crkva Sv. Petra i Pavla (plan 4, A1) Les habitants d'Osijek considèrent l'église paroissiale de la Ville-Haute comme leur cathédrale. Il faut dire que sa silhouette néogothique en impose ! Bâti à l'angle sud-ouest de la place principale de 1894 à 1898, ce sanctuaire en brique rouge, bardé de contreforts, hérissé de pinacles et de gargouilles, est coiffé d'une flèche de 90m. Même impression de démesure dans la nef et les bas-côtés, ornés de fresques et de vitraux multicolores. *Ouvert lun. 13h-19h, mar.-dim. 7h-19h*

Théâtre national croate / Hrvatsko narodno kazalište (plan 4, A1) Gravement endommagé par les bombardements en 1991, cet harmonieux édifice néoclassique de 1866 a été restauré à l'identique. On remarquera sur la façade quelques éléments néomauresques, tels les arcs en fer à cheval du premier étage. La salle de spectacles mérite aussi le coup d'œil, avec ses trois étages de petites loges aux balcons stuqués. *Županijska 9 Tél. (031) 220 700 www.hnk-osijek.hr Ouvert lors des représentations ou sur demande auprès du gardien*

☆ ☺ **Avenue de l'Europe / Europska Avenija (plan 4, A1-C2)** Nulle part en Croatie vous ne verrez un aussi bel ensemble Sécession que sur cette longue et majestueuse avenue qui relie la citadelle (Tvrđa) à la Ville-Haute. La façade la plus élégante, avec ses lignes convexes et concaves, est celle du **cinéma Urania** (plan 4, A1), édifié en 1912 sur un petit square, à l'angle nord-ouest de l'avenue. En continuant sur le même trottoir, vous découvrirez un remarquable ensemble de **demeures bourgeoises** (n°10 à n°20), précédées de jardinets et de grilles en fer forgé dont les motifs géométriques ou floraux se répètent inlassablement sur les portes et balcons des façades. Admirez la belle frise en céramique bleu et vert du n°16, et la façade de stucs ocre et beige du n°20, soutenus par de sensuels atlantes couverts de lierre. Par comparaison, le **bâtiment de la poste** (1912), sur le trottoir d'en face, à l'angle de la rue du Cardinal-Stepinac, paraît bien massif et austère.

Galerie des Beaux-Arts / Galerija likovnih umjetnosti (plan 4, A1) Ce musée fondé en 1954 consacre d'excellentes rétrospectives et expositions temporaires à la peinture croate des XIXe et XXe siècles. À découvrir dans une élégante demeure néo-Renaissance (1897). *Europska Avenija 9 Tél. (031) 251 280 www.gluo.hr Ouvert juil.-août : lun.-mer. et ven. 8h-16h, jeu. 8h-20h ; sept.-juin : mar.-mer. et ven. 10h-18h, jeu. 10h-20h, sam.-dim. 10h-13h Tarif 15kn, réduit 10kn*

☆ La Tvrđa

Édifiée de 1709 à 1721 sur les plans de l'architecte autrichien Maximilien Gosseau d'Heneff, la **citadelle** d'Osijek (plan 4, C1) constitue le plus bel ensemble civil et militaire baroque de Croatie. Ses remparts en étoile ont été démantelés en 1922 pour laisser place à de vastes espaces verts, prolongeant le parc du Roi-Tomislav à l'ouest (Perivoj kralja Tomislava). De même, des quatre portes percées dans les murailles, seule la porte d'Eau (Vodena vrata), au nord-est, est encore debout. La plupart des palais de la citadelle sont occupés de nos jours par des lycées et des facultés, d'où cette animation perpétuelle qui donne à la **place de la Sainte-Trinité** (Trg Sv. Trojstva) des airs de vaste cour de récréation. Cette ancienne place d'armes constitue un ensemble des plus harmonieux avec le palais du Généralat (autrefois le siège du commandement militaire des Confins de Slavonie), de 1726, au nord, le poste de garde (1728), qui abrite désormais un musée archéologique, à l'ouest et, à l'est, la maison du magistrat municipal (1702), actuel musée de Slavonie. Au milieu de la place se dresse la gracieuse colonne votive érigée en 1729 par la veuve du général Petraš à la mémoire des victimes de la peste. À l'ouest de la place, impossible de manquer les deux énormes bulbes argentés de l'**église Saint-Michel** (Crkva Sv. Mihaela), édifiée au XVIIIe siècle sur les ruines de la mosquée Kasim-Pacha et entièrement restaurée depuis la guerre d'indépendance. Plus discrète, à l'est de la place Vatroslav Lisinski, l'**église franciscaine de la Sainte-Croix** (Crkva Sv. Križa, XVIIIe s.) fut elle aussi élevée sur les restes d'une mosquée. Intérieur baroque sans grande surprise.

☆ Musée de Slavonie / Muzej Slavonije (plan 4, C1) Installé dans deux palais baroques – l'ancien palais de la Magistrature (Zgrada gradskog magistrata) et celui de la garde municipale –, le musée de Slavonie est l'un des plus anciens (1877) et des plus riches de Croatie, avec plus de 500 000 objets. Ses collections paléontologiques, archéologiques, numismatiques, historiques et ethnographiques – dont de magnifiques costumes traditionnels –, sont présentées par roulement. Depuis la fin de la guerre, ses conservateurs ont entrepris un travail de fourmis qui, espérons-le, finira par porter ses fruits. *Trg Sv. Trojstva 6 Tél. (031) 250 731 www.mso.hr Ouvert mar.-sam. 10h-18h Tarif 20kn, réduit 10kn*

Musée archéologique / Arheološki muzej (plan 4, C1) Le département archéologique du musée de Slavonie est installé dans l'ancien poste de garde municipal, de l'autre côté de la place de la Sainte-Trinité, à la diagonale du bâtiment principal du musée La collection, qui s'étend du néolithique à la période médiévale, comprend notamment stèles, statues et autres vestiges de

Plan 4 Osijek

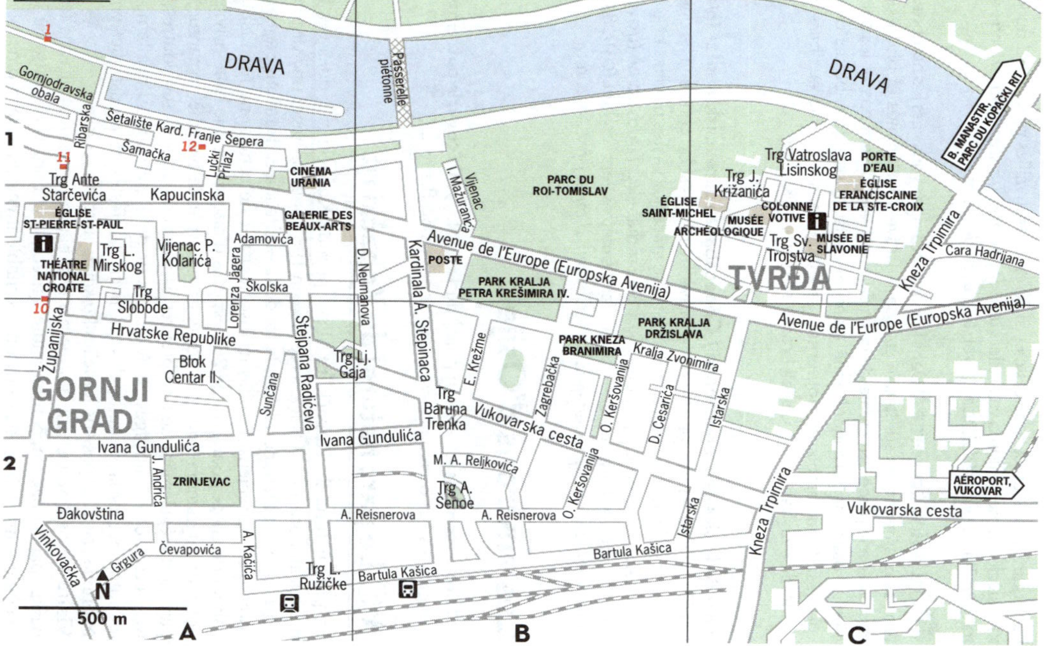

Restauration ■ 1

Galija p.163 ____ 1 A1

Hébergement ■ 10 à 12

Hotel Central p.165 ____ 11 A1

Hotel Osijek p.165 ____ 12 A1

Waldinger p.165 ____ 10 A1-A2

l'antique Mursa, un casque celte et différentes trouvailles remontant du ve au XIVe siècle (armes, bijoux, vaisselle, etc.). *Trg Svetog Trojstva 2 Ouvert mar.-sam. 10h-18h Tarif 20kn, réduit 10kn (avec le musée de Slavonie)*

Où boire un verre ? Dans la journée, dirigez-vous vers les nombreuses terrasses aménagées sur la rive sud de la Drave. Plus animés et plus jeunes, les bars de la place principale de la Tvrđa ne désemplissent pas, et les soirées bien arrosées se terminent généralement dans les quelques boîtes de nuit voisines. Bonne ambiance nocturne également dans les nombreux bars de la rue Radićeva. Sachez qu'Osijek brasse sa bière, l'Osječko.

Piquer une tête

Base de loisirs de Copacabana / Copacabana rekreacijski centar (plan 4, C1) C'est là, sur la rive gauche de la Drave, au nord-est du centre-ville, que les habitants d'Osijek viennent se rafraîchir l'été grâce aux vastes piscines et grands toboggans de ce parc aquatique. Tarif 8kn, réduit 5kn. *Tvrđavica bb (traverser le pont piéton et faire quelques centaines de mètres vers l'est) Tél. (031) 285 500 Ouvert mi-juin-mi-sept. : lun.-jeu. 10h-20h, ven.-dim. et j. fér. 9h-20h*

Les environs d'Osijek

☆ **Les essentiels** Le parc naturel du Kopački rit **Découvrir autrement** Reposez-vous ou amusez-vous aux thermes de Bizovac

★ ☺ Le parc naturel du Kopački rit

Le parc naturel du Kopački rit (Park prirode Kopački rit), quelques kilomètres au nord-est d'Osijek, a été créé en 1967 pour protéger une vaste zone entre Drave et Danube. L'abondance de sa végétation et de sa faune aquatique (poissons, batraciens, reptiles et insectes) fait de cette zone inondable un habitat de choix pour près de 260 espèces d'oiseaux et une halte privilégiée pour les migrateurs (cigogne noire, grande spatule blanche, pygargue). Le parc abrite également de nombreuses espèces de mammifères (loutres, castors, cerfs, chats sauvages...). À découvrir de préférence au printemps ou à l'automne, les lacs étant gelés en hiver et infestés de moustiques en été. N'oubliez surtout pas vos jumelles ! *14km au nord-est d'Osijek*

Visite Le parc se visitant uniquement en bateau ou en 4x4, il vous faudra passer par Kopačevo, communauté agricole à majorité hongroise où la vie s'écoule à un rythme paisible, une véritable invitation à la promenade. Le **bureau d'accueil** du parc est installé dans le centre du village, à l'orée du parc. Il occupe plusieurs maisons sur pilotis, couvertes, pour certaines, d'un toit de chaume et accueille un écomusée et une cafétéria. Vous pouvez aussi vous contenter de suivre la digue qui mène à **Tikveš**. Il existe plusieurs formules de visite, en bateau, en barque ou en petit train, incluant le château de Tikveš (tarif 80-120kn, réduit 60-85kn). Une excursion en barque vous mènera plus loin, jusqu'au grand **lac Kopačko** (Kopačko jezero). Malheureusement, cette croisière n'est pas proposée les jours d'affluence. Des sorties ornithologiques à la journée sont aussi organisées moyennant 150kn/h.

Bureau d'accueil du parc *Ritska Ulica bb Tél. (031) 445 445 ou (031) 752 320 http://pp-kopacki-rit.hr Ouvert tlj. 9h-17h*

Château de Tikveš / Tikveški dvorac Ce pavillon de chasse des Habsbourg (XIXe s.) fut par la suite utilisé par Tito. Avec ses dépendances, il a été restauré depuis la guerre d'Indépendance pour accueillir un Centre européen pour l'environnement doublé d'une station de recherche biologique, ainsi qu'un restaurant et un petit hôtel. La route qui relie Kopačevo à Tikveš suit une digue au milieu des marécages et permet d'observer tout à loisir les oiseaux. *12km au nord-est de Kopačevo Visite incluse dans les excursions du parc*

À l'ouest d'Osijek

Našice Cette bourgade, située sur la route nationale nord, peut constituer une agréable étape pour les automobilistes qui se rendent à Varaždin. L'occasion d'admirer Saint-Antoine de Padoue, très belle église gothique réaménagée en style baroque, ou faire une promenade dans le parc romantique qui s'étend en contrebas du **château des Comtes Pejačević** (1811). Vous pourrez découvrir les intérieurs de cette élégante demeure en visitant le **musée régional** de Našice. Collections artistiques et ethnographiques. *50km au sud-ouest d'Osijek*
Musée régional de Našice / Zavičajni muzej Našice *Trg dr. Franje Tudjmana 5 Tél. (031) 613 414 www.zmn.hr Ouvert lun. et ven. 8h-15h, mar.-jeu. 8h-18h, sam. 9h-12h Tarif 15kn, réduit 10kn*

LA SLAVONIE

Faire du toboggan aquatique

Bizovačke Toplice-Aquapolis Les vertus curatives des eaux de Bizovac (96°C) ont donné naissance à ce gigantesque complexe thermal doté de deux hôtels, d'un hôpital et d'un centre de loisirs, dont les enfants adoreront les piscines couvertes et leurs toboggans en spirale. Leurs parents préféreront sans doute profiter des eaux sulfureuses (bienfaisantes, malgré leur odeur et leur couleur peu engageantes) dans les bassins découverts. *Sunčana 39* **Bizovac** *(20km au nord-ouest d'Osijek par la nationale jusqu'à Bizovac, puis suivre sur quelques centaines de mètres la dir. Novaki/Martinci. Cars réguliers à partir d'Osijek) Tél. (031) 685 100 www.bizovacke-toplice.hr Ouvert dim.-jeu. 8h-20h, ven.-sam. 8h-20h et 21h-0h Tarif Aquapolis 50kn, réduit 30kn*

CARNET D'ADRESSES

Restauration, hébergement

Dans la plupart des restaurants d'Osijek et de la région, vous pourrez goûter les poissons d'eau douce du Kopački rit. Citons le brochet (*štuka*), le silure (*som*), la carpe (*šaran*) et la perche (*smuđ*), grillés, fumés ou pochés, tel le *fiš paprikaš* (ou *riblji paprikaš*), une sorte de bouillabaisse réalisée à base de ces poissons.

petits prix

Galija (plan 4, A1 n°1) Amarrée à la rive sud de la Drave, dans le centre d'Osijek, cette péniche offre un cadre des plus plaisants pour profiter de plats de poissons d'eau douce (45-75kn), de risottos (40-45kn, ou de spécialités tex-mex (50-55kn). Bon rapport qualité-prix. *Gornjodravska obala bb* ***Osijek*** *Tél. (031) 283 500 Ouvert tlj. 11h-23h*

Baranjska kuća Une adresse fascinante, où l'on chérit les recettes d'antan (c'est ici qu'est née la *kulen*, célèbre saucisse sèche épicée) et où on les perpétue : poisson d'eau douce en panure, grillé ou en ragoût (45-65kn), grillades de viande (35-154kn), charcuteries (essayez le plateau Baranja, composé de *kulen*, jambon fumé, lardons, *čvrarci* et saucissons du pays, 100kn/2 pers.), escargots à la baranja et leur sauce aux orties (50kn). Ne manquez pas les desserts régionaux, tous très bons (10-15kn) et le vin du pays pour orchestrer le tout. À 10min à pied du restaurant, 7 belles chambres tout confort, pour 185kn/pers. avec petit déj., wifi gratuite. Animaux acceptés. Il est conseillé de réserver. *Kolodvorska 99* ***Karanac*** *(30km au nord d'Osijek) Tél. (031) 720 180 ou 098 652 900 www.baranjska-kuca.com Ouvert lun.-jeu. 11h-22h, ven.-sam. 11h-1h, dim. 11h-17h*

Piros Čizma À quelques encablures du Danube, au milieu des vignobles, ce restaurant-gîte constitue une adresse réputée dans la région. À l'intérieur, la décoration rustique procure une sensation de chaleur, qui s'exprime aussi dans les bons plats du terroir : en cuisine, Laura et Marija concoctent des délices comme la roulade de sandre et ses légumes (70kn), le *perkelt* de poissons (60kn), le, gibier dans sa sauce piquante aux fruits des bois (70kn) ou le *čobanac* (ragoût) de gibiers (50kn). Et en dessert, une *štrudla* au fromage et griottes (15kn). Vins au verre 4,50-5,50kn. Les 25 chambres, confortables et bien agencées, donnent sur une jolie coursive intérieure. Double 250-480kn avec petit déj., wifi. Animaux de compagnie acceptés. *Ulica Maršala Tita 101* ***Suza*** *(31km au nord d'Osijek) Tél. (031) 733 806 Ouvert ven.-sam. 7h-0h, dim.-jeu. 7h-0h*

Restoran Vinarija Josić Dans le village de Zmajevac, de petites maisons en brique et bois sont alignées au bord d'une route menant à un vignoble : vous êtes devant le restaurant des celliers Josić, une famille de viticulteurs passionnés. À l'intérieur, dans un coin de la grande salle voutée, des marmites bouillonnent en attendant les heureux élus au festin, qui pourront savourer l'un des meilleurs *fiš paprikaš* du pays (bouillabaisse slavonienne, 54-62kn), ainsi que des *perkelt* de canard, de silure ou encore de brochet (62kn). Pour les vins, laissez-vous guider par vos hôtes... Dégustation, visite des caves et vente de vins en bouteille (50-375kn). Vendredi et samedi soir, concerts à ne pas rater. *Planina 194* ***Zmajevac*** *(34km au nord d'Osijek) Tél. (031) 734 410 ou 099 736 5945 www.josic.hr Ouvert mar.-jeu., dim. et j. fér. 13h-22h, ven.-sam. 13h-0h*

prix moyens

Kormoran Installé dans une grande ferme, au cœur du parc de Kopački rit, le Kormoran se révèle une destination assez touristique. Aux beaux jours, une agréable terrasse surplombe un jardin où paissent des moutons et des chèvres. À la carte, du poisson, mais aussi du gibier (*divljač*) : sanglier (*divlja svinja*) et cerf (*jelen*), selon le tableau de chasse. Min. 80-100kn/pers. ***Podunavlje*** *(du centre d'information du parc, à Kopačevo, suivre la digue dir. Tikveš sur 3km) Tél. (031) 753 099 Ouvert lun.-sam. 11h-22h, dim. 10h-22h*

LA SLAVONIE

Hotel Central (plan 4, A1 n°11) Édifié en 1889 sur la place principale d'Osijek, l'Hotel Central a beaucoup perdu de sa superbe. Si sa façade et son grand café viennois ont encore un peu de lustre, le hall est tristounet, et l'escalier monumental mène à des chambres vieillottes, à l'équipement parfois défectueux. Simple 340kn, double 520kn. *Trg Ante Starčevića 6b* ***Osijek*** *Tél. (031) 283 399 www.hotel-central-os.hr*

prix élevés

Hotel Osijek (plan 4, A1 n°12) Cette haute tour de béton dressée en plein centre de la ville, au bord de la Drave, n'est, de prime abord, guère engageante, pourtant les chambres (140, plus 7 suites) sont grandes et confortables avec, pour certaines, une vue superbe sur la rivière, dont bénéficie aussi le spa aménagé au dernier étage. Double à partir de 720kn. *Šamačka 4* ***Osijek*** *Tél. (031) 230 333 www.hotelosijek.hr*

Waldinger (plan 4, A1-A2 n°10) Derrière la splendide façade Sécession de cette ancienne fabrique de machines à coudre (1885) se cachent une pension, un hôtel, une excellente pâtisserie et un restaurant. La première propose des chambres claires et impeccables dans une maisonnette avec jardin (à partir de 650kn la double). L'hôtel s'adresse surtout aux hommes d'affaires : doubles et suites luxueuses avec jacuzzi au-dessus de la pâtisserie (de 1 200kn à 2 000kn). Dans les deux cas, la réservation est vivement recommandée. *Županijska 8* ***Osijek*** *Tél. (031) 250 450 www.waldinger.hr*

VUKOVAR

32000

Frontalière de la Serbie, dont elle est séparée par le cours du Danube, Vukovar est tristement célèbre pour avoir subi l'un des sièges les plus terribles des guerres qui ont ensanglanté l'ex-Yougoslavie au début des années 1990. La ville martyre s'est lentement relevée du chaos ; la vie y a repris son cours, mais certaines cicatrices demeurent douloureuses.

VUKOVAR, AVANT LA GUERRE D'INDÉPENDANCE Ce port installé au confluent de la Vuka et du Danube et doté d'un joli centre baroque se voit propulser au-devant de la scène économique par le régime socialiste. L'immense complexe Borovo (qui a donné son nom à toute la banlieue industrielle qui s'étend au nord de la ville) est spécialisé dans le caoutchouc (pneus et chaussures), tandis que Vuteks s'impose dans le textile et Vupik dans l'agroalimentaire. À la fin des années 1980, Vukovar compte près de 45 000 habitants, dont 44% de Croates et 37% de Serbes vivant en bonne entente. C'est l'une des villes les plus prospères de Yougoslavie.

LE SIÈGE DE 1991 Les revendications d'indépendance de la Croatie, au début de 1991, font monter la tension entre les Serbes et les Croates de la région. Les premiers affrontements armés à Vukovar éclatent en avril dans le quartier serbe de Borovo-Selo, où les partisans de la Yougoslavie, retranchés derrière des barricades, essuient un tir d'obus des nationalistes croates. Les Serbes répliquent au mois de mai en assassinant 12 policiers croates. Entre-temps, les chars et les blindés de la JNA (armée fédérale yougoslave) ont envahi la région et, en août, Vukovar se retrouve encerclée. Les deux tiers de ses habitants fuient les premiers bombardements et ne restent que les militaires et les volontaires déterminés à résister. À partir de septembre, l'aviation et l'artillerie de la JNA pilonnent la ville, et Vukovar devient le symbole de la résistance croate. C'est aussi la ville la plus bombardée d'Europe depuis la Seconde Guerre mondiale. Les assiégés finissent par capituler, le 18 novembre 1991, faute de munitions. On compte près de 1 700 morts et autant de blessés, et la ville est réduite à des décombres. Les jours suivants, nombre de civils et les 420 blessés entassés dans l'hôpital, dont la Croix-Rouge avait obtenu l'évacuation, sont emmenés par les Serbes. Certains seront internés dans des camps en Serbie, mais la plupart d'entre eux sont torturés et froidement exécutés à quelques kilomètres de Vukovar : 200 corps ont ainsi été identifiés sur le charnier d'Ovčara.

VUKOVAR AUJOURD'HUI Depuis le retour de Vukovar sous contrôle croate, en 1998, les citadins qui s'étaient exilés reviennent au compte-gouttes. La ville compte aujourd'hui environ 32 000 habitants (dont un tiers de Serbes). On a rafistolé les toitures, déblayé les gravats pour reconstruire, restauré certains monuments, et les industries se sont remises à tourner. Mais l'arrivée sporadique des aides financières promises par l'État a révélé l'isolement de Vukovar dans une Croatie qui misait avant tout sur le développement du tourisme balnéaire. En 2006, la municipalité a décidé de tourner une page en restaurant partiellement la mixité scolaire, mettant ainsi fin à quinze ans d'enseignement séparé pour les enfants croates et serbes. En 2010, la visite du président serbe Boris Tadić, venu présenter les excuses de son pays, marque une nouvelle étape dans la vie de la cité, dont la reconstruction est par ailleurs pratiquement terminée.

MODE D'EMPLOI

accès

EN VOITURE

Vukovar est situé 40km (40min) au sud-est d'Osijek et 57km à l'est de Đakovo via Vinkovci (1h20).

EN CAR

Liaisons avec Osijek, Slavonski Brod, Zagreb et Đakovo via Vinkovci.

Gare routière / Autobusni kolodvor

La gare routière est installée sur la nationale, juste à l'ouest du centre-ville. *Olajnica bb Tél. 060 337 799*

orientation

En arrivant du nord, vous traverserez l'impressionnante banlieue industrielle de **Borovo** avant de rejoindre le **centre** de Vukovar, sur la rive occidentale du Danube, au confluent de la Rijeka Vuka. La principale artère piétonne, **J. J. Strossmayera**, s'étire en parallèle à la route principale.

fêtes et manifestations

Festival de marionnettes de printemps / Lutkarsko proljeće Réunissant des marionnettistes croates et étrangers, il donne lieu à une soixantaine de représentations à Vukovar et dans les localités environnantes. *http://lutkarskoproljece.net Semaine précédant Pâques*

Festival de musique de chambre / Vukovarski festival komorne glazbe Le Festival de musique de chambre de Vukovar tente lui aussi de faire revivre les bâtiments ravagés du musée. *Juin*

Festival du film de Vukovar / Vukovar Film Festival Ce festival créé en 2006 présente et récompense des documentaires, des courts et des longs-métrages réalisés dans des pays riverains du Danube. *Fin août www.vukovarfilmfestival.com*

Célébrations de l'Avent / Adventske svečanosti Elles se tiennent au musée de Vukovar. Pièces de théâtre, lectures de poèmes et concerts. *En déc.*

informations touristiques

Office de tourisme *J.J. Strossmayera 15 Tél. (032) 442 889 www.turizamvukovar.hr www.vukovar.hr Ouvert lun.-jeu. 7h-15h, ven. 7h-14h30, sam. 8h-13h*

conseils de sécurité

Évitez de pénétrer dans les maisons encore abandonnées ou en ruine : elles risquent de s'écrouler. Si vous sillonnez la campagne autour de Vukovar, ne sortez pas des itinéraires balisés, car il reste encore plusieurs champs de mines.

DÉCOUVRIR

☆**Les essentiels** Le Musée municipal de Vukovar, le site archéologique et le musée de Vučedol **Découvrir autrement** Promenez-vous dans les vignobles d'Ilok et offrez-vous une dégustation

Vukovar

Le centre-ville de Vukovar a fait peau neuve. Les maisons éventrées ont laissé peu à peu place à des immeubles à façade de verre et les ravalements ont fait disparaître les impacts de balles, même si quelques séquelles des bombardements demeurent. Du haut de la rue Tuđman, dans l'est du centre-ville, on empruntera les petites galeries à arcades qui font le charme du quartier baroque, avant de rejoindre la place de la République-Croate (Trg Republike Hrvatske), vaste esplanade au bord du Danube. Sous l'imposante façade de l'ancien Hotel Dunav et un petit château d'eau (1913), les flâneurs se mêlent aux ouvriers, et de petites embarcations colorées sont amarrées sous les ponts de la Vuka. À l'angle nord-ouest de la place, on remarquera la façade historiciste de l'ancien foyer des travailleurs (Radnički dom). Inauguré en 1898, le bâtiment accueillit d'abord un grand hôtel et son théâtre avant d'être racheté, en 1919, par un syndicat ouvrier. En 1921, le Parti communiste yougoslave y tint son IIe Congrès. En longeant le Danube ou en remontant la principale artère piétonne, J. J. Strossmayera, vous parviendrez au Musée municipal.

☆ **Musée municipal / Gradski muzej** Sans doute l'édifice le plus emblématique de la renaissance de Vukovar. Il a réintégré, en 1998, les ruines du palais Eltz (Dvorac Eltz, XVIIIe s.), dont la façade baroque faisait jadis la fierté de Vukovar. Si le rez-de-chaussée fut relativement épargné par la guerre, les bombardements ravagèrent les salles du 1er et du 2e étages. Les collections ont regagné le palais en 2013 après sa restauration réussie. Elles sont divisées en quatre départements, dont le principal est celui consacré à l'histoire de la ville, de la préhistoire jusqu'à la guerre des années 1990. Riche et instructif. Autres départements : la collection Bauer (art croate fin XIXe-début XXe s.), le mémorial Lavoslav Ružička (prix Nobel de chimie) et le mémorial du Congrès du Parti communiste de 1920. *Dvorac Eltz Županijska 2 Tél. (032) 441 271 www.muzej-vukovar.hr Ouvert mar.-dim. 10h-18h Tarif 25kn, réduit 15kn*

Monastère franciscain / Franjevački samostan Sur une colline au sud-est de Vukovar, le monastère franciscain dresse à nouveau son auguste clocher à bulbe au-dessus de la ville. Seule l'église du XVIIIe siècle est ouverte à la visite, le cloître demeurant fermé. Derrière le monastère se profilent les impressionnants vestiges d'un château d'eau, qui demeure l'emblème de la résistance de 1991. *Samostanska 5 Tél. (032) 442 641/441 381*

Mémoriaux de guerre La grande croix blanche érigée au confluent de la Vuka et du Danube est dédiée à tous ceux qui sont morts pour la Croatie. De même, à l'hôpital, une petite exposition rend hommage aux blessés évacués par la JNA en 1991 pour être exécutés à Ovčara – cf. Mémorial d'Ovčara (p.169).

Cimetière-mémorial / Memorijalno groblje Le cimetière-mémorial des combattants de Vukovar s'étend à la sortie orientale de la ville, sur la route d'Ilok. Derrière le monument aux morts, inauguré en 2000, se dressent plus d'un millier de croix blanches. *1km au sud-est de la ville, sur la route d'Ilok*

Les environs de Vukovar

☆ **Vučedol** C'est sur ce site archéologique riverain du Danube, découvert à la fin du XIXe siècle, que l'on exhuma en 1938 la célèbre *Colombe de Vučedol*, un vase zoomorphe vieux de plus de 4 000 ans aujourd'hui exposé au Musée archéologique de Zagreb (p.106). Cet objet rituel a été légué par une civilisation qui s'épanouit dans le sud-est de l'Europe entre 3000 et 2200 avant notre ère, cf. Histoire (p.11). Pour comprendre cette période, il faut visiter le **musée** qui jouxte le site. Inauguré en 2015, il expose dans 19 salles à la présentation particulièrement soignée tous les aspects de la civilisation de Vučedol. *Environ 5km au sud-est de Vukovar, dir. Ilok, sur la gauche (rens. à l'OT de Vukovar)* **Musée de la Culture de Vučedol / Muzej vučedolske kulture** *Vučedol 252 Tél. (032) 373 930 www.vucedol.hr Ouvert mar.-dim. 10h-18h Tarif 30kn, réduit 20kn*

LES CELLIERS ANCIENS D'ILOK

Aujourd'hui gérés par la société Caves d'Ilok (Iločki Podrumi), ils occupent des souterrains médiévaux restaurés au XVIIe siècle par la famille Odelscalchi, en même temps que le château qui les domine. Étagés sur trois niveaux, ils ont fourni les 11 000 bouteilles de *traminac* servies lors du couronnement d'Élisabeth II d'Angleterre. Leur visite permet de découvrir d'imposants fûts en chêne et de prendre part à une dégustation. **Caves d'Ilok / Iločki Podrumi** *Šetalište Mladena Barbarića 4* ***Ilok*** *Tél. (032) 590 003 ou (032) 590 088 www.ilocki-podrumi.hr Ouvert tlj. 7h-23h, sam.-dim. sur rdv Tarif 30kn, réduit 15kn*

Mémorial d'Ovčara / Spomen obilježje Ovčara Une bifurcation, sur la route d'Ilok, permet de rejoindre le mémorial d'Ovčara. C'est là, au beau milieu des champs, que l'on exhuma 200 cadavres des blessés de l'hôpital de Vukovar abattus par les Serbes en 1991. Une simple stèle noire et des arbustes ont été plantés à leur mémoire et à celle des disparus. *5km au sud-est de Vukovar*

Ilok À l'approche d'Ilok, ville la plus orientale de Croatie, les vignes se font de plus en plus nombreuses. Elles annoncent l'entrée dans le royaume incontesté du *traminac*, même si la production ne se limite pas à ce vin blanc sec et fruité, considéré comme le meilleur du pays ! La viticulture remonte, dans la région, à la période romaine et, si la production fut suspendue de 1991 à 1997, elle a repris son expansion depuis : en témoigne le nombre croissant de petites exploitations familiales établies à Ilok. Ne manquez pas la visite des chais aménagés au XVIIe siècle dans la ville haute, sous la forteresse médiévale qui surveille le Danube, et où l'on fait vieillir le vin dans le respect de la tradition. En ressortant, n'hésitez pas à flâner le long des remparts qui enserrent la cité. Vous y découvrirez un petit mausolée musulman datant de l'occupation ottomane (1566-1697) et une église gothique du XIVe siècle entièrement remaniée au début du XXe siècle par Herman Bollé et dédiée à saint Jean de Capistran (Ivan Kapistan), un franciscain italien qui mourut au monastère d'Ilok en 1456, peu après avoir dirigé la défense de Belgrade face aux Turcs. Belle vue sur la forteresse des rives du Danube. *38km à l'est de Vukovar (service régulier de cars pour Vukovar)*

Vinkovci La localité qui a succédé à la cité romaine de Cibalæ a conservé quelques monuments du XVIIIe siècle, époque où elle devint une importante ville de garnison, mais elle mérite surtout un détour pour son magnifique **Musée municipal** (Gradski muzej), où sont conservées de très nombreuses trouvailles archéologiques datant des débuts de l'ère chrétienne. Mi-septembre, Vinkovci célèbre la fin des moissons et l'arrivée de l'automne par un Festival du folklore croate. *22km au sud-ouest de Vukovar, vers Županja et l'autoroute* **Musée municipal** *Trg bana Josipa Šokčevića 16 Tél. (032) 332 504 www.muzejvk.hr Ouvert mars-juil., sept.-déc. : mar.-mer. 9h-15h, jeu.-ven. 9h-19h, sam. 9h-13h ; août : lun.-ven. 8h-15h Tarif 9kn, réduit 6kn*

CARNET D'ADRESSES

Restauration

prix moyens

Tri Vrške Idéalement situé au bord du Danube, ce grand classique d'avant-guerre a repris du service, et du meilleur ! Excellente sélection de poisson grillé et de charcuteries régionales à savourer en terrasse face au fleuve. *Parobrodska 3* **Vukovar** *Tél. (032) 441 788 www.restoran-vrske.hr Ouvert tlj. 8h-23h*

Hébergement

petits prix

Villa Bonaca Sur la route principale qui relie le centre de Vukovar à la banlieue industrielle de Borovo, cette petite maison rose saumon peut loger onze hôtes. L'accueil aimable et le patio fleuri en font une bonne solution de repli, mais la Villa Bonaca affiche trop souvent complet. Chambre simple 180kn, double 250kn. *Priljevo 31* **Vukovar** *Tél. (032) 450 670 ou 091 506 6261 www.sobe-diberto.hr*

Pension Vila Rosa Postée près de l'ancien hôtel Dunav, dans une petite rue non loin du Danube, cette chambre d'hôtes pimpante et fraîche est une bénédiction dans une ville sans beaucoup de proposition hôtelière. Comptez 300kn pour deux. *Josipa Rukavine 2b* **Vukovar** *Tél. 091 514 8538 ou 091 520 4036 vilarosavukovar@gmail.com*

prix moyens

Hotel Lav Situé face au fleuve et au petit port, cet hôtel 4 étoiles possède 38 chambres et 4 suites spacieuses, modernes et confortables, aménagées de matériaux nobles et mises en valeur par un bel éclairage. Le restaurant est, lui aussi, tout à fait recommandable. Personnel agréable et convivial, accès wifi, animaux autorisés. Double avec petit déj. à partir de 900kn, simple 590kn. *Josipa Jurja Strossmayera 18* **Vukovar** *Tél. (032) 445 100 www.hotel-lav.hr*

ĐAKOVO

31400

Paisible petite ville d'à peine 30 000 habitants, Đakovo est le siège d'un important évêché, comme en témoigne la silhouette de sa cathédrale, visible à plusieurs kilomètres à la ronde. La visite du centre-ville et des haras de lipizzans ne vous retiendra pas plus d'une demi-journée, mais la saveur des charcuteries et des vins régionaux, alliée à l'extrême gentillesse de ses habitants, font de Đakovo une étape attachante au cœur de la Slavonie. Si vous vous y trouvez début juillet, lors du célèbre Festival des broderies régionales, vous aurez l'occasion de découvrir les splendides parures brodées au fil d'or par les mains expertes de Đakovo.

UN ÉVÊQUE INFATIGABLE Depuis sa création, en 1244, le prestige de l'évêché de Đakovo s'étend à toute la région, excepté une parenthèse lors de l'occupation ottomane de la ville, de 1536 à 1687. En 1850, l'arrivée de l'évêque Josip Juraj Strossmayer, nommé par le ban Josip Jelačić, permet de dynamiser la ville et de transformer la région. Partisan du Renouveau illyrien et de l'unité des Églises catholique et orthodoxe, Strossmayer consacre son épiscopat à la modernisation du diocèse et à la diffusion, à grande échelle, de l'éducation et de la culture. Il finance ainsi nombre de publications et de projets, de la construction de la cathédrale de Đakovo à la fondation de l'Académie yougoslave des sciences et des arts à Zagreb (actuelle Académie croate), en passant par le développement de l'infrastructure routière et des vignobles de Slavonie.

MODE D'EMPLOI

accès

EN VOITURE

Đakovo est situé 37km au sud-ouest d'Osijek et 57km à l'ouest de Vukovar. Accès également par l'autoroute A3-E70, sortie V. Kopanica, et 21km au nord.

EN TRAIN

Liaisons avec Osijek, Zagreb, Budapest et Sarajevo.

Gare ferroviaire / Željeznički kolodvor La gare de chemin de fer est située à 15min à pied à l'ouest du centre-ville. *Park pobjede 2 Tél. (031) 811 360 ou 060 333 444*

EN CAR

Nombreuses liaisons avec Osijek, Slavonski Brod, Vinkovci, Nasiče et Zagreb

Gare routière / Autobusni kolodvor *Splitska bb*

orientation

Le minuscule centre de Đakovo s'organise autour de Hrvatskih velikana, la jolie rue piétonne qui relie l'église de Tous-les-Saints (Crkva Svih svetih), au nord, à la cathédrale, au sud. Plus bas, au sud-est de la cathédrale, le grand parc Strossmayer invite à la promenade.

informations touristiques

Office de tourisme *Kralja Tomislava 3 Tél. (031) 812 319 www.tzdjakovo.eu Ouvert sept.-juin : lun.-ven. 8h-15h ; juin-août : lun.-ven. 8h-19h, sam. 8h-13h*

fêtes et manifestations

Festival des broderies / Dakovački vezovi Le Festival des broderies de Đakovo rassemble une semaine durant près de 70 groupes folkloriques venus de toute la Slavonie présenter leurs costumes traditionnels, rehaussés de broderies plus chatoyantes et délicates les unes que les autres. Danses et chants populaires accompagnent les festivités. *Fin juin-début juil.*

DÉCOUVRIR

☆ **Les essentiels** La cathédrale Saint-Pierre, les haras d'État **Découvrir autrement** Au début de l'été, participez au Festival des broderies, l'une des plus importantes manifestations folkloriques du pays (cf. Mode d'emploi)

Đakovo

☆ **Cathédrale Saint-Pierre / Katedrala Sv. Petra** Dominant la ville du haut de ses deux clochers de 84m, la cathédrale (1882) s'impose manifestement comme l'une des réalisations emblématiques de l'évêque Strossmayer. En effet, l'éclectisme architectural de cet imposant édifice en brique rouge traduit sa volonté d'unifier les Slaves du Sud. Ainsi, tandis que la façade, de style roman, évoque certaines églises catholiques, le chevet et le dôme aux dimensions spectaculaires rappellent les églises orthodoxes de style byzantin. L'intérieur est tout aussi monumental : la triple nef, longue de 74m, est tapissée de fresques relatant la vie de saint Pierre. En sortant du sanctuaire, notez sur votre droite l'élégant palais épiscopal néobaroque (1860), face aux maisons basses des chanoines. *Ouvert tlj. 8h-12h et 15h-18h*

Musée Strossmayer / Spomen-muzej biskupa Josipa Jurja Strossmayera Ce musée établi dans une maison basse, juste au nord de la cathédrale Saint-Pierre, retrace la vie et l'œuvre du bienfaiteur de Đakovo à l'aide de documents et de photos d'archives, d'objets personnels et liturgiques ainsi que de portraits de l'évêque réalisés par Tomislav Krizman et Oton Iveković. Panneaux explicatifs en anglais. *Luke Botića 2 Tél. (031) 813 698 Ouvert lun.-ven. 8h-18h, sam. 8h-13h30 Tarif 10kn, réduit 5kn*

Église de Tous-les-Saints / Crkva Svih svetih Sise au nord de la rue piétonne Hrvatskih velikana, cette petite église est en fait une ancienne mosquée du XVIe siècle. Si la façade et le clocher sont des ajouts du XVIIIe siècle, le sanctuaire a conservé son dôme, et la salle de prière sa structure d'origine, fait rarissime en Croatie, où l'on a eu plutôt tendance à effacer toute trace de l'occupation turque. Même surprise à l'intérieur : les fresques reproduisent les motifs typiques des céramiques ottomanes. *Tél. (031) 802 300 Ouvert sur demande à l'office de tourisme ou au presbytère*

☆ **Haras d'État / Državna ergela Lipicanaca** C'est dans ce haras d'État, fondé par les Habsbourg au XVIe siècle, que les premiers lipizzans furent importés de Slovénie par Napoléon Ier. Ces chevaux gracieux, intelligents et agiles, dont la robe blanchit au fil des ans, font aujourd'hui la renommée de l'école espagnole de Vienne. Le haras de Đakovo compte plus de 200 lipizzans, que vous pourrez admirer, avec un peu de chance, lors des séances de dressage matinal. Sinon, faites le tour des boxes et rendez-vous sans hésiter au second haras, Ergela Ivandvor, situé dans un splendide coin de campagne au nord de la ville. On y laisse les chevaux s'ébattre en liberté pour leur permettre de se reproduire. **Haras Državna** *Augusta Šenoe 45 (à 15min à pied à l'est de la cathédrale) Tél. (031) 813 286 www.ergela-djakovo.hr Ouvert lun.-ven.*

7h-17h, sam.-dim. 9h-13h Tarif 20kn, réduit 10kn **Haras Ivandvor** *3km au nord du centre-ville (dir. Našice et tourner tout de suite à gauche après le croisement avec la nationale, puis suivre le chemin de terre sur 1,5km env.)*

Les environs de Đakovo

Vrpolje Posté 11km au sud de Đakovo, en direction de l'autoroute A3-E70, ce petit bourg de transit est fier d'avoir vu naître, en 1883, Ivan Meštrović. Quelques œuvres du grand sculpteur sont exposées à la galerie qui porte son nom, en plein centre-ville. **Galerie Ivan-Meštrović / Spomen Galerija Ivana Meštrovića** *Trg Ivana Mestrovica 1 Tél. (035) 439 075 Ouvert lun.-ven. 8h-16h, sam. 9h-14h Tarif 10kn, réduit 5kn*

CARNET D'ADRESSES

Restauration, hébergement

Pour accompagner vos repas, n'hésitez pas à goûter les bons petits blancs du vignoble de Mandičevac. Issus principalement des cépages *graševina* (riesling), chardonnay et pinot gris, ils doivent leur appellation à l'évêque Antun Mandić, qui en lança la production au début du XIXe siècle.

petits prix

Mon Ami Tout près de la cathédrale, ce petit bistrot-taverne, adresse chère aux habitants de Đakovo, sert d'excellentes grillades de viande, des *čevapi* (kebabs balkaniques) petits et grands, des brochettes, des *pljeskavica* (hamburgers), des saucisses piquantes, différentes volailles, etc. Également de généreuses pizzas cuites au feu de bois. Copieux petit déjeuner slavonien (40kn). Service très convivial. Grillades 25-85kn, pizzas 17-50kn, accompagnements 2-15kn, salades 10-15kn. *Luke Botica 12* **Đakovo** *Tél. (031) 821 477 Ouvert tlj. 7h-23h*

Pansion Croatia Turist Situé à deux pas de la cathédrale, face au parc Strossmayer, cette pension-restaurant propose 8 chambres propres et correctes, mais sans grand charme. Un détail que vous oublierez toutefois rapidement en dégustant les excellentes charcuteries maison servies au restaurant ou sur la terrasse. Les *kulen* et *kobasica*, deux variétés de saucisses locales au paprika, sont préparées au sous-sol. Si vous le souhaitez, Jadranka, la propriétaire francophone du lieu, se fera un réel plaisir de vous faire visiter le fumoir et le séchoir. Env. 310kn la chambre double (260 sans petit déj.), et 100kn le repas. *P. Preradovića 25* **Đakovo** *Tél. (031) 813 391 www.croatiaturist.hr*

prix moyens

Hotel Đakovo Posté en périphérie de la ville, l'hôtel constitue l'adresse parfaite pour une halte, dans cette région pauvre en hébergement. Grandes chambres à la propreté irréprochable, literie confortable, accueil cordial. Restaurant. Double à partir de 470kn. *Nikole Tesle 52* **Đakovo** *Tél. (031) 840 570 www.hotel-djakovo.hr*

POŽEGA

34000

À l'écart des centres industriels et des principales voies de communication de Slavonie, cette paisible cité de 28 000 habitants ne se traverse pas par hasard. Il faut s'enfoncer dans la région viticole de la Vallis aurea (Vallée d'or) pour rejoindre son joli centre baroque et ses rues piétonnes animées. La ville doit la majeure partie de ce patrimoine à la période de prospérité qui suivit le départ des Ottomans, en 1688. Le statut de cité libre accordé par l'impératrice Marie-Thérèse en 1765 lui permit en effet de s'enrichir, et de devenir l'un des grands foyers culturels de Slavonie. Au XIXe siècle, les artistes et les intellectuels y étaient si nombreux que Požega reçut le surnom d'"Athènes slavonne". Aujourd'hui, la ville est surtout réputée pour sa charcuterie, notamment ses *kulen*, saucissons aromatisés au paprika.

MODE D'EMPLOI

accès

EN VOITURE

Požega se situe 100km au sud-ouest d'Osijek via Našice, et 35km au nord de l'autoroute A3-E70, sortie N. Gradiška ou Lužani.

EN TRAIN

La ville est desservie par les trains en provenance de Zagreb, Osijek et Slavonski Brod.

Gare ferroviaire / Željeznički kolodvor Elle est située dans le nord de la ville. *Cirakijeva 7 Tél. (034) 273 911*

EN CAR

Liaisons rapides avec Zagreb (2h30), Osijek (2h) et Slavonski Brod (1h). Un car/j. de la côte.

Gare routière / Autobusni kolodvor À côté de la gare ferroviaire. *Industrijska 14 Tél. 060 330 330*

orientation

L'animation de Požega se concentre autour de la place de la Sainte-Trinité (Trg Sv. Trojstva) et dans les rues piétonnes qui relient cette dernière à l'église Sainte-Thérèse (Sv. Terezija), au nord-est.

informations touristiques

Office de tourisme Accueil charmant et bonne documentation sur la ville. Demandez notamment le plan touristique. *Antuna Kanižlića 3 Tél. (034) 274 900 www.pozega-tz.hr Ouvert lun.-ven. 8h-15h, sam. 8h-13h*

fêtes et manifestations

Fête de la Saint-Grégoire / Grgurevo Fête du saint patron local et commémoration du départ des Turcs en 1688. Fanfares, coups de canon et reconstitutions théâtrales. ***Požega** 12 mars*

Festival du film d'une minute / Hrvatski festival revija jednominutnih filmova Festival international de courts métrages. ***Požega** www.crominute.hr Fin mai*

Brodsko kolo Le plus ancien festival folklorique de Croatie. ***Slavonski Brod***

Tél. (035) 445 801 http://brodsko-kolo.com En juin

Concours et dégustations de *kulen* / Kulenijada À la gloire du *kulen*, le fin du fin de la charcuterie locale. ***Požega*** *Mi-juin/fin juin*

Cordes d'or de Slavonie / Zlatne žice Slavonije Festival de musique traditionnelle dont l'instrument de prédilection est la mandoline, ou *tamburica*, qui accompagne des chants et danses folkloriques. ***Požega*** *En sept.*

DÉCOUVRIR

☆ **Les essentiels** L'église Saint-Laurent de Požega **Découvrir autrement** Montez à la citadelle Ružica à l'occasion de la visite du géoparc des monts Papuk, goûtez les vins de Kutjevo

Požega

Place de la Sainte-Trinité / Trg Sv. Trojstva Centre névralgique de la ville, la place est cernée d'admirables demeures baroques aux couleurs pastel. Une gracieuse colonne votive fut érigée au centre de la place en 1749 à la mémoire des victimes de la peste. Côté nord, l'austère façade de l'église du monastère franciscain (Franjevački samostan) ne laisse rien transparaître de son histoire mouvementée. Fondée au XIIIe siècle, elle fut en effet transformée en mosquée par les Ottomans aux XVIe-XVIIe siècles, avant d'être ravagée par un incendie au XIXe siècle.

Musée municipal / Gradski muzej Logé dans la belle demeure à arcades gris et blanc qui fait l'angle entre la place de la Sainte-Trinité et la rue Matice Hrvatske, il retrace l'histoire de la ville et de la région depuis la préhistoire. *Matice Hrvatske 1 Tél. (034) 272 130 www.gmp.hr Ouvert lun.-ven. 9h-14h Tarif 10kn, réduit 5kn*

☆ ☺ **Église Saint-Laurent / Crkva Sv. Lovre** Blottie contre l'imposant palais épiscopal, l'église Saint-Laurent est si discrète qu'on passe aisément devant sans la remarquer. C'est pourtant la plus intéressante et la plus ancienne de Požega. Les voûtes de son abside gothique sont ornées de superbes fresques du XIVe siècle représentant, notamment, le Christ Pantocrator, les patriarches, la lune et le soleil. L'orgue néogothique qui se dresse au-dessus de la tribune fut conçu par un collectif d'artistes zagrébois pour l'Exposition millénaire de Budapest en 1896. *Ouvert dim. 10h-13h (sinon demandez la clé au palais épiscopal)*

Cathédrale Sainte-Thérèse / Katedralna crkva Sv. Terezije Édifiée en 1763 et consacrée cathédrale de Požega en 1997, cette église baroque domine un agréable petit square au nord-est de la place principale. La sobriété de la façade contraste avec l'opulence de la décoration intérieure. Vous y découvrirez fresques, dorures et faux marbres, ainsi que d'amusants confessionnaux en bois. En face de la cathédrale se remarque la statue du moine Luka Ibrišimović, célèbre pour avoir bouté les Ottomans hors de Požega en 1688. *Trg Sv. Terezije Ouvert tlj.*

Šetalište Stari Grad Cette petite promenade boisée s'enroule autour de la colline sur laquelle veillait jadis un château fort (Stari Grad). Il n'en reste qu'une porte voûtée couverte de lierre... et un beau point de vue sur la ville.

Les environs de Požega

Au nord

Parc naturel des monts Papuk / Park prirode Papuk Son patrimoine géologique exceptionnel (des formations vieilles, pour certaines, de 400 millions d'années) a valu au massif d'être classé parc naturel par les autorités croates en 1999, puis géoparc (le premier de Croatie) par l'Unesco en 2007. Ses reliefs vallonnés, les plus élevés de Slavonie (953m au Vučjak, un volcan éteint), sont couverts de forêts de hêtres et de chênes que vous traverserez pour rejoindre, par de petites routes en lacet, la nationale Osijek-Varaždin. Pour tout renseignement sur les activités praticables dans le parc (balades à pied ou à vélo, escalade, équitation, etc.), contactez les autorités du parc à Velika ou à Voćin. *http://pp-papuk.hr* **Bureau de Velika** *Stjepana Radića 46 (15km au nord de Požega) Tél. (034) 313 030 Ouvert lun.-ven. 7h-15h* **Bureau de Voćin** *(50km au nord de Požega) Tél. (033) 565 296 Ouvert lun.-ven. 7h-15h*

☺ **Ružica** La plus vaste citadelle médiévale de Slavonie dresse ses ruines sur un contrefort des monts Papuk, au-dessus du village de Duzluk, à quelques kilomètres à l'ouest d'Orahovica. Construite en plusieurs étapes à partir du XIIe siècle ou du XIIIe, elle fut occupée par les Turcs de 1543 à 1687 et perdit son rôle stratégique au XVIIIe siècle. Elle peut faire l'objet d'une belle promenade à travers bois à partir du lac Orahovačko. *Env. 40km au nord-est de Požega*

Au nord-est

☺ **Kutjevo** Cette petite ville cernée de vignobles possède des chais réputés. On peut visiter, sur rendez-vous, une partie des celliers creusés par les cisterciens en 1232, demeurée intacte. Ce sera l'occasion de goûter les *graševina* (riesling local), les pinots gris et blanc et le *traminac*. *23km au nord-est de Požega* **Office de tourisme** *Trg Graševine 1 Tél. (034) 255 288 www.tzzps.hr* **Celliers de Kutjevo / Kutjevački podrum** *Tél. (034) 255 030 www.kutjevo.com*

Pédaler sur le chemin du Riesling Cet itinéraire cyclotouristique de 15km, qui traverse les forêts du parc naturel des monts Papuk, permet de découvrir les parties les plus plaisantes du vignoble de Kutjevo (rens. à l'OT de Kutjevo).

Au sud-est

Slavonski Brod Établi au bord de la Save, face à la Bosnie, ce centre industriel de 67 000 habitants n'a pas été épargné par la guerre de 1991-1995. Malgré d'ambitieux projets de développement touristique, Slavonski Brod peine encore à séduire les visiteurs. La Tvrđa, massive citadelle de style Vauban qui veille depuis trois siècles sur la ville, a fait l'objet d'un vaste chantier de réno-

IVANA BRLIĆ-MAŽURANIĆ

La petite-fille du poète et homme politique Ivan Mažuranić (1874-1938) s'installa à Brod na Savi (l'actuelle Slavonski Brod) après son mariage, en 1892. Elle se lança alors avec succès dans l'écriture de contes et d'histoires pour enfants et fut, en 1937, la première femme à entrer à l'Académie yougoslave des sciences et des arts.

vation. Elle abrite désormais la municipalité, un lycée et une galerie d'art, et l'on peut faire le tour de ses remparts en étoile. De même, la grande place piétonne du centre-ville, Trg I.B. Mažuranić, ouverte sur la Save, a retrouvé tout son lustre. En longeant la rivière vers l'est, vous rejoindrez le monastère franciscain (Franjevački samostan), au remarquable cloître baroque. Sans doute la meilleure surprise de Slavonski Brod ! Enfin, si vous traversez la ville à la mi-juin, vous pourrez assister à un grand festival de danses folkloriques (Brodsko kolo). *Env. 45km au sud-est de Požega par les routes de campagne via Pleternica et Sibinj (cars de Požega, Đakovo, Osijek et Vinkovci, train de Požega et Zagreb)*

Office de tourisme *Trg Pobjede 30 Tél. (035) 447 721 www.tzgsb.hr Ouvert lun.-ven. 7h-19h30, sam. 7h-13h*

LA SLAVONIE

CARNET D'ADRESSES

Restauration, hébergement

À Požega, plusieurs petits bars et restaurants en terrasse s'égrènent le long des rues piétonnes Mesnička, Cehovska et Sv. Florijana. Pour ceux qui souhaitent pousser vers l'est de la Slavonie, **Slavonski Brod** peut constituer une bonne petite étape gastronomique. Si vous tenez à y passer la nuit, procurez-vous la liste des chambres d'hôtes à l'office de tourisme (p.174).

petits prix

Vila Stanišić À 5min à pied au nord-est du centre de Požega. Seize chambres vertes, bleues ou roses, derrière une façade verte ornée de jolis stucs blanc et jaune... Voilà une petite pension tout en couleur, au confort très correct et aux salles de bains refaites récemment. Vous trouverez un restaurant au rez-de-chaussée, mais la cuisine qu'on y sert est plutôt quelconque. Comptez 180kn la chambre simple, 350kn la double et 550kn la triple. *Dr. Franje Tuđmana 10* ***Požega*** *Tél. (034) 312 168 www.vila-stanisic.hr*

Hotel Grgin Dol À flanc de colline, à 5min à pied à l'est du centre, cet hôtel-restaurant invite à un séjour des plus plaisants, surtout si vous arrivez à réserver l'une des 8 doubles aménagées dans la partie haute. Spacieuses, joliment éclairées et dotées de couettes douillettes, ces dernières disposent d'un balcon et de larges baies vitrées qui s'ouvrent sur la ville et la campagne. Les 10 autres chambres, essentiellement des simples, sont plus sombres et plus impersonnelles. L'hôtel possède l'un des meilleurs restaurants de Požega, avec, comme il se doit, une bonne carte de charcuteries, de viandes grillées et de plats en sauce. Terrasse dans le jardin, appréciable en été. Simple de 280kn, double 435kn. Repas env. 100kn. *Grgin Dol 20* ***Požega*** *Tél. (034) 273 222 www.hotel-grgin-dol.hr*

Truffes et autres spécialités gourmandes d'Istrie (p.232).

Détail du triptyque de Nikola Božidarević, monastère dominicain de Dubrovnik (p.503).

GEOREGiON

L'ISTRIE

V

Trieste
GOLFE DE TRIESTE
ITALIE
SLOVÉNIE
Savudrija
plan 8
ĆIĆARIJA
Umag
Petrovija
300
200
Buje
201
Buzet
Roč
Brtonigla
Grožnjan
Oprtalj
Istarske Toplice
44
MIRNA
Allée Glagolitique
Nova Vas
Les villages perchés
Vrh
Hum
Motovun
Vižinada
Novigrad-Cittanova
Karojba
DRAGA
A8
VELA DRAGA
VOJAK 1 401 M
Opatija
Lovran
A7
8
RIJEKA, ZAGREB
BAREDINE
Višnjan
Nova Vas
Vranići
A9
21
Beram
Pazin
PARC NATUREL DE L'UČKA
Poreč
302
48
Lindar
Gračišće
Mošćenička Draga
Zbandaj
Sv. Petar u Šumi
Pičan
500
64
Funtana
Sv. Lovreč
Brseč
Vrsar
Žminj
66
Brestova
LIMSKI KANAL
Dvigrad
Plomin
Porozina
303
Kanfanar
RAŠA
FJORD DE PLOMIN
TRAMUNTANA
VENISE, RAVENNE
Svetvinčenat
Rovinj
Labin
Rabac
ÎLE ROUGE
Barban
CRES
A9
PALUD
Bale
Sv. Marina
66
Barbariga
Divšići
Rakalj
MALI BRIJUN
Peroj
Vodnjan
BAIE DE RAŠA
CMA PUNTA
PARC NATIONAL DES BRIJUNI
Fažana
Nesactium
KVARNER
Valbandon
Marčana
VELI BRIJUN
Lubenice
Pula
Zračna luka "Pula"
CRES
Banjole
Ližnjan
Medulin
Premantura
ZEČA
PORER
RT KAMENJAK
MER ADRIATIQUE
ZADAR
Zagreb
Osijek
Rijeka
Zadar
Split
Dubrovnik
N
10 km

Péninsule à taille humaine (2 820km²) en forme de grappe de raisin qui s'avance dans l'Adriatique, l'Istrie est isolée du reste du pays par le massif de la Ćićarija, prolongement de la chaîne de la Dinara. Cette situation, aux confins de l'Italie, de la Slovénie et de la Croatie, lui a de tout temps accordé une position à part. Depuis les antiques Histriens, de nombreux peuples, Grecs, Romains, Illyriens, Vénitiens, mais aussi Autrichiens ou Hongrois puis Italiens ou Yougoslaves, y ont ainsi laissé leurs traces et leurs influences. Et aussi convoité ses richesses : minérales (pierre d'Istrie près de Rovinj, qui servit à construire Venise), végétales (bois de chêne de la forêt de Motovun), ou encore culinaires (vins et huile d'olive renommés depuis l'époque romaine ou, plus récemment, truffes blanches et noires). Avec le développement du tourisme, c'est une nouvelle manne que la région s'est découverte. Le long des côtes, l'Istrie bleue égrène ses plages et son chapelet de cités romaines et/ou vénitiennes : Pula, Rovinj, Poreč ou Novigrad sont autant de ports et de villes riches d'histoire et de culture. À l'intérieur des terres, l'Istrie verte s'organise autour de villages médiévaux (Motovun, Buzet, Grožnjan, Hum...), hameaux perchés comme des îles terrestres, où le temps semble encore lié au rythme des récoltes, et où la gastronomie est reine, mariant produits du terroir haut de gamme et art culinaire. Mer, campagne, montagne, loisirs sportifs ou culturels, cuisine : des attraits variés et complémentaires qui font de l'Istrie un véritable pays de cocagne.

★ PULA

52 100

Un œil sur l'Adriatique, l'autre tourné vers l'arrière-pays : la position stratégique de Pula, à la pointe sud de la péninsule d'Istrie, et son excellent port naturel en ont fait très tôt une capitale régionale. En témoignent son amphithéâtre et son forum romains, sa forteresse vénitienne, ses nombreux monuments médiévaux, Renaissance, Sécession... Mais avant d'être un musée à ciel ouvert, Pula est bel et bien une ville, une vraie (57 000 habitants), peut-être la seule de la région qui soit aussi vivante l'hiver que l'été. Centre économique de l'Istrie, cité industrielle aux imposants chantiers navals, elle est aussi un éden pour vacanciers. Au sud de la ville, les plages s'alignent jusqu'au cap Kamenjak, tandis qu'au large s'égrènent une poignée de perles, les îles Brijuni, promues parc national. C'est enfin une étape gastronomique : on y dégustera, dans une ruelle pavée ou devant l'une des deux marinas, une tranche de jambon fumé (*pršut*), quelques calamars grillés, une rascasse, arrosés d'un *malvazija*. Dante la décrivit dans sa *Divine Comédie*, Jules Verne dans *Mathias Sandorf*, et James Joyce y enseigna l'anglais une année (1904-1905), le temps d'écrire *Les Gens de Dublin*. Cela ne fait aucun doute, Pula ne laisse personne indifférent.

UN PORT STRATÉGIQUE Si Pula s'est donné des origines légendaires, son occupation remonte au néolithique et ses premières fortifications au ve siècle av. J.-C. Elle se développe timidement sur l'éminence de l'actuel kaštel, à une dizaine de kilomètres de Nesactium, la capitale des Histres. En 177 av. J.-C., quand les Romains s'emparent de la péninsule, s'ouvre une longue période de croissance. Base militaire, comptoir d'échanges avec le Moyen-Orient, lien entre l'Italie et l'arrière-pays, le port de Pula acquiert le statut de colonie en 43 av. J.-C. Il s'habille de beaux monuments, s'enrichit du produit de ses terres - vigne et huile d'olive - et de la mer. Dotée de nouvelles enceintes, la ville s'étend sur l'ensemble de la colline, selon le plan concentrique qu'on lui connaît aujourd'hui, et relègue Nesactium au second plan. À la chute de l'empire romain d'Occident (476), elle passe successivement aux Ostrogoths, aux Byzantins (VIe-VIIIe s.) et aux Francs. Au XIe siècle, elle se rapproche de Venise, avant de devoir accepter sa "protection" en 1331. Un demi-siècle plus tard, la cité portuaire subit une lourde défaite face aux Gênois. Détruite, pillée, frappée par les épidémies, elle est peu à peu désertée. En 1631, elle ne compte plus que 300 habitants. Néanmoins son port reste actif, ses vestiges fascinent et continuent d'inspirer les artistes. Cédée, comme toute l'Istrie, aux Habsbourg, en 1797, elle reprend vie en 1856 quand les Autrichiens y construisent un arsenal qui devient bientôt le principal port de guerre austro-hongrois. Pula s'agrandit et s'industrialise. Elle compte 60 000 habitants en 1918, lorsqu'elle passe sous le contrôle de l'Italie. L'entre-deux-guerres est marqué par une récession économique et la Seconde Guerre mondiale vaut à la ville de lourds bombardements alliés. En 1947, elle entre dans la fédération de Yougoslavie et panse peu à peu ses blessures. La construction navale se poursuit et le tourisme, à partir des années 1970, explose.

MODE D'EMPLOI

accès

EN VOITURE

Pula est située 270km au sud-ouest de Zagreb, à 110km de Rijeka par l'autoroute (A1, A6, A7, A8 puis A9), et 120km au sud de Trieste.

EN AVION

La compagnie à bas prix Easyjet propose des liaisons directes avec Paris-CDG (3/sem.) en saison seulement. Sinon, il faut passer par Zagreb, avec Croatia Airlines (2 ou 3 liaisons/j.).
Aéroport / Zračna Luka Pula L'aéroport international de Pula se trouve 6km au nord-est du centre-ville. Navettes en bus 15min, 30kn (23kn en ligne), env. 120kn en taxi. *Valtursko polje 210 Tél. (052) 530 105 www.airport-pula.hr*

EN TRAIN

Quatre trains/j. pour Zagreb (6h-8h de trajet), un train pour Ljubljana (4h ou 5h).
Gare ferroviaire / Željeznički kolodvor (plan 5, A1) *Kolodvorska 7 (sur les quais, au nord de la vieille ville) Tél. (052) 541 733 www.udaljenosti.com*

EN CAR

Les compagnies Arriva-Autotrans et Brioni Pula relient quotidiennement Pula aux principales villes d'Istrie (Labin, Pazin, Rovinj, Poreč, Motovun) et au reste du pays (15-20 cars/j. pour Zagreb et Rijeka, 1 à 3 pour Zadar, Split et Dubrovnik).

Gare routière / Autobusni kolodvor (plan 5, B1) *Trg Istarske Brigade bb (au nord de la ville, à 10min à pied du centre) Tél. (060) 30 40 90*

EN BATEAU

Une à deux liaisons/sem. avec **Venise (Italie)** en saison par Adriatic Lines. Pula est également desservie par la compagnie Triestelines partant de **Trieste (Italie)** et passant par **Rovinj** (6/sem. en été). La ville dispose de 2 marinas, l'une au cœur de la cité, l'autre au sud, à Veruda.

Adriatic Lines *Obala maršala Tita 16 Tél. (052) 451 200 http://adriatic-lines.com*

Triestelines *www.triestelines.it*

ACI Marina Pula (plan 5, A2) *Riva 1 Tél. (052) 219 142 www.aci-marinas.com*

Tehnomont Marina Veruda *Prekomorskih brigada 12 (5km au sud de la vieille ville) Tél. (052) 224 304 www.marina-veruda.hr*

Capitainerie *Tél. (052) 222 037*

orientation

La plupart des sites sont regroupés le long d'axes concentriques qui suivent le plan de la ville romaine, autour de la forteresse vénitienne, perchée sur une colline. Kandlerova (plan 5, A2), et Sergijevaca (plan 5, A3), principale rue piétonne de la vieille ville, débouchent sur le Forum, centre de toutes les activités. L'amphithéâtre se trouve au nord. À l'est de la colline, au-delà de l'arc des Serge et des Giardini, Flanatička donne sur Narodni trg et le marché municipal. Environ 4km au sud, se trouvent les hôtels de Verudela et à l'ouest, la presqu'île de Stoja avec son camping.

circuler

EN BUS

La compagnie Pulapromet dessert efficacement la ville et ses environs. Ligne 1 pour la presqu'île de Stoja (toutes les 20min), 2A et 3A pour Verudela (même fréquence), 21 pour Fažana et Peroj (8-16/j.), 22 pour Vodnjan (7-13/j.), 25 pour Medulin (8-14/j.), 28 pour Premantura (4-9/j.). Ticket pour l'agglomération : 7kn dans les kiosques, 11kn à bord.

Pulapromet *Starih Statuta 1a Tél. (052) 222 677 http://pulapromet.com*

EN VOITURE

Le périphérique (Cesta prekomorskih brigada) est coupé par plusieurs radiales qui permettent d'accéder directement à la vieille ville. Si vous arrivez en voiture, suivez les panneaux *centar* jusqu'aux parkings. Vous en trouverez un devant l'amphithéâtre. Vous pénétrerez ensuite dans le centre historique de la ville, lequel est réservé aux piétons, par les rues

Tableau kilométrique

	Pula	Grožnjan	Labin	Pažin	Poreč	Rijeka	Umag
Grožnjan	75						
Labin	45	70					
Pažin	55	35	35				
Poreč	60	30	65	35			
Rijeka	110	80	60	55	90		
Umag	85	20	90	60	35	100	
Zagreb	270	240	220	215	250	165	260

Istarska et Amfiteatarska ou par la Riva, qui le contourne à l'ouest.

À VÉLO

Toutes les informations sur la pratique du vélo en Istrie sur le site www.istria-bike.com. Vous pourrez en louer notamment à l'une des adresses suivantes.

☺ **Pula Bike** Pas de boutiques, mais livraison gratuite des vélos où vous le souhaitez. *Tél. 977 755 590 ou 977 378 077 www.pulabike.com*

Bike Planet (hors plan 5 par A3) *Sisplac 2 Tél. (052) 387 384*

EN TAXI

Station (plan 5, B2) *Sur Carrarina (près de la porte d'Hercule) Tél. (052) 223 228*

informations touristiques

Office de tourisme de Pula (plan 5, A2) Renseignements, billeterie (notamment pour les îles Brijuni) et d'excellentes brochures gratuites et en français pour découvrir la région : *Istra Domus Bonus* pour la liste des chambres d'hôtes sur le littoral, *Istra Gourmet* pour les restaurants, et *Istra Countryside* pour visiter l'Istrie Verte. *Forum 3 Tél. (052) 219 197 www.pulainfo.hr Ouvert juin-sept. : lun.-ven. 8h-22h, sam.-dim. 8h-23h ; oct.-mai : lun.-ven. 9h-16h, sam.-dim. 9h-14h*

agences de voyages

Maremonti (plan 5, B2) Propositions de logement, location de voiture, scooter, vélo, excursions... *Zadarska ulica 2 Tél. (052) 384 000 http://maremonti-istra.hr*

adresses utiles

Nombreuses **banques** dans la vieille ville, dans Flanatička et Zagrebačka. **Bureaux de change** à la poste, à côté de la pharmacie centrale, à la Zagrebačka banka et dans la plupart des grands hôtels. **Poste centrale** (son escalier vaut le détour !) place Dante ou Danteov trg (plan 5, A3).

Pharmacie centrale / Ljekarna Centar (plan 5, B2) *Giardini 14 Tél. (052) 222 551 Ouvert tlj. 7h-21h Service de nuit 21h-7h (sonner à l'interphone sur le côté)*

fêtes et manifestations

Festival du film de Pula Le rendez-vous culturel majeur de l'été, depuis 1953. Une trentaine de films de sélection internationale projetés dans l'un des plus grands cinémas en plein air du monde : l'amphithéâtre. *Tél. (052) 393 321 www.pulafilmfestival.hr Mi-juil.*

Dimensions/Outlook Festival Deux festivals d'importance européenne consacrés à la musique électronique, qui se tiennent dans un fort abandonné, quelques kilomètres au nord de Pula. *Tvrđava Punta Christo www.dimensionsfestival.com www.outlookfestival.com Fin août et début sept.*

DÉCOUVRIR

Pula

☆ **Les essentiels** L'amphithéâtre romain, l'arc de triomphe des Serge **Découvrir autrement** Faites une pause dans l'un des cafés du forum de Pula, promenez-vous sous la ville dans les souterrains qui servirent d'abri anti-atomique

☆ ☺ **Amphithéâtre / amfiteatar (plan 5, B2)** L'emblème de Pula et sa plus belle couronne ! Construit sous Auguste, à flanc de colline, au nord-est de la cité romaine, il fut agrandi par Vespasien (69-79), à la demande, dit-on, de sa maîtresse Celida, native de Pula. Comptant parmi les six plus vastes amphithéâtres romains encore debout, il dessine une ellipse de 133m sur 105m à quatre registres d'arcades et un rang de fenêtres carrées. Il accueillit jusqu'au ve siècle des combats de gladiateurs et de fauves auxquels pouvaient assister quelque 24 000 spectateurs. Une partie de ses trente rangées de gradins a disparu, l'édifice ayant servi de carrière de remploi au Moyen Âge. Mais le reste est intact. Les sous-sols, où l'on préparait les combattants et retenait les fauves en cage, abritent une exposition sur l'oléiculture et la viticulture en Istrie depuis l'Antiquité. Et l'arène prête son cadre à différents festivals et concerts, dont le fameux Festival du film de Pula. *Flavijevska bb Tél. (052) 219 028 Ouvert été : tlj. 8h-0h ; printemps, automne : tlj. 9h-20h ; hiver : tlj. 9h-17h Tarif 50kn, réduit 25kn*

Cathédrale Sainte-Marie / katedrala Sv. Marije (plan 5, A2) La première église est bâtie au IVe siècle sur les fondations d'un temple romain. Doublée d'un second sanctuaire - Saint-Thomas (Sv. Toma) - au Ve siècle, elle est reconstruite après avoir été incendiée par les Vénitiens en 1242, puis restaurée au XVe siècle et agrandie en 1640. Sous son fronton d'inspiration classique, la façade est de style Renaissance. L'intérieur est fort simple : murs ocre, colonnes à chapiteaux et arcades en plein cintre. Un sarcophage romain du IIIe siècle tient lieu de maître-autel, tandis que les pierres des arènes ont servi à construire son campanile. *Kandlerova 19 Ouvert été : tlj. 10h-17h Messes à 8h (croate) et 9h (italien)*

☺ **Forum (plan 5, A2)** Si le Forum a perdu sa fonction, il n'en demeure pas moins le centre de la vie sociale (avec le marché) et politique de Pula. Une pause dans l'un des cafés qui bordent l'esplanade vous laissera le temps de profiter au mieux de cet espace aéré et lumineux, tout en admirant le temple d'Auguste et l'hôtel de ville.

PULA ET LA TOISON D'OR
La fondation légendaire de Pula remonterait au vol de la Toison d'or, dérobée par Jason au peuple de Colchide, dans l'actuelle Géorgie. Avec la ferme intention de récupérer son bien, une armée poursuivit Jason et sa bande d'Argonautes jusqu'en Istrie. Mais, apprenant la mort du fils de leur roi, qu'ils interprétèrent comme un signe des dieux, ils mirent fin à leur poursuite et s'exilèrent à l'endroit même de son décès, dans un lieu qu'ils appelèrent Polis, d'où Pula.

Temple d'Auguste / Augustov hram (plan 5, A2) Le temple de Diane et le sanctuaire dédié à la triade capitoline (Jupiter, Junon, Minerve) ont disparu, mais ce petit temple élevé au Ier siècle en l'honneur du premier empereur romain dresse encore fièrement son portique à six colonnes corinthiennes, surmonté d'un solide fronton, au nord du Forum. Dans la cella, petite collection lapidaire du musée archéologique. *Sur le Forum Tél. (052) 351 300 Ouvert Pâques-sept. : lun.-ven. 9h-21h, sam.-dim. 10h-15h Tarif 10kn, réduit 5kn*

Hôtel de ville / Gradska palača (plan 5, A2) Élevé en 1296 sur des édifices plus anciens, ce palais de style roman tardif fut remanié dans le style gothique, baroque, Renaissance (sa belle loggia), et enfin restauré au XVIIe siècle. Il abrite toujours les autorités de la ville. *Forum*

Couvent et église Saint-François / Samostan i Crkva Sv. Franje (plan 5, A2) Sa construction commence au XIIIe siècle, peu après l'installation des Franciscains à Pula. L'église, de style gothique, n'est achevée qu'en 1314, et elle est remaniée au XVe siècle, comme l'attestent son portail monumental et sa rosace de style gothique flamboyant. Sa vaste nef unique, aux hauts murs de pierre coiffés d'un plafond à charpente apparente, est d'une austère majesté. De grandes baies illuminent le chœur et les trois absides, chacune précédée d'un imposant arc triomphal en ogive. Derrière le maître-autel trône un très précieux polyptyque du XVe siècle en bois polychrome. Du monastère, on retiendra le cloître – transformé en musée lapidaire – aux murs couverts de frises et de bas-reliefs du haut Moyen Âge. Seuls deux moines utilisent encore sa salle capitulaire et son réfectoire. *Uspon sv. Franje Asiškog 9 Tél. (052) 222 919 Ouvert juin-sept. : tlj. 10h-18h ; oct.-mai : tlj. 10h-13h et 15h-17h Tarif 9kn*

L'ISTRIE

Mosaïque romaine / Rimski mozaik (plan 5, A3) Cette mosaïque des IIe-IIIe siècles représente les jumeaux Amphion et Zéthos, fils de Zeus et d'Antiope, s'apprêtant à attacher leur grand-tante Dircé aux cornes d'un taureau, pour la punir d'avoir persécuté leur mère. La scène mythologique est magnifiée par un ensemble de motifs floraux et géométriques, méandres et frises à palmettes d'une grande délicatesse. *Dans un parc qui longe Sergijevaca en venant du Forum*

Chapelle Sainte-Marie "Formoza" / Bazilika Sv. Marije Formoze (plan 5, A3) De la basilique paléochrétienne Sainte-Marie, édifiée dans la seconde moitié du VIe siècle, il ne reste qu'un pan du mur nord de l'église et l'une des deux chapelles latérales, en forme de croix grecque. Posé à l'entrée d'un parc, ce petit chef-d'œuvre de l'art byzantin paraît bien seul, mais son charme n'en est que plus grand. Les Vénitiens l'ont dépouillé de ses marbres et de ses mosaïques, ne laissant que les fragments exposés au musée archéologique d'Istrie. *Flaciusova*

☆ Arc de triomphe des Serge / Slavoluk Sergijevaca (plan 5, B3) La plus belle porte de Pula fut érigée à la fin du Ier siècle av. J.-C. en l'honneur de trois frères, membres de la famille patricienne des Serge, pour les services qu'ils avaient rendus à la ville. Sa façade ouest (intérieure) présente une riche ornementation parfois symbolique : grappes de raisin, Victoires ailées, serpent entre les serres d'un aigle... Communément appelée "porte Dorée", elle se distingue en réalité de la véritable *porta Aurea*, démolie au XIXe siècle, qui s'élevait à côté, à l'entrée de la rue principale menant au Forum. *Entre Portarata et Sergijevaca*

Marché municipal / Gradska tržnica (plan 5, B3) Le bel édifice Art nouveau en verre et acier (1903) abrite le marché à la viande et au poisson. À l'extérieur, étals de primeurs, boutiques, cafés ; chahut, rires, bousculades… Bref, un haut lieu de la vie sociale pulanaise. *Narodni trg Ouvert tlj. 7h-14h*

Plan 5 Pula

Restauration ■ 10 à 14

Barbara **p.196**	**11**	**A2**
Kažun **p.197**	**13**	**B1**
Milan **p.196**	**12**	**A3**
Pizzeria Orfej **p.196**	**10**	**A2**
Scaletta **p.196**	**14**	**B1**

Cafés, bars et lieux de sortie ■ 20 à 25

Bounty Pub **p.189**	**20**	**B3**
Caffe Uliks **p.189**	**21**	**A3**
Centre culturel Karlo-Rojc **p.190**	**22**	**A3**
Club Uljanik **p.190**	**23**	**A3**
Kino Valli **p.189**	**25**	**B2**
Kunstkafe-Cvajner **p.189**	**24**	**A2**

Hébergement ■ 30 à 35

Amfiteatar **p.199**	**30**	**B2**
City Point Rooms **p.198**	**33**	**B2**
Riviera **p.198**	**34**	**B1**
Scaletta **p.198**	**35**	**B1**

Porte d'Hercule / Herkulova vrata (plan 5, B2) La figure tutélaire de Pula, dont on aperçoit une tête sculptée au sommet de la porte, a donné son nom à ce monument du Ier siècle av. J.-C. *Carrarina*

Musée archéologique d'Istrie / Arheološki muzej Istre (plan 5, A2) Confronté à des problèmes de gestion, le musée est actuellement fermé. Et pourtant, ces trésors sont nombreux : exhumés du sol de la péninsule, ils ont été étudiés et classés avec soin. Quand on connaît l'extraordinaire richesse de l'histoire régionale, le résultat est à la hauteur des attentes : au deuxième étage, bijoux, armes, ustensiles et pièces de monnaie antiques, une splendide mosaïque provenant de la chapelle Sainte-Marie (VIe s.), des lampes à huile des IVe-Ve siècles et un coffret en ivoire (IXe-XIe s.) d'une exquise délicatesse. Le premier étage est consacré à la préhistoire : fossiles, céramiques et objets de la vie courante retrouvés dans la région, notamment à proximité du fjord de Lim. Au rez-de-chaussée s'entasse une collection de bas-reliefs, mosaïques, chapiteaux, sarcophages et autres œuvres lapidaires antiques, paléochrétiennes et du haut Moyen Âge. *Carrarina 3 Tél. (052) 218 603 www.ami-pula.hr Fermé pour travaux de rénovation*

Souterrains / Zerostrasse (plan 5, A2) Creusés pendant la Première Guerre mondiale pour stocker des munitions, ce réseau de souterrains qui perforent la colline de kaštel sur 400m fut modernisé sous la domination italienne, puis aménagé et étendu après la Seconde Guerre pour servir d'abri à la population en cas d'attaque atomique, soit environ 50 000 personnes. Au point convergent de ces galeries bétonnées, une grande salle d'expositions sur l'histoire de l'arsenal. Étonnant et… froid (env. 18°C). *Carrarina (face au parc Krešimira, entrée près du Musée archéologique) Tél. (052) 211 566 www.ppmi.hr Ouvert juin, sept. : tlj. 10h-20h ; juil.-août : tlj. 10h-22h Tarif 15kn, réduit 5-10kn*

PULA CARD
Elle vous permet pour 90kn (réduit 40kn) d'entrer à l'amphithéâtre, au temple d'Auguste, aux souterrains et à trois musées, dont le musée d'Histoire (fort vénitien).

Porte Double ou porte Géminée / Dvojna vrata (plan 5, A2) L'une des entrées de la ville romaine. Composée de deux arcs symétriques, dont il reste quelques ornements, elle a été construite à la charnière des IIe et IIIe siècles. La route qui la reliait alors à l'amphithéâtre se poursuivait, au nord, jusqu'à Rijeka. À quelques pas de la porte, dans cette direction, subsistent encore les fondations d'un mausolée. La porte sert dorénavant d'accès au musée archéologique d'Istrie (côté sud). *Carrarina*

Théâtre romain / Rimski teatar (plan 5, A2) Il ne reste du petit théâtre construit au cours du IIe siècle à flanc de colline que des vestiges de la scène et quelques gradins. Le grand théâtre, aménagé sur le Monte Zaro, hors de l'enceinte romaine, a été détruit au XVIIe siècle. *Entre le Musée archéologique et le Kaštel*

Fort vénitien ou Kaštel / Mletačka utvrda (plan 5, A2) Le village istrien perché sur la plus haute colline de Pula laissa place au capitole romain, puis à un fort médiéval, avant que les Vénitiens confient au Français Antoine de Ville les plans de cette forteresse (1630) dont le chemin de ronde offre une excellente vue sur la ville. Le château quant à lui abrite le musée historique d'Istrie (Povijesni muzej Istre). Plusieurs lettres, photographies, plans et maquettes, une proue de navire, quelques meubles du XVIIIe siècle... le strict minimum. Décevant donc. *Gradinski uspon 6 Tél. (052) 211 566 www.ppmi.hr Ouvert avr.-sept. : tlj. 8h-21h ; oct.-mars : tlj. 9h-17h Tarif 20kn, réduit 5-10kn*

Galerija MMC Luka (plan 5, B2) Galerie d'art contemporain et centre multimédia : voilà une petite dose de modernité parmi toutes ces vieilles pierres ! *Istarska 30 Tél. (052) 214 408 ou 098 405 527 Ouvert lun.-ven. 9h-15h et 17h-20h ; sam. 10h-14h Entrée libre*

Aquarium Il est installé dans l'ancien fortin de Verudela, construit en 1886 pour protéger l'entrée de l'arsenal de Pula, alors principal port militaire de l'empire austro-hongrois. Et cet écrin, tout autant que son contenant, justifient une visite de l'aquarium de Pula. Ses 60 bassins, installés dans les douves, au rez-de-chaussée et au premier étage, donnent un aperçu très complet de la faune sous-marine en Adriatique et Méditerranée, ainsi que dans les lacs et les rivières d'Europe. Mais on peut aussi s'aventurer dans les tunnels et les escaliers jusqu'au toit du fortin, d'où la vue est inoubliable sur Pula et la campagne istrienne en arrière plan. Le site dispose également d'un centre de secours pour tortues de mer blessées, où les reptiles sont soignés avant d'être remis en mer. Petit snack dans les douves, très appréciable durant les grandes chaleurs. *Verudela bb (5km au sud de la vieille ville) Bus 2 et 3 Tél. (052) 381 402 ou (052) 381 403 Ouvert mai, oct. : tlj. 9h-20h ; juin, sept. : tlj. 9h-21h ; juil.-août : tlj. 9h-22h ; nov.-avr. : tlj. 9h-16h (dernière entrée 1h avant fermeture) Tarif 100kn, réduit 50-70kn*

Où boire un verre ?

Caffe Uliks (plan 5, A3 n°21) Le cadre évoque une cabine de bateau et l'enseigne le roman de James Joyce. De fait, l'auteur d'*Ulysse* (1922) dont la statue trône en terrasse logea dans l'immeuble lors de son séjour à Pula en 1904-1905, et, en bon Irlandais, fréquenta ce pub, le temps d'écrire *Les gens de Dublin*... L'établissement n'a guère changé depuis. *Trg Portarata 1 Tél. (052) 219 158 Ouvert juin-sept. : tlj. 6h-2h ; oct.-mai : lun.-sam. 6h-0h*

Kunstkafe-Cvajner (plan 5, A2 n°24) Installé dans une ancienne banque austro-hongroise du Forum, ce café-bar attire, du matin au soir, le gratin de Pula. Salle grandiose avec ses ornements Art nouveau, ses hauts plafonds italiens (1927) et ses fresques anciennes affleurant çà et là sur les murs. Le café abrite la galerie d'art moderne et contemporain Cvajner. *Forum 2 Tél. (052) 216 502 Ouvert été : tlj. 8h-1h ; hiver : tlj. 8h-22h*

Bounty Pub (plan 5, B3 n°20) Le plus populaire des pubs irlandais de la ville, à deux pas du marché central. *Verunska 8 Tél. (052) 218 088 Ouvert lun.-sam. 7h-23h, dim. 9h-21h*

Où aller au cinéma ?

Kino Valli (plan 5, B2 n°25) Films croates et étrangers en V. O. Comptez 27kn la séance. *Giardini 1 Tél. (052) 213 808 www.kinovalli.net*

Où assister à un concert rock ou électro ?

Centre culturel Karlo-Rojc / Kulturni centar Karlo Rojc (plan 5, A3 n°22) Construit en 1870, cet immense bâtiment (le plus grand de la ville) fut tour à tour une école militaire, une caserne, un centre d'accueil pour les réfugiés, un squat et enfin un centre culturel. Occupé légalement par une centaine d'associations et collectifs, c'est aujourd'hui un lieu alternatif ouvert en plein centre-ville, où l'on peut déambuler dans des couloirs couverts de milliers de graffitis, assister à des concerts, à des débats ou à des expositions, ou simplement boire un verre. Le centre organise également plusieurs festivals par an, dont en août le Media Mediterranea Festival consacré aux jeunes artistes, ou, depuis 1993, le Monteparadiso Hardcore Punk Festival. *Gajeva 3 http://rojcnet.pula.org*

Où danser ?

Club Uljanik (plan 5, A3 n°23) Dans ses deux salles ou à ses quatre bars, ce club réputé réunit depuis 1965 les différentes générations de la jeunesse pulanaise pour des soirées live ou DJ. Musique variée : rock, pop, techno, house. Grande terrasse avec une scène extérieure. *Dobrilina 2 Tél. 095 901 8811 www.clubuljanik.hr Ouvert jeu.-sam. 21h-6h*

Aller à la plage Il n'y a pas de plage dans le centre de Pula, il faut pousser jusqu'aux faubourgs de Stoja, Zelenika, Valkane, Valsaline, Saccorgiana et Verudela (bus 1, 2A, 3A), ou gagner la presqu'île de Premantura, dont les plages sont encore préservées, un peu plus au sud. Attention, plages de rochers essentiellement le long de la côte. Galets à Verudela (Ambrela et Hawaii Beach), à Stoja et à Premantura, par endroits.

Les environs de Pula

☆ **Les essentiels** Les momies de Vodnjan, le parc national des Brijuni
Découvrir autrement Parcourez les environs de Pula à vélo, et poussez jusqu'à l'extrême pointe de Kamenjak pour piquer une tête

Nesactium / Nezakcij De l'ancienne capitale des Histriens, qui dominaient la péninsule jusqu'à leur défaite face aux Romains en 177 av. J.-C., ne demeurent que des fondations partiellement restaurées et des murailles basses en pleine campagne. Un site habité depuis l'Antiquité jusqu'au VIIIe siècle avant d'être rasé par les Slaves et redécouvert par hasard dans les années 1900. Dans le musée minuscule et gratuit, quelques objets trouvés sur place et la description de la redécouverte du site au XIXe siècle. *13km au nord-est de Pula, après l'aéroport Ouvert haute saison : 9h-12h et 16h-20h ; basse saison : 9h-12h et 14h-17h Entrée libre*

☆ **Vodnjan** Ce village, apparu sur la carte avec l'Empire romain qu'il fournissait en vin et en huile d'olive, vit encore de cette production. Les ruelles pavées bordées de petites maisons de pierre de son centre baroque grimpent vers l'église Saint-Blaise, la plus haute d'Istrie, qui fut construite de 1761 à 1800 sur les vestiges d'une église préexistante. Elle présente toutes les caractéristiques du baroque tardif, à commencer par son ornementation, et abrite une remarquable collection d'art sacré et de corps saints (Zbirka Sakralne umjetnosti i tjelesa svetaca), apportée de Venise au XIXe siècle. On y découvre les corps momifiés de plusieurs saints (dont celui du Bienheureux Leone Bembo, vicaire vénitien et ambassadeur en Syrie au XIIe siècle, et celui de Nicolosa Bursa, sainte qui prédit le jour de sa mort, le 23 avril 1512, et qu'on dit responsable de nombreuses guérisons miraculeuses). Ne manquez pas les manuscrits anciens, les vêtements sacerdotaux, les statuettes baroques, les peintures (deux Madones du XVe siècle et un triptyque réalisé au XIVe siècle par Paolo Veneziano), ainsi que la bonne centaine de reliquaires (XIIIe-XVIIIe s.), dont l'un est censé contenir une épine de la couronne du Christ. *16km au nord-est de Pula (bus 22)* **Église Saint-Blaise / Crkva Sv. Blaža** *Župni trg Tél. (052) 511 420 Ouvert juin-sept. : lun.-sam. 9h-19h, dim. 12h-17h ; oct.-mai sur rdv Tarif église 15kn, réduit 7kn, momies ou musée 55kn, réduit 30kn, visite complète 75kn, réduit 45kn*

Aller à la plage

☺ **Cap Kamenjak** À une douzaine de kilomètres de Pula, à l'extrême pointe sud de la péninsule istrienne, ce cap protégé, épargné de toute construction, est bordé par 30km de rivages découpés. Au hasard des chemins et sentiers qui le parcourent se succèdent plages et falaises, d'où les jeunes se jettent dans la mer cristalline. Que l'on recherche la tranquillité d'une crique déserte ou la pratique conviviale de sports nautiques, on y trouvera son bonheur. Plusieurs bars type paillotte jalonnent la côte, dont le Safari, à l'ouest, qui sert une petite restauration fort acceptable (repas env. 60kn) dans un décor à la Robinson Crusoé. Location de vélos, kayak de mer, planches à voile au centre de windsurf de Premantura (p.191). Également un bar-restaurant façon paillotte en pleine nature, le Safari Bar, sur la côte ouest du Cap. *De Pula, dir. Premantura, puis chemin poussiéreux et caillouteux sur 2-3km après le péage pour les voitures (40kn)*

Pratiquer la plongée, la planche à voile

Les fonds marins autour de Pula regorgent de nombreuses épaves coulées durant les deux guerres mondiales, de fosses riches en poissons ou de grottes sous-marines, terrains de jeu parfaits pour la plongée.

Orca Diving Center Toutes prestations de plongée, au départ de la presqu'île de Verudela. ***Punta Verudela** (5km au sud de la vieille ville, devant l'hôtel Histra) Tél. 098 990 4246 ou 097 603 8966 www.orcadiving.hr*

Diving Center Indie Centre de plongée de Banjole. Comptez 130kn la location de l'équipement complet, 440kn la plongée découverte. *Banjole Camping Indie **Banjole** (10km au sud-est de Pula) Tél. 098 698 622 www.istradiving.com*

Centre de windsurf de Premantura Pour découvrir le cap Kamenjak. Location de vélo (20kn/h), de kayak de mer (40kn/h) ou de planche à voile (70kn/h), excursions, cours de voile ou de windsurf... *Camping Stupice **Premantura** (12km au sud de Pula, sur la côte est de la presqu'île) Tél. 091 512 3646 www.windsurfing.hr*

Se balader à vélo

On peut suivre à vélo différents parcours aménagés par l'office de tourisme : le circuit des Gladiateurs romains (41km), entre Pula et Medulin, celui des Orchidées, dans la presqu'île de Premantura (une vingtaine

GEOPLUS

Quatre jours en Istrie

Collines nimbées de vignes, de terre rouge et de lumière douce, rivages sauvages, rivieras Belle Époque, villages médiévaux perchés, vallées encaissées, gouffres, grottes, caves à vin, truffes... Sur une superficie de 3 600km², l'Istrie est un condensé d'histoire et de paysages. Pour peu que l'on dispose d'une voiture, on peut faire en quatre jours un voyage à travers le temps à la rencontre des dinosaures, des Romains, des navigateurs vénitiens, et des occupants austro-hongrois, italiens ou même français.

Premier jour

Gardez la visite de Pula, capitale de l'Istrie, pour la fin de votre séjour et consacrez cette première journée à l'exploration de la côte jusqu'à Rovinj.

MATINÉE

Archipel des Brijuni (p.195)
Optez pour le dépaysement total et embarquez pour cet archipel de 14 îles verdoyantes et idylliques (embarcadère à Fažana, 7km au nord-ouest de Pula).

APRÈS-MIDI ET SOIRÉE

14h **Vodnjanka** (p.197) Au retour des îles, rendez-vous à **Vodnjan** (p.190), à 6km de Fažana, pour savourer votre premier repas istrien, en contemplant les toits du village de la terrasse du restaurant Vodnjanka. Goûtez à l'envi vos premières truffes ou asperges sauvages.
17h **Bale** (p.206) Mettez vos pas dans ceux de Casanova, le séducteur, en arpentant les ruelles médiévales de Bale (11km de Vodnjan), puis faites une pause à l'ombre des terrasses de l'auberge **Kamene Priče** (p.209).
19h **Rovinj** (p.200) Le moment est venu de poser ses bagages. Rovinj la Vénitienne est l'une des perles cachées de l'Adriatique. Profitez de la fraîcheur du soir pour déambuler dans ses venelles colorées qui grimpent vers l'église Sainte-Euphémie. De la terrasse, devant l'église, admirez le coucher du soleil, souvent inoubliable.
20h30 **Restaurant Monte** (p.209) En contrebas de l'église, sa pergola avec vue sur mer est l'endroit approprié pour manger du poisson ou des crustacés, service attentionné compris...
22h30 **Valentino** (p.205) Pour terminer en beauté, un dernier verre au bord de l'eau, dans les confortables fauteuils de ce bar à cocktails, avec chandelles, bruit des vagues, ambiance jazzy et spots sous-marins qui attirent les poissons.

Deuxième jour

Remontez le littoral vers Poreč et Novigrad en passant le fjord de Lim, avant de terminer la journée dans les terres, à Brtonigla.

MATINÉE

9h **Café Circolo-Ex Novo** (p.205) Prenez un petit déjeuner sur le port de Rovinj, avant de faire un tour au marché aux fruits et légumes et d'emprunter la route vers le canal de Lim.

11h Ria de Lim (p.207) Enfoncez-vous dans le fjord de Lim, avec ses parois abruptes de plus de 100m de haut, faites une petite excursion en barque dans la ria avant de déjeuner de crevettes ou d'huîtres au **Viking** (p.209), les pieds dans l'eau.

APRÈS-MIDI ET SOIRÉE

15h Poreč (p.212) Rejoignez la ville romaine de Poreč et sa magnifique **basilique euphrasienne** (p.214) avec ses mosaïques classées.

16h30 Torre Rotonda (p.217) Faites une pause sur la terrasse aménagée au sommet d'une des tours de la ville, et prenez de la hauteur par rapport à l'agitation des quais en contrebas.

17h30 Novigrad (p.218) À 18km de Poreč, ses venelles pittoresques et ses maisons déclinent l'ocre, du rouge au jaune. Après la visite, piquez une tête à l'ombre de ses remparts.

19h Brtonigla (p.218) Posez vos bagages à l'**hôtel San Rocco** (p.224) de Brtonigla (à 10km de Novigrad) et offrez-vous un massage énergisant à l'huile d'olive dans son centre de remise en forme avant une pause au bord de la piscine.

21h Konoba Morgan (p.221) À l'heure du dîner, pour changer du poisson, essayez une cuisine de terroir où les viandes sont à l'honneur, sanglier en sauce ou bœuf braisé. Un cadre idyllique au crépuscule.

Troisième jour

Quittez l'Istrie bleue et ses eaux transparentes pour l'intérieur des terres aux villages perchés et à la gastronomie délectable.

MATINÉE

9h Grožnjan (p.230) Rejoignez de bon matin ce village d'artistes, point de départ idéal pour une journée médiévale. Régalez-vous d'un smoothie ou d'un jus de fruits frais sur les remparts au très zen **Kaya Bar** (p.230), puis flânez dans les ruelles inchangées depuis le Moyen Âge, si ce n'est les nombreuses galeries d'art et d'artisanat qui y ont fait florès.

11h Motovun (p.226) Visible depuis Grožnjan, Motovun est l'archétype du village médiéval perché. Grimpez jusqu'à la place centrale par une rue assez raide aux pavés arrondis, puis passez sous la double porte vénitienne, avant de vous laisser tenter par les produits locaux de **Kastel** (p.237), sur une terrasse à l'ombre des marronniers, et profitez du panorama à couper le souffle (mais pas l'appétit) sur la vallée de la Mirna.

APRÈS-MIDI ET SOIRÉE

14h30 Karlić (p.233) Chassez la truffe noire avec la famille Karlić : au programme, balade dans les environs du lac de Butoniga, initiation avec leur chien aux techniques de repérage, puis dégustation et/ou vente de truffes.

17h30 Buzet (p.231) Autre village fortifié au bout d'une longue vallée bordée de falaises et de forêts profondes, Buzet est considéré comme la capitale croate de la truffe.

20h Stara Oštarija (p.238) Après une balade dans la vieille ville, offrez-vous un repas entier à base de truffes, de l'entrée au dessert, avec vue sur la vallée et les évolutions des parapentistes.

GEOPLUS

Quatrième jour

Le matin, profitez encore un peu de Buzet avant de vous diriger vers Hum et son allée glagolitique, et de reprendre la route de Pula, où vous finirez votre séjour dans l'amphithéâtre au crépuscule.

MATINÉE

9h **Musée régional de Buzet** (p.231) Après le petit déjeuner sur les remparts de la ville, visitez ce musée pour vous familiariser avec la riche et très ancienne histoire de l'Istrie centrale.
11h **Allée glagolitique** (p.231) Le long des 7km de la route pittoresque reliant le village de Hum, découvrez ces 11 monuments installés en l'honneur des fondateurs et précurseurs de l'alphabet glagolitique, ancêtre du cyrillique.
12h **Hum** (p.231) Si vous avez le temps, faites une pause dans le bucolique village de **Kotli** (p.231), niché dans son écrin de verdure au creux du lit de la Mirna. Franchissez le petit pont branlant jusqu'au moulin à eau, prenez un rafraîchissement dans l'auberge dominant la rivière, et baignez-vous dans des trous d'eau ou sous la cascade selon la saison. Sinon, rejoignez directement le hameau perché de **Hum**, berceau médiéval de l'écriture glagolitique. Laissez-vous pénétrer par le charme qui se dégage de cette “plus petite ville du monde”, puis déjeunez de viande fumée et de truffes à la **Humska Konoba** (p.238). Prenez un verre de *biska*, l'eau-de-vie traditionnelle istrienne, pour la disgestion.

APRÈS-MIDI ET SOIRÉE

14h **Pazin** (p.229) Prenez l'autoroute A8 (Rijeka-Pazin) pour rejoindre Pazin, 20km au sud, au centre de l'Istrie, et au carrefour des grandes routes. Visitez la Ville-Haute, avec son château fort posé au bord du gouffre, et abritant le musée ethnologique. À la suite de Mathias Sandorf, enfoncez-vous dans les entrailles de la terre en longeant les berges de la rivière Pazinčica.
16h30 **Pula** (p.181) Pour rejoindre Pula, à 55km, reprenez l'A8 vers le sud, puis l'A9. Flânez dans Kandlerova et Sergijevaca, les principales artères piétonnes qui cernent la forteresse vénitienne au sommet de la colline. Entre le **temple d'Auguste** (p.185) et le palais vénitien abritant l'**hôtel de ville** (p.185), goûtez l'ambiance et l'équilibre de la place du Forum, centre de la vie sociale pulanaise.
18h **Uliks** (p.189) Faites une pause dans ce bar où James Joyce avait ses habitudes, puis admirez l'**arc de triomphe des Serge** (p.186), la plus belle porte d'entrée de la vieille ville.
19h **Amphithéâtre romain** (p.185) Visitez au crépuscule l'amphithéâtre romain, emblème de la ville. Dans l'Antiquité, il pouvait accueillir jusqu'à 24 000 spectateurs pour des combats de fauves et de gladiateurs. Aujourd'hui, de nombreux concerts y sont organisés.

de kilomètres) ou encore Curiositas Histriae (67km) qui, de Medulin, passe par Pula, Fazana, Vojdnan et Marcana. Renseignements et documentation à l'office de tourisme et sur le site www.istria-bike.com.

Randonner à cheval

Samy's Ranch Pour une balade de quelques heures ou une randonnée de plusieurs jours. *Ližnjanska bb **Medulin** (10km au sud-est de Pula) Tél. 098 170 6946 www.samys-ranch.com*

☆ Le parc national des Brijuni

Quatorze îles dispersées sur 7,42km², au large de Fažana, forment le parc national des Brijuni (Nacionalni Park Brijuni). Veli Brijun, la plus grande, fut colonisée par les Romains puis par les Byzantins, avant de se retrouver, à la fin de la domination vénitienne, abusivement déboisée, sans ressources, rongée par la peste et le paludisme. Elle est pratiquement inhabitée quand, au milieu du XIXe siècle, entre en scène Paul Kupelwieser, l'homme de la providence. Entouré de spécialistes (dont le Dr Koch), cet industriel autrichien rachète l'île, brûle la garrigue et les zones défrichées pour replanter une belle et vaste forêt. Biches, cerfs, mouflons, zèbres, antilopes, lamas, autruches : des animaux sauvages sont introduits dans ce grand jardin d'acclimatation qui va peu à peu se repeupler. Bientôt, on aménage des chemins et des clairières, et l'aristocratie autrichienne et étrangère de la Belle Époque prend d'assaut les villas et hôtels de luxe qui poussent sur son rivage. En 1947, le maréchal Tito s'y fait construire une résidence secondaire. En 1983, trois ans après sa mort, l'archipel est classé parc national. Il compte aujourd'hui 680 espèces végétales. *Embarcadère à Fažana (7km au nord-ouest de Pula, bus 21, billet 15kn) De 4 à 12 liaisons/j. avec Veli Brijun selon la saison (durée de la traversée 15-20min) Vélos personnels interdits sur l'île, mais possibilité d'en louer sur place Visites guidées en été (8 ou 9 excursions/j. de 8h à 15h, durée totale env. 4h) pour les groupes en français, anglais, etc., tarif 210kn, réduit 105kn, transfert compris **Bureau du parc** Brionska 10 **Fažana** Tél. (052) 525 882 ou (052) 525 888 www.np-brijuni.hr*

Veli Brijun Seule île ouverte au public, Veli Brijun est le point de rendez-vous des délégations étrangères, personnalités politiques et vedettes de cinéma. Certains animaux ont disparu, mais le cadre, idyllique, est resté… Pour le découvrir, vous pouvez y réserver une chambre ou louer une villa, solution la plus onéreuse ; participer à une excursion en petit train électrique, option un peu frustrante (interdiction de s'éloigner des groupes, de se baigner...) ; ou louer un vélo (35kn/3h) et laisser le hasard décider de votre chemin. Mais d'une manière ou d'une autre, les surprises se multiplieront : vestiges d'un temple de Vénus, forteresse byzantine (Ve-VIIIe s.) ou encore l'église Saint-Germain du XVe siècle, reconstruite en 1910 et inaugurée par l'archiduc François-Ferdinand. Les villas, elles aussi, rythment l'histoire et la géographie de l'île : villas de Thomas Mann et de James Joyce, ruines d'une villa romaine dans la baie de Veriga (Ier s. av. J.-C.), villa Blanche (où, le 19 juillet 1956, Tito, Nasser et Nehru signèrent la *Déclaration des non-alignés*), villa Adriatica (où Tito amenait ses maîtresses). Sony, l'éléphant qu'offrit Indira Gandhi à Tito, vécut ici jusqu'à sa mort en 2010 – une statue lui rend hommage. Toujours bien vivant, un olivier est, lui, vieux de plus de 1 700 ans… Le dirigeant yougoslave, mis à l'honneur dans un petit musée, apparaît en noir et blanc avec Sophia Loren, Hô Chi Minh, Khrouchtchev et bien d'autres.

Jouer au golf

Golf de Brijuni Une île de milliardaires se devait d'avoir un golf. Ce fut chose faite en 1923 avec la création d'un parcours de 18 trous, considéré à l'époque comme l'un des plus grands d'Europe. En pleine nature, entre paysages maritimes ou champêtres, il n'a depuis rien perdu de son charme. Possibilité de louer tout le matériel sur place. Réservation au bureau du parc, 260kn/j. *Tél. (052) 525 888*

CARNET D'ADRESSES

Restauration

À Pula, les meilleures tables se trouvent souvent à l'extérieur de la ville, mais il ne manque pas de restaurants, de pizzerias et de cafés dans le vieux centre.

petits prix

Pizzeria Orfej (plan 5, A2 n°10) Entre le Forum et la cathédrale, sur la très passante Kandlerova, on vient déguster à l'intérieur, comme sur la terrasse ombragée, ses copieuses pizzas *Orfej*, *Napoletana* (aux anchois) ou *Fantazija* (complète) pour 30-40kn, l'un des meilleurs rapports qualité-prix de la ville. Également des pâtes (30-40kn), des grillades ou des calamars (35-55kn). *Konzula Istranina 1* ***Pula*** *Tél. (052) 214 405 Ouvert lun.-sam. 8h-23h, dim. 12h-23h*

Barbara (plan 5, A2 n°11) À quelques enjambées du Forum, l'adresse idéale pour déguster un poisson grillé (comptez 120kn l'assiette pour deux). Grande terrasse couverte. *Kandlerova 5* ***Pula*** *Tél. (052) 213 501 Ouvert tlj. 12h-0h*

prix moyens

☺ **Scaletta (plan 5, B1 n°14)** Un pavillon rempli de lumière, de couleurs, de verdure et de bonne humeur. Et une cuisine primée : raviolis maison aux scampis, filets de daurade au safran et homards grillés. Et pour arroser le tout, la bière bavaroise importée par les chaleureux propriétaires allemands ! Carte env. 150kn. *Flavijevska 26* ***Pula*** *Tél. (052) 541 025 www.hotel-scaletta.com Ouvert fév.-Noël : lun.-sam. 10h-23h, dim. 18h-23h*

Milan (plan 5, A3 n°12) Un hôtel-restaurant 3 étoiles de 12 chambres qui perpétue une longue tradition gastronomique à Pula. Dans un beau bâtiment de verre et de pierre, on savoure une cuisine moderne et précise où le dressage des assiettes est tout un art. Fruits

GAMME DE PRIX	RESTAURATION	HÉBERGEMENT
Très petits prix	moins de 75kn	moins de 300kn
Petits prix	de 75 à 120kn	de 300 à 450kn
Prix moyens	de 120 à 180kn	de 450 à 600kn
Prix élevés	de 180 à 250kn	de 600 à 1 100kn
Prix très élevés	plus de 250kn	plus de 1 100kn

de mer, crustacés et poissons sont les vedettes d'une carte évolutive qui suit le rythme des saisons et de la mer. Essayez la sélection d'entrées froides Milan ou le menu dégustation de 7 plats, et testez l'huile d'olive maison, la fameuse Terra Caviada. Très bons desserts. Accueil chaleureux et attentionné. Sur réservation. Comptez 95-175kn le plat, chambre double 700kn. *Stoja 4* ***Pula*** *(1,5km au sud du centre, au début de la péninsule de Stoja) Tél. (052) 300 200 www.milanpula.com Ouvert mai-mi-oct. : tlj. 12h-23h ; mi-oct.-avr. : lun.-sam. 12h-23h (restaurant)*

Kažun (plan 5, B1 n°13) Murs en pierres apparentes et larges tables de bois : voilà la véritable taverne istrienne ! Et une cuisine tout ce qu'il y a de plus authentique : risottos aux fruits de mer, *pršut*, préparations de scampis. Pâtes et pain maison. Prévoyez 120-180kn pour une entrée et un plat. *Vitasovićeva 2* ***Pula*** *(2km au nord du centre, par 43. Istarske Divizje) Tél. (052) 223 184 Ouvert lun.-ven. 11h-23h, sam.-dim. 12h-23h*

Dans les environs

prix moyens

Konoba Alla Beccaccia En attendant une navette pour les Brijuni, on pourra goûter la spécialité de cette *konoba* simple et retirée à la sortie de Fažana : la bécasse (*becaccia*) accompagnée de ses légumes du jardin. Également 12 chambres et 2 *family rooms* à louer. *Pineta 25* ***Valbandon*** *(env. 7km au nord-ouest de Pula, juste avant Fažana) Tél. (052) 520 753 www.beccaccia.hr Ouvert déc.-oct.*

prix élevés

Batelina Après avoir admiré la présentation des plats de poisson (en marinade, en carpaccio, en sauce, crus ou cuits) élaborée par le chef David Skoko, on aurait presque envie de ne pas y toucher... tellement ils sont beaux. Et puis on cède, et on se dit que l'on a bien fait, parce que c'est aussi bon que beau ! Une cuisine créative pour une affaire de famille (la sœur est en charge des desserts), dont la renommée commence à passer les frontières. Comptez au moins 150kn. *Cimulje 25* ***Banjole*** *(6km au sud de Pula) Tél. (052) 573 767 Ouvert tlj. 17h-23h*

☺ **Vodnjanka** Deux salles en enfilade. Dans la première, sombre et fraîche, d'étonnants portraits peints croquent dans des niches les anciens habitants de Vodnjan. Dans la seconde, plus claire, une cheminée et quelques casiers à bouteilles. Mais dans les deux, la gastronomie istrienne est à l'honneur, avec tout ce qu'elle compte de richesses et d'influences diverses, maritimes (poissons, crustacés) et terrestres (truffes, asperges, champignons), italiennes (risottos, pâtes) et continentales (goulash, gibier), comme dans les raviolis aux asperges sauvages ou le steak à la truffe noire. Goûtez également aux desserts locaux : *fritule* (beignets moelleux aux raisins secs), *kroštule* (beignets longs, secs et croquants) et délicieux gâteaux fourrés à la crème ou aux fruits. S'il ne fait pas trop chaud, préférez la terrasse avec une jolie vue sur les toits de la vieille ville. Plats 70-180kn. *Istarska bb* ***Vodnjan*** *(16km au nord-est de Pula) Tél. (052) 511 435 Ouvert lun.-sam. 11h-0h*

Hébergement

Comme souvent, les petits hôtels sont regroupés dans le centre de Pula (exception faite de l'impressionnant Riviera) et les gros complexes à la périphérie, près des plages. À Verudela, au sud de la ville, on trouve des centaines de chambres disponibles, identiques et fonctionnelles, pour 400-500kn la nuit. Quelle que soit la catégorie de l'hôtel, attendez-vous à une majoration de prix de 15 à 25% si vous y séjournez moins de 3 nuits. Vous trouverez des campings à Stoja, Premantura et Medulin ainsi qu'un grand nombre de chambres et d'appartements à louer. Ces derniers sont moins fréquents dans le centre de Pula. Les agences ci-dessous vous aideront à dénicher une chambre ou un appartement chez l'habitant à Pula et dans ses environs.

A-Turizam (plan 5, A2) *Kandlerova 24* ***Pula*** *Tél. (052) 212 212 http://a-turizam.hr*

Arena Tours L'agence gère également les réservations de nombreux hôtels, villages de vacances et campings, et propose un très agréable et original glamping (Arena One 99), aux superbes prestations. *Splitska 1* ***Pula*** *(hôtel Riviera) Tél. (052) 529 400 www.arenaturist.hr*

camping

Autocamp Stoja (hors plan 5 par A3) C'est le camping le plus proche de Pula (20min en bus) et l'un des plus agréables : 719 emplacements sur une petite presqu'île au sud-ouest de la ville, entre pinède et plage. Activités sportives et animations pour les enfants. Un peu plus de 250kn pour deux en juillet et août. Mobil-home pour 5 personnes avec vue sur mer 850kn. *Stoja 37* ***Pula*** *(3km au sud du centre, bus n°1) Tél. (052) 387 144 ou (052) 529 400 www.arenacamps.com Ouvert mi-mars-début nov.*

auberge de jeunesse

Pula Youth Hostel (hors plan 5 par A3) Une auberge de jeunesse que la proximité de la mer et des pins contribue à égayer. Toujours très animée en été. Self-service, tennis de table, volley, trampoline, musique non-stop (toute la journée...) et charmante petite plage. Chambres de 4, 6 ou 8 lits en pavillons et de 4 lits en mobil-homes. Mini-camping de 50 places (location de tentes possible). Assez loin du centre cependant. Compter 135kn/pers. en haute saison pour un lit en dortoir, 150kn dans un mobil-home et 80kn par pers. pour une place de camping. Carte internationale des AJ obligatoire (vendue sur place). *Valsaline 4* ***Pula*** *(2km au sud du centre-ville, bus n^{os}2 et 3, arrêt Villa Idola) Tél. (052) 391 133 www.hfhs.hr*

prix élevés

City Point Rooms (plan 5, B2 n°33) L'ancien hôtel Omir s'est refait une beauté en 2016. Installé aux portes de la vieille ville, à proximité du marché, des restaurants et des arrêts des bus desservant les plages, cet établissement privilégie le bois et les couleurs acidulées dans sa décoration, pour un confort basique mais tout à fait correct. Comptez à partir de 880kn la double en saison. *S. Dobrića 6* ***Pula*** *Tél. (052) 213 944*

Riviera (plan 5, B1 n°34) On ne choisit pas de poser ses valises au Riviera pour le confort et le cadre, très ordinaires, de ses 67 chambres, mais pour le plaisir de s'endormir derrière la belle façade Sécession d'un établissement centenaire, et surtout pour la vue imprenable sur le quai et la mer qu'offrent les derniers étages. À réserver, donc. Double à partir de 450kn, 650kn en saison. Attention, toutes les chambres n'ont pas la clim. Parking. *Splitska 1* ***Pula*** *Tél. (052) 211 166 www.arenaturist.hr*

Scaletta (plan 5, B1 n°35) Douze petites chambres propres, modernes

(TV, clim.) et quelconques. Un peu bruyantes, mais à deux pas de l'amphithéâtre et de la gare routière. Très bon restaurant. Double 730kn en été. *Flavijevska 26* ***Pula*** *Tél. (052) 541 025 www.hotel-scaletta.com*

Amfiteatar (plan 5, B2 n°30) À un jet de pierre de l'amphithéâtre, cet hôtel trois étoiles propose 18 chambres doubles modernes et confortables, dont certaines avec vue sur la mer. L'un des meilleurs rapports qualité-prix dans le centre historique. Double en saison à partir de 850kn. Parking 75kn/j. *Amfiteatarska 6* ***Pula*** *Tél. (052) 375 600 www.hotelamfiteatar.com*

prix très élevés

Valsabbion (hors plan 5 par A3) L'hôtel le plus select d'Istrie ne doit pas sa réputation à un luxe vain. C'est avant tout un lieu de vacances haut de gamme, où bien-être, confort et repos sont les maîtres mots : 10 chambres coquettes avec TV, clim., piscine d'hiver, centre de beauté et de remise en forme, spa, plage en contrebas, personnel aux petits soins et vue imprenable sur la baie de Veruda. Et au crépuscule, un apéritif plein de petites trouvailles culinaires qui rappellent que les propriétaires ont tenu longtemps l'un des meilleurs restaurants du pays. Comptez jusqu'à 2 500kn la double en saison, mais 1 000kn hors saison. *Pješčana uvala IX/26* ***Pula*** *(6km au sud de Pula, face au Verudski Kanal, bus 2 ou 3 jusqu'à Palisina, puis 10min de marche) Tél. (052) 218 033 www.valsabbion.net Fermé en jan.*

Dans les environs

prix moyens

Phare de Porer À 2,5km au large du cap Kamenjak, tout au sud de la péninsule, ce phare érigé en 1833 ne peut que séduire les fans de Robinson Crusoë : deux appartements pour 4 pers. sur un îlot rocheux en pleine mer, sans plage, mais cerné de forts courants. Mieux vaut savoir avec qui l'on s'y aventure... Comptez 990kn/j. l'appartement en été, à partir de 530kn en basse saison. Transfert Premantura-Porer AR 740kn/appartement. *www.lighthouses-croatia.com*

prix très élevés

Istra-Neptun Service affable, environnement délectable, il est difficile d'en dire autant du bâtiment lui-même, de ses couloirs interminables et de leurs alignements de chambres ternes de style socialo-titiste. Mais parce qu'on est aux Brijuni, il faut réserver (très) longtemps d'avance. Accès au parc, golf, tennis, possibilité de promenades à cheval, à vélo ou dans la Cadillac de Tito. Salons, café, spectacles organisés. Chambre double à partir de 1 200kn en été selon le confort, incluant les navettes (illimitées) entre l'île et le continent, et à partir de 455kn hors saison. Restaurant. ***Îles Brijuni*** *Veliki Brijun (accès en bateau à partir de Fažana, 8 départs/j.) Tél. (052) 525 807 www.np-brijuni.hr*

Villas de Veliki Brijun Isolement et situation privilégiée dans un cadre protégé, bref, la villégiature avec un grand V. Mais la tranquillité a un prix : d'abord, et surtout, il faut réserver près d'un an d'avance. Ensuite, prévoyez de 8 100 à 14 800kn/j. pour l'une des villas (4-8 pers.) en été. Renseignements au bureau du Parc (p.195). ***Îles Brijuni*** *Veliki Brijun (accès en bateau de Fažana, 8 départs/j.) Tél. (052) 525 887 www.np-brijuni.hr*

ROVINJ

52210

Du haut de ses 63 mètres, tel un phare guidant les visiteurs, le campanile vénitien de Rovinj se voit de loin. Puis, blottie sur sa presqu'île comme un petit Mont-Saint-Michel, apparaît la vieille ville, parfaitement préservée avec, majestueuse, la plus grande église baroque d'Istrie qui veille sur de vénérables façades s'étageant à flanc de colline. Refuge des artistes et des artisans d'art, cette cité de charme possède aussi une marina, et les plages qui frangent la forêt mixte de Zlatni Rt, au sud, comme la vaste pinède qui s'étend au nord de la cité, attirent chaque année des milliers d'estivants. Autant dire qu'on ne compte plus les restaurants de poisson sur son vieux port ni les hôtels dans les environs. À 13km de l'idyllique *Kanal* de Lim, Rovinj est tout simplement l'une des destinations les plus prisées de Croatie.

DE RUVIGNO À ROVINJ Ce n'est qu'au IVe siècle que les Romains installent un *castrum* (camp fortifié) sur l'île de Ruvigno. Jusqu'au IXe siècle, la cité subit les invasions, puis l'influence de Venise, mais elle s'efforce de conserver son autonomie communale. Passée sous domination vénitienne au début du XIVe siècle, elle poursuit son expansion. Au XVIe siècle, l'essor de sa population la fait sortir de ses remparts, et les fruits de l'agriculture viennent s'ajouter aux revenus tirés de la navigation et du commerce. En 1763, quand un remblai relie l'île au continent, 10 000 personnes vivent à Rovinj. Au XIXe siècle, la cité s'industrialise. On y construit une voie ferrée qui permet de rejoindre Kanfanar, et surtout une manufacture de tabac (1872), qui demeure le premier producteur de cigarettes. Dans les années 1960 le tourisme devient sa principale source de revenu et, une fois de plus, la ville se transforme.

MODE D'EMPLOI

accès

EN VOITURE

Rovinj se situe 35km (45min) au nord-ouest de Pula via Vodnjan et Bale, et 86km au sud-ouest de Rijeka par l'autoroute A8 et la 303.

EN CAR

Liaisons entre Rovinj et Zagreb (7 cars/j.), Rijeka (7 cars/j.), Dubrovnik (1 car/j.), Pula (10-20 cars/j.), Poreč (5-10 cars/j., dont certains s'arrêtent au *Kanal* de Lim et à Vrsar), Labin (4-6 cars/j.), Bale (9 cars/j.) et Kanfanar (3 cars/j.). Autres liaisons avec l'Italie (Trieste et Venise).

Gare routière / Autobusni kolodvor (plan 6, C1) Elle est située à l'est du centre historique, au bout de la rue Carera. *Trg na Lokvi 6 Tél. 060 333 111*

EN BATEAU

Le port de Rovinj (Luka) est relié à **Venise** (Venezialines) tlj. d'avr. à oct. Les îles de l'archipel de Rovinj sont desservies toutes les heures.

Venezialines *Tél. (052) 422 896 www.venezialines.com*
ACI Marina Rovinj (plan 6, C2) *Šetalište Vijeća Europe 1 Tél. (052) 813 133 www.aci-marinas.com*
Marina Vrsar *Obala Maršala Tita 1a Vrsar (30km au nord de Rovinj) Tél. (052) 441 052 www.montraker.hr*
Capitainerie de Rovinj *Tél. (052) 811 132*

orientation

Giuseppea Garibaldia relie la place Valdibora, qui accueille le marché principal, à la place Tito (Trg M. Tita) au sud, centre névralgique de Rovinj. Cette artère sépare également la presqu'île, dominée par l'église Sainte-Euphémie, de la ville moderne. Giuseppea Garibaldia donne par ailleurs sur Trg na Mostu, dont partent les grandes artères commerçantes, notamment Carera, rue qui rejoint la gare routière. Les grands complexes hôteliers s'étendent au nord et au sud de la ville.

circuler

EN VOITURE
Il vous faudra laisser votre véhicule sur l'un des deux parkings aménagés aux entrées de la vieille ville : au nord, le long de la mer sur Obala palih boraca (plan 6, B1), et au sud, sur Obala Vladimira Nazora (plan 6, C2). Le premier est vaste, le second petit, et les deux payants (env. 6kn/h en été).

EN BUS
Des bus font la navette entre le centre et les campings et zones hôtelières qui s'étendent au nord comme au sud de Rovinj. Départs de la gare routière (via Pietra Ive, à côté de Trg Valdibora, pour les navettes à destination du nord) toutes les 90min env.

EN TAXI
À la gare routière. *Tél. (052) 811 100 www.rovinj-taxi.net*

informations touristiques

Office de tourisme (plan 6, B1) Juste à côté de Trg M. Tita. Brochures d'informations gratuites. *Pina Budicina 12 Tél. (052) 811 566 www.tzgrovinj.hr*

agences de voyages

Les agences Country Club, Kompas et Globtour Turizam louent des chambres chez l'habitant (150-225kn/pers. selon la saison, tarif majoré pour moins de 3 nuits). Elles organisent également des excursions vers le *Kanal* de Lim et le parc des Brijuni.
Country Club *Sveti Anton 21* ***Rovinjsko selo*** *Tél. (052) 848 549 ou 098 212 051 www.country-club.hr*
Kompas (plan 6, B1) Sous la tour de l'Horloge. *Trg Maršala Tita 5 Tél. (052) 813 211 rovinj@kompas-travel.com*
Globtour Turizam (plan 6, B1) *Obala Alda Rismondo 2 Tél. (052) 814 130 info@globtour.com*

marchés, fêtes et manifestations

Marché (plan 6, B1) Il se tient tous les jours à Rovinj sur la place Valdibora. *Tlj. 6h-21h*
BaRoMus / Festival Barokne Glazbe Festival de musique baroque à l'église Saint-François et sur l'île Sainte-Catherine. *Fin juin-mi-juil.*
Fêtes d'été Concerts sur Trg M. Tita, au monastère franciscain ou devant l'église, rencontres culinaires dans des restaurants, expositions dans les galeries et, le 2e dim. d'août, grand déballage de tableaux sur Grisia... Renseignements à l'office de tourisme.
Festival Mali Škver En marge des concerts de musique classique, des

soirées traditionnelles sont organisées autour des *batana*, ces barques à fond plat d'origine vénitienne. Visite des derniers ateliers de construction, dégustation, procession nocturne aux flambeaux dans la baie. *Obala P. Budicina 2 Tél. (052) 812 593 www.batana.org Mi-juin-fin août : mer. et dim.*

Festival de danse et de théâtre non-verbal Spectacles de rue, performances, arts du cirque. ***Svetvinčenat*** *(24kn à l'est de Rovinj) www.svetvincenatfestival.com Fin juil.*

Last Minute Open Jazz Festival Dans le superbe village médiéval de Bale, un festival à taille humaine où on est en contact direct avec des musiciens du monde entier. *Castel 57* ***Bale*** *(13km au sud-est de Rovinj) Tél. (052) 824 235 www.kamene price.com 1re sem. d'août*

Festival international du film ethnographique / Etnofil(m) Projections de documentaires croates et internationaux, mais aussi ateliers de montages et de prises de vue. *www.etnofilm.com Mi-oct.*

adresses utiles

Plusieurs **banques** équipées de distributeurs dans le centre (rues Giuseppea Garibaldia, Carera, obala A. Negria...). **Change** dans la plupart des agences de voyages et des grands hôtels, à la Zagrebačka banka. La **poste centrale** est située Mattea Benussija, à côté de la gare routière.

Pharmacie Gradska ljekarna (plan 6, C1-C2) *Matteo Benussi bb Tél. (052) 813 589 Ouvert lun.-sam. 7h-21h, dim. 9h-12h*

Hôpital *Tél. (052) 811 011*

L'ISTRIE

DÉCOUVRIR

Rovinj

☆ **Les essentiels** La vieille ville, l'église Sainte-Euphémie **Découvrir autrement** Essayez-vous à l'escalade au cap Doré (Zlatni Rt)

☆ ☺ La vieille ville

La vieille ville (Stari Grad) a tout d'un tableau médiéval animé. Contrairement à Pula et à Poreč, elle échappa aux bombardements de la Seconde Guerre mondiale et put ainsi conserver tout son caractère. Afin d'en prendre la mesure, rien ne vaut une balade sur son chemin de ronde. On rejoindra ensuite l'arc des Balbi, sur la place du Maréchal-Tito, pour partir à la découverte de Stari Grad. Au hasard de la flânerie, vous grimperez d'une venelle pavée sous un toit de fils à linge à un passage voûté, vers une placette à une galerie sous arcades, vous arrêtant sous les porches. Pas d'édifice mémorable, mais une foule de détails remarquables : une fenêtre gothique, un balcon Renaissance, un lion vénitien sculpté dans la pierre… Et puis, si ce n'est déjà fait, Grisia, la rue des galeries d'art, finira par vous happer et vous mènera au sommet de la colline, sur le parvis de Sainte-Euphémie, où les touristes sont plus rares.

Place du Maréchal-Tito / Trg M. Tita (plan 6, B1) Lien entre le port et la cité, articulation majeure entre la vieille ville et la nouvelle, la place du Maréchal-Tito est le centre incontesté de Rovinj. C'est un lieu de rendez-vous et de

Plan 6 Rovinj

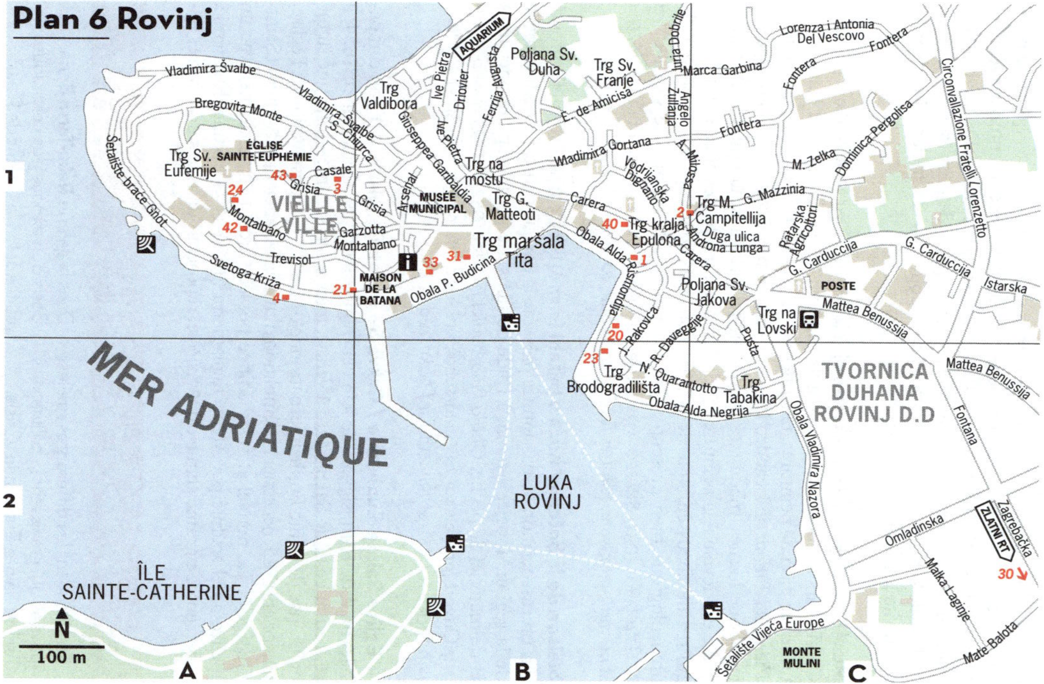

Cafés, bars et lieux de sortie ■ 1 à 4

Circolo p.205	2	B1-C1
Limbo p.205	3	A1
Rio Bar p.205	1	B1
Valentino p.205	4	A1

Restauration ■ 20 à 24

Amfora p.209	23	B2
Konoba Kantinon p.208	20	B1
Konoba Veli Jože p.208	21	A1-B1
Monte p.209	24	A1

Hébergement ■ 30 à 33

Hotel Adriatic p.210	31	B1
Hotel Lone p.210	30	C2
Porta Antica Residences p.210	33	B1

Shopping ■ 40 à 43

Art Antique p.204	42	A1
Baccus Wine Bar p.205	40	B1
Raku-Terra Bona p.204	43	A1

passage, dont on peut observer le manège à partir des cafés qui la cernent. Parmi ses édifices notables, citons la tour de l'Horloge, monument vénitien arborant le symbolique lion ailé de saint Marc, l'arc des Balbi, arc baroque érigé en 1680 à l'emplacement de l'ancienne porte de l'Est (sur son attique, un lion de Venise domine les armoiries du podestat) et l'ancien hôtel de ville, qui abrite le musée municipal.

Musée municipal / Gradski muzej (plan 6, B1) Il est installé dans le palais Califfi, l'ancien hôtel de ville, de style baroque (1654). Le dernier étage abrite une collection de peintures italiennes des XVIe et XVIIe siècles - dont une belle *Vierge à l'Enfant* de Leandro Bassano - et une pièce consacrée à l'histoire de la marine locale : maquettes de trois-mâts, gravures, tableaux. Le premier étage est dévolu à la peinture et à la sculpture modernes et contemporaines. Au rez-de-chaussée, suite de la collection d'art contemporain et petite salle archéologique bien présentée. Un joli musée à la mesure de sa ville. *Trg M. Tita 11 Tél. (052) 816 720 www.muzej-rovinj.hr Ouvert juin-août : tlj. 10h-23h ; sept.-mai : mar.-sam. 10h-13h Tarif 65kn, réduit 40-50kn*

Maison de la *batana* / Kuća o batani (plan 6, B1) Ce petit écomusée monté par une association de passionnés présente la barque de pêche traditionnelle de la région, appelée *batana*, à l'aide de films, de photographies anciennes et de matériel de pêche. *Obala Pina Budicina 2 Tél. (052) 812 593 www.batana.org Ouvert jan.-fév. sur rdv ; mars-mai, oct.-déc. : mar.-dim. 10h-13h et 16h-18h ; juin-sept. : 10h-14h et 19h-23h Tarif 20kn, réduit 18kn*

☆ Église Sainte-Euphémie / Crkva Sv. Eufemije (plan 6, A1) Son campanile, haut de 63m, signale de loin cette église baroque. Construit en 1654, il reproduit celui de Saint-Marc à Venise, mais à son sommet trône une statue en bronze de sainte Euphémie, patronne de la ville. La construction de l'église, lancée en 1725, nécessita la démolition d'une église ancienne, Sv. Juraj (Saint-Georges). Le nouvel et vaste édifice possède trois nefs, chacune avec un maître-autel sculpté par Alvise Tagliapietra (1670-1747). Sainte Euphémie, représentée par une statue du XVe siècle, reposerait dans le sarcophage (IVe-

Rovinj, ville d'art et d'artisans

En sillonnant les différentes ruelles pavées qui gravissent la colline vers l'église Sainte-Euphémie (Grisia, Casale, Švalbe), vous rencontrerez de nombreux artistes et artisans qui proposent leurs créations dans leurs ateliers ou galeries. Ainsi l'atelier **Artrovinj** où Tatjana Rokvić crée de drôles de personnages à l'aide de bois flottés ou de matériau de récupération. Du plus bel effet. Dans la galerie **Raku-Terra Bona**, Boris Bon expose des céramiques cuites selon la "méthode Raku" dans son atelier de Pazin.

Art Antique (plan 6, A1 n°42)
Montalbano 2 Tél. 091 363 2868 www.artrovinj.com

Raku-Terra Bona (plan 6, A1 n°43)
Casale 28 (en haut de la rue) Tél. 091 545 2094 Ouvert été : tlj. 10h-0h

ve s.) exposé dans la nef droite. Selon la légende, le cercueil contenant les reliques de la sainte, martyrisée en 304 en Chalcédoine (Grèce), aurait miraculeusement vogué sur la Méditerranée et l'Adriatique pour échouer sur le rivage de Rovinj, en l'an 800. Au pied de l'édifice, le café XL embrasse agréablement l'Adriatique. *Ouvert tlj. 10h-19h (hors saison 16h)* **Campanile** *Tél. (052) 815 615 Ouvert à la demande*

Où acheter et déguster du vin ?

Baccus Wine Bar (plan 6, B1 n°40) Principalement des vins à déguster sur place ou à emporter, mais aussi de l'huile d'olive, des truffes et autres produits d'Istrie. *Carera 5 Tél. (052) 812 154 Ouvert été : tlj. 7h30-23h ; hiver : tlj. 7h30-22h*

Où prendre un café ?

Rio Bar (plan 6, B1 n°1) Un petit café sans prétention, plein d'atmosphère et très abordable. *A. Rismonda 13 Tél. (052) 813 564 Ouvert été : tlj. 7h-14h et 18h-1h ; hiver : lun.-sam. 7h-20h*

Circolo (plan 6, B1-C1 n°2) Décontracté mais élégant, ce "bar-apéritif" s'est installé sur une charmante place en retrait de Carera. Idéal l'après-midi, mais aussi pour ses cocktails du soir. *Trg Campitelli 1 Tél. 098 176 7991 ou 091 518 1229 Ouvert haute saison : tlj. 8h-1h*

Où boire un verre en musique ?

Valentino (plan 6, A1 n°4) Des coussins posés sur les rochers, des lumières sous-marines qui attirent les poissons, dans une ambiance jazzy : les soirs de beau temps, à la lueur des chandelles, ce bar à cocktails situé au bord de l'eau, dans un petit coin romantique, est charmant. *Sv. Križa 28 Tél. (052) 830 683 Ouvert juin-sept. : tlj. 18h-1h ; avr.-mai : tlj. 12h-0h*

☺ **Limbo (plan 6, A1 n°3)** Au cœur de la vieille ville, cet agréable bar de jazz est posté sur le chemin de la basilique. D'épais coussins et des tables basses installés sur les escaliers d'une ruelle à la fraîcheur agréable vous accueillent pour siroter une boisson (40kn), déguster une assiette de jambon (60kn) ou de fromage (40kn). *Casale 22B Tél. 091 570 5318 Ouvert haute saison : tlj. 10h-0h*

L'ISTRIE

Aux abords de la presqu'île

Aquarium de l'institut Ruđer-Bošković (hors plan 6 par B1) À l'est de la place Valdibora, sur le flanc nord de la péninsule, s'étire le quai Giordano-Paliaga. Si vous voulez en savoir plus sur la faune de l'Adriatique, vous pourrez y visiter le vénérable aquarium (1891) de l'institut de biologie marine Ruđer-Bošković. Un peu triste, tout de même… *Obala G. Paliage 5 Tél. (052) 804 712 Ouvert oct.-mai : tlj. 10h-17h ; juin-sept. : tlj. 9h-21h Tarif 30kn, réduit 15kn*

Archipel de Rovinj Il est constitué de petites îles ou gros rochers, dont les principales sont l'île Sainte-Catherine (Sv. Katarine otok), immédiatement au large de la vieille ville, et l'île Rouge (Crveni otok), un peu plus au sud, composée de deux îlots, Sv. Andrija et Maškin, reliés par une digue. Toutes deux sont boisées et ourlées de jolies plages, et elles abritent plusieurs hôtels. *Embarcadère devant Trg M. Tita pour Sainte-Catherine (une navette env. toutes les heures, 5min de traversée) et à côté de la marina pour l'île Rouge (15min)*

Se baigner Des échelles fixées sur les rochers permettent de descendre du chemin de ronde pour se baigner sous les remparts de la vieille ville. Quelques plages de galets (parmi les rochers) au nord et au sud de la ville, devant les hôtels. Attention, les algues ont une fâcheuse tendance à stagner près des côtes.

☺ **Pratiquer l'escalade** Environ 1,5km au sud de Rovinj, le parc du **Cap Doré (Zlatni Rt)** est planté d'une superbe forêt de cèdres, cyprès, chênes et pins, et bordé de très belles plages. Il abrite également une ancienne carrière de pierre creusée par les Vénitiens pour construire notamment les palais de la Sérénissime, et qui s'est transformée aujourd'hui en une face verticale de 20m de hauteur parcourue par 80 voies aménagées pour l'escalade, dont la plupart sont accessibles aux débutants. D'en haut, au crépuscule, la vue sur l'archipel de Rovinj est inoubliable.
Pro Montana Cette association propose la location de matériel et un guide pour environ 200kn. *À l'entrée du parc de Zlatni Rt Tél. (052) 384 183*

Les environs de Rovinj

☆ **Les essentiels** Les villages de Bale et de Svetvinčenat **Découvrir autrement** Faites une minicroisière dans la ria de Lim, plongez à la recherche du *Baron-Gautsch*

☆ ☺ **Bale** Comme une île en terre située à 5km de la mer sur la colline de Mon Perin, ce charmant village médiéval d'origine romaine a conservé sa structure et des vestiges de ses défenses. Ses ruelles pavées grimpent vers la Piazza Tommaso Bembo, où trônent deux élégantes constructions à loggia : la mairie et le palais Bembo – un logis Renaissance construit entre deux tours plus anciennes. De là, un passage voûté permet de rejoindre le quartier du château (*kaštel*). À la belle saison, les habitants sortent tables et chaises et s'installent devant chez eux comme à la terrasse d'un café… Au sommet de la colline, on trouvera l'église paroissiale Saint-Julien, élevée en 1880 sur le modèle de celle de Vodnjan, et son campanile, de style roman. Elle conserve un sarcophage du VIIIe siècle, un crucifix roman et un polyptyque Renaissance. Sa crypte abrite une très importante collection d'entrelacs et de sculptures du haut Moyen Âge provenant de l'église du IXe siècle, qu'elle a remplacée, et de la basilique Sainte-Marie, dont les ruines se situent à 3km de Bale, sur la route de Rovinj (entrée en contrebas, derrière l'église, tarif 15kn). À quelques mètres de la vieille ville, ne manquez pas la chapelle de l'Esprit-Saint (Sveti Duh), entièrement peinte de fresques du XVe siècle. *13km au sud-est de Rovinj, sur la route de Pula*

CASANOVA À BALE
Le plus célèbre séducteur du XVIIIe s. s'est rendu plusieurs fois à Bale entre 1743 et 1747 pour y vivre une passion secrète avec une jeune personne de la famille Soardo. On raconte aussi qu'il pratiqua la cabbale dans une dépendance du palais Bembo, aujourd'hui occupée par l'auberge Kamene Priče.

☺ **Dvigrad** Il reste peu de chose des deux châteaux de Dvigrad (ou Due Castelli) dévastés durant la guerre entre Venise et l'Autriche, puis définitivement abandonnés en 1631 à la suite d'une épidémie de peste (celle-ci provoqua la fondation de la ville voisine de Kanfanar). Et pourtant, en se promenant parmi ces ruines enchâssées au creux d'une vallée, on devine la richesse de cette ville médiévale, avec ses remparts, ses ruelles, ses maisons et boutiques, le donjon d'un des deux châteaux et la basilique romane à trois nefs construite aux XIe s-XIIe siècles. Le panorama y est magnifique. *17km au nord-est de Rovinj (passer l'autoroute dir. Pazin et Rijeeka, puis, juste avant Kanfanar, prendre à gauche dir. Červan et Sveti Lovrec)*

☆ ☺ **Svetvinčenat** Sur la vaste place du village s'élèvent plusieurs maisons Renaissance, l'église et la loge municipale érigées au XVe siècle par les Morosini, et le château médiéval qu'ils agrandirent à la même époque, remanié plus tard par les Grimani (fin du XVIe s). L'église romane Saint-Vincent (Sv. Vinčenat), près du cimetière, construite par les moines bénédictins qui fondèrent la ville au XIe siècle, est réputée pour ses fresques du XIIIe siècle. *30km à l'est de Rovinj (à Kanfanar, tourner à droite après le marché, puis à l'intersection de la route Pazin-Pula, prendre à droite la route de Pula, le village est à 100m)*

☺ **Ria de Lim / Limski kanal** Cette ria (vallée maritime) qui s'enfonce sur 11km dans les terres, entre Rovinj et Poreč, dessine un ruban turquoise que surplombent d'abruptes falaises karstiques de plus de 100m de haut, tantôt trouées de grottes, tantôt tapissées d'un impénétrable maquis. Cette petite merveille de la nature fait le bonheur des agences de voyages et de leur clientèle… comme des ostréiculteurs et mytiliculteurs locaux : la faible salinité de l'eau est propice à l'élevage des huîtres et des moules. La ria n'est accessible qu'en de rares points. Pour admirer les splendides paysages, les automobilistes pourront suivre la route de Vrsar et, en tournant à gauche au panneau indiquant le *Kanal*, rejoindre le parking aménagé au fond. Ils y trouveront quelques restaurants, cahutes vendant du miel, de la *grappa* et de l'huile d'olive, un panneau "baignade interdite" et l'embarcadère des bateaux d'excursion sur la ria. Les autres se joindront à une minicroisière organisée à partir de Rovinj ou de Poreč. Le phénomène chimique (érosion du calcaire sous l'action de l'eau), qui a donné naissance au fjord, a aussi creusé des galeries dans les falaises, dont l'une pourrait mener jusqu'à Pazin. L'absence de preuves n'a pas empêché Jules Verne de les faire figurer dans *Mathias Sandorf*. *13km au nord-est de Rovinj*

Vrsar Cet ancien village de pêcheurs s'enroule en colimaçon autour d'une colline dominant la ria de Lim. Il a conservé ses deux portes du XIIIe siècle, dont l'une est frappée du lion de Saint-Marc. Près du sommet de la colline se dresse l'église Saint-Martin, consacrée en 1935, et dont le **campanile** (1991) offre une vue panoramique sur le port de plaisance, la côte et l'Adriatique. À proximité de Vrsar, le **parc Dušan-Džamonja** est peuplé de structures géométriques en métal, en pierre ou en béton. L'artiste, mort en 2009, et considéré comme l'un des plus grands sculpteurs contemporains, avait pour habitude de passer l'été dans la villa attenante. *30km au nord de Rovinj* **Campanile** *Ouvert juin-sept. : tlj. 9h-19h Tarif 10kn* **Parc Dušan-Džamonja** *Valkanela (au nord de Vrsar vers Funtana) Ouvert juin-sept. : mar.-dim. 9h-20h ; oct.-mai : mar.-dim. 9h-19h Entrée libre*

Où déguster une huile inoubliable ?

Olivetti Dans une grange des années 1930, où trônent d'antiques pressoirs restaurés, Emmanuel Grubić produit chaque année à l'ancienne, à partir de ses 1 600 oliviers, 1 000 litres de l'une des meilleures huiles d'olive au monde. Visite, démonstration, dégustation, vente : une agréable manière de joindre culture et art culinaire. ***Bale** (à la sortie orientale du village, au croisement avec la route 21) Tél. (052) 824 284*

Faire de la plongée Parmi les spots les plus appréciés des environs de Rovinj, on peut citer le canal de Lim et les nombreuses épaves qui gisent au large, dont celle du *Baron-Gautsch*, un navire autrichien coulé par une mine en 1914. On peut aussi plonger à partir de Vrsar, à une quinzaine de kilomètres au nord de Rovinj.

Rovinj Sub Diving Center *Braće Brajkovića bb **Rovinj** Tél. (052) 821 202 www.rovinj-sub.hr*

Starfish Diving Center *Autokamp Porto Sole **Vrsar** Tél. 098 335 506 www.starfish.hr Ouvert mi-avr.-mi-oct. : tlj. 9h-18h*

Randonner à vélo Une carte des circuits de randonnée (*Rovinj Bike*) est disponible à l'office de tourisme de Rovinj. Vous pourrez ainsi découvrir à vélo la Riviera, le *Kanal* de Lim ou encore l'intérieur des terres.

Observer les oiseaux migrateurs

Palud L'unique réserve ornithologique d'Istrie est un marais où se mêlent eau douce et eau salée, résultat d'un phénomène naturel (une dépression située à une centaine de mètres de la mer où stagnaient les eaux de pluie) et d'une intervention humaine (les Autrichiens y creusèrent un canal vers la mer en 1916 pour lutter contre la malaria en augmentant la salinité de l'eau). Étrange endroit, accessible uniquement à pied, où font halte des oiseaux migrateurs (plus de 200 espèces) que l'on peut observer après une courte marche grâce à des abris aménagés sur la berge. *8km au sud-ouest de Rovinj et 5km au nord-est de Bale*

CARNET D'ADRESSES

Restauration

De nombreux restaurants de spécialités méditerranéennes, aux menus traduits en anglais, en italien et en allemand, sont installés sur le port de Rovinj.

prix moyens

☺ **Konoba Kantinon (plan 6, B1 n°20)** Cette grande *konoba* chaleureuse avec ses tables de bois, ses tonneaux... et son brouhaha, occupe d'anciens chais près du port. Spécialité de la maison : les moules, à la provençale, au curry, au basilic... Mais aussi : calamars, *pršut* et côtes de porc. Comptez 100-150kn (entrée et plat). *A. Rismonda bb **Rovinj** Tél. (052) 816 075 Ouvert avr.-oct. : tlj. 11h-15h et 18h-23h*

Konoba Veli Jože (plan 6, A1-B1 n°21) Une adresse bien connue localement pour sa décoration chargée de bric et de broc (scaphandrier, amphores, drapeaux, gravures et photos aux murs), sa convivialité et ses recettes soigneusement préparées. Salade de poulpe (*hobotnica*), filets de sardines, fromages et pâtes aux truffes, morue, agneau rôti. Et pour accompagner le repas, un verre de *degrassi*, de *matoševic* ou de *kozlovic*... Prévoir 100-150kn. *Sv. Križa 1* ***Rovinj*** *Tél. (052) 816 337 Ouvert tlj. 10h-3h*

prix élevés

Orca (hors plan 6 par C1) Une adresse excentrée mais vivement recommandée. Au menu, escalope de veau, homard, cuisine aux truffes, agneau et calamars grillés. La délicieuse soupe de poisson se commande au moins 2 heures avant. Entrées env. 50-60kn, plats 80-150kn. Pour un repas complet, comptez au moins 150-180kn sans le vin. *Gripole 70* ***Rovinj*** *(du centre, suivre Istarska jusqu'au grand rond-point puis à gauche sur 2km) Tél. (052) 816 851 www.orca-rovinj.com Ouvert mer.-lun. 11h-23h Fermé en nov.*

Amfora (plan 6, B2 n°23) Le plus élégant des restaurants de poisson du port. Petite fontaine, fer forgé... Service courtois, sans être pincé. Le plateau de poisson (demandez à le voir !) est superbe et les différents risottos (au thon, aux truffes) méritent le détour. Comptez 200kn minimum pour une entrée et un poisson ou une viande. *A. Rismonda 23* ***Rovinj*** *Tél. (052) 816 663 www.amfora-rovinj.com Ouvert mi-mars-mi-jan. : mar.-dim. 11h-0h*

prix très élevés

Monte (plan 6, A1 n°24) La table la plus chic de Rovinj se cache dans une ruelle de la vieille ville, au pied de l'église Sainte-Euphémie. La petite salle cossue s'ouvre sur une agréable terrasse ombragée par une ravissante pergola et cernée d'un vieux mur de pierre. Homard, couronne de poissons à la sauce au safran et aux câpres, crème brûlée... la cuisine est extrêmement inventive. Optez pour l'un des trois superbes menus dégustation thématiques (rouge, vert et bleu) à 850kn. Possibilité de combiner les menus (3 plats 619kn, 4 plats 719kn). *Montalbano 75* ***Rovinj*** *Tél. (052) 830 203 www.monte.hr Ouvert tlj. 12h-14h30 et 18h30-23h30*

Dans les environs

prix moyens

☺ **Kamene Priče** Aménagée autour de trois courettes ombragées sur plusieurs niveaux, dans les dépendances du château Bembo, cette auberge raconte des histoires de pierres (*Kamene Priče*) et d'humains. Cuisine simple du marché, fraîcheur irréprochable, belle cave de vins et surtout, accueil formidable qui donne l'impression d'être accueilli en ami chez Tomas, le propriétaire haut en couleurs malgré ses cheveux blancs, revenu au pays après des années d'exil. Il connaît la région comme sa poche et organise un festival de jazz au début du mois d'août. Entrées 50-70kn, pâtes 90-110kn, plats 110-160kn. Également 4 appartements meublés simplement (370-520kn en haute saison). *Castel 57* ***Bale*** *Tél. (052) 824 235 www.kameneprice.com Ouvert avr.-oct. : tlj.*

prix élevés

Viking Le Viking vaut pour sa splendide vue sur le fjord de Lim et pour ses exquises recettes d'huîtres, de coquillages et de poissons (loups, rascasses, soles, daurades, turbots...). Également des pâtes aux scampis et champignons, des chateaubriands grillés... Comptez minimum 150kn. *Limski Kanal 1 (au bord* *du **Kanal de Lim**, à 16km de Rovinj dir. Sveti Lovrec) Tél. (052) 448 119 Ouvert mars-déc. : tlj. 11h-23h*

Trošt Au bout du quai qui longe la marina de Vrsar, le Trošt est idéal pour une pause-déjeuner sur la route de Poreč. Personnel charmant, service efficace et belle vue de la terrasse sur l'île Saint-Georges. Cuisines istrienne et croate. Très beau choix de poissons et fruits de mer. Goûter le tartare, préparé à la table avec pas moins de 13 éléments différents (120kn). Environ 150-200kn l'entrée et le plat. *Obala M. Tita 1A **Vrsar** Tél. (052) 445 197 Ouvert tlj. 10h-0h*

Hébergement

Pour trouver une chambre d'hôtes, repérez les panneaux *sobe/ zimmer* accrochés aux façades ou adressez-vous à une agence de voyages (p.201). La plupart des grands hôtels "au bord de l'eau" de Rovinj et de Vrsar sont situés au sud de la ville et gérés par le groupe Maistra, ainsi que l'Adriatic (intra-muros) et le village touristique Villas Rubin. **Maistra** *V. Nazora 6 **Rovinj** Tél. (052) 800 250 www.maistra.com*

camping

Camping Porton Biondi (hors plan 6 par B1) Ce camping de 8,5ha et de 450 emplacements, le plus proche du centre (1km), est installé dans une agréable pinède à flanc de coteau. Plage en contrebas avec petit café et très belle vue sur la péninsule. Restaurant à l'intérieur du camping. Comptez 200kn pour 2, emplacement et voiture inclus en été, à partir de 110kn sinon. *Ulica Aleja Porton Biondi 1 **Rovinj** (au nord de la vieille ville) Tél. (052) 813 557 www.portonbiondirovinj.com Ouvert mi-mars-début nov.*

prix très élevés

Porta Antica Residences (plan 6, B1 n°33) Seize chambres, studios et appartements tout confort (de 2 à 5 pers.) situés dans plusieurs immeubles anciens de la vieille ville et sur le port. Certains avec terrasse et/ ou vue sur la mer. Une alternative haut de gamme pour changer des hôtels. De 480kn en basse saison à 1 140kn en très haute saison pour les plus petits appartements. L'agence qui gère les appartements pratique des prix de dernière minute (-30%) selon la disponibilité. *Vrata pod zidom 1 **Rovinj** Tél. 099 264 9449 ou 099 680 1101 www.portaantica.com*

Hotel Lone (plan 6, C2 n°30) Premier boutique-hôtel de Croatie, ce 5-étoiles de luxe situé dans la forêt de Monte Mulini, à 10min à pied de la vieille ville, allie beauté d'une architecture suggérant la coque d'un paquebot blanc échoué au milieu des pins, et design de ses aménagements intérieurs où chaque détail est parfaitement pensé. Sur ses 236 chambres, 16 possèdent une petite piscine privée à remous sur la terrasse. L'établissement compte également 3 restaurants, 3 bars, 1 club, 1 piscine et 1 spa. Et dans le hall, une boutique Prostor mettant à l'honneur les meilleurs créateurs croates. Double en saison de 1 900 à 3 500kn. *Luje Adamovića 31 **Rovinj** Tél. (052) 632 000 www.lonehotel.com Ouvert tlj.*

☺ **Hotel Adriatic (plan 6, B1 n°31)** Avec son air de grand hôtel un peu désuet, le doyen (et le plus central) des hôtels de Rovinj dispose de 18 chambres très confortables, toutes rénovées en 2015, certaines avec vue sur la mer, d'autres sur la place principale de la vieille ville. Déco soignée, mêlant classicisme et œuvres originales, service attentif, petit déj. varié et copieux… Restaurant et agréable café à l'ancienne avec terrasse. Chambre double à partir de 750kn hors saison, 2 600kn en plein été. *P. Budicina bb* ***Rovinj*** *Tél. (052) 803 510 www.maistra.com*

Dans les environs

Vrsar, à l'embouchure du *Kanal* de Lim, possède une grande capacité d'accueil : résidences, appartements, hôtels et vastes campings.

camping

Camping Valkanela Situé dans une pinède à proximité du parc de sculptures Dušan-Džamonja, cet agréable camping bordé de plages de galets et de rochers dispose de 1 700 emplacements. Snack, bar, restaurant, night-club. À partir de 350kn pour 2 pers. en haute saison, mobil-home 1 900-2 300kn. *Valkanela bb* ***Vrsar*** *(sur la route entre Vrsar et Funtana) Tél. (052) 800 200 www.maistracamping.com Ouvert mi-avr.-mi-sept. : tlj.*

prix élevés

Hotel La Grisa Dans ce bel hôtel de 2012, chacune des 22 chambres est décorée avec goût dans un style mélangeant le design et le rustique. Bar, restaurant, jacuzzi et sauna. Également une cave à vins installée dans une ancienne citerne d'eau : fraîcheur garantie pendant les grandes chaleurs. De 850 à 1 060kn la double en été, à partir de 600kn sinon. *La Grisa 23* ***Bale*** *Tél. (052) 824 501 www.la-grisa.com*

Hotel Vista Situé en bordure de la vieille ville de Vrsar et dominant la marina, ce 3-étoiles décline la décoration de ses 36 chambres, modernes et fonctionnelles, selon trois thèmes, la mer, la lavande et l'olive. Superbe terrasse-solarium surplombant la ville et la mer pour prendre le petit-déjeuner. De 880 à 995kn la double en juillet-août. *Rade Končara 52* ***Vrsar*** *Tél. (052) 406 620 www.hotelvista.hr*

prix très élevés

Stancija 1904 Au cœur d'un immense jardin planté de lavande, de fleurs et de tilleuls séculaires, on peut louer une belle maison ancienne de 100m² entièrement rénovée et équipée pour 4 adultes et 4 enfants, ainsi que 2 appartements pour 2 personnes. Compter 3 550kn pour la maison et 1 220kn pour l'appartement en été. Possibilité de manger sur place, dans la salle à manger des hôtes, avec vue sur jardin (env. 150kn), et de louer des vélos pour sillonner la région (60kn/j.). *Smoljanci 2-3* ***Svetvinčenat*** *(en venant de Kanfanar, dir. Svetvinčenat, puis juste à droite après la voie ferrée) Tél. (052) 560 022 ou 098 738 974 www.stancija.com*

Stancija Mamú Cette magnifique maison en pierre du pays a conservé son cachet rustique, tout en optant pour une déco contemporaine : tables en bois laqué, étagères en verre et acier… Le lieu compte 4 chambres et 3 sdb pour 9 personnes maximum, un terrain de pétanque, une belle piscine et une cuisine d'été dans un immense jardin planté d'oliviers. Un vrai havre de paix. Comptez 1 419-2 920kn la nuit, minimum 7 nuits pour 9 personnes. Réservez longtemps d'avance. *Kurili bb* ***Kanfanar*** *(12km à l'est de Rovinj : sur la route de Poreč, 5km avant Kanfanar, tournez à droite dir. Kurili et prendre la première route asphaltée à gauche à 200m) Tél. 098 190 4811 www.mamu.hr Ouvert toute l'année*

★ POREČ

52440

Établie sur une presqu'île toute plate, léchée par les eaux, la vieille ville fortifiée de Poreč (Parenzo) a conservé son plan de rues orthonormé hérité des Romains, des maisons à façade romane ou gothique et des palais de style Renaissance vénitienne ou baroque… Mais son plus grand trésor est la basilique Euphrasienne, église paléochrétienne inscrite au patrimoine mondial par l'Unesco, dont les estivants viennent admirer les inestimables mosaïques byzantines entre deux bains de mer. Car Poreč est aussi réputée pour son climat particulièrement doux et pour ses plages. En témoignent les complexes hôteliers qui ont fleuri sur le littoral au nord comme au sud de la ville. Ajoutez une brochette de bons restaurants de poisson, une jolie promenade sur le port et les remparts, et cette Riviera qui s'étire jusqu'à la pointe de Savudrija, et vous comprendrez pourquoi Poreč est la cité croate la plus visitée de la haute Adriatique.

UNE HISTOIRE MOUVEMENTÉE Le port illyrien, conquis par les Romains en 129 av. J.-C., se double d'un important camp militaire. Au Ier siècle av. J.-C., il acquiert le statut de municipe et devient la *colonia Julia Parentium*. Au IIIe siècle de notre ère, Parentium subit l'influence d'un christianisme encore réprouvé, symbolisé par le martyre de son évêque saint Maur, au début du IVe siècle. Sur le lieu même où ce dernier célébrait secrètement la messe, l'évêque Euphrase fera bâtir une vaste basilique deux siècles plus tard… Du Ve au XIIIe siècle, Poreč connaît le même sort que Pula et Rovinj : elle est gouvernée successivement par les Ostrogoths, les Byzantins, les Lombards et les Francs, puis par les évêques d'Aquilée. C'est la première ville d'Istrie qui se soumet à Venise, en 1262. Dévastée par les Gênois en 1354, ravagée par des épidémies de peste à la fin du XVIe siècle et au début du XVIIe, elle finit par se vider de ses habitants. Vers 1650, ils ne sont plus qu'une centaine. Repeuplée par des réfugiés dalmates et albanais fuyant le joug ottoman, Poreč se reprend sous la domination autrichienne et devient, en 1861, le siège du Parlement d'Istrie. Italienne après la Grande Guerre, yougoslave dès 1945, elle connaît un développement touristique considérable dans les années 1960 et 1970, qui en fait la première station balnéaire d'Istrie.

MODE D'EMPLOI

accès

EN VOITURE

Poreč est situé 58km au nord-ouest de Pula, 85km à l'ouest de Rijeka et 32km de Pazin. Vous trouverez des parkings payants à l'entrée de la ville, car la presqu'île est piétonne.

EN CAR

De 5 à 10 cars par jour pour Rijeka et Zagreb, de 8 à 14 liaisons avec Pula, de

5 à 10 avec Rovinj, autant avec Umag via Novigrad, 3 cars pour Buje, 1 pour Labin.
Gare routière (plan 7, C2) Elle se trouve dans le sud-est de la presqu'île, derrière l'hôtel Poreč. *K. Hogesa 2*

EN BATEAU
De mai à septembre, liaison quotidienne avec **Venise** assurée soit par Venezia Lines, soit par Adriatic Lines. Billets dans les agences touristiques.
Venezia Lines *Tél. (052) 422 896 www.venezialines.com*
Adriatic Lines (plan 7, A1-B1) *Obala maršala Tita 16* **Poreč** *Tél. (052) 451 200 http://adriatic-lines.com*
Marina Poreč (plan 7, B2) *Tél. (052) 451 913 www.marinaporec.com*
Marina Parentium *Zelena laguna bb Tél. (052) 452 210 http://lagunaporec.com*
Marina Nautica Novigrad *Tél. (052) 600 480 ou (052) 600 400 http://nauticahotels.com*
Marina ACI Umag *Tél. (052) 741 066 www.aci-marinas.com*

orientation

La vieille ville, installée sur une étroite presqu'île, est traversée d'ouest en est par le Decumanus. Cet axe hérité des Romains rejoint la place de la Liberté (Trg Slobode), légèrement en retrait de l'ancien rempart oriental et de ses trois tours. Sur cette place convergent les routes des complexes hôteliers du Nord (Pical, Lanterna) et du Sud (Brulo, Plava Laguna). L'une d'elles, Zagrebačka, se prolonge à l'est après la place Rakovac (Trg J. Rakovca) et, sous le nom de Vukovarska, rejoint la route principale de la riviera de Poreč. Le port de plaisance se trouve à la charnière sud de la presqu'île et du continent.

circuler

EN BUS
De 10 à 15 bus quotidiens vers les hôtels et villages touristiques du Nord (jusqu'à Lantera) et du Sud (Zelena Laguna).

EN TAXI
À la gare routière. *Tél. 098 434 261 www.istra.hr/taxi-miro*

informations touristiques

Office de tourisme de Poreč (plan 7, C1) La brochure gratuite *Tourist Info* regorge de renseignements utiles. *Zagrebačka 9 Tél. (052) 451 293 www.myporec.com Ouvert été : jeu.-lun. 8h-22h, mar.-mer. 8h-13h et 17h-22h ; hiver : lun.-sam. 8h-15h*
Office de tourisme régional d'Istrie (plan 7, C2) *Pionirska 1 Tél. (052) 452 797 info@istra.hr www.istra.hr Ouvert lun.-ven. 8h-16h*

agences de voyages

Les agences proposent des petits hôtels et des villas à louer ainsi que différentes excursions : lacs de Plitvice, parc des Brijuni, intérieur de l'Istrie, *Kanal* de Lim, Rovinj et parfois Venise.
Istra Line (plan 7, C1) Propose des chambres proches du centre-ville. *Partizanska 4* **Poreč** *(la rue part de Trg J. Rakovca, au bout de Zagrebačka) Tél. (052) 427 062 www.istraline.hr*
Eurotours (plan 7, C1) Loue aussi des appartements dans le centre-ville. *Partizanska 4* **Poreč** *Tél. (052) 433 635 www.euro-tours.net*
Kompas d.o.o. (hors plan 7 par C1) *M. Vlašić 20* **Poreč** *Tél. (052) 451 100 www.kompas-travel.com*
Atlas *Trg Slobode 3* **Umag** *Tél. (052) 741 779 atlas-umag@pu.t-com.hr*

Kompas Travel *Trgovačka 13* ***Umag*** *Tél. (052) 741 613 http://kompas-travel.com*

adresses utiles

Les **banques** se concentrent sur le port (Zagrebačka banka sur Obala M. Tita, où vous pourrez changer votre argent) et du côté de Trg Slobode, Zagrebačka et Partizanska. **Change** dans les agences et quelques hôtels des zones hôtelières. **Poste centrale** au 17 de Vukovarska (plan 7, C2).

fêtes et manifestations

Concerts en la basilique Euphrasienne Concerts de musique classique. *Tél. (052) 887 218 www.poup.hr Juin-août*

Poreč Summer Concerts en plein air sur la place Slobode le soir (21h-0h). *Mi-juin-mi-sept.*

Open Air Festival Une centaine de manifestations : théâtre de rue, concerts... *Tél. (052) 400 000 http://porecopenair.com Début juin-début sept.*

Croatian Open Umag Internationaux de tennis de Croatie, le principal tournoi du pays. ***Umag*** *(30km au nord de Poreč) www.croatiaopen.hr En juil.*

Jazz in Lapidarium Concerts de jazz le mercredi dans la cour du musée municipal. *Tél. 099 469 6332 http://porecopenair.com En juil.-août*

L'ISTRIE

DÉCOUVRIR

Poreč

☆ **Les essentiels** La basilique Euphrasienne, la maison Romane et les quais de Poreč **Découvrir autrement** Faites une pause à Torre Rotonda pour boire un verre en admirant le panorama sur la mer

☆ ☺ **Basilique Euphrasienne / Eufrazijeva Bazilika (plan 7, B1)** Chef-d'œuvre de l'art byzantin classé en 1997 par l'Unesco sur la liste du patrimoine mondial, la basilique fut édifiée par l'évêque Euphrase de 535 à 550 autour d'un sanctuaire plus ancien. Un passage ménagé à gauche de la résidence des chanoines (XIIIe s.) conduit le visiteur jusqu'à l'atrium (VIe s.), cour carrée à l'élégante colonnade de marbre autour de laquelle s'ordonne le complexe. À gauche (ouest) s'élèvent le baptistère octogonal de la même époque et le campanile médiéval ; à droite, la basilique et les vestiges de la basilique pré-euphrasienne, et en face (au nord), le palais épiscopal. Au nord-est, la sacristie du XVe siècle vient d'être restaurée et la chapelle tréflée du VIe siècle est actuellement en travaux. Les collatéraux de la basilique sont délimités par deux rangées de colonnes en marbre à chapiteaux byzantins. Les intrados des arcs sont ornés de stucs du VIe siècle. L'autel dressé dans le chœur est protégé par un harmonieux baldaquin du XIIIe siècle, décoré de mosaïques sur fond or représentant l'Annonciation. Mais c'est vers les mosaïques de l'abside centrale que tous les regards se lèvent. Dans l'intrados, le Christ est présent sous la forme symbolique de l'Agneau entouré de portraits de saintes en médaillon. La scène principale, sur la voûte de l'abside, représente la Vierge à l'Enfant, entre deux anges, l'évêque Euphrase, portant dans ses bras la maquette de la basilique, et des martyrs, dont saint Maur, premier évêque connu de Poreč.

Plan 7 Poreč

Cafés, bars et lieux de sortie ■ 1 et 2

Comitium p.217 — 2 A1
Torre Rotonda p.217 — 1 B1

Restauration ■ 11 et 12

Cardo p.221 — 12 B1
Peterokutna Kula p.220 — 11 B1

Hébergement ■ 20 à 24

Grand Hotel Palazzo p.223 — 21 A1
Jadran p.222 — 20 A1
Poreč p.223 — 22 C2
Valamar Riviera Hotel p.223 — 23 B1
Villa Parentino p.223 — 24 A1

Shopping ■ 30

Vinoteka Epulon p.217 — 30 B1

Plus bas, dans un bandeau intégrant les quatre baies, on peut voir l'Annonciation (à gauche) et la Visitation (à droite). Des incrustations de marbres ornent la partie inférieure. Le Christ trône entre ses douze apôtres au-dessus de l'arc triomphal. Il apparaît couronnant deux martyrs dans chaque abside latérale. Il faut traverser le baptistère pour accéder au **campanile**, achevé au XVIe siècle, et profiter du panorama qu'offre son sommet. Un passage, au nord de l'atrium (à droite en sortant de la basilique) conduit aux vestiges de la basilique pré-euphrasienne. De cet édifice du début du Ve siècle demeure une belle mosaïque au sol. Le **palais épiscopal**, récemment restauré, abrite un musée des Mosaïques. Édifié au VIe siècle et occupé par l'évêque de Poreč jusqu'au début des années 1990, il constitue la plus ancienne résidence épiscopale au monde qui soit aussi entièrement conservée. On y découvrira un vaste dépôt lapidaire, un escalier médiéval et des fragments de mosaïques des IIIe-Ve siècles. Le premier étage contient une collection d'art sacré (remarquez le polyptyque de Vivarini de 1449 et les représentations de la Madone), le trésor avec ses reliquaires et sa collection de vêtements sacerdotaux, mais aussi un parloir du XVIIIe siècle richement orné. *Eufrazijeva 22 Ouvert avr.-juin, sept.-oct. : tlj. 9h-18h ; juil.-août : tlj. 9h-21h ; nov.-mars : tlj. 9h-16h Tarif 40kn, réduit 20kn*

L'ISTRIE

Decumanus et rue Saint-Maur / Sv. Mauro (plan 7, B1) Le Decumanus, l'un des deux axes majeurs de la cité romaine, demeure la colonne vertébrale de Poreč. De la place de la Liberté (Trg Slobode) à la place Marafor, cette rue bordée de boutiques de souvenirs, de restaurants et de cafés-glaciers draine, aux beaux jours, un flot continu de touristes. En levant la tête, on y découvrira quelques belles façades romanes, gothico-Renaissance ou baroques dont celle, intacte, de la maison Gothique (Gotička kuća, XVe s.), au n°5. La plus tranquille rue Saint-Maur, axe parallèle au Decumanus, recèle d'autres merveilles comme la demeure des Deux-Saints (Kuća Dva Sveca, XIIIe s.), honorant par deux bas-reliefs la mémoire de Côme et Damien.

☆ **Maison Romane / Romanička kuća (plan 7, A1)** Juste avant la place Marafor, on reconnaîtra cette maison du XIIIe siècle à son balcon en bois ajouré (refait dans les années 1930). Sa façade sur trois niveaux, percée de fenêtres géminées, et son escalier extérieur sont en parfait état. *Tél. (052) 431 585 Ouvert lors d'expositions temporaires*

Forum et temple de Neptune / Trg Marafor i Neptunov hram (plan 7, A1) La place Marafor, à l'extrémité ouest du Decumanus, marque l'emplacement du forum, centre de la vie publique de la cité romaine. L'esplanade a conservé une partie de son revêtement antique et, sur son côté ouest, au pied d'une grande demeure néoclassique abandonnée, gisent quelques vestiges du temple de Neptune (IIe s.). La place, bordée de belles façades gothiques et baroques, est envahie l'été par les terrasses de cafés.

☆ ☺ **Promenade entre les tours et sur les quais (plan 7, B1)** Du mur d'enceinte oriental de la vieille ville subsistent trois tours du XVe siècle construites sous l'occupation vénitienne : la **tour Ronde** (*okrugla kula*) sur Narodni trg, la **tour Pentagonale** (*peterokutna kula*), au croisement du Decumanus et de V. Nazora, et la **tour du Nord-Est**, sur le quai nord, la plus endommagée de toutes. De cette dernière, on peut longer le quai vers l'ouest, au pied d'une muraille encore intacte... Cette promenade tranquille passe derrière la basilique Euphrasienne puis à proximité d'une grosse bâtisse jaune, le Conseil d'Istrie, avant de revenir, au sud, sur le quai du Maréchal-Tito, bien plus fréquenté.

Où garnir un panier gourmand, faire une pause ?

☺ **Vinoteka Epulon (plan 7, B1 n°30)** Un concentré en 200 étiquettes de ce qui se fait de mieux dans la région et le pays. À déguster : le *porečki muškat ružat*, un blanc local. Également des champagnes et vins étrangers, de la grappa, du miel et des condiments à base de truffes. Mais l'Epulon, c'est aussi un bar où on peut déguster une très bonne cuisine locale. *Eufrazijeva 31 Tél. 098 162 55 29 Ouvert été : tlj. 10h-1h ; hiver : tlj. 10h-13h*

Où boire un verre ?

Torre Rotonda (plan 7, B1 n°1) Comme son nom l'indique, cette terrasse aménagée sur le toit de la "tour Ronde", est à essayer par une belle journée ou par une nuit étoilée, pour le panorama sur la mer et l'agitation des quais. En cas de mauvais temps, l'intérieur, avec ses murs médiévaux et ses tables installées près des meurtrières est tout aussi agréable. *Narodni trg 3a Tél. 098 255 731 www.torrerotonda.com Ouvert avr.-oct. : tlj. 10h-2h*

Comitium (plan 7, A1 n°2) Sur le site du forum romain et d'une maison détruite lors de la Seconde Guerre mondiale. Un lieu particulièrement chargé d'histoire, donc, que ce bar à cocktails. Et une jolie petite terrasse aux chaises et tables en fer forgé. Le soir, sous le soyeux acacia de Constantinople, s'y côtoient des Croates et des Italiens très "lookés". Concerts le week-end. *Trg Marafor 15 Ouvert mars-oct. : lun.-sam. 18h-3h, ven.-sam. 17h-2h*

Marcher sur la trace des dinosaures

Dinopark L'Istrie était parcourue par les dinosaures : à la fin des années 1990, on y a même découvert un squelette entier dans la région de Bale. En hommage à ces lointains habitants s'est ouvert juste au sud de Poreč le Dinopark, un parc d'attraction à thème préhistorique avec des répliques grandeur nature (jusqu'à 16m de haut), des expositions, un zoo, des plaines de jeux, des ponts de lianes, des spectacles, etc. Tout pour intéresser les enfants... et les adultes. *Istarka 16* ***Funtana*** *(7km au sud de Poreč) Tél. (091) 766 8888 www.dinopark.hr Ouvert avr.-nov. : tlj. 10h-18h Tarif 160kn, réduit 140kn (90/70kn en basse saison)*

Se baigner Pas d'accès direct à la mer de la vieille ville. Il faudra vous rendre sur l'île Saint-Nicolas (Sveti Nikola), à 500m face au port de Poreč (départ toutes les 1/2h du quai Maršala Tita, mai-oct., 20kn). Ou alors, gagner à pied les plages des complexes balnéaires de Brulo, au sud, ou de Pical, au nord. Attention, les algues peuvent réserver de mauvaises surprises.

Les environs de Poreč

☆ **Les essentiels** Le village de Sveti Lovreč Pazenatički **Découvrir autrement** Parcourez les sentiers istriens à vélo

L'ISTRIE

☆ **Sveti Lovreč Pazenatički** Ce ravissant village situé sur l'axe Pula-Trieste abrita de 1304 à 1356 le commandement militaire vénitien en Istrie (aussi nommé *Pasenatico*, d'où son nom). Il a conservé une partie de son enceinte médiévale, avec ses tours, ses portes voûtées, et ses vieilles maisons disposées en ovale autour de la place centrale. Une délicate loge municipale (XVe s.) y est adossée à l'église romane Saint-Martin (Sveti Martin, XIe s.), qui recèle des fresques du XIe au XVIe siècle d'inspiration ottonienne. *14km au sud-est de Poreč*

Grotte de Baredine / Jama Baredine Le relief karstique de la péninsule est creusé de multiples grottes ; en voici la plus célèbre. Fréquentée depuis des temps immémoriaux - en témoignent les tessons de poteries antiques retrouvés près de son entrée -, elle n'est ouverte au public que depuis 1995. Les stalactites et stalagmites qui hérissent ses parois forment un bestiaire fantastique, auquel s'ajoute un curieux animal endémique : le protée anguillard (*Proteus anguinus*), ou salamandre des grottes, un amphibien aveugle à la robe translucide. La visite, qui dure 45min, vous fera découvrir cinq chambres et un lac souterrains. Prévoyez un vêtement chaud, car la température n'y excède pas 14°C. **Nova Vas** *(9km au nord-est de Poreč, près de Nova Vas : attention, il y a plusieurs localités du même nom en Istrie) Ouvert avr., oct. : tlj. 10h-16h ; mai-juin, sept. : tlj. 10h-17h ; juil.-août : tlj. 10h-18h ; nov.-mars : tlj. 11h-14h (mais mieux vaut s'annoncer hors saison) Départ de la visite toutes les 30min Tarif 75kn, réduit 45-60kn*

Novigrad-Cittanova Comme celle de Rovinj, la vieille ville occupe une île rattachée depuis trois siècles au continent. Ce port de la république de Venise, siège d'un évêché influent, a conservé ses fortifications (restaurées) et quelques beaux palais et demeures Renaissance ou baroques. Voyez le palais Rigo, bâti en 1760 dans la Grand-Rue (Velika ulica). Sur la Grand-Place, l'**église Saint-Pélage** (Sv. Pelagij), remaniée dans le style baroque au XVIIIe siècle, s'élève sur les fondations d'une basilique du haut Moyen Âge (VIIIe s.) dont subsiste la crypte. Les venelles pittoresques de Novigrad avec leurs maisons aux couleurs vives, allant du rouge au jaune, la loggia vénitienne, les remparts crénelés donnant sur l'Adriatique et la petite marina ne laissent pas indifférent. Le **Lapidarium**, installé dans un bâtiment aux lignes futuristes, expose des pièces d'architecture du Ier au XVIIIe siècle, ainsi qu'une belle collection d'objets liturgiques (dont un ciboire carolingien du VIIIe s. rarissime). Le **musée Gallerion** est, lui, consacré à la marine, ou plutôt à toutes les marines qui ont sillonné l'Adriatique. Ses plages qui courent le long de la baie en ont également fait une station fréquentée qui allie plaisirs culturels et balnéaires. *16km au nord de Poreč* **Office de tourisme** *Mandrač 29a Tél. (052) 757 011 www.coloursofistria.com* **Crypte de l'église Saint-Pélage** *Veliki trg Ouvert haute saison : tlj. 10h-18h* **Lapidarium** *Veliki trg 8a Tél. (052) 726 582 www.muzej-lapidarium.hr Ouvert juin : lun.-sam. 10h-13h et 19h-21h ; juil.-août : tlj. 10h-13h et 19h-22h Tarif 10kn, réduit 5kn* **Musée Gallerion** *Mlinska 1 Tél. 098 254 279 www.kuk-marine-museum.net Ouvert avr.-oct. : mer.-sam. 9h-12h et 14h-18h Tarif 30kn, réduit 20kn*

Brtonigla Au croisement des terres rouges, noires et blanches, ce village, appelé **Verteneglio** en italien, est cerné de vignes et semble entièrement dédié au vin. En se promenant dans ses rues aux maisons hautes et prospères, on se croirait en Italie. Et ça n'est pas un hasard, puisque la majeure partie de la population est bilingue croate/italien. Dès que l'on sort de la ville, via les petits chemins serpentant entre vignes et cultures, les superbes paysages de campagne donnent une autre image de l'Istrie. Ne manquez pas notamment, à deux kilomètres à l'est sur la route de Baredine, le parc naturel Škarline, le long de la rivière Mirna. *25km au nord de Poreč* **Office de tourisme** *Mlinska 2 Tél. (052) 774 307 www.coloursofistria.com*

Umag Quelques ruelles médiévales, une église et l'agréable Riječka ulica, voilà le maigre trésor architectural de la ville. Grand centre sportif de l'Adriatique, Umag est surtout célèbre pour son tournoi de tennis, l'Open de Croatie. Ses plages aussi ont séduit les visiteurs. Les investisseurs immobiliers l'ont bien compris qui ont quelque peu défiguré la côte. *30km au nord de Poreč* **Office de tourisme** *Trgovačka 6 Tél. (052) 741 363 www.coloursofistria.com*

Savudrija Posté à quelques kilomètres au nord d'Umag, non loin de la frontière slovène, ce petit port de pêche réserve de belles promenades au bord de l'eau, sous les pins. À l'extrême ouest de la péninsule, tout près de la frontière slovène, se dresse le plus vieux **phare** en activité du pays. Érigé en 1818, c'était un cadeau que fit le comte Metternich à l'élue de son cœur. Mais la jeune femme mourut le jour de la fin des travaux et le comte n'y mit jamais les pieds. On peut loger dans le monument (p.224), à condition de s'y prendre longtemps d'avance. *40km au nord de Poreč*

Où acheter de l'huile d'olive, du vin ?

☺ **Veralda** Avec ses bâtiments construits en béton, l'entreprise de Luciano Visitin ressemble plus à un blockhaus qu'à une petite propriété familiale ! Pourtant les produits qui en sortent, huile et vins, sont parmi les meilleurs d'Istrie. Comptez 90kn les 50cl d'huile, de 40 à 70kn la bouteille de vins AOC (*malvazija, muškat,* merlot, *refošk,* cabernet sauvignon...). Également une boutique-bar à vins à Umag. *Luciano Visitin Kršin 4* **Brtonigla** *Tél. (052) 774 111 www.veralda.hr* **Boutique Veralda** *Ul. Garibaldi* **Umag**

Se balader à vélo

De nombreux chemins de randonnée à vélo ont été aménagés sur la Riviera de Poreč et d'Umag (entre Novigrad et Savudrija) comme dans l'arrière-pays, en direction de Brtonigla et de Buje. Rens. dans les agences de voyages et offices de tourisme et sur www.istria-bike.com/hr.

Parenzana Jusqu'en 1935, c'était une voie ferrée reliant Poreč (Parenzo en italien) à Trieste. C'est aujourd'hui une piste cyclable (et de randonnée) qui serpente jusqu'en Slovénie à travers les paysages grandioses de l'Istrie verte. Un parcours en pleine nature de 120km, hors des sentiers battus, et destiné aux sportifs de tout âge qui passe à proximité des plus beaux villages et des meilleures adresses d'agrotourisme d'Istrie (Motovun, Grožnjan, Buje...). *www.parenzana.net*

Monter à cheval

Ranch Goli Vrh *Goli vrh 31* **Umag** *Tél. (052) 721 820 Ouvert été, printemps : 7h-20h ; automne, hiver : 10h-16h*

Konjički Centar Katoro *Juricanija bb* **Umag** *Tél. 098 366 050 info@konjicki-centar.com*

Pratiquer la plongée, le ski nautique Envie de plonger au plus près du *Coriolanus*, ce dragueur de mine de la Royal Navy qui fut coulé au large de Poreč par une mine le 5 mai 1945 ? Aucun problème : tous les centres de la région proposent de vous y accompagner.

Zeus Faber Centre de plongée installé dans le village touristique de Lanterna, face à Novigrad. *Sport Centar Valeta* ***Lanterna*** *(13km au nord de Poreč) Tél. (052) 405 045 www.zeus-faber.com*

Subaquatic Diving Center Un centre très sérieux et professionnel. Plongée 300kn, sur le site du Coriolanus 450kn. *Stella Maris* ***Savudrija*** *(40km au nord de Poreč) Tél. (052) 663 220 ou 092 261 6168 www.subaquatic.info*

Ski Lift Poreč Installé sur le rivage, un câble de 650m permet de tracter les skieurs sur l'eau à près de 60km/h. Pour tout public, du débutant au professionnel. Tarif 120kn/1h, 190kn/5h. Location du matériel sur place. *Waterski Club* ***Poreč*** *(4km au sud de la vieille ville) Tél. 091 474 7714 www.skiliftporec.com Ouvert Pâques-nov. : tlj.*

Jouer au tennis

International Tennis Centre Comme les stars de l'Open de Croatie, vous pourrez jouer au tennis dans ce centre. *Stella Maris* ***Umag*** *Tél. (052) 71 092 www.umagtennisacademy.com*

S'amuser en famille

Istralandia Le plus grand parc aquatique du pays ! Aires pour enfants, jets d'eau et fontaines, piscines à cascade avec hydromassage, immense piscine à vague de 2 500m², et surtout une quinzaine de toboggans aux couleurs vives et loufoques (1,6km de longueur au total), dont certains spectaculaires (attention à la file d'attente), avec des effets de son et lumière : bref, un monde aquatique extrêmement ludique, pour tous les âges et tous les goûts. À ne pas manquer les jours de grande chaleur... Plusieurs points de restauration. *Ronki 1* ***Nova Vas*** *(25km au nord de Poreč : attention, il y a plusieurs localités du même nom en Istrie) Tél. (052) 866 900 www.istralandia.hr Ouvert juin, sept. : tlj. 10h-18h ; juil.-août : tlj. 10h-19h*

CARNET D'ADRESSES

Restauration

À Poreč comme ailleurs, le poisson vous coûtera près de deux fois plus cher que les autres plats. Les prix indiqués sont donc une moyenne, estimée selon la spécialité de la maison.

prix moyens

Peterokutna Kula (plan 7, B1 n°11) On s'y rend surtout pour le site : sur une tour pentagonale et une terrasse d'un pan de rempart attenant s'enchevêtrent plusieurs niveaux et mezzanines tantôt à ciel ouvert, tantôt sous une voûte de pierre. Là, discrètement, des tables attendent de recevoir leurs assiettes de spécialités régionales : steak aux truffes, spaghettis ou poisson grillé, crêpe en dessert. Un verre de *zlatna lahtina* (blanc sec) accompagnera très bien les fruits de mer... Comptez 120-160kn l'entrée et le plat, un peu plus si vous commandez du poisson. CB refusées.

Decumanus 1 ***Poreč*** *Tél. (052) 451 378 ou 098 977 9222 www.kula-porec.com.hr Ouvert fév.-déc. : tlj. 12h-0h*

prix élevés

Cardo (plan 7, B1 n°12) L'un des nombreux restaurants de poisson de Poreč, celui-ci disposant d'une agréable terrasse plantée d'un olivier... Atmosphère conviviale et service courtois. Saumon, huîtres (75kn les six) et carpaccios. Une valeur sûre (et touristique). Repas 150-220n. *Cardo Maximus 8* ***Poreč*** *Tél. (052) 452 742 Ouvert avr.-oct. : tlj. 11h-1h*

Dans les environs

prix moyens

☺ **Konoba Kaštel** Cette auberge sert une savoureuse cuisine à base de produits frais de la ferme et de la forêt : agneau à la broche, veau sous la cendre, *pršut* artisanal, succulent *ombollo, njoki, fuži*, gibier, etc. Également du poisson et des crustacés, selon l'arrivage du jour. Prenez place à l'une des grandes tables en bois de la deuxième salle si vous voulez profiter de la cheminée et voir le patron œuvrer au gril. Hormis les vins locaux, un peu trop corsés, un excellent rapport qualité-prix : 120-150kn le repas. *Žbandaj 23* ***Žbandaj*** *(à 6km de Poreč, sur la route de Pazin) Tél. (052) 460 239 ou 098 366 528 Ouvert tlj. 12h-23h*

☺ **Tri Palme** Dans la salle toute simple ou sur la terrasse, on vous servira avec le sourire une authentique cuisine familiale. Fruits de mer de la plus grande fraîcheur (risotto aux langoustines 85kn, calamars frits 80kn), pâtes divines et sélection futée de vins. De 100 à 150kn sans le vin. *Karpinjanska 14* ***Novigrad*** *(bien indiqué, dans un quartier résidentiel du nord, accessible du centre en longeant la plage) Tél. (052) 757 081 Ouvert mars-oct. : tlj. 11h-23h*

☺ **Konoba Astarea** C'est pour l'agneau et pour le poisson, cuits sous la cendre, que l'on recommande cette *konoba*. Chaleureux cadre rustique : cheminée, gravures et objets anciens aux murs. Env. 160kn l'entrée et le plat. Réservation recommandée. *Anton Kernjus Ronkova 6* ***Brtonigla*** *(à l'entrée du village, sur la route principale) Tél. (052) 774 384 Ouvert déc.-oct. : tlj. 11h-23h*

Konoba Morgan Dans un environnement de vignes, avec la mer en fond de scène, la terrasse embaumée de chèvrefeuille de cet agréable restaurant vaut à elle seule le détour (surtout au crépuscule). Dans l'assiette, une excellente cuisine du terroir à base de produits locaux et de saison. Risotto aux cèpes, sanglier en sauce, bœuf braisé... Environ 150-180kn. *Bracanija 1* ***Brtonigla*** *(2km au nord-est du village sur la route de Buje, chemin de terre sur la gauche) Tél. (052) 774 520 Ouvert mer.-lun. 12h-22h*

Konoba Nono Une auberge à la cuisine istrienne délicieuse. Au menu, du jambon, bien sûr, mais aussi des champignons, des truffes, des asperges (en saison) et d'excellentes grillades au feu de bois. Ne passez pas à côté des remarquables pâtisseries maison. Belle terrasse sous une pergola, grande salle aux poutres apparentes. Comptez env. 200-220kn. *Umaska 35* ***Petrovija*** *(3km à l'est d'Umag, sur la route de Buje) Tél. (052) 740 160 http://konoba-nono.com Ouvert 11h-23h*

prix élevés

Mandrač Ses poissons grillés, son risotto aux langoustines ou sa bavette au homard (!) font du Mandrač le plus couru des restaurants du port de Novigrad. Intéressante carte des vins. Entrée avec plat 150-250kn. *Mandrač 6* **Novigrad** *Tél. (052) 757 120 Ouvert mars-oct. : tlj. 10h-0h*

prix très élevés

☺ **Damir & Ornella** Le bouche-à-oreille a fonctionné et l'on vient désormais de loin s'attabler dans ce petit restaurant chic pour goûter à la spécialité du chef, plutôt rare dans la région : les sushis. Deux menus seulement (500 et 650kn), mais ils changent tous les jours en fonction du marché. Réservation obligatoire. *Zidine 5 (rue perpendiculaire à Velika ulica, face à Mlinska)* **Novigrad** *Tél. (052) 758 134 www.damir-ornella.com Ouvert été : mar.-dim. 12h-15h30 et 19h30-23h30 ; hiver : mar.-dim. 12h-15h30 et 18h-22h*

San Rocco Dans la vieille cave de la propriété viticole familiale, la famille Fernetich dirige de main de maître l'un des meilleurs restaurants de Croatie. Au côté des truffes, champignons et du gibier, deux cartes impressionnantes : l'une pour les vins, l'autre pour les huiles d'olive. Trois menus dégustation (350-600kn). À la carte, comptez 250kn minimum (sans le vin). Voir également la partie hébergement (p.224). *Srednja ulica 2* **Brtonigla** *Tél. (052) 725 000 www.san-rocco.hr Ouvert mar.-dim. 13h-22h*

Hébergement

Les groupes Valamar et Laguna Poreč gèrent la plupart des campings, hôtels et villages de vacances dans et autour de Poreč. Ils peuvent aussi conseiller un logement chez l'habitant. Compter au moins 300kn/pers. (selon le nombre de personnes et de chambres) pour un appartement en villa ou village touristique. Et env. 25% de majoration pour les séjours de moins de 3 nuits. Réservez dès que possible, surtout pour les rares hôtels du centre de Poreč. **Valamar Poreč** *Tél. (052) 465 000 www.valamar.com* **Laguna Poreč** *Poreč Tél. (052) 410 102 http://lagunaporec.com*

campings

Zelena Laguna (hors plan 7 par C2) Énorme camping 4-étoiles (2 700 places) situé dans la zone touristique du même nom. Pas vraiment tranquille, mais le plus facilement accessible de Poreč (navettes à la gare routière). Activités nautiques, piscine, miniclub pour les enfants... Comptez 295kn/2 pers. en très haute saison, à partir de 140kn en basse saison. *Zelena Laguna* **Poreč** *(5km au sud de la vieille ville) Tél. (052) 410 102 http://laguna porec.com Ouvert avr.-oct.*

Camping naturiste Ulika (hors plan 7 par C1) Un 4-étoiles naturiste (1 400 emplacements), 4km au nord de Poreč. Environ 280kn/2 pers. en plein été. *Červar Porat* **Poreč** *Tél. (052) 410 102 http://lagunaporec.com Ouvert avr.-mi-oct.*

prix élevés

Jadran (plan 7, A1 n°20) Ce beau bâtiment du XIXe siècle a connu des jours meilleurs. En attendant une inéluctable rénovation, il propose les chambres les moins chères du front de mer... mais il ne faut pas être trop regardant sur le confort. En revanche, comme pour les autres hôtels Valamar, les navettes vers l'île Sveti Nikola, ses criques et ses plages de galets, sont gratuites. Attention, réception au Riviera Hotel, un peu plus loin sur le quai. Double avec balcon 900kn en haute saison, petit déj. non compris. *Obala maršala Tita 15* **Poreč** *Tél. (052) 408 000 www.valamar.com Ouvert mai-sept.*

Poreč (plan 7, C2 n°22) L'immeuble, un bloc de béton posé au bord de la vieille ville, est d'une laideur peu engageante... Mais ses 54 chambres, confortables, propres et bien équipées, sont louées à un prix relativement doux, et il occupe un emplacement assez central sur le port, à 200m du centre et des plages. Évitez les chambres côté rue. Comptez 950kn/2 pers. avec petit déj. en haute saison. *R. Končara 1* **Poreč** *Tél. (052) 451 811 www.hotelporec.com*

prix très élevés

Grand Hotel Palazzo (plan 7, A1 n°21) Sur le front de mer juste en face de l'île Saint-Nicolas, au bout de la promenade, ce beau palace centenaire jouit de tout le luxe indispensable à un établissement haut de gamme. Bar à cocktails, restaurant, spa, piscine chauffée... Chambre double en haute saison à partir de 1 400kn. Navette au départ du parking à l'extérieur de la vieille ville 50kn. *Obala maršala Tita 24* **Poreč** *Tél. (052) 858 800 www.hotel-palazzo.hr*

Valamar Riviera Hotel (plan 7, B1 n°23) L'ancien hôtel Neptun dispose de chambres au confort haut de gamme, au cœur de la vieille ville, face à la promenade du port. À partir de 1 750kn la double avec vue sur mer (1 450kn vue sur ville) en haute saison, petit déjeuner inclus. Établissement réservé aux plus de 16 ans. *Obala maršala Tita 15* **Poreč** *Tél. (052) 408 800 www.valamar.com*

Villa Parentino (plan 7, A1 n°24) Du grand luxe pour cet établissement très haut de gamme situé juste à côté du Riviera. Les chambres avec vue, dont certaines sont immenses (45m^2), offrent une vue imprenable sur la promenade du port et l'île Saint-Nicolas. Bar lounge fort agréable au crépuscule. Navette gratuite pour la plage privée qui y est située. Comptez de 1 350 à 2 320kn en haute saison selon la chambre. Hôtel réservé aux plus de 16 ans. *Obala maršala Tita* **Poreč** *Tél. (052) 408 040 ou (052) 465 000 www.valamar.com Ouvert avr.-oct.*

Dans les environs

À Umag, les agences Atlas et Kompas (p.213) gèrent un certain nombre de chambres à partir de 180kn, listées dans des catalogues.

campings

Sirena camping Situé à Novigrad, dans une jolie pinède, à côté de l'hôtel Laguna, ce camping 3-étoiles, capable d'accueillir 2 000 personnes, propose toutes sortes de services : activités sportives, supérette, restaurant, bureau de tabac/presse. ***Novigrad*** *(1km au sud-est du centre-ville) Tél. (052) 757 159 ou (052) 858 690 camping@aminess.com www.aminess-campsites.com Ouvert avr.-sept.*

L'ISTRIE

GAMME DE PRIX	RESTAURATION	HÉBERGEMENT
Très petits prix	moins de 75kn	moins de 300kn
Petits prix	de 75 à 120kn	de 300 à 450kn
Prix moyens	de 120 à 180kn	de 450 à 600kn
Prix élevés	de 180 à 250kn	de 600 à 1 100kn
Prix très élevés	plus de 250kn	plus de 1 100kn

CampingIN Finida Un camping 4-étoiles à la situation agréable, sous les pins, juste au bord de l'eau. Environ 200 emplacements, atmosphère calme et relaxante, nombreuses activités nautiques. Comptez 265kn en été pour 2 pers. *Križine 55a* ***Umag*** *(au sud de la vieille ville) Tél. (052) 713 950 camping@istraturist.com www.istracamping.com Ouvert mai-oct.*

prix élevés

Villa Giada Juste en face du campanile de Novigrad et à 20m de la mer, ce B&B loue 7 chambres et des appartements meublés (jusqu'à 4 pers.) au-dessus du restaurant qui occupe le rez-de-chaussée. Emplacement imprenable. De 575 à 760kn la chambre en haute saison (+30% si séjour de moins de 4 jours), à partir de 330kn en basse saison. *Veliki trg 5* ***Novigrad*** *Tél. 099 214 9025*

Cittar Un hôtel adossé au rempart de la vieille ville de Novigrad, dont les 14 chambres bien équipées (TV, minibar) et très calmes donnent sur un joli jardin. Terrasse et verrière particulièrement appréciables. Double à partir de 950kn en saison. *Prolaz Venecija 1* ***Novigrad*** *Tél. (052) 757 737 ou (052) 757 229 www.cittar.hr*

prix très élevés

San Rocco Dans un charmant village consacré à la viticulture et à l'huile d'olive, cet hôtel familial de 2005 est entièrement dédié au bien-être. Le service est attentionné, le restaurant gastronomique (p.222), et le repos assuré dans l'une des 14 chambres au mobilier ancien et au luxe discret (avec une mention spéciale pour les salles de bains balnéos). Deux piscines (dont une couverte), un sauna, un centre de remise en forme (massage à l'huile d'olive 450kn, au chocolat 700kn). Chambre double en haute saison à partir de 1 500kn. *Srednja ulica 2* ***Brtonigla*** *Tél. (052) 774 623 www.san-rocco.hr*

Phare de Savudrija Posté sur le rivage, à 30m de la mer, le plus vieux phare croate encore en activité accueille les voyageurs en quête d'un toit original. Ils peuvent louer à la semaine l'un des 4 appartements de 30 à $75m^2$ pour 2 à 4 personnes à partir de 760kn la nuit en haute saison, ou 600kn en basse saison. *Svjetionicarska 50* ***Savudrija*** *(9km au nord d'Umag) Tél. (021) 390 609 www.lighthouses-croatia.com*

LES VILLAGES PERCHÉS

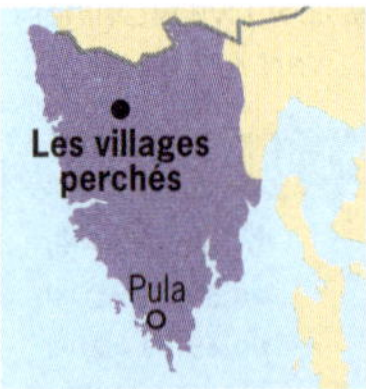

Motovun et Grožnjan, les plus beaux, mais aussi Buje, Beram, Hum, Oprtalj... autant de villages médiévaux plantés au sommet de promontoires plus ou moins accessibles, qui dominent plaines et vallées de leur majesté séculaire. Comme plus de 400 localités de la région, ils se sont construits sur les vestiges des cités fortifiées par les Histres (VIIIe-Ve s. avant notre ère), et la plupart en ont conservé le plan concentrique. Le Moyen Âge donna à ces villages perchés d'Istrie leur lacis de venelles et des droits communaux ; la république de

Venise leurs remparts (XIVe-XVIIe s.), leurs campaniles, leurs demeures patriciennes Renaissance et leurs églises baroques ; et, contrairement à certaines villes du littoral, gangrenées par le béton, ce patrimoine n'a souffert ni de l'industrialisation ni de l'essor du tourisme de masse. Après avoir commencé à Motovun ce périple culturel et forcément gastronomique au cœur de cette Istrie "verte et gourmande", cf. GEOPlus (p.232), il faut rejoindre Buje, puis Grožnjan, rendez-vous des artistes, et enfin le pays de Buzet. Et après avoir visité Pazin et l'église Sainte-Marie de Beram, qui sait si vous ne reviendrez pas à Motovun profiter, comme des milliers d'estivants, de son Festival international du film ?

MODE D'EMPLOI

accès

EN VOITURE
Situé dans le sud de la vallée de la Mirna, 28km au nord-est de Poreč, Motovun est desservi par la route reliant Buje (22km au nord-ouest) à Buzet (19km au nord-est). Quand on vient du sud, il faut passer par Karojba, localité signalée au croisement des axes Poreč-Buzet et Pula-Buje.

EN CAR
Une ou 2 liaisons/j. avec Poreč, Pazin, Pula et Buzet. Informations à l'office de tourisme de Motovun. Les cars s'arrêtent devant le parking aménagé au pied de la colline.

orientation

Attention, les stations-service sont plutôt rares sur les routes de l'Istrie intérieure. Vous en trouverez à Buje, Motovun et Buzet. Compte tenu de la complexité du trajet et de l'absence fréquente de panneaux indicateurs, il vous faudra disposer d'une bonne carte. La plus précise est l'*Autokarta Istre* au 1/110 000.

informations touristiques

L'association des viticulteurs et l'office de tourisme d'Istrie ont créé une **route des vins**, divisée en cinq terroirs (Buje, Poreč, Buzet, Rovinj-Vodjan et Pazin) et balisée de panneaux "Vinistra". Pour en savoir plus, consultez les sites www.istria-gourmet.com, www.vinistra.hr et www.zigantetartufi.com. Voir également les offices de tourisme de chacun des villages dans la partie Découvrir.
Office de tourisme régional d'Istrie *Pionirska 1* **Poreč** *Tél. (052) 452 797 www.istra.hr Ouvert lun.-ven. 8h-16h*
Office de tourisme de Motovun *Trg Andrea Antico 1 Tél. (052) 681 726 www.tz-motovun.hr*

adresses utiles

À Motovun, une seule banque avec distributeur, derrière la porte de la vieille ville. La poste fait face à l'hôtel Kaštel, sur la grand-place.

fêtes et manifestations

Détail des manifestations estivales à l'office de tourisme de Motovun et à l'hôtel Kaštel. Voir également le GEO-Plus L'Istrie gourmande (p.232).
Oleum Olivarum L'une des principales fêtes de l'huile d'olive de Croatie, cf. Fêtes gourmandes (p.235). ***Krasica*** *Mi-mars*
Les Journées de l'asperge d'Istrie / Dani istarskih šparoga Célébration

L'ISTRIE

de l'un des légumes rois de l'Istrie, cf. Fêtes gourmandes (p.235). *Fin mars-début mai*

Brocante et antiquités / Sajam Antikviteta Déballage important d'antiquités et d'objets anciens. ***Oprtalj*** *(10km au nord de Motovun) Mai-oct. : 2e dim. de chaque mois*

Jeunesses musicales croates / Hrvatska glazbena mladež Depuis plus de 50 ans, de jeunes musiciens de nombreux pays viennent participer aux masterclasses organisées dans le "village des artistes". Concerts et récitals gratuits quasi quotidiens en été. ***Grožnjan*** *www.hgm.hr Mai-oct.*

Journées Jules-Verne / Dani Julesa Vernea Animations sportives et culturelles autour du roman *Mathias Sandorf* de Jules Verne. ***Pazin*** *Fin juin*

☺ **Festival du film / Motovun Film Festival** Créé en 1999, ce festival attire chaque année des milliers de cinéphiles... et quelques stars. Sélection internationale présentée en salle ou en plein air. ***Motovun*** *Tél. (01) 37 40 708 (Zagreb) www.motovunfilmfestival.com Fin juin-fin juil.*

Jazz is back Un festival de jazz à la programmation internationale. ***Grožnjan*** *www.jazzisbackbp.com Juil.-août*

Festival Vizura Aperta Festival annuel d'art contemporain. ***Momjan*** *(25km au nord-ouest de Motovun) 1re sem. d'août*

Subotina La fête de l'omelette aux truffes cf. Fêtes gourmandes (p.235). ***Buzet*** *Début sept.*

Festival TeTa Festival de la truffe et du *teran*, cf. Fêtes gourmandes (p.235). ***Motovun*** *Fin sept.*

☺ **Journées de la truffe / Dani tartufa** Le divin champignon en vedette dans toute l'Istrie, cf. Fêtes gourmandes (p.235). *Sept.-début nov.*

Fête de la chataîgne / Kestenijada cf. Fêtes gourmandes (p.235). ***Oprtalj*** *Mi-oct.*

Rencontre des producteurs de *biska* cf. Fêtes gourmandes (p.235). ***Hum*** *Fin oct.*

Week-end de la truffe cf. Fêtes gourmandes (p.235). ***Buzet*** *1er w.-e. de nov.*

DÉCOUVRIR

Les villages perchés

☆ **Les essentiels** Les remparts de Motovun, l'église Sainte-Marie de Beram, le village d'artistes de Grožnjan **Découvrir autrement** À l'automne, participez entre Livade et Buzet aux Journées de la truffe (cf. Mode d'emploi), profitez des multiples facettes de l'Istrie gourmande

Motovun

Remparts médiévaux, ruelles pavées, façades blanches et toits ocre : rien ne manque à ce charmant village perché à 270m d'altitude, sur la rive droite de la Mirna. Son chemin de ronde permet d'embrasser toute la campagne environnante : au loin moutonnent des collines plantées de chênes rouvres ou de vigne et coiffées de bourgades médiévales, dont les habitants fument leur jambon (*pršut*), élaborent leur vin et leur huile d'olive avec amour et vont, à l'automne, déterrer des truffes blanches dans les sous-bois.

☆ ☺ **Remparts** Les remparts, des XIIIe-XIVe siècles, sont fort bien conservés, et leur chemin de ronde offre une vue magnifique sur les collines voisines comme sur la Ville-Haute : vieilles maisons gothiques, ruelles pavées, treilles et jardins potagers. Inoubliable. On passe sous une double porte du début du XIVe siècle, pour gagner le cœur de la petite cité.

Place Andrea-Antico / Trg Andrea Antico Un vaste espace bordé de nobles façades du grand palais roman (XIIe-XIIIe s.) et de l'église Saint-Étienne (Crkva Sv. Stjepana). Cet édifice à trois nefs de style palladien, bâti au début du XVIIe siècle, renferme un autel portatif en or ciselé du XIVe siècle, une croix de procession du XVe siècle et une *Cène* attribuée à Stefan Celestio (XVIIe s.). Du haut du campanile, panorama d'une rare beauté sur la campagne.

S'initier au parapente

Paragliding Tandem Istra On peut pratiquer le parapente dans la région de Motovun, près de la station thermale d'Istarske Toplice, ou dans les environs de Buzet (site de Raspadalica, l'un des plus beaux spots d'Istrie). Pour profiter au mieux de ces paysages grandioses, Sasha ou Airie, deux grands professionnels, vous emmèneront dans les airs pour un baptême inoubliable (600kn/pers.). *Tél. 098 222 8081 www.istraparagliding.com*

Au sud de Motovun

☆ ☺ **Église Sainte-Marie-sur-les-Dalles de Beram / Sv. Marija na Škrilinah** En contrebas du somnolent village perché de Beram, cette modeste chapelle recèle un trésor inestimable de la peinture médiévale. Ses murs et ses voûtes sont tapissés de fresques réalisées en 1474 par Ivan de Kastav. Ces compositions de style gothique tardif, qui illustrent des scènes de l'Ancien et du Nouveau Testament, révèlent autant un talent magistral que des détails de la vie en Istrie à la fin du XVe siècle. Côté nord, sur 8m de long, court une *Chevauchée des Rois mages*, dont les personnages secondaires seraient des contemporains de l'artiste. En fond, les paysages de la région. Sur le mur ouest, au-dessus de la porte, une *Danse macabre* met en scène, avec philosophie et humour, l'issue fatale pour tous les membres de la société médiévale, sans distinction de sexe ni de classe.

Du chêne à la truffe

En contrebas de Motovun, la vallée de la Mirna s'étend jusqu'à l'horizon. Si son débit est aujourd'hui minuscule (elle est en fait canalisée jusqu'à son embouchure), ce fleuve, le plus grand d'Istrie (53km), constituait une importante voie navigable. C'est le long de son cours tranquille vers la mer et Novigrad (30km en aval), qu'au Moyen Âge étaient acheminées vers Venise les billes de chênes coupés dans la forêt de Motovun, afin de consolider les pilotis de la Sérénissime ou d'en construire les navires. Aujourd'hui, l'immense forêt ne s'étend plus que sur une dizaine de kilomètres carrés, mais recèle une autre richesse : la truffe.

Plan 8 Les villages perchés

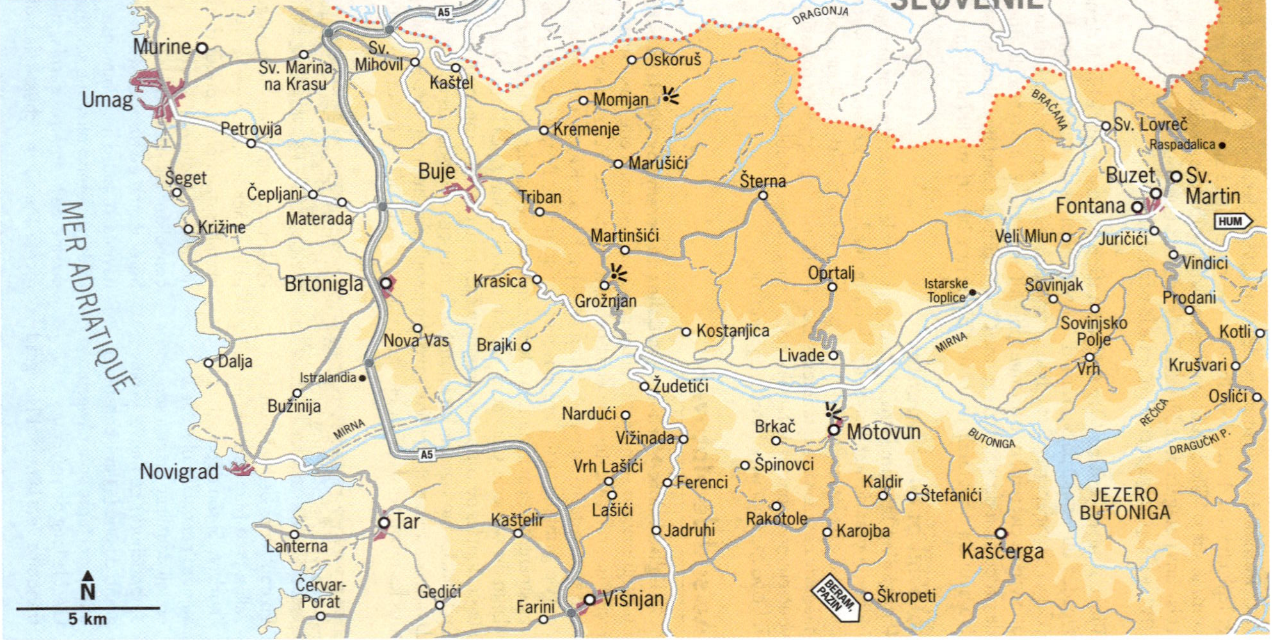

Un chef-d'œuvre ! *15km au sud de Motovun dir. Pazin (derrière l'église paroissiale, une route descend sur 1km vers Sainte-Marie, dans les bois en contrebas) Pour avoir les clefs, appeler avant votre arrivée Mme Sonja Šestan, Beram 38 Tél. (052) 622 903 ou (052) 626 016 (paroisse de Tinjan)*

Pazin Cette cité, Pisino en italien, dont l'existence est attestée depuis le xᵉ siècle, a su tirer parti de sa position stratégique sur les routes de Trieste et de Poreč et d'une histoire mouvementée pour demeurer le centre économique et culturel de l'Istrie intérieure. Foyer industriel moderne, la Ville-Basse bourdonne d'activité, mais manque cruellement de charme. La Ville-Haute est quant à elle dominée par sa forteresse (kaštel) qui semble perchée en équilibre au-dessus du vertigineux **gouffre de Pazin** : une centaine de mètres en contrebas, la rivière Pazinčica disparaît en effet dans une sombre cavité karstique, immortalisée par Jules Verne dans *Mathias Sandorf*. Fuyant les geôles de la forteresse, son héros s'enfonce dans le gouffre pour en ressortir quelques kilomètres plus loin, dans le canal de Lim. On peut descendre dans cette abîme accompagné par un guide pour une balade de 3h/3h30 ouverte à tous. Elle permet de s'aventurer dans les premières cavités souterraines où la rivière forme trois lacs souterrains, avant de disparaître dans un siphon. Retour dans les hauteurs avec le château exceptionnellement bien conservé. Fondé au xᵉ siècle, il fut largement remanié en 1374 et agrandi en 1540. Il abrite aujourd'hui les intéressantes collections du **Musée municipal** – notamment ses cloches des xɪvᵉ-xxᵉ siècles provenant d'églises d'Istrie – et du **Musée ethnographique d'Istrie** : bijoux, costumes, meubles, outils et instruments de musique traditionnels. Ceux qui ont un peu de temps visiteront le monastère franciscain (xvᵉ s.) et l'église Saint-Nicolas (xɪɪɪᵉ s.), pour ses belles voûtes à nervures, décorées de fresques du xvᵉ siècle. *20km au sud-est de Motovun* **Office de tourisme** *Franine i Jurine 14 Tél. (052) 622 460 www.tzpazin.hr www.central-istria.com* **Gouffre de Pazin / Pazinska jama** *Tél. 091 512 1528 ou 098 330 038 (association spéléologique) info@sdi.hr* **Musée municipal-Musée ethnographique** *Istarskog Razvoda 1 Tél. (052) 625 040 ou (052) 624 351 www.emi.hr Ouvert mi-avr.-mi-oct. : mar.-dim. 10h-18h ; mi-oct.-mi-avr. : mar.-jeu. 10h-15h, ven. 11h-16h, sam.-dim. 10h-16h Tarif 25kn, réduit 18kn*

Survoler un gouffre

☺ **Zipline Pazinska jama** Une tyrolienne a été installée au-dessus du gouffre de Pazin. D'une longueur de 220m, elle permet de voler en toute sécurité au-dessus de l'abysse cher à Jules Verne. Grand frisson garanti. Tarif 160kn. ***Pazin*** *Tél. 091 168 3126 Ouvert mai-sept. : tlj. 10h-19h*

Au nord de Motovun

Oprtalj Dans ce superbe village fortifié à l'écart des grandes routes, qui domine la rive droite de la Mirna à 380m d'altitude, on pourrait se croire en Toscane : murs ocre, du jaune au rouge, campanile, superbe loggia ouverte sur la campagne… Ce n'est pas un hasard si l'on y parle plus volontiers l'italien que le croate (la cité s'appelle alors Portole, puisque Romains, Vénitiens et Italiens se succédèrent au fil des siècles dans ses ruelles circulaires. Ne manquez pas la vue sur Motovun des remparts, ainsi que l'église Sainte-Marie, à la sortie du village (dir. Buje, au bout d'une allée de cyprès), riche de fresques du

XVe siècle honorant différents saints… ainsi que le fermier qui paya pour leur réalisation. *10km au nord de Motovun (traverser la rivière Mirna, puis le village de Livade : Oprtalj se situe au sommet d'une route en lacets de 7km ménageant de superbes points de vue sur la vallée)* **Office de tourisme** *Matka Laginje 21 Tél. (052) 644 077 www.istria-oprtalj.com*

★ ☺ **Grožnjan** Même promontoire dominant la région, mêmes maisons en pierre ocre aux toits de tuiles orange et rose qu'à Motovun, mais des rues encore plus étroites et sinueuses, pavées, pentues, parfois en escalier… On s'abandonne au charme de Grisignana (nom italien), ce labyrinthe médiéval miraculeusement préservé. Juste derrière la porte principale (XVe-XVIe s.) s'élève une belle loge Renaissance (1587). À côté, la chapelle Saint-Côme-et-Saint-Damien (XVIe s.) abrite quelques créations du peintre contemporain Ivan Lovrenčić. De passages voûtés en recoins, dans un jeu d'ombre et de lumière, on rejoint la Grand-Place, son église baroque, son campanile et surtout sa vue extraordinaire sur les collines environnantes… Pas étonnant que des écrivains et des artistes aient décidé de s'installer dans ce village abandonné dans les années 1960. Peu à peu restauré depuis, Grožnjan, connu aujourd'hui comme "la ville des artistes", compte désormais une vingtaine de galeries d'art et de boutiques d'artisans ; des expositions, des spectacles et des ateliers de travail y réunissent plasticiens, musiciens, danseurs, comédiens et vidéastes, croates et étrangers. *10km au nord-ouest de Motovun* **Association touristique** *U. Gorjana 3 Tél. (052) 776 131 www.tz-groznjan.hr*

L'ISTRIE

Buje Posée à 200m de hauteur à la croisée des axes Pula-Trieste et Umag-Buzet, Buje, ou Buie, fut longtemps surnommée la "Tour de garde de l'Istrie" en raison de sa position stratégique. Habitée depuis les temps préhistoriques, la romaine *Bullea* domine les routes touristiques des vins et de la truffe, et demeure aujourd'hui une petite ville commerçante très animée. Le centre historique, protégé par des fortifications restaurées à la période vénitienne (XVe-XVIIe s.), possède un certain cachet. Sur sa place ronde s'élèvent une belle demeure patricienne du XVe siècle et l'église Saint-Servulus (Sv. Servol), bâtie au XVIe siècle sur les vestiges d'un temple romain et restaurée au XVIIe siècle. *25km au nord-ouest de Motovun* **Office de tourisme** *Prvog Svibnja 2 Tél. (052) 773 353 www.coloursofistria.com*

Où boire un verre au crépuscule ?

☺ **Kaya Energy Bar & Design** Installé sur les remparts, ce bar-boutique lounge et intimiste confirme l'essor touristique de Grožnjan. Dans la maison ancienne embrassant la vallée, un comptoir design et quelques tables basses permettent de déguster smoothies, cocktails ou vins locaux à partir de 12kn le verre. Quelques vitrines exposent toutes sortes d'objets artisanaux, de bijoux et de céramiques à vendre. Un endroit zen, dont il ne faut pas manquer la minuscule terrasse encastrée dans les remparts et son panorama éblouissant. *Vicenta iz Kastva 2* **Grožnjan** *Tél. (052) 776 051 ou 091 443 3430 Ouvert tlj. 9h-23h*

Prendre les eaux

Istarske Toplice Cette station thermale cachée entre falaise et forêt dans la vallée de la Mirna, environ 8km au sud-ouest de Buzet, est connue pour les vertus thérapeutiques de sa source Saint-Étienne (Sv. Stjepan), dont viennent profiter chaque année des milliers de curistes. Son eau sulfureuse et richement minéralisée soulage les rhumatismes et soigne certaines affections dermatologiques, respiratoires et gynécologiques. Des propriétés exploitées depuis l'Antiquité et confirmées par la première analyse en 1858... Un hôtel et un restaurant tout droit sortis de la période socialiste vous permettront d'y séjourner en cas de besoin. *Sv. Stjepana 60* ***Livade*** *Tél. (052) 603 000 www.istarske-toplice.hr*

Buzet et ses environs

Buzet Fondé par les Histres, puis occupé par les Romains, cet ancien siège du capitanat vénitien en Istrie est la capitale reconnue de la truffe. Les bons restaurants côtoyant les témoignages d'un riche passé en font une destination des plus agréables, et l'enceinte vénitienne percée de deux portes du XVIe siècle, la grand-place en terrasse ornée d'une élégante fontaine baroque, et ses églises composent un ensemble homogène et attachant. Le **Musée régional** restitue la longue histoire et l'artisanat de Buzet que ses habitants font revivre, le temps des festivités automnales dédiées à la truffe. *15km au nord-est de Motovun* ***Office de tourisme*** *Šetalište Vladimira Gortana 9 Tél. (052) 662 343 www.tz-buzet.hr Ouvert mars-oct. : lun.-ven. 8h-15h, sam. 9h-14h ; nov.-fév. : lun.-ven. 8h-15h* ***Musée régional / Zavičajni Muzej*** *Trg Rašporskih Kapetana 5 Tél. (052) 662 792 Ouvert juil.-août : lun.-ven. 9h-15h et 17h-20h, sam.-dim. 9h-12h Tarif 15kn, réduit 10kn*

ALLÉE ALPHABÉTIQUE

La route entre Hum et Roč est plantée de 11 monuments ou statues installés en pleine nature en 1976. Cette allée glagolitique **(Aleja glagoljaša)** a été constituée pour glorifier l'alphabet du même nom, le premier du monde slave, créé pour rendre la Bible accessible au plus grand nombre. Propagé par les prêtres, il sera à l'origine de l'alphabet cyrillique.

Hum D'après la légende, ce sont des géants qui ont bâti Hum avec les pierres qu'il leur restait après la construction de la vallée de la Mirna. Couronnant une colline à 340m d'altitude, Hum s'enorgueillit d'être "la plus petite ville du monde" et possède tout de même, derrière ses murailles restaurées, une douzaine de maisons (pour une vingtaine d'habitants), une très belle loggia, une galerie d'art-boutique de souvenirs et un restaurant. Elle a aussi conservé une belle porte de 1552 et un campanile. Dans son cimetière, hors les murs, l'église romane Saint-Jérôme (Sv. Jeronim) abrite de belles fresques romanes du XIIe siècle avec de nombreux graffitis glagolitiques de la même époque (*demander la clef au restaurant Humska*). *20km au nord-est de Motovun (prendre la route qui s'embranche sur la nationale à hauteur de Roč)*

Kotli Ce hameau quasi abandonné, "anti-village perché", est une petite perle nichée au creux du lit de la Mirna, à proximité de l'allée glagolitique. Par une petite route, on accède à la rivière, au lit encore modeste. Le village, avec son très ancien moulin à eau, est posté de l'autre côté d'un pont branlant. Ses quelques maisons en phase de restauration côtoient une cascade remplissant des vasques naturelles, une dizaine de mètres plus bas, où il fait bon se baigner

GEOPLUS

L'Istrie gourmande

L'Istrie possède une longue tradition viticole, qui se conjugue avec une authentique gastronomie reposant sur des produits du terroir de grande qualité, au premier rang desquels trône la truffe, blanche ou noire. Champignons, fromages, charcuterie, huile d'olive, gibiers, miel et pâtes : on trouve et on mange de tout dans cette région où se mélangent comme pour une bonne sauce des influences latines et continentales. Pour certaines de ces productions, vous trouverez ci-dessous des établissements mettant à l'honneur les richesses locales.

Produits du terroir

LE VIN

Selon la légende, c'est parce que l'Istrie a la forme d'une grappe que son vin est bon ! Initiée par les Grecs, la culture de la vigne fut étendue par les Romains, ressuscitée par les Vénitiens pour ne plus cesser depuis. Sa production a beaucoup évolué depuis la guerre des années 1990 et fait un vrai saut qualitatif à l'aube du XXIe siècle. Le vignoble istrien couvre aujourd'hui plus de 10 000ha exploités par quelque quatre-vingts producteurs qui se partagent 150 étiquettes (vins de table ou AOC), dont certaines figurent parmi les plus grands crus croates. Les blancs représentent 70% de la production régionale. Le cépage le plus largement répandu est le *malvazija*, qui donne des vins couleur de paille, plutôt secs, fleuris et fruités, avec un léger arrière-goût d'amande. D'autres cépages locaux produisent des blancs plus moelleux, à boire au dessert, comme le très réputé muscat de Momjan (*momjanski muškat*). Plus de 50% des rouges d'Istrie sont issus du *teran*, un cépage local qui donne des vins puissants, aux arômes de fruits sauvages, parfois surets. Il possède un dérivé, le *refošk*. Mais ce sont des cépages d'importation (pinot, chardonnay, merlot, cabernet sauvignon) qui permettent aujourd'hui aux producteurs istriens de se distinguer dans les foires internationales.

☺ **Arman** L'un des dix domaines viticoles les plus réputés d'Istrie. Vin AOC : *malvazija, teran*, chardonnay, pinot. *Narduči 3* ***Vižinada*** *(dans le village, dir. Poreč sur 1km puis à droite dir. Vranje Selo et Narduči) Tél. (052) 446 094 ou 098 255 650 www.arman.hr*

☺ **Kozlović** Ne surtout pas manquer un classique de la région : le *momjanski muškat* (muscat de Momjan), vin blanc sucré très renommé. La maison Kozlović produit également du *malvazija*, du *teran, momjanski muškat* et du *Violeta* (vin de table).
Valle 78 ***Momjan*** *(à 9km de Buje, 3km après Momjan) Tél. (052) 779 177 www.kozlovic.hr*

Pilato Un domaine viticole renommé de la région de Poreč. Vin AOC : *malvazija* (bouteille 35kn), *teran* (40kn), *muškat* (40kn).
Lašići 2 ***Vižinada*** *(à 3km du village dir. Poreč) Tél. (052) 446 281 ou 091 446 2810 www.vina-pilato.com*

Vina Zigante Depuis 1994, la branche de Poreč de l'association des viticulteurs d'Istrie décerne chaque année à cette exploitation une médaille d'or ou d'argent pour son *malvazija*, son *teran* ou pour les deux. Attention, les Zigante ne parlent que le croate et l'italien. Vin AOC : *malvazija* (bouteille 40kn), *teran* (50kn), *muškat* (50kn), chardonnay (50kn).
Kostanjica 66 **Grožnjan** *(de Motovun, route 44 dir. Buje sur 8km, puis à Ponte Porton, petite route à droite dir. Kostanjica, et grimper la côte, en face pendant 800m)*
Tél. (052) 721 930 www.vina-zigante.hr

LA TRUFFE
La truffe d'Istrie est réputée comme l'une des meilleures au monde, avec l'italienne de la région d'Alba et la française du Périgord. Çe petit champignon pousse principalement autour de la vallée de la Mirna. On en distingue deux variétés : la truffe noire ou truffe d'été, la plus courante, que l'on déterre de mai à novembre, et la truffe blanche, plus chère et plus recherchée, qui se collecte d'octobre à décembre. Symbole de la cuisine istrienne, elle se conjugue à toutes les sauces et s'immisce dans tous les plats.

LA *BISKA* En Istrie, l'eau-de-vie traditionnelle est la *biska*, à base de marc de raisin, de gui et d'herbes sauvages. La recette secrète transmise depuis 2 000 ans est aujourd'hui détenue par les propriétaires de la *konoba* de Hum (Humska Konoba). On trouve aussi toutes sortes d'alcools issus d'autres spécialités régionales d'Istrie : miel (*medika*), châtaigne, cerise, figues, prunes...

☺ **Karlić Tartufi** Pionniers de la chasse aux truffes, les Karlić vous accompagnent au cours d'une promenade d'environ 3h dans les alentours boisés du village de Paladini, et vous initient aux méthodes de recherche (avec leur chien). Attention, s'il est rare qu'on en revienne bredouille, les truffes découvertes demeurent leur propriété. Pour parfaire la balade, un repas aux truffes (compris dans le prix) est organisé, avec omelette, saucisses et fromages accompagnés de vins de la maison, puis de *biska* aux cerises. Tarif 1 000-1 100kn/2 ou 3 pers. On peut aussi acheter des truffes (noires) à des prix nettement inférieurs à ceux pratiqués dans les boutiques spécialisées de la région : 25g/70kn, 50g/120kn. Et aussi des sauces, du fromage, de l'huile...
Paladini 14 **Paladini** *(de Buzet, dir. Pazin sur 5km puis à Svi Sveti, à droite dir. Vrh et dans le village dir. Paladini/Botoniga) Tél. (052) 667 304 ou 091 575 9196 www.karlictartufi.hr Sur réservation*
Natura Depuis les années 1960, cet entreprise familiale s'est spécialisée dans la conservation des truffes. Même hors saison, vous en trouverez donc, blanches ou noires, en saumure, en sauce ou même dans du miel. *Srnegla 21* **Mala Huba** *(à la sortie de Buzet sur la route 44 dir. Motovun) Tél. (052) 554 057 ou 098 910 9090 www.naturatartufi.com Ouvert lun.-sam.*
Enoteka Zigante Tartufi Dans toute l'Istrie, des boutiques (*trgovina*), caves (*enoteka*) ou restaurants Zigante ont poussé comme des champignons. À l'origine de cette prolifération parfois gênante pour la concurrence, la découverte en 1999 par Giancarlo Zigante d'une truffe blanche géante de 1,3kg qui lui valut renommée et fortune. ➤

▶ Aujourd'hui, on trouve dans ses magasins, outre truffes blanches et noire, toutes sortes de produits istriens : huiles d'olive, fromages de brebis, miel et divers alcools de plantes aromatiques parfumés aux... truffes. Sans compter une sélection généreuse mais pointilleuse de vins istriens et internationaux (AOC). Zigante est réellement incontournable... *Gorjan 5* ***Grožnjan*** *Tél. (052) 776 099 www.zigantetartufi.com Ouvert été : tlj. 10h-21h ; hiver : w.-e. 10h-18h*

Trgovina Zigante Tartufi *Trg J. B. Tita 12* ***Buje*** *Tél. (052) 772 125 Ouvert tlj. 9h-20h*

☺ **Trgovina Zigante Tartufi** *Trg Fontana* ***Buzet*** *Tél. (052) 663 340 Ouvert avr.-oct. : 9h-20h*

☺ **Restaurant Zigante** *Livade 7* ***Livade*** *(3km au nord de Motovun) Tél. (052) 664 302 ou 091 477 7410 www.zigantetartufi.com Ouvert tlj. 9h-21h*

L'HUILE D'OLIVE

En Istrie, on fait pousser des oliviers depuis l'Antiquité, et l'huile d'olive qu'on en récolte est réputée dans le monde entier. Ici, on déguste l'huile comme un grand cru. Parmi les différentes variétés, vous pourrez tester la *bjelica*, la *karbonaca*, la *buža* ou la *rosinjola*. Plus ou moins épaisses, variant de l'or au vert, elles accompagnent tous les plats, des entrées aux desserts !

Clai Giorgio Clai produit une excellente huile d'olive (80kn les 50cl) et des vins de table, comme le *malvazija* (bouteille 165kn). *Brajki 104* ***Krasica*** *(de Buje, dir. Pula et à 3,4km passé Krasica, prendre à droite dir. Brajki, puis encore à droite à la fourche) Tél. (052) 776 175 ou 091 577 6364 Ouvert lun.-ven. 10h-18h, sam. 10h-14h*

Ipša Huile d'olive extra-vierge. Dégustation dans la propriété de la famille Ipša, avec superbe vue sur la vallée de la Mirna. Également 4 chambres d'hôtes. *Ipša 10* ***Livade*** *Tél. (052) 664 010 ou 091 206 05 38 www.ipsa-maslinovaulja.hr*

Perossa L'un des quinze plus grands producteurs d'huile d'olive en Istrie (env. 80kn les 50cl). *Oskoruš 9* ***Momjan*** *(à 2km du village en dir. de la frontière slovène) Tél. (052) 779 160*

LE BŒUF *BOŠKARIN*

Espèce endémique, le *boškarin* faillit disparaître avec l'apparition du tracteur. Il n'en restait que quelques têtes quand des restaurateurs éclairés décidèrent de le sauver à des fins gastronomiques. Aujourd'hui, le bœuf menacé semble tiré d'affaire... pour faire les beaux jours de quelques établissements labellisés pour le servir.

LE MIEL

Mirian Visitin Depuis deux générations, les Visitin récoltent dans des ruches qu'ils construisent eux-mêmes un miel au délicieux goût d'olive ! *Sv. Ivan 10* ***Oprtalj*** *Tél. (052) 644 136*

LES PÂTES

Influences italiennes obligent, les pâtes sont des composants essentiels de la cuisine d'Istrie. Roulées (*fuži*), allongées (*pljukanci*) ou carrées (*pasutice*), elles se conjuguent à toutes les sauces, à la viande (*žgvace*), aux truffes, au jambon ou aux asperges. Et même en dessert, comme les *krafi* dans la région de Labin, raviolis farcis avec du fromage, des raisins secs, du sucre et un zeste de citron.

LES ASPERGES SAUVAGES
Connues depuis l'Antiquité pour leurs vertus culinaires, diurétiques (et d'après certains, aphrodisiaques), les asperges sauvages se cueillent dans toute l'Istrie au printemps. Un peu amères, elles exhalent toute leur saveur sautées à l'huile d'olive et mélangées à des œufs brouillés (*fritaju sa šparogama*).

Fêtes gourmandes

Chaque année, de septembre à novembre, l'Istrie se pare de noir et de blanc, couleurs des truffes que l'on chasse sur ses terres. L'occasion de fêtes folkloriques, de dégustations et d'animations dans les environs de Buzet et de Motovun (rens. www.istria-gourmet.com).

Oleum Olivarum L'une des plus anciennes foires à l'huile d'olive de Croatie. Rencontres et dégustations autour des huiles de 150 producteurs. ***Krasica*** *(sur la route 21, à 5km au sud-est de Buje) Tél. 098 431 506 www.tzg-buje.hr Mi-mars*

Les Journées de l'asperge d'Istrie / Dani istarskih šparoga Au printemps, les restaurateurs d'Istrie de différentes localités s'allient pour fêter l'asperge sauvage sous toutes ses formes : brouillade, soupe, pâtes... *Fin mars-début mai*

Subotina Le temps d'un dimanche, tous les habitants de Buzet revêtent des habits d'il y a 100 ans et font revivre les traditions ancestrales. Coup d'envoi des festivités avec une omelette géante agrémentée de 10kg de truffes. ***Buzet*** *www.tz-buzet.hr Début sept.*

Journées de la truffe / Dani tartufa Vente, dégustation, enseignement des méthodes de recherche en forêt, prix de la plus grosse truffe... Les Journées permettent de découvrir d'autres productions régionales : vins, huiles d'olive, fromage, miel et grappa. Plusieurs manifestations à Buzet, Motovun, Livade... *www.istria-gourmet.com Sept.-début nov.*

Festival TeTa Festival de la truffe et du *teran* : élection de la plus grosse truffe de l'année, accompagnée de dégustation de *teran*, vin rouge local charpenté. ***Motovun*** *www.motovun.hr Fin sept.*

Fête de la chataîgne / Kestenijada ***Oprtalj*** *www.oprtalj.hr Mi-oct.*

Rencontre des producteurs de *biska* Chaque année, Hum devient la capitale de la *biska*, cet alcool artisanal équivalent de la *grappa* italienne ou du marc français, et que les régionaux parfument au gui, aux chataîgnes, au miel, à la menthe... ***Hum*** *Fin oct.*

Week-end de la truffe En clôture d'un mois de fêtes gourmandes, la ville de Buzet, capitale de la truffe, revêt une dernière fois ses plus beaux atours, remettant à l'honneur l'artisanat d'antan pour célébrer l'or blanc istrien. Marché gastronomique. ***Buzet*** *www.tz-buzet.hr 1er w.-e. de nov.*

aux premiers beaux jours (en plein été, la rivière est souvent à sec). Une auberge complète le tableau, discret paradis qui pourrait ne pas le rester très longtemps. *11km au sud-est de Buzet, 5km de Hum (de Hum, prendre l'allée glagolitique dir. Roč, puis au village de Brnobići à droite une petite route qui serpente vers la rivière Mirna et le village de Kotli)*

CARNET D'ADRESSES

Restauration, hébergement

L'Istrie de l'intérieur, également qualifiée d'"Istrie verte", recèle de nombreux *agroturizam*, des fermes-auberges où l'hébergement et les repas allient simplicité, naturel et convivialité. Une chambre en *agroturizam* coûte de 300 à 400kn pour deux (supplément pour tout séjour de moins de 3 nuits). En haute saison, mieux vaut réserver sa table, et prévoir des espèces, car peu d'*agroturizam* acceptent les cartes de crédit. Au menu, un large choix de recettes istriennes à base de spécialités locales (truffes, vins, huiles...). L'entrée et le plat vous coûteront de 80 à 150kn, un peu plus si des truffes entrent dans la recette, un peu moins s'il s'agit d'une simple dégustation (comptez de 50 à 100kn l'assiette de *pršut* ou de fromage). Certains *agroturizam* proposent de vendre leurs produits (panier pique-nique) aux particuliers.

Motovun et ses environs

petits prix

Agroturizam Toni Dans un petit village à quelques minutes de Motovun, une vraie ferme-auberge avec un potager où les clients peuvent cueillir leurs légumes à volonté. Le panorama sur la vallée est splendide, le calme absolu et la terrasse ombragée du restaurant au rez-de-chaussée des plus agréables pour se régaler des produits de la ferme. Trois chambres et deux appartements meublés simplement, 150kn/pers. Repas env. 100kn. *Brkač 26a* ***Brkač*** *(2km au sud-ouest de Motovun) Tél. (052) 681 531 ou 098 698 554*

☺ **Agroturizam Tikel** L'une des fermes-auberges les plus réputées de la région, tenue par Mario Tikel. Appartements de 2 ou 4 pers. (205kn/pers. avec petit déj., 285kn en demi-pension). La grande salle du restaurant aux pierres apparentes et la vaste terrasse offrent une vue splendide sur Motovun et permettent de déguster les produits maison : *pršut*, gibier, volaille, fromage, pain, *fuži*, *njoki* et vins de table (*malvazija*, *refošk*). Et des truffes toute l'année. À la carte, comptez 100-150kn. *Špinovci 88* ***Karojba*** *(env. 11km au sud-ouest de Motovun, dir. Pazin jusqu'à Karojba, puis au rond-point, au bas du village, tourner à droite, puis encore à droite à la bifurcation suivante sur 2km dir. Rakotole. À 300m, un panneau "Špinovci" invite à tourner à gauche : suivre les panneaux sur 3,5km) Tél. (052) 683 404 ou 091 764 3597 www.agroturizam-tikel.hr*

prix moyens

Agroturizam Fatorić Oriela Fatorić accueille autour de quelques tables dans un cadre rustique, à l'intérieur ou en terrasse, pour déguster la production maison de *pršut*, *panceta*, *ombolo, njoki, kroštuli*, et des vins de table à consommer sur place *(teran, malvazija)*. De 120 à 170kn le repas. Sur réservation. *Ferenci 36a* ***Vižinada*** *(de Motovun, dir. Buje. sur 8km, puis à Ponte Porton, à gauche dir. Vižinada et poursuivre sur 9km. À Ferenci, s'engager sur la route qui monte à gauche jusqu'à un petit groupe de maisons disposées en ovale : les Fatorić logent juste à gauche) Tél. (052) 446 146 ou 091 583 7954*

prix élevés

☺ **Kaštel** Facilement reconnaissable à sa façade rouge, l'hôtel occupe plusieurs bâtiments sur la Grand-Place. Cet établissement de charme possède 34 chambres meublées avec soin, la plupart avec vue sur la vallée. Piscine couverte, spa, massages, bain relaxant. Double à partir de 850kn en haute saison, 1 250kn pour les trois superbes chambres avec balcon donnant sur la place. Au rez-de-chaussée, le restaurant gastronomique sert sur sa splendide terrasse ombragée de châtaigniers ou dans la salle aux pierres apparentes, une excellente cuisine dédiée aux spécialités istriennes : truffes (blanche et noire), mais aussi pâtes (*fuži*, gnocchis), gibier et huiles d'olive sélectionnées, le tout agrémenté d'excellents vins de la région. L'établissement est également labellisé pour servir du bœuf *boškarin. Trg Andrea Antico 7* ***Motovun*** *Tél. (052) 681 607 ou (052) 681 735 www.hotel-kastel-motovun.hr Ouvert tlj. 8h-22h (restaurant)*

Restaurant Zigante Carpaccio de daim à la truffe noire, pâtes aux truffes blanches, émincé de bœuf au vin rouge et aux truffes, glace aux truffes : tout ici se décline autour de la *Tuber magnatum* et de la *Tuber aestivum* (truffes blanche et noire). Le cadre est celui d'une grande cave à vins : poutres et pierres, tables joliment dressées, présentoirs à bouteilles en fer forgé, et, accrochée au mur tel un trophée, la maquette de la plus grosse truffe jamais pesée, l'*Eutuberaceae tuber* (1,310kg), déterrée le 2 novembre 1999 dans la forêt de Buje par Giancarlo Zigante. Si on rajoute une excellente carte des vins d'Istrie, on comprend les prix élevés. Menu dégustation (7 plats 690kn), à la carte env. 350kn. Juste à côté du restaurant se tient un **Truffle Center**, sorte d'épicerie dédiée à la truffe et au vin, l'une des multiples adresses Zigante en Istrie. *Livade 7* ***Livade*** *(3km au nord de Motovun) Tél. (052) 664 302 www.restaurantzigante.com Ouvert tlj. 12h-23h*

L'ISTRIE

Au sud de Motovun

prix moyens

Konoba Vela Vrata À l'entrée du village perché de Beram, cette auberge familiale se compose d'une salle aux poutres et pierres apparentes et d'une très agréable terrasse avec vue sur la vallée. Steak *Vela Vrata* aux truffes blanches (200kn) ou noires (150kn), pâtes maison aux truffes (100kn), *frittata* (omelettes) aux truffes (70kn) ou aux asperges (35kn). *Beram 41* ***Beram*** *(15km au sud de Motovun) Tél. 091 781 4995 Ouvert 11h-23h*

Au nord de Motovun

prix moyens

Agroturizam Dešković Comptez 130-150kn le repas (vin compris) à cette table rustique installée dans l'exploitation viticole familiale de Franco et Marko Dešković, et qui jouit d'une excellente réputation dans la région. Production : *pršut*, huile d'olive, volailles, fruits et légumes, vins de table (*malvazija, muškat*, pinot, *refošk, teran*). *Kostanjica 58* **Grožnjan** *(à 500m en amont des chais Zigante, sur la même route, un peu avant d'arriver au village quasi abandonné de Kostanjica) Tél. (052) 776 315 ou 098 197 7985 Ouvert lun.-ven. 13h-19h sur réservation*

prix élevés

Agroturizam San Mauro Dans un village à proximité de Momjan, la belle ferme de Libero Sinković dispose de 9 chambres de 2 à 5 pers. (sur rés.), dont certaines avec un balcon offrant un point de vue inoubliable sur Buje et la baie de Piran (*Piranski zaljev*) au loin à l'ouest. Double 430kn en été. Au restaurant, sont servis truffes, *pršut*, fromage, huile d'olive, fruits et légumes et vins maison. Pour vos loisirs : sentiers pédestres, promenades à vélo, terrains de pétanque, équitation. Comptez 180kn/pers. *Sv. Mauro 157* **Momjan** *(25km au nord-ouest de Motovun, puis à Momjan, continuer tout droit sur 300m et suivre le panneau "Agroturizam" après la konoba Rina) Tél. (052) 779 033 www.sinkovic.hr* **Restaurant** *Ouvert juil.-août : lun.-ven. 17h-22h, sam.-dim. 12h-22h ; reste de l'année : sam.-dim. 12h-21h (en semaine sur rdv)*

Konoba Rino À quelques kilomètres de la frontière slovène, bonne cuisine istrienne traditionnelle servie dans une cave à vin agrémentée d'une grande cheminée : truffes, *njokis*, viandes grillées. Rino Prelac, le propriétaire, viticulteur renommé, vous conseillera ses meilleurs crus (*malvazija, muškat, teran, refošk*) pour accompagner les plats. Comptez env. 150-350kn. *Dolinja Vas 23* **Momjan** *(à 25km de Motovun, 5km de Buje) Tél. (052) 779 170 Ouvert mer.-lun. 12h-22h*

Buzet et ses environs

petits prix

Agroturizam Jakac L'établissement familial de Dorijan Jakac est situé dans un joli hameau surplombant la vallée. On y produit du *pršut* et de l'huile d'olive, bien sûr, mais aussi des fruits et des légumes, et des vins de table (*teran, malvazija*, chardonnay, *muškat*). Un appartement, 295kn/3pers. *Veli Mlun 12* **Buzet** *(de Buzet, prendre la D44 dir. Motovun sur 5km puis à droite "Veli Mlun" : le village est à 1,9km au terme d'une rude montée. Faire encore 250m, jusqu'au carrefour, c'est en face) Tél. (052) 662 924 ou (052) 662 481*

prix moyens

Humska Konoba Cette minuscule *konoba* installée à l'extérieur des remparts de la "plus petite ville du monde" est notamment réputée pour ses viandes fumées, ses pâtes aux truffes (95kn), son goulasch (ragoût de bœuf) et ses charcuteries locales. Beau panorama. Menus de 85 à 190kn. *Hum 2* **Hum** *(12km au sud-est de Buzet, dir. Rijeka, puis Hum) Tél. (052) 660 005 ou 091 600 3456 www.hum.hr/humskakonoba Ouvert mi-mars-mi-oct. : tlj. 11h-22h ; mi-oct.-mi-mars : w.-e. 11h-22h*

prix élevés

☺ **Stara Oštarija** La vue panoramique sur la vallée n'est pas l'atout principal de ce restaurant gastronomique proposant une cuisine istrienne de grande qualité : polenta, risotto ou pâtes maison à 75kn (170kn avec des truffes), ou, pourquoi pas, le mémorable menu dégustation à 800kn pour 2, qui décline la truffe sous toutes ses formes, avec dans l'ordre :

L'ISTRIE

du fromage, de la soupe, des pâtes, un steak et un dessert... aux truffes ! *Petra Flega 5* **Buzet** *Tél. (052) 694 003 Ouvert 12h-22h*

Vela Vrata La capitale de la truffe istrienne manquait résolument d'un hôtel de qualité. C'est chose faite avec ce bel établissement installé dans un ancien relais de poste entièrement restauré à l'entrée de Buzet. Un soin particulier a été apporté aux aménagements intérieurs : les chambres, vastes et confortables, déclinent un mélange de meubles anciens et de confort moderne, avec notamment leur salle de bains balnéo... Sauna, jacuzzi et piscine couverte viennent parfaire le tableau. De 800 à 1 100kn la double en haute saison. *Šetalište V. Gortana 7* **Buzet** *Tél. (052) 494 750 www.velavrata.net*

☺ **Gostiona Toklarija** Une taverne des environs de Buzet aménagée dans une huilerie du XIVe siècle, particulièrement renommée pour ses raviolis au *pršut*, plats aux truffes, asperges et fromages maison. Adepte du *slow-food*, le patron cuisinier ne cherche pas la célébrité. Pourtant, ses 17 places sont toujours occupées. Réservation obligatoire. Pas de CB. Comptez 500kn tout compris par personne pour un repas entier aux truffes. *Sovinjsko Polje 11* **Sovinjsko Polje** *(8km au sud-ouest de Buzet : quitter la route de Buje après 5km pour bifurquer à gauche dir. Sovinjak, traverser le village jusqu'à Sovinjsko Polje, puis à 200m à gauche) Tél. 091 926 6769 Ouvert mer.-lun. 13h-22h*

Konoba Vrh Cachée dans le village perché de Vrh, la taverne de la famille Petohlep n'en est pas moins très courue. On y vient pour son jambon fumé et ses fromages de brebis et de chèvres de la région (40-70kn), mais surtout pour les spécialités à la truffe, blanche ou noire, comme le fromage aux truffes. L'adresse est également reconnue pour ses gnocchis et *fuži* traditionnels au fromage, aux champignons ou aux... orties. Autres plats, les escargots dans leur jambon fumé et roulades de pâte aux carottes (140kn), servis avec du teran ou de la malvazija. Pour les *peka* d'Istrie (90kn/personne), n'oubliez pas d'appeler la veille. Comptez 90-180kn le plat. Réservez. *Vrh 2* **Vrh** *(11km au sud de Buzet) Tél. (052) 667 123 www.vrh.com.hr Ouvert jan.-mars : sam.-dim. 13h-22h ; avr.-déc. : mar.-dim. 13h-22h*

LABIN ET RABAC

52220

On ne parle plus de Labin sans Rabac ni de Rabac sans Labin. Il est vrai que les deux villes, distantes de 6km, ont des atouts complémentaires. Le Vieux Labin, juché sur sa falaise, à 300m d'altitude, séduit par ses vieilles façades colorées, son musée, ses galeries d'art et ses venelles en escaliers. Tandis que Rabac, posé au fond d'une baie, invite au farniente sur ses plages. Certes, le béton a beaucoup terni l'éclat de cette "Perle du Kvarner", mais l'Adriatique continue de lui prêter sa belle couleur azur ; et la côte échancrée, tantôt rocailleuse tantôt couverte de pinèdes, d'émerveiller les visiteurs.

UN SITE SENSIBLE Les fouilles archéologiques font remonter l'occupation de Labin à 4 000 ans. Le *castrum Albona* installé par les Romains sur les hauteurs de la vallée de la Rabac est ensuite acquis par des seigneurs féodaux puis par le patriarcat d'Aquilée. En 1420, la ville fortifiée passe sous le contrôle de Venise. Au XVIe siècle, son expansion l'amène à ceinturer son faubourg de Dolica d'un second rempart. En dépit de crises passagères (comme la tentative d'invasion de 800 Uskoks en 1599 qui a donné son nom à la porte Uskočka), la domination vénitienne offre à Labin ses beaux édifices Renaissance et baroques. La période autrichienne est marquée par l'essor des activités minières, qui auront un grand retentissement après la Grande Guerre : en 1921, des mineurs se révoltent et proclament la Republica Albonensi, mais le mouvement est réprimé. Quarante ans plus tard, les affaissements de terrain menacent la vieille ville et, à partir de 1972, les puits ferment peu à peu. D'autres galeries, celles des artistes et des artisans, prennent le relais, tandis que Labin devient un centre de transformation du bois ; le tourisme explose avec la construction de complexes hôteliers sur les plages de Rabac.

MODE D'EMPLOI

accès

EN VOITURE

Labin est desservie par la N21 qui relie Pula (42km au sud-ouest) à Rijeka (60km au nord-est). La station balnéaire de Rabac est située 6km au sud-est de Labin.

EN CAR

Quinze cars pour Pula et pour Rijeka, de 6 à 8 pour Zagreb, 1 pour Poreč, de 4 à 6 pour Rovinj, 3 pour Zadar et Split, 1 pour Dubrovnik.

Gare routière Dans la ville nouvelle de Labin, Podlabin. De là, un système de navette permet de rejoindre la vieille ville et Rabac, à 5km. *Trg Marta 2* ***Labin***

EN BATEAU

De 8 à 13 car-ferries (*trajekt*) de Jadrolinija relient chaque jour Brestova (23km au nord de Labin) à Porozina (île de Cres). Liaisons nocturnes entre fin juin et mi-septembre.

Jadrolinija ***Brestova*** *Tél. 098 299 134 www.jadrolinija.hr*

Capitainerie *Obala M. Tita bb* ***Rabac*** *Tél. (052) 872 085*

orientation

De la nationale, on entre dans Podlabin, la ville née au milieu du XXe siècle, en remontant Zelenice. Pour rejoindre la vieille ville fortifiée de **Labin**, suivez les panneaux indiquant le *centar*, gravissez la colline par la petite ulica Alda Negrija et garez-vous sur la place du Maréchal-Tito (trg M. Tita) ou à proximité. Une route de 6km relie Podlabin à **Rabac** et à ses plages. Les hôtels et villages-clubs de la station s'étagent à flanc de colline, de part et d'autre de cette route et de celle de Ripenda.

adresses utiles

Quatre **banques** au centre de la Ville-Basse à Labin et à Rabac, ouvertes en général du lundi au vendredi, de 8h à 20h et le samedi matin. Vous trouverez des **bureaux de change** dans les agences touristiques et dans les hôtels, et des **bureaux de poste** à Rabac, dans la petite baie nord, et à Labin, Trg M. Tita.

informations touristiques

Office de tourisme de Labin Carte très complète de la ville (nouvelle au recto, sites culturels de la vieille ville au verso), ainsi qu'un petit plan de la région et tous les numéros de téléphone indispensables. *A. Negri 20 Tél. (052) 855 560 www.rabac-labin.com* **Annexe** *Titov Trg 2/1 Tél. (052) 852 399*

circuler

EN VOITURE
Le Vieux Labin est interdit aux voitures. Parking sur la place Tito : 5kn/h. À Rabac, parkings gratuits pour les pensionnaires des hôtels.

EN BUS
Un bus relie Labin à Rabac env. toutes les heures de 6h35 à 23h40 en haute saison, et toutes les 2 heures le reste de l'année. Arrêt devant l'annexe de l'office de tourisme sur Titov Trg.

EN TAXI
De Labin à Rabac, la course coûte env. 80-90kn. Station devant l'emplacement principal des autocars.
Taxi Ivanić *Tél. (052) 854 608 ou 098 226 960 http://taxi-ivanic.hr*

LOCATION DE VÉLOS
Uninvest *A. Negri 20* ***Labin*** *Tél. (052) 855 485 www.istria-bike.com*

fêtes et manifestations

Carnaval estival *Rabac Tél. (052) 703 240 Mi-juin*
Promenade nocturne dans le Vieux Labin *Labin Juil.-août : mar. soir 21h30-23h*
Labin Art Republika Concerts, théâtre, spectacles de rue, expositions... ***Labin*** *www.labin-art-republika.com Juil.-août*

DÉCOUVRIR

☆**Les essentiels** La vieille ville et le Musée national de Labin **Découvrir autrement** Parcourez les sentiers pédestres aménagés autour des deux villes, immergez-vous dans le patrimoine minier de Raša, explorez les environs à vélo

Labin

☆ ☺ **Vieille ville** Du petit bastion (*fortica*) aménagé dans la muraille orientale de la vieille ville, la vue est merveilleuse sur le golfe. En face, au premier plan, la ligne de crête des collines littorales plongeant à droite (au sud) vers la baie de Rabac. Derrière, les eaux du Kvarner, puis les sols arides et les affleurements rocheux de l'île de Cres. Au loin, les montagnes du Velebit. La place Tito (trg M. Tita) s'étend sous les murs du Vieux Labin, au pied d'un bastion dont le vénérable canon autrichien pointe vers le ciel, comme pour protéger l'hôtel de ville (1903) et la gracieuse loggia du XVIIe siècle qui lui fait face. Derrière cette loge, s'étend la promenade Saint-Marc (Šetalište San Marco) qui offre de vastes et extraordinaires panoramas. Passez la porte Saint-Flore (1587) pour découvrir les façades jaunes, ocre ou blanches, rehaussées de bleu et de vert du Vieux Labin, ses églises gothiques, ses galeries d'art et quelques maisonnettes aux jardins fleuris, d'où monte, l'été, un parfum de lavande.

Église Sainte-Marie / Sv. Marija Dans la rue du 1er-Mai (u. 1. Maja) se remarque cette grande église paroissiale du XIe siècle, dont le campanile (35m de haut !) s'élève à l'est, dans la rue R.-Milevoja. Reconstruite au XIVe siècle (voyez la gracieuse rosace gothique au-dessus du portail), elle a été remaniée au XVIe siècle (son fronton Renaissance) et achevée au XVIIe (le lion vénitien, ajouté en 1606, et le magnifique buste baroque du sénateur Antonio Bollani, de 1688). L'intérieur baroque est très harmonieux. **Campanile** *Tél. (052) 852 482*

☆ **Musée national / Narodni muzej** Il s'abrite derrière l'élégante façade ocre rouge du palais Battiala-Lazzarini (XVIIe-XVIIIe s.), repérable, un peu plus haut dans la rue, à ses balcons à balustrade, coiffés de portraits en bas-relief. Le musée brosse un intéressant tableau de la région : sections archéologique au rez-de-chaussée (amphores romaines), ethnographique (outils agricoles en bois, vêtements, instruments de musique) au premier étage et tout en haut, expositions d'art contemporain. Vous pourrez même y entreprendre la visite d'une galerie de mine de charbon plus vraie que nature reconstituée dans les sous-sols. *1. Maja 6 Tél. (052) 852 477 Ouvert mai-juin, sept. : lun.-sam. 10h-13h et 17h-19h ; juil.-août : lun.-sam. 10h-13h et 18h-20h ; oct.-avr. sur rdv Tarif 15kn, réduit 10kn*

City Gallery Ce loft design, en face du musée municipal, offre ses espaces à des œuvres d'art moderne et contemporain, d'artistes et plasticiens croates et étrangers. *Tél. (052) 852 123 Ouvert haute saison : lun.-ven. 10h-14h et 19h-23h*

Visite au fond de la mine

Istra inspirit Soucieuse de préserver et de faire connaître le patrimoine industriel et l'histoire du bassin minier de Labin, dont les derniers puits ont fermé en 1999, l'association Istra inspirit propose un tour dans une authentique mine de charbon de la ville ouvrière voisine de Raša (5km au sud-ouest de Labin), édifiée dans le style moderniste durant la période mussolinienne. À 150m sous terre, vêtu d'un bleu de mine et coiffé d'une lampe frontale, vous ressentirez lors d'une aventure de 2-3h le frisson des gueules noires, avant de terminer par un repas traditionnel au centre culturel Lamparna, à Labin, dans un énorme carreau de mine en voie de restauration. *Tél. (052) 880 088 www.istrainspirit.hr Dates et tarifs sur demande auprès de l'association*

Rabac et son littoral

On ne peut que déplorer le spectacle qu'offre celle que l'on appelait jadis la "Perle du Kvarner" : une première baie meurtrie par d'horribles barres de béton et la seconde par des appartements à louer. Fort heureusement, des sentiers pédestres vous permettront de vous éloigner de la station balnéaire et de mieux profiter du spectacle qu'offrent les eaux turquoise du golfe du Kvarner et les reliefs lointains de l'île de Cres, à l'est. Plus au nord, après Plomin et Brestova, l'Istrie se termine pour laisser la place à la région administrative de Primorje-Gorski Kotar.

Plomin Ruelles exiguës, passages voûtés, vestiges de l'époque médiévale et une église, rarement ouverte… Ce village quasi abandonné, est perché au-dessus d'une baie magnifique, le fjord de Plomin. Garez-vous sur un terre-plein dans le virage, à 50m après la vieille ville, pour l'admirer. En contrebas, le port (Plomin Luka), avec sa centrale thermique qui fait un peu tache dans le paysage, mais sa cheminée de plus de 300m, telle une fusée pointée vers le ciel, impressionne malgré tout. Trois kilomètres plus loin, un **bélvédère** aménagé (et occupé en partie par un hôtel-restaurant) permet de profiter d'un panorama splendide sur le golfe du Kvarner. Au loin, le port de Rijeka. En face, la roche de Cres, brûlée par le soleil. *17km au nord de Rabac, 10km de Labin*

Brestova Sur la route de Brseč, Brestova est le point de départ des car-ferries qui desservent l'île de Cres. Quelques chambres chez l'habitant. Pour ceux qui auraient raté le dernier bateau. *5km au nord de Plomin*

Pratiquer des sports nautiques Les plages de Rabac sont souvent couvertes de parasols et de serviettes : pour profiter d'un peu d'espace, il faut se baigner tôt, tard ou s'éloigner de la station. Les hôtels du groupe Valamar (Rabac Hotels) proposent de nombreuses activités : beach volley, plongée, aquapark, ski nautique, planche à voile, canoë, pédalo et vélo.
Rabac Hotels *Tél. (052) 465 000 www.valamar.com (informations auprès des réceptions des hôtels)*

S'initier à la plongée

Scuba Center Sv. Marina Néophyte ou initié, comptez de 370 à 490kn la journée (équipement et transfert en bateau vers les spots de plongée compris). *Autokamp Marina **Sv. Marina** (10km au sud-est de Labin) Tél. (052) 879 052 ou 091 187 9074 www.scubacenters.de*

Se promener à vélo

Istria Bike Gérée par l'office de tourisme d'Istrie, Istria Bike propose cinq circuits de 32km à 68km dans les environs de Labin et de Rabac. Deux d'entre eux longent par endroits les hautes falaises côtières de la péninsule. *www.istria-bike.com*

☺ Se balader sur les sentiers Les municipalités de Rabac et Labin ont eu la bonne idée d'aménager plusieurs sentiers et promenades thématiques dans les alentours. Promenade des charmes cachés, sentiers de Sentona (la "déesse" de Labin, figure symbolique de la ville), des sources divines et de Saint-Fleur... Autant d'itinéraires secrets ponctués de cascades, de sources, de chapelles et de puits, également accessibles aux cyclistes (brochure avec plan, très bien faite, à l'office de tourisme).

CARNET D'ADRESSES

Restauration, hébergement

Très peu d'hébergements à Labin (Rabac lui a volé la vedette). L'agence Sidro possède un catalogue de chambres d'hôtes. À Rabac, un grand groupe gère plusieurs hôtels sans charme, mais bien équipés et proches des plages. Le restaurant Nostrono propose quelques chambres.

Agence Sidro *Aldo Negri 20* ***Labin*** *Tél. (052) 881 010 ou 091 187 2234*

Groupe Valamar Rabac Hotels Gère les hôtels Sanfior (4-étoiles), Family Life Bellevue (inauguré en 2017, 4-étoiles), la Casa Sanfior (4-étoiles), Allegro (3-étoiles), Miramar (3-étoiles), Marina (2-étoiles), Girandella Tourist Village (2-étoiles) et Mediteran (2-étoiles), ainsi que le camping Marina à Labin. Certains hôtels proposent des formules "al inclusive" (tout compris). ***Rabac*** *Tél. (052) 465 000 ou (052) 465 010 www.valamar.com*

camping

Autokamp Oliva Au fond de la baie de Rabac, ce camping de 575 places pas toujours ombragées propose maintes activités sportives : tennis, ping-pong, minigolf, plongée, pédalo, canoë, basket, volley, foot, hand... Emplacement 300kn pour 2 pers. *Rabac bb* ***Rabac*** *Tél. (052) 884 172 www.maslinica-rabac.com*

prix moyens

Kvarner Dans la vieille ville e Labin, juste derrière la loggia de la place Tito (trg M. Tita). Une adresse bon marché à choisir pour sa terrasse sur les remparts et le magnifique panorama qu'elle offre sur les îles de Cres et Krk. Pâtes à partir de 60kn, menu à 110kn, menu poisson à 200kn. *Š. San Marco bb* ***Labin*** *Tél. (052) 852 336 Ouvert lun.-sam. 10h-0h, dim. 11h-0h*

Hôtels Mimosa, Hedera, Narcis On ne peut que vanter la proximité de la mer et les services rendus par les saisonniers souriants qui œuvrent dans ces trois barres de béton, à conseiller si l'on aime les vacances planifiées en pension complète. Chambres (de 390 à 590kn/pers. en juil.-août) avec vue sur mer, spacieuses et fonctionnelles. Restaurant, centre de fitness, piscine, minigolf, boutique de souvenirs et animations. *Rabac bb* ***Rabac***

GAMME DE PRIX	RESTAURATION	HÉBERGEMENT
Très petits prix	moins de 75kn	moins de 300kn
Petits prix	de 75 à 120kn	de 300 à 450kn
Prix moyens	de 120 à 180kn	de 450 à 600kn
Prix élevés	de 180 à 250kn	de 600 à 1 100kn
Prix très élevés	plus de 250kn	plus de 1 100kn

(1re à droite à l'entrée de la ville) Tél. (052) 884 170 www.maslinica-rabac.com Ouvert mars-oct.

prix élevés

Nostromo L'atmosphère de la terrasse est décontractée, les clients aussi. L'intérieur est un brin plus chic. Comptez 160-180kn pour une entrée et un plat, plutôt 300kn avec un poisson (sole, saint-pierre, dorade). Également 8 chambres à partir de 400kn. *Obala M. Tita 7* ***Rabac*** *Tél. (052) 872 601 www.nostromo.hr Ouvert tlj. 11h-23h*

prix très élevés

Villa Annette Grand luxe pour ce boutique-hôtel situé dans les hauteurs de Rabac. Outre une vue étourdissante sur la baie, ses suites (à partir de 1 400kn en été, 750kn hors saison) possèdent tout le confort possible, auquel s'ajoutent un sauna/spa gratuit pour les clients, une incroyable piscine avec vue sur la mer, ainsi que l'un des meilleurs restaurants de la région, adepte de *slow-food*, au croisement des cuisines istrienne et méditerranéenne. Et pour tous, dégustation gratuite de l'huile d'olive maison. *Raška 24* ***Rabac*** *Tél. (052) 884 222 www.villa-annette.com*

Sanfior Le plus bel hôtel de la chaîne Valamar, et le plus agréable de Rabac. Ce vaste carré est entouré d'un belle pinède et abrite des chambres tout confort à la décoration soignée à tendance romantique (baldaquin, etc.), avec balcon ayant vue sur mer ou sur le parc. Piscine intérieure et de plein air, center de bien-être, restaurant, location de véhicules et accès direct à la mer. Double à partir de 1 500kn en été, 500kn en basse saison. *Rabac bb* ***Rabac*** *Tél. (052) 465 000 www.valamar.com*

Crique de Drvenik, sud de la riviera de Makarska (p.440).

LE GOLFE DU KVARNER ET L'ARRIÈRE-PAYS

V

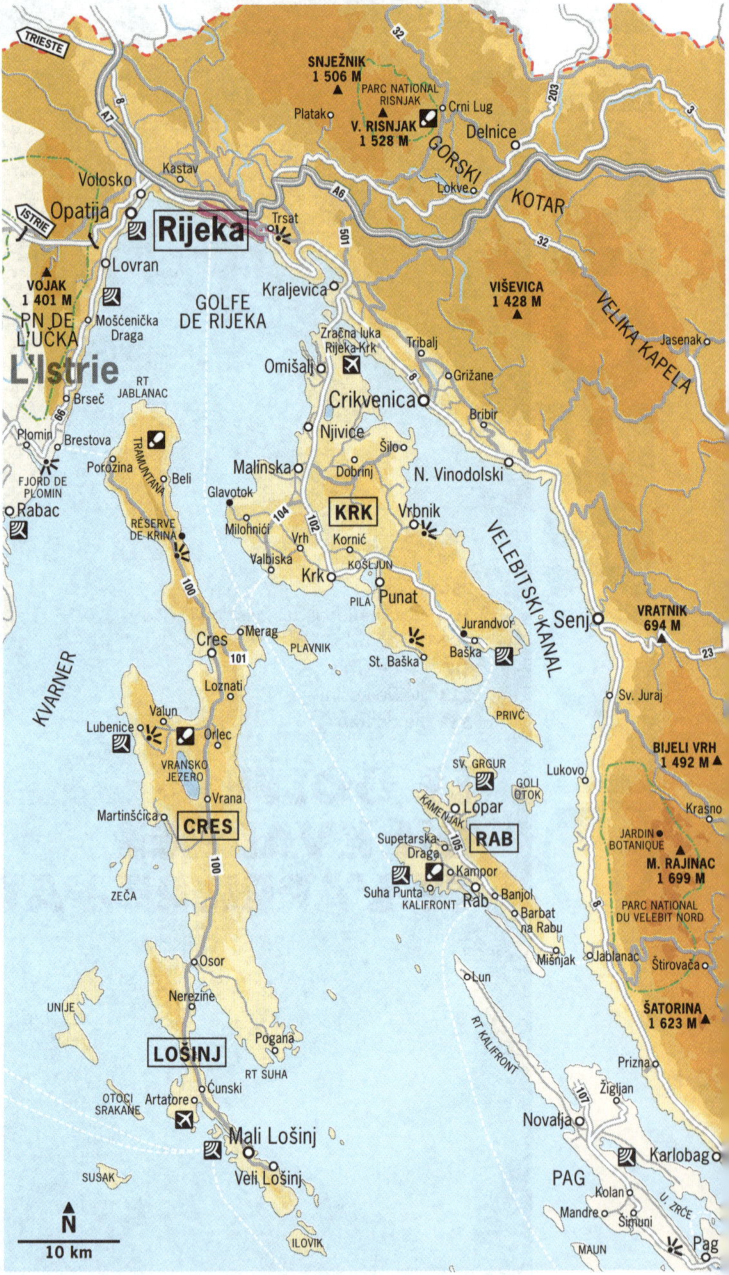

LE GOLFE DU KVARNER ET L'ARRIÈRE-PAYS

Karlovac
Duga Resa
La Croatie centrale
Bosiljevo
Vrbovsko
KUPA
A6
ZAGREB
A1
MREŽNICA
KORANA
6
Vojnić
Topusko
42
Ogulin
1
216
23
Josipdol
Vel. Kladuša
Modruš
Slunj
KORANA
32
Plaški
GROTTES DE BARAČ
MALA KAPELA
Brinje
42
217
BOSNIE-HERZÉGOVINE
GACKA
50
Otočac
plan 10
504
52
A1
Kuterevo
PARC NATIONAL DES LACS DE PLITVICE
Bihać
PLJEŠEVICA
1
UNA
LIKA
50
VELEBIT
Le nord de la Dalmatie
KRUŠČIČKO JEZ.
25
LAKTIN VRH 1 504 M
Lički Osik
Smiljan
OŠTARIJSKA 928 M
Gospić
25
50
A1
LIKA
ZADAR
Zagreb
Osijek
Rijeka
Zadar
Split
Dubrovnik

Posté entre Istrie et Dalmatie, au carrefour des influences continentales et méditerranéennes, le golfe du Kvarner est parsemé d'îles sauvages aux paysages variés, de Krk à Rab en passant par Lošinj ou Cres, qui émergent comme des mirages de ses eaux limpides, parmi les plus pures d'Europe, et en font l'une des destinations touristiques les plus appréciées des Croates. Au fond du golfe, s'enfonçant vers la Croatie continentale comme un appel au voyage, Rijeka, le plus grand port du pays, jeune, universitaire et dynamique, garde à la fois le souvenir des transatlantiques en partance vers l'Amérique et celui des pirates Uskoks qui écumaient les routes maritimes au XVIe siècle. C'est à l'ouest, sur la riviera liburnienne (Hrvatsko primorje), autour d'Opatija, que naquit au milieu du XIXe siècle le tourisme croate, grâce aux premières stations balnéaires et thermales qui attiraient alors tout ce que l'Europe comptait d'artistes, de têtes pensantes et couronnées. À l'est, la mince plaine côtière autour de Senj est surplombée par le massif du Velebit et son parc national, tandis que dans l'arrière-pays, la zone montagneuse du Gorski kotar offre des panoramas époustouflants sur les îles, et la possibilité de nombreuses promenades et randonnées dans une nature superbe et protégée. Elle se prolonge par la Lika, vaste plateau karstique qui recèle un bijou : le parc national des lacs de Plitvice, étape incontournable d'un voyage en Croatie.

RIJEKA

51000

La troisième ville de Croatie et premier port du pays ne possède ni plages ni monuments inoubliables, pourtant, il se dégage un charme certain de cette localité devenue, par sa situation, une plaque tournante du tourisme. Établie au fond du golfe du Kvarner, dont elle épouse les courbes et observe les îles, cette cité dynamique alimente son Korzo de boutiques et de passants, entretient ses belles façades austro-hongroises et orchestre le ballet des monstres flottants de la compagnie Jadrolinija qui la relient aux îles du golfe, à Dubrovnik et à l'Italie. Grimpant à l'assaut des collines, ses faubourgs jouissent de vues incomparables sur le Kvarner et la côte orientale de l'Istrie. Sur cette dernière, à quelques kilomètres à l'ouest de Rijeka, Opatija et sa riviera liburnienne égrènent restaurants, boîtes de nuit et villas cossues. Cette doyenne du tourisme croate, que l'expansion urbaine de sa voisine est venue rattraper, demeure une station balnéaire très prisée. Au sud, la route qui rejoint Senj et le parc du Velebit offre quelques autres vues magistrales sur les îles.

LE PLUS GRAND PORT DE CROATIE Peuplé très tôt par les Illyriens, le site est occupé par les Romains à partir du IIe siècle avant notre ère, qui bâtissent un port à l'embouchure de la Rječina : Tarsatica. La cité s'entoure de murailles au IVe siècle et devient le poste principal de la frontière militaire de l'Empire romain, le *limes Liburnicus*. À la fin du Xe siècle, elle est coupée en deux : l'ex-Tarsatica, sur la rive droite du fleuve, passe sous la tutelle du Saint Empire romain germanique, tandis que son faubourg de Trsat, sur la rive gauche, reste croate et sous l'administration des Frankopan, famille aristocratique originaire de Krk. En 1466, Rijeka et ses 3 000 habitants passent sous la tutelle des Habsbourg. Son commerce maritime connaît une expansion notable au XVIe siècle, quand elle est élevée au rang de ville libre : fer, bois, huile, bétail et artisanat alimentent les convois quand les routes maritimes ne sont pas perturbées par les Turcs, les Vénitiens ou les pirates de Senj. Devenue port franc en 1719, elle se couvre de monuments baroques et classiques après le tremblement de terre de 1750. Le XIXe siècle est marqué par une forte croissance industrielle et artistique. Rijeka constitue le huitième port d'Europe de 1873 à 1914. À la fin de la Première Guerre mondiale, la ville est rattachée au nouveau royaume des Serbes, des Croates et des Slovènes. Mais en septembre 1919, le nationaliste italien Gabriele D'Annunzio, par ailleurs poète et dramaturge, s'empare de Rijeka – rebaptisée Fiume –, l'érige en république autonome et la gouverne jusqu'en 1921. Si la rive droite de la Rječina est annexée par Mussolini en 1924, Trsat et la ville de Sušak restent croates. Réunifiée et intégrée à la Croatie en 1947, Rijeka développe ses chantiers navals et devient un centre universitaire important. L'agglomération compte, avec Opatija, près de 200 000 habitants.

MODE D'EMPLOI

accès

EN VOITURE

Rijeka est à 165km de Zagreb (A1 et A6), environ 110km au nord-est de Pula (A9, puis A8 et A7), et à 550km de Dubrovnik (A1). La station balnéaire d'Opatija se trouve 13km à l'ouest. Un pont, au sud de Rijeka, relie le continent à l'île de Krk.

EN AVION

Liaisons avec Split, Dubrovnik et quelquefois Zagreb.
Aéroport de Rijeka-Krk / Zračna luka Rijeka Au sud de Rijeka, sur l'île de Krk (reliée par un pont). *Tél. (051) 842 040 www.rijeka-airport.hr*

EN TRAIN

Env. 7 liaisons/j. avec Zagreb via Karlovac, 2 avec Split, 3 avec Ljubljana.
Gare ferroviaire / Željeznički kolodvor (hors plan 9 par A2) *Trg Kralja Tomislava 1 Tél. (051) 213 333*

EN CAR

Une vingtaine de liaisons quotidiennes avec Karlovac et Zagreb, 12 avec Zadar et Split, 4 avec Dubrovnik, une quinzaine avec Labin et Pula. Également avec Rovinj (7), Poreč (8), Livade (pour Motovun, 1 à 3), les îles de Cres, Lošinj (4), Rab (3), Pag (1 ou 2) et Krk (10 à 15). Liaisons avec l'étranger : Allemagne, Belgique, Bosnie-Herzégovine, France, Italie, Pays-Bas, République tchèque, Serbie, Monténégro, Slovénie et Suisse.
Autotrans (plan 9, A2) *Riva 22 Tél. (051) 212 228 www.autotrans.hr*
Gare routière / Autobusni kolodvor (plan 9, A2) *Tél. 060 302 010*

EN BATEAU

Le port de Rijeka est desservi par les compagnies Jadrolinija et Kapetan Luka (Krilo). La première propose un catamaran quotidien avec **Novalja (île de Pag)** et **Rab-ville (île de Rab)**. La seconde assure une liaison quotidienne avec **Cres-ville (île de Cres)** et **Mali Lošinj (île de Lošinj)**, en faisant escale selon la saison à Martinšćica, ainsi que dans les îles d'Ilovik, Susak et Unije.

Jadrolinija (plan 9, A2) *Riva 16* ***Rijeka*** *Tél. (051) 666 111 www.jadrolinija.hr Ouvert tlj. 7h-18h (ou 20h selon les départs)*

Kapetan Luka *Tél. (021) 645 476 www.krilo.hr*

Marina Admiral Opatija *M. Tita 139* ***Opatija*** *Tél. (051) 710 444 www.marina-opatija.com*

ACI Marina Opatija - Ičići *Liburnijska c. 7a* ***Opatija*** *Tél. (051) 704 004 www.aci-marinas.com*

Capitainerie de Rijeka *Tél. (051) 214 031*

orientation

Le **Korzo**, principale artère (piétonne) de Rijeka, suit le tracé de son ancien rempart méridional. Ses boutiques et le centre commercial du Korzo feront le bonheur des mordus du shopping. L'architecture du quartier qu'il compose avec le **port** et sa riva, plus au sud, traduit l'essor économique que connut Rijeka des années 1850 aux années 1930. La **vieille ville** s'étend au nord du Korzo et à l'ouest (rive droite) de la Rječina et du canal Mrtvi. Elle n'abrite plus que quelques ruelles et une poignée d'églises. La plupart des bâtiments ont été reconstruits au XIXe ou au XXe siècle... quand ils n'ont pas fait place à des parkings. Discrètement posé sur les hauteurs de Rijeka, le faubourg verdoyant et résidentiel de **Trsat** semble veiller sur le port et son activité.

circuler

EN VOITURE

Toute la ville est accessible aux voitures, hormis le Korzo et une partie du centre historique. La circulation est généralement fluide, mais les places de stationnement sont parfois difficiles à trouver. Un immense parking a été aménagé à l'est du vieux centre, entre le canal et la Rječina. De 3 à 6kn/h.

EN BUS

Autotrolej (plan 9, C2) Cette compagnie assure la desserte de la ville et des environs (bus n°32 pour Volosko et Opatija, n°1 pour Trsat). *Jelačićev trg 3 (au bord du canal) Tél. (051) 311 400 Ouvert 5h-23h30*

EN TAXI

Station de la gare routière (plan 9, A2) *Tél. (051) 335 138*

Station de la gare ferroviaire (hors plan 9 par A2) *Tél. (051) 332 893*

Tableau kilométrique

	Rijeka	Grožnjan	Krk-ville	Plitvice	Pula	Senj
Grožnjan	80					
Krk-ville	55	130				
Plitvice	170	245	190			
Pula	110	75	160	270		
Senj	65	145	75	90	175	
Zagreb	165	240	185	140	270	165

Station de Matije Gupca (plan 9, C2) *Derrière la gare des bus urbains Tél. (051) 335 417*
Station d'Opatija *Tél. (051) 711 366*

informations touristiques

Office de tourisme de Rijeka (plan 9, B2) *Užarska 14 Tél. (051) 315 710 www.visitrijeka.eu Ouvert haute saison : lun.-sam. 8h-20h, dim. 8h-14h*
Office de tourisme régional du Kvarner *Nikole Tesle 2* ***Opatija*** *Tél. (051) 272 988 www.kvarner.hr*

agences de voyages

La compagnie maritime Jadrolinija - cf. accès (p.251) - assure également la vente de billets et de croisières.
Kompas Excursions à Venise, aux lacs de Plitvice, en Istrie, sur les îles de Rab et de Krk. *Andrije Medulića 8 Tél. (051) 210 760 www.kompas.hr*

adresses utiles

Nombreuses **banques** et points Internet gratuits sur le Korzo. Service de **change** chez Jadrolinija (Riva 16), à la Zagrebačka banka, à la poste et dans la plupart des agences de voyages. Le principal bureau de **poste** est situé Korzo 13 (plan 9, B2).
Pharmacie centrale / Ljekarna centar (plan 9, A2) *Riva 18 Tél. (051) 213 101 Ouvert lun.-ven. 24h/24, de garde un week-end sur deux*

fêtes et manifestations

☺ **Carnaval de Rijeka** L'un des plus importants rendez-vous festifs du pays, à la renommée internationale *www.rijecki-karneval.hr En fév.*
Carnaval d'Opatija Procession de chars, de danseurs et de musiciens. Rens. à l'office de tourisme. *Marsala Tita 128 Tél. (051) 271 310 En fév.*
Festival de l'asperge sauvage / Festival šparuga Ce légume annonce le printemps dans le Kvarner. Il est fêté à Lovran et dans tous les restaurants de la région. ***Lovran*** *2e quinzaine d'avr.*
Hartera Festival Trois jours de folie dédiés à la musique électro dans une immense usine de papier désaffectée, au bord de la Rječina. DJ croates et européens. *Ružićeva bb* ***Rijeka*** *www.hartera.com Mi-juil.*
Journées des Uskoks Marché médiéval, tournois de chevalerie, spectacles de rue... ***Senj*** *3 jours en juil.*
Festival de la châtaigne / Marunada En octobre, chaque année, la châtaigne (*maruni*) de Lovran est mise à toutes les sauces, et même en sorbet ou en liqueur. Aux nombreuses activités culinaires s'ajoutent plusieurs grands événements sportifs : course cycliste, trek dans le parc de l'Učka voisin, régates. ***Lovran*** *www.tz-lovran.hr Les 2 dernières sem. d'oct.*

DÉCOUVRIR

Rijeka

☆ **Les essentiels** Le Korzo, la Riva, le marché municipal, la cathédrale Saint-Guy, le musée d'Histoire et de la Marine, Notre-Dame et le château de Trsat
Découvrir autrement Assistez au carnaval de Rijeka, profitez d'une expérience gastronomique au Kukuriku de Kastav, cf. Carnet d'adresses (p.263)

Le port et le Korzo

☆ ☺ **Korzo (plan 9, A2-B2)** Cette longue artère piétonne parallèle à la Riva, qui s'étend de la place de l'Adriatique (Jadranski trg) au canal Mrtvi (Mrtvi kanal), forme, depuis l'époque autrichienne, les Champs-Élysées de Rijeka ! De ses terrasses de cafés – où l'on aime à se montrer –, on assiste à un défilé incessant d'accros du shopping, de salariés pressés, de couples d'amoureux tranquilles et de touristes le nez levé vers ses façades colorées de style historiciste, Sécession ou moderniste. Au n°16 s'élève l'actuel hôtel de ville (Palača municipija, XIXe s.) et au n°24, l'immeuble de Radio Rijeka et son portique classique (1848). Se distingue également l'élégante façade du n°28, dont le rez-de-chaussée est occupé par un café, le Filodrammatica (p.256).

Tour de l'Horloge / Gradski toranj (plan 9, B2) Cette ancienne porte de la vieille ville, remaniée à plusieurs reprises, n'en a pas moins conservé ses très belles lignes baroques. Le bas-relief à la gloire de deux empereurs autrichiens, Léopold Ier et Charles VI, fut ajouté au lendemain du séisme de 1750 ; l'horloge et le dôme datent de la fin du XIXe siècle. L'aigle bicéphale de Rijeka surmonte celui des Habsbourg. *Korzo*

☆ **Riva (plan 9, A2-B2)** Dominé par de hauts palais Sécession, le quai de Rijeka fut gagné sur les eaux à la suite du formidable développement industriel et portuaire de la ville. Aujourd'hui, cafés et restaurants ont colonisé le rez-de-chaussée de ses immeubles, tandis que, de l'autre côté de cette Croisette locale, les ferries de la compagnie Jadrolinija arrivent et repartent vers le Kvarner et la Dalmatie, alimentant le flux des touristes.

☆ ☺ **Marché municipal / Gradska tržnica (plan 9, B2)** Les deux halles du marché couvert, bâties en 1881 par Izidor Vauchnig, annoncent l'Art nou-

Les *zvončari* du carnaval

Tradition ravivée dans les années 1980, le carnaval de Rijeka, qui dure 10 jours en février, attire chaque année toujours plus de monde, et il est considéré comme l'un des plus grands au monde, après Rio et Venise. De fin janvier au mercredi des Cendres, ce sont plus de 20 000 carnavaliers, et 600 000 spectateurs qui s'égaient dans les rues du centre-ville, mêlant folklore, danses, bals masqués, mascarades, défilés et reconstitutions historiques. Personnages emblématiques de ces folles journées qui mélangent influences vénitiennes, autrichiennes et slaves, les *zvončari* possèdent des origines païennes qui remontent à l'Antiquité. Vêtus de peaux de moutons aux longs poils laineux, armés de masses et de clochettes, ils déferlent en dansant par centaines sous des masques à cornes, avec pour mission de faire le plus de bruit possible afin de chasser les mauvais esprits de l'hiver et de permettre la renaissance et le printemps. Fantasque et fantastique.

Plan 9 Rijeka

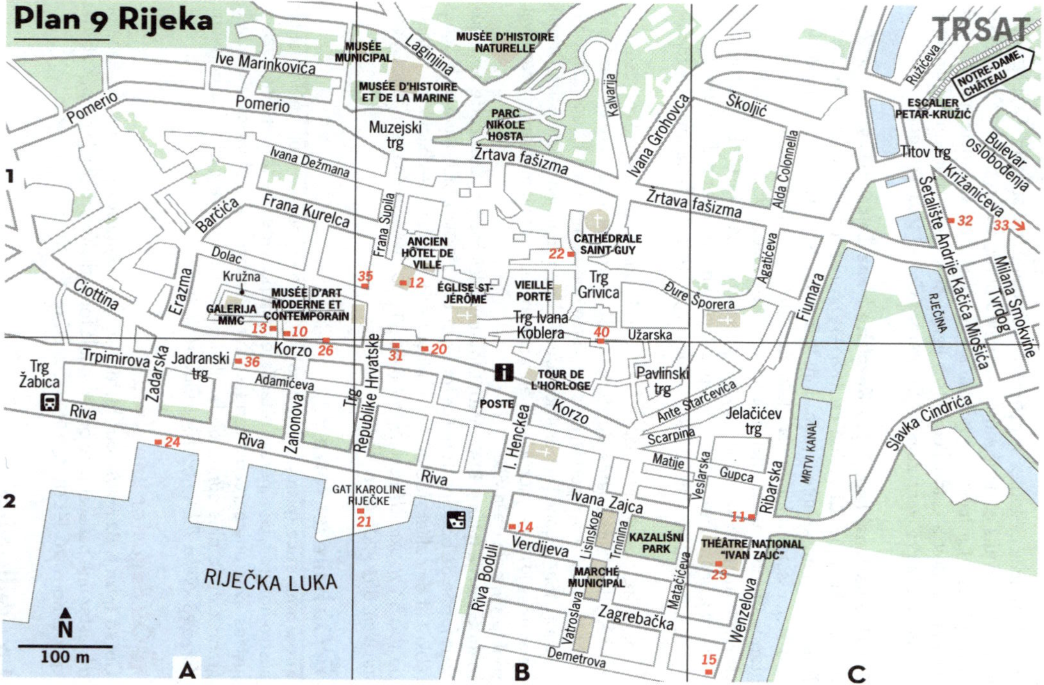

Restauration ■ 10 à 15

Konoba Na kantunu p.264 ____ 15 C2
Mornar p.264 ____ 14 B2
Municipium p.265 ____ 12 B1
Pizzeria Bracera p.264 ____ 10 A1
Pizzeria Delta p.264 ____ 11 C2
Zlatna školjka p.265 ____ 13 A1

Glaciers, cafés, bars et lieux de sortie ■ 20 à 26

Celtic Caffe Bard p.264 ____ 22 B1
Club Nina 2 p.263 ____ 24 A2
Corso p.256 ____ 20 B2
Filodrammatica p.256 ____ 26 A1-A2
Karolina p.264 ____ 21 B2
Théâtre national Ivan-Zajc p.264 ____ 23 C2

Hébergement ■ 31 à 36

Bonavia p.267 ____ 35 B1
Chambres chez Marija Popovic p.267 ____ 31 B2
Continental p.267 ____ 32 C1
Hostel Carnevale p.266 ____ 36 A2
Neboder p.267 ____ 33 C1

Shopping ■ 40

Mala Galerija p.256 ____ 40 B1-B2

veau. Ces deux élégantes structures en verre et métal abritent d'appétissants étalages de fruits et de légumes, de charcuterie, de produits de boucherie et d'épicerie. La halle aux poissons, qui s'élève au sud, date quant à elle de 1914 et doit à Carlo Pergoli ses lignes Sécession. *Le long de Trninina et V. Lisinskog, entre Ivana Zajca et Demetrova Ouvert tous les matins*

Théâtre national Ivan-Zajc / Kazalište Ivana Zajca (plan 9, C2) Cet édifice néoclassique fut réalisé en 1885-1886 par les Autrichiens Helmer et Fellner. Son imposante façade, dont le fronton est orné d'un groupe sculpté néo-Renaissance, domine la place au centre de laquelle trône la statue du grand compositeur et chef d'orchestre Ivan Zajc (1832-1914). L'intérieur est résolument néobaroque. Les fresques peintes par Gustav Klimt, son frère Ernst et leur ami Franz Matsch sont à découvrir aux heures de représentation – généralement à partir de 19h. *Verdijeva 5a Tél. (051) 337 114 www.hnk-zajc.hr*

Où acheter des *morčići* ? Ces bijoux en or et émail représentant une tête de Maure coiffée d'un turban se transmettent de mère en fille. Célébrant la victoire remportée au XVIIe siècle contre les Turcs, ils devinrent à la mode en 1845, quand l'impératrice d'Autriche en commanda une paire. Depuis les années 1970, les *morčići*, qui envahissent les rues au moment du carnaval, sont le symbole de la ville.

Mala Galerija (plan 9, B1-B2 n°40) On trouve les *morčići* dans cette boutique sous forme de boucles d'oreilles (premier prix : 100kn), mais aussi de broches (50kn) et de colliers (80kn). Les tableaux représentant ces bijoux se vendent de 100 à 1 200kn. *Užarska 25 Tél. (051) 335 403 www.mala-galerija.hr Ouvert lun.-ven. 8h30-20h, sam. 9h-14h*

Où boire un verre ?

Filodrammatica (plan 9, A1-A2 n°26) Au rez-de-chaussée d'un bel immeuble austro-hongrois, ce vénérable établissement possède une salle aux incroyables lustres avec une agréable terrasse sur le Korzo, qui en font sans doute le grand café le plus connu de la ville. Impressionnante carte des boissons. *Korzo 28 **Rijeka** Tél. (051) 211 696 Ouvert tlj. 7h-23h*

Où déguster une glace ?

Corso (plan 9, B2 n°20) Pour tester l'un des nombreux parfums de glace ou déguster une pâtisserie en observant la foule du Korzo : 5kn la simple, 28kn la coupe. *Korzo 20 Tél. 091 259 9810 Ouvert tlj. 7h-23h*

La vieille ville

Vieille porte / Stara vrata (plan 9, B1) Le monument le plus ancien de Rijeka (Ier s.) marquait probablement l'entrée du *prætorium* (quartiers militaires) romain. *En passant sous la tour de l'Horloge et en remontant la ruelle qui mène à la place Ivan-Kobler (Trg Ivana Koblera)*

☆ Cathédrale Saint-Guy / Katerdala Svetog Vida (plan 9, B1) Cette cathédrale remplaça, en 1638, une église médiévale déjà consacrée au saint patron de la ville, et fut reconstruite en 1755. Ses architectes jésuites prirent pour modèle

Santa Maria della Salute, à Venise. Le maître-autel, baroque comme l'ensemble de la cathédrale (la plus grande rotonde baroque de Croatie), s'ordonne autour d'un crucifix gothique du XIIIe siècle auquel s'attache une légende : quand, en 1296, Petar Lončarić, qui venait de perdre au jeu, décida de passer sa colère en lançant une pierre contre cette croix, les plaies du Christ se seraient mises à saigner. *Trg Grivica 11 Ouvert lun.-sam. 8h-12h et 16h30-19h, dim. 7h-12h*

Ancien hôtel de ville / Palača Municipija (plan 9, B1) Le monastère bâti au XIVe siècle par les Augustins devint le siège de la municipalité de Rijeka au début du XIXe siècle. Restauré dans le style néoclassique (1845), il abrite de nos jours le rectorat de l'université. *Trg Riječke Rezolucije*

Église Saint-Jérôme / Sv. Jeronim (plan 9, B1) Érigée au XIVe siècle par les Augustins, cette église fut remaniée dans le style baroque au XVIIIe siècle. Ses deux chapelles gothiques abritent notamment les tombeaux de riches négociants et de représentants de la noblesse locale de l'époque médiévale. *Trg Riječke Rezolucije*

Musée d'Art moderne et contemporain / Muzej moderne i suvremene umjetnosti (plan 9, A1-B1) Au deuxième étage de la bibliothèque universitaire, ce musée organise dans ces quatre salles des expositions temporaires de peintures et sculptures contemporaines, mais aussi de photos et de vidéos d'artistes croates et locaux. *Dolac 1/II Tél. (051) 492 611 www.mmsu.hr Ouvert mar.-ven. 11h-20h, sam.-dim. 11h-14h et 18h-21h Tarif 10kn, réduit 5kn*

Musée municipal / Muzej grada Rijeke (plan 9, B1) Il présente, sous forme d'expositions temporaires, les événements qui ont marqué l'histoire de Rijeka, ainsi que son évolution architecturale et artistique. *Muzejski trg 1/1 Tél. (051) 336 711 www.muzej-rijeka.hr Ouvert lun.-sam. 10h-20h, dim. 10h-15h Tarif 20kn, réduit 10kn*

☆ Musée d'Histoire et de la Marine / Povijesni i pomorski muzej (plan 9, B1) Ce musée fondé en 1876 occupe l'ancien palais des gouverneurs hongrois, reconstruit en 1896 par le Budapestois Hauszmann : un majestueux édifice néo-Renaissance aux intérieurs intacts. Les galeries et salles du 1er étage, distribuées autour d'un hall somptueux, renferment des portraits, du mobilier et des objets d'art des XVIIIe et XIXe siècles, la collection (violons, matériel de laboratoire) du Dr Franjo Kresnik, physicien de renom et fin luthier. L'ancienne salle de spectacle a conservé tout son lustre. Au 2e étage, marines et portraits de différentes époques peints par des artistes de la région, auxquels l'éclairage tamisé donne toute leur profondeur. Au rdc, collection ethnographique (vêtements, outils agricoles...) et archéologique (amphores). Ne ratez pas le lance-torpilles exposé dans le jardin : c'est en effet à Rijeka que la torpille fut mise au point par Ivan Lupis en 1866 et que sa production débuta peu après. *Muzejski trg 1 Tél. (051) 213 578 www.ppmhp.hr Ouvert lun. 9h-16h, mar.-sam. 9h-20h, dim.-lun. 16h-20h Tarif 15kn, réduit 10kn*

Musée d'Histoire naturelle / Prirodoslovni muzej (plan 9, B1) Un joli petit musée qui abrite une belle collection de minéraux, de plantes et d'animaux naturalisés représentatifs de la région. Muséographie interactive et pédagogique. L'établissement accueille un aquarium. Espace multimédia pour les enfants. *Lorenzov prolaz 1 (en amont et à l'est des musées précédents) Tél. (051) 553 669 www.prirodoslovni.com Ouvert lun.-sam. 9h-19h, dim. 9h-15h (si vous trouvez porte close à ces heures, il suffit de sonner) Tarif 10kn, réduit 5kn*

Le quartier de Trsat

Du haut de la colline de Trsat (139m), par temps clair, le regard porte loin sur le golfe du Kvarner et certaines de ses îles, et l'on distingue nettement une partie du littoral istrien. Le quartier devrait son nom au fort construit par les Illyriens, Darsata, toponyme plus tard latinisé en Tarsatica. On trouvera quelques cafés sur la petite place centrale (Frankopanski trg) sur laquelle donnent Notre-Dame-de-Trsat et le monastère franciscain, ainsi qu'à proximité du château. *Accès bus n°2 ou par l'escalier Petar-Kružić*

Escalier Petar-Kružić / Stube Petra Kružića (plan 9, C1) Petar Kružić était le capitaine des Uscoques (Uskoci), ces pirates (chrétiens) qui écumaient l'Adriatique aux XVIe et XVIIe s. Il lança la construction de cet escalier qui grimpe de la rue Križanić jusqu'au sommet de la colline de Trsat en 1531. Ses 538 marches sont jalonnées de chapelles votives honorées par les pèlerins qui se rendent à Notre-Dame-de-Trsat.

☆ Notre-Dame-de-Trsat / Crkva Gospe Trsatske (hors plan 9 par C1) Si cette église est surnommée la Nazareth croate c'est parce que, selon la tradition, les anges chargés de transporter la maison de la Sainte Famille à Lorette, en Italie, auraient fait halte sur le site. La chapelle érigée au XIIIe siècle par les Frankopan pour célébrer le miracle devint vite trop petite pour accueillir les pèlerins, et une basilique la remplaça en 1453. L'édifice, remanié au XVIIe siècle, reçut sa forme actuelle en 1824. Sa belle façade, rythmée par huit pilastres et de petits frontons brisés, laisse imaginer un plan à trois nefs, mais il n'en comprend que deux. Sur le maître-autel de ce sanctuaire baroque, derrière une grille en fer, trône une icône offerte par le pape Urbain V au XIVe siècle, qui aurait été peinte par saint Luc. En juin 2003, Jean-Paul II célébra une messe à Notre-Dame-de-Trsat. Il faut traverser le cloître du monastère franciscain attenant pour entrer dans l'église. *Frankopanski trg. 12 Tél. (051) 452 900 Ouvert tlj. 7h-19h*

☆ Château de Trsat / Kaštel Trsatska gradina (hors plan 9 par C1) La forteresse bâtie au début du XIIIe siècle par les Frankopan, seigneurs de Krk et de Trsat, fut conquise par les Habsbourg à la fin du XVe siècle, abandonnée au XVIIe siècle et réduite à un amas de ruines par le séisme de 1750. En 1826, le comte Laval Nugent, un Irlandais passé au service des Autrichiens pendant les guerres napoléoniennes, la racheta et décida sa restauration dans le style néogothique. Le château abrite un café (ouvert jusqu'à minuit en été), une boutique-galerie d'art, le mausolée de style grec antique des Nugent et un petit musée. Il a conservé sa citerne médiévale, et son donjon offre une vue imprenable sur le golfe et sur Rijeka. *Au bout de Zrinskog (petite rue qui part de la place Frankopan) Ouvert avr.-sept. : tlj. 9h-17h ; oct.-mars : tlj. 9h-23h Tarif 15kn, réduit 5kn*

Les environs de Rijeka

☆ **Les essentiels** Les villages de Brseč et de Kastav **Découvrir autrement** Randonnez dans l'un (ou plusieurs) des parcs naturels de l'Učka, de Risnjak ou du Velebit, rencontrez des oursons orphelins à Kuterevo

Opatija et la Riviera liburnienne

Alternant cités balnéaires et charmants villages perchés, la route de corniche qui relie Opatija via Lovran à la frontière (administrative) de l'Istrie, offre des paysages idylliques.

☺ **Volosko** Un adorable petit port de pêche posté entre Rijeka et Opatija, à l'extrémité du Lungomare, qui abrite plusieurs ateliers d'artistes séduits par son charme, et quelques restaurants gastronomiques de haute tenue. *10km à l'ouest de Rijeka*

Opatija C'est la plus ancienne station balnéaire de Croatie, devenue à la mode à partir de 1844, date de la construction de la villa Angiolina par Iginio Scarpa, un influent homme d'affaires de Rijeka. Puis des médecins réputés et le développement du chemin de fer, en 1873, en firent une station climatique et balnéaire de renommée internationale. Avant la Première Guerre mondiale, la villégiature comptait une douzaine d'établissements de cure et recevait tout le gotha européen. Certes, les casquettes ont remplacé les hauts-de-forme, et les automobiles les voitures à cheval, et Opatija s'est mise au goût du jour avec ses hôtels, palaces et restaurants, ses cafés, night-clubs, boutiques et plages aménagées, mais elle a gardé certains de ses atouts Belle Époque (palaces aux façades colorées, luxueuses villas mêlant les styles baroque, néoclassique, Sécession) et sa végétation méditerranéenne exubérante. Flânez dans la rue principale (Maršala Tita) et faites un détour par la **villa Angiolina**, pour son petit musée du Tourisme croate et son élégant parc Sv. Jakov agrémenté d'essences exotiques (plus de 150 espèces venues du monde entier). Autre curiosité, le **pavillon des Arts Juraj-Matija-Šporer**, qui accueille des expositions d'art contemporain et est cerné par un émouvant mur couvert de fresques repésentant ceux, qui, de Malher à De Niro, en passant par Isadora Duncan, ont fréquenté cette station balnéaire historique. Allez ensuite découvrir la fameuse promenade François-Joseph, petite section du Lungomare. *13km à l'ouest de Rijeka (bus n°32)* **Office de tourisme** *Vladimira Nazora 3 Tél. (051) 271 710 http://visitopatija.com* **Villa Angiolina** *Dans le parc Sv. Jakob, au sud du port de plaisance Tél. (051) 603 636 www.hrmt.hr Ouvert mar.-dim. 10h-20h Tarif 15kn, réduit 7kn* **Pavillon des Arts Juraj-Matija-Šporer / Umjetnički pavilion Juraj Matija Šporer** *À côté du grand hôtel Kvarner Tél. (051) 603 636 www.hrmt.hr Horaires variables*

☺ **Lungomare** Sur 12km, entre Volosko et Lovran (via Opatija, Ičići et Ika), cette promenade bitumée ou carrelée et abritée du vent permet de longer le littoral, agrémenté de petites plages de galets ou de rochers, et rythmé par de nombreux bancs environnés de pins ou de camélias pour profiter du paysage. Bordé de villas, d'hôtels et de jardins, cet itinéraire magique permet de se figurer le faste d'antan de la riviera liburnienne.

Lovran Cette station balnéaire marque la fin de la conurbation de Rijeka et du Lungomare, et est considérée comme le berceau du tourisme croate. Rien d'étonnant, donc, à ce que l'on y découvre une enfilade d'hôtels de la Sécession viennoise, un alignement de restaurants et de luxueuses villas de la charnière des XIXe et XXe siècles dont l'architecture emprunte à tous les "néo". Une petite église romane indique l'accès au port, où se rassemblent en musique, à l'heure de l'apéritif, les pêcheurs du coin. Petite place cimentée et taxi-boats à destination des plages voisines de la ville. De l'autre côté de M. Tita, la rue principale, un petit passage débouche sur la vieille ville (Stari Grad) avec ses façades aux couleurs chaudes, ses cafés et ses nombreuses galeries d'art. Une fois sur la petite place centrale, vous ne manquerez pas l'église Saint-Georges et ses belles fresques du XVe siècle. *20km à l'ouest de Rijeka* **Office de tourisme** *Trg slobode 1 Tél. (051) 291 740 www.tz-lovran.hr*

☆ ☺ **Brseč** Ce village perché sur une falaise à 150m au-dessus de la mer, invite à une belle promenade. La pierre de ses maisons est blanche, brune, taillée, compacte et fissurée, apprivoisée par les herbes sèches. La vue sur le golfe, avec les îles de Cres et de Susak en toile de fond, est à couper le souffle. *35km au sud-ouest de Rijeka par la route côtière*

Parc naturel de l'Učka / Park prirode Učka Paradis des randonneurs, des amoureux de la nature et des sportifs, le massif de l'Učka s'étend au-dessus de la côte liburnienne et de l'Adriatique. Planté d'épaisses forêts de hêtres, de châtaigners ou de chênes, il culmine au mont Vojak à 1 401m d'altitude, où du sommet d'une tour de guet, on a une vue panoramique à couper le souffle sur tout le littoral. Aménagé en un parc naturel de 160km², il est traversé par peu de routes, mais de nombreux sentiers balisés et 8 pistes cyclables y ont été tracés afin d'en découvrir toutes les richesses végétales, animales ou architecturales. À l'ouest du parc, il faut absolument s'aventurer dans les **gorges de Vela Draga**, aux reliefs à pic plantés de "cheminées de fées", des colonnes calcaires naturelles d'une hauteur pouvant atteindre 100m, et qui font la joie des adeptes de l'escalade. **Bureau du parc** *Liganj 42* **Lovran** *Tél. (051) 293 753 www.pp-ucka.hr*

Le Gorski Kotar

La région montagneuse qui constitue l'arrière-pays de Rijeka et s'étend jusqu'à Karlovac (p.145) est couverte de forêts, terrain de jeu idéal pour la randonnée et pour ceux qui cherchent un peu de fraîcheur, loin du littoral écrasé de chaleur en été.

☆ **Kastav** Située sur les contreforts du massif de l'Učka, à 365m d'altitude, à quelques kilomètres de Rijeka et d'Opatija, cette ancienne place forte médiévale fait assurément partie des plus beaux villages du Gorski Kotar. Construite sur un plan circulaire, Kastav abrite derrière les vestiges de ses murailles et de ses six tours, des ruelles pavées, des passages voûtés et des escaliers qui serpentent au milieu de jardinets vers son campanile (*zvonik*) du XVIIe siècle (vue splendide sur toute la région, côté mer et montagne). À ce passé architectural s'ajoute un riche passé culturel, puisque c'est à Kastav que

SUR LA PISTE DE LA LESKA

Du bureau du parc de Risnjak, le sentier pédagogique de la Leska (Poučna staza Leska) invite à découvrir, en 2h et une boucle de 4,2km, les différentes espèces végétales et milieux les plus représentatifs du parc. Ce parcours jalonné de panneaux explicatifs vous fera traverser une dépression karstique en forme d'entonnoir (doline), des prairies d'altitude, un aven et une source karstique. Auprès de cette dernière a été aménagé un affût, d'où vous aurez peut-être la chance d'apercevoir, plus qu'une *leska* (noisette), peut-être un loup. Ce n'est là qu'une partie infime de la zone protégée, libre d'accès. *Rens. au bureau du parc*

fut installée en 1866 la première salle de lecture en langue croate. Un petit **musée** expliquant l'histoire de la ville organise des visites dans des ateliers d'antan reconstitués (maréchal-ferrant, tonnelier, boulanger...). *10km au nord-ouest de Rijeka* **Office de tourisme** *Trg Matka Laginje 5 Tél. (051) 691 425 www.kastav-touristinfo.hr* **Musée / Muzejska zbirka Kastavštine** *Juste après Voltica, la porte de la ville, sur la gauche Tél. (051) 213 578 Ouvert haute saison : mar. et jeu. 10h-12h, mer. et ven.-sam. 17h-21h Tarif 10kn, réduit 5kn*

Parc national de Risnjak / Nacionalni park Risnjak Classé en 1953 à la demande du botaniste Ivo Horvat, le parc s'étend sur 64km² autour du mont Risnjak (1 528m), point culminant du Gorski kotar, le massif le plus boisé de Croatie. Cette région montagneuse, située à 15km à vol d'oiseau de Rijeka, doit sa riche biodiversité à son microclimat, né d'une double influence méditerranéenne et continentale. La complexité de son relief karstique, facteur d'isolement, et son réseau hydrographique alimenté par la Kupa ont également favorisé la conservation de sa flore et de sa faune. Cette dernière compte de nombreux chevreuils, chamois, sangliers, renards, coqs de bruyère et rapaces, mais aussi quelques lynx (ris), loups et ours. La végétation, essentiellement forestière, est dominée par le sapin et le hêtre. Avec un peu de chance, parmi les gentianes et les violettes, vous découvrirez un edelweiss dans une anfractuosité rocheuse ou dans un pâturage. L'entrée principale et le **bureau du parc** se trouvent dans le village de Crni Lug, à l'orée sud-est du parc. Ne manquez pas de vous y procurer une carte des sentiers. Le bureau abrite la billetterie (kiosque à l'entrée), met cartes et guides accompagnateurs à la disposition des visiteurs (500kn). Dans certaines parties du parc, comme les Bijele Stijene (rochers Blancs), où il est facile de se perdre, mieux vaut louer les services d'un guide. Quand le bureau du parc est fermé, acheter ses billets à la Pansion Risnjak. *45km au nord-est de Rijeka* ***En voiture*** *Autoroute dir. Zagreb et sortie Delnice (le parc, 12km au nord-ouest, est indiqué)* ***En car et en train*** *Une quinzaine de cars et de 5 à 7 trains/j. à destination de Zagreb s'arrêtent à Delnice (durée env. 1h15) ; de là, une navette rallie Crni Lug. Départ de Delnice : 16h15. Tarif 40kn, réduit 20kn* **Bureau du parc** *Bijela Vodica 48* ***Crni Lug*** *Tél. (051) 836 133 www.risnjak.hr Ouvert été : lun.-ven. 9h-17h, sam.-dim. 9h-18h*

Dévaler des pistes à ski ou à VTT

Platak Sur des skis en hiver, ou à dos de VTT en été, les 10km de pistes de la toute petite station familiale de Platak donneront du plaisir et des sensations aux amateurs de glisse. Située sur les pentes du mont Radesevo (1 363m), Platak dégage des points de vue vertigineux sur la mer et les îles. Et même si les installations sont vieillottes, voire obsolètes, l'ambiance qui s'en dégage fait du lieu la station de ski la plus prisée des habitants de Rijeka qui exportent, au mois de février, le grand carnaval de la ville sur ses pentes enneigées. Quatre téléskis, deux télésièges. Possibilité de skier la nuit (piste éclairée). *35km au nord-est de Rijeka (prendre A6 dir. Zagreb, sortie 7, puis route n°3 dir. Kamenjak. À 2km du village, suivre sur la gauche et pendant 8km une route non goudronnée) Tél. (051) 230 904 www.platak.info*

La côte orientale du Kvarner

La côte orientale du golfe du Kvarner n'a pas la beauté du littoral istrien. De Rijeka à Novi Vinodolski, la route longe un rivage de plus en plus bétonné. Seuls la vue sur Krk et l'impressionnant pont qui relie l'île au continent méritent une petite pause… Mais une fois passée la commune de Novi Vinodolski, le paysage se transforme. Escarpé, il fait alterner rocaille et maquis, tandis que la route en lacets épouse de jolies criques : vous voilà sur le versant ouest du Velebit. La route de corniche de Senj jusqu'à Jablanac et Stinica (ports d'où partent des ferries pour Rab) est tout simplement magnifique. Des aires de stationnement aménagées sur les bas-côtés permettent de profiter des merveilleuses vues sur Krk, Rab et les îlots qui les séparent.

Senj Cette ville souvent balayée par les bourrasques de la bora subit le climat le plus froid de l'Adriatique. Principal maillon de la frontière militaire tracée par le roi de Hongrie Mathias Corvin (1458-1490), elle devint au XVIe siècle le bastion des Uskoks ("Réfugiés"). Ces hommes armés qui avaient fui les régions conquises par les Ottomans organisèrent très tôt une résistance terrestre et maritime qui se transforma rapidement en guerre à outrance, d'abord contre les Turcs, puis contre les Vénitiens, quand ces derniers s'engagèrent à apporter leur protection à la flotte turque, en 1540. Au début du XVIIe siècle, les Habsbourg déplacèrent les Uskoks en Slavonie et en Istrie, mais le souvenir de ces pirates marqua durablement les esprits. Senj se disperse au fond d'une baie et c'est de son port que l'on accède à la vieille ville. Il en émane une certaine tristesse, peut-être liée aux violences de l'histoire… On y découvrira néanmoins de très belles demeures gothico-Renaissance et baroques ainsi que la cathédrale Sainte-Marie (XIIe-XIIIe s.). Au-delà de la place du Marché (Trg Cilnica) s'élève, majestueuse, la Grande Porte (Velika vrata, 1779) et, perché au sud de la ville, l'impressionnant fort de Nehaj, qui abrite un petit **musée** consacré aux Uskoks. L'édifice a été construit par le capitaine Ivan Lenković en 1558. *65km au sud de Rijeka (19 cars/j.)* **Musée** *Milana Ogrizovića 5 Tél. (053) 881 141 www.tz-senj.hr Ouvert juil.-août : lun.-ven. 7h-15h et 18h-20h, sam. 10h-12h et 18h-20h, dim. 10h-12h ; sept.-juin : lun.-ven. 7h-15h Tarif 20kn, réduit 10kn*

☺ **Lukovo** Un délicieux petit port de pêche : quelques barques peintes, une jetée minuscule avec à l'horizon des îlots qui affleurent la surface des flots. Pour compléter ce tableau charmant, une petite plage de galets à gauche de l'église, un minuscule cimetière marin tout au bout, et une paillote près du port pour se restaurer. Un véritable bout du monde ! *85km au sud de Rijeka, 20km de Senj (sur la route côtière entre Sveti Juraj et Jablanac, prendre la petite route à droite juste après le tunnel, 8km après Sv. Juraj)*

Parc national du Velebit-Nord / Nacijonalni park Sjeverni Velebit Créé en 1999 pour protéger la biodiversité et les phénomènes karstiques du Velebit septentrional, ce parc, dont le **bureau** est situé à Krasno, s'étend sur 109km² et culmine au mont Rajinac (1 699m). Si des chênaies et des hêtraies-sapinières prospèrent sur le versant occidental du massif, sa façade maritime est aussi abrupte que dénudée et soumise aux phénomènes karstiques. C'est ainsi que la réserve intégrale des Crêtes Hajdučk et Rožanski est célèbre pour ses gouffres (plus de 150 inventoriés). Le parc abrite également un jardin botanique– près de la station météorologique et du **refuge du mont Zavižan** (1 594m) –, et sa faune comprend des loups, des ours bruns, des lynx, des cervidés et de nombreux oiseaux, dont le grand tétras (coq de bruyère). Parmi les nombreux sentiers et pistes qui sillonnent le parc, le **Premužić**, long de 57km, aménagé il y a 80 ans, dessert plusieurs points de vue et sites spectaculaires et passe à proximité de cahutes d'alpages fréquentées jadis par les bergers. On peut dormir dans l'un des trois refuges du parc ou à Krasno. *www.np-sjeverni-velebit.hr Tarif (3 jours) 45kn, réduit 25kn* **Bureau du parc** *Krasno (65km au sud de Senj par les terres, ou 30km via Sveti Juraj, mais la route est bien moins bonne) Tél. (053) 665 380 Ouvert été : lun.-ven. 8h-15h et 16h-19h, sam. 8h30-12h30 et 15h30-19h30, dim. 8h30-16h30 ; hiver : lun.-ven. 8h-15h* **Refuge du mont Zavižan** *Tél. (053) 614 209 ou (053) 614 203*

Rencontrer les ours bruns du Velebit

☺ **Refuge de Kuterevo / Velebitska Udruga Kuterevo** Dans les hauteurs boisées du Velebit, on pratique encore la chasse à l'ours brun. Autour du village de Kuterevo, ont ainsi été recensés 25 ours sauvages (pour 200 habitants !), et un millier dans toute la Croatie. Pour recueillir les oursons dont les parents ont "disparu", trois passionnés ont ouvert ce refuge unique en son genre. L'idée : sauver de la mort et protéger les animaux orphelins. Dans deux dolines (mares creusées par les infiltrations d'eau dans le sol karstique), on peut observer une dizaine de jeunes ours se mouvoir en quasi-liberté. De la visite des installations à la restauration des bâtiments de ce très vieux village, tout est assuré par des volontaires venus de tous les coins de la planète. L'association ne recevant aucune aide, les donations des visiteurs sont donc les bienvenues. *Pod Crikvon 103* **Kuterevo** *(50km env. au sud-est de Senj) Tél. (053) 799 222 http://kuterevo.wordpress.com*

CARNET D'ADRESSES

Lieux de sortie

Opatija, la station balnéaire voisine de Rijeka n'attire pas que les baigneurs. C'est aussi le haut lieu de la vie nocturne régionale. Le week-end, la jeunesse vient s'étourdir dans ses cafés, ses bars et ses nombreuses boîtes de nuit.

bars

Club Nina 2 (plan 9, A2 n°24) Cet ancien ferry amarré à l'ouest de la Riva a le vent en poupe : sur le pont supérieur, la bière coule à flots et les enceintes "crachent" des tubes. Idéal pour observer la ronde des navires de la compagnie Jadrolinija.

Riva Adamićev gat ***Rijeka*** *(à hauteur de Jadranski trg) Tél. 091 531 7879 ou 099 584 3203 Ouvert lun.-jeu. 8h-0h, ven.-sam. 8h-5h*

Karolina (plan 9, B2 n°21) Dans ce bar lounge et moderne posté sur le port, le verre domine et reflète la course du soleil et des ferries. Une adresse branchée à toute heure, où il fait bon voir et être vu. Très agréable terrasse, DJ en soirée. *Gat Karoline Riječke* ***Rijeka*** *Tél. (051) 330 909 ou 091 490 4042 Ouvert lun.-mer. 7h-1h, jeu.-ven. 7h-2h, sam. 7h-4h*

Celtic Caffe Bard (plan 9, B1 n°22) Ce chaleureux petit pub au cadre surchargé voit l'habitué côtoyer le touriste, et l'artiste l'étudiant. Musique rock, blues, new age ou folk. Petit coin expo, clim. Belle carte de bières (belges) et vrai expresso. *Trg Grivica 6b* ***Rijeka*** *Tél. (051) 215 235 Ouvert lun.-ven. 8h-0h, sam. 9h-0h*

salle de spectacle

Théâtre national Ivan-Zajc (plan 9, C2 n°23) Pièces de théâtre, ballets, opéras, concerts. Toute la programmation à l'office de tourisme ou directement au théâtre (p.256). *Uljarska 1* ***Rijeka*** *Tél. (051) 337 114 www.hnk-zajc.hr*

Restauration

petits prix

Pizzeria Delta (plan 9, C2 n°11) Près du port, dans un cadre composite (outils agricoles sur les murs de la première salle, formes géométriques noires et blanches dans la seconde) et un peu kitsch (fauteuils à ramages), il vous en coûtera de 50 à 80kn pour déguster une grande pizza, une copieuse assiette de tagliatelles, un plat de *njoki* ou des *fuži* à la viande de la maison. *Ivana Zajca 2* ***Rijeka*** *Tél. (051) 211 365 Ouvert lun.-sam. 10h-23h, dim. 12h-23h*

Pizzeria Bracera (plan 9, A1 n°10) Une pizzeria chaleureuse dont on apprécie autant la salle rustique que les hautes tables de bois alignées dehors. Pizzas copieuses cuites à la commande par un authentique pizzaiolo, mais aussi pâtes et viandes grillées, à partir de 40kn. *Kružna 12a* ***Rijeka*** *Tél. (051) 213 782 Ouvert tlj. 11h-23h*

prix moyens

Mornar (plan 9, B2 n°14) Idéalement placé entre le port et le marché, ce bistrot populaire, qui a changé de mains en 2015, propose dans un cadre particulièrement chaleureux des poissons à la fraîcheur irréprochable et aux prix abordables : steak de thon au grill, bar (*brancino*) à la Mornar dans une sauce au vin, risotto aux fruits de mer, ragoût de morue... Une belle adresse. Beaucoup de monde : réservez ! Comptez 100-150kn. *Riva Boduli 5a* ***Rijeka*** *Tél. (051) 312 222 Ouvert été : tlj. 8h-0h ; hiver : tlj. 8h-21h*

Konoba Na kantunu (plan 9, C2 n°15) Cette "taverne du coin" est située derrière le marché couvert, et déploie sa terrasse sur le quai, le long d'un petit canal. Au menu, du poisson et des crustacés issus de la pêche du jour, que vous pouvez choisir dans la vitrine, tout comme les entrées froides. Ne manquez pas le poisson blanc cuit à l'huile d'olive et sa fondue de chou braisé (70-95kn selon le poisson), et en dessert, la *torta* yaourt et citron aux fruits des bois (15kn). Pour accompagner, laissez-vous conseiller dans la belle carte de vins au verre. Service très chaleureux. Comptez 100-180kn le repas, poisson

350kn/kg, vin au verre 8-50kn. *Demetrova 3* ***Rijeka*** *Tél. (051) 313 271 Ouvert tlj. 8h-23h*

Municipium (plan 9, B1 n°12) Un très bon restaurant installé au rdc de l'ancien hôtel de ville (XIXe s.), face à la Bibliothèque universitaire d'un côté, à l'église Saint-Jérôme de l'autre. Recettes de saison et spécialités italiennes. Env. 150kn une entrée et un plat. *Trg Riječke rezolucije 5* ***Rijeka*** *Tél. (051) 213 000 Ouvert lun.-sam. 11h-23h*

prix élevés

☺ **Zlatna školjka (plan 9, A1 n°13)** Tenu par Zoran Maržić (comme la Pizzeria Bracera), cet établissement doit sa réputation à sa cuisine autant qu'à son cadre raffiné : lumières tamisées, murs incrustés de pierres et de coquillages et musique douce. Dans l'assiette : *pršut*, carpaccios, calamars grillés (*lignje na žaru*) ou gnocchis au crabe (*njoki s rakovicom*). Comptez 200kn l'entrée et le plat, poisson grillé 400kn/kg. *Kružna 12a* ***Rijeka*** *Tél. (051) 213 782 Ouvert lun.-sam. 11h-23h*

Dans les environs

prix moyens

☺ **Konoba Tramerka** Dans une ruelle pavée à quelques mètres du port de Volosko et de ses restaurants touristiques, cette minuscule auberge mérite assurément un détour. À l'extérieur, trois tables, plus six à l'intérieur dans la fraîcheur voûtée de la maison familiale. Ici, la "mamma" prépare une cuisine miraculeuse avec des produits sélectionnés chez les meilleurs producteurs d'Istrie (jambon Dujmovic, bœuf *boškarin*, poissons, vins, huile), tandis qu'Andrej, le fils, s'occupe du service et des conseils à la clientèle. Tout est parfait, jusqu'à la belle présentation, mais dans la simplicité et la bonne humeur. Carpaccio de thon ou risotto aux langoustines 80kn. Compter 140kn pour une entrée et un plat. *Dr A. Mohorovičića 15* ***Volosko*** *(15km à l'ouest de Rijeka) Tél. (051) 701 707 Ouvert haute saison : mar.-dim. 13h-23h*

NP Risnjak Pension Le chevreuil, le cerf, le marcassin, les truites, ou encore les cuisses de grenouilles font la réputation du restaurant de la *pansion* du parc de Risnja (p.261), où s'égaient bruyamment les randonneurs de retour d'excursions. Prévoyez 110-130kn l'entrée et le plat. Également un hébergement (p.268). *Bijela Vodica 48* ***Crni Lug*** *(40km à l'est de Rijeka, à l'entrée principale du parc de Risnjak) Tél. (051) 836 133 www.risnjak.hr Ouvert été : tlj. 7h-22h ; hiver : tlj. 8h-21h*

prix très élevés

☺ **Villa Ariston** Le restaurant est aussi chic et sa cuisine aussi savoureuse que l'hôtel est luxueux (p.268). Une terrasse en escalier glisse vers le rivage d'Opatija, de jolies tables s'éparpillent sous les tonnelles et les arbres du jardin. Romantique... Carte raffinée (blanc de poulet aux champignons et aux truffes, *fuži* aux fruits de mer, poisson grillé, salade exotique...) et addition salée. Comptez 250-300kn pour une entrée et un plat. Menu du chef 1 500kn pour 4 pers. (sur rés.), menus dégustation à 390, 510 et 1 000kn. *M. Tita 179* ***Opatija*** *(au sud de la ville) Tél. (051) 271 379 www.villa-ariston.hr Ouvert fév.-déc. : tlj. 12h-0h*

Cantinetta Sveti Jakov Un luxueux restaurant d'Opatija dont on choisira, au gré de l'humeur et de la météo, l'élégant intérieur, les tables sous arcades ou la terrasse face au petit parc du même nom. Dehors, le ballet des hirondelles accompagnera la dégustation de coquilles Saint-Jacques gratinées ou d'un poisson grillé avec un verre de blanc sec, le *malvazija* d'Istrie, par exemple. De 250 à 400kn une entrée et un plat. *Pava Tomašića 1* ***Opatija*** *(au pied de l'hôtel Milenij) Tél. (051) 202 099 info@milenij-hotel.hr Ouvert tlj. 12h-0h*

Bevanda Étrange combinaison de styles que celle qu'offre ce vaste restaurant établi au bout de la péninsule d'Opatija, dans un édifice d'inspiration néoclassique. Le plafond du bar évoque en effet l'intérieur d'une boîte de nuit quand celui de la salle, orné de bouteilles, illustre l'indéniable générosité de la carte. À l'extérieur, l'immense terrasse ombragée plantée de colonnades accueille des dizaines de tables et de fauteuils habillés de bleu et blanc... On y dégustera avec plaisir quelques huîtres, un risotto de langoustines ou encore un magret de canard accompagné de son risotto aux poires. De 300 à 450kn l'entrée et le plat. Menus plus élaborés à 380, 470 et 750kn. *Zert 8* ***Opatija*** *Tél. (051) 493 888 www.bevanda.hr Ouvert tlj. 12h-0h*

Najade Posté juste au-dessus de l'eau, Najade est une institution. Ne vous arrêtez pas au cadre vieillot : ici, c'est la tradition qui compte, celle de la cuisine de la mer, perpétuée par le chef Mato Mišković. À chaque jour sa pêche, et ses pièces de première fraîcheur auxquelles il est difficile de résister, tout comme à la terrasse, qui bénéficie d'une vue imprenable sur la mer et le petit port. Belle carte de vins d'Istrie, service très chaleureux. Comptez 250kn le repas. Réservez. *Šetalište M. Tita 60* ***Lovran*** *Tél. (051) 291 866 Ouvert tlj. 12h-0h*

☺ **Kukuriku** Célèbre dans toute la Croatie pour son approche innovante mêlant art de la table et art de vivre, le restaurant de Nenad Kukurin constitue un incontournable de la région. Adepte et pionnier du *slow-food*, il élabore quotidiennement sa carte en fonction des produits du marché : asperges en mai, champignons sauvages en juin... C'est ensuite au client de préciser s'il préfère un menu à base de viande ou de poisson. Spécialité de canard à la sauce aux prunes, feuilleté au fromage et aux truffes . Un soin particulier est apporté au choix des vins, croates et internationaux (plus de 150 crus du monde entier). Compter au moins 200kn pour une entrée et un plat constituant une véritable expérience culinaire. Menus 240-300kn. Cf. également Hébergement (p.269). *Trg Lokvina 3* ***Kastav*** *(à 10km de Rijeka) Tél. (051) 691 519 www.kukuriku.hr*

Hébergement

Très peu de chambres d'hôtes à Rijeka, les touristes préférant les plages et la Riviera d'Opatija. Adressez-vous à l'office de tourisme (p.253), qui sera d'excellent conseil, ou consultez directement son site Internet, www.visitrijeka.eu. Pour un séjour de trois nuits ou moins dans la ville, il faudra souvent prévoir une majoration de 25% à 30% du prix.

auberge de jeunesse

Hostel Carnevale (plan 9, A2 n°36) En plein centre, à proximité du Korzo et du port, une auberge de jeunesse inaugurée en 2012 particulièrement destinée aux noctambules, du fait de son bar lounge au rez-de-chaussée, dont l'ambiance musicale est plus propice à la fête qu'au sommeil. Comptez 380kn pour une double, 175kn en dortoir de 6 lits. *Jadranski trg 1* ***Rijeka*** *Tél. (051) 410 555 ou 097 741 05 55 www.hostelcarnevale.com*

petits prix

Chambres chez Marija Popovic (plan 9, B2 n°31) Deux chambres pour 1 ou 3 personnes chez l'habitant au confort spartiate, mais située sur les "Champs-Elysées" de Rijeka. Comptez 335kn pour 2. Marija, la charmante propriétaire parle anglais et loue aussi plusieurs studios (pour 2 à 4 pers.) sur le port, avec salle de bains indépendante, clim., wifi (365kn pour 2 et 475kn pour 3). *Korzo 22* ***Rijeka*** *Tél. (051) 339 709 ou 091 894 8884 www.accommodation-rijeka.com*

prix élevés

Continental (plan 9, C1 n°32) Le plus célèbre des hôtels de Rijeka est aussi le plus ancien : sa construction remonte à 1888 et ça se voit... Malgré une rénovation en 2008, les 37 chambres demeurent un peu tristes, mais ont le mérite d'être centrales (donnant sur la Rječina pour certaines). Restaurant, pâtisserie et café Internet au rdc. Double à partir de 680kn. *Šetalište A. Kačića-Miošića 1* ***Rijeka*** *(à 200m à l'est du Korzo) Tél. (051) 372 008 www.jadran-hoteli.hr*

Neboder (plan 9, C1 n°33) Lors de la construction entre 1929 et 1939, la volonté des architectes était de bâtir un gratte-ciel qui serait visible de toute la baie du Kvarner. Pour différentes raisons, ils durent s'arrêter à 14 étages, mais le Neboder demeure un exemple rare d'architecture moderniste. Une fois à l'intérieur de cette tour, la plupart des 54 chambres, petites mais fonctionnelles, ouvrent sur les toits de la ville et la mer plus loin. Double à partir de 590kn. *Strossmayerova 1* ***Rijeka*** *(à l'est du fleuve, 150m après l'hôtel Continental) Tél. (051) 373 538 ou (051) 493 299 www.jadran-hoteli.hr*

Bonavia (plan 9, B1 n°35) Situé au cœur de la ville, cet hôtel luxueux dispose de 121 chambres spacieuses, confortables (TV, clim., minibar, etc.) et bénéficiant, pour certaines, d'une très belle vue. Seule la façade sud est assombrie par celle de la Bibliothèque universitaire. Très bon restaurant, bar, centre de remise en forme et jardin d'hiver. Comptez 900-950kn la double sans balcon, de 1150 à 1200kn avec balcon. Consulter le site Internet : fortes réductions en fonction de l'affluence. Attention : parking petit et payant. *Dolac 4* ***Rijeka*** *Tél. (051) 357 100 www.bonavia.hr*

Jadran (hors plan 9 par C2) Tout près du centre-ville, cet hôtel 4 étoiles aux 66 chambres et 3 suites possède d'agréables grandes baies vitrées et une petite avancée bétonnée qui lui sert de plage privée... Comptez à partir de 730kn la double, 850kn avec vue sur mer. ***Trsat*** *Šetalište XIII divizije 46* ***Rijeka*** *(2km à l'est du centre) Tél. (051) 216 600 www.jadran-hoteli.hr*

Dans les environs

Deux groupes, Remisens (*www.remisens.com*) et Milenij (*www.milenij hoteli.com*), se partagent une grande partie du parc hôtelier de la côte liburnienne. Leurs prix varient en fonction de l'affluence, n'hésitez pas à faire jouer la concurrence. Prévoyez une majoration de prix de 25 à 30% pour un séjour de moins de trois nuits.

campings, refuges, gîtes

Autocamp Preluk Plutôt agréable mais petit et assez bruyant ! Une adresse de dépannage. Comptez env. 220kn en été l'emplacement pour deux personnes avec une voiture et la tente. *Preluk 1* ***Preluk*** *(10km à l'ouest de Rijeka, 2km avant Opatija, bus n°32) Tél. (051) 623 500 http://autocamppreluk.com Ouvert mi-avr.-mi-oct.*

Autocamp Medveja Quelque 280 emplacements, 50 bungalows (4 pers.) sous les pins et 43 appartements, près d'une plage de galets. Restaurant et club de plongée. Env. 240kn pour 2 avec voiture et tente. *Mošćenička Draga* ***Medveja*** *(6km au sud d'Opatija ; bus n°32 à partir de Rijeka et d'Opatija) Tél. (051) 291 191 www.remisens.com Ouvert avr.-mi-oct.*

Refuge Planinarski dom Risnjak Comptez 60kn/pers. (50kn si vous apportez votre sac de couchage) en dortoir de 8 lits minimum (60 lits en tout). *Sur le mont Risnjak (dans le* ***parc national de Risnjak****) Tél. 099 428 2072 Ouvert mai-oct. : mer.-lun.*

Hotel Degenija Krasno Perché en haut de la montagne, dominant la magnifique vallée de Krasno et le parc du Velebit, ce gîte dispose de 27 chambres et 60 lits, le tout simple et fonctionnel, mais on y vient surtout pour la beauté du paysage et la sérénité d'un lieu où l'on se sent presque au bout du monde. Au restaurant, un menu nouveau chaque jour avec, entre autres, un excellent goulasch de gibier aux pommes de terre. Près du gîte, une petite distillerie perpétue la tradition de l'eau-de-vie aux herbes du Velebit, création d'un ancien religieux de la région (dégustation et vente sur place). Gîte sur réservation préalable, lit 100kn/pers, petit déj. 30kn, déjeuner et dîner 55kn. Quelques mètres en contrebas, le sanctuaire de Notre-Dame de Krasno accueille le 15 août un pèlerinage très renommé. *Krasno 19a* ***Krasno Polje*** *(36km au sud-est de Senj, sur la route de Kuterevo, 6km après Krasno Polje) Tél. (053) 851 205 ou 091 574 5672 www.degenija-krasno.hr Ouvert avr.-oct.*

prix moyens

NP Pansion Risnjak Cinq chambres confortables à partir de 240kn/pers., 320kn en demi-pension, 350kn en pension complète (180/260/290kn hors saison). Pensez à réserver. Fait également restauration (p.265). *Bijela Vodica 48* ***Crni Lug*** *(à l'entrée principale du parc national de Risnjak) Tél. (051) 836 133 www.risnjak.hr*

prix élevés

Kvarner Derrière sa haute façade néoclassique, le plus vieil hôtel d'Opatija (1884) a retrouvé après restauration (2014) son lustre d'antan, et en voyant sa salle de bal monumentale dite "de cristal" ou son imposante terrasse ouverte sur le Lungomare, on se croirait replongé au XIXe siècle, au temps des palaces. Ses 87 chambres tout confort, bien équipées (TV, minibar...) et spacieuses, sont pour la plupart dotées d'un balcon (pensez quand même à demander). Vue sur la mer et la piscine ou sur le jardin. À partir de 700kn/2 pers. en été. *P. Tomašića 2/2* ***Opatija*** *Tél. (051) 710 444 www.remisens.com Ouvert avr.-oct.*

☺ **Villa Ariston** Coco Chanel et les Kennedy comptent parmi les hôtes illustres de cette villa néobaroque restaurée en 1924 par le Viennois Carl Seidel et dont le luxuriant jardin en terrasses domine la mer. Tapis rouges et tableaux du XVIIIe siècle dans le hall, et 10 chambres qui ne manquent pas d'élégance : mobilier ancien, bois et tissus nobles, vastes volumes, lumières ambrées. Comptez 950kn la double en été, 700-800kn le reste de l'année, et 2 000kn la suite présidentielle en été. Excellent restaurant (p.265). *M. Tita 179* **Opatija** *(au sud de la ville) Tél. (051) 271 379 www.villa-ariston.hr Ouvert toute l'année*

☺ **Hotel Balatura** Ouvert en 2008, cet hôtel de charme est installé dans un hameau restauré de la très belle vallée de Vinodol, dans l'arrière-pays de Crikvenica. Gordan Godec, documentaliste primé, Anne-Kathrin, sa femme écrivain, et leurs cinq enfants, tentent depuis de faire partager le calme et la sérénité qu'ils ont trouvés dans la région. Chacune des 10 chambres réparties sur plusieurs bâtiments d'un très vieux corps de ferme porte le nom d'une plante dont la couleur se décline dans la décoration. Pierres et poutres apparentes, mobilier ancien, parquet, cheminée, cave à vin et à musique où sont organisés des lectures et des concerts. Pour profiter de ce lieu unique, comptez de 750 à 1 120kn pour deux en haute saison avec petit déj. *Mali Sušik 2* **Tribalj** *(30km au sud de Rijeka par les terres, ou 40km par la route côtière N8 via Crikvenica) Tél. (051) 455 340 www.hotel-balatura.hr*

prix très élevés

Mozart En plein centre d'Opatija, ce splendide palace Art nouveau indépendant, installé dans un édifice de 1898, entièrement rénové, propose 26 chambres luxueuses, la plupart avec balcon et vue sur la mer. Également 3 saunas, 3 piscines, jacuzzi, fitness, restaurant. Une atmosphère un peu Belle Époque, même si ses 5 étoiles ne correspondent pas exactement aux normes occidentales. De 1 420 à 1 600kn la double selon la catégorie, suite de 2 300 à 4 380kn. *M. Tita 138* **Opatija** *Tél. (051) 718 260 www.hotel-mozart.hr*

Villa Astra Dans cette villa de style néogothique floral vénitien bâtie en 1905, le luxe se décline patiemment, en accord avec la course du soleil. Dans les 6 suites spacieuses avec balcon donnant sur le parc et le rivage, ou dans la majestueuse salle du restaurant gastronomique où l'on sert des produits bio, ou encore dans le spa et près de la piscine en bord de mer, chaque détail a été pensé pour le confort des hôtes. De 1 060 à 1 240kn la double en été avec petit déj. *Viktora Cara Emina 11* **Lovran** *Tél. (051) 294 400 www.hotelvillaastra.com Ouvert tlj.*

Kukuriku Ouvert en 2008 dans une (très) ancienne école (le bâtiment a plus de 400 ans), ce boutique-hôtel de luxe dispose de 15 chambres (à partir de 30m²) et suites luxueusement aménagées. Cheminées, salles de bains balnéo, poutres apparentes, lits *king-size*... elles offrent en outre un panorama splendide sur les toits de Kastav et les montagnes environnantes. Idéal pour poursuivre une étape hédoniste initiée par un dîner gastronomique au restaurant de l'hôtel (p.266). De 1 200 à 1 800kn/2 pers. en été selon la catégorie, à partir de 670 kn hors saison. *Trg Lokvina 3* **Kastav** *Tél. (051) 691 519 www.kukuriku.hr*

Village de Vinjerac, devant les montagnes du parc national Paklenica (p.364).

Toits de Dubrovnik (p.479).

Village de Donja Glogovnica, dans la région de Zagreb.

Zagreb, toit polychrome de l'église Saint-Marc (p.96).

Dubrovnik, le Stradun (p.487).

Croisière dans l'Adriatique (p.60).

Parc national des lacs de Plitvice (p.302).

Cathédrale de Zagreb, sur la colline de Kaptol (p.88).

Split, place de la République (p.417).

Le mont Tulove Grede, dans le massif du Velebit (p.263).

Vieille ville de Rovinj (p.202).

Amphithéâtre de Pula (p.185).

Archipel des Kornati (p.383).

Zagreb, clochers de Sainte-Marie et de la cathédrale (p.88).

Zagreb, place du Ban-Jelačić (p.99).

Rocher au large de Brela (p.439).

Port de Hvar (p.456).

Split, statue de l'évêque Grégoire de Nin, près de la porte d'Or (p.415).

★ ☺ PARC NATIONAL DES LACS DE PLITVICE

53231

Seize lacs étagés sur près de 8km, reliés par des cascades bouillonnantes et dont l'incroyable palette de bleus et de verts se détache sur un écrin de montagnes boisées, voilà bien une étape incontournable de votre voyage ! Les lacs de Plitvice (Plitvička Jezera) ont fait leur lit dans le plateau karstique qui sépare les monts Mala Kapela du massif de Lička Plješivica, à la limite des Hautes Terres croates. Tandis que les lacs supérieurs miroitent dans de larges vallées, les cinq lacs inférieurs, une centaine de mètres plus bas, ont creusé un canyon troué de nombreuses grottes. La beauté de ce site de 30 000ha et la richesse de ses écosystèmes lui ont valu le statut de parc national dès 1949 (le premier en Croatie), et son inscription sur la liste du patrimoine mondial par l'Unesco en 1979.

LA FORMATION DES LACS Les lacs doivent leur existence à l'érosion de leur substrat rocheux (dolomite ou calcaire) autant qu'à la formation de barrières naturelles de travertin, ou tuf. Le climat et la turbulence des cours d'eau qui les alimentent favorisent la prolifération de mousses et d'algues subaquatiques. Aidées par des bactéries, ces dernières retiennent le carbonate de calcium que libère la roche en se dissolvant dans l'eau. Le dépôt calcaire encroûte peu à peu les végétaux, donnant le tuf. Une barrière rocheuse se forme ainsi par strates sur la rivière, retenant l'eau en amont. Cette dernière continue de s'écouler en cascades ou par infiltration dans les travertins et contribue de la sorte à leur croissance.

LA FLORE ET LA FAUNE DU PARC Avec près de 26 000ha de forêt mixte de feuillus et de conifères, ce domaine montagneux est particulièrement giboyeux. C'est aussi l'un des derniers refuges des ours, des loups et des lynx de Croatie. Ces animaux se cachent dans les zones les plus reculées du parc, et il est peu probable que vous en croisiez un. En revanche, vous pourrez observer à loisir les truites qui prolifèrent dans les lacs et toute la faune des batraciens, des reptiles, des oiseaux (plus de 150 espèces) et des petits mammifères qui les fréquentent.

MODE D'EMPLOI

accès

EN VOITURE
Pour rejoindre les lacs de Plitvice (**Plitvička Jezera**) à partir de Zagreb (140km), suivez l'autoroute A1-E59 jusqu'à Karlovac (51km au sud), puis la nationale (80km). Dans ce cas, c'est l'entrée n°1 que vous rencontrerez en premier. À l'inverse, si vous venez du littoral, vous passerez d'abord devant l'entrée n°2. Comptez

170km par la nationale à partir de Rijeka (au nord-ouest) et 135km de Zadar (au sud-ouest) par l'autoroute A1-E59 (75km), puis la nationale.

EN CAR

La plupart des cars qui relient Zagreb à la côte dalmate (Zadar, Split...) marquent l'arrêt aux entrées du parc. Horaires disponibles auprès des deux centres d'information.

orientation

Les deux entrées du parc, distantes de 3km, se trouvent sur la nationale Zagreb-Split et disposent, chacune, d'un grand parking (tarif 7kn/h) et d'un centre d'information. L'entrée n°1 (Ulaz 1, à **Rastovača**) vous conduira au pied des lacs inférieurs, tandis que l'entrée n°2 (Ulaz 2, à **Hladovina**) est proche des hôtels du parc et de l'embarcadère P1, sur la rive sud-est du lac Kozjak. De cet embarcadère, une traversée rapide vous déposera au P2, d'où vous pourrez remonter les lacs supérieurs ou traverser le Kozjak jusqu'au P3 vers les lacs inférieurs.

informations et conseils pratiques

SAISONS

Avec environ 1 million de visiteurs par an, ne comptez pas trop avoir le parc pour vous ! En **été**, l'affluence est telle qu'il vaut mieux s'y rendre très tôt le matin (dès l'ouverture) ou en fin d'après-midi. Dans ce cas, privilégiez le parking P2, évitez les guichets du parking, et faites 10-15min de marche pour vous rendre aux guichets à l'entrée du parc. Dans le parc, nous vous conseillons le parcours H, moins fréquenté et qui permet de voir l'ensemble du site. Le **printemps** et l'**automne** sont les meilleures saisons : couleurs splendides, températures douces et fréquentation moyenne. En **hiver**, les lacs et les cascades gelés et les forêts couvertes d'un grand manteau blanc ont un tout autre charme. Attention, toutefois, quand l'enneigement est important, le parc est fermé au public. Enfin, s'il est évident que le soleil contribue à la féerie des couleurs, ne boudez pas pour autant les journées pluvieuses, quand la brume enveloppe lacs et forêts d'un halo de mystère.

TARIFS, HORAIRES D'OUVERTURE

Nacionalni Park Plitvička Jezera
Avr.-juin et sept.-oct. : 150kn, étudiants 100kn, 7-18 ans 80kn. **Juil.-août :** 250kn (150kn après 16h), étudiants 160kn (100kn après 16h), 7-18 ans 80kn (50kn après 16h), moins de 7 ans gratuit. **Nov.-mars :** 55kn, étudiants 45kn, 7-18 ans 35kn. Moins de 7 ans gratuit. Billet 2 jours 400kn en été, réduit 200-300kn. Un billet permet d'utiliser à volonté les bateaux et le petit train touristique. *Ouvert printemps, automne, hiver : tlj. 7h-18h ; été : tlj. 7h-20h (dernière entrée 18h)*

INFORMATIONS TOURISTIQUES

Les deux centres d'information, situés aux entrées n°s 1 et 2, se chargent de l'accueil des visiteurs, de la vente des billets, de dépliants et cartes touristiques, ainsi que de la réservation des chambres dans les hôtels ou chez l'habitant... Vous trouverez également des kiosques d'information à tous les points stratégiques du parc (embarcadères et stations du train touristique). *Tél. (053) 751 014 ou (053) 751 015 ou (053) 751 026 www.np-plitvicka-jezera.hr*

RÉGLEMENTATION

Il est formellement interdit de se baigner et de pêcher dans les lacs, de chasser dans le parc, ainsi que d'y faire des feux et du camping sauvage.

Plan 10 Parc national des lacs de Plitvice

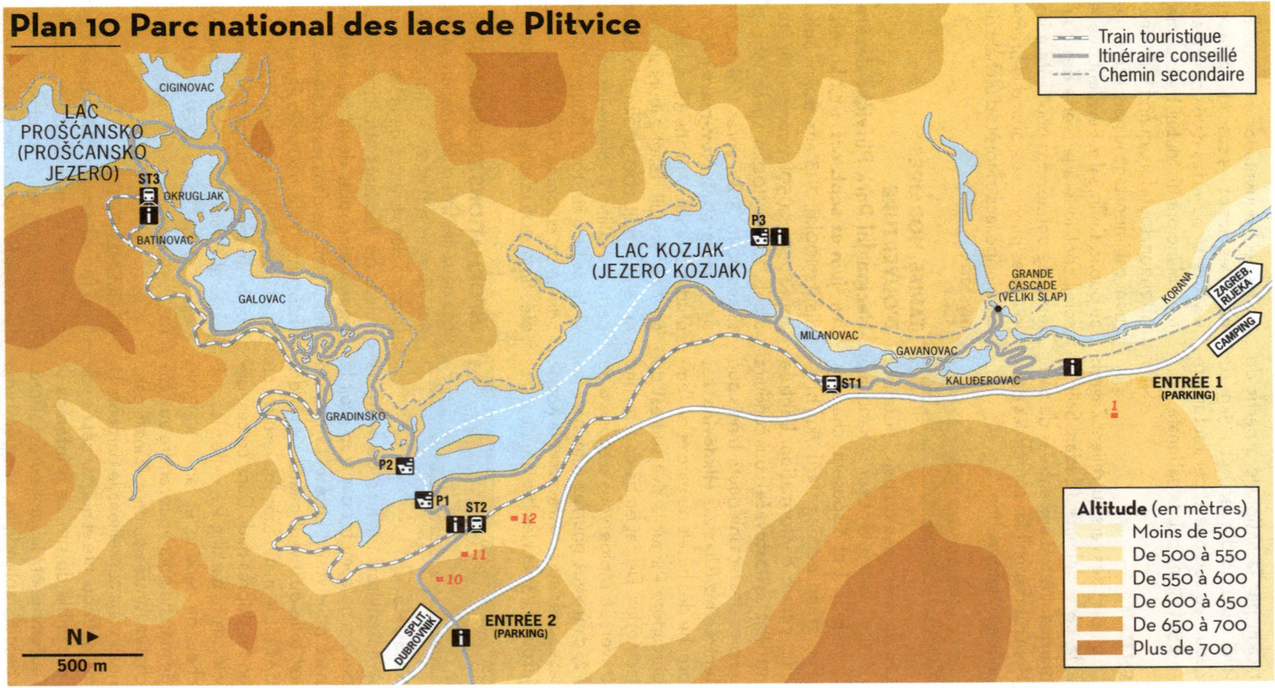

DÉCOUVRIR

☆ **Les essentiels** Les cascades des petits lacs inférieurs et celles des lacs supérieurs, le village de Slunj et ses vieilles maisons de bois **Découvrir autrement** Passez de stalactite en stalagmite dans les grottes de Barač

Les lacs de Plitvice

Les circuits proposés (de 2 à 8 heures) sont variés et bien signalés à l'aide de panneaux colorés. Qu'on arpente les pontons qui serpentent au ras de l'eau opalescente ou les sentiers qui s'élèvent dans la forêt pour offrir des vues d'ensemble extraordinaires, qu'on glisse à bord des bateaux électriques sur les eaux paisibles du lac Kozjak ou qu'on file dans le train touristique à travers les forêts, on ne peut qu'être enchanté par les magnificences de la nature. L'ensemble des lacs peut se visiter en une journée, mais deux jours dans le parc permettront de varier les itinéraires. Si vous n'avez que quelques heures, n'hésitez pas à demander conseil dans les kiosques d'information.

Lac Kozjak Le plus grand des lacs (2 350m de long sur une largeur de 135m à 700m) relie les lacs supérieurs, au sud, aux lacs inférieurs, au nord. On peut le traverser dans sa longueur entre les embarcadères P2 et P3. En effectuant cette croisière dans le sens nord-sud, vous aurez la surprise de découvrir des cascades en gradins à votre arrivée au débarcadère P2.

☆ **Petits lacs inférieurs** Au nombre de cinq, ils s'étagent en entonnoir jusqu'à la grande cascade (Veliki slap), une chute vertigineuse de 76m, qui donne naissance à la Korana en aval. Magnifique point de vue sur la cascade de l'entrée n°1 ou en suivant le sentier qui part directement à gauche.

☆ **Lacs supérieurs** Plus vastes, ils communiquent en série de cascades. Ici tout ruisselle et bouillonne dans une végétation luxuriante. Un contraste saisissant avec la quiétude des eaux du Proščansko, le plus élevé des seize lacs (636m), qui s'étire sur 2 100m. Comme les visiteurs s'aventurent rarement sur sa rive, vous y jouirez d'une parfaite tranquillité.

Au nord du parc

Grottes de Barač / Baračeve Špilje Compléments de la visite des lacs de Plitvice et de ses trésors karstiques, ces grottes riches en curiosités géologiques (stalactites, stalagmites, etc.) offrent une pause des plus rafraîchissantes en été. Fréquentées depuis la préhistoire, elles sont auréolées d'une légende qui veut qu'elles soient ainsi nommées suite à la victoire d'un certain Barač sur un géant turc. *Nova Kršlja bb* ***Rakovica*** *(8km à l'est de Rakovica, 20km env. au nord-est de l'entrée du parc des lacs de Plitvice) Tél. (047) 782 007 www.baraceve-*

spilje.hr Ouvert mars : ven.-dim. 10h-16h ; avr.-mai, sept. : tlj. 10h-18h ; juin-août : tlj. 9h-19h ; oct. : tlj. 10h-17h Tarif 75kn, réduit 45kn (hors saison 50/30kn) Visites guidées uniquement (45-60min) en croate, anglais et allemand

☆ ☺ **Slunj** Cette bourgade située 42km au nord des lacs de Plitvice doit son nom à la Slunjčica, un affluent de la Korana. Juste au-dessous de la route nationale, la confluence des deux rivières forme une succession de petites cascades et de barrages de travertin, au bas desquels est installé le village en bois de Rastoke, ancien quartier central de Slunj construit à partir du XVIIe siècle, dont le moulin à eau moulait le grain de toute la région. Presque entièrement détruit durant la guerre des années 1990, ce dernier est depuis patiemment reconstruit par une poignée de passionnés qui espèrent le faire fonctionner à nouveau. Un lieu magique, entre terre et eau, où l'homme et la nature semblent cohabiter en harmonie malgré une histoire tumultueuse. **Office de tourisme** *Braće Radića 7 Tél. (047) 777 630 www.tz-slunj.hr*

CARNET D'ADRESSES

Restauration, hébergement

Des quatre hôtels du parc national, trois sont installés dans la verdure, près de l'entrée n°2. Ce sont de grands bâtiments destinés à loger un maximum de personnes soucieuses de leur confort. Construits pendant la période socialiste, ils servirent de logement pour l'armée serbe durant la guerre des années 1990 avant d'être entièrement réhabilités. Si vous recherchez toutefois un peu plus d'intimité ou que votre budget est limité, vous trouverez le quatrième hôtel du parc, le Grabovac, 10km au nord, et quantité de chambres chez l'habitant dans les villages voisins, les plus proches étant Rastovača (moins de 1km au nord de l'entrée n°1) et Jezerce (2km au sud de l'entrée n°2). Réservation possible dans les deux centres d'information. Comptez autour de 300kn/pers. Outre le restaurant Lička Kuća et ceux des hôtels, vous trouverez plusieurs petits snacks et cafétérias dans le parc, ainsi que des aires de pique-nique abritées. Tous les renseignements sur le site du parc, www.np-plitvicka-jezera.hr.

camping

Camping Korana Trente-cinq hectares d'herbe grasse et d'emplacements spacieux et ombragés, voilà qui devrait faire le bonheur des campeurs ! Également une quarantaine de bungalows, 1 bar-restaurant, 1 supermarché et des barbecues. Comptez 200kn pour 2 pers. avec tente et voi-

GAMME DE PRIX	RESTAURATION	HÉBERGEMENT
Très petits prix	moins de 75kn	moins de 300kn
Petits prix	de 75 à 120kn	de 300 à 450kn
Prix moyens	de 120 à 180kn	de 450 à 600kn
Prix élevés	de 180 à 250kn	de 600 à 1 100kn
Prix très élevés	plus de 250kn	plus de 1 100kn

ture. Réservation au siège du parc. *Catrnja bb* ***Plitvička Jezera*** *(6,5km au nord de l'entrée n°1, à droite de la route. Une navette fait l'aller-retour une fois par jour entre l'entrée n°1 et le camping Tél. (053) 751 888 www.np-plitvicka-jezera.hr Ouvert avr.-oct.*

prix moyens

Restoran Lička kuća (plan 10 n°1) Installée au sous-sol d'un grand bâtiment en bois, à côté de l'entrée n°1, la salle de ce restaurant traditionnel s'organise autour de la cuisine, où cochons de lait, agneaux et quartiers de veau rôtissent à la broche sur un immense brasier. Également des viandes fondantes cuites sous la cloche (*pod Pekom*), selon une coutume nationale. Une bonne adresse, qu'il faut, hélas, partager avec les groupes de touristes. ***Plitvička Jezera*** *Tél. (053) 751 382 ou (053) 751 024 Ouvert avr.-oct. : tlj. 11h-22h*

Hotel Bellevue (plan 10 n°10) Plus un motel qu'un hôtel, mais le moins cher des trois présents dans le parc, avec 69 chambres au confort satisfaisant. Celles qui donnent sur le parc, les plus claires, disposent d'un grand balcon. Pas de restaurant. Double 570kn en haute saison, à partir de 400kn hors saison. Les repas se prennent au restaurant de l'hôtel Plitvice juste en dessous (rajoutez 90kn/pers. en demi-pension). Distributeur devant l'hôtel. ***Plitvička Jezera*** *Tél. (053) 751 800 ou (053) 751 015 (réservations)*

prix élevés

Hotel Plitvice (plan 10 n°11) Sans conteste le meilleur rapport qualité-prix du parc : 51 chambres "économiques", "standard" ou "supérieures", les premières n'ayant rien à envier aux autres en matière de confort et d'espace. Literie douillette et grandes baies vitrées sur le parc de l'arrière de l'hôtel. Double de 740 à 900kn en haute saison selon le confort. À l'arrière, la monumentale salle du restaurant, donnant sur un parc, vous invite à goûter une cuisine régionale très acceptable : truite, viande grillée et plats en sauce. Comptez min. 150kn (rajoutez 90kn/pers. en demi-pension). ***Plitvička Jezera*** *Tél. (053) 751 200 Ouvert mars-déc.*

Hotel Jezero (plan 10 n°12) À 500m au nord de l'entrée n°2, ce 3-étoiles loue 229 chambres haut de gamme et 17 suites de luxe. Prestations (bar, restaurant, jacuzzi, hammam, sauna, massages) et service de qualité. Les chambres côté parking ne disposant que d'une fenêtre et d'une douche, demandez une chambre avec vue sur le parc et, pour le même prix, vous aurez droit à une terrasse et à une baignoire. Chambre double à 895kn en été, à partir de 640kn hors saison. Au restaurant, vous trouverez les mêmes plats qu'au Plitvice pour 200kn minimum (demi-pension 90kn/pers. en supplément). ***Plitvička Jezera*** *Tél. (053) 751 500 Ouvert toute l'année*

ÎLE DE KRK

51500

Krk (prononcer "Keurk"), la plus grande île de l'Adriatique (409km², 17 000 hab.) est aussi la plus proche de Rijeka. Rien d'étonnant, donc, à ce que ce soit l'une des plus visitées, d'autant qu'un pont la relie au continent depuis 1980. Mais, à l'exception de quelques villages comme Vrbnik, qui produit un vin blanc réputé, les vacanciers délaissent sa façade orientale, aride, pour se précipiter vers les principales stations balnéaires, groupées sur les côtes occidentale et méridionale : Krk (ou Krk-ville), le chef-lieu, Punat, qui possède l'une des plus grandes marinas du golfe du Kvarner, et Baška, qui s'enorgueillit de l'une des plus belles plages de l'île... sans parler de sa fameuse stèle, plus ancien document mentionnant, en caractères glagolitiques, la nation croate.

DE LA DYNASTIE DES FRANKOPAN AU RÈGNE DE LA VILLÉGIATURE

L'occupation de Krk remonte au néolithique, et son chef-lieu s'est développé sur des fondations romaines. Mais s'il faut retenir un seul nom dans l'histoire mouvementée de l'île, c'est celui des Frankopan. Ces comtes de Krk, vassaux de Venise au XIIe siècle, ne cessent d'étendre leur pouvoir sur la mer, puis sur le continent. Quand ils s'affranchissent de la tutelle vénitienne, en 1358, ils forment l'une des lignées les plus puissantes de Croatie. Celle-ci prend le nom de Frankopan quand le comte Nicolas IV devient ban de Croatie (1426-1432). Mais en 1480, les Vénitiens s'emparent d'Ivan II, qu'ils envoient aux galères, et annexent l'île. Les Frankopan se réfugient à Rijeka. Ils s'éteindront après l'exécution de Fran Krsto Frankopan, accusé d'avoir comploté contre les Habsbourg. Krk reste vénitienne jusqu'à la chute de la Sérénissime République (1797). Le tourisme prend forme après la Grande Guerre et explose dans les années 1960, quand est instaurée une ligne de ferries avec le continent. En 1980, cette dernière est remplacée par un pont à péage de 1,43km, le Krčki most.

MODE D'EMPLOI

accès

EN VOITURE

L'accès à l'île se trouve 20km au sud de Rijeka, un pont à péage (35kn) permet de rejoindre l'île. Pour la ville de Krk, il faut compter 55km de Rijeka. L'île dispose d'un bon réseau routier, mais il n'y a pas de liaison directe entre Baška et Stara Baška (5km à vol d'oiseau) : il faudra passer par Punat et faire un détour d'env. 25km. Le vieux centre de Krk-ville est piéton. Parking le long de Stjepana Radića, au pied du rempart ouest, et de l'autre côté, devant la porte de la Liberté, entre la vieille ville et la zone hôtelière (env. 3-5kn/h). Plusieurs stations-service dans l'île.

EN AVION

Aéroport de Rijeka-Krk / Zračna luka Rijeka Vols internationaux (Londres, Stuttgart, Oslo). ***Omišalj*** *Tél. (051) 842 040 www.rijeka-airport.hr*

EN CAR

Entre 10 et 15 cars/j. entre Rijeka et Krk-ville et de 2 à 7 en provenance de Zagreb. Tous s'arrêtent à Malinska, sur la côte nord, où s'effectue la correspondance pour les îles de Cres et de Lošinj (3 ou 4 cars/j. de juin à sept.). Arrêts également à Baška, via Punat et Jurandvor. L'agence Autotrans de Krk-ville vend les billets.

Gare routière / Autobusni kolodvor *Šetalište Sv. Bernardina* ***Krk-ville*** *Tél. (051) 221 111 ou 221 172*

Autotrans *Šetalište Sv. Bernardina 3* ***Krk-ville*** *(face à la gare routière) Tél. (051) 222 661 ou 060 300 101 www.autotrans.hr*

EN BATEAU

De **Merag (île de Cres)**, une douzaine de liaisons/j. à destination de Valbiska (côte occidentale de Krk), traversée 25min. De **Lopar (île de Rab)**, de 2 à 4 liaisons toujours pour Valbiska (1h20 de traversée). Les deux trajets sont assurés par des car-ferries Jadrolinija.

Jadrolinija ***Valbiska*** *Tél. (051) 863 180 www.jadrolinija.hr*

Capitainerie de Baška *Palada 88 (le port s'étend à l'est de la ville) Tél. (051) 856 821*

ACI Marina Punat *Puntica 7* ***Punat*** *(7km à l'est de Krk-ville) Tél. (051) 654 111 www.marina-punat.hr*

orientation

Montagneuse, l'île mesure 38km de long, de 6km à 18km de large, et culmine au mont Obzova (569m). La route qui traverse l'île du nord au sud passe à proximité d'Omišalj et de Malinska, puis dessert Krk-ville et Baška. Krk-ville, le chef-lieu, se trouve 25km au sud du pont, 20km au nord-ouest de Baška et 10km à l'est de Valbiska (port des ferries).

informations touristiques

Office de tourisme de l'île de Krk *Trg Sv. Kvirina 1* ***Krk-ville*** *Tél. (051) 221 359 www.krk.hr*

Office de tourisme de Krk-ville *Vela Placa 1/1 (mal indiqué, à gauche en entrant sur Vela Placa, contre la tour) Tél. (051) 221 414 www.tz-krk.hr Ouvert lun.-ven. 8h-15h*

agences de voyages

On en trouve dans toutes les localités de l'île. Toutes proposent des locations d'appartements et de chambres chez l'habitant (à partir de 250kn la double et 600kn l'appartement pour 4 pers.), ainsi que des excursions à Krk, dans d'autres îles du golfe (notamment Rab), en Istrie et jusqu'aux lacs de Plitvice.

adresses utiles

Vous trouverez des **bureaux de poste** et des **banques** dans les principales villes. À Krk-ville, la poste est Bodulska bb, et deux banques sont installées à l'extérieur du centre historique. Vous pourrez changer votre argent dans les agences de voyages et les bureaux de poste de Krk-ville et de Baška.

fêtes et manifestations

La municipalité de Punat organise des régates en mai.

Lovrečeva Grande fête d'inspiration médiévale dans la vieille ville. ***Krk-ville*** *2e ou 3e w.-e. d'août*

Journées de la figue / Dani smokava Des dizaines de restaurants de l'île célèbrent le fruit. *1er w.-e. de sept.*

DÉCOUVRIR

L'île de Krk

☆ **Les essentiels** La vieille ville et l'église Saint-Quirin à Krk-Ville, la route de corniche de Stara Baška, l'église Sainte-Lucie de Jurandvor, Vrbnik
Découvrir autrement Assistez à un concert au château de Krk-ville en été, prenez un verre dans les vestiges antiques du Volsonis

Krk-ville

Remparts Sous leur forme actuelle, ils datent pour l'essentiel des XVe-XVIe siècles. L'accès principal à la vieille ville se fait par la Grand-Place, à l'ouest, et par la porte de la Liberté, à l'est. La Vieille porte (Mala Vrata, 1398) se cache discrètement côté port (au sud). Remarquez, à quelques mètres au sud du donjon de la Grand-Place, la petite tour de la Mer (1470).

Grand-Place / Vela Placa Articulation entre le centre historique, le port et la ville nouvelle, l'ancien forum romain ne connaît pas de répit. L'été, le flot des passants ne tarit que lorsque l'horloge du donjon (Magna Porta civitatis, XVIe s.), tour de garde et porte de la ville, entame son dernier quart de tour. Cette place médiévale, plus exiguë que ne le laisse imaginer son nom, est ornée d'un élégant puits Renaissance.

☆ ☺ **Vieille ville** De la Grand-Place, les tranquilles rues J. Križanić (Jurja Križanića) et Nikole Udina Algarottia grimpent doucement vers les hauteurs de la vieille ville et les monastères bénédictin (XIe s.) et franciscain (XIIIe-XIVe s.), au nord-ouest. Aussi animée que ces deux rues sont paisibles, la rue Strossmayer, artère principale de la ville fortifiée, bordée de boutiques, galeries d'art, cafés et glaciers, et de quelques belles façades, file en ligne droite vers la porte de la Liberté. De cette dernière, un chemin rejoint, à l'est, une petite plage bétonnée, d'où l'on peut admirer la vieille ville et ses remparts. Belle vue d'ensemble également de la digue qui s'étend au sud de la cité.

☆ ☺ **Église Saint-Quirin / Sv. Kvirin** Cette église romane fut érigée au XIIe siècle devant la façade de la cathédrale, et son premier étage en constituait alors la chapelle haute, réservée aux comtes Frankopan et aux évêques de Krk. Dédiée au protecteur de la ville, saint Quirinus, elle abrite une collection d'art sacré, dont la pièce maîtresse est incontestablement le retable en argent ciselé sculpté en 1477 par P. Koler pour les Frankopan. Le clocher à bulbe qui la domine fut élevé en 1515 et remanié au XVIIIe siècle. *Trg Sv. Kvirina Tél. (051) 221 341 Ouvert avr.-mi-oct. : tlj. 9h30-13h Tarif 5kn*

Cathédrale Notre-Dame-de-l'Assomption / Katedrala Uznesenja Marijina Le passage voûté qui relie la rue Mahnića à la place Saint-Quirin sépare l'église Saint-Quirin de la cathédrale. Cette dernière fut érigée selon un plan à trois nefs, sur le site d'une basilique des Ve-VIe siècles (voir l'abside) et les restes de thermes romains. Le chantier, lancé à la fin du XIe siècle, se poursuivit jusqu'au XVIIIe. La chapelle, au fond de la nef droite, recèle une *Mise au tombeau* de Giovanni Antonio Pordenone (1483/84-1539). *Tél. (051) 221 018 Ouvert tlj. 9h-13h et 17h30-19h30*

Château Frankopan / Kaštel Cette forteresse massive fut construite dans la seconde moitié du XIIe siècle sur des restes de fortifications romaines. La tour carrée (1191) abritait jadis un tribunal. La tour d'angle ronde, de l'autre côté, est un ajout du XIVe siècle. Le château prête aujourd'hui son cadre à diverses manifestations estivales. Juste à côté, les bancs du parc Kamplin invitent à une agréable pause. *Trg Kamplin (dans le sud-est de la vieille ville, dominant la mer) Tél. 098 726 884 Ouvert tlj. 9h-21h Tarif 15kn*

Où déguster une glace ?

Slastičarnica Katarina Pour son généreux choix de parfums et pour sa terrasse des plus agréables. *M. Gupca 2 Tél. (051) 221 649 Ouvert tlj. 7h-23h*

Où boire un verre ? Les tables des cafés et des bars s'alignent sur le port et le long des remparts. Le choix vous appartient...

Caffe Bogart Un petit bar convivial avec terrasse, au pied de l'hôtel Marina, dont la salle est tapissée de photos de Humphrey Bogart. *Obala H. Mornarice 8 Tél. 098 258 231 ou 098 581 8646 Ouvert tlj. 7h-2h*

Pub Tiffany Sur les remparts, face au parc Kamplin et non loin du kaštel, une terrasse moins convoitée que celles de la Riva, à découvrir aux beaux jours (et belles soirées). *Stepinca 2 Tél. (051) 222 686 Ouvert avr.-sept. : tlj. 9h-1h*

Caffe Mate Dans une ruelle de la vieille ville, un modeste bar remarquable surtout par ses mosaïques représentant un triton et des dauphins, vestiges des bains romains du IIe siècle de l'antique Curicum (Krk), que l'on peut y contempler. *Ribarska 5 Tél. (051) 221 670*

Où sortir dans un lieu insolite ?

Volsonis Un bar-discothèque né d'une étonnante découverte archéologique : il y a quelques années, lors de travaux de rénovation d'une cave du centre-ville, un ouvrier met au jour un mur datant du IVe apr. J.-C., construit à l'aide des pierres du temple de Vénus démoli. Et en continuant de creuser, c'est tout un ensemble de vestiges qui apparaît, et au milieu desquels on peut aujourd'hui siroter un cocktail dans une ambiance secrète et romantique, déguster une pizza cuite au feu de bois, ou se déhancher toute la nuit lorsque les ruines se transforment en night-club. Café 6-10kn, pizza 40-90kn, cocktail 35-58kn. *Vela Placa 8 Tél. (051) 880 249 www.volsonis.hr Ouvert juil.-août : tlj. 7h-3h ; sept.-juin : tlj. 7h-1h Discothèque 23h-5h*

Le reste de l'île

Punat Cette petite cité, qui vit par ailleurs de l'agriculture et de la pêche, possède une immense marina, réputée dans toute l'Adriatique. Au sud se nichent quelques jolies criques assez fréquentées. *8km au sud-est de Krk, par une jolie route côtière Tarif 20kn* **Office de tourisme** *Pod Topol 2 Tél. (051) 854 860*

☺ **Monastère franciscain de Košljun / Franjevački samostan Košljun** Sur un îlot boisé au centre de la baie de Punat, ce monastère du XVIe siècle s'enorgueillit de posséder une très riche bibliothèque (avec nombre d'ouvrages en écriture glagolitique) et un intéressant musée ethnographique présentant notamment une collection d'art sacré. La traversée au départ du port de Punat (5min, 20kn AR) ajoute encore au plaisir de la découverte. ***Île de Košljun*** *Tél. (051) 854 017 www.kosljun.hr Ouvert avr.-oct. : lun.-sam. 9h30-17h, dim. 10h30-12h30 Tarif 20kn, réduit 10kn*

☆ ☺ **Route Punat-Stara Baška** La route de corniche qui relie Punat au petit village de pêcheurs de Stara Baška, plus au sud, s'élève dans un désert de pierre, semé de rares oasis de garrigue. Sur la mer, au large, se découpent Rab et les îlots de Galun et de Prvić. La vue est exceptionnelle, le détour indispensable. Environ 7km avant d'arriver à Stara Baška, un panneau signale le passage du 45e parallèle : on se trouve alors à la latitude de Bordeaux, de Turin et d'Ottawa. *Route 5125 au sud de Punat (elle se termine à Stara Baška)*

☺ **Baška** Cette station balnéaire installée au fond d'une anse de la côte sud de l'île en possède la plus belle plage (2km de long). Dans le prolongement oriental de ce ruban de galets s'étend la grande artère commerçante de Baška. Cette rue du Roi-Zvonimir (Kralja Zvonimira) devient piétonne dans la vieille ville et rejoint le joli port (*luka*). À voir : l'église baroque de la Sainte-Trinité (XVIIIe s.) et le **musée** installé dans l'ancien presbytère, pour sa collection ethnographique. *20km au sud-est de Krk par la 102, 43km au sud du pont (accès en ferry au départ de l'île de Rab, liaison en car Krk-Baška)* **Office de tourisme** *Kralja Zvonimira 114 Tél. (051) 856 817 www.tz-baska.hr* **Musée / Zavičajni muzej** *Tél. (051) 856 530 Ouvert mai-sept. : lun.-ven. 16h-21h, sam.-dim. 9h-14h Tarif 10kn*

☆ ☺ **Église Sainte-Lucie / Sv. Lucije** C'est dans cette charmante église du IXe siècle, remaniée à l'époque romane, vestige d'une abbaye bénédictine, que fut découverte, en 1851, la fameuse plaque de Baška (Bašćanska Ploča), gravée vers 1100. L'inscription, qui mentionne en caractères glagolitiques la donation du roi Zvonimir (1075-1089) aux bénédictins, constitue le plus ancien texte glagolitique connu utilisant l'épithète "croate". Cette "pierre précieuse de la langue croate" ayant été transportée en 1934 à l'Académie des sciences et des arts de Zagreb, l'église n'en abrite que la reproduction. ***Jurandvor*** *(2,5km au nord de Baška, sur la route de Krk, en suivant le panneau Bašćanska ploča) Tél. (051) 860 184 Ouvert été : tlj. 9h-21h Visite guidée 25kn, réduit 15kn*

☆ ☺ **Vrbnik** D'un côté, la mer, au bas de hautes falaises. De l'autre des vignes. Avec ses passages voûtés, ses petites églises, ses vieilles maisons et ses ruelles en escalier de plus en plus étroites à mesure de la montée, ce village médiéval ne manque pas de charme… La rue principale débouche sur une placette que dominent un campanile Renaissance envahi par les herbes folles et l'église paroissiale Sainte-Marie (Sv. Marija), consacrée au XIIe siècle et remaniée aux XVIe et XIXe. L'inscription en glagolitique que l'on peut voir sur la façade de l'église et les précieux manuscrits conservés dans le petit musée attenant (entrée 7kn) rappellent que Vrbnik demeura longtemps un sanctuaire de cette écriture instaurée au IXe siècle. En continuant à droite derrière l'église, on atteint les hauteurs du village. Du belvédère, la falaise plonge de 48m dans la mer, et la vue sur le minuscule port en contrebas, sur l'île et le continent est splendide… sinon décoiffante quand souffle la *bora* ! On y dégustera un verre de *vrbnička žlahtina*, l'excellent blanc sec local. Au sud du belvédère, un chemin descend vers une petite plage. *12km au nord-est de Krk (route de Baška, puis à gauche après 6km) Parking sur Trg Svetog Ivana* **Office de tourisme** *Trg Vrbničog statuta 4 Tél. (051) 857 479 www.vrbnik.hr Ouvert juil.-août : lun.-ven. 8h-15h, sam.-dim. 8h-13h*

Dobrinj Au centre de l'île, le paysage est franchement campagnard et montagneux autour de ce petit village médiéval et de son église Saint-Étienne (Sv. Stjepan). Sur le porche de cette dernière, une belle plaque en écriture glagolitique (1510) répond à une autre en bronze, dans le jardin public voisin, relatant de façon très réaliste la lutte des partisans pendant la Seconde Guerre mondiale. Panorama superbe jusqu'à la mer. *13km au nord de Krk-ville (route principale 102 dir. Malinska sur 3km, puis à droite la 5107 dir. Dobrinj)* **Mairie** *Dobrinj 103 Tél. (051) 848 344 www.dobrinj.hr*

Aller à la plage Les plages les plus proches de Krk-ville se trouvent du côté de la zone hôtelière de Dražica, à 5-10min à pied à l'est du centre par la porte de la Liberté. Criques, rochers et béton. La plus belle plage de l'île est celle de **Baška** ; c'est aussi la plus fréquentée... Pour le calme, poursuivre, au sud de Punat, en dir. de **Stara Baška**. Paysages lunaires et eau turquoise au fond de criques désertes...

Plonger

Octopussy *Sur le port* **Punat** *Tél. (051) 854 056 ou 099 323 2764*
Baška Squatina diving Marco et Gero sont deux professionnels qui vous emmèneront sur les sites secrets de l'île. Pack de 6 plongées 1 110kn. *Zarok bb* **Baška** *Tél. (051) 856 034 ou 099 433 2080 www.squatinadiving.com*
Submalin *Kralja Tomislava 23* **Malinska** *(14km au nord de Krk-ville) Tél. (051) 850 304 ou 098 449 195 www.submalin.com*

S'initier au wakeboard

Cable Krk Vous rêvez de vous essayer au wakeboard, ce sport de glisse en vogue où le surfeur, tracté sur l'eau par un câble, effectue des sauts aériens ? Cable Krk vous en donne la possibilité : vous pourrez ainsi expérimenter d'incroyables sensations, tiré par un câble de 650m à plus de 30km/h... Accessible à tous, débutants comme pros. Tarifs 100kn/1h, 230kn/1j. *Prvo more na Dunatu* **Kornič** *(4km à l'est de Krk-ville) Tél. 091 262 7303 www.wakeboarder.hr Ouvert fin avr.-fin sept. : 10h-20h*

Randonner à pied ou à vélo Les offices de tourisme de Krk-ville et de Baška fournissent de bonnes cartes des circuits de randonnées pédestre et cycliste, aménagés dans l'île. En tout, 400km de sentiers plus ou moins bien balisés.

CARNET D'ADRESSES

Restauration

À Krk-ville

prix moyens

☺ **Konoba Nono** Une cantine réputée pour sa convivialité, ses recettes simples et savoureuses, et pour son pain "maison" à déguster dans la grande salle ornée de tonneaux et de filets de pêche ou sur la terrasse ombragée quand il fait beau. Tagliatelles aux fruits de mer (75kn), calamars grillés (48kn), pizzas (à partir de 35kn). Comptez 160kn pour le poisson. *Krčkih Iseljenika 8* ***Krk-ville*** *(de la porte de la Liberté, dir. la plage puis tourner à gauche à la 1re intersection) Tél. (051) 222 221 ou (051) 222 979 Ouvert tlj. 11h-0h*

Corsaro Adossée au rempart, donnant sur la grouillante promenade du port, cette taverne affiche souvent complet. Il faudra attendre ou partager une grande table en bois. Au menu : pizzas, fruits de mer et *šurlice* (pâtes traditionnelles). Entrée plus plat 120-140kn env. *Obala H. Mornarice 2* ***Krk-ville*** *Tél. 098 258 231 Ouvert mars-oct. : tlj. 11h-2h*

prix élevés

Frankopan Installé depuis 1978 sur une placette tranquille, devant l'église Saint-Quirinus, ce restaurant dispose d'une belle salle aux murs jaunes et d'une agréable terrasse. Spécialités de poissons et surtout de langoustines, que le fils de la maison va pêcher lui-même avant le service. Comptez 90kn la portion de langoustines, ou 500kn/kg. *Trg Sv. Kvirina 1* ***Krk-ville*** *Tél. (051) 221 437 Ouvert avr.-oct. : tlj. 11h-23h*

Dans le reste de l'île

petits prix

Kuća Krčkog pršuta Pour découvrir le secret du jambon fumé de Krk, il faut se rendre dans le petit village de Vrh, auprès de la famille Žužić. Là, dans un bel espace de dégustation-restauration avec terrasse, on savoure une charcuterie délicieuse (jambons, saucissons, pâtés), accompagnée de fromages et de vins locaux, tel le Žlahtina de Vrbnik. En dessert, testez l'énigmatique *Krčko jedro* ("voile de Krk"). Vente de jambon 200-250kn/kg. Repas 50-100kn, *peka* (viande ou poulpe cuit sous la cloche, à réserver la veille) 90kn/pers. *Bok od Brozića 40* ***Vrh*** *(5km au nord-ouest de Krk-ville) Tél. (051) 686 098 ou 099 214 7115 www.kuca-krckog-prsuta.com Ouvert juil.-août : tlj. 12h-23h ; sept.-juin : tlj. 12h-21h*

Konoba Placa Des plats simples et des assiettes bien garnie dans cette minuscule *konoba* au cœur de la vieille ville : *pršut*, *sir* (fromage) et terrine de

GAMME DE PRIX	RESTAURATION	HÉBERGEMENT
Très petits prix	moins de 75kn	moins de 300kn
Petits prix	de 75 à 120kn	de 300 à 450kn
Prix moyens	de 120 à 180kn	de 450 à 600kn
Prix élevés	de 180 à 250kn	de 600 à 1 100kn
Prix très élevés	plus de 250kn	plus de 1 100kn

poisson. Comptez 35kn les salades, 80kn les assiettes (poisson toujours un peu plus cher). *Gorinka 2* ***Baška*** *Tél. 091 533 1258 Ouvert mai-oct. : tlj. 18h-0h*

Konoba Zora Sur la place principale de Dobrinj, cette auberge traditionnelle sert depuis les années 1960 ses *šurlice*, nouilles maison qui ont fait sa renommée, au ragoût (60kn), aux langoustines (75kn) ou à la tomate (50kn). Agréable terrasse sous les platanes, souvent bondée le week-end. Entre 80 et 100kn pour une entrée et un plat. *Dobrinj 71* ***Dobrinj*** *Tél. (051) 848 250 www.zora-dobrinj.com Ouvert tlj. 8h-0h*

prix moyens

☺ **Nada** En admirant le crépuscule de la terrasse de cet établissement réputé de Vrbnik, il faudra arroser les spécialités croates avec le fameux *Vrbnička žlahtina*, le vin blanc local, assemblé, mis en bouteille et servi par les propriétaires (qui écoulent 80% de leur production sur place). La salle du restaurant est fort agréable et la cave, fraîche en été, idéale pour déguster la charcuterie et les fromages de la région autour d'un verre. Poissons, *pršut*, *šurlice* aux scampis... Env. 130kn entrée et plat, 50kn la bouteille de *žlahtina* à emporter. *Glavaca 22* ***Vrbnik*** *Tél. (051) 857 065 www.nada-vrbnik.hr Ouvert avr.-sept. : tlj. 12h-23h*

prix élevés

☺ **Cicibela** Une valeur sûre de Baška : du poisson, découpé sous vos yeux, du homard et des langoustines de première fraîcheur. De plus, le cadre est agréable : une salle claire, à la décoration marine, et derrière les grandes baies vitrées, la plage, la mer et le Velebit. Le plus : un personnel d'une bonne humeur communicative. À partir de 150kn pour une entrée plus un plat. Un petit bateau jaune et bleu, sur la promenade, face à la plage, signale le restaurant. *E. Geistlicha 22a* ***Baška*** *Tél. (051) 856 013 www.cicibela.hr Ouvert avr.-oct. : tlj. 10h-0h*

Restaurant Rivica Installé dans le petit port de Njivice, sur le front de mer, le Rivica est un incontournable gastronomique de l'île. Depuis trois générations, la famille Lesica se consacre avec passion à maintenir une cuisine de haut vol, attirant simples touristes ou personnalités, tous séduits par l'explosion des couleurs et la perfection de la présentation des assiettes. Coquillages, crabes et poissons de première fraîcheur sont traités avec beaucoup de respect : goûtez les spécialités, dont le homard et ses *spaghettoni*, ou le filet de poisson dans son *brudet* blanc. En dessert, deux belles créations, la figue sèche dans son *prošek* et les asperges sucrées au chocolat blanc et noisettes candi. Comptez 100-150kn le plat, menu dégustation pour deux 320kn. Réservation souhaitée. *Ribarska obala 13* ***Njivice*** *(17km au nord de Krk-ville) Tél. (051) 846 101 www.rivica.hr Ouvert mars-sept. : tlj. 12h-22h ; oct.-déc. : sam.-dim. 12h-22h*

Hébergement

À Krk-ville

Les chambres d'hôtes (env. 160-210kn la double) sont repérables aux panneaux *Rooms/Sobe/Zimmer* (entre la vieille ville et la zone hôtelière). Vous pouvez passer par l'une des agences conseillées ci-après.

Autotrans *Šetalište Sv. Bernardina 3* ***Krk-ville*** *(face à la gare routière) Tél. (051) 222 661 ou 060 300 101 www.autotrans.hr*

Adria Sun *Šetalište Sv. Bernardina bb* ***Krk-ville*** *Tél. (051) 880 333 www.adriasun.hr*

Hoteli Krk Ce groupe gère la plupart des hôtels de Krk-ville. Hormis le Marina, les établissements sont regroupés dans l'est de la ville (à 10min de marche du centre en longeant le front de mer). Chambres doubles avec le petit déjeuner 580-930kn. *Tél. (051) 655 755 www.hotelikrk.hr*

camping

Autocamp Ježevac Camping 3 étoiles correct de 310 emplacements sous une pinède et au bord d'une plage de galets et de sable. Le plus proche de Krk-ville, à 10min au sud-ouest. Env. 300kn pour 2 pers. avec voiture, tente et emplacement sur la mer. Location de tentes, club de plongée. *Plavnička bb* ***Krk-ville*** *Tél. (051) 221 081 Ouvert avr.-mi-oct.*

petits prix

Konoba Palace De l'ancien palais qui s'élevait à la place de cette modeste *konoba* familiale ne demeure que l'escalier. Situé en plein cœur de la vieille ville, l'établissement propose 9 chambres simples à prix doux : 365kn pour 2 personnes. *Nikole Udine Algarotti 19* ***Krk-ville*** *Tél. (051) 880 194 ou 098 942 26 00*

prix élevés

Hotel Bor Les 18 chambres et 4 suites de cet hôtel familial donnent soit sur la mer soit... sur des canalisations (à l'arrière). Certaines chambres (la plupart ont été rénovées en 2015 et 2016) sont vastes, d'autres mansardées et un peu petites. Précisez donc vos exigences lors de la réservation. TV, restaurant, plage à 25m. Env. 1 000-1 200kn la double en haute saison. *Šetalište Dražica 5* ***Krk-ville*** *(dans la zone hôtelière à l'est du centre) Tél. (051) 220 200 www.hotelbor.hr*

Hotel Dražica Un 3-étoiles aux chambres banales, mais propres et confortables, proches du centre-ville et abritées dans une belle pinède. Certaines donnent sur la mer et les autres sur les tuyaux de la climatisation, à l'arrière... Accueil souriant. Piscine, terrains de volley, minigolf et courts de tennis, location de vélos et de scooters, etc. Mer à 50m. Ses deux dépendances, la villa Lovorka et le Tamaris, sont plus agréables – la seconde surtout, avec les pieds (presque) dans l'eau. De 900 à 1 100kn la double avec petit déj. en haute saison. *Hoteli Krk Ružmarinska 6* ***Krk-ville*** *(dans la zone hôtelière à l'est du centre) Tél. (051) 655 755 www.hotelikrk.hr*

prix très élevés

☺ **Marina** Au pied du mur d'enceinte, au-dessus des restaurants, face au port, l'emplacement est idéal : une porte creusée dans le rempart permet même d'accéder directement à la vieille ville ! Entièrement rénové en 2008, le 2-étoiles un peu sommaire est devenu un 4-étoiles design au service impeccable. Les chambres sont claires et spacieuses, meublées avec goût dans des tons chauds, méditerranéens. Et le spectacle du port animé nuit et jour vaut à lui seul le voyage. Également un bon restaurant. Double à partir de 1 140kn. *Obala Hrvatske Mornarice 8* ***Krk-ville*** *(dans le sud de la vieille ville, contre le rempart) Tél. (051) 221 128 www.hotelikrk.hr*

Dans le reste de l'île

Primaturist Les chambres d'hôtes (175-240kn la double) constituent la formule la plus agréable à Baška. L'agence Primaturist (et les autres) en propose des listes bien utiles. *Kralja Zvonimira 98* ***Baška*** *Tél. (051) 856 132 www.primaturist.hr*

Guliver *Zvonimira 98* ***Baška*** *Tél. (051) 864 007 www.pdm-guliver.hr*

Kompas Baška-LPD Tours *Frankospanska bb* ***Baška*** *Tél. (051) 856 460 ou 091 200 1988 www.lpdtours.hr*

Ara *Hotel Corinthia II E. Geistlicha 38* ***Baška*** *Tél. (051) 856 298 www.touristoffice-ara.hr*

Mare Tours Cette agence vous aidera à trouver une chambre ou un appartement à Vrbnik. *Pojana 4* ***Vrbnik*** *Tél. (051) 604 400 www.mare-vrbnik.com*

camping

Autocamp Zablaće Un grand camping 3 étoiles, placé juste derrière la grande plage de Vela plaža à Baška. L'ombre y est absente : attention donc, aux fortes chaleurs et aux intempéries. Env. 295kn pour 2 avec voiture. Location de tentes, de caravanes et de mobil-homes (à partir de 1300kn en été). *Put Zablaća 40* ***Baška*** *(à l'extrémité ouest de la plage) Tél. (051) 856 909 www.hotelibaska.hr Ouvert avr.-oct.*

prix élevés

Corinthia Quatre cent cinquante chambres fonctionnelles sur trois bâtiments modernes en retrait de la plage et en plein cœur de la zone touristique. L'offre est complète : restaurants, banques, agences de voyages, de location de véhicules et complexes sportifs sont regroupés autour de son rdc. Piscines couverte et découverte. À partir de 600kn la double en haute saison. *Emila Geistlicha 39* ***Baška*** *(dans la zone hôtelière, à l'ouest du centre) Tél. (051) 656 111 www.hotelibaska.hr*

Zvonimir Luxe, espace et élégance à quelques pas de la plus belle plage de l'île… Chambres tout confort, munies de TV par satellite, clim. Balcon et vue sur la mer en option. Centre de bien-être, activités ludiques et sportives à proximité, salon, restaurant. Service impeccable. Comptez à partir de 850kn la double en haute saison selon la vue. *Emila Geistlicha 34-38* ***Baška*** *(dans la zone hôtelière, à l'ouest du centre) Tél. (051) 656 223 www.hotelibaska.hr*

ÎLE DE CRES

51557

Cres (prononcer "tsresse"), orientée nord-sud, s'étend sur 68km du cap Jablanac au cap Suha. Pourtant dotée des mêmes conditions géographiques et climatiques que sa petite voisine, Lošinj, et que les autres grandes îles du Kvarner, Cres (404km², 3 000 hab.) est bien moins touristique. La longue route qui relie le massif de la Tramontana (au nord) au canal de Lošinj (au sud) traverse une épaisse forêt de chênes et de châtaigniers, puis des collines arides calcinées par le soleil, plantées de garrigue, de pins et

d'oliviers. La mer n'est jamais loin ; un peu partout, orchidées, pervenches et romarin apposent, au printemps, des touches de couleur. Avec un peu de chance, quelque part entre Beli et la ville de Cres (appelée ici Cres-ville), vous verrez planer dans le ciel l'un des 140 vautours fauves de l'île, où ils sont protégés depuis 1986.

LA BELLE ENDORMIE Colonisée dès le néolithique, Cres est occupée par les Liburniens et visitée par les Grecs, qui l'associent à l'île de Lošinj dans leur légende de Jason et des Argonautes. Conquise par les Romains au Ier siècle av. J.-C., Cres passe aux Byzantins à la chute de l'Empire, puis aux Slaves, avant de rester vénitienne de l'an 1000 à 1358. Son chef-lieu est alors Osor, évêché depuis le VIe siècle et important port de commerce posté sur la côte sud-ouest de l'île, face à Lošinj. Brièvement reprise par la couronne hungaro-croate, Cres repasse de 1409 à 1797 sous le contrôle de la Sérénissime. Frappée par de sévères restrictions commerciales et des épidémies, Osor est peu à peu abandonnée au profit de Cres-ville. Au XIXe siècle, l'île, alors autrichienne, connaît un nouvel essor grâce à la viticulture. Mais le phylloxéra ne tarde pas à faire ses ravages. Aujourd'hui, Cres vit de l'agriculture, de l'élevage ovin et du tourisme, bien plus discret toutefois qu'à Lošinj.

MODE D'EMPLOI

accès

EN BATEAU

La compagnie Jadrolinija dessert Cres (port de Porozina, 25km au nord de Cres-ville) à partir de **Brestova** (côte orientale de l'Istrie) toute l'année à raison de 7 à 13 car-ferries/j. selon la saison, des liaisons nocturnes étant assurées en juillet-août. Trajet 20min. Autre liaison avec **Valbiska (île de Krk)** de juin à sept. : de 10 à 13 ferries/j. à destination du port de Merag (14km au nord-est de Cres-ville). Durée de la traversée 25min.

Enfin, Kapetan Luka propose un catamaran/j. entre **Rijeka** et **Mali Lošinj** avec un arrêt à Cres-ville toute l'année (sauf jours fériés). Certains s'arrêtent aussi à Martinšćica (Cres) et sur les îles d'Unije, Susak et Ilovik.

Jadrolinija *Bureau de Rijeka Tél. (051) 666 111 ou (051) 211 444 www.jadrolinija.hr*
Kapetan Luka *Tél. (021) 645 476 www.krilo.hr* ***Bureau de Valbiska (Krk)*** *Tél. (051) 863 170* ***Bureau de Brestova (Istrie)*** *Tél. 098 299 134*
ACI Marina de Cres-ville *Obala Svetog Benedikta 3 Tél. (051) 571 622 www.aci-marinas.com*
Capitainerie de Cres-ville *Tél. (051) 571 111*

EN CAR

De Cres-ville : 5 à 9 liaisons/j. avec l'île de Lošinj (Mali Lošinj et Veli Lošinj), de 2 à 7 liaisons/j. avec Zagreb, Merag et Krk (les cars ne passent pas par Krk-ville mais par Valbiska, Malinska et Omišalj), 1 à 3/j. avec Porozina, Brestova et Opatija (Istrie), 5/j. avec Rijeka. La gare routière de Cres-ville se trouve à l'intersection de Cons et Zazid.

EN VOITURE, DE LOŠINJ

C'est le seul accès "terrestre" possible : un pont enjambe le chenal, large de 11m, séparant l'île de Lošinj de la côte ouest de Cres, au niveau du port d'Osor.

orientation

Le mont Gorice (650m) domine cette île qui s'étire sur 68km du nord au sud et est large seulement de 2 à 12km. Ses 248km de côtes dessinent une série de criques, d'anses et de baies dont la plus vaste, sur la côte ouest, abrite Valun et Cres, chef-lieu éponyme de l'île.

circuler

EN VOITURE
La route principale (100) traverse pratiquement toute l'île, de Porozina, au nord, au port d'Osor, au sud, où se trouve le pont pour l'île de Lošinj.

EN CAR
En été, de 5 à 9 liaisons/j. entre Cres-ville et Osor du lundi au vendredi. Fréquence moindre le week-end et en basse saison. Un ou deux cars/j. entre Cres-ville et Lubenice, au sud-ouest. Pas de cars pour le nord de l'île.

EN TAXI
Station de la gare routière *Zazid 4* **Cres-ville** *Tél. 095 921 6123 ou 098 396 428*

agences de voyages

Outre l'organisation de diverses excursions, elles vous aideront à trouver une chambre (à partir de 230kn la double environ) ou un appartement à Cres-ville, Valun et Osor.
Croatia Excursions, chambres à Cres-ville. *Cons 10* **Cres-ville** *Tél. (051) 573 053 www.cres-travel.com*
Turist Buro Location de chambres et appartements à Cres. *Cons 11* **Cres-ville** *Tél. (051) 571 133 http://tbcres.com*

adresses utiles

Une **banque** (Erste) à Cres-ville et une à Martinšćica. Les agences de voyages et les bureaux de poste de Cres, Beli et Martinšćica font office de **bureaux de change**. La **poste** de Cres-ville se situe Cons 3.

marchés, fêtes et manifestations

Marché aux fruits et légumes Un marché de primeurs haut en couleur. *Trg Frane Petrica* **Cres-ville** *Tous les matins, dans et autour de la loggia municipale du XVIe siècle*
Fêtes du Mardi Concerts sur le port de Cres. **Cres-ville** *Les mar. de juil.*
☺ **Soirées musicales d'Osor / Osorske glazbene večeri** Chaque année, en été, Osor la paisible semble sortir de sa somnolence et retrouver son animation passée le temps d'un festival de musique classique, croate et internationale. Les concerts ont lieu dans la cathédrale et se poursuivent souvent jusque tard dans les rues. **Cres-ville** *Tél. (051) 237 110 www.osor-festival.eu Mi-juil.-mi-août*
Soirées musicales de Lubenice / Lubeničke glazbene večeri Musique classique en plein air. Une dizaine de concerts, le vendredi soir. *En juil.-août*

informations touristiques

Office de tourisme de l'île et de la ville de Cres *Cons 10* **Cres-ville** *Tél. (051) 571 535 www.tzg-cres.hr*

DÉCOUVRIR

L'île de Cres

☆ **Les essentiels** La vieille ville de Cres, le petit port d'Osor **Découvrir autrement** Profitez des petites plages paradisiaques de Lubenice

Cres-ville

La ville de Cres, ou Cres-ville, s'est développée autour de son petit port aux maisons colorées, qui a conservé une agréable authenticité et où l'animation bat son plein les soirs d'été dans ses restaurants et ses cafés. Mais le centre historique se concentre dans sa partie orientale. À l'est, il est délimité par la promenade du 20-Avril (Šetalište XX Travnja), par où l'on arrivera et où l'on trouvera plusieurs parkings payants. La gare routière (station-service juste en face) se situe à l'intersection de Zazid (limite sud de la vieille ville) et de Cons (quai est du port). L'hôtel, le camping et la plupart des appartements de location s'étendent à l'ouest de la ville. La marina se trouve au sud.

☆ **Vieille ville** Ramassée sur elle-même et percée de venelles sinueuses, elle forme un rectangle délimité par Creskog Statuta au nord, la promenade du 20-Avril et ses deux portes vénitiennes (XVIIIe s.) à l'est, Zazid au sud, et la Riva C. Kapetana à l'ouest. Sur la place F. Petrić (Trg F. Petrića), vaste esplanade qui marque l'angle nord-ouest de la vieille ville, s'élève une loggia Renaissance, où des marchands de fruits et de légumes installent leurs étals le matin, et des peintres locaux leur chevalet l'après-midi. Le passage voûté ménagé sous la tour de l'Horloge (XVIe s.), à l'est de la place, permet de rejoindre une belle église du XVe siècle, remaniée au XVIIIe siècle : Notre-Dame-des-Neiges (Majka Božja Snježna). Son haut campanile se dresse au-dessus d'un maillage très serré d'habitations. À côté de l'ancien hôtel Cres, au sud de la Riva C. Kapetana, le palais Arsan, aux exquises fenêtres gothico-Renaissance, abrite la collection lapidaire et archéologique du **musée municipal** (nombreuses amphores). Au sud-est de la vieille ville, hors des (anciens) murs, le **monastère franciscain** (XIVe s.) possède un petit musée. À l'intérieur, peintures et mobilier de l'époque vénitienne. **Musée municipal / Creski muzej** *Palača Arsan Ribarska 7 Tél. (051) 344 963 Ouvert avr.-mi-juin, mi-sept.-mi-oct. : mar.-sam. 9h-12h ; mi-juin-mi-sept. : mar.-dim. 10h-13h et 19h-23h Tarif 10kn, réduit 5kn* **Monastère franciscain / Franjevački samostan** *Sv. Sidar Tél. (051) 571 217*

Le nord de l'île

Beli La belle route de corniche qui relie Cres à Beli franchit un col étroit où l'on pourra s'arrêter pour profiter d'une magnifique vue sur Krk, le massif du Velebit et le littoral liburnien. Néanmoins, à travers les oliviers et la garrigue, suivant par endroits de rustiques murets de pierre sèche, tout le trajet donne à voir de superbes paysages. Au col, en venant de Cres-ville, il faudra tourner à droite pour rejoindre Beli, situé 6km au nord (et à gauche pour Porozina, embarcadère des ferries vers l'Istrie) à travers une forêt touffue de chênes et de châtaigners. Beli, le *Caput insulæ* ("Tête de l'île") des Romains, surveillait du haut de sa falaise le passage des galères entre Cres et Krk. De cette époque ne restent qu'un pont et quelques pierres. Mais la petite cité a conservé tout son cachet médiéval : ruelles tortueuses, passages voûtés, façades romano-gothiques, fortifications… Et la petite plage, aux confins d'une route vertigineuse à flanc de falaise, est bien agréable en été. *20km au nord de Cres*

Plonger

Diving Base Beli Ce club réputé de Beli propose une plongée découverte (tout compris 375kn), avec possibilité de partir directement de la plage. *Pansion Tramontana Beli 2* **Beli** *Tél. (051) 840 519 ou 099 216 5011 www.beli-tramontana.com*
Padi Diving *Autocamp Kovačine* **Cres-ville** *Tél. (051) 571 706 www.diving.de Ouvert mai-oct.*

Le sud de l'île

Valun On pourra s'arrêter dans cette minuscule station balnéaire de la côte ouest le temps d'une baignade et d'un dîner en terrasse après avoir flâné sur son quai. Son camping et ses quelques restaurants n'ont nullement réussi à voler l'âme de ce village joliment dissimulé derrière les coteaux de la baie de Cres. L'église paroissiale abrite l'une des plus anciennes inscriptions en glagolitique jamais retrouvées (XIe s.). La tablette, exhumée dans son cimetière – probablement une pierre tombale –, est encastrée dans un mur de la sacristie. *15km au sud-ouest de Cres Accès pédestre en saison, parking payant (15kn) à l'entrée du village*

☺ **Lubenice** Ce hameau quasi abandonné, dont les fondations remontent sans doute à l'époque préhistorique, domine, du haut d'un abrupt rocheux de 380m, une mer qui s'étend dans un azur infini. À visiter pour le site, ses vieilles maisons qui font corps avec la falaise, et pour la vue et la lumière, en été, lors des soirées de musique classique qui y sont organisées. *20km au sud-ouest de Cres-ville (petite route bordée de murets en pierre à partir de Valun) Des cars (1 ou 2/j. en été sauf dim.) relient Lubenice à Cres-ville Accès pédestre en saison, parking payant (15kn) à l'entrée du village*

Lac Vrana / Vransko jezero Le bleu intense de ce lac niché à 61m au-dessous du niveau de la mer est révélateur : c'est le plus profond de Croatie (73m). Du village de Vrana, perché à 250m d'altitude, s'offre un beau panorama sur ce ruban long de 6km qui irrigue les oliveraies de l'île et fournit une précieuse eau potable aux insulaires, ce qui explique qu'il soit totalement interdit à la visite. ***Vrana** (19km au sud de Cres)*

☆☺ **Osor** Ce port fondé par les Grecs devint une importante place stratégique lorsque les Romains, creusant le chenal séparant Cres et Lošinj (*Kavuada kanal*), en firent une étape sur l'importante voie maritime reliant la Dalmatie au nord de l'Adriatique. Capitale des deux îles jusqu'au XVe siècle, Osor connut ensuite un long déclin et n'est plus qu'un gros village assoupi, posé sur une langue de terre au ras de l'eau. Mais quel charme ! Ruelles pavées, vénérables maisons bordées de murets de pierres, oliviers, jardins

DÉFILÉ DE BATEAUX
Deux fois par jour, le pont tournant d'Osor, reliant les deux îles de Cres et de Lošinj, s'ouvre (à la manivelle !) pour laisser passer des dizaines de bateaux à voiles et vedettes qui s'engouffrent dans l'étroit chenal. Un véritable spectacle...
Tlj. à 9h et 17h

débordant de fleurs et façades inchangées depuis la Renaissance… Sur la grand-place s'élèvent la cathédrale de l'Assomption (XVe s.), son campanile (XVIIe s.) et l'ancienne loge municipale (XVe s.) occupée par un **Musée archéologique**, avec maquettes de la cité antique et *lapidarium* (collection de pierres). Juste à côté se visitent l'ancien palais épiscopal et sa collection d'art sacré. Un peu partout dans le village, des sculptures modernes mettent la musique à l'honneur. Il est vrai que les concerts organisés l'été sont devenus un rendez-vous incontournable de l'archipel. Pour rejoindre les vestiges de l'abbaye bénédictine Saint-Pierre (XIe s.), on peut suivre l'ancien chemin de ronde qui longe, au sud, les eaux limpides du chenal, et au nord une partie des vieilles murailles. Au nord de l'enceinte, dans le cimetière moderne, les vestiges de l'ancienne cathédrale (VIe s.) où des fouilles sont conduites par le CNRS depuis 2006. *34km au sud de Cres (5 à 9 cars/j.)*
Musée archéologique / Arheološka zbirka *Gradska vijećnica Tél. (051) 237 346 www.muzej.losinj.hr Ouvert haute saison : mar.-dim. 10h-13h et 19h-22h ; basse saison : mar.-sam. 9h-14h Tarif 35kn, réduit 25kn, moins de 12 ans gratuit*

Aller à la plage

☺ **Plages de Lubenice** En contrebas de Lubenice, on trouve deux des plus belles plages de l'île, et peut-être du pays : celle de **Sveti Ivan** ou **Lubenice Beach**, accessible en 45min environ de marche par un sentier entretenu (mais il faudra au moins le double pour remonter...), et la plage de **Žanja** ou **Plava Grota** (Blue Cave), autre merveille que l'on peut rejoindre par le même chemin mais en bifurquant sur la gauche au bout d'un quart d'heure de descente. Solution de facilité : des bateaux-taxi proposent l'excursion au départ du port de Cres. Ce qui, en saison, peut être une mauvaise surprise pour les marcheurs qui voient arriver des bateaux surpeuplés...

CARNET D'ADRESSES

Restauration, hébergement

À Cres-ville

Vous trouverez de bons restaurants à prix moyens sur la Riva. Crustacés, jambon fumé, pâtes, risottos, viande et poisson à la carte. N'oubliez pas de majorer le prix indiqué de 50% si votre séjour se limite à une nuit et de 20 à 30% pour deux nuits.

camping

Autocamp Kovačine Quelque 2 000 emplacements sous les pins et les oliviers ou sans ombre. Trois restaurants, 1 supermarché, 1 café-bar, accès Internet gratuit, location de caravanes. Espace naturiste, club de plongée. Emplacement tente/séjour 305kn/2 pers. en été, mobil-home 685kn (2 pers.) et 1 100kn (4 à 6 pers.), toujours en été. *Groupe Cresanka Melin 1/20* **Cres-ville** *(2km à l'ouest* *du centre, accessible par le bord de mer) Tél. (051) 573 150 www.camp-kovacine.com*

prix élevés

Kimen À un quart d'heure de marche à l'ouest du centre, cette barre de béton de 225 chambres a été heureusement rénovée (une première depuis l'époque yougoslave !) avec notamment sanitaires et literies neuves, wifi, etc. Les services sont nombreux : boutique, bar, restaurant, club de sports, centre d'information, location de vélos, coiffeur... Comme l'hôtel, la plage est en béton. Fort heureusement, une belle pinède dissimule l'ensemble. Double à 940kn en haute saison, à partir de 490kn hors saison. *Melin I/16* **Cres-ville** *Tél. (051) 573 305 www.hotel-kimen.com*

Au nord de l'île

prix moyens

Pansion Tramontana Cette adorable pension familiale, à l'entrée de Beli, est le point de chute idéal pour ceux qui veulent découvrir la Tramontana (ou Tramuntana), région du nord de l'île avec ses escarpements rocheux, ses sentiers, ses vieux chênes... et ses vautours fauves. En contrebas, une plage et un club de plongée. Le restaurant, fortement recommandable, permet de se restaurer en terrasse ou à l'intérieur, près du bar en forme de barque, d'une cuisine traditionnelle du golfe (150kn le repas env., 55kn l'assiette de *pršut*). Ambiance assurée en fin de semaine, quand débarquent les plaisanciers de Rijeka. Douze chambres : 600-675kn/2 pers. avec petit déj. en haute saison. ***Beli*** *(petite route à gauche avant d'arriver au village) Tél. (051) 840 519 www.beli-tramontana.com*

Au sud de l'île

campings

Camp Zdovice Charmant camping 1 étoile de 70 places établi au bord d'une plage de galets. Réservé aux campeurs avec tentes (voitures et camping-cars interdits). Comptez 170-195kn/pers. *Kastanija bb* ***Valun*** *Tél. (051) 571 161 Ouvert mai-sept.*

Autocamp Preko Mosta Petit camping (capacité de 280 personnes) installé sous les pins au bord du chenal qui sépare Cres de Lošinj (du côté de cette dernière). Vivant mais pas bruyant. Env. 180kn pour deux. *Osor 76* ***Osor*** *Tél. (051) 237 350 www.jazon.hr*

prix moyens

Gostionica Bukaleta Une auberge perdue dans un petit hameau aride, au milieu de nulle part, dont la spécialité est l'agneau *tramuntana* : cuisiné au four, grillé à la broche ou servi en escalope, il est fondant à souhait. Ajoutez-y des pommes de terre rôties, et vous comprendrez pourquoi on vient de loin pour y goûter. Comptez 100kn pour un plat d'agneau (costaud). Également 4 chambres aménagées dans des dépendances (300kn). ***Loznati*** *(6km au sud de Cres-ville) Tél. (051) 571 606 ou 099 481 120 Ouvert avr.-sept. : 12h-23h*

prix élevés

☺ **Konoba Bonifačić** Derrière le vieux muret qui clôt la terrasse ombragée, les fleurs et la verdure s'épanouissent et les cigales exultent. La grande baie vitrée de la salle du restaurant permet de profiter du paysage. Le service est appliqué, la vaisselle de bon goût. Pour un repas chez Maris Spajić, c'est certain, on traverserait l'île sans réfléchir... Recettes traditionnelles croates. Agneau aux asperges sauvages, *pršut*, fromage de brebis... Comptez 150kn l'entrée avec le plat, un peu plus avec du poisson.

Osor 64 **Osor** *(accès par le chemin de ronde, au-dessus de la plage) Tél. (051) 237 413 Ouvert fév.-mai, oct.-début nov. : tlj. 12h-22h ; juin-sept. : tlj. 12h-23h*

ÎLE DE LOŠINJ

51550

Le chenal de 11m de large qui sépare la longue île de Cres de celle de Lošinj (prononcer "Lochigne") a tout d'une frontière. Autant la première est restée sauvage, autant la seconde paraît "apprivoisée". Depuis les années 1880, les touristes se laissent prendre aux charmes de cette petite île (75km^2) du golfe du Kvarner et viennent nombreux pour y savourer la douceur du climat qu'on dit bénéfique pour la santé, mais aussi pour profiter de la nature sauvage des côtes bordées de nombreuses criques à la végétation luxuriante, de l'éclat multicolore des ports de Veli (Petit) et de Mali (Grand) Lošinj, et pour admirer l'Apoxyomène, cette magnifique statue devenue depuis sa découverte le symbole de l'île.

L'OASIS DU KVARNER Les îles de Lošinj et de Cres ont une longue histoire commune. Occupées depuis le néolithique, elles reçurent des Grecs le nom d'Apsyrtides, du prince Apsyrtos, qui se lança, nous dit la légende, à la poursuite de sa sœur Médée et de Jason pour tenter de leur reprendre la Toison d'or. Ces derniers l'auraient vaincu, découpé en morceaux et jeté à la mer : ainsi serait né l'archipel. L'île de Lošinj sert de pâturages aux gens d'Osor jusqu'à la fin du Moyen Âge. Les ports de Mali Lošinj et de Veli Lošinj, fondés à la fin du XIVe siècle, se développent au XVIIe siècle, profitant du déclin d'Osor, la capitale des deux îles. Au XIXe siècle, Mali Lošinj compte même parmi les plus grands ports de l'Adriatique… L'invention de la machine à vapeur la contraint toutefois à réduire ou à convertir ses activités. Le climat, réputé bénéfique pour les affections respiratoires, et la mer attirent alors dans l'île l'aristocratie autrichienne et les hôtels de luxe fleurissent. Et le tourisme devient au XXe siècle la principale ressource insulaire.

MODE D'EMPLOI

accès

EN BATEAU
De **Zadar**, un ferry Jadrolinija fait la navette toute l'année avec Mali Lošinj 3 fois/sem., et tlj. en été, avec escales dans les îles d'Olib, Silba et Premuda (durée 6h45). Mali Lošinj est également relié tlj. toute l'année (sf j. fér.) à **Rijeka** par un catamaran de la compagnie

Kapetan Luka/Krilo (1/j., durée 3h30-4h30) avec escale à Cres-ville. Certains s'arrêtent à Martinšćica (Cres) et sur les îles d'Unije, Susak et Ilovik.

Jadrolinija *Riva L. Kapetana 20* ***Mali Lošinj*** *Tél. (051) 231 765 www.jadrolinija.hr*

Kapetan Luka *Tél. (021) 645 476 www.krilo.hr*

Marina Mali Lošinj *Rujnica* ***Mali Lošinj*** *Tél. (051) 234 081 www.marinalosinj.com*

Y/C Marina *Privlaka bb* ***Mali Lošinj*** *Tél. (051) 231 626 www.losinia.hr*

EN HYDRAVION

Un service d'hydravion European Coastal Airlines relie Mali Lošinj à **Pula** (30min de vol, env. 400kn) et à **Split** en saison (1h de vol, env. 600kn).

European Coastal Airlines *Tél. (021) 444 888 www.ec-air.eu*

EN CAR

De Mali Lošinj : de 5 à 9 liaisons/j. avec Veli Lošinj, Osor et Cres-ville, de 2 à 4 avec Zagreb et l'île de Krk, jusqu'à 3 avec Brestova et Opatija (Istrie), de 3 à 5 avec Rijeka (fréquence réduite les week-ends et en hiver). Trajet Zagreb-Mali Lošinj via Krk : 6h45. Les billets s'achètent au Ribili, le café voisin de l'arrêt des cars, qui abrite également un bureau de change et des consignes.

Arrêt des cars *Riva Lošinjskih Kapetana 19* ***Mali Lošinj*** *(sur le port) Tél. (051) 231 110 Ouvert tlj. 6h-22h*

EN VOITURE, DE CRES

Vous arriverez par le pont d'Osor, qui relie ce petit port du sud-ouest de Cres à la côte nord-est de Lošinj.

orientation

Plus petit que celui de Cres, l'archipel de Lošinj, orienté nord-ouest sud-est, se compose d'une île principale, Lošinj, de quatre îles plus petites (Unije, Susak, Ilovik et Vele Srakane) et d'îlots inhabités. Lošinj, qui culmine à 589m au mont Televrina, s'étend sur 32km du nord au sud. Il est facile de se repérer à Mali Lošinj, dont le centre est accessible aux voitures. Parkings aménagés près du bd Veloselska cesta (quand on vient du nord), dans la vieille ville et juste au-dessus du port, sur la route qui relie le centre au secteur hôtelier de Čikat.

circuler

EN VOITURE

Prolongeant le pont qui franchit le détroit d'Osor, la route principale (100) descend jusqu'à Veli Lošinj et traverse Nerezine, Čunski et Mali Lošinj.

EN CAR

De 8 à 9 cars/j. entre Nerezine et Veli Lošinj via Mali Lošinj (6-7 hors saison).

adresses utiles

Vous trouverez des **bureaux de change** à Mali Lošinj dans les hôtels de Čikat, les agences de voyages, à la poste et au café Ribili à côté de la gare routière. La **poste** est située sur le quai Riva Lošinjskih Kapetana. La banque Erste, sur le même quai, met à disposition un distributeur. Veli Lošinj dispose également de bureaux de change et de banques.

Pharmacie / Ljekarna Snježana Muškardin *Riva Lošinjskih Kapetana bb* ***Mali Lošinj*** *Tél. (051) 231 661 Ouvert lun.-sam. 8h-21h, dim. 9h-12h et 19h-21h*

agences de voyages

Les agences suivantes, installées à Mali Lošinj, louent chambres et appartements, et proposent des excursions sur les îles de Susak et de Ilovik et autour de Lošinj.

Lošinjska Plovidba *Riva Lošinjskih kapetana 8* ***Mali Lošinj*** *(sur la Riva, juste avant la poste) Tél. (051) 231 077 ou (051) 233 040 www.losinia.hr*
Palma *V. Nazora 22* ***Veli Lošinj*** *Tél. (051) 236 179 www.losinj.com*

marchés, fêtes et manifestations

Marchés Le **marché au poisson** de Mali Lošinj se tient tlj. de 7h à 13h, dans la haute halle en pierre installée au milieu de la place de la République-Croate (Trg Republike Hrvatske). Juste en face se tient un amusant **marché flottant** de primeurs, mais le plus important (*gradska tržnica*) se trouve sur Braće Ivana i Stjepana Vidulića, proche de la place.
Journée musicale / Dani glazbe De nombreux concerts dans toute la ville marquent le début de la saison touristique. ***Mali Lošinj*** *21 juin*
Régates de Lošinj / Lošinjska regata ***Mali Lošinj*** *Début août (renseignements sur la date précise à l'office de tourisme)*
Journée des Dauphins Journée de sensibilisation à la protection des dauphins avec jeux pour les enfants et concert nocturne. ***Veli Lošinj*** *www.blue-world.org 1er juil.*
Festival des balcons / Festival lošinjskih balkona Concerts et performances organisés sur les balcons de la ville (Riva et Priko). ***Mali Lošinj*** *Deux jours fin août*

informations touristiques

Office de tourisme de l'île et de Mali Lošinj Demandez la carte des promenades et sentiers de Lošinj (*Šetnice i pješačke staze*). *Priko 42* ***Mali Lošinj*** *(sur la petite marina du centre) Tél. (051) 231 884 http://visitlosinj.hr*

DÉCOUVRIR

L'île de Lošinj

☆ **Les essentiels** L'église de la Nativité, le port et le musée de l'Apoxyomène de Mali Lošinj **Découvrir autrement** Respirez les parfums de l'île dans le jardin de Sandra Nicolich, survolez Lošinj en avion, parcourez les sentiers de l'île à vélo

Mali Lošinj

Vieille ville Aussi tranquille que le port est animé, elle se prête à la flânerie. À l'heure de la sieste, on n'y croise guère que des chats qui s'étirent, un ou deux habitants qui s'affairent et quelques touristes le nez en l'air… Ses escaliers et ses ruelles, parfois bordés de façades Renaissance, vous mèneront à la belle ☆ **église de la Nativité** (Crkva Rođenja B.D. Marije), construite de 1696 à 1757 dans le style baroque. Un peu plus loin s'étend le quartier Saint-Martin, encore plus désert.

☆ **Port** Bordés de vieilles demeures d'armateurs et de négociants, les quais Priko, à l'ouest, et Riva L. Kapetana, à l'est, se rejoignent sur Trg Republike Hrvatske, la grand-place gagnée sur l'eau. Plus haut, dans la verdure, se cachent quelques villas construites par l'aristocratie autrichienne à la fin du XIXe siècle.

Musée de Lošinj / Lošinjski muzej Le rez-de-chaussée du palais Fritzy expose la collection d'art contemporain croate constituée par Katarina Mihičić et Andro Vid. Le mélange des genres et des époques y est de mise. Elle comprend notamment des œuvres du peintre Emanuel Vidović et du sculpteur Frano Kršinić. La collection Piperata, composée essentiellement d'œuvres de peintres italiens des XVIIe et XVIIIe siècles, occupe le 1er étage. Le musée abrite aussi une *Magna Mater* (déesse de la Fertilité) de l'âge du fer retrouvée dans la péninsule de Čikat, ainsi que des cartes postales, photos, plans et textes illustrant l'évolution de Mali Lošinj depuis 1851. Expositions temporaires au 2e étage. *Vladimira Gortana 35 (dans une ruelle derrière la Riva, entre la banque Erste et l'hôtel Apoksiomen) Tél. (051) 233 892 www.muzej.losinj.hr Ouvert mi-juin-mi-sept. : mar.-dim. 10h-13h et 19h-22h ; basse saison : mar.-ven. 10h-13h et 18h-20h, sam. 10h-13h Tarif 10kn, réduit 5kn*

☆ **Musée de l'Apoxyomène / Muzej apoksiomena** Un bronze antique haut de 1,92m représentant un apoxyomène (athlète à sa toilette) fut découvert par un plongeur au large de l'île en 1996. Après une restauration minutieuse et une exposition itinérante (il a été présenté au Louvre, au British Museum, etc.), ce chef-d'œuvre attribué à l'école du sculpteur grec Lysippe (IIe-Ier s. av. J.-C.) bénéficie depuis 2016 de son propre musée, le palais Kvarner restauré pour l'accueillir. La présentation et la muséographie sont à la hauteur de l'œuvre : superbes et originales. *Riva lošinjskih kapetana 13 Tél. (051) 734 260 www.muzejapoksiomena.hr Ouvert mar.-dim. 10h-18h et 18h Réservation impérative Tarif 75kn, réduit 40kn, moins de 12 ans gratuit*

☺ **Jardin de l'île parfumée / Miomirisni otočki vrt** C'est à l'intérieur d'une petite maison fraîche et typique, postée au-dessus de Mali Lošinj, que Sandra Nicolich accueille ses visiteurs. Après un petit verre de bienvenue, elle vous conduira d'allées en escaliers et de buissons en parterres pour vous faire découvrir ce jardin qu'elle a créé avec l'idée d'y rassembler toutes les plantes de l'île. On peut ainsi admirer et surtout respirer sauge, myrte, lavande, romarin, immortelle et bien d'autres encore : un feu d'artifice de couleurs et de senteurs. Puis cette passionnée vous expliquera les utilisations multiples de ces végétaux magiques : cosmétiques bio, huiles essentielles, marmelade, savon, liqueurs… *Bukovica 6* ***Mali Lošinj*** *Tél. 098 326 519 www.miomirisni-vrt.hr Ouvert mars-juin, sept.-déc. : tlj. 8h-15h ; juil.-août : tlj. 8h30-12h30 et 18h-21h Entrée libre*

Čikat En 1886, Ambroz Haračić, fondateur de la société de tourisme de Lošinj, fit planter 300 000 pins sur cette presqu'île, qui regroupe de nos jours la plupart des hôtels de Mali Lošinj. *Au nord-ouest du centre-ville*

Aller à la plage À Mali Lošinj, la plupart des plages aménagées se trouvent dans la zone de Čikat, tandis que les plus agréables s'étendent devant les hôtels Aurora et Hortensia (au sud-ouest) et les plus proches dans le quartier Saint-Martin.

Pratiquer le ski nautique

Waterski Club Ce club de ski nautique est situé à proximité de l'hôtel Punta, de Veli Lošinj. *Tél. 098 713 877 dubravko.muzic@mail.inet.hr*

Plonger

Diving Sport Center Un club de plongée très fiable. À partir de 400kn pour une sortie incluant le transport en bateau sur le site et l'équipement. Demandez à voir le récif de **Margarina**, l'un des plus beaux sites du pays (plongée également à l'hôtel Punta de Veli Lošinj). ***Mali Lošinj*** *(sur la rive nord de la baie de Čikat) Tél. (051) 233 900 ou 091 151 9230 www.diver.hr*

Prendre de la hauteur

☺ **Aérodrome de Lošinj** Du petit aéroport de l'île, on peut réaliser un baptême de l'air, ou survoler l'archipel (vols de 15min, 30min ou 1h, à partir de 200kn/pers.). Également des liaisons sur demande avec les principaux aéroports du pays. *Privlaka 19 (12km au nord-ouest de Mali Lošinj) Tél. (051) 231 666 www.airportmalilosinj.hr*

Le reste de l'île et de l'archipel

☺ **Veli Lošinj** Jadis plus grande que Mali Lošinj, Veli Lošinj est aujourd'hui un adorable petit port fleuri et coloré blotti au fond d'une crique. Il faut laisser sa voiture sur l'un des parkings aménagés au bord de la grand-route (4kn/6h) et descendre à pied la rue Vladimir-Nazor pour rejoindre les quais. La tour vénitienne (1455), dressée non loin de la poste, au bas de la rue, abrite de petites expositions d'art et d'histoire. Mais l'édifice le plus impressionnant est incontestablement l'église Saint-Antoine-Abbé (Sv. Antun Opat), dont la majestueuse et austère façade rose saumon domine l'entrée du port. Édifiée en 1676 sur les fondations d'une première église et dédiée au patron de Veli Lošinj, elle fut totalement remaniée de 1767 à 1774 puis décorée par Gaspare Craglietto. Elle recèle des toiles de maîtres italiens, dont Vivarini, et ses sept autels baroques furent offerts par des capitaines. L'agréable petit chemin qui longe l'église mène à une petite chapelle qui jouit d'une vue imprenable sur le port et la barre du Velebit… *4km au sud-ouest de Mali Lošinj*

Île de Susak / Otok Susak Cette île sans voiture se singularise d'abord par sa morphologie (une épaisse couche de sable recouvre son socle calcaire), puis par son dialecte que les habitants continuent à parler. Les excursionnistes apprécient ses belles plages, le vin que produisent les insulaires… et le costume traditionnel (jupe brodée aux couleurs vives portées sur plusieurs jupons en dentelle) que les femmes arborent encore lors des fêtes locales. *Accès en excursion ou par la ligne régulière de bateaux (départ tous les matins de Mali Lošinj)*

Parrainer un dauphin

Blue World Veli Lošinj est le siège de l'ONG Blue World qui étudie et protège les dauphins de l'Adriatique (*Adriatic Dolphin Project*), et plus particulièrement la colonie de 120 dauphins souffleurs qui s'est établie au large de l'île. Une exposition permanente permet au jeune public de se familiariser avec les risques que le tourisme ou la surpêche font courir aux mammifères marins. On peut aussi apporter son soutien à l'association en "adoptant" un dauphin et en participant aux activités du centre de recherche. On ne nagera certes pas avec les dauphins, mais on peut tout de même s'en approcher, les membres de l'ONG prônant un comportement responsable en mer concernant les embarcations à moteur. Excursion inoubliable garantie ! Pour une sortie de 3h, comptez 350kn (réduit 280kn). *Kaštel 24* ***Veli Lošinj*** *Tél. (051) 604 666 www.blue-world.org www.dolphin-watching.com Ouvert lun.-ven. 10h-16h, sam. 10h-14h*

Randonner à vélo Parmi les 250km de pistes aménagées qui sillonnent l'archipel, se distingue le formidable ☺ **sentier entre Mali et Veli Lošinj**. Serpentant sous les arbres (et donc ombragé), il épouse en douceur les formes du rivage et permet de découvrir des criques insoupçonnées.

CARNET D'ADRESSES

Restauration

petits prix

Lanterna Ce bistrot de pêcheurs, installé dans une ancienne chapelle aux volets bleus du tranquille quartier Saint-Martin, dispose d'une terrasse au bord de l'eau et de petits bateaux ! Cuisine de la mer, poisson, fruits de mer, etc., pour environ 100kn l'entrée et le plat. Poisson un peu plus cher (de 140 à 400kn/kg). *Sv. Marije 71* ***Mali Lošinj*** *(en haut de Braće Ivana i Stjepana Vidulića, la rue principale) Tél. (051) 233 625 Ouvert tlj. 9h-22h*

Villa San À flanc de coteau, face au petit port de Veli Lošinj, et noyée sous la verdure, sa terrasse a fait plus d'un adepte. Prévoyez 50kn le fromage de l'île de Pag, 85kn les tagliatelles aux langoustines et 95kn pour une daurade grillée. Légumes du jardin. L'hôtel est fortement recommandé (p.331). *Garina bb* ***Veli Lošinj*** *Tél. (051) 236 016 Ouvert tlj. 8h-22h*

prix moyens

Corrado Ceux que l'agitation du port fatigue apprécieront cette petite *konoba* à la terrasse ombragée. Recettes croates de viande, de poisson et de crustacés, spécialités de pâtes et de risottos. De 75 à 150kn selon le plat. *Sv. Marija 1* ***Mali Lošinj*** *(remonter Braće Ivana i Stjepana Vidulića à partir du port et tourner à gauche un peu avant le grand rond-point) Tél. (051) 232 487 ou 099 670 6226 Ouvert été : tlj. 11h-14h et 17h-23h*

prix élevés

Baracuda À midi, les vacanciers y côtoient les commerçants du quartier. Autant dire que le Baracuda fait l'unanimité. Avec sa fraîche déco méditerranéenne, ses calamars et poissons savoureux, et sa vue sur la marina, il ravira les plus exigeants. Env. 200kn une entrée et un plat. *Priko 31* ***Mali Lošinj*** *(dissimulé par trois gros palmiers) Tél. (051) 233 309 ou 091 223 1613 Ouvert mars-oct. : tlj. 12h-0h*

☺ **Bora Bar Trattoria** Curieux parcours que celui de ce chef italien ayant quitté son restaurant dans le New Jersey (États-Unis) pour ouvrir une trattoria chic dans le minuscule port de Rovenska. Ce voyageur au bandana noué dans les cheveux en guise de toque propose une cuisine élaborée et joyeuse, où la truffe noire est aussi fraîche que les pâtes, les légumes, les poissons ou le *malvazija* (vin blanc). Ravioli aux truffes (140kn), tiramisu maison. Très belle terrasse sur le port. Compter au moins 200kn pour une entrée et un plat. *Rovenska 3* ***Veli Lošinj*** *(à 10min du centre par le sentier qui longe les plages vers l'est, ou par* *les petites ruelles non carrossables qui descendent du parking principal) Tél. (051) 867 544 ou 098 409 743 www.borabar.net Ouvert avr.-oct. : tlj. 10h-21h*

Marina Une table conviviale, réputée pour son poisson, ses fruits de mer et sa situation sur le port, en face de Saint-Antoine. Vaste terrasse. Repas 250kn env., plat de poisson pour 2 pers. 380kn. *Obala M. Tita 38* ***Veli Lošinj*** *Tél. (051) 236 178 Ouvert tlj. 9h-0h*

☺ **Restaurant Artatore** Plusieurs fois primé, ce restaurant est l'un des meilleurs de l'île, sinon du golfe. M. Zabavnik est aux fourneaux, son épouse tient la caisse et ses enfants assurent le service. Spécialité de la maison : soupe de homard et poisson préparés dans la tradition, mais aussi les asperges, servies avec des langoustines (235kn/500g), ou avec l'agneau local (140kn). Cadre des plus agréables, terrasse sous arcades. *Artatore 132* ***Artatore*** *(7km au nord de Mali Lošinj) Tél. (051) 232 932 ou 098 258 292 Ouvert tlj. 10h-24h*

Hébergement

À Veli Lošinj, pensez à majorer de 20 à 30% les prix indiqués pour un séjour de moins de trois nuits (50% parfois pour une seule nuit).

Jadranka d.d Cette agence gère de nombreux hôtels sur l'île de Lošinj (Aurora, Alhambra, Vespera, Bellevue, Punta). *Dražica 1* ***Mali Lošinj*** *Tél. (051) 661 101 www.jadranka.hr*

Agence Turist Comptez, selon la saison, 140-180kn (sdb commune) et 180-220kn (sdb privée) pour une chambre double, 380kn ou 520kn pour un appartement de 4 pers. *Obala M. Tita 17* ***Veli Lošinj*** *Tél. (051) 236 256 www.island-losinj.com*

campings

Poljana Le charme de ce camping 3 étoiles tient à son emplacement, dans la plus petite largeur de l'île (250m). On peut donc, au choix, se baigner dans le Lošinjski kanal ou dans l'Unijski kanal ! De 240 à 315kn pour 2 personnes en plein été, selon l'emplacement. *4km au nord de* ***Mali Lošinj*** *Tél. (051) 231 726 www.campingpoljana.com Ouvert mi-mars-mi-oct.*

Autocamp Čikat Grand camping de la zone d'accueil touristique du même nom, abrité dans une pinède. À partir de 240kn pour 2 pers. en tente en été, mobil-homes 1 300kn (à partir de 315kn hors saison). *Čikat 6a* ***Mali Lošinj*** *Tél. (051) 232 125 www.camp-cikat.com Ouvert avr.-mi-oct.*

auberge de jeunesse

Omladinski hostel Une formidable auberge de jeunesse installée dans une villa de trois étages construite en 1889, juste au-dessus du port. Tout ici respire la bonne humeur, et, chose plus rare, le désir de faire partager les charmes de l'île avec des visiteurs du monde entier. Les 50 places sont réparties en chambres de 2 à 5 lits (sdb dans le couloir). Très agréable terrasse. Comptez 360kn/nuit pour 2 pers. en chambre double en haute saison, 150kn/pers. dans les chambres à 5 lits. *Kaciol 4* ***Veli Lošinj*** *(monter le petit escalier, sur le quai droit du port, juste avant l'église) Tél. (051) 236 234 www.hfhs.hr Ouvert mai-oct. : tlj.*

petits prix

Appartements Zabavnik Les propriétaires du restaurant Artatore (p.330) louent toute l'année trois appartements confortables et calmes : env. 365-400kn pour 3 pers., 525-560kn pour 4 pers. en haute saison. *Artatore 132* ***Artatore*** *(7km au nord de Mali Lošinj) Tél. (051) 232 932 ou (051) 235 200*

prix moyens

☺ **Villa San** Cette villa du XIXe siècle repeinte toute de rouge et jaune, qui accueillit à une époque le gouvernement slovène, jouit d'un cadre sans pareil : un jardin verdoyant, qui domine une petite crique, au cœur de la ville. Les 12 chambres et appartements confortables, diffèrent par leur taille, la vue (côté mer, port, jardin) et la présence ou non d'un balcon. Également une immense terrasse. Prévoyez 500kn la chambre double en haute saison avec petit déj.. Restaurant (p.329). *Garina bb* ***Veli Lošinj*** *Tél. (051) 236 016 www.villasan.eu*

prix élevés

Vespera et Aurora Ces deux barres de béton (4 étoiles), abritées dans une pinède, regroupent des centaines de chambres sans charme mais fonctionnelles, à deux pas de la plage, le Vespera (404 chambres) étant labellisé "famille" et l'Aurora (393 chambres) "bien-être". Restaurants, activités sportives. Double à partir de 650kn. Tarifs intéressants en hiver *Complexe de Čikat* ***Mali Lošinj*** *Tél. (051) 661 111 www.losinj-hotels.com*

Vitality Hotel Punta Cet énorme complexe installé dans une pinède jouit d'une situation agréable dominant le cap Vila. Il compte 234 chambres et 48 suites fonctionnelles, d'un standing correct (TV, sdb et balcon). Restaurant, bar, concerts, location de bateaux, sports nautiques. De fin juin à début septembre, comptez de 555 à 965kn la double, de 645 à 1 250kn la suite. ***Veli Lošinj*** *(à l'entrée du port) Tél. (051) 661 111 www.losinj-hotels.com*

prix très élevés

Apoksiomen Ce luxueux hôtel 4-étoiles doit son nom au bronze grec retrouvé dans les eaux de Lošinj. Ses 25 chambres et sa suite cultivent une élégance cosy : mobilier contemporain, TV, clim., accès Internet, minibar, etc., et salle de bains en marbre et teck. Vue sur le port, la rue ou le jardin. Parking privé. De 800 à 1 400kn la double en haute saison. *Riva Lošinjskih Kapetana 1* ***Mali Lošinj*** *Tél. (051) 520 820 www.apoksiomen.com Ouvert mars-nov.*

Mare Mare Suites Entièrement réhabilitée, cette annexe du premier hôtel de Mali Lošinj n'a plus grand-chose à voir avec l'établissement original. Seuls les murs sont restés debout ; à l'intérieur, ne subsistent que 3 chambres doubles, 3 suites et 2 appartements (avec cuisine) décorés dans des tons chauds (parfois trop...), alliant confort, goût des détails design et vue sur le port, avec, en bonus, un jacuzzi sur le toit-terrasse (en été). Clientèle internationale, service attentif. Vélos et kayaks de mer mis gratuitement à la disposition des hôtes. Compter 1050kn pour la double en juillet-août, 1 350kn pour l'appartement. *Riva lošinjskih kapetana 36* ***Mali Lošinj*** *Tél. (051) 232 010*

Hotel Bellevue-villa Hortensia Les chambres du Bellevue sont plus grandes que celles du Vespera et de l'Aurora, mais la plage est moins agréable. Magnifique pinède. Piscine, fitness, restaurants, clubs sportifs : les prestations d'un 5-étoiles. Env. 2 000kn en haute saison pour une double. Tout à côté, son annexe, la villa Hortensia, offre plus d'intimité mais tout autant de confort. *Complexe de Čikat* ***Mali Lošinj*** *Tél. (051) 661 111 www.losinj-hotels.com*

★ ÎLE DE RAB

51280

D'une superficie de 93km^2 (9 480 hab.), ancrée entre Krk et Pag, l'île de Rab (otok Rab) est l'une des plus belles du golfe du Kvarner. Quand on s'approche en bateau de Mišnjak, à la pointe sud-est, un saisissant désert minéral posé sur des eaux cristallines, tableau pétrifié qu'animent de rares moutons, s'offre au regard. C'est aux attaques meurtrières de la bora, vent de nord-est froid et desséchant, que cette côte doit son aspect lunaire, tout comme les falaises de l'est qui tombent dans la mer. Par contraste, l'autre façade de l'île a tout d'une oasis colorée, avec ses nombreuses criques, sa luxuriante péninsule de Kalifront et sa grouillante petite capitale, Rab (ici appelée Rab-ville). La spectaculaire péninsule de Lopar, au nord-est, présente ce double visage avec ses lagunes cernées de rocaille et de pinèdes.

UNE HISTOIRE MOUVEMENTÉE Colonisée par des tribus illyriennes, Arba devient romaine au IIe siècle av. J.-C., et son chef-lieu devient un municipe sous Auguste. L'île passe sous contrôle byzantin en 544, puis reste sous la souveraineté croate du IXe siècle au début du XVe. En 1409, elle devient vénitienne et le restera jusqu'en 1797. Ses recteurs (gouverneurs) renforcent la sécurité de Rab face à la menace des pirates uskoks et tentent de stabiliser son économie (sel, vin, élevage et carrières de pierre). L'île est rattachée aux provinces illyriennes par Napoléon en 1805, puis à l'Empire austro-hongrois de 1814 à 1918. Elle est occupée par les Italiens de 1918 à 1920, puis pendant la Seconde Guerre mondiale, avant de revenir dans le giron yougoslave en 1945. Le développement du tourisme dans l'entre-deux-guerres met fin à plusieurs siècles de stagnation économique. Cette activité est aujourd'hui la première source de revenu des insulaires.

MODE D'EMPLOI

accès

EN BATEAU

De **Stinica** (40km au sud de Senj), liaisons à destination de Mišnjak, au sud de l'île de Rab, avec la compagnie de ferries locale Rapska plovidba : de 10 à 22 ferries/j. selon la saison (en juil.-août, 24/j. de 4h30 à 0h). Trajet 15min. De **Valbiska (île de Krk)**, des car-ferries de la compagnie Jadrolinija rejoignent Lopar, au nord-est de l'île : de 2 à 4 liaisons/j., durée du trajet 1h20.

Autre liaison Jadrolinija avec Rab-ville : un catamaran/j. avec **Rijeka** (2h) et **Novalja (Pag)** (50min).

Rapska plovidba *Hrvat. Bran. Dom. Rata 1-2* ***Rab-ville*** *Tél. (051) 724 122 www.rapska-plovidba.hr*

Jadrolinija *Tél. (051) 666 111 ou (051) 211 444*

ACI Marina de Rab *Tél. (051) 724 023 www.aci-marinas.com*

ACI Marina de Supetarska Draga Principale marina de l'île. *7km au nord de Rab-ville Tél. (051) 776 268 www.aci-marinas.com*

EN CAR

Gare routière / Autobusni kolodvor Trois liaisons/j. entre Rab-ville et Rijeka. ***Rab-ville*** *Dans le centre commercial à l'entrée de la ville (tout droit au rond-point en arrivant de la route Mišnjak-Lopar) Tél. (051) 724 189*

orientation

Orientée nord-ouest/sud-est, cette île calcaire est traversée dans toute sa longueur par une chaîne montagneuse qui culmine au Kamenjak (408m) et protège sa côte ouest de la bora. Les deux principaux ports de l'île sont Lopar, dans la péninsule du même nom (nord-est), et Mišnjak, à la pointe sud-est. Rab-ville, le chef-lieu, est installé à peu près au milieu de la côte occidentale, façade sur laquelle se concentre la population. Au nord-ouest de l'île, la péninsule de Kalifront s'avance dans la mer en une large bande de terre incisée de criques et couverte de forêts de chênes-lièges. Entre cette dernière et la péninsule de Lopar, les stations balnéaires de Kampor et de Supetarska Draga, principale marina de l'île, s'abritent chacune dans leur baie. Au sud de Kalifront s'étendent les plages de Suha Punta.

circuler

EN VOITURE

Une route (105) relie Mišnjak (à la pointe sud de l'île) à Lopar (au nord-est) en passant par Rab-ville et à proximité de Supetarska Draga. La route secondaire qui relie Rab-ville à Kampor permet d'approcher de la forêt de Kalifront, accessible à pied ou à vélo seulement. À Rab-ville, vous trouverez un grand parking en face de la gare routière. La vieille ville, piétonne, occupe une presqu'île au sud-ouest du port et de la zone hôtelière. Dans la plupart des hôtels, la réservation donne droit à une place de stationnement gratuit.

EN CAR

Une quinzaine de cars quotidiens relient Rab-ville à Lopar en été. Fréquence moindre en basse saison.

EN BATEAU

En été, des bateaux-taxis, au départ du port de Rab-ville, vous déposeront sur les plages voisines de la capitale de l'île.

informations touristiques

Office de tourisme de Rab-ville Plans de l'île et des randonnées. *Trg Municipium Arba 8 Tél. (051) 724 064 www.rab-visit.com*

agences de voyages

Des rabatteurs (parfois les patrons eux-mêmes) travaillent sur le port pour le compte de ces agences qui proposent excursions et chambres et appartements à louer.

Krisitofor *Mali Palit bb* ***Rab-ville*** *Tél. (051) 725 543 www.kristofor-travel.com*

Eros Rab *J. de Marisa 22* ***Rab-ville*** *Tél. (051) 724 688 www.rab-novalja.com*

fêtes et manifestations

Carnaval de Lopar *Mardi gras*

Fête de Rab / Rabska Fjera Grande foire médiévale, animée notamment par un tournoi d'arbalétriers et un défilé costumé. ***Rab-ville*** *Autour du 25 juil. (fête de saint Christophe, patron de la ville)*

Soirées musicales de Rab-ville / Rapske glazbene večeri Concerts de musique classique dans plusieurs églises de la ville. Programme à l'office de tourisme. *Tout l'été*

adresses utiles

Vous trouverez des **banques** à Lopar et à Rab-ville, où elles sont concentrées sur la place Saint-Christophe (Trg Sv. Kristofora) et sur la place du Municipe (Trg Municipi). Le **bureau de poste** de Mali Palit est établi du côté de Palit, juste derrière la gare routière, au rond-point à l'entrée de la ville. Le **change** est également assuré à la poste et dans la plupart des agences de voyages.

DÉCOUVRIR

L'île de Rab

☆ **Les essentiels** La vieille ville fortifiée, l'église Saint-Jean-l'Évangéliste, la cathédrale Sainte-Marie-Majeure de Rab-ville **Découvrir autrement** Sillonnez les sentiers de la péninsule de Kalifront, profitez des plages de Lopar

Rab-ville

☆ ☺ **Vieille ville fortifiée** Ponctuée de quatre campaniles romans, la vieille ville s'étend sur une étroite péninsule, au sud-ouest du port. Son quartier le plus ancien (médiéval, sur des fondations romaines) s'est construit de façon anarchique sur le cap Kaldanac. La rue Stjepana Radića le sépare du quartier de Varoš, dont le plan orthogonal se compose de trois longitudinales – Donja (rue Basse), Srednja (rue Centrale) et Gornja (rue Haute) – et d'une dizaine de petites transversales.

Place Saint-Christophe / Trg Sv. Kristofora Cette grande place bordée de cafés s'étend au pied du rempart nord de la vieille ville et de la forteresse Saint-Christophe (XVe s.). Au sud s'ouvre l'artère principale de la ville close, Srednja, signalée par le palais Dominis (fin XVe s.), au beau portail et aux fenêtres Renaissance. Nombre de façades qui donnent sur cette rue sont ornées de portails, de loggias et de fenêtres de la même période.

☺ **Rue Haute / Gornja Ulica** De la place Saint-Christophe, deux escaliers grimpent vers Gornja et ses belles églises. Styles et matériaux se confrontent et se mélangent dans cette agréable ruelle qui suit le rempart occidental de la vieille ville, notamment à proximité de la place de la Liberté (Trg Slobode). Ici comme dans le reste de la vieille ville, on distingue sur certaines façades des éléments décoratifs provenant d'édifices antiques.

☆ ☺ **Église Saint-Jean-l'Évangéliste / Sv. Ivan Evanđelista** Quelques fûts de colonnes, arcs et soubassements de murs : voilà tout ce qui reste de la basilique bâtie au VIe siècle. L'église, remaniée au XIe siècle, et pourvue du seul déambulatoire de Croatie, dépendit d'un monastère occupé par des bénédictines jusqu'au XIIIe siècle, puis par des franciscains jusqu'en 1783. Le campanile du XIIe siècle, en revanche, est intact et son sommet offre un très beau panorama sur la ville et ses environs. *Gornja Ouvert tlj.*

Église Sainte-Justine / Sv. Justine Cette église du XVIe siècle affiche une beauté austère. Elle abrite une petite collection d'art sacré, dont le précieux reliquaire du XIIIe siècle contenant le crâne de saint Christophe, patron de Rab, est sans nul doute la pièce maîtresse. Le couvent attenant abrite aujourd'hui un jardin d'enfants. *Gornja (à l'angle de la rue Haute et de la place de la Liberté)*

☺ **Place de la Liberté / Trg Slobode** Outre Sainte-Justine, de jolies maisons aux fenêtres gothiques donnent sur cette place et son chêne majestueux.

Église Saint-André / Sv. Andrija En remontant Ivana Rabljanina, ruelle qui prolonge Gornja Ulica dans le quartier de Kaldanac, on découvre bientôt le campanile roman (1181) de cette église fondée vers 1020 et remaniée dans les styles Renaissance puis baroque. *Ivana Rabljanina*

☆ ☺ **Cathédrale Sainte-Marie-Majeure / Sv. Marija Velika** Construite sur des fondations paléochrétiennes, la plus belle église de Rab fut consacrée en 1176 par le pape Alexandre III et remaniée au XVe siècle. Sa façade en pierre rose et blanche, simplement ornée d'arcatures lombardes (aveugles), et son plan basilical à trois nefs sont typiquement romans, tandis que la pietà un peu fruste qui surmonte son portail et ses fonts baptismaux (dûs à Petar Trogiranin) sont des ajouts Renaissance, comme les stalles en châtaignier du chœur. Dans la nef nord, on pourra admirer une précieuse *Vierge à l'Enfant* due à Marco di Martino (XVe s.). Mais Sainte-Marie est aussi réputée pour son impressionnant et harmonieux campanile roman. Construit à la fin du XIIe siècle, il multiplie avec la hauteur (25m) le nombre de ses baies qui, de meurtrières près du sol se transforment en une loggia au 4e étage. Une balustrade ceint son toit pyramidal. *Au bout d'Ivana Rabljanina Tél. (051) 724 195 Ouvert aux horaires des messes Tarif campanile 5kn*

Église Saint-Antoine / Sv. Antun Cette petite église gothique remaniée au XVIIe siècle occupe, avec un monastère franciscain, la pointe de Rablanac. Belles vues sur l'Adriatique, la baie de Rab et les hauteurs de l'île. *À l'extrémité de la vieille ville*

Place du Municipe / Trg Municipium Arbæ En descendant Skaline A. Testena puis Biskupa Draga, on débouche sur cette place envahie l'été par les terrasses de cafés. Le palais du Recteur (XVe-XVIe s.), qui abrite la mairie, en marque l'angle nord-ouest. Curieusement, les fenêtres du 1er étage sont Renaissance et celles du deuxième de style gothique ! Trois têtes de lion soutiennent le balcon d'où le recteur s'adressait à ses administrés.

☺ **Loge municipale / Gradska loža** Ce délicieux édifice construit en 1509 pour abriter les réunions du conseil municipal, accueille un café. La tour de l'Horloge, percée d'un passage voûté, lui fait face. Une galerie d'art occupe la petite église voisine, Saint-Nicolas.

Palais Nimira / palača Nimira Édifié au XIVe siècle, ce palais se signale par son portail ouvragé, au-dessus duquel court une gracieuse balustrade Renaissance. Un restaurant occupe son atrium. *À l'extrémité nord de Donja Ulica*

☺ **Parc de Komrčar** Merveilleuses promenades à improviser dans ce parc paysager de la fin du XIXe siècle qui s'étend sur 16ha au nord de la vieille ville. *Entrée principale : Trg Sv. Kristofora*

Où faire une pause ?

Tapas Bar Kampanel Une quinzaine de tables disposées sur trois terrasses en étage, à l'ombre du campanile. De la plus haute, la vue descend sur les toits de la ville jusqu'au port. Avec son intéressant choix de tapas, le lieu constitue une étape agréable pour commencer la soirée. Environ 30kn la portion. *Put Kaldanca 12 Tél. (051) 724 230 Ouvert printemps, été : 18h-23h*

Aller à la plage Vous trouverez facilement des plages le long de Šetalište fra Odorika Badurine (côte ouest de la presqu'île) et devant l'hôtel Padova.

Le reste de l'île

☺ **Monastère Sainte-Euphémie / Samostan Sv. Eufemije** Ce monastère franciscain construit en 1466 réunit l'église Saint-Bernard, bâtie peu après, et l'église romane Sainte-Euphémie, du XIIIe siècle. On peut admirer un polyptyque des frères Vivarini (1458) dans la basilique, et les œuvres du moine Ambrose Testen (1897-1984) dans l'église Sainte-Euphémie, mais aussi visiter le cloître, la bibliothèque et un petit musée archéologique et ethnographique. *1km au nord de Rab (route de Kampor) Tél. (051) 724 951 Ouvert tlj. 10h-12h et 16h-18h*

Kampor La route qui aboutit à cette petite station balnéaire réputée pour son calme, ses plages et ses centres de plongée passe près d'un lieu de mémoire, 1km avant le village : le **cimetière** où reposent Juifs, Croates et Slovènes internés dans un camp de concentration ouvert en 1942 par les Italiens. *À 6km de Rab-ville*

☺ **Péninsule de Kalifront** Cette vaste péninsule boisée, ourlée de criques paradisiaques, est protégée ; il est donc interdit d'y fumer, d'y faire du feu et d'y camper. Les chemins réservés aux marcheurs et aux cyclistes qui la sillonnent partent de Kampor et de la station balnéaire de Suha Punta. Vous pourrez aussi vous y rendre en taxi-boat à partir de Rab.

☺ **Supetarska Draga** Outre la principale marina de l'île, cette bourgade établie au fond d'une baie profonde abrite l'église du XIe siècle la mieux conservée du Kvarner : Saint-Pierre (Sv. Petar). Ce sanctuaire à trois nefs, aux magnifiques chapiteaux romans, dépendait d'une abbaye bénédictine fondée en 1059 et fermée en 1467. *7km au nord-ouest de Rab-ville, sur la route de Lopar*

☺ **Lopar et sa péninsule** La péninsule de Lopar, dans le nord-est de l'île, reproduit à son échelle les contrastes climatiques de Rab : son versant au vent se révèle aussi aride que le versant sous le vent est boisé. Ses côtes échancrées et les crêtes nues du Velebit qui se découpent à l'arrière-plan composent un paysage d'une étrangeté prenante. Enfin, ses plages sont tout simplement magnifiques. La ville de Lopar, quant à elle, aurait vu naître saint Marin. La légende raconte que ce tailleur de pierre chrétien, enrôlé de force dans l'armée romaine, parvint à s'échapper et se réfugia sur le Monte Titano, près de Rimini, où il fonda un monastère en 301 (et serait mort en… 395 !). C'est ainsi que naquit la minuscule république de Saint-Marin, qui entretient toujours des liens privilégiés avec l'île de Rab. Lopar abrite un embarcadère des ferries pour Krk. *14km au nord-est de Rab-ville (une quinzaine de cars/j. en été)*

Aller à la plage C'est incontestablement dans la presqu'île de Lopar et sur le littoral nord-ouest de l'île, entre Suha Punta et Kampor (péninsule protégée interdite aux voitures) que l'on découvrira les plus belles plages. On peut aussi se baigner à Barbat et Banjol et dans la baie de Supetarska Draga.

Plonger Deux clubs réputés, pour débutants et adeptes confirmés. Comptez 400-450kn la plongée, équipement compris.
Mirko Diving Center *Barbat 710* ***Rab-ville*** *Tél. (051) 721 154 ou 098 415 850 www.mirkodivingcenter.com*
Kron Diving Center *Kampor 413a* ***Kampor*** *(sur la côte sud-ouest de l'île) Tél. (051) 776 620 www.kron-diving.com*

CARNET D'ADRESSES

Restauration, hébergement

Imperial d.d Ce groupe hôtelier gère la plupart des établissements, dont le Padova (réputé pour sa belle vue sur la vieille ville), plusieurs villages de vacances sans oublier les campings de Rab-ville et de ses environs. Des agences de voyages (p.333) vous aideront à trouver une chambre chez l'habitant. Vous pourrez également louer l'un des bungalows de la station de Suha Punta, près de la péninsule boisée de Kalifront, pour env. 650-950kn par jour (2 pers.) selon la saison. L'enregistrement et la remise des clés s'effectuent à l'hôtel Imperial (p.338), à Rab-ville, ou sur place. *Tél. (051) 667 788 www.imperialrab.com*

À Rab-ville

camping

Autocamp Padova Ce camping 3 étoiles, pouvant accueillir jusqu'à 1500 personnes, est le plus proche de Rab-ville. Club de voile. Emplacement tente et voiture pour 2 pers. à partir de 180kn en été, mobil-home 670kn (7 nuits minimum). *Banjol bb* ***Rab-ville*** *(20-30min à pied au sud de la ville) Tél. (051) 724 355 www.rab-camping.com Ouvert avr.-mi-oct.*

GAMME DE PRIX	RESTAURATION	HÉBERGEMENT
Très petits prix	moins de 75kn	moins de 300kn
Petits prix	de 75 à 120kn	de 300 à 450kn
Prix moyens	de 120 à 180kn	de 450 à 600kn
Prix élevés	de 180 à 250kn	de 600 à 1100kn
Prix très élevés	plus de 250kn	plus de 1100kn

petits prix

Konoba Rab Le petit toit de tuiles, le balcon et l'escalier cherchent à créer l'illusion : une ruelle, une courette ? Non, nous sommes bien dans une *konoba* ! Spécialités : l'agneau (250kn/kg), le veau (180kn/kg) et le poulet cuits sous la cendre (*pod pekom*, 150kn/kg). Vin en bouteille, merlot et *malvazija* servis au verre. *Kneza Branimira 3* ***Rab-ville*** *(au milieu de Srednja ulica et perpendiculaire à celle-ci) Tél. (051) 725 666 Ouvert lun.-sam. 10h-14h et 17h-23h, dim. 17h-23h*

prix moyens

☺ **Santa Maria** Le Santa Maria évoque une rue d'antan, avec ses vieux réverbères et ses pierres apparentes. Il s'agit en réalité d'un palais du XVIIIe siècle, dont la terrasse offre une vue splendide. La qualité de ses produits en fait un incontournable : *pršut* (jambon fumé), fromage de Pag, risottos, scampis (langoustines), *lignje na žaru* (calamars grillés), etc. De 120 à 150kn pour une entrée et une viande. Le poisson revient un peu plus cher. *D. Dokule 6* ***Rab-ville*** *(au bout de Srednja ulica) Tél. (051) 724 196 Ouvert tlj. 10h-23h*

prix élevés

☺ **Labirint** L'une des meilleures tables de poisson de la région, tenue depuis 1946 par la famille Pičuljan. Amusante déco marine. Terrasse et cheminée. Autour de 350kn/kg de poisson (plat pour 2 pers.), repas complet env. 240kn. *Srednja 9* ***Rab-ville*** *Tél. (051) 771 145 Ouvert mars-mai, oct. : tlj. 11h-14h et 18h-0h ; juin-sept. : 12h-15h et 18h-0h*

Residence Astoria Posté sur la place principale face au port, cet ancien palais vénitien servit au fil du temps de douane, d'hôpital et d'hôtel. Les soirs d'été, c'est un réel plaisir que de s'attabler au restaurant sur sa terrasse surélevée et de regarder l'agitation sur le quai en dégustant des plats de viande ou de poisson à la carte (au moins 160kn), mais aussi un menu du jour (entrée et plat) à 120kn. Belle carte de vins croate, mais on peut goûter celui du patron, un rouge issu de ses vignes, du côté de Barbat. Côté hébergement, de grands appartements de 40 à 70m² avec cuisine pour 2, 3 ou 4 pers. ont été aménagés à différents niveaux, dont deux (31 et 32) disposent d'une petite terrasse donnant sur les toits de la vieille ville. Excellent rapport qualité-prix : de 550 à 800kn en haute saison. *Trg Municipium Arba 7* ***Rab-ville*** *Tél. (051) 774 844 www.astoria-rab.com*

Grand Hotel Imperial Les 136 chambres spacieuses offrent une vue sur le magnifique parc Komrčar. Courts de tennis, minigolf et tables de ping-pong au pied de l'hôtel. Prévoyez à partir de 700knkn la double en été. *Palit bb* ***Rab-ville*** *(à pied, prendre le chemin qui s'enfonce dans le parc en face de l'hôtel Istra) Tél. (051) 724 522 www.imperialrab.com*

Hotel Istra Idéalement situé entre le parc Komrčar, la vieille ville fortifiée et le port, l'hôtel, qui a besoin d'une rénovation, propose néanmoins une centaine de chambres propres, confortables et pour la plupart dotées d'un balcon. Demandez la vue sur le port. La chambre double revient à 825kn en été. *Šetalište Markantuna Dominisa bb* ***Rab-ville*** *Tél. (051) 724 134 www.hotel-istra.hr*

Hotel International Sa situation au cœur de la cité, ses chambres spacieuses et la vue sur le port pour certaines font oublier que cet établissement a pris un peu d'âge. Restaurant, café, bar, piscine, centre de remise en forme. Comptez 970kn la double en haute saison, 1065kn avec vue sur mer. *Obala P. Krešimira 4* **Rab-ville** *Tél. (051) 602 000 www.hotelrab.com*

prix très élevés

Arbiana Hotel Sans doute le plus bel hôtel de Rab, ce palace édifié en 1924 a été rénové récemment pour retrouver sa stature d'antan. Les 27 chambres avec balcons donnent soit sur la mer, soit sur la vieille ville. Une escale luxueuse et romantique. De 1 200 à 1 680kn pour une chambre double selon la catégorie en haute saison, à partir de 600kn hors saison. *Krajila Petra Krešimira IV 12* **Rab-ville** *Tél. (051) 725 563 www.arbianahotel.com*

Dans le reste de l'île

camping

Autocamp San Marino Grand camping ombragé de 583 emplacements, situé face à la splendide plage de Lopar. Club de plongée, ski nautique, funboard et autres sports nautiques. À partir de 190kn pour 2 pers. avec voiture et tente en été, mobil-homes (4-8 pers.) 1 045kn (7 nuits minimum). ***Lopar*** *Tél. (051) 775 133 Ouvert avr.-oct.*

petits prix

☺ **Konoba Marenda** Une taverne toute simple dans un cadre paradisiaque, au bout d'une presqu'île, avec une belle terrasse juste au-dessus d'une crique de sable déserte et abritée du vent. Des plats sans fioritures, en provenance directe de la mer : calamars, moules ou langoustines à la *buzara*, tartare de thon, le tout très frais. Repas 100-120kn. *Supertarska draga 320a* **Gonar** *(de Rab, dir. Supertarska Draga, passez le village puis encore 2km) Tél. (051) 776 749 Ouvert tlj. 8h-0h*

prix moyens

Gostionica Feral Près de l'embarcadère de Lopar, ce restaurant connu des îliens depuis les années 1970 propose sur sa terrasse couverte des poissons (ne manquez pas les fritures) ou des crustacés pêchés du matin (100kn), ainsi que quelques plats de viandes (90kn). Comptez 150kn pour une entrée et un plat de poisson. *Lopar 69* ***Lopar*** *Tél. (051) 775 288 Ouvert tlj. 12h-22h*

prix élevés

Hotel Carolina Un impressionnant hall et 150 chambres confortables (TV sat. et clim.) sur plusieurs étages d'un bâtiment qui a tout de même un peu vieilli. L'emplacement est idéal : magnifique pinède et mer en contrebas. Piscine. Comptez à partir de 1 300kn pour 2 pers. en demi-pension en haute saison, 490kn en basse saison. *Kampor 82 Suha Punta* ***Kampor*** *(5km à l'ouest de Rab-ville) Tél. (051) 724 133 ou (051) 667 788 www.imperialrab.com Ouvert mai-sept.*

Caves de la Vallée d'or, dans les environs de Požega (p.174).

Église Saint-Michel, dans la Tvrđa (p.160), quartier de la citadelle d'Osijek.

GEOREGION

LE NORD DE LA DALMATIE

V

Le golfe du Kvarner et l'arrière-pays
RAB
Lun
Mišnjak
Jablanac
Štirovača
RIJEKA, ZAGREB
ŠATORINA 1 623 M
LAKTIN VRH 1 504 M
Prizna
RT KALIFRONT
Žigljen
Novalja
KRUŠČIČKO JEZ.
Lički Osik
Gospić
ZRČE
Karlobag
VELEBIT
OŠTARIJSKA 928 M
A1
LIKA
Kolan
Mandre
Šimuni
Bošana
ILOVIK
MAUN
Pag
PAG
VELEBITSKI KANAL
VISOČICA 1 615 M
SILBA
OLIB
VAGANSKI VRH 1 758 M
PARC NATIONAL PAKLENICA
PREMUDA
MER DE VIM
Ložice
Vir
VIR
Marasovići
V. PAKLENICA
BAIE DE LJUBAČ
Starigrad Paklenica
Seline
ŠKARDA
IST
Privlaka
Nin
MOLAT
Posedarje
SESTRUNJ
RIVANJ
Veli Rat
Božava
Muline
Ugljan
Zadar
Smilčić
ANCÔNE
U. SAKARUN
UGLJAN
Preko
D. Zemunik
Bibinje
Brbinj
SV. MIHOVIL
Kali
Sukošan
Savar
Iž Veli
Kukljica
RAVA
IŽ
DUGI OTOK
U. BRŠANJ
Ždrelac
Dobropoljana
ARCHIPEL DE ZADAR
PAŠMAN
Biograd na Moru
Luka
Žman
Pašman
Zaglav
Sali
SIT
MER ADRIATIQUE
Tkon
PARC NATUREL DE TELAŠĆICA
PARC NATUREL VRANSKO JEZERO
Pakoštane
ŽUT
VRGADA
LEVRNAKA
Vrulje
MANA
KORNAT
PIŠKERA
ARCHIPEL DES KORNATI
LAVSA
SMOKVIC
PARC NATIONAL DES KORNATI
KURBA VELA
N
10 km

Zagreb
Osijek
Rijeka
Zadar
Split
Dubrovnik
UNA
25
Udbina
218
Martin Brod
BOSNIE-HERZÉGOVINE
522
Bruvno
50
SV. BRDO
1 753 M
M. PAKLENICA
Gračac
A1
Cerovačke Spilja
54
27
MER DE NOVIGRAD
Obrovac
Novigrad
Kruševo
502
33
Benkovac
Burnum
59
Knin
Kistanje
Biskupija
Cetina
Vrana
56
Rupe
Oklaj
KOZJAK
KRKA
Uzdolje
VRANSKO JEZERO
PERUČKO JEZ.
ROŠKI SLAP
Širitovci
Visovac
Drniš
Drinovci
Betina
Dubravice
Murter
Pirovac
Skradin
ČIKOLA
121
PARC NATIONAL DE LA KRKA
Lozovac
MURTER
Tisno
Tribunj
Vodice
Dubrava
Le centre de la Dalmatie
PRVIĆ
Šibenik
KAPRIJE
ZLARIN
Brodarica
DALMACIJA
58
ŽIRJE
Boraja
Jurlinovi Dvori
Primošten
Kaštel
SPLIT

Moins extravertie que les régions de Split et de Dubrovnik, la Dalmatie septentrionale peut sembler de prime abord manquer de caractère ; pourtant, elle n'a rien à envier aux autres. Sa collection de parcs nationaux dresse, des merveilleuses chutes de la Krka jusqu'aux désertiques îles Kornati en passant par les profondes forêts de Paklenica, un extraordinaire tableau naturel, tandis que la rayonnante vieille ville de Zadar demeure, siècle après siècle, le centre de la vie culturelle, universitaire et administrative, ses splendeurs antiques s'accommodant très bien des aspirations du présent. Comme ailleurs sur la côte, Šibenik peine à trouver son équilibre entre un bétonnage anarchique et les hésitations suscitées par la crise, mais ses quartiers historiques n'en demeurent pas moins fascinants. Au large, Dugi Otok et l'île de Pag assouvissent les rêves d'isolement et de plages splendides. Enfin, l'arrière-pays offre à l'agriculture de vastes territoires pour s'épanouir, et fournir en produits l'excellente gastronomie locale, influencée par la forte proximité culturelle avec l'Italie. Injustement méconnu, le nord de la Dalmatie se révèle ainsi chaudement recommandable !

★ ☺ ZADAR

23000

Cinquième ville de Croatie avec 75 000 habitants, Zadar bénéficie d'un fertile arrière-pays et de la proximité d'un archipel de quelque 200 îles. Port important de l'Adriatique, sa vieille ville, installée sur une presqu'île, fut l'enjeu de nombreuses guerres. Détruite à 60% par les bombardements alliés de 1943-1944, elle a heureusement pu sauver ses splendides églises médiévales, telles que Saint-Donat et la cathédrale Sainte-Anastasie, et ses inestimables "Ors et Argents", chefs-d'œuvre de l'orfèvrerie locale. Cette cité d'art et d'architecture est aussi un pôle universitaire dynamique et bon vivant. Vos nuits risquent donc d'y être aussi débridées que vos journées seront chargées ! Celle qui fut longtemps la capitale de la Dalmatie, et la plus septentrionale de ses grandes cités fortifiées, est, à coup sûr, l'une des villes les plus attachantes du pays.

L'UNE DES PLUS ANCIENNES VILLES DE L'ADRIATIQUE La région fut occupée dès le paléolithique, et l'on sait que les Liburnes avaient déjà fait du site de Zadar leur établissement principal au VIe siècle av. J.-C. Au Ier siècle av. J.-C., la cité illyrienne devient romaine sous le nom de Jadera, ou Iader. Elle profite cependant de la destruction de Salona (p.422) pour devenir la capitale de la province byzantine de Dalmatie et un port important grâce au commerce de l'huile et du vin. En 1105, la cité fortifiée passe sous contrôle croate, mais conserve son autonomie. Un long bras de fer s'engage alors avec Venise, dont son activité portuaire menace l'essor. Si le traité de paix de 1358 permet à Zadar de reprendre son souffle et de donner à la Croatie sa première université, les Vénitiens parviennent à leurs fins en 1409, quand ils rachètent la Dalmatie au roi de Naples. Appauvrie par la perte de son autonomie économique et politique et par les ravages que les Turcs opèrent dans son arrière-pays, Zadar doit renforcer ses défenses au début du XVIe siècle pour mieux assurer la protection de sa flotte marchande. Elle demeurera le siège de l'administration vénitienne dans l'Adriatique jusqu'en 1797. Au XIXe siècle, ses nouveaux maîtres autrichiens financent de nombreux projets : développement de l'enseignement et du tourisme, réaménagement des quais et du port, installation d'un réseau électrique. Devenue italienne en 1920, Zadar est lourdement bombardée par les Alliés en 1943-1944. La majeure partie de sa population, de souche italienne, prend alors le chemin de l'exode. Zadar entre en 1947 dans la République populaire yougoslave avec seulement 6 000 habitants. Dans les années 1960, l'explosion du tourisme relance une croissance à laquelle la guerre d'Indépendance met un bémol de 1991 à 1995. Depuis que la paix est revenue, la machine économique tourne à plein régime.

MODE D'EMPLOI

accès

EN AVION

Croatia Airlines relie quotidiennement Zadar à Zagreb et à Pula toute l'année. Vols internationaux au départ de la France avec Ryanair (2 vols/sem. de Paris-Beauvais et de Marseille en saison) ou Transavia (1 vol/sem. de Paris-Orly), de la Belgique, des îles Britanniques, de l'Italie, de l'Allemagne, etc. Navette par bus avec le centre-ville, Liburnska obala (plan 12, A1).

Aéroport / Zračna luka Zadar *Zemunik Donji (9km au sud-est de Zadar) Tél. (023) 313 311 ou (023) 205 800 www.zadar-airport.hr*

EN VOITURE

Desservie par l'autoroute A1, Zadar est situé 290km (3h) au sud-ouest de Zagreb, 290km (3h) au sud de Rijeka, 350km (4h45) au nord-ouest de Dubrovnik et 155km (1h45) au nord de Split.

EN TRAIN

Le voyage en train à partir de Zagreb ou de Split suppose un changement à Knin, que 4 trains relient quotidiennement à Zadar.

Tableau kilométrique

	Zadar	Knin	Pag-ville	Plitvice	Šibenik	Skradin	Split
Knin	110						
Pag-ville	50	140					
Plitvice	150	150	165				
Šibenik	80	55	120	180			
Skradin	75	55	110	200	20		
Split	155	85	190	275	80	95	
Starigrad	45	100	65	130	100	90	170

Gare ferroviaire / Željeznički kolodvor (plan 11, C2) *Ante Starčevića 3 (au sud-est de la vieille ville) Tél. info. 060 333 444 www.hzpp.hr*

EN CAR

De nombreux cars circulent entre Zadar, les principales localités de la région et les grandes villes croates. Une quinzaine de liaisons/j. avec Rijeka, une vingtaine avec Zagreb, une trentaine avec Split (via Šibenik), de 5 à 10 avec Dubrovnik, 3 avec Pula, de 3 à 6 avec Pag. Également des liaisons avec plusieurs capitales européennes, dont Paris et Bruxelles, par Eurolines ou Arriva-Autotrans. Renseignements à la gare routière.

Gare routière / Autobusni kolodvor (plan 11, C2) Consignes de 6h à 22h (2,20kn/h). *Ante Starčevića 1 (au sud-est de la vieille ville) Tél. 060 305 305 www.liburnija-zadar.hr*

EN BATEAU

Zadar est une escale sur de nombreuses lignes de la compagnie Jadrolinija, avec des fréquences de desserte très variables selon la destination (de plusieurs liaisons quotidiennes à quelques liaisons hebdomadaires). D'**Ancône (Italie)**, Jadrolinija propose toute l'année plusieurs ferries/sem. De **Mali Lošinj**, 1 liaison/j. en été (2-3/sem. le reste de l'année) est assurée par des car-ferries Jadrolinija (via Olib, Silba et Premuda, trajet 7h). Les différents ports de **Dugi otok** sont desservis régulièrement par Jadrolinija : **Sali** de 2 à 4 fois/j., **Brbinj** de 3 à 6 fois/j. (car-ferries et catamarans, 1h40), et **Zaglav** de 3 à 4 fois/j. Le reste de l'**archipel de Zadar**, dont Rivanj, Sestrunj et Molat, bénéficie d'une liaison par jour en catamaran Jadrolinija. L'agence Miatours exploite également la ligne Zadar-Premuda-Silba-Olib (tlj. toute l'année)

Jadrolinija (plan 12, A1) *Liburnska obala 7* ***Zadar*** *Tél. (023) 254 800 ou (023) 250 555 www.jadrolinija.hr Ouvert juil.-août : lun.-ven. 7h-21h, sam. 5h-0h, dim. 7h-22h (consignes face au bureau)*

Miatours (plan 12, B1) *Vrata Sv. Krševana 1* ***Zadar*** *(sous la porte Saint-Chrysogone) Tél. (023) 254 300 ou 400 www.miatours.hr Ouvert lun., mer. et ven. 8h-16h, mar. et jeu. 8h-14h, sam. 9h-16h, dim. 12h-17h*

Marina Zadar (plan 11, B1) *Ivana Meštrovića 2* ***Zadar*** *Tél. (023) 204 700 ou (023) 204 850 www.marinazadar.com*

Marina Borik (plan 11, A2) *Obala Kneza Domagoja 1* ***Zadar*** *Tél. (023) 333 036 www.d-marin.com*

Marina Dalmacija-Zlatna Luka ***Bibinje-Sukošan*** *Tél. (023) 200 300 www.d-marin.com Ouvert tlj. 8h-20h*

Marina Kornati *Obola kneza Branimira 1* ***Biograd na Moru*** *Tél. (023) 383 800 www.marinakornati.com Ouvert tlj. 7h30-21h*

Marina Šangulin *Uvala Jaz bb.* ***Biograd na Moru*** *Tél. (023) 385 020 www.sangulin.hr*

Capitainerie de Zadar (plan 12, A1) *Liburnska obala 8* ***Zadar*** *Tél. (023) 254 888*

informations touristiques

Office de tourisme municipal (plan 12, B1-B2) Nombreux plans, prospectus et brochures. *Tél. (023) 316 166 www.zadar.travel Ouvert juin-sept. : lun.-ven. 8h-0h, sam.-dim. 9h-0h ; oct.-mai : lun.-ven. 8h-21h, sam.-dim. 9h-21h*

orientation

La **vieille ville** est établie sur une presqu'île orientée nord-ouest sud-est, et son noyau présente un plan orthonormé, hérité des Romains. L'ancien *decumanus* est devenu l'artère principale : Široka ulica (Kalelarga). Ce grand axe est coupé à hauteur de la place nationale, du marché puis du forum par trois grandes transversales. Dans le quartier méridional de Varoš et au nord du forum, les ruelles sont toutefois plus sinueuses. Les zones hôtelières de **Puntamika** et de **Borik** se trouvent 5km au nord-ouest de la presqu'île. Elles sont reliées à celle-ci par plusieurs routes et par un *lungomare* tortueux, le long duquel deux marinas ont été aménagées.

circuler

EN VOITURE

Toute la ville est accessible aux voitures, à l'exception du centre historique. Vous pourrez néanmoins faire le tour de la presqu'île, mais trouver une place dans l'un de ses parkings demande de la patience, surtout l'été. Tâchez de vous garer à proximité de la porte de la Terre-ferme ou sur obala kneza Branimira, non loin de la **passerelle** qui vous permettra de gagner ensuite la vieille ville à pied en 3min. Pour rejoindre le complexe hôtelier de Borik, passez derrière la marina de Zadar et remontez Miroslava Krleže, puis engagez-vous à gauche, au grand carrefour, dans Put Dikla. Cette dernière mène directement à Antuna Matoša, artère derrière laquelle se concentrent les hôtels.

EN BUS

Liburnija Cette compagnie assure un service quotidien de 5h à 23h15 (6h45-22h45 le dim.). Ticket simple 10kn. De la gare routière, bus n°2 et n°4 à destination du centre-ville. Pour Puntamika et Borik (par Put Dikla), bus n°5 et n°8. *Tél. 060 305 305 www.liburnija-zadar.hr*

EN TAXI

Station de la gare routière (plan 11, C2) *Tél. (023) 317 288*
Station de l'embarcadère (plan 12, B1) *Tél. (023) 251 400*

agences de voyages

Les agences Aquarius et Miatours proposent des locations de chambres d'hôtes autour de la vieille ville. Elles organisent, tout comme l'agence Kornat, des excursions dans les Kornati en haute saison (départs de la marina Borik).

Aquarius (plan 12, C1) *Nova Vrata 1 (sous la porte Nouvelle) Tél. (023) 212 919 ou 098 272 667 www.aquariuszadar.com Ouvert hiver : lun.-sam. 7h30-18h30 ; été : tlj. 7h-23h*

Miatours (plan 12, B1) *Vrata Sv. Krševana 1 (sous la porte Saint-Chrysogone) Tél. (023) 254 300 ou 400 www.miatours.hr Ouvert lun., mer. et ven. 8h-16h, mar. et jeu. 8h-14h, sam. 9h-16h, dim. 12h-17h*

Kornat Excursions (plan 11, A2) Excursions d'une journée (8h-22h) dans les Kornati sur la *Plava-Laguna* (8h-22h), tarif 300kn. *Obala kneza Domagoja 1 Tél. (023) 334 468 ou 098 875 746 www.kornat-excursions.hr*

adresses utiles

Vous trouverez des **banques** dans toute la ville (Zagrebačka, Splitska, Erste, Nova Banka, banque de Zadar). Elles ouvrent en général du lun. au ven. de 8h à 19h, et le sam. matin. **Bureaux de change** à la gare routière, dans certaines agences de voyages (Aquarius, Miatours), à la poste, dans les grands hôtels (zone de Puntamika) et au camping Borik. La **poste centrale** est située Kralja S. Držislava 1 (plan 11, C2).

Urgences (plan 11, B1) *I. Mažuranića 28a Tél. (023) 239 820 Ouvert tlj. 0h-24h*

Pharmacie centrale / Ljekarnička jedinica Centar (plan 12, C1) *Jurja Barakovića 2 Tél. (023) 302 932 ou (023) 302 920 (service de nuit) Ouvert lun.-ven. 7h-21h, sam. 7h30-13h30 Fermé dim.*

fêtes et manifestations

Nombreux concerts et soirées en été (jazz, électro, dance, rock, folk, classique, musique traditionnelle...). Programmation et scènes à l'office de tourisme.

Carnaval *En fév.*

L'été théâtral de Zadar / Zadarsko kazališno ljeto Représentations sur diverses scènes de la ville (programmation à l'office de tourisme). *www.hnk-zadar.hr Fin juin-début août*

Nuit de la pleine lune La nuit de la pleine lune, le front de mer de Zadar est éclairé par des torches et des bougies tandis que les bateaux amarrés se transforment en marché flottant. On y déguste des produits frais de la région. Renseignements à l'OT. *Fin juil. ou début août*

Rêves de Zadar / Zadar snova Festival international de théâtre contemporain. *Tél. 098 779 703 http://zadarsnova.hr Début août*

Soirées musicales de Saint-Donat / Glazbene večeri u Sv. Donatu Une quinzaine de concerts de musique classique. *Juil. et début août Tél. (023) 315 807 www.donat-festival.com Tickets au Théâtre national Široka 8 Début juil.-mi-août*

DÉCOUVRIR

Zadar

☆ **Les essentiels** La place des Cinq-Puits, l'église Saint-Siméon, la place Nationale, Varoš, le Forum romain, le musée d'Art sacré, l'église Saint-Donat, la cathédrale Sainte-Anastasie **Découvrir autrement** Déambulez dans les allées du marché

Autour de la place des Cinq-Puits

À proximité des monuments de la vieille ville, des panneaux explicatifs très bien faits compléteront les informations qui suivent.

☺ **Porte de la Terre-ferme / Kopnena vrata (plan 12, C2)** Quand les Vénitiens décidèrent de renforcer les défenses de la cité face à la menace ottomane, ils confièrent à Michele Sanmicheli les plans de ces fortifications et de l'entrée principale de la ville, au fond du petit port de Foša. Conçue en 1543 comme un arc de triomphe, cette monumentale porte Renaissance demeure l'une des plus belles de Dalmatie. Au-dessus du passage central figurent les armes de la cité (son protecteur, Saint-Chrysogone, à cheval) et un imposant lion ailé de Saint-Marc (le lion posant la patte sur un livre ouvert signifie que le monument fut érigé en temps de paix). Les deux petits passages latéraux sont surmontés de dédicaces et des armoiries des comtes de Zadar. *Au fond du petit port de Foša*

☆ ☺ **Place des Cinq-Puits / Trg pet bunara (plan 12, C2)** Il faut s'engager dans le passage voûté, immédiatement à droite après avoir franchi la porte de la Terre-ferme, pour rejoindre cette adorable esplanade. Les cinq puits qui lui ont donné son nom et beaucoup de son charme fournirent jusqu'au XIXe siècle l'eau d'une citerne aménagée en 1574 dans une ancienne section

Plan 11 Zadar, agglomération

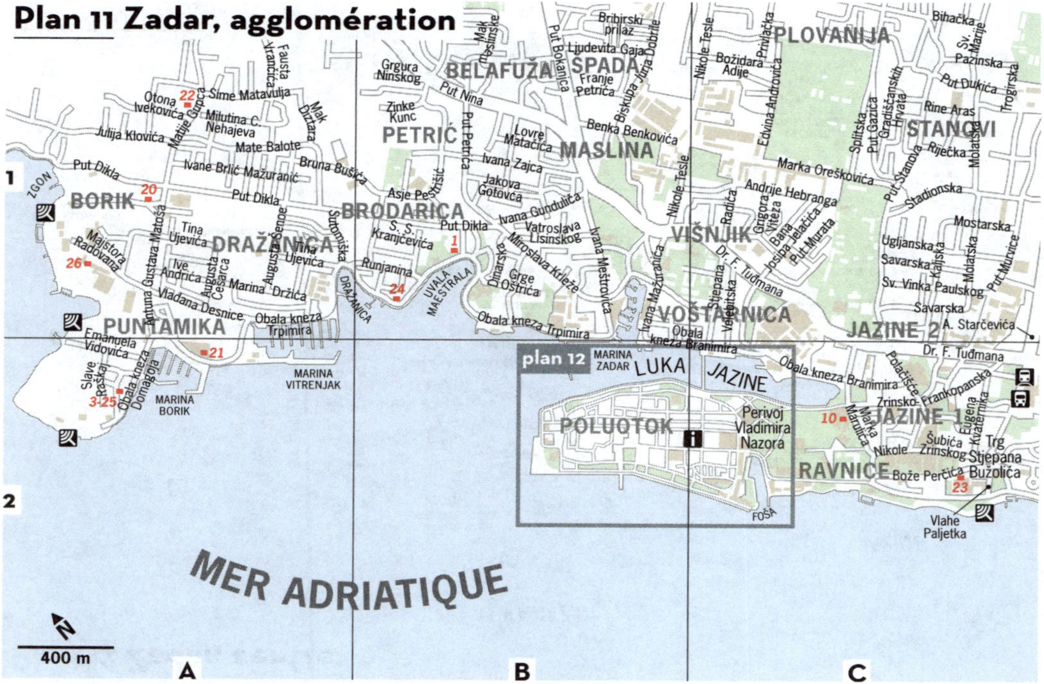

Restauration ■ 1 et 3
Lungo Mare **p.361** — 1 B1
Niko **p.361** — 3 A2

Lieu de sortie ■ 10
Podroom Night Club **p.359** — 10 C2

Hébergement ■ 20 à 26
Autokamp Borik **p.362** — 20 A1
Falkensteiner Hotel Adriana **p.363** — 26 A1
Hotel Mediteran **p.362** — 22 A1
Kolovare **p.363** — 23 C2
Niko **p.363** — 25 A2
Villa Hrešć **p.363** — 24 B1
Zadar Youth Hostel **p.362** — 21 A2

Plan 12 Zadar, centre

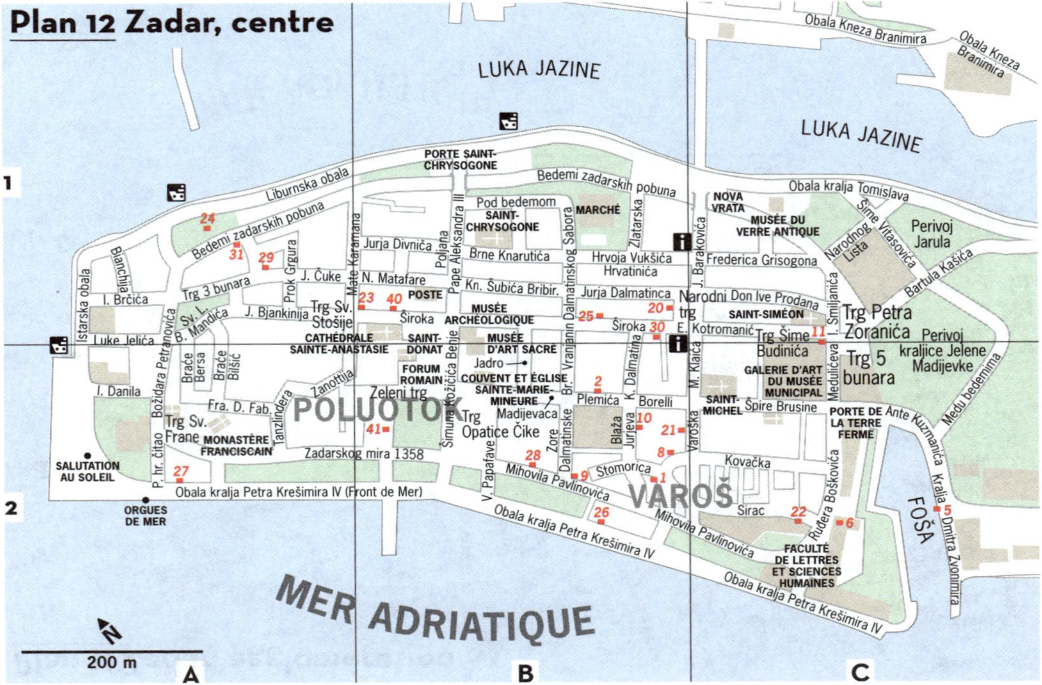

Restauration ■ 1 à 11

2Ribara p.360 .... 10 B2
Barbakan p.360 .... 6 C2
Bruschetta p.360 .... 9 B2
Canzona p.360 .... 1 B2
Foša p.361 .... 5 C2
Konoba Skoblar p.361 .... 11 C1-C2
Konoba Stomorica p.360 .... 8 B2
Zlatni Vrtić p.361 .... 2 B2

Cafés, bars, glaciers et lieux de sortie ■ 20 à 29

Arkada p.354 .... 22 C2
Arsenal p.356 .... 29 A1
Brazil p.357 .... 27 A2
Caffe Galerija Đina p.353 .... 21 B2
Eva p.357 .... 28 B2
Kavana Lovre p.353 .... 20 B1
Slastičarnica Donat p.356 .... 23 B1
The Garden p.359 .... 24 A1
Théâtre national croate p.360 .... 25 B1
Tramonto p.357 .... 26 B2

Hébergement ■ 30 et 31

Art Hotel Kalelarga p.363 .... 30 B1
Hotel Bastion p.363 .... 31 A1

Shopping ■ 40 et 41

Ars Natura p.356 .... 40 B1
Maraska p.351 .... 41 B2

des douves médiévales, en prévision d'un éventuel siège ottoman. Au sud-est de la place, un escalier grimpe vers le jardin public (1829) du bastion Grimani. Au nord-ouest s'élèvent le dernier pan de l'enceinte du XIIIe siècle et sa tour du Capitaine (Kapetanova kula), un ancien poste de garde qui accueille des expositions temporaires d'art contemporain.

Place Petar-Zoranić / Trg Petra Zoranića (plan 12, C1-C2) La colonne romaine qui se dresse sur cette place, à côté des vestiges d'une porte du Ier siècle, provient d'un temple du forum. Au nord-ouest s'élève le palais du Provéditeur (1607), plusieurs fois remanié.

Galerie d'art du Musée national / Galerija umjetnina (plan 12, C2) Cette prestigieuse galerie logée dans l'aile sud du palais du Provéditeur est dédiée à l'art croate moderne et contemporain. Œuvres du XIXe et du XXe siècle dans les deux premières salles (F. Salghetti-Drioli, V. Bukovac, E. Vidovic...), débuts de l'abstraction dans la troisième, puis, dans les quatrième et cinquième, art contemporain exclusivement. La *Figura I* de Hajrudin évoque Basquiat. Notez les influences pop art de Ratko Petrić et l'inquiétante sculpture de Stjepan Gračan, représentant un vieil homme pétrifié dans l'action. *Medulićeva 2 (au fond de la cour du palais du Provéditeur, 1er ét. à droite) Tél. (023) 211 174 Ouvert lun.-ven. 18h-22h Tarif 20kn, réduit 10kn L'aile sud du palais du Provéditeur étant endommagée, les œuvres sont exposées provisoirement dans le bâtiment de la Garde municipale (Gradska Straža) et dans la loge municipale voisine (Narodni Trg)*

☆ ☺ **Église Saint-Siméon / Crkva Sv. Šime (plan 12, C1)** Ses vives couleurs ocre et blanc attirent immédiatement l'œil. La basilique du Ve siècle vouée à saint Étienne, dont subsistent la partie basse du mur sud, son portail et ses sept fenêtres géminées, fut d'abord remaniée au Moyen Âge. En témoignent les baies et le portail gothiques du mur nord, les fresques du collatéral gauche, attribuées à Antonio Veneziano, et un splendide calice du XIVe siècle. Le portail principal date de 1572. C'est au XVIIe siècle que l'église prit son nom actuel, quand elle accueillit un chef-d'œuvre de l'orfèvrerie médiévale, la **châsse de Saint-Siméon**, réalisée par Francesco da Milano de 1377 à 1381. Offert à la municipalité par Élisabeth, fille du ban de Bosnie Stjepan Kotromanić et épouse du roi hungaro-croate Louis Ier d'Anjou, le précieux reliquaire abritant des ossements du saint demeura dans l'église Sainte-Marie-Majeure jusqu'à sa démolition, en 1570. Il fut ensuite conservé dans une chapelle du quartier avant d'être déposé, en 1632, sur le maître-autel de l'église Saint-Siméon. Le coffre en bois de cèdre surmonté du gisant du saint est entièrement sculpté et recouvert de 250kg d'argent et de nombreuses feuilles d'or. Sur le côté antérieur, face à la nef, sont représentées,

LE MARASQUIN
Le *maraschino*, ou marasquin, une liqueur à base de cerises acides titrant 25°, fut inventé au XVIe siècle par des apothicaires dominicains et se tailla une réputation internationale au XIXe siècle. Maraska, à Zadar, en perpétue la fabrication. **Maraska (plan 12, B2 n°41)** *Mate Karamana 3 Tél. 099 755 91 61 www.maraska.hr Ouvert juil.-août : lun.-ven. 9h-22h, sam.-dim. 9h-13h ; sept.-juin : lun.-sam. 9h-16h*

au centre, une *Présentation au Temple de l'Enfant-Jésus*, à gauche une exhumation du corps de Siméon et, à droite, l'entrée de Louis Ier d'Anjou dans Zadar. La châsse est soutenue par deux anges coulés en 1648 dans le bronze de canons turcs (un troisième, plus petit, se cache dessous). Dans l'abside nord, remarquez également la statue en marbre doré de la Vierge Theotokos (XIIIe s.) qui domine l'autel. *Trg Šime Budinića (au nord de la place Petra-Zoranića) Tél. (023) 211 705 Ouvert tlj. 8h-11h et 17h-19h*

Musée du Verre antique / Muzej antičkog stakla (plan 12, C1) Le palais Cosmacendi (1877) a été restauré et augmenté d'un pavillon pour accueillir le musée du Verre antique, ses réserves et services. Constituée pour l'essentiel de bijoux, de vaisselle, d'urnes funéraires et de miniatures en verre de la période romaine (Ier s. av. J.-C.-Ve s. de notre ère), la collection provient de différents sites archéologiques dalmates. Le musée détaille, par ailleurs, l'art des souffleurs de verre de l'Antiquité et son évolution, et un atelier, au 1er étage, permet de s'initier à cette technique. *Poljana Zemaljskog odbora 1 Tél. (023) 363 831 ou (023) 363 832 www.mas-zadar.hr Ouvert été : tlj. 9h-21h ; hiver : lun.-sam. 9h-16h Tarif 30kn, réduit 10kn*

Autour de la place Nationale

C'est en remontant Don Ive Prodana que vous rejoindrez la place principale de la vieille ville. Dirigez-vous vers le quartier étudiant de Varoš, au sud-ouest, en prenant la rue M. Klaića et en passant devant l'église Saint-Michel.

☺ **Rue Don Ive Prodana (plan 12, C1)** Admirez les belles façades gothico-Renaissance (XVe s.) du palais Grisogono, à l'extrémité sud-est de la rue, au coin de Smiljanić, et celle du palais Petrizio, à hauteur de l'église Saint-Siméon. Sur la place Nationale, à l'angle de Don Ive Prodana et de Jurja Barakovića, se remarque le palais Ghirardini, qui doit à Nicolas le Florentin la fenêtre ouvragée (1480) de son premier étage.

☆☺ **Place Nationale / Narodni trg (plan 12, B1-C1)** C'est la grand-place de Zadar depuis le Moyen Âge. Elle s'étend à l'intersection de l'artère principale, Široka ulica, et des rues menant au vieux quartier de Varoš d'un côté, et au port de l'autre. Si l'hôtel de ville (1934) en est la construction la plus récente et la plus imposante, vous pourrez entrer dans le café Lovre admirer les vestiges du plus vieil édifice de la place, l'église Saint-Laurent (Sv. Lovro, XIe s.). Du même côté se dresse le curieux bâtiment de la Garde municipale (Gradska straža), élevé en 1562 par Michele Sanmicheli et coiffé d'une tour d'horloge en 1798. Lui répond la loge municipale, érigée en 1565 par Sanmicheli et plusieurs fois remaniée depuis. Les baies vitrées furent ajoutées en 1885 pour protéger une ancienne bibliothèque.

Église Saint-Michel / Crkva Sv. Mihovila (plan 12, C2) Bâtie en 1390, remaniée au cours du XIXe siècle, elle présente une façade gothique simple. Crucifix du XIIe siècle à l'intérieur et, sur le portail, trois portraits provenant d'une stèle funéraire romaine. *M. Klaićeva 11 (au sud-ouest de la place Nationale) Tél. (023) 213 262 ou (023) 350 020 Ouvert tlj. 6h30-12h et 17h-19h*

☆ ☺ **Varoš (plan 12, B2-C2)** Le plus vieux quartier de la ville a beaucoup souffert lors de la Seconde Guerre mondiale, mais la jeunesse étudiante se l'est approprié et en a fait l'épicentre de la vie nocturne locale. *Au sud-ouest de la place Nationale, entre Špire Brusine et la Riva*

☺ **Marché / Tržnica (plan 12, B1)** Tout le quartier du marché, près de la passerelle piétonne, fut rasé par les bombes en 1944. Mais la vie a repris depuis ses droits, et ce marché saturé d'arômes et de couleurs, riche de ses primeurs, de ses fromages et de ses charcuteries artisanales, est l'un des plus animés de la région. À proximité, on distingue les ruines de l'église Sainte-Marie-Majeure, détruite en 1570 pour laisser place à la muraille vénitienne, et des vestiges de palais et des remparts médiévaux. *Dans le nord-est de la vieille ville, entre Vukšića et les fortifications*

☺ **Église Saint-Chrysogone / Crkva Sv. Krševana (plan 12, B1)** Le délicat décor toscan de son abside et de sa façade sud fait tout le charme de cette église romane aux dimensions pourtant imposantes. Elle fut érigée au XIIe siècle, sur le site d'un sanctuaire plus ancien, et dépendait d'un couvent bénédictin détruit par les bombes en 1944. Elle est rarement ouverte, mais si vous parvenez à y entrer, vous pourrez admirer quelques fresques d'origine et, sur le maître-autel, quatre statues en marbre blanc du Vénitien Tagliapietra (1701) représentant Anastasie, Zoïle, Chrysogone et Siméon, les quatre patrons de Zadar. Le campanile (1485-1546) est resté inachevé. *Angle de Poljana Pape Aleksandra III et de Brne Krnarutića Rens. à l'office de tourisme pour la visite*

Porte Saint-Chrysogone / Vrata Sv. Krševana (plan 12, B1) Achevée en 1573, cette porte maritime intègre, côté ville, un arc de triomphe romain. Sur le fronton apparaissent les armoiries de Zadar : une statue équestre de saint Chrysogone. De l'autre côté, face au port, le lion de Saint-Marc célèbre la victoire de la flotte chrétienne sur les Turcs, à Lépante en 1571. *À l'extrémité nord-est de Poljana Pape Aleksandra III*

Où boire un verre ?

Kavana Lovre (plan 12, B1 n°20) Si la belle terrasse de ce café, qui se déploie sur la place Nationale, justifie à elle seule que l'on s'y arrête, c'est son arrière-salle, qui se prolonge jusque dans la chapelle Saint-Laurent (*Lovre* en croate) qui en fait l'originalité. L'édifice religieux, dont l'architecture intègre des colonnes antiques, abrite deux petits cercueils de pierre. Petits déjeuners, jus de fruits frais, cocktails et coupes de glaces (25-40kn), et toutes sortes de cafés (de 8 à 15kn). *Trg Narodni Tél. (023) 212 678 Ouvert tlj. 7h-23h*

Caffe Galerija Đina (plan 12, B2 n°21) Ouvert depuis la fin des années 1970, le Caffe Đina est le repaire des artistes de la ville. La petite salle qui donne directement sur la rue fait office de galerie (chaque mois, un nouvel artiste y expose son travail), et accueille des soirées littéraires. Grand choix de cafés, fruits pressés, cocktails (25-40kn). Đina propose aussi, au-dessus du café, 3 chambres agréables et très bien équipées (375-600kn selon la saison), ainsi qu'un appartement (540-620kn). *Varoška 2 Tél. (023) 314 774 ou 091 324 7555 Ouvert tlj. 7h-0h*

Arkada (plan 12, C2 n°22) C'est le café des étudiants, et ce depuis des décennies. Ils se mêlent aux autres habitués et à des clients de passage sur la terrasse protégée par les frondaisons des arbres qui bordent la rue Ruđera Boškovićeva. *Ruđera Boškovićeva 6 Tél. (023) 211 368 ou 098 449 602 Ouvert tlj. 7h-1h*

Le quartier du forum

☆ ☺ **Forum romain / Zeleni trg (plan 12, B2)** Cette esplanade a beau être populeuse, envahie par les terrasses de cafés et les étalages de boutiques, et les soubassements de ses édifices antiques servir de circuit aux voitures électriques pour enfants, elle fait encore son effet. Le plus grand forum romain de Croatie (95m sur 45,5m) acquit sa forme définitive au IIIe siècle de notre ère. Des arcades monumentales couraient sur trois de ses côtés, et l'on distingue encore les fondations de boutiques au sud-est et au nord-est. Demeurent également quelques ruines de la basilique civile où se réglaient les affaires de la cité, au sud. Du temple dédié à la triade capitoline (Jupiter, Junon et Minerve), au nord-ouest, ne nous est parvenue qu'une colonne, aujourd'hui visible sur la place Petar-Zoranić. À mesure que le christianisme gagna de l'influence, le forum perdit la sienne. Ses édifices furent abandonnés au Ve siècle et ravagés par un incendie puis par un séisme au VIe siècle, avant de servir de carrière de remploi. Dans les années 1930, on démolit quelques bâtiments et les bombardements de 1943-1944 firent le reste. Le forum a été nettoyé de ses ruines à la fin des années 1960.

☺ **Musée archéologique / Arheološki muzej (plan 12, B1)** Ce vaste musée à la présentation soignée occupe un bâtiment moderne à l'est du forum. Le 2e étage évoque la préhistoire de la région : terres cuites du néolithique (6000-2500 av. J.-C.), armes des âges du cuivre (2500-2000 av. J.-C.) et du bronze (2000-900 av. J.-C.), bijoux, fibules, pièces de monnaie et céramiques peintes de l'âge du fer (IXe-Ier s. av. J.-C.), témoignant de l'essor de la civilisation liburnienne. Le 1er étage couvre la période du Ier siècle av. J.-C. au VIe siècle, soit essentiellement l'Antiquité romaine, mais aussi la fin de l'ère liburnienne et les prémices chrétiennes. Bas-reliefs, sculptures, stèles, dont celle du Pêcheur (IIIe s.), sarcophages, mosaïques, vaisselle du Ier au VIe siècle et statues des empereurs Claude et Auguste (Ier s.). Le rez-de-chaussée est dédié au haut Moyen Âge (VIIe-XIe s.) : bijoux, monnaies, armes et quelques beaux témoignages de la sculpture religieuse. *Šimuna Kožičića Benje Tél. (023) 250 516 Ouvert avr.-mai, oct. : lun.-sam. 9h-15h ; juin-sept. : tlj. 9h-21h ; nov.-mars : lun.-ven. 9h-14h, sam. 9h-13h Tarif 30kn, réduit 12kn*

Église Sainte-Marie-Mineure / Crkva Sv. Marije (plan 12, B2) Consacrée en 1091 à l'emplacement d'une église plus ancienne, elle dépend du couvent des Bénédictines qui abrite le musée d'Art sacré. Sa sobre façade témoigne de remaniements apportés à la Renaissance. L'intérieur surprend par le décor rococo de son chœur et de ses tribunes : des stucs moulurés d'une blancheur éclatante (1744) surmontés par la suite de grilles en fer forgé. La salle capitulaire, d'inspiration provençale, abrite la tombe de l'abbesse Vekenega (1111) et le campanile roman (1105-1111) érigé par le roi Koloman. *Madijevaca 12 et Trg Opatice Čike Tél. (023) 250 496 Ouvert tlj. pendant la messe 6h30-8h30 et sur rdv*

☆ ☺ **Musée d'Art sacré / Stalna zbirka Sakralne umjetnosti (plan 12, B2)** Ce fabuleux trésor, qui occupe deux ailes du couvent des Bénédictines, est fort bien mis en valeur par des lumières ambrées et une muséographie captivante. Il doit sa richesse aux bénédictines, qui, depuis le XIe siècle, l'ont alimenté et protégé. Le rez-de-chaussée abrite une collection lapidaire médiévale (stèles, chapiteaux, frises, bas-reliefs) et la reconstitution de l'église Sainte-Dominique, du XIe siècle. Au 1er étage sont réunis les fameux "Ors et Argents" ciselés par des orfèvres de Zadar : calices, ciboires, ostensoirs, croix processionnelles et surtout d'extraordinaires reliquaires, notamment un chef de saint Jacques (fin XIe s.), un bras de saint Isidore (XIIe s.) et un buste de sainte Marie-Madeleine (1332). À voir également des enluminures et peintures sacrées sur bois, dont une admirable série d'icônes romano-byzantines. Parmi les merveilles du 2e étage figurent des broderies au fil d'or, des statues de saints en bois polychrome du Vénitien Matteo Moronzon (XVe s.) et des tableaux de grands maîtres vénitiens, dont une *Assomption* de Lorenzo Luzzo (1520), ainsi que l'exceptionnel polyptyque réalisé par Vittore Carpaccio à la fin du XVe siècle pour la cathédrale Sainte-Anastasie. *Trg Opatice Čike 1 Tél. (023) 250 496 Ouvert été : lun.-sam. 10h-13h et 17h-19h, dim. et j. fér. 10h-13h ; hiver : lun.-sam. 10h-12h30 et 17h-18h30, dim. et j. fér. 10h-12h30 Tarif 30kn, réduit 10kn*

LE NORD DE LA DALMATIE

☆ ☺ **Église Saint-Donat / Crkva Sv. Donata (plan 12, B2)** Cette imposante rotonde, haute de 27m, est le monument emblématique de Zadar et l'un des trésors architecturaux de l'Europe préromane. Elle fut édifiée à la fin du VIIIe siècle par l'évêque Donat, probablement d'après la chapelle Palatine de Charlemagne, à Aix-la-Chapelle : deux cylindres emboîtés et flanqués, à l'est, de trois absides, sur le modèle carolingien. Ses solides murs extérieurs remploient des sculptures et blocs de pierre romains. L'intérieur est encore plus saisissant, d'autant que la charpente conique de l'édifice accentue l'impression de verticalité. Six robustes piliers rectangulaires délimitent le déambulatoire de la nef centrale, que deux colonnes romaines séparent du chœur. La galerie en rotonde du 1er étage est empruntée au modèle byzantin. Désacralisée depuis la fin du XIXe siècle, Saint-Donat accueille l'été des concerts de musique classique. *Šimuna Kožičića Benje Tél. (023) 250 516 Ouvert avr.-mai, sept.-oct. : tlj. 9h-17h ; juin-août : tlj. 9h-21h Tarif 20kn, réduit 12kn*

☆ ☺ **Cathédrale Sainte-Anastasie / Katedrala Sv. Stošije (plan 12, B1)** Elle fut élevée au XIIe siècle dans le style roman tardif sur les fondations d'une basilique paléochrétienne. Au XIIIe siècle, un rallongement de la nef donna à sa façade des caractéristiques toscanes : plusieurs séries d'arcatures aveugles que rythment, dans sa partie haute, de délicates colonnettes. Le tympan du portail principal, qui représente sainte Anastasie et probablement saint Chrysogone autour de la Vierge, date de 1324. À l'intérieur, une première surprise : les proportions de l'édifice. Sainte-Anastasie est, en effet, la plus grande cathédrale de Dalmatie. Sa nef centrale est trois fois plus large que les deux nefs latérales. Les bas-côtés, surmontés de petites galeries à arcades, abritent des autels, dont celui du Saint-Sacrement (nef droite), réalisé en 1719 par Viviani. Le chœur se distingue par son ciborium gothique (1332) et par ses superbes stalles sculptées par Moronzon avec le concours d'Ivan

Petrov (XVe s.). Dans la chapelle de l'abside gauche, on peut admirer des fresques du XIIIe siècle et le sarcophage en marbre du IXe siècle renfermant les reliques de sainte Anastasie. La crypte abrite un autel et des reliques de sainte Irène. La construction du **campanile**, lancée au XVe siècle, fut menée à bien par le Britannique T. G. Jackson en 1892. En gravissant ses 179 marches, vous bénéficierez d'un fabuleux panorama sur Zadar. *Trg Sv. Stošije Ouvert été : tlj. 8h-18h ; hiver : tlj. 8h-12h30* **Campanile** *Ouvert lun.-sam. 9h-21h Tarif 15kn*

Où trouver une idée de cadeau ?

Ars Natura (plan 12, B1 n°40) Ouvrant sur la rue, une salle voûtée et fraîche, au sol pavé séculaire, fourmille de bibelots, souvenirs et produits de la région (liqueurs, huiles essentielles, confitures, etc.). La particularité de la maison : tout est local et fait main ! *Široka 24 Tél. (023) 250 254 ou 098 874 319 Ouvert juin-oct. : tlj. 9h-21h*

Où prendre un café, assister à un concert ?

☺ **Arsenal (plan 12, A1 n°29)** Un véritable espace-concept, développé dans le décor grandiose d'un ancien arsenal vénitien. Tout à la fois café lounge (avec fauteuils moelleux de rigueur), restaurant, centre culturel (plusieurs salles de concert), galerie d'art, mais aussi point d'information touristique, espace wifi, l'Arsenal accueille également des boutiques (presse, vinothèque, souvenirs du musée archéologique) et une garderie. Indispensable pour appréhender le Zadar contemporain. *Trg Tri Bunara 1 Tél. (023) 253 833 www.arsenalzadar.com Ouvert lun.-mar. et sam. 8h-1h, ven.-sam. 8h-2h*

Où déguster une glace ?

Slastičarnica Donat (plan 12, B1 n°23) Le meilleur glacier de la ville, tout simplement. Sa petite salle et les quelques tables en terrasse donnent sur la place de la cathédrale Sainte-Anastasie. *Trg Sv. Stošije 4 Tél. (023) 250 829 www.donatice.hr Ouvert été : tlj. 7h-0h*

Le front de mer

Vaste, aéré, bordé de quelques belles façades, le front de mer (Riva) vous réserve de merveilleux moments de flânerie, au son (surprenant) des **orgues marines** (Morske orgulje) de Nikola Bašić activées par les vagues (plan 12, A2). L'architecte a également conçu non loin la **Salutation au soleil** (Pozdrav suncu), un grand cercle constitué de batteries solaires dont les jeux de lumière, à la tombée de la nuit, jettent d'étonnantes notes de couleur sur la promenade. De là, dirigez- vous vers l'apaisant monastère franciscain de Zadar et la pointe de la presqu'île, ou suivez la promenade jusqu'au port de Foša.

☺ **Quai du Roi-Petar-Krešimir-IV / Obala kralja Petra Krešimira IV (plan 12, A2-C2)** Après l'agitation de la vieille ville, le quai du Roi-Petar-Krešimir-IV, au sud-ouest de la presqu'île, s'impose comme une bouffée d'oxygène. La promenade est encore plus délicieuse au coucher du soleil. Aménagé en 1874, quand les remparts furent abattus, le quai vit fleurir des hôtels, cafés et autres établissements voués essentiellement à la villégiature. Certains établissements, détruits par les bombardements de 1943-1944, ont fait place à des immeubles sans grand charme et à des espaces verts. À l'extrémité sud-est de la Riva, près des fortifications et du petit port de Foša, vous remarquerez un vaste édifice jaune pâle (1906). Il abrite depuis 1956 plusieurs départements de la faculté des lettres et des sciences humaines de Zadar, la plus ancienne université croate (1396), réputée dans tout le pays pour son enseignement et pour le fonds tout à fait exceptionnel de sa bibliothèque.

KRALJSKI DALMATIN C'est le nom du premier journal en langue croate. Il parut à Zadar de 1806 à 1812, alors que la ville faisait partie des Provinces illyriennes françaises.

Monastère Saint-François / Samostan Sv. Frane (plan 12, A2) Consacrée en 1280, Saint-François est la plus vieille église gothique de Dalmatie. Sa façade, très sobre, présente tout de même une gracile fenêtre géminée, au-dessus d'un portail baroque de 1780. À l'intérieur, l'un des nombreux autels baroques qui bordent la nef (côté sud) porte un tableau signé de Palma le Jeune (XVIe s.). Le chœur abrite de remarquables stalles dues à Giacomo di Borgo (1394). En traversant la sacristie, où fut signé, le 18 février 1358, le traité de paix entre Louis Ier d'Anjou et la Sérénissime République, on accède au trésor. Ce dernier recèle, notamment, de précieux manuscrits enluminés, un splendide polyptyque d'Ivan Petrov (1450) et un grand crucifix de style romano-byzantin du XIIe siècle. *Trg Sv. Frane 1 Tél. (023) 250 468 Ouvert lun.-sam. 9h-18h (trésor ouvert seulement juin-sept.) Tarif 15kn, réduit 5kn*

Où boire un verre ?

Tramonto (plan 12, B2 n°26) Sa situation sur la vaste promenade du quai Krešimir est l'une des plus privilégiées de la ville, avec sa vue parfaitement dégagée sur le Zadarski kanal et l'île d'Ugljan. Installez-vous à sa terrasse pour profiter de cet emplacement unique en sirotant un rafraîchissement ou un apéritif (la cuisine, classique, n'a elle vraiment rien d'extraordinaire). ***Forum*** *Obala Petra Krešimira IV Tél. (023) 316 532 ou 099 610 8140 Ouvert tlj. 10h-0h*

Brazil (plan 12, A2 n°27) Emplacement idéal, brise marine rafraîchissante, banana split et autres coupes glacées, salades de fruits, gâteaux et vaste choix de boissons : les ressources du Brazil sont infinies et parfaitement adéquates pour faire une pause en attendant le moment propice pour admirer le spectacle lumineux offert par la "Salutation au soleil" voisine. *Kralja Petra Krešimira IV bb (juste derrière les orgues marines) Tél. 091 208 5561 Ouvert tlj. 9h-21h*

Où s'offrir un *gelato* ?

Eva (plan 12, B2 n°28) Petit glacier italien installé en 2012 et qui s'est rapidement fait un nom. Peu de parfums, mais des glaces aussi crémeuses que goûteuses ! Coupe simple pour seulement 8kn. *Milhovila Pavlinovića 8 Tél. (023) 251 909 Ouvert été : tlj. 10h-22h*

Les environs de Zadar

☆ **Les essentiels** La cité fortifiée de Nin **Découvrir autrement** Randonnez au bord du lac Vrana

☆ ☺ **Nin** Cette adorable cité fortifiée (1 700 hab.), posée sur un îlot au milieu d'une lagune, est interdite aux voitures. Il faudra vous garer sur la terre ferme, près de l'office de tourisme. Colonisée par les Illyriens, urbanisée par les Romains, sous le nom d'Ænona, Nin s'imposa du IXe au XIIIe siècle comme une des capitales des souverains croates. Mais les guerres opposant les Ottomans aux Vénitiens, devenus ses maîtres en 1328, lui valurent un déclin durable. La porte Inférieure (XVe-XVIIIe s.), au-delà du petit pont, en demeure l'entrée principale. Branimirova ulica vous mènera à l'église paroissiale **Saint-Anselme** (Sv. Anselmo), dont le trésor renferme de précieux reliquaires et autres pièces d'orfèvrerie sacrée du IXe au XIVe siècle. Derrière cette église s'en cache une autre, minuscule et toute blanche, Sainte-Croix (Sv. Križ, IXe s.), présentée comme "la plus petite cathédrale du monde". Pour mieux apprécier la grandeur passée de Nin, visitez son joli **Musée archéologique**, sur la place principale (poteries et bijoux préhistoriques, mosaïques et bas-reliefs antiques, sculpture médiévale et, dans la cinquième salle, deux bateaux du XIe s.). Derrière le musée (par la rue Šubića Bribirskih), vous pourrez voir les vestiges d'un grand temple du Ier siècle. Enfin, avant de quitter l'île, faites une petite promenade sur ses quais, auxquels sont amarrées des barques du chenal aux couleurs changeantes qui sépare Nin de Pag. Sur la route de Zadar, à 300m au sud de Nin, vous aurez remarqué la minuscule église Saint-Nicolas (Sv. Nikola, XIIe s.), dressée sur son tertre. Cette chapelle de plan trilobé fut coiffée d'une tour de guet au XVIe siècle. La légende raconte que les rois croates couronnés à Nin allaient y jurer de protéger le peuple. En suivant la route dans la direction opposée, vers le nord, vous pourrez gagner l'île de Vir, véritable front touristique pionnier. Aucun intérêt culturel, mais l'envoûtant paysage minéral de Pag et du Velebit. Pour trouver des plages (presque) désertes, poursuivez jusqu'à Lozice. *15km au nord-ouest de Zadar* **Office de tourisme** *Trg braće Radića 3 Tél. (023) 265 247 ou (023) 264 280 www.nin.hr Ouvert été : lun.-ven. 8h-15h, sam. 8h-12h* **Trésor de Saint-Anselme** *Tél. (023) 264 162 Ouvert lun.-sam. 10h-12h30 et 17h30-21h30 Tarif 10kn, réduit 5kn* **Musée archéologique / Muzej ninskih starina** *Trg Kraljevac 8 Tél. (023) 264 160 Ouvert avr.-mai, oct. : lun.-sam. 9h-14h ; juin-août : tlj. 9h-22h ; nov.-mars : ven. 9h-14h, sam. 9h-13h Tarif 30kn, réduit 12kn*

Biograd na Moru Cette station balnéaire a su tirer parti de la proximité du lac Vrana (Vransko Jezero), de l'île de Pašman, que ses ferries desservent tous les jours, et de l'archipel des Kornati. Mais, si l'on écarte son petit **Musée archéologique et historique** (dépôt lapidaire, vaisselle, céramiques, armes), ses attraits sont bien minces. *30km au sud-est de Zadar (la plupart des cars pour Šibenik et Split s'y arrêtent)* **Office de tourisme** *Trg hrvatskih velikana 2 Tél. (023) 383 123 www.tzg-biograd.hr Ouvert été : lun.-sam. 8h-20h, 8h-12h* **Musée archéologique et historique / Zavičajni muzej** *Sur le front de mer, signalé par une ancre Tél. (023) 383 721 Ouvert été : lun.-ven. 8h-14h et 18h-21h, sam. 10h-12h et 18h-21h ; hiver : lun.-ven. 9h-15h Tarif 10kn*

Parc naturel du lac Vrana / Park prirode Vransko jezero Ce beau lac opalescent est le plus grand de Croatie (30km^2). Particulièrement poissonneux (carpes, brochets et anguilles), il attire pêcheurs… et échassiers. Sa rive nord-ouest, constituée en réserve ornithologique, accueille une centaine d'espèces d'oiseaux migrateurs. *Entrée à Pakoštane, 5km au sud de Biograd na Moru (tous les cars circulant entre Zadar et Šibenik s'arrêtent à Biograd) Tarif 20kn, réduit 10kn* **Bureau du parc** *Kralja P. Svačića 2* **Biograd na Moru** *(1er étage du marché couvert, face à la gare routière) Tél. (023) 383 181 ou (023) 386 452 www.pp-vransko-jezero.hr Ouvert été : lun.-ven. 8h-16h*

Aller à la plage La plage "officielle" la plus proche du centre de Zadar (certains se baignent devant les fortifications orientales, au bout de la Riva) est celle de l'hôtel Kolovare. Vous trouverez quelques plages de rochers ou de galets le long du quai Kneza Trpimira, ainsi que tout autour de la péninsule de Puntamika, au nord de la vieille ville, et devant les hôtels du complexe de Borik (sablonneuses pour certaines). Nombreuses plages de sable ou de galets le long de la riviera jusqu'à Biograd na Moru au sud, Vir au nord (splendides panoramas).

Se balader à pied, à vélo ou à cheval Demandez à l'office de tourisme de la région de Zadar, ou à celui de Biograd na Moru, la carte qui recense les sentiers de randonnée cycliste autour du lac Vrana : *Bike by Vransko Jezero*. Quatre itinéraires proposés, ainsi que des chemins de randonnée pédestre.
Konjički Centar Libertas Présent selon la saison en plusieurs lieux de Croatie, ce centre équestre prend ses quartiers d'été au Zaton Resort, près de Nin. Il y dispense des cours et organise des promenades à cheval pour petits et grands, notamment le long de la mer. *Zaton Holiday Resort* **Nin** *Tél. 098 472 227 info@horse-center-libertas.hr Ouvert mi-mai-sept.*

Plonger
Zlatna Luka Diving Center Un centre qui s'adresse tout autant aux débutants qu'aux plongeurs confirmés. Comptez 450kn la demi-journée incluant l'équipement et 2 plongées, et env. 600kn la journée dans les eaux des îles Kornati. *Marina Dalmacija* **Sukošan** *(8km env. au sud de Zadar) Tél. 091 252 8021 www.diving-zlatnaluka.net*

CARNET D'ADRESSES

Lieux de sortie

clubs

Podroom Night Club (plan 11, C2 n°10) L'ancien Forum aux portes de la vieille ville mise tout sur le plaisir des danseurs. Et ça marche : sa vaste piste pouvant accueillir jusqu'à 500 personnes est très fréquentée, surtout par des trentenaires, qui se déchaîne dans une ambiance bon enfant. *Marka Marulića bb* **Zadar** *Tél. 099 420 8202 ou 099 749 8451 http://podroom.club Ouvert été : ven.-sam. 0h-6h ; hiver : jeu.-sam. 23h-4h*

The Garden (plan 12, A1 n°24) Ce lounge bar branché de Zadar domine le port du bout de la presqu'île. Trip hop, reggae, funk et électro font partie de la playlist des DJ engagés par des propriétaires de renom : le producteur et le batteur de UB40. *Bedemi zadarskih pobuna 5* **Zadar** *Tél. (023) 250 631 www.watchthegardengrow.eu www.thegarden.hr Ouvert mai-sept. : tlj. 10h-1h*

LE NORD DE LA DALMATIE

salle de spectacle

Théâtre national croate / Hrvatska Kazališna Kuća Zadar (plan 12, B1 n°25) *Široka 8 Zadar Tél. (023) 314 552 www.hnk-zadar.hr*

Restauration

Vous trouverez dans le quartier de Varoš de petites *konobe* proposant des assiettes de sardines grillées, de fromage ou de jambon cru à des prix abordables. Idéal pour grignoter.

petits prix

☺ **Barbakan (plan 12, C2 n°6)** C'est le self-service de l'université voisine, ouvert à tous. On déjeunera donc au milieu des étudiants de plats simples à prix doux dans un décor magistral de vieilles pierres, en salle ou dans la cour médiévale. Original et avantageux ! *Ruđera Boškovića 5 Zadar Tél. (023) 300 970 Ouvert lun.-ven. 11h-16h30 et 17h30-20h, sam.-dim. 11h-14h30*

Canzona (plan 12, B2 n°1) Si l'adresse est prise d'assaut, elle le doit sans doute à la chaleur de sa salle et à sa petite terrasse sur Stomorica, au cœur du quartier animé de Varoš, mais surtout à sa carte de pizzas, plus savoureuses les unes que les autres, des classiques *calzone* ou 4 fromages aux spécialités de la maison, telles que la Croatica ou la Fantasia. Comptez 40-65kn la pizza. CB non acceptée. Face à la pizzeria, une version **trattoria** a ouvert ses portes, avec au menu grill, fruits de mer et poissons. *Stomorica 8 Zadar Tél. (023) 212 081 Ouvert tlj. 10h-23h*

Konoba Stomorica (plan 12, B2 n°8) Peut-être la plus ancienne *konoba* de la ville, une institution appréciée des habitants de la ville pour la qualité de sa cuisine, la générosité des portions, les prix raisonnables et les soirées musicales où des chanteurs viennent interpréter les standards folkloriques. Comptez de 70 à 130kn pour un repas. *Stomorica 12 Zadar Tél. (023) 315 946 Ouvert tlj. 10h-0h*

prix moyens

Bruschetta (plan 12, B2 n°9) Cette pizzeria-spaghetteria doit son succès (l'attente peut être longue et la réservation est très conseillée) aux produits frais locaux servant à la composition des classiques de la cuisine italienne, le tout pour une addition limitée. Comptez de 80 à 150kn pour un plat et un dessert. *Mihovila Pavlinovića 12 Zadar Tél. (023) 312 915 Ouvert tlj. 11h-23h*

☺ **2Ribara (plan 12, B2 n°10)** Bien connue des habitants de Zadar, cette adresse régale les gourmands grâce à une carte variée et originale à prix raisonnables. Dans une belle salle délibérément moderne ou en terrasse, on déguste de copieuses assiettes :

Et aussi...

Shopping
Maraska ____ 351
Ars Natura ____ 356

Cafés, bars
Kavana Lovre ____ 353
Caffe Galerija Đina ____ 353
Arkada ____ 354
Arsenal ____ 356
Tramonto ____ 357
Brazil ____ 357

Glaciers
Slastičarnica Donat ____ 356
Eva ____ 357

assiette des "deux pêcheurs" (anchois marinés, anchois salés, poulpe, jambon fumé, fromage et terrine de thon) pour 260kn pour deux, baudroie grillée au jambon dalmate 100kn, assiette de viandes grillées (filet de bœuf, escalope de porc, escalope de veau, steak haché, dinde et frites !) 210kn pour deux. Belle carte de pâtes, gnocchis et pizzas géantes cuites au feu de bois, et possibilité de commander le vin au verre. Menus attractifs pour les adultes et menus enfants à 35 ou 45kn. *Blaža Jurjeva 1* ***Zadar*** *Tél. (023) 213 445 www.restorani-zadar.hr Ouvert tlj. 12h-23h*

☺ **Konoba Skoblar (plan 12, C1-C2 n°11)** Le restaurant préféré des journalistes, gens de théâtre et professeurs de la faculté, tenu par un ancien footballeur ayant longtemps joué en France (son frère n'est autre que Josip Skoblar, célèbre joueur de l'OM des années 1970) : la maison est donc très francophile. Installé en terrasse – qui occupe seule la place du théâtre –, goûtez à l'atmosphère tranquille et savourez des plats pleins de saveurs, coquillages, mollusques du jour ou quelques spécialités originales (filet de baudroie sauce aux truffes, 200kn). Comptez de 160 à 200kn pour un repas moyen. *Trg Petra Zoranića bb* ***Zadar*** *Tél. (023) 213 236 ou 098 962 5545 Ouvert tlj. 11h-23h*

Zlatni Vrtić (plan 12, B2 n°2) Une cour intérieure, quelques tables : voici le "Petit Jardin d'Or", restaurant familial sans prétention qui a eu la bonne idée d'installer son grill dehors, comme pour mieux allécher ses clients avec l'irrésistible fumet des grillades. Carte simple et restreinte (quelques poissons, viandes et fruits de mer). Comptez 120-180kn pour une entrée et un plat (le poisson est plus cher). *Plemića Borelli 12* ***Zadar*** *Tél. (023) 214 076 Ouvert tlj. 9h-23h*

prix élevés

Lungo Mare (plan 11, B1 n°1) Installé à Brodarica, ce restaurant à la jolie terrasse ombragée par de grands pins est réputé pour sa cuisine de la mer. Comptez de 150 à 300kn. *Obala kneza Trpimira 23 Brodarica* ***Zadar*** *(au fond d'une petite anse, entre Puntamika et la vieille ville) Tél. (023) 331 533 www.lungo-mare.com Ouvert tlj. 11h-23h*

Niko (plan 11, A2 n°3) Ce charmant établissement du bord de mer vaut autant pour la vue qu'il offre sur Zadar et la côte que pour son ambiance chaleureuse et décontractée. Belle salle climatisée, aux tables séparées par des massifs de plantes, disposition propice à l'intimité. Au menu, une délicieuse cuisine dalmate à base de poisson, de coquillages et de crustacés, avec une spécialité : les pâtes vertes aux langoustines (100kn). Des *klape* (chanteurs a cappella) s'y produisent souvent. Voir également Hébergement (p.363). *Obala kneza Domagoja 9 (Puntamika)* ***Zadar*** *Tél. (023) 337 888 www.hotel-niko.hr Ouvert tlj. 12h-0h*

Foša (plan 12, C2 n°5) Certes, le poisson y est délicieux et le service très cour-

GAMME DE PRIX	RESTAURATION	HÉBERGEMENT
Très petits prix	moins de 75kn	moins de 300kn
Petits prix	de 75 à 120kn	de 300 à 450kn
Prix moyens	de 120 à 180kn	de 450 à 600kn
Prix élevés	de 180 à 250kn	de 600 à 1 100kn
Prix très élevés	plus de 250kn	plus de 1 100kn

tois, mais c'est pour la vue sur le petit port de Foša et sur les fortifications orientales que l'on se précipitera à la terrasse de ce restaurant. Un classique de Zadar qui, à la tombée de la nuit, peut se révéler aussi convivial que romantique. Plats 160-230kn à la carte, menu à midi 150kn, autres menus à partir de 250kn. *Kralja Dmitra Zvonimira 2* ***Zadar*** *Tél. (023) 314 421 www.fosa.hr Ouvert tlj. 12h-0h*

Dans les environs

prix moyens

Restaurant Arkada L'un des restaurants les plus appréciés de Biograd na Moru. Cadre sans fioritures mais plutôt sympathique, et accueil chaleureux. Terrasse ombragée. Comptez 120-150kn à la carte pour un repas, et env. 300kn le kg de poisson. Belle sélection de blancs secs AOC (cépages cabernet, *graševina*, pinot, *žlahtina* de l'île de Krk...) et de rouges (*plavac*, merlot, *dingac*...). Env. 120kn la bouteille. *Šetalište Držića 3* ***Biograd na Moru*** *Tél. (023) 385 303 ou 098 757 394 www.restoran-arkada.com Ouvert mi-fév.-mi-jan. : 11h-23h*

Hébergement

La plupart des hôtels sont regroupés à Borik et à Puntamika, 5km au nord-ouest de la vieille ville. Un grand nombre de *pansions* et chambres d'hôtes sont aussi rassemblées dans le nord de la ville moderne, entre Put Dikla et la côte. Pour tout séjour de moins de 3 ou 4 nuits, pensez à majorer de 20% à 30% les prix indiqués selon les établissements.

camping

Autokamp Borik (plan 11, A1 n°20) Agréable camping 2 étoiles ombragé sous les pins de Borik. Supermarché, restaurant, bar et bureau de change. Comptez à partir de 240kn pour deux avec une tente et une voiture en juillet-août. *Majstora Radovana (Borik)* ***Zadar*** *Tél. (023) 206 599 ou (023) 206 555 www.campingborik.com Ouvert mai-sept.*

auberge de jeunesse

Zadar Youth Hostel (plan 11, A2 n°21) Chambres de 1 à 8 lits superposés, propres, tout près des plages et de l'arrêt des bus (lignes 5 et 8 en direction du centre). Coffre-fort à la réception pour les objets de valeur, espace wifi, service de blanchisserie, location de ventilateurs, restaurant. Comptez à partir de 130kn (lit en dortoir) en juil.-août, avec douche et WC communs, petit déj. compris. Chambre double avec salle de bains 540kn/pers. à la même période. Possibilité d'opter pour une demi-pension ou une pension complète. Carte des AJ obligatoire (délivrée le cas échéant pour 60kn). *Obala kneza Trpimira 76 (Borik)* ***Zadar*** *Tél. (023) 331 145 ou 099 211 73 02 www.hfhs.hr Ouvert avr.-oct. : tlj. 24/24 ; nov.-mars : 8h-14h et 18h-0h*

prix élevés

Hotel Mediteran (plan 11, A1 n°22) La famille Ćoza a prouvé sa fibre hôtelière depuis plusieurs décennies. Son hôtel de 30 chambres, proche des plages de Borik, offre un service aux petits soins et des prestations très honnêtes. Le buffet de petit déjeuner vaut particulièrement le détour (jus d'orange fraîchement pressé). Clim., wifi, parking (fermé pour les motos) et location de vélos. Comptez à partir de 700kn pour une double "standard" en saison, 850kn pour une "confort". *Matije Gupca 19 (Borik)* ***Zadar*** *Tél. (023) 337 500 www.mediteran.hr*

☺ **Villa Hrešć (plan 11, B1 n°24)** Bien moins excentrée que les autres hôtels de sa catégorie, cette villa toute méditerranéenne dispose de 2 chambres et 6 appartements (1 ou 2 chambres). Pas de paillettes superflues, mais un confort agréable parfaitement adapté à la villégiature. Piscine, plage en contrebas et vue sur le port et la baie... Restaurant de qualité. À partir de 650kn la double selon la saison. *Obala kneza Trpimira 28* ***Zadar*** *(dans Brodarica, à mi-chemin de la vieille ville et de Puntamika, au nord-ouest) Tél. (023) 337 570 www.villa-hresc.hr*

prix très élevés

Kolovare (plan 11, C2 n°23) Ce gros hôtel austère propose 191 chambres et 12 suites sans charme particulier, mais très confortables et à la hauteur de leur catégorie. Piscine, restaurant, bar, salon de coiffure, accès à la mer. Comptez 900-1 400kn la double. *Bože Peričića 14 (Ravnice)* ***Zadar*** *Tél. (023) 203 200 ou (023) 211 017 www.hotel-kolovare.com*

Niko (plan 11, A2 n°25) Un confort parfait, accompagné d'un charme un peu désuet : la décoration bourgeoise et fastueuse rappelle le luxe colonial des années 1950, avec ses meubles anciens, sa moquette épaisse et le couvre-lit brodé... Accueil et service affables et chaleureux. Comptez de 1 000 à 1 300kn pour une chambre double. *Obala kneza Domagoja 9 (Puntamika)* ***Zadar*** *Tél. (023) 337 880 www.hotel-niko.hr*

☺ **Art Hotel Kalelarga (plan 12, B1 n°30)** Ouvert en 2012 en plein centre de la vieille ville, ce "boutique-hôtel" ne propose que quelques chambres (9 doubles et un appartement), mais du style, du charme et un certain standing. L'appartement juché au sommet dispose d'une terrasse équipée d'un grand parasol, d'un petit jacuzzi et de trois Velux (celui de la salle de bains encadre le clocher de la sentinelle). Au rez-de-chaussée, un restaurant, le Gourmet Kalelarga, complète l'offre (cuisine soignée, pâtisserie maison et très belle carte des vins). Comptez à partir de 1 550kn pour une double avec petit déjeuner à la carte, 2 400kn pour l'appartement. *Majke Margarite 3* ***Zadar*** *Tél. (023) 233 000 www.arthotel-kalelarga.com*

Falkensteiner Hotel Adriana (plan 11, A1 n°26) L'un des deux 4-étoiles du groupe Falkensteiner à Borik. Les 48 chambres sont décorées dans un style original mélangeant les essences de bois et les tons clairs (grand balcon, parquet, claustra coulissante séparant le salon, baie vitrée entre la salle de bain et la chambre, baignoire et douche). Superbe jardin à l'anglaise, grande piscine et restaurant de qualité. Environ 2 400kn la double standard en été (1 050kn en basse saison), demi-pension possible. *Majstora Radovana 7 (Borik)* ***Zadar*** *Tél. (023) 206 636 ou (023) 555 600 www.adriana.falkensteiner.com Ouvert avr.-déc.*

Hotel Bastion (plan 12, A1 n°31) Le même propriétaire que l'établissement précédent, et le même concept de "boutique-hôtel", cette fois-ci installé dans les murs d'un ancien château vénitien. Décoré avec beaucoup de goût, dans le respect d'une architecture séculaire, le Bastion, avec ses 23 chambres doubles (baignoire ou douche) et 5 suites (dont certaines avec jacuzzi et balcon) s'honore d'accueillir les stars de passage à Zadar, désireuses de confort et d'intimité. En sous-sol, les fondations préservées abritent un centre de bien-être (sauna, spa, salles de massage, espace fitness). Le Kaštel, restaurant gastronomique

LE NORD DE LA DALMATIE

de l'hôtel, mérite amplement sa très bonne réputation. Comptez 1 900kn pour une chambre en haute saison, à partir de 2 600kn pour une suite. *Bedemi zadarskih pobuna 13* ***Zadar*** *Tél. (023) 494 950 www.hotel-bastion.hr*

Dans les environs

camping

Camping Soline Beau camping 4 étoiles au bord de l'eau, juste au sud de Biograd, ombragé par une pinède. Nombreux équipements (piscine, supérette, café Internet...). Env. 280kn pour deux avec emplacement. *Put Solina 17* ***Biograd na Moru*** *Tél. (023) 383 351 www.campsoline.com*

prix très élevés

Hotel Adriatic Ilirija, grosse agence de Biograd, gère plusieurs hôtels : Ilirija, Kornati, Villa Donat ou encore Adriatic, ce dernier constituant sans doute la meilleure affaire. Rénové avec goût, il affiche les tarifs les plus raisonnables des quatre, pour un confort équivalent. Comptez à partir de 830kn pour une double en pleine saison. *Tina Ujevića 7* ***Biograd na Moru*** *Tél. (023) 383 556 www.ilirija biograd.com Ouvert avr.-oct.*

☆ ☺ PARC NATIONAL PAKLENICA

23244

Le parc national Paklenica (Starigrad i Nacionalni Park Paklenica), créé en 1949, s'étend sur 96km² autour des deux profondes gorges que la Velika Paklenica et la Mala Paklenica ont creusées dans le flanc sud-ouest du Velebit. Ses paysages permettent de mesurer toute la complexité du relief de cet impressionnant massif karstique. La forêt en occupe, toutefois, près des deux tiers : d'abord méditerranéenne (genévriers, chênes verts, pins d'Alep, figuiers), à basse altitude, puis montagnarde et subalpine : hêtres, ifs, sapins et surtout ces pins noirs dont la résine (*paklina*), qui servait jadis à calfater les coques de bateau, a donné son nom au parc. Dans cette forêt, l'une des plus vieilles du bassin méditerranéen, cohabitent des milliers d'espèces végétales et animales - dont quelques loups, ours et lynx et l'unique colonie de vautours fauves de Croatie continentale. Installée au pied du massif, sur le canal du Velebit, la station balnéaire de Starigrad Paklenica est le camp de base le plus proche de ce paradis des alpinistes, des randonneurs et de tous les amoureux de la nature.

LE VELEBIT Classé réserve internationale de la biosphère depuis 1978, le Velebit dessine un arc montagneux parallèle au littoral Adriatique, du col du Vratnik, au-dessus de Senj (p.262), au cours de la Zrmanja. Ce massif karstique, le plus long de Croatie (145km), est aussi l'un des plus spectaculaires. Sa façade occidentale, dénudée, plonge dans la mer, tandis que son versant oriental est prolongé par le haut plateau boisé de la Lika.

MODE D'EMPLOI

accès

EN VOITURE
Voie d'entrée du parc, Starigrad Paklenica est situé 45km au nord-est de Zadar. Une bifurcation, au sud-est de la ville, permet d'accéder au parc, près de Marasovići (1km), et au canyon de la Velika Paklenica. Seline, 3km au sud-est de Starigrad, est plus près des gorges de la Mala Paklenica.

EN CAR
La plupart des cars – une quinzaine/j. l'été – qui circulent entre Zadar, Split ou Dubrovnik, et Rijeka (ou l'Istrie) s'arrêtent à Starigrad Paklenica. Départs de Zadar entre 8h et 1h05 (trajet 45min). Une navette spéciale part tous les matins de Zadar à 7h et repart du parc à 16h (capacité 20 pers.).

orientation

Le parc s'étend sur 96km², en majeure partie sur le flanc maritime du Velebit. Il commence dans l'arrière-pays de Starigrad et de Seline, à environ 1km de la côte, et s'élargit en direction du nord-ouest à mesure qu'il gagne en altitude.

informations touristiques

Les deux bureaux suivants disposent de cartes précises des itinéraires de randonnée aménagés dans le parc.
Office de tourisme de Starigrad *Trg Tome Marasovića 1 Tél. (023) 369 245 www.rivijera-paklenica.hr*
Bureau du parc / Nacionalni Park Paklenica *Dr F. Tuđmana 14a* ***Starigrad*** *Tél. (023) 369 155 ou (023) 369 202 www.np-paklenica.hr Ouvert été : tlj. 6h30-20h ; hiver : 8h-17h*
Association croate des sports de montagne / Hrvatski Planinarski Savez Nombreuses informations sur l'escalade, la spéléologie, la randonnée en montagne. *Kozarčeva 22* ***Zagreb*** *Tél. (01) 482 3624 www.hps.hr*

informations pratiques

Vous pourrez retirer de l'argent à la Splitska Banka et changer vos devises au bureau de poste de Starigrad (face au restaurant Miramar).

fêtes et manifestations

Millet Rise Up Speed Climbing Le parc accueille cette grande compétition d'alpinisme. *Rens. bureau du parc www.np-paklenica.hr Fin avr.-début mai*

DÉCOUVRIR

Le parc national Paklenica

☆**Les essentiels** Le canyon de la Velika Paklenica, les galeries de stalactites de la grotte de Manita Peć **Découvrir autrement** Faites l'ascension du mont Vaganski pour profiter du panorama

Avec 100 000 visiteurs par an (de 600 à 700/j. l'été), dont un tiers d'alpinistes, le parc Paklenica est l'un des plus fréquentés du pays. C'est en avril-mai (meilleure saison pour l'escalade) et en septembre-octobre qu'il réserve les promenades et découvertes les plus agréables. Prévoyez des chaussures et des vêtements adaptés, des vivres et beaucoup d'eau, et procurez-vous une carte du site au bureau du parc. Les quelque 150km de sentiers balisés du parc offrent de nombreuses possibilités de balade à la journée et plusieurs sentiers éducatifs proches de l'entrée permettent de découvrir de splendides panoramas quel que soit son niveau. Vous pouvez vous faire conseiller, selon le temps dont vous disposez, au bureau du parc. *Tél. (023) 369 202 www.paklenica.hr Ouvert été : tlj. 6h30-20h ; hiver : tlj. 8h-17h Tarif mai-sept. 50kn, réduit 30kn, reste de l'année 40kn, réduit 20kn ; supplément grotte de Manita Peć 20kn, réduit 10kn ; visites guidées du parc 400kn la demi-journée (4h), 800kn la journée (à réserver au moins une semaine avant) En juil.-août, en cas d'affluence, des navettes relient les parkings*

LE RENDEZ-VOUS DES GRIMPEURS
Avec plus de 400 voies, presque toutes équipées, sur des parois de 40 à 350m de haut, le parc constitue l'un des cinq meilleurs sites d'escalade d'Europe. Le permis indispensable coûte selon la saison de 80 à 100kn (réduit 60/40kn) pour 3 jours et de 120 à 150kn pour 5 jours.

Starigrad Même si la fondation de Starigrad remonte à l'Antiquité, seules la charmante église Saint-Pierre (Sv. Petar, XIe s.), les quelques stèles anciennes parmi les herbes folles de son cimetière et les ruines d'une tour du XVIe siècle rendent aujourd'hui compte de cette longue histoire. De Novigrad (Novigradsko more), sur la route de Zadar, splendide panorama sur la côte. *45km au nord-est de Zadar*

☆ ☺ **Du canyon de la Velika Paklenica à la cabane de Lugarnica** Vous pourrez, selon l'affluence, laisser votre voiture sur le premier parking (à l'entrée principale du parc) ou 1,5km plus loin, à l'entrée du canyon. En gravissant le sentier abrupt qui remonte le spectaculaire canyon de la Velika Paklenica, vous verrez sûrement des alpinistes aux prises avec les parois de cette gorge, haute, par endroits, de 400m et longue de 14km. La pente s'adoucit peu à peu et le sentier débouche, à 250m d'altitude, sur le plateau d'Anića Luka, couvert d'une forêt de hêtres, de chênes blancs et de pins. Une première bifurcation, sur la droite (à 30-45min de marche du second parking), grimpe vers l'Anića Kuk. Ce sommet de 712m apprécié des alpinistes pour sa paroi de 450m, est le premier du parc à avoir été conquis (1938). Le sentier principal continue de suivre le fond verdoyant de la vallée de la Velika Paklenica, qui s'élargit peu à peu. Environ 1km en amont d'Anića Luka (soit 1h15 de marche du deuxième parking), vous pourrez prendre, à gauche, la sente raide et tortueuse qui grimpe jusqu'à la ☆ **grotte de Manita Peć**, seule grotte parmi les 70 que compte le parc ouverte au public. Ce "Poêle fou" recèle 175m de galeries remplies de stalactites, de stalagmites et autres concrétions aux formes insolites, parfois vieilles de 80 000 ans. La dérivation gravit ensuite le Vidakov kuk (866m, splendides points de vue, par temps clair) avant de redescendre vers le village de Ramići et de rejoindre le sentier principal à hauteur de la **cabane de Lugarnica** (440m d'altitude) où l'on peut se restaurer simplement. Cette dernière se trouve à 2h de marche du second parking si l'on ne s'écarte pas du sentier principal. Passé Lugarnica, on débouche sur un vaste plateau d'où l'on aperçoit, au loin, derrière les hêtres et les pins noirs, les sommets de la haute Velika Paklenica. Le refuge de Planinarski Dom est alors à 1,5km. **Grotte de Manita Peć** *Comptez 1h30 de* *marche à partir du parking Ouvert avr. : sam. 10h-13h ; mai-juin, oct. : lun., mer. et sam. 10h-13h ; juil.-sept. : tlj. 10h-13h Billet à l'entrée du parc (voir ci-dessus) Visite obligatoirement guidée de 25min*

Gorge de la Mala Paklenica Elle est moins impressionnante mais aussi moins fréquentée que celle de la Velika Paklenica, car d'un accès plus difficile. Attention ! Vu l'étroitesse de la gorge (moins de 2m de large à certains endroits), les précipitations et la montée des eaux du torrent peuvent rendre certains passages impraticables au printemps et en automne. Belles parois karstiques de 300m de haut. Près de l'entrée, un **centre éducatif** propose de découvrir la faune présente dans le parc, et notamment de nombreux oiseaux de proie.

Vaganski vrh Par temps clair, le point culminant du parc et du Velebit sud (1 758m) offre des vues sublimes sur le massif. Accès le plus commode par Velika Paklenica. Comptez 3-4h de marche à partir de la cabane de Lugarnica en prenant à droite après le refuge de Planinarski Dom.

Sveto Brdo C'est le sommet le plus oriental et le deuxième (1 753m) du parc, accessible par les deux canyons. De celui de la Velika Paklenica, prenez le sentier à droite après la cabane de Lugarnica et comptez 4h de marche. Vous pourrez faire étape dans le refuge sommaire d'Ivine Vodice.

Explorer la rivière Zrmanja

Terra Tedania La rivière Zrmanja s'enfonce sur 14km dans un canyon de plus de 200m de profondeur, terrain de jeu idéal pour s'essayer avec Terra Tedania au canyoning, au kayaking ou au rafting dans des paysages vertigineux où se succèdent cascades et rapides. Et excursions vers le delta, beaucoup plus calmes, en aval d'**Obrovac**. Comptez par exemple 280kn/pers. pour une virée en raft ou en kayak, 150kn pour un tour de 2h en bateau. L'agence propose également l'hébergement dans un village "typique". *Obala hrv. časnika Senada Župana 6* **Obrovac** *(30km au sud-est de Starigrad) Tél. (023) 689 920 www.terra-tedania.hr*

CARNET D'ADRESSES

Restauration, hébergement

À **Starigrad**, demandez la brochure *Paklenica Rivijera* à l'office de tourisme. Les pensions, chambres et appartements à louer en ville y sont répertoriés. Si vous souhaitez dormir dans le **parc national**, sachez qu'il est interdit d'y camper et d'y faire du feu. Le parc abrite trois refuges sommaires (ni eau, ni électricité, ni draps), ouverts tlj. de juin à septembre et les week-ends en avr.-mai et oct. (et occasionnellement, ou sur demande au bureau du parc, en hiver). Pour poursuivre votre excursion dans le Velebit, hors du parc, prenez contact avec le bureau central du parc à Starigrad pour obtenir les coordonnées de particuliers qui louent des chambres en montagne.

campings, refuges

Autocamp Marko Les Marasović ont transformé le jardin de leur maison en un minuscule camping (capacité de

30 pers. maximum). Les alpinistes, qui se le sont approprié depuis 20 ans, y échangent leurs infos dans une atmosphère chaleureuse. Sanitaires propres et petit espace cuisine. Comptez 90kn pour deux. Plage à 100m. *Paklenička 7* ***Starigrad*** *(de la nationale 8, bifurquer en dir. de l'entrée du parc, le camping est à 50m à gauche) Tél. (023) 369 283 www.ac-marko.com Ouvert toute l'année*

Autocamp National Park Le camping préféré des grimpeurs : petit, sous les pins, au bord d'une belle plage de galets. Prévoyez 150kn pour deux pers. avec voiture en haute saison, 115kn le reste du temps. *Dr Franje Tuđmana 14* ***Starigrad*** *Tél. (023) 209 202 www.np-paklenica.hr Ouvert mi-mars-mi-nov.*

Planinarski Dom Paklenica Le plus grand refuge du parc, avec 45 lits (répartis en 4 chambres), et le mieux équipé : coin cuisine, tables, chaises et couvertures – mais il faut apporter son duvet. Réservation impérative. Env. 90kn la nuit. ***Parc national Paklenica*** *Tél. (023) 301 636 www.pdpaklenica.hr*

très petits prix

Cabane de Lugarnica Postée sur le sentier principal du canyon de la Velika Paklenica, cette cabane forestière fournit en-cas (25-30kn) et boissons (7-15kn). ***Parc national Paklenica*** *À 2h de marche du parking de Valika Paklenica Ouvert avr. : sam.-dim. 10h30-16h30 ; mai-oct. : tlj. 10h30-16h30*

Appartements Miljenko Marasović Liés à l'Autocamp Marko, deux appartements (pour 2 à 5 pers.) ont été aménagés dans une maison certes pas très séduisante, mais à l'ambiance des plus vivantes et familiales. Comptez env. 220-250kn. *Paklenička 7* ***Starigrad*** *(route du parc national) Tél. (023) 369 283 miljenko.marasovic@zd.htnet.com*

petits prix

Hotel Rajna Depuis de nombreuses années, ce petit hôtel familial accueille les alpinistes venus se mesurer aux falaises du parc. Ses 10 chambres bien tenues donnent sur le canal du Velebit (Velebitski kanal) et ses belles plages (à 100m), mais aussi sur la nationale. Également 3 maisons avec cuisine et sdb, plus quelques chambres et un chalet dans la montagne, à 500m de l'hôtel. Comptez 420kn la double en été. Au menu du restaurant, *Pršut* ou fromage de Pag (*paški sir*) en entrée, puis viande et poisson grillés, fruits de mer, risottos (comptez env. 130kn). L'hôtel organise également des excursions dans le Velebit et dans toute la région. *Dr Franje Tuđmana 105* ***Starigrad*** *(150m avant la bifurcation vers le parc en venant de Zadar) Tél. (023) 359 121 ou (023) 369 130 www.hotel-rajna.com Ouvert tlj. 7h-23h*

prix élevés

Hotel Vicko Agréable hôtel familial de 23 chambres confortables et climatisées, certaines avec balcon et vue sur la mer. Plage à 50m. Bon restaurant spécialisé dans les fruits de mer. De 820 à 955kn la double en très haute saison, à partir de 450kn en basse saison. *Jose Dokoze 20* ***Starigrad*** *(au cœur de la ville) Tél. (023) 369 304 www.hotel-vicko.hr*

ÎLE DE PAG

23250 (Pag), 53291 (Novalja)

Pour certains, cette île de 285km^2, la cinquième plus grande du pays, qui s'étire à quelques encablures au large du Velebit, n'est autre que la partie émergée de l'Atlantide, comme le prouveraient les antiquités retrouvées au fond de l'eau. Mais le continent mythique a également été localisé dans de nombreux autres endroits du globe, et c'est surtout par ses étendues rocailleuses blanches et pelées que Pag se distingue. Là où les reliefs arrêtent la bora, vent glacé venu du Velebit, quelques oliveraies ont pu prospérer et quelques familles s'installer. L'île est également réputée pour ses agneaux de pré-salé, son fromage de brebis, son vin blanc sec et sa dentelle, et les chambres d'hôtes qui accueillent les touristes ne sont jamais très loin d'une plage...

UNE ÎLE COUPÉE EN DEUX Peuplée par les Illyriens, colonisée par les Romains, Pag est occupée très tôt par les Croates. Au XIe siècle, la partie septentrionale de l'île, dominée par la ville de Cissa, revient au clergé de Rab et sa partie méridionale à Zadar, qui se disputent le commerce de son sel. L'île restera sous domination vénitienne de 1409 à 1797, et Pag-ville, fondée en 1443, devient son centre administratif et économique. L'île est touchée de plein fouet par une épidémie de phylloxéra au début du XXe siècle. Mais l'avènement du tourisme dans les années 1960, dont Pag-ville et Novalja se partagent les bénéfices, la sort du marasme. Administrativement, l'île est encore coupée en deux : région de Lika-pays de Senj au nord, et de Zadar au sud.

MODE D'EMPLOI

accès

EN VOITURE

Un **pont** relie la pointe sud-est de l'île au continent, mettant son chef-lieu, Pag-ville, à 50km environ de Zadar.

EN CAR

En haute saison, nombreuses liaisons entre Pag-ville et Zagreb, 2 avec Rijeka, 4 avec Zadar, 1 avec Split. Billets et renseignements à l'agence Mediteran, à côté de la gare routière.

Gare routière / Autobusni kolodvor *Vladimira Nazora 12 Šimuni* ***Pag-ville*** *(sur le quai, au nord-ouest du pont piéton) Tél. (053) 661 500*

EN BATEAU

Les catamarans de la compagnie Jadrolinija desservent Novalja (Pag) à partir de **Rijeka** quotidiennement toute l'année. De juin à sept., une liaison en car-ferry (également Jadrolinija) au départ de **Prizna** (continent) pour Žigljen (nord-est de Pag), toutes les heures de 5h30 à 23h45 (4h-23h45 en juil.-août), et de 6h à 23h dans le sens Žigljen-Prizna (4h20-23h en juil.-août). En basse saison, une

dizaine de liaisons en journée. Durée de la traversée 15min. Autre ligne, celle proposée par les car-ferries de la compagnie Rapska plovidba, qui desservent les ports de Lun et Jakišnica au départ de **Rab-ville (île de Rab)**.
Jadrolinija *Novalja Tél. (053) 663 651 Rijeka Tél. (051) 666 111 ou 060 321 321 www.jadrolinija.hr*
Rapska plovidba *Tél. (051) 724 122 www.rapska-plovidba.hr*
Marina ACI *Šimuni (12km au nord-ouest de Pag-ville) Tél. (023) 697 457 www.aci-marinas.com*
Capitainerie de Novalja *Novalja Tél. (053) 661 301*

orientation

Pag s'étend parallèlement à la côte du Velebit sur 63km de long et 5km de large, et elle culmine à 349m. Le chef-lieu, **Pag**, ou **Pag-ville** (comme il est ici nommé) est installé au sud d'une baie qui s'étire au nord jusqu'à l'arrière-pays de **Novalja**, l'autre grande station balnéaire de l'île. La route qui traverse l'île dans sa longueur en dessert toutes les agglomérations.

circuler

EN VOITURE

Entre Pag-ville et Novalja, deux itinéraires sont possibles : la route principale (D106) ou celle de Bošana (petite route dont 4km ne sont pas asphaltés), qui longe la baie. Les villages de l'île sont bien desservis. Vous trouverez des parkings autour du centre historique de Pag-ville, notamment au carrefour des rues Splitska et Zagrebačka.

EN CAR

En été, une douzaine de cars entre Pag-ville et Novalja de 5h à 21h (de Novalja) et 22h45 (de Pag-ville).

EN TAXI

Taxi Novalja *Novalja Tél. 099 806 6665 ou 095 821 9995 ou 098 963 5396 www.taxi.novalja.info*

adresses utiles

Vous trouverez des **bureaux de poste** à Pag-ville, à Novalja, à Stara Novalja, à Metajna, à Zubovići, à Lun et à Gajac. Vous pourrez retirer de l'argent à la **banque Erste** de Pag-ville - dans Vela Ulica, la rue qui relie le quai à la place principale de la vieille ville - et dans sa succursale de Novalja (rue Braće-Radić), ainsi qu'au **Credobanka** (Braće-Radić, également). Vous trouverez des **bureaux de change** dans la plupart des agences de voyages et au bureau de poste de Pag-ville, ainsi qu'à Novalja, dans la rue Braće-Radić.
Pharmacie centrale *Stjepana Radića 2* ***Pag-ville*** *(à l'est de la vieille ville, au carrefour de Stjepana Radića et Šetalište A. Hebranga) Tél. (023) 611 043 Ouvert lun.-sam. 8h-21h, dim. 8h-12h*
Urgences *Novalja Tél. (023) 661 367*

fêtes et manifestations

Festival d'été de Pag-ville / Paško kulturno ljeto Carnaval, concerts de musique classique, théâtre, expositions dans divers lieux de Pag-ville. *Centre culturel et d'information de Pag / Centar za kulturu i informacije Pag Ul. od Špitala 2* ***Pag-ville*** *Tél. (023) 611 025 http://pag-centar.hr En juil.-août*
Festival international de la dentelle Chaque année, les dentellières débarquent à Pag du monde entier (de Russie, d'Allemagne, de France...) pour confronter leur savoir-faire. *http://festival-cipke.com.hr 3 jours mi-juin*
Armada Day & Night Festival Quatre jours de fête techno sur

la plage de Zrće, au célèbre club Papaya, animé par les plus grands DJ du moment. **Novalja** *https://papaya.com.hr Mi-juil.*

agences de voyages

Sunturist Chambres d'hôtes (à partir de 300kn la double), villas et appartements dans différentes villes de l'île (Mandre, Lun...). Également bureau de change, location de bateaux ou excursions dans les Kornati (8h-18h, 340kn/pers.). *Kranjčevićeva bb* **Novalja** *Tél. (053) 661 211*

Mediteran Billets pour les cars, chambres d'hôtes (à partir de 300kn), appartements (de 2 à 8 pers.), change, excursions (Rab et Kornati). *Vladimira Nazora 12* **Pag-ville** *(devant l'arrêt des cars) Tél. (023) 611 238 www.mediteranpag.com*

informations touristiques

Office de tourisme de Pag-ville Plan utile de l'île et de la ville. *Ulica od Špitala 2 Tél. (023) 611 286 www.tzgpag.hr Ouvert été : tlj. 8h-22h ; hiver : tlj. 8h-16h*

Office de tourisme de Novalja *Trg Briščić 1 Tél. (053) 661 404 www.tz-novalja.hr Ouvert été : tlj. 7h-22h*

DÉCOUVRIR

L'île de Pag

☆ **Les essentiels** La place du Roi-Krešimir, la chapelle de l'église Sainte-Marie, la galerie de la Dentelle à Pag-Ville **Découvrir autrement** Joignez-vous aux fêtards sur la plage de Zrče, retrouvez la sérénité dans le somptueux Hôtel Boškinac, cf. Carnet d'adresses (p.374)

☺ Pag-ville

L'agglomération s'étend de part et d'autre de la baie de Pag. Un pont piéton assure le passage entre la **vieille ville**, sur la rive nord-est, et le **quartier plus récent**, sur la rive sud-ouest, où sont installés les grands hôtels et la plupart des logements chez l'habitant. Attention, les insulaires appellent **Stari Grad** la localité perchée sur une colline, 3km au sud de Pag-ville. Ravagée en 1394 par les Zadarois, elle fut abandonnée au XVe siècle au profit de l'actuel chef-lieu. Elle n'en a pas moins conservé son plan d'urbanisme médiéval et une dizaine de petites églises et chapelles. Sur la grand-place s'élève l'ancienne collégiale Sainte-Marie, sobre édifice roman du XIIIe siècle, dont la façade fut sculptée par Paulus de Sulmona en 1392. La décision du transfert fut prise le 18 mai 1443. Vingt-cinq ans plus tard, après l'intervention de plusieurs architectes dirigés par Georges le Dalmate (Juraj Matejev Dalmatinac), la cité nouvelle accueillait ses premiers occupants derrière ses puissantes fortifications. Ses quatre rues axiales (Kralja D. Zvonimira, Kralja Tomislava, Vela ulica et Juraj Dalmatinca) convergent vers la place du Roi-Krešimir IV (Trg kralja Petra Krešimira IV).

☆ ☺ **Place du Roi-Krešimir-IV / Trg kralja Petra Krešimira IV** Cette vaste et harmonieuse place dallée est dominée par le palais du Recteur (siège de l'administration locale jusqu'en 1905) et par l'église paroissiale Sainte-Marie. Ne manquez pas de faire une pause sur la terrasse d'un de ses cafés ou sur le parvis de l'église.

☆ **Église Sainte-Marie / Crkva Sv. Marije** Consacrée en 1487, elle présente une façade Renaissance sobre et élégante, ornée d'une rosace et de quatre reliefs de saints. Sur le tympan du portail gothique, des femmes se prosternent devant la Vierge. L'intérieur comprend trois nefs rythmées par des colonnes à chapiteaux historiés (notez les chapiteaux à bestiaire de la nef droite) et le plafond décoré de stucs baroques. La chapelle de droite abrite un précieux crucifix du XIIe siècle. Si vous vous trouvez à Pag-ville le 15 août, ne manquez pas la procession de la Vierge qui se rend de cette église à l'ancienne collégiale Sainte-Marie, à Stari Grad. *Trg kralja Petra Krešimira IV Ouvert tlj. 8h-12h et 16h-20h*

REPAS DE PAG

Que ce soit pour son fromage de brebis (*paški sir*) frotté au sel de mer, son huile d'olive ou ses vins blancs locaux (notamment à base de *gegić*, cépage disparu et réimplanté depuis une dizaine d'années), l'île de Pag recèle des trésors culinaires à découvrir.

☆ **Galerie de la Dentelle / Galerija paške čipke** Installé dans le splendide Palais ducal, ce petit musée-boutique est consacré à un artisanat local qui fit longtemps la gloire de l'île – sous les Habsbourg, deux dentellières de Pag vivaient en permanence à Vienne, au service exclusif de la Cour impériale. Vous trouverez des dentelles à tous les coins de rues (notamment sur Kralja Tomislava), mais les mauvaises langues vous diront qu'elles sont réalisées au crochet ! Pas de doute : les pièces les plus belles et les plus délicates sont là ! Démonstration de point de Pag. *Trg kralja Petra Krešimira IV Tél. (023) 611 017 ou (023) 611 720 Ouvert juin-mi-sept. : 9h30-18h30 Tarif 10kn*

Église Saint-Georges / Sv. Juraj Intégrée jadis aux remparts de la ville, cette petite église présente une façade très simple coiffée d'un fronton en trèfle et percée d'une lucarne. Des offices n'y sont célébrés que le jour de la Saint-Georges, protecteur de Pag. En été, elle se transforme en une galerie d'art aux horaires d'ouverture variables. *Au bout de Juraj Dalmatinca*

Remparts Les seuls vestiges de l'enceinte de Pag protègent le flanc nord-ouest de la vieille ville. Des neuf tours qui se dressaient autrefois, il n'en reste qu'une, la tour carrée Skrivanat. *Au bout de Juraj Dalmatinca*

Musée du Sel Aménagé dans l'un des anciens greniers à sel du XVIIIe siècle, édifiés avec les pierres des remparts de Stari Grad, ce musée particulièrement bien conçu décrit (en plusieurs langues) la culture du sel qui fit, durant deux millénaires, la richesse de Pag. Photos anciennes et maquettes illustrent les différentes périodes de la récolte (à la main jusqu'en 1980), et les étapes successives de l'évaporation dans les marais salants. *Sur les docks (juste en face de la vieille ville, par-delà le petit pont d'inspiration vénitienne qui enjambe le chenal conduisant aux entrepôts du XVIIIe siècle où était stocké le sel) Ouvert été : tlj. 9h-12h et 19h-22h ; basse saison : se rens. à l'OT Tarif 10kn*

Monastère Sainte-Marguerite / Samostan Sv. Margarite Ce monastère construit en 1483 est encore occupé par une communauté de bénédictines. Son église, qui donne sur la petite place à l'angle de Don J. Felicinovića et Koludraška, présente une façade sobre, ornée d'une rosace, d'une fenêtre géminée et surmontée de trois cloches alignées sous un fronton. *Don J. Felicinovića (accès par Kralja D. Zvonimira et Koludraška)*

Où prendre un café ?

Caffe bar Riva Plus discret que ses voisins, le Riva est aussi le mieux placé pour admirer, en fin de journée, le coucher du soleil derrière les collines de Pag, et pour profiter, les soirs d'été, de l'animation du quai. *Branimirova obala 8 (quelques mètres à l'ouest de l'office de tourisme et du pont piéton) Ouvert tlj. 7h-1h*

Où aller danser ?

V. Magazin Face à la mer, dans la grande salle aux pierres apparentes d'un antique grenier à sel du XVIIe siècle, des enceintes déversent chaque nuit d'été les derniers succès funk, rap et dance. Vaste piste de danse, canapés confortables. Le lever du jour sur les flots après une soirée de fête est un moment inoubliable. *Entre la plage municipale et la vieille ville Tél. 098 182 8355 Ouvert juin-début sept. : tlj. 22h-6h*

Partir en randonnée Carte des sentiers de randonnée cycliste et pédestre disponible à l'office de tourisme ou sur le site : 9 circuits routiers, 11 circuits VTT et 5 circuits de promenade proposés (de 2,5km à 20km) d'une difficulté variable.

Le reste de l'île

Les autres sites d'intérêt se concentrent dans le nord-ouest de l'île. Quelques bourgades au bord de l'eau, comme **Šimuni** et les ports de **Mandre** et de **Lun**, moins fréquentés, offrent une alternative à l'effervescence de Pag-ville et de **Novalja**. Šimuni possède un camping et vous trouverez des chambres à louer dans toutes les localités de l'île. Environ 3km au sud-ouest de Pag-ville, sur la route de Novalja, ne manquez pas la vue somptueuse sur l'île et, au loin, sur la chaîne du Velebit.

Novalja Station balnéaire sans charme égrenant d'innombrables restaurants, bars et cafés, Novalja est surtout connue pour sa plage de Zrće, dont les discothèques attirent l'été des hordes de jeunes venus de tout le pays. Elle abrite les vestiges de trois basiliques des IVe et Ve siècles et dissimule sous ses rues un aqueduc romain du Ier siècle (Talijanova buža). On peut visiter un tronçon de ces 1 042m de canalisations (renseignements à l'office de tourisme). Environ 2km à l'est de Novalja, dans la commune de Caska, dorment les vestiges de l'antique **Cissa**, qui demeura la ville la plus importante de l'île jusqu'au IVe siècle. De Novalja, vous pouvez rejoindre facilement en navette la plage de **Zrče** – cf. Où faire la fête ? *23km au nord-ouest de Pag-ville*

☺ **Lun** Cet adorable village établi à la pointe nord de Pag est réputé pour son huile d'olive. Ici, les murets de pierres blanches sont plus hauts que dans le reste de l'île, afin de protéger les milliers d'oliviers qui résistent au vent glacé de l'hiver, et ce depuis 1 500 ans pour certains. Un parcours balisé dans l'oliveraie permet de déambuler entre les énormes troncs tordus, pliés, et de rejoindre le petit port de Tovarnele, moins de 1km au nord. *45km au nord-ouest de Pag-ville*

Où faire la fête ?

Plage de Zrče Chaque été, l'Aquarius, le Kalypso ou le Papaya, transforment cette plage de fins graviers aux paysages lunaires en un immense dance-floor accessible 24h/24, attirant des milliers de fêtards venus de toute l'Europe. *3km à l'est de Novalja (en été, un bus relie toutes les heures, jour et nuit, Novalja à Pag-ville et à Zrče)*

Plonger en sous-marin

Semi-Submarine Petit tour de la côte de Novalja dans un petit "semi-sous-marin" rouge aux vitres panoramiques pour admirer les fonds sous-marins, de jour comme de nuit. Durée env. 45min, tarif de 70kn (jour) à 90kn (nuit). *Vodovodna 15* ***Novalja*** *Tél. 099 195 4092 http://semisubmarine-novalja.com*

CARNET D'ADRESSES

Restauration

Voir aussi, en prix très élevés, le restaurant de l'hôtel Boškinac (p.376).

prix moyens

Bistro Na Tale Un restaurant de grillades d'une élégante simplicité, agrémenté d'une discrète cour ombragée par un vieux figuier. Accueil avenant et carte fournie : steaks, fruits de mer, poisson grillé, brochettes. Environ 45kn l'entrée (*pršut*, fromage de Pag), 180kn le poisson, 270kn/kg l'agneau de Pag. Pizzas à partir de 35kn. *S. Radićeva 2* ***Pag-ville*** *(dans le sud-est de la vieille ville, derrière la pharmacie) Tél. (023) 611 194 Ouvert été : tlj. 8h-0h ; hiver : tlj. 8h-23h*

Tony À l'écart de la vieille ville, au bord de l'eau, le restaurant de l'hôtel Tony propose une délicieuse palette de recettes dalmates et méditerranéennes : bouillabaisse (*pakši žgvacet*), agneau de Pag (*pakša janjetina*), plateau de poisson, scampis à la *buzara* (sauce tomate au vin blanc). Comptez 150-200kn. Vins dalmates, dont des blancs secs de Pag (*žutica, gegič*). *Dubrovačka 39* ***Pag-ville*** *(au bout de Šetalište A. Starčevića, dans le nord-ouest de la vieille ville) Tél. (023) 611 370 Ouvert mai-sept. : tlj. 10h-0h Hors saison sur rés.*

Konoba Barcarola Une petite taverne familiale à la déco marine, qui sert une cuisine convenable. 250kn/kg le bar (*brancin*) ou la daurade (*orada*), 60kn l'assiette de calamars grillés (*lignje na žaru*), 40-45kn celle de fromage de Pag, 50kn le risotto de fruits de mer. Schnaps maison. *V. Nazora 12* ***Pag-ville*** *(sur le quai, à l'ouest de la vieille ville) Tél. (023) 611 239 Ouvert avr.-sept. : tlj. 9h-1h*

Starac i More Un établissement simple et décontracté où un énorme espadon, pendu au plafond, accueille les clients. Comptez env. 150kn l'entrée et le plat, un peu plus si vous prenez du poisson ou un plat aux truffes. *Braće Radić bb* ***Novalja*** *(hors* *de la zone piétonne, non loin de l'hôtel Loža) Tél. (053) 662 423 Ouvert mai-sept. : tlj. 10h-22h*

Jadran Très belle terrasse, et fraîcheur irréprochable pour les produits de la mer et du terroir (agneau), servis dans cet agréable restaurant donnant sur le port de Tovarnele, à la pointe nord de l'île. Les grandes tablées accueillent locaux et touristes sous des parasols, qui profitent ensemble du vin blanc de la région. Une belle adresse pour entrer en contact avec les îliens. À partir de 150kn selon le poisson choisi. *Lun 37* ***Tovarnele*** *(45km au nord de Pag-ville, à l'extrême-pointe de l'île) Tél. (053) 665 053 Ouvert été : tlj. 9h-23h*

Hébergement

Attention, à Pag-ville, fréquente majoration de 30% pour un séjour de moins de trois nuits, parfois 50% pour une seule nuit.

camping

Camping Šimuni Un vrai camping sous les oliviers, bordé par une plage de sable fin où même les camping-cars ont les pneus dans l'eau. Les 900 emplacements de 60 à 140m² se répartissent sur 30ha dans un décor paradisiaque, du moment que l'on regarde la mer... Comptez 350kn pour deux en haute saison avec emplacement, véhicule et tente, à partir de 80kn en basse saison. *Šimuni bb* ***Kolan*** *(12km au nord-ouest de Pag-ville, sur la route de Novalja, au bord de l'eau) Tél. (023) 697 441 www.camping-simuni.hr*

auberge de jeunesse

Big Yellow House Hostel Aménagée dans une grande maison des années 1950 entièrement rénovée, à quelques mètres de la mer, cette auberge de jeunesse est particulièrement festive. Les patrons collectionnent des bières du monde entier, et partagent leurs expériences de routards avec les voyageurs. En outre, ils connaissent l'île dans ses moindres recoins, et les bonnes plages pour faire la fête. Chambres doubles à partir de 360kn, dortoirs de 4, 5, 6 ou 8 lits à partir de 130kn. *Lokunje 1* ***Novalja*** *Tél. (053) 663 539 http://novaljahostel.com*

petits prix

☺ **Vila Skalinada** La grosse villa de la famille Šavar dispose à l'étage de 3 chambres et de 4 appartements spacieux et propres, donnant sur une petite plage peu fréquentée en contrebas. Comptez 340kn la double avec salle de bains en été, 300kn le reste de l'année. Ajoutez 60kn/pers. pour le petit déjeuner. On peut aussi louer des studios équipés (550kn) et des appartements. *Dubrovačka 15* ***Pag-ville*** *(au bout de Šetalište A. Starčevića, au nord-ouest de la vieille ville, à 15min à pied du centre) Tél. (023) 611 436 http://vilaskalinada.jimdo.com Ouvert mi-mai-début oct.*

prix moyens

Tony Vastes et confortables (TV sat. et clim.), les 20 chambres sont prises d'assaut en haute saison. Pensez donc à réserver... et demandez la vue sur la baie ! Parking. Accès à la plage. Prévoyez 480-540kn la double en été (375kn en basse saison). Bon restaurant (ouvert 7h-23h, cuisine dalmate). *Dubrovačka 39* ***Pag-ville*** *(au bout de Šetalište A. Starčevića, dans le nord-ouest de la vieille ville) Tél. (023) 611 370 www.hotel-tony.com Ouvert mi-mai-début oct.*

Tamaris Posté juste au-dessus de la vieille ville, cette petite pension familiale (3 chambres et 1 appartement) est remarquable pour son restaurant, où l'on peut déguster des spécialités locales sous une tonnelle, dont le fameux agneau de Pag (*Žgvaceta od janjetine*, 95kn). Chambre double de 450 à 550kn en été. *Križevačka 2* ***Pag-ville*** *Tél. (023) 612 277 ou 091 456 7098 Ouvert mai-sept.*

Appartements Nova L'agence Nova Tours dispose d'une liste d'appartements pour 2 à 8 personnes (environ 540kn/2 pers. en haute saison sur une base de 7 jours) à Novalja et dans ses environs. *Lunjski put 45a* ***Novalja*** *Tél. (053) 661 369 www.novatours.hr*

prix élevés

Hotel Biser Trente-six chambres sans charme, mais tout à fait correctes, avec TV, clim. et balcon. Excepté celles de la dépendance, elles bénéficient, côté nord, d'une belle vue sur la vieille ville de l'autre côté de la baie. Plage de sable au pied de la terrasse. Aire de jeux pour les enfants. Environ 700kn pour une double en été. *A. G. Matoša 10* ***Pag-ville*** *(rive sud de la baie, à 2km du centre) Tél. (023) 611 333 www.hotel-biser.com Ouvert toute l'année*

Hotel Plaža Ce 4-étoiles (un peu surclassé) loue 25 chambres (dont 7 suites) spacieuses, lumineuses et décorées avec goût. La double coûte 930kn en été, à partir de 380kn hors saison. Location de vélos, de scooters et de bateaux. Piscine et plage au pied de l'hôtel. *Marka Marulića 14* ***Pag-ville*** *(au sud de la baie de Pag, face à la vieille ville) Tél. (023) 600 855 www.plazahotel.hr*

prix très élevés

Hotel Pagus Au bord de l'eau et à proximité de la vieille ville, ce 4-étoiles dispose de 116 chambres claires et spacieuses. Déco sobre et moderne, mais une profusion de services : restaurant, café-bar, centre de remise en forme et de beauté, piscine couverte et découverte, club de plongée... Comptez à partir de 1100kn en saison. *A. Starčevića 1* ***Pag-ville*** *Tél. (023) 492 050 ou (023) 611 310 www.hotel-pagus.hr*

☺ **Hotel Boškinac** Dans un bois de pins, à l'écart de l'animation festive de Novalja, cette vieille bâtisse en pierre du pays constitue un havre où l'on cultive le bien-être sous toutes ses formes. Les quelques vastes chambres au 1er étage (parquets cirés, meubles design, lits et baignoires *king size*) ouvrent sur la terrasse et un panorama de vignes et de champs d'oliviers. La cave à vin permet de déguster des produits locaux (fromage, huiles et cépages de Pag issus de la propriété). Pour les plus gourmets, le restaurant gastronomique adepte de *slow food* est considéré comme l'une des meilleures tables croates. Chambre double à partir de 1 500kn en saison (875kn hors saison), repas environ 250-300kn sans le vin. Dégustation cave à vin de 35 à 150kn. *Novaljsko polje* ***Novalja*** *Tél. (053) 663 500 ou 091 532 6309 www.boskinac.com Ouvert mars-déc.*

☺ ARCHIPEL DE ZADAR

De Silba aux Kornati, en passant par Dugi otok ou Ugljan, l'archipel de Zadar, ancré au large de la grande ville dalmate, compte environ 200 îles et îlots habités ou déserts. Si Ugljan est la plus visitée et la mieux desservie, car la plus proche de Zadar, préférez-lui, pour plus de calme, Dugi otok ou ses petits satellites : Rivanj, Sestrunj, Iž et, au nord-ouest, Molat, recouverte de forêts et de maquis, Preluda, Syllaba, Olib ou encore Ist, dominée par le mont Straža, qui culmine à 175m. Vous y trouverez quelques villages paisibles, une végétation de pins et de garrigues et des plages peu fréquentées.

MODE D'EMPLOI

accès

EN BATEAU

Le principal débarcadère de l'île de **Dugi otok**, et le seul qui puisse accueillir les voitures, est celui de Brbinj, desservi de 2 à 4 fois/j. au départ de **Zadar** en car-ferry. Service effectué par Jadrolinija, trajet 1h40.

Pour l'**île d'Ugljan**, il faut débarquer à Preko. Liaisons pratiquement toutes les heures de fin mai à début oct. entre 5h et 23h (5h-0h en juil.-août) à partir de **Zadar**. Fréquence moindre en hiver. Trajet 25min.

Pour l'**île de Pašman** et le port de Tkon, départ de **Biograd** : de 10 à 13 ferries/j. de 6h à 22h30 (7h-21h20 hors saison). Trajet 20min.

Jadrolinija *Liburnska obala 7 Zadar Tél. (023) 254 800 ou (023) 250 555 www.jadrolinija.hr Ouvert juil.-août : lun.-ven. 7h-21h, sam. 5h-0h, dim. 7h-22h (consignes face au bureau)* ***Brbinj*** *Tél. (023) 378 713*

Capitainerie de Sali *Tél. (023) 377 021*

orientation

Dugi otok est la plus grande île de l'archipel de Zadar : 115km². Elle s'étend sur 43km de long et moins de 5km de large, à l'ouest d'Ugljan et de Pašman, dans le prolongement des Kornati. La route qui relie Veli Rat à Sali traverse une dizaine de villages, pour la plupart établis sur le rivage oriental de l'île. Montagneuse, très découpée, Dugi otok culmine à 337m. **Ugljan** (50,2km²), l'une des îles croates les plus densément peuplées, est également traversée de part en part par une route (n°110) qui dessert toutes ses agglomérations, et qui se prolonge par un pont au sud vers **Pašman** (60,1km²).

circuler

EN VOITURE

Attention, l'unique station essence de **Dugi otok** se trouve à Zaglav, 5km au nord de Sali. Vous en trouverez une à **Ugljan**, dans le village de Preko, mais pas à **Pašman**.

EN CAR

À **Dugi otok**, c'est un moyen de transport rare et très aléatoire (malgré les fréquences et horaires indiqués par les offices de tourisme), donc pas vraiment conseillé... Officiellement, en été, 1 ou 2 cars relient quotidiennement Brbinj à Veli Rat (au nord) via Božava. Un autre bus relie Luka à Sali en passant par Zaglav 3 à 5/j. pendant la saison estivale. Une seule liaison hebdomadaire entre Sali et Veli Rat. Un service de bus (env. 10/j.) parcourt également la route 110 du nord au sud, d'**Ugljan** (île d'Ugljan) à Tkon (**Pašman**).

adresses utiles

À **Dugi Otok**, pas de banque, mais on peut retirer des espèces avec une carte bancaire dans les bureaux de poste, l'un à Sali, l'autre à Božava. Sur l'île d'**Ugljan**, une banque à Preko (Ugljan), des bureaux de poste à Preko, Ugljan, Kali, Kukljica. Sur l'île de **Pašman**, postes à Pašman, Tkon et Ždrelac.

Cabinets médicaux Ils sont deux à Dugi otok. ***Sali*** *Tél. (023) 377 129* ***Božava*** *Tél. (023) 377 604*

fêtes et manifestations

Festival culturel de Sali / Saljske Uzance Ce festival de Dugi otok, qui bat son plein au plus fort de l'été, dure quatre semaines. Il se clôt le week-end précédant l'Assomption, en une grande fête de trois jours : musique, feux d'artifice, danse, défilé en costume traditionnel... *1er w.-e. d'août*

informations touristiques

À DUGI OTOK

Office de tourisme de Dugi otok *Obala Petra Lorinja bb* ***Sali*** *Tél. (023) 377 094 www.dugiotok.hr*

Centre touristique de Božava *40km au nord de Sali Tél. (023) 377 607*

À UGLJAN

Office de tourisme de Preko *Tél. (023) 286 108 http://tz.preko.hr*

Office de tourisme d'Ugljan *Tél. (023) 288 011 ou 098 950 9527 www.ugljan.hr*

À PAŠMAN

Office de tourisme de Pašman *Pašman bb Tél. (023) 260 155 www.pasman.hr*

DÉCOUVRIR

L'archipel de Zadar

☆ **Les essentiels** La baie de Telašćica et son lac salé, la baie de Sakarun à Dugi otok **Découvrir autrement** Prenez un petit bateau à Ugljan pour gagner l'îlot de Galevac, séjournez dans le phare de Veli Rat

☺ Dugi otok

Ancrée au large de Zadar, Dugi otok, l'"île Longue", est plus sauvage et moins fréquentée que ses deux grandes voisines, Ugljan et Pašman. Elle n'a pourtant rien à leur envier : un relief plein de caractère, l'une des plus belles plages de l'archipel de Zadar, une immense baie aux saisissantes falaises karstiques et d'innombrables criques... Du phare de Veli Rat, à la pointe septentrionale de l'île, une belle route vous conduira jusqu'au magnifique parc naturel de Telašćica. Non loin de là, à Sali, vous pourrez embarquer pour une excursion aux Kornati.

Brbinj Le principal débarcadère de Dugi otok se résume à une digue en béton et à une vieille guérite : le kiosque d'information. C'est de là que partent, en été, les rares cars à destination de Sali et de Veli Rat.

Savar La route qui relie Brbinj à Sali offre de belles vues sur la mer, sur les îles d'Ugljan, d'Iž, de Rava ainsi que sur de nombreux îlots. Elle surplombe la côte et relie entre eux cinq villages : Savar, Luka, Žman, Zaglav et Sali. Le premier d'entre eux possède une très jolie église du haut Moyen Âge : Saint-Pérégrin (Sv. Pelegrina), de style byzantin, avec un plan carré coiffé d'un dôme. *3km au sud de Brbinj*

Sali Le chef-lieu de Dugi otok (1 190 hab.) doit son nom à ses salines médiévales. Port de pêche réputé, deuxième débarcadère des ferries après Brbinj, base d'excursion aux Kornati et siège de l'administration du parc naturel de Telašćica, Sali est tout naturellement le village le plus animé de l'île en haute saison. Vous y trouverez des cafés, restaurants, marchands de primeurs et une ravissante église du XVe siècle, remaniée en 1581. Au-dessus de son maître-autel, dans son cadre en bois doré, trône une *Vierge à l'Enfant* tirée d'un polyptyque réalisé au XVe siècle par Juraj Ćulinović. Au nord de Sali, à Zaglav, se trouve un autre embarcadère pour Zadar. Excursions d'une journée proposées sur les quais de Sali et de Zaglav. Les formules sont presque identiques : départ vers 9h, retour vers 18h, comptez 250kn par personne. *23km au sud-est de Brbinj*

☆ ☺ **Baie de Telašćica** Cette baie profonde de plus de 8km, qui entaille la pointe sud-est de l'île, ménage une transition naturelle entre Dugi otok et les Kornati. Elle fut d'ailleurs rattachée de 1980 à 1988 au parc national des Kornati, avant d'être classée parc naturel. Ses rivages boisés, ses 25 criques et 5 îlots offrent aux plaisanciers un abri sûr contre les humeurs de l'Adriatique. Mais le parc doit sa réputation aux abruptes falaises karstiques qui le protègent de la haute mer et à son lac salé, si impressionnants qu'ils figurent sur la plupart des brochures touristiques vantant la Croatie. Les **falaises**, qui atteignent 166m de haut à Grpaščak, plongent à pic dans la mer. Au sommet scintille le **lac de Mir**, ou lac de la Paix, dont l'eau, plus chaude que celle de la mer de 6°C en été, posséderait des vertus thérapeutiques. D'Uvala Mir (baie de la Paix), où s'abritent les principaux mouillages et restaurants du parc, un sentier vous mènera au lac en 10min. Avec quelque 250 espèces végétales et animales, dont plusieurs familles de chamois et de mouflons, le parc est aussi une importante réserve naturelle. Dans le détroit de Mala Proversa, les ruines d'une villa romaine, la villa Rustica, semblent prouver que la baie fut un lieu de villégiature antique. *8km au sud de Sali*

Božava Au nord de l'île, ce village lové autour de son petit port de plaisance connaît, avec Sali, la plus importante fréquentation touristique de l'île. Quelques ruelles à la belle végétation, une église du XVe siècle plusieurs fois remaniée, mais peu de charme dans l'ensemble. La proximité de la plage de Sakarun et du phare de Veli Rat en fait néanmoins une base assez pratique, dotée d'un hôtel, d'un club de plongée et de plusieurs cafés-restaurants. *14km au nord-ouest de Brbinj*

☆ ☺ **Baie de Sakarun** Le blanc des galets qui tapissent cette jolie baie boisée fait paraître encore plus vif le bleu de la mer. Pour le plaisir des yeux, donc... Attention, vous ne serez pas seul. *De la route de Veli Rat, passé Božava, un chemin caillouteux descend sur la gauche vers la plage*

Veli Rat Au cœur d'une pinède, à l'écart du village de Veli Rat, s'élève le **phare**, l'un des plus vieux (1847) et des plus hauts (40m) de l'Adriatique. La famille Zvone, qui l'occupe, loue deux appartements aux vacanciers. Petit parking et départs de sentiers à travers les pins. *7km à l'ouest de Božava (route principale puis bifurcation vers Veli Rat) Un ou 2 cars/j. à partir de Brbinj en été*

Aller à la plage De rochers ou de galets, les plages ceinturent l'île sans interruption ou presque, mais seules celles de la côte orientale sont accessibles en voiture. La plus belle est celle de la **baie de Sakarun**, dans le nord de l'île.

Plonger à Telašćica ou aux Kornati

Kornati Diving À partir de 170kn la plongée. Proposition d'excursions dans les parcs de Telašćica et des Kornati. ***Zaglav*** *(5km au nord de Sali) Tél. 091 367 9506 ou 091 506 0102 www.kornati-diving.com*

Božava Dive Center Cours et excursions de tous niveaux, initiation pour les enfants à partir de 10 ans, à partir de 240kn la plongée. ***Božava*** *Tél. (023) 318 891 ou 099 591 2264 www.bozava.de*

☺ Île d'Ugljan

Escarpée, couverte de pinèdes, de vignes, de vergers et d'oliveraies (qui fournissent une huile appréciée), l'île d'Ugljan (otok Ugljan) est la plus proche de Zadar et donc la plus fréquentée de l'archipel. Son littoral oriental est ponctué d'innombrables villas et immeubles locatifs, souvent vides, parfois même inachevés, mais vous devriez pouvoir y trouver un peu de tranquillité – en vous écartant des sentiers battus – et des vues magnifiques sur le Velebit presque partout. Les ferries en provenance de Zadar accostent à **Preko**, le chef-lieu. Quelques cafés et restaurants animent le front de mer, entre le débarcadère et le vieux centre aux jolies ruelles bordées de potagers et de pergolas. L'**îlot de Galevac**, face au quai, abrite un monastère franciscain du XVe siècle (accès en bateau, à la demande, pour 5kn). Ne manquez surtout pas de grimper jusqu'à la forteresse Saint-Michel (XIIIe s.), 3,5km au nord de Preko. Son église (XIVe s.) fut rasée lors de la Seconde Guerre mondiale et le château endommagé lors de la guerre d'Indépendance, mais sur son chemin de ronde vous attend l'un des plus beaux panoramas de l'Adriatique. Côté sud : Ugljan, Pašman, Dugi otok, Iž et, au loin, les Kornati. Côté nord : Ugljan et les îles du nord de l'archipel. Une seule route traverse l'île pour relier Preko aux autres villages, tous installés sur la côte est. Celui d'**Ugljan**, au nord, possède également un petit monastère franciscain du XVe siècle derrière lequel se cache une plage de rochers souvent déserte. Au sud, se trouvent Kali et Kukljica, deux villages de pêcheurs, et le pont pour l'île de Pašman. *Accès par le pont de Pašman ou en ferry de Zadar (30min) Des bus qui partent de Preko traversent l'île (horaires coordonnés avec ceux des ferries)*

Plonger

Diving Center Kukljica Sorties dans les parcs de Telašćica et des Kornati. *Kukljica (près du Holiday Resort Punta Zelina) Tél. (023) 346 678 ou 098 192 2258 (été) www.dive-kroatien.de*

Partir en randonnée Randonnées possibles sur les îles d'Ugljan et de Pašman : procurez-vous la carte qui concerne les deux îles dans les offices de tourisme des deux îles ou à celui de Zadar.

Île de Pašman

Comme Ugljan, l'île de Pašman (otok Pašman) est pourvue d'une belle végétation méditerranéenne et d'un relief accidenté, et elle a été un peu défigurée par les résidences secondaires et les appartements à louer. Elle nous a paru trop fréquentée pour que l'on puisse s'y sentir tranquille, mais pas assez pour se révéler hospitalière et vivante. **Tkon**, d'où partent les ferries pour Biograd na Moru et les bateaux pour l'archipel des Kornati, est comme toute l'île, un brin morne. Au sommet d'une colline voisine, dans un vieux fort vénitien, se visite le dernier monastère bénédictin de Croatie encore actif, **Saint-Côme-et-Saint-Damien**. On peut y admirer un crucifix peint du XIVe siècle. Au sud, la route longe quelques superbes criques léchées par une eau transparente et peu profonde, avant de desservir un camp naturiste. *Accès en voiture à partir d'Ugljan (pont) ou en ferry de Biograd* **Saint-Côme-et-Saint-Damien** *Ouvert lun.-sam. 16h-18h*

CARNET D'ADRESSES

Restauration, hébergement

À Dugi otok

Les trois cafés-restaurants de Božava restent ouverts assez tard le soir en été. On peut y faire un repas (poisson, fruits de mer, risotto ou pâtes) pour environ 120-150kn. Vous trouverez dans les trois centres d'informations de Dugi otok une liste des appartements et chambres à louer dans l'île. Comptez au minimum 150kn/pers., cf. Mode d'emploi (p.377).

prix moyens

Restaurant Kornat Ce délicieux restaurant, le plus réputé du village, installé dans l'hôtel Sali, est spécialisé dans le poisson fraîchement pêché au large. Confortable petite terrasse et accueil sympathique. L'assiette de poisson pour deux (*Riblja plata*) vous coûtera 280kn. *Dugi otok* ***Sali*** *Tél. (023) 377 315 Ouvert été : tlj. 11h-0h*

prix élevés

☺ **Hotel Sali** Regroupées dans quatre bâtiments construits à flanc de coteau et abrités par les pins, les 48 chambres offrent un confort correct (réfrigérateur, TV sat. et clim.) ainsi qu'une superbe vue plongeante sur la petite baie septentrionale de Sali. Plage aménagée en contrebas, restaurant, location de vélos et de quads, et club de plongée. Env. 650kn la double en été avec petit déj., de

430 à 540kn hors saison. *Dugi otok* ***Sali*** *Tél. (023) 377 049 www.hotel-sali.hr Ouvert avr.-oct.*

Hoteli Božava Dans ces quatre imposants bâtiments, des chambres sobres et plutôt confortables, avec balcon, vue sur la mer ou sur les pins, TV et clim. Restaurant, piscine, centre de fitness, courts de tennis, location de bateaux et nombreuses animations... De 1160 à 1500kn la chambre double en demi-pension en été selon le standing : le Lavanda (81 chambres), l'Agava (17 chambres) et le Mirta (18 chambres) sont classés 3-étoiles, le Maxim (23 chambres et 9 suites) 4-étoiles. *Dugi otok* ***Božava*** *(sur le quai sud du port) Tél. (023) 291 291 www.hoteli-bozava.hr Ouvert fin mai-fin sept.*

☺ **Phare de Veli Rat** Site privilégié que celui de ce phare bâti en 1847 dans une pinède du nord de Dugi otok. Vues magnifiques et repos garanti. Attention cependant, ne comptez pas jouir de la plus complète solitude : le phare attire bien des curieux ! Pour l'un des deux appartements (3 et 4 pers.), comptez respectivement (sans les taxes) 684-760kn/j. en hiver, et 8 360kn-9 120kn en été, cette fois-ci par semaine. Longue liste d'attente ! *Dugi otok* ***Veli Rat*** *Tél. (021) 390 609 www.lighthouses-croatia.com*

À Ugljan et Pašman

Les offices de tourisme (p.377) pourront vous aider à trouver des chambres d'hôtes (à partir de 120kn/pers.). Sachez également que le monastère franciscain de l'îlot de Galevac, à Preko (île d'Ugljan), loue plusieurs chambres.

camping

Autokamp Lučina Une bonne adresse pour les petits budgets que ce camping 2 étoiles (environ 120kn pour 2 pers.). *Île de Pašman* ***Pašman*** *Tél. (023) 260 173 ou 091 381 2224 www.lucina.hr Ouvert mi-juin-mi-sept.*

prix moyens

Villa Danica Entre Ždrelac et Pašman-ville, dans le village de Dobropoljana, une discrète villa 3 étoiles posée au bord de l'eau propose 4 chambres doubles, un peu vieillottes, à 460kn la nuit en pleine saison. Quelques chambres pour 4 pers. également et un appartement pour 6. Piscine, coin restaurant et petit bout de plage de sable privée très intime. Atmosphère familiale et repos garantis. *Île de Pašman* ***Dobropoljana*** *Tél. (023) 269 400 ou 095 912 2466 www.vila-danica.com*

prix élevés

Konoba Barbara Choisissez les tables du rez-de-chaussée pour le doux clapotis des vagues, la terrasse à l'étage pour la vue. Le soir, quand le soleil se couche et que ses derniers rayons caressent les façades du Vieux Zadar, au loin, c'est un vrai délice. Très bonne cuisine dalmate. Comptez 250kn le plat de poisson pour deux personnes. *Île d'Ugljan Put Jerolimovih 4* ***Preko*** *(sur le front de mer entre la baie du débarcadère et celle du centre-ville) Tél. (023) 286 129 Ouvert mai-oct. : tlj. 12h-0h*

★ ARCHIPEL DES KORNATI

Vues du ciel, les Kornati composent un tableau minéral saisissant : trois longs chapelets d'îles parallèles à la côte dalmate, dont les voluptueuses courbes ocre, piquetées de maigres taches vertes, se détachent sur une eau d'un bleu transparent. Colonisé dès le néolithique, l'archipel a porté bien des noms, cependant, ses 147 îles et récifs éparpillés sur 234km² ne comptent plus que deux résidents permanents. De mai à octobre, les gens des îles les plus proches (Murter, Dugi Otok et Pašman) vont y entretenir leurs quelques plants de vigne et leurs oliviers, faire paître leurs moutons... et accueillir les touristes, surtout des plaisanciers et des plongeurs. La majeure partie de l'archipel (93 îles, soit 70km² de terre, et environ 220km² de mer) est classée parc national depuis 1980, mais les îles restent des propriétés privées.

UN PARADIS POUR LES PLONGEURS L'archipel des Kornati n'est que le prolongement de la chaîne Dinarique : ses îles karstiques sont les sommets émergés de montagnes ennoyées depuis la fin de la dernière glaciation. Les incendies allumés dès le XVIIe siècle pour livrer les terrains aux moutons ont eu raison de la forêt méditerranéenne qui couvrait jadis les îles. Les falaises abruptes et fissurées des îles du large sont l'un des résultats les plus impressionnants de l'action corrosive de l'eau sur le calcaire. Ces *klif*, ou *krune* ("couronnes") comme on les nomme ici, dépassent 80m de haut sur l'île de Klobučar et s'étendent sur plus de 1km à Mana. Déboisées, desséchées par la bora et dépourvues de sources et de cours d'eau, certaines des Kornati sont nues, d'autres couvertes d'une maigre végétation dégradée, un maquis associant petites formations autochtones, pâturages (sauges, herbages, broussailles), chênes verts, figuiers sauvages, sans parler des oliviers et des plants de vigne introduits par l'homme. Outre les ovins, les oiseaux (dont des faucons et circaètes), insectes et petits mammifères composent l'essentiel de la faune terrestre. L'archipel est surtout réputé pour la richesse de ses fonds marins, avec plus de 300 espèces végétales et autant d'espèces animales. Parmi les gorgones et les coraux multicolores, les rochers colonisés par les langoustes et les étoiles de mer, évoluent les représentants d'une quarantaine d'espèces de poissons : rascasses rouges, thons, mérous, congres, scorpènes, mendoles au dos argenté, blennies, merlus, loups, murènes... Un monde fabuleux qu'une eau cristalline invite à découvrir !

MODE D'EMPLOI

accès

Tous les visiteurs doivent acquitter un droit d'entrée (inclus dans le prix des excursions) au parc. Les tickets s'achètent au bureau du parc à Murter-ville, dans l'île de Murter (voir informations touristiques ci-après), ou dans l'archipel, sur les îles de Ravni Zakan, Panitula Vela et Kornat.

EN BATEAU

Aucun ferry ne relie l'archipel au continent. Faute de disposer d'un bateau individuel, vous devrez vous joindre à une excursion à la journée dans l'archipel, y louer un appartement à la semaine (le transport est compris) ou négocier avec un pêcheur de Murter-ville, de Biograd na Moru, de Tkon, à Pašman, ou de Sali, à Dugi otok, pour qu'il vous emmène et qu'il aille vous rechercher là et quand vous le souhaitez.

LOCATION DE BATEAUX ET MOUILLAGES

Dans le parc, le mouillage est autorisé sur l'île de Kornat (baies de Stiniva, Statival, Lupeška, Tomasovac, Šipnate, Lučica, Kravljačica, Strižnja, Vrulje, Gujka et d'Opat), dans certaines baies des îles de Smokvica, Ravni Žakan, Lavsa, Piškera, Panitula Vela, et dans celle d'Anica (île de Levrnaka). Parce que les îles et récifs de Velika Purara, Klint, Volić, Klobučar, Mrtvac, Veli et Mali Obručan font l'objet d'une protection spéciale, les autorités du parc demandent aux plaisanciers de ne pas s'en approcher.

Eseker Tours Comptez env. 270kn/j. pour une barque à moteur (5 pers.), 770kn pour un bateau de type Zodiac (6 pers.) et 1 700kn pour un hors-bord (8-12 pers.). *Majnova bb* ***Murter-ville*** *(sur le continent) Tél. (022) 435 669 ou 098 480 950 www.esekertours.hr*

Arta Location de petits bateaux à moteur de 300 à 1 450kn/j. (260-1 200kn en basse saison). *Podvrtaje 21* ***Murter*** *Tél. (022) 436 544 ou 091 590 5959 www.murter-kornati.com*

Trim Nautica Charter Cette agence présente à Biograd propose des engins plus luxueux que les précédents, à partir de 1 490kn/jour le bateau à moteur en été (dépôt de 3 730kn), 750kn hors saison. *Marina Kornati Šetalište Kneza Branimira 1* ***Biograd na Moru*** *Tél. 095 510 4253 http://trim-nautica.com*

ACI Marina Piškera *Île de Piškera Tél. 091 470 0092 www.aci-marinas.com*

ACI Marina Žut *Île de Žut Tél. (022) 786 0278 www.aci-marinas.com*

EXCURSIONS À LA JOURNÉE

De mai à novembre, la plupart des agences de voyages de Dalmatie septentrionale proposent des excursions à la journée ou à la demi-journée dans les Kornati (droit d'entrée au parc compris, avec déjeuner ou sans). Comptez entre 150 et 600kn par personne selon le bateau. Vous en trouverez à Šibenik, Biograd na Moru (sans doute les offres les plus intéressantes), Zadar, sur les îles de Dugi otok et de Pašman et, bien sûr, à Murter-ville, sur l'île de Murter, porte officielle du parc (p.393). Départ vers 9h, retour vers 18h.

orientation

L'archipel s'étire dans le prolongement sud-est de Dugi otok, au large de Biograd na Moru et de Murter (1h de bateau). Les trois îles principales sont Kornat, Žut et Sit. Le parc national, qui exclut Žut et ses satellites, englobe les deux alignements les plus longs et les plus éloignés du continent. De Samograd à Vela Aba, il s'étend sur 35km.

informations touristiques

Nacionalni Park Kornati *Butina 2* ***Murter-ville*** *(au 2e étage du bâtiment qui abrite le bar, à côté de la poste) Tél. (022) 435 740 www.np-kornati.hr*

Office de tourisme de Murter *Rudina bb* ***Murter-ville*** *Tél. (022) 434 995 www.tzo-murter.hr*

DÉCOUVRIR
L'archipel des Kornati

☆ **Les essentiels** L'île de Kornat et la grotte de Stinive, l'île de Levrnakala et sa baie de Lojena, la couronne de Mana sur l'île du même nom **Découvrir autrement** Initiez-vous à la plongée avec l'un des clubs de la région

Impossible de décrire toutes les îles de l'archipel ! Les quatre plus importantes (Kornat, Žut, Levrnaka et Piškera) constituent des bases intéressantes. Libre à vous de voguer ensuite au gré de vos envies. Une consigne : n'approchez pas des zones interdites !

☆ **Île de Kornat** Avec 3 252ha, 25km de long sur 3km de large, c'est la plus grande île du parc et de l'archipel. La principale localité, **Vrulje** ("Source marine"), étape de la plupart des excursions organisées, réunit une cinquantaine de maisons au fond de la baie du même nom. La colline de Tureta, à trois baies au nord-est de Vrulje, a livré les vestiges d'une occupation illyrienne puis romaine. Elle porte encore les ruines d'un fort byzantin du VIe siècle. L'église érigée au pied de la colline, à la même époque, a fait place à une chapelle médiévale, Notre-Dame-de-Tarac, où des pèlerins viennent célébrer la Visitation le premier dimanche de juillet. À voir également, à l'est de Vrulje, la grotte la plus célèbre de l'archipel, celle de ☆ **Stinive**. Lors des grosses chaleurs estivales, les moutons semblent en apprécier la fraîcheur !

Île de Žut La deuxième île de l'archipel (1 432ha, 11,7km de long) ne fait pas partie du parc. Elle offre néanmoins aux plaisanciers de nombreux mouillages et une marina.

Île de Piškera Connue par les plaisanciers pour sa marina, cette île de 266ha abrite les ruines d'une résidence romaine du Ier siècle, la villa Rustica, une petite église consacrée en 1560 à la Vierge et une forteresse vénitienne du XVIe siècle destinée à abriter les équipages de passage et de permettre aux pêcheurs de saler leur poisson.

☆ **Île de Levrnaka** C'est la troisième île du parc (182ha). Sa baie de Lojena est splendide, comme la vue à 360° qu'offre le sommet du Veli vrh (117m).

☆ **Île de Mana** Face à la baie de Vrulje (île de Kornat), cette île de 40ha possède la plus longue "couronne" des Kornati : un superbe hémicycle de 1 350m de long et de 70m de haut, face à la haute mer !

Plonger dans l'Adriatique Un monde sous-marin foisonnant, une eau limpide et d'excellentes conditions climatiques : pas étonnant que les Kornati soient l'un des plus beaux sites de plongée de Croatie ! Mais comme la pratique de ce sport est limitée dans le parc aux groupes organisés, il faut passer par un club de Dugi otok (p.380), de Murter (p.394), d'Ugljan (p.381) ou de Biograd na Moru (p.359) (liste des centres autorisés sur le site Internet du parc).

CARNET D'ADRESSES

Restauration

Si l'on recense une vingtaine de *konobe* établies sur les îles principales (Kornat, Piškera, Levrnaka, Žut, Smokvica et Ravni Žakan), les excursionnistes n'ont pas toujours le choix de leur lieu de restauration. Si vous comptez passer quelques jours sur les îles, ne partez pas sans provisions. En effet, le bateau-épicerie qui dessert l'archipel deux fois par semaine ne sera peut-être pas à même de satisfaire toutes vos envies, surtout si vous séjournez dans l'une des dernières îles de son circuit !

prix très élevés

Klif Restaurant de la marina de Piškera. Savoureuses grillades et atmosphère enthousiaste garanties ! Comptez de 150 à 450kn le kg de poisson. *Île de Piškera* ***Panitula*** *(marina située entre l'île de Piškera et l'îlot de Panitula) Tél. 098 337 496 Ouvert avr.-oct. : tlj. 10h-23h*

Ante Ante Jerat est considéré comme le meilleur pêcheur de calamars des Kornati. À force de cuisiner pour les rares (à l'époque) plaisanciers de passage, il s'est définitivement mis derrière les fourneaux et a ouvert ce qui est aujourd'hui la plus ancienne auberge de l'archipel. Laissez-vous tenter par ses grillades, pour 250-300kn le repas. *Île de Kornat* ***Vrulje*** *(sur la rive orientale de la baie) Tél. 091 519 9246 Ouvert mi-mai-sept. : tlj. 9h-23h*

Darko Strižnja Salades de fruits de mer, soupes de poisson et poisson cuit à la vapeur, à déguster sur cette terrasse conviviale donnant sur la baie de Strižnja. Repas complet 200-300kn. *Île de Kornat* ***Vrulje*** *(au nord-ouest de la baie) Tél. 098 435 988 ou 098 623 168 Ouvert juin-oct. : tlj. 10h-23h*

Séjourner aux Kornati

Il est plus simple de loger à Murter (p.397). En effet, vous ne trouverez aucun hôtel, camping, pension et très peu de chambres à louer pour une seule nuit aux Kornati. Ni eau courante (mais des citernes et bateaux-citernes), ni électricité - cuisinières et réfrigérateurs fonctionnent au gaz, les lampes à l'énergie solaire - et aucune épicerie - le ravitaillement se fait par bateau. Les deux agences mentionnées ci-dessous, qui organisent aussi des excursions aux Kornati, proposent des locations à la semaine dans l'archipel (transfert non compris mais ravitaillement assuré) : il s'agit souvent de maisons de bergers et de pêcheurs (dites "Robinson") regroupées à quatre ou cinq dans une baie. Comptez à partir de 2 000kn pour 2 pers., 5 000 pour 4 pers., 7 000kn pour 6 pers.
Vous pouvez aussi demander aux pêcheurs du port de Murter-ville s'ils ont une chambre à vous louer. Le camping est interdit.

Arta *Podvrtaje 21* ***Murter*** *Tél. (022) 436 544 ou 091 590 5959 www.murter-kornati.com*

Kornatica *Kantimirova bb* ***Murter-ville*** *Tél. 099 243 7323 info@kornatica.com www.kornatica.com*

ŠIBENIK

22000

Établie le long d'un canal, à l'embouchure de la Krka, cette ville de 36 000 habitants est la cadette des cités dalmates. Aucune trace, en effet, du passage des Illyriens, des Grecs ou des Romains. Fondée par les princes croates, Šibenik fut mentionnée pour la première fois en 1066. Elle n'en tomba pas moins, de 1412 à 1797, dans le giron de Venise, devenant un important port de commerce protégé par quatre forteresses et doté d'une somptueuse cathédrale. Les bombardements de 1991 ont pratiquement détruit le vaste complexe sidérurgique qui faisait vivre Šibenik... mais fuir les touristes. Aussi, pour relayer ces industries moribondes et enrayer le chômage, la municipalité a-t-elle entrepris de redonner vie à l'élégant centre-ville médiéval. Impossible de rester insensible au charme de ce dédale de venelles pavées, aux façades admirablement restaurées. Dommage que l'offre hôtelière reste limitée en ville.

MODE D'EMPLOI

accès

EN VOITURE

Šibenik se trouve 80km (1h) au sud-est de Zadar et 80km au nord-ouest de Split par l'autoroute A1-E65.

EN CAR

Nombreuses liaisons quotidiennes avec Zagreb, Split, Dubrovnik, Zadar, etc., et avec les villages et stations balnéaires des environs (Vodice, Murter, Skradin, Primošten...).

Gare routière / Autobusni kolodvor (plan 13, C2) *Draga 14 (5min à pied au sud de la vieille ville) Tél. 060 368 368 (puis taper 11)*

EN TRAIN

Trains quotidiens pour Zagreb et Split, mais bien plus lents que le car.

Gare ferroviaire / Željeznički kolodvor (hors plan 13 par C2) *Ulica fra Jerolima Milete 24 (10min à pied au sud de la vieille ville) Tél. (022) 333 696/699*

EN BATEAU

La petite ligne côtière gérée par la compagnie Jadrolinija relie Šibenik à la station balnéaire de **Vodice** (1h10) via les îles **Zlarin** (30min) et **Prvić** (45min) : 2-4 AR/j, voitures non autorisées. Quelques liaisons avec les îles de Kraplje (1h) et Žirje (1h40).

Jadrolinija (plan 13, B2) *Obala Fr. Tuđmana 7* **Šibenik** *Tél. (022) 213 468 www.jadrolinija.hr*

Marina Mandalina *Obala Jerka Šižgorića 1 (au sud de la ville) Tél. (022) 460 800 www.d-marin.com*

ACI Marina Vodice *Vodice (10km au nord-ouest de Šibenik) Tél. (022) 443 086 www.aci-marinas.com*

Yacht Marina Solaris Au cœur de l'immense complexe hôtelier Solaris. *7km au sud de Šibenik Tél. (022) 364 440 www.solaris.hr*

Marina Kremik *Primošten (21km au sud de Šibenik) Tél. (022) 570 068 www.marinakremik-adriatiq.com*

Marina Frapa L'une des plus belles et des mieux abritées de l'Adria-

tique. **Rogoznica** *(dans la baie de Soline, 28km au sud de Šibenik) Tél. (022) 559 931 www.marinafrapa.hr*
ACI Marina Skradin *Skradin Tél. (022) 771 365 www.aci-marinas.com*
Capitaineries *Šibenik Tél. (022) 217 216* **Vodice** *Tél. (022) 443 055* **Murter-ville** *Tél. (022) 435 190* **Primošten** *Tél. (022) 570 266*
Bateau taxi Šibenik Il peut vous emmener où vous voulez, sur rés. *Tél. 091 284 5553 ou 091 284 0105 (bateau) http://taxi-boat-sibenik.com*

orientation

La vieille ville, piétonne, s'étend entre la Riva (front de mer) et Kralja Zvonimira, axe majeur de la cité, de la place Poljana au pied de la citadelle Saint-Michel (Sv. Mihovil). Parkings payants (10kn/h en été !) aux abords de la place Poljana M. Tita et sur le quai sud.

adresses utiles

Banques place Poljana et dans les rues Vladimira Nazora et Ante Starčević. **Bureaux de change** à la poste et dans les agences de voyages.
Hôpital général / Opća bolnica (hors plan 13 par C1) *Stjepana Radića 83 Tél. (022) 641 641 www.bolnica-sibenik.hr*
Pharmacie centrale Baldekin (hors plan 13 par C1) *Stjepana Radića 56A Tél. (022) 332 068 Ouvert lun.-ven. 7h-20h, sam. 7h-13h*

informations touristiques

Office de tourisme principal (plan 13, B1-B2) *Fausta Vrančića 18 Tél. (022) 212 075 www.sibenik-tourism.hr Ouvert lun.-ven. 7h-15h*
Office de tourisme de la Riva (plan 13, B2) *Obala palih omladinaca 3 (en face de la cathédrale) Tél. (022) 214 448 Ouvert avr.-juin, sept.-nov. : 8h-20h ; juil.-sept. : 8h-22h ; déc.-mars : 8h-19h*
Office de tourisme régional (plan 13, B1) *Fra N. Ružića bb. Tél. (022) 219 072 www.sibenikregion.com*
Bureau du parc national de la Krka (plan 13, B1) *Trg Ivana Pavla II br. 5 Tél. (022) 201 777 www.npkrka.hr*

agences de voyages

Elles proposent des excursions (îles Kornati, Krka...) et peuvent réserver des appartements et chambres chez l'habitant dans toute la région de Šibenik.
Atlas (plan 13, C2) *Trg Ivana Gorana Kovačića 1a Tél. (022) 330 233 atlas-sibenik@si.t-com.hr*
Slap Tours (hors plan 13 par C1) *Fra J. Milete Tél. (022) 311 460 www.slaptours.hr*
Nik (hors plan 13 par C1) *Ante Šupuka 5 Tél. (022) 338 550 www.nik.hr*

marchés, fêtes et manifestations

Plus de 25 manifestations et festivals sont organisés chaque été à Šibenik, de la musique traditionnelle aux processions historiques, en passant par les courses d'ânes, les parades costumées ou les foires d'antiquaires...
Marché / Tržnica *5min à pied au sud de la vieille ville Tlj. 6h30-13h*
Festival des enfants Durant 2 semaines, la ville accueille toutes sortes d'activités ludiques, de spectacles, de concerts et d'expositions réalisés pour et par les enfants. *www.mdf-sibenik.com Fin juin-début juil.*
Festival d'été Concerts de musique classique dans les forteresses Saint-Nicolas et Saint-Michel. Programme à l'office de tourisme. *En juil.-août*
Festival médiéval Nombreuses manifestations, qui se déroulent en costume d'époque. *3 jours début sept.*

DÉCOUVRIR
Šibenik

☆ **Les essentiels** La Zagrebačka, la cathédrale Saint-Jacques **Découvrir autrement** Profitez du panorama du haut de la forteresse Saint-Michel, faites un tour au port de Dolac le temps d'une pause au Skipper

Poljana (plan 13, C1) L'ex-place du Maréchal-Tito (Poljana maršala Tita) s'étend dans l'angle sud-est de la vieille ville. La place principale de Šibenik doit son allure un peu austère à un grand parking et à l'ancien quartier général de la JNA (armée fédérale yougoslave), une imposante construction moderne qui intègre curieusement un pan de la muraille vénitienne, datant du XVe siècle. Le théâtre néo-Renaissance (1870), au nord de l'esplanade, semble indiquer la direction à suivre. De fait, de la placette voisine partent les deux rues principales de la vieille ville : Zagrebačka et Kralja Tomislava.

Église Saint-François / Crkva Sv. Frane (plan 13, C2) Près du parc Robert-Visiani (Perijov Roberta Visianija), à l'angle sud de la vieille ville, l'église du monastère franciscain (XVe-XVIIIe s.) mérite un rapide coup d'œil pour son plafond à caissons peints (XVIIe s.) et son orgue du XVIIIe siècle, l'un des meilleurs et des plus précieux de la ville. *Ouvert 7h30-19h30*

☆ **Zagrebačka (plan 13, B1)** Cette rue joliment pavée est bordée de nombreux commerces et jalonnée d'adorables églises, dont la plupart, hélas, ne se visitent pas. La première que l'on rencontre en venant de la place Poljana est celle de l'**Ascension** (Uspenje Bogomatere, XVIIe-XVIIIe s.). Siège de l'Église serbe orthodoxe depuis le début du XIXe siècle, cet édifice baroque est surmonté d'un très joli campanile aux balcons sculptés. Un peu plus loin sur la droite s'ouvre la placette de l'église du **Saint-Esprit** (Sv. Duh, XVIIIe s.), occupée aux beaux jours par une agréable terrasse de café. En descendant Zagrebačka, remarquez la belle rampe d'escalier gothico-Renaissance de **Saint-Jean** (Sv. Ivan, XVe s.), sculptée par Nicolas le Florentin. Le clocher fut équipé en 1648 d'une horloge mécanique turque, la première du genre à Šibenik. Au bout de la rue, l'église **Saint-Chrysogone** (Sv. Krševan), consacrée au début du XIIIe siècle, est l'une des plus anciennes et des plus sobres de la ville. Rénovée au début du XXe siècle, elle abrite une petite galerie d'art contemporain. La grosse cloche qui repose devant date de 1266.

Rue du Roi-Tomislav / Kralja Tomislava (plan 13, B2) La seconde rue principale de la vieille ville est tout aussi charmante et commerçante que sa voisine. Vous pourrez faire une pause sur les marches de l'ancienne place du Marché (Trg palih šibenskih boraca). En quittant cette belle place pavée pour vous diriger vers la cathédrale, remarquez, tout de suite à droite, les écuelles pour chiens, sculptées dans la pierre et gravées de l'inscription "*amor cani*".

Église Sainte-Barbe / Crkva Sv. Barbare (plan 13, B2) Posté au sud de la cathédrale, cet édifice du XVe siècle abrite une intéressante collection d'art sacré qui fait la part belle à la peinture. On admirera tout particulièrement le polyptyque de *La Vierge à l'Enfant* de Blaž Jurjev Trogiranin (XVe s.), celui de *La Vierge et les Saints* de Nikola Vladanov (XVe-XVIe s.) et un triptyque anonyme représentant sainte Barbe, saint Grégoire et saint Nicolas (XVe-XVIe s.). *Ouvert lun.-sam. 10h-12h et 18h-20h Tarif 7kn*

Musée de la Ville de Šibenik / Muzej grada Šibenika (plan 13, B2) Installé dans l'ancien palais des Recteurs vénitiens (Kneževa palača, XVe s.), entre le chevet de la cathédrale et la Riva, il abrite une petite collection de bas-reliefs des IXe et Xe siècles et accueille des expositions temporaires. La façade ouest du palais, côté Riva, est reliée à l'hôtel Jadran par un pan de muraille du XVe siècle. *Gradska vrata 3 Tél. (022) 213 880 www.muzej-sibenik.hr Ouvert mi-avr.-oct. : lun.-ven. 8h-20h, sam.-dim. 10h-20h ; nov.-mi-avr. : lun.-ven. 8h-17h, sam. 10h-15h Tarif 30kn, réduit 10kn*

☆ ☺ Cathédrale Saint-Jacques / Katedrala Sv. Jakova (plan 13, B2) Le mariage particulièrement réussi des styles gothique et Renaissance a valu à la cathédrale de Šibenik son inscription sur la liste du patrimoine mondial en 2000. La construction du sanctuaire s'est faite en trois étapes. De 1431 à 1441, des architectes vénitiens, dirigés par Francisco di Giacomo, se lancent dans la construction d'une cathédrale gothique à nef unique. Bonino da Milano est chargé de la réalisation des portails. On lui doit, notamment, les apôtres du portail principal et les deux lions portant Adam et Ève, de chaque côté de la porte nord. Cependant, l'entreprise est jugée peu novatrice et, en 1444, le chantier est confié à Juraj Dalmatinac (Georges le Dalmate), connu pour l'originalité de son style gothique fleuri. Cet architecte et sculpteur originaire de Zadar est aujourd'hui considéré comme le pionnier de la Renaissance croate. Il conçoit un plan nettement plus monumental, ajoute le transept, les absides et une foule d'ornements délicats (entrelacs fleuris des portails, statues...). Sa plus belle réalisation reste la **frise extérieure**, qui court le long du chevet, à hauteur des yeux. Ses 71 portraits en relief de femmes, d'hommes et d'enfants - probablement des citoyens anonymes - sont d'un réalisme stupéfiant. À sa mort, en 1473, l'édifice est loin d'être achevé, mais son élève, Nikola Firentinac (Nicolas le Florentin), reprend le flambeau. Il couvre la nef d'une toiture et d'une coupole en pierre, appareillées sans mortier, selon une technique élaborée par son maître. De son côté, Andrija Aleši donne vie aux plans du **baptistère** dressés par Juraj Dalmatinac. Situé en contrebas de l'abside sud, ce merveilleux espace circulaire dont les niches cannelées et la voûte ciselée dessinent de délicates dentelles de pierre, est sans doute la plus belle expression du passage du gothique flamboyant à la Renaissance. On dit que les feuilles de pierre de ses chapiteaux corinthiens sont si minces que quand on tape légèrement dessus avec le doigt, elles émettent une note musicale. La cathédrale fut achevée en 1546 et consacrée à saint Jacques en 1555. Une statue de Juraj Dalmatinac, réalisée par Ivan Meštrović, a été installée devant le portail principal en 1962 pour saluer le talent de l'architecte. *Tél. (022) 214 899 Ouvert été : tlj. 8h30-20h ; hiver : tlj. 8h30-12h et 16h-20h Tarif 25kn, réduit 15kn*

Ancien hôtel de ville / Gradska vijećnica (plan 13, B2) Il fut édifié juste en face de la cathédrale au XVIe siècle et reconstruit à l'identique après la Seconde

Plan 13 Šibenik

Café, bar ■ 1
Skipper p.392 — 1 A1

Restauration ■ 10 à 14
Gradska Vijećnica p.395 — 13 B2
Konoba Kanela p.395 — 10 C2
Pelegrini p.395 — 14 B2
Peškarija p.395 — 11 A2
Tinel p.395 — 12 B1

Hébergement ■ 21 et 22
Hotel Jadran p.397 — 22 B2
La Konoba p.397 — 21 B1

Jurlinovi Dvori Si vous êtes motorisé, grimpez jusqu'à Primošten Burnji et ses hameaux perchés. À Draga, ne manquez pas de visiter le Jurlinovi Dvori : un ensemble de vieilles maisons en pierre, réaménagées en ethnomusée par le père Stipe Perkov. L'occasion également de goûter au *babić*, un petit rouge régional. Il est préférable de s'annoncer par téléphone. *9km au nord-est de Primošten (prendre la Magistrale dir. Šibenik, puis peu après le camping Adriatic, passer la pancarte "Dolac" et prendre à droite la route de Siroke : le village de Draga est perché sur la colline, prendre le chemin juste avant la supérette) Tél. (022) 574 106 ou 099 213 5227 www.jurlinovidvori.org*

Où aller danser ?

Aurora Cette boîte de nuit en plein air est l'une des plus grandes et des plus fréquentées de la côte dalmate. ***Primošten*** *(21km au sud de Šibenik) Tél. (022) 570 836 ou 098 920 1964 http://auroraclub.hr Ouvert juil.-août : tlj. 23h-5h Mêmes horaires pendant vac. scol.*

Hacienda Autre grande discothèque à ciel ouvert. *Magistrala bb* ***Vodice*** *(12km au nord-ouest de Šibenik, sur la route de Vodice) Tél. (022) 444 543 ou 099 333 3005 Ouvert juin-août : tlj. 23h-5h*

Où soigner des rapaces ?

☺ **Sokolarski centar** Ce centre de protection et de dressage des rapaces est situé à environ 7km au nord-est de Šibenik. Après une présentation générale des activités du centre et des mœurs des rapaces, les visiteurs sont invités à nourrir et à soigner les oiseaux. Organise également des stages de dressage à la semaine. ***Dubrava*** *(de la Magistrale, dir. Drniš et Knin au nord-est, puis tout de suite à droite la route de Dubrava et la suivre sur 5km) Tél. (022) 219 207 ou 091 506 7610 Ouvert avr.-oct. : tlj. 10h-19h ; reste de l'année sur rdv Tarif 50kn, réduit 40kn*

Aller à la plage Les plus belles criques se trouvent sur les îles de **Zlarin** et de **Prvić**. Les plages de **Vodice** sont assez jolies mais bondées l'été. Celles de l'**île de Murter** sont à peine plus tranquilles, notamment les 14 baies de la côte ouest, dont les célèbres plages de Slanica et de Cigradja.

Pratiquer des sports nautiques Pas de clubs de voile ni de plongée à Šibenik, mais plusieurs dans les stations balnéaires environnantes (Vodice, Murter, Solaris, Brodarica, Primošten...).

Kornati Nautilus Plongées autour des Kornati ou au large de Murter. *Branimirova 19 Betina* ***Murter-ville*** *Tél. (022) 435 546 ou 091 589 2915*

Mediterraneo Sub Club de plongée sérieux, fondé en 1997. *Krapanjskih Spužvara 48* ***Brodarica*** *Tél. 091 539 4007 ou 091 738 8031 www.mediterraneo-sub.com Ouvert avr.-oct.*

Randonner à pied ou à vélo À Vodice, 14 itinéraires de 5 à 70km aménagés autour de la ville. Demandez la carte *Vodice on Bicycle and by Foot* à l'office de tourisme.

CARNET D'ADRESSES

Restauration

petits prix

Konoba Kanela (plan 13, C2 n°10) Sur le front de mer, à côté de l'office de tourisme, une ravissante taverne appréciée pour ses produits du terroir autant que pour son poisson et ses coquillages. Bon rapport qualité-prix : viandes et poulpe sous la cloche à partir de 160kn pour 2 pers. *Obala Fr. Tuđmana 5 (Riva)* ***Šibenik*** *Tél. (022) 214 986 Ouvert été : tlj. 7h-1h ; hiver : tlj. 7h-23h*

prix moyens

☺ **Gradska Vijećnica (plan 13, B2 n°13)** Dans l'ancien hôtel de ville, face à la cathédrale, l'un des restaurants les mieux situés de Šibenik et il ne manque pas d'allure avec ses miroirs anciens, ses boiseries et moulures d'origine. Agréable terrasse sous les arcades. Carte restreinte mais raffinée : risotto noir, scampi à la *buzara*, steak Šibenik, crustacés... Comptez 150kn l'entrée et le plat, un peu plus avec du poisson. *Trg Republike Hrvatske 3* ***Šibenik*** *Tél. (022) 213 605 Ouvert tlj. 9h-0h Fermé 3 sem. fin juin-début juil.*

Peškarija (plan 13, A2 n°11) Cet élégant restaurant occupe le site de l'ancien marché au poisson (d'où son nom), derrière les bars animés du nord de la Riva. Cuisine traditionnelle sans surprise, mais le jardin fleuri offre un cadre appréciable à un dîner estival en tête à tête. Comptez 150kn le repas. *Obala Palih Omladinaca 6* ***Šibenik*** *Tél. 091 111 2727 Ouvert mai-sept. : tlj. 11h-0h ; reste de l'année : tlj. 11h-23h*

Tinel (plan 13, B1 n°12) Une terrasse intime donnant sur l'église Saint-Chrysogone (Sv. Krševan), idéale pour déguster un loup aux praires sauce au vin. Prévoyez minimum 150-180kn le repas. *Trg pučkih kapetana 1* ***Šibenik*** *Tél. (022) 331 815 Ouvert avr.-oct. : tlj. 10h-23h*

prix élevés

☺ **Pelegrini (plan 13, B2 n°14)** Le chef Rudolph Štefan anime l'une des meilleures tables de Croatie, sans emphase, en privilégiant simplicité et plaisir. Une carte succincte égrène des plats excitants et pleins de saveurs. Les pappardelles aux truffes, jambon dalmate, fromage de brebis et persil frais sont divines ! Le panier de pain maison garni, entre autres, de pannetons farcis et d'une tapenade grossièrement concassée représente à lui seul une expérience à ne pas louper. Carte des vins exceptionnelle avec de nombreuses propositions "au verre". Plats 125-185kn, menus à midi (3 plats minimum) à partir de 440kn, menu dégustation 965kn. *Jurja Dalmatinca 1* ***Šibenik*** *Tél. (022) 213 701 www.pelegrini.hr Ouvert avr.-mai : mar.-dim.*

GAMME DE PRIX	RESTAURATION	HÉBERGEMENT
Très petits prix	moins de 75kn	moins de 300kn
Petits prix	de 75 à 120kn	de 300 à 450kn
Prix moyens	de 120 à 180kn	de 450 à 600kn
Prix élevés	de 180 à 250kn	de 600 à 1 100kn
Prix très élevés	plus de 250kn	plus de 1 100kn

12h-0h ; juin-oct. : lun.-mar. 18h30-0h (dernier service 21h), mer.-dim. 12h-14h30 et 18h30-0h ; nov.-mars : mer. et ven.-sam. 12h-0h, dim. 12h-18h

Dans les environs

petits prix

Lantana À Murter-ville, une cahute posée sur le sable d'une petite baie léchée par une eau limpide : voilà sans aucun doute le remède absolu au stress ! Carte brève (fruits de mer grillés, *ćevapčići*) à moins de 55kn le plat, pizzas 45-50kn. Concerts certains soirs. ***Murter-ville*** *(à l'entrée de la ville, tournez à gauche au panneau indiquant le restaurant "Čigrada" : le Lantana est au bout de la rue) Tél. 098 173 2932 ou 098 180 6994 Ouvert été : tlj. 10h-0h*

Konoba Stari Mlin Dans le centre du petit port de Betina, face au quai, cet ancien pressoir à olives s'est admirablement métamorphosé en taverne. Les bonnes odeurs de fruits de mer en cuisine donnent l'envie de se poser autour de l'une des petites tables basses, tandis que la décoration réussie (filet de pêche en mode séchage, guitare dans un coin prête à accompagner un chant dalmate) nous renvoie au temps des *konoba*, lieu de de retrouvailles des habitants du village. On y sert quelques spécialités locales à grignoter autour d'un verre, comme la friture de sprat ou de calamars, le jambon fumé ou la soupe complète aux pois chiches. Plats 30-70kn, vin au verre 16kn. *Île de Murter Trg na moru* ***Betina*** *Tél. 091 546 0147 Ouvert mi-mai-sept. : 19h-2h*

prix moyens

Restaurant Arausa L'une des terrasses les plus populaires du front de mer de Vodice ! Belle vue, service souriant, musique délassante... mais aucune intimité (les tables se touchent). Comptez 70-75kn pour un risotto noir ou un filet de porc, 150kn pour un poisson, 100kn la bouteille de *babić*. *Trg Hrvatskih mučenika 17* ***Vodice*** *Tél. (022) 440 303 Ouvert avr.-sept. : tlj. 12h-1h*

Gostionica Boraja Posté sur la route qui relie Šibenik à Trogir, le village de Boraja dissimule un petit joyau gustatif qui de prime abord ne paie pas de mine. Mais en jetant un coup d'œil aux différentes plaques d'immatriculation des véhicules garés devant, on s'aperçoit que toute la Croatie accourt ici. De fait, voici l'un des endroits les plus réputés pour la fameuse grillade d'agneau à la broche et au feu de bois, servie avec une salade de tomates et oignons du village, et du pain cuit sous cloche. Un régal... L'idéal est de réserver votre part avant de vous déplacer : un agneau, c'est au moins deux heures de cuisson ! Comptez 300-400g pour un appétit moyen, et 350kn/kg. Et ne tardez pas, cela se mange chaud ! *Boraja 17* ***Boraja*** *(22km au sud-est de Šibenik par la D58) Tél. (022) 566 522 ou 098 336 768 Ouvert mar.-dim. 12h-18h*

prix élevés

☺ **Zlatna Ribica** Cette table gastronomique s'abrite dans l'une des magnifiques criques de Brodarica. La carte est variée, mais le Zlatna Ribica est surtout fameux pour ses poissons et fruits de mer. Grand choix de crus étrangers et croates, dont un excellent vin maison. Concerts les ven. et sam. soir. *Krapanjskih spužvara 46* ***Brodarica*** *(8km au sud de Šibenik, sur la route littorale) Tél. (022) 350 695 ou (022) 350 300 www.zlatna-ribica.hr Ouvert tlj. 12h-23h*

LE NORD DE LA DALMATIE

Hébergement

Si le parc hotelier de Šibenik est restreint, vous aurez plus de choix dans les villages côtiers des environs. Réservation en agence de voyages (p.388).

prix élevés

La Konoba (plan 13, B1 n°21) Maaike, Néerlandaise d'origine, propose un studio et deux appartements charmants nichés dans la vieille ville. Vous y trouverez tout le confort moderne, allié à la fraîcheur de la pierre apparente et au bon goût de votre logeuse : parquet, napperons, meubles anciens... Comptez de 500 à 700kn pour 2, supplément petit déj. 70kn/pers. *Andrije Kačića 8* ***Šibenik*** *Tél. 091 601 9789 www.bbdalmatia.com*

Hotel Jadran (plan 13, B2 n°22) Le seul hôtel de Šibenik est idéalement situé au cœur de la ville. De ses 57 chambres confortables, mais sans charme et un peu exiguës, préférez celles qui donnent sur la mer. Évitez son restaurant. Comptez 870kn la double. *Obala dr. Franje Tuđmana 52* ***Šibenik*** *Tél. (022) 242 000 ou (022) 242 009 www.rivijera.hr*

Dans les environs

camping

Kamp Slanica Installé sous les pins de la rive nord-ouest de la baie de Slanica, ce camping agréable et assez bien équipé (marché, restaurants, activités sportives, location de bateaux) compte 200 emplacements. Prévoyez env. 185kn/2 pers. avec une tente et une voiture en pleine saison. ***Murter-ville*** *(2km au sud-ouest de la ville) Tél. (022) 434 205 ou 098 336 636 www.murter-slanica.hr Ouvert mai-oct.*

prix élevés

Hotel Panorama Si vous êtes véhiculé, le Panorama peut constituer une heureuse solution d'hébergement. La situation, en bord de route nationale, n'invite certes guère à la rêverie, mais les prestations et la vue magnifique sur Šibenik sont autant de raisons de réviser son jugement. Une quarantaine de chambres confortables, rénovées (en 2012), balcons, connexion wifi, clim., salle de bain spacieuse et belle piscine. Comptez env. 850-900kn pour 2 en pleine saison. *Šibenski most 1* ***Šibenik*** *(6km au nord de la ville dir. Vodice, juste après le pont qui enjambe le chenal de Šibenik) Tél. (022) 213 398 ou 099 319 3098 www.hotel-panorama.hr*

Hotel Kristina Cet hôtel familial tranche par sa taille et sa convivialité avec les barres de béton fonctionnelles de Punta. La proximité de nombreux bars peut, en revanche, nuire à la tranquillité de ses clients ! La plupart des 20 chambres, neutres, propres et confortables, ont un balcon. Env. 650kn la double. *Šetalište M. Sladoljeva 3* ***Vodice*** *Tél. (022) 444 173 http://hotelkristina.net Ouvert avr.-oct.*

Phare de Prišnjak Posté sur un îlot, ce phare de 1886 a été converti en appartement pour 4 pers. Location auprès de Plovput. Comptez env. 9 000kn la semaine (uniquement) en été, 760kn la nuit hors saison. ***Murter-ville*** *(300m au nord-ouest de l'île de Murter) www.lighthouses-croatia.com www.plovput.hr*

★ ☺ PARC NATIONAL DE LA KRKA

La Krka (prononcer "keurka"), qui prend sa source près de Knin et se jette dans l'Adriatique à Šibenik, à 73km en aval, a creusé dans le dur plateau karstique des contreforts de la Dinara un lit barré de saillies irrégulières de tuf, ou travertin – des strates rocheuses qui se forment par calcification des végétaux aquatiques et finissent par émerger en cascades multiples. Créé en 1985 afin de protéger cet ensemble de chutes, l'un des plus beaux d'Europe, ainsi qu'une faune et une flore exceptionnelles, le parc national de la Krka attire chaque année des centaines de milliers de visiteurs. Ceux-ci se rendent pour la plupart dans un premier temps à Skradin, ravissant village d'où partent les bateaux et les sentiers qui mènent à l'entrée du parc.

MODE D'EMPLOI

accès

EN VOITURE
Skradin est env. 20km au nord-ouest de Šibenik (route 8 dir. Zadar, puis à droite vers Knin et à gauche). Pour gagner directement le parc, prenez à droite la direction de Skradinski Buk (via Lozovac), après la bifurcation pour Skradin.

EN CAR
Du lundi au vendredi (moins le week-end), 7 cars/j. relient Šibenik à Skradin.

EN BATEAU
Les plaisanciers peuvent remonter la Krka jusqu'à Skradin.
ACI Marina Skradin Attention, pas de carburant. *Tél. (022) 771 365 www.aci-marinas.com*

orientation

Le parc de la Krka s'étend sur 111km² de part et d'autre du fleuve, de sa source au pont de Skradin. Il protège sept séries de chutes karstiques, dont les plus spectaculaires sont celles de Skradinski Buk et de Roški Slap, accessibles en voiture, à pied et en bateau d'excursion. On peut embarquer à Skradin pour Skradinski Buk. Des bus font la navette entre Lozovac, autre entrée du parc, et les chutes. On peut aussi approcher le fleuve (mais pas les chutes) en voiture, par des sentiers qui partent de Širitovci, de Drinovci (route Drniš-Roški Slap) et d'Oklaj sur la rive gauche, de Dubravice et de Kistanje sur la rive droite.

informations touristiques

Office de tourisme de Skradin *Trg Male Gospe 3 (sur le quai) Tél. (022) 771 329 www.skradin.hr*
Nacionalni Park Krka *Trg Ivana Pavla II br. 5* ***Šibenik*** *Tél. (022) 201 777 www.npkrka.hr*
Antenne du parc national de la Krka ***Skradin*** *Tél. (022) 771 688*

agences de voyages

La plupart des agences de voyages de Šibenik (p.388) et de ses environs proposent des excursions dans le parc national de la Krka.

DÉCOUVRIR

Le parc national de la Krka

☆ **Les essentiels** Les chutes de Skradinski Buk, le monastère de Visovac
Découvrir autrement Baignez-vous dans le lac inférieur de Skradinski Buk, faites une randonnée pédestre de Skradin à Skradinski Buk, optez pour une croisière de Skradin à Šibenik

La Krka, en un cours tumultueux, dévale les strates rocheuses en plusieurs cascades. Entre les deux dernières séries de chutes, Roški Slap et Skradinski Buk, la rivière s'élargit en un lac long de 13,5km, le Visovac. En aval de Skradinski Buk, elle forme un estuaire profond de 23km, où la rencontre de l'eau douce et de l'eau salée favorise la croissance d'une flore particulière. La conjonction des influences climatiques méditerranéenne et continentale, de même que la morphologie du terrain et l'encaissement du fleuve valent aussi au parc une grande diversité végétale : on y a recensé près de 860 espèces. À celles-ci s'ajoutent une riche faune aquatique (de nombreux amphibiens et 18 variétés de poissons, dont 10 endémiques) et quelque 222 espèces d'oiseaux (résidents ou migrateurs). Le parc abrite aussi des reptiles et de nombreux mammifères, dont 18 variétés de chauves-souris. La **visite** du parc s'effectue en plusieurs étapes. Il vous faudra soit prendre un bateau à Skradin, Skradinski Buk ou Roški Slap, soit suivre en voiture les routes qui longent le cours de la Krka. Les plus courageux peuvent aussi, en 1h de marche, relier Skradin à Skradinski Buk (4km), où se trouve l'entrée payante du parc (départ du sentier : à 500m à l'est du village, à côté du pont), et poursuivre de la même façon jusqu'à Roški Slap, à 10km en amont. *Ouvert avr.-mai : tlj. 8h-18h ; juin-mi-oct. : tlj. 8h-20h ; mi-oct.-mars : tlj. 9h-16h Tarif avr.-juin et sept.-oct. : 110kn, réduit 80kn ; juil.-août : 150kn, réduit 90kn ; nov.-mars : 30kn, réduit 20kn*

Skradin De la route en provenance de Šibenik, cette ravissante bourgade nichée dans un vallon livre un premier tableau bucolique, impression qui perdurera tout au long de sa visite. La fréquentation touristique anime ses ruelles, bordées, ici et là, de vieilles maisons de pierre aux jardins fleuris, sa charmante petite marina, son marché et ses bars à vins. Sa situation stratégique sur la route reliant Split à Zadar valut à Skradin un éclat précoce (l'agglomération illyrienne devint un municipe romain dès le IIe siècle av. J.-C.)... et de nombreux maîtres successifs. Ce furent, notamment, les Šubić, à la fin du XIIIe siècle, alors la plus puissante famille féodale de Croatie, puis les Ottomans de 1522 à 1684. Skradin s'assoupit au XIXe siècle, quand la grand-route fut déplacée, pour reprendre vie grâce à l'ouverture du parc national de la Krka. Dans l'église de la Sainte-Madone (Mala Gospa), vous pourrez admirer, en attendant votre bateau, le décor baroque et l'autel couvert d'ex-voto en argent. *20km au nord de Šibenik*

☆ ☺ **Skradinski Buk** Un véritable enchantement que ces 17 chutes qui se succèdent sur 800m en un dénivelé de 46m dans une végétation luxuriante aux infinies nuances de couleurs ! Les barrières de travertin, qui atteignent 400m dans leur plus grande largeur, ont formé une multitude de petits bancs, îlots, bassins, canaux, rigoles, que des sentiers et pontons aménagés permettent d'approcher. L'eau de la Krka, dont le débit moyen atteint 50 000l à la seconde, s'écrase, jaillit, ruisselle, et sa musique rend le spectacle encore plus féerique. Au cours de la promenade, on croise, en haute saison, des femmes qui vendent du fromage, des figues, de la grappa, de l'huile et du miel. Un restaurant et un snack-bar vous permettront également de faire une pause-déjeuner. La visite du vieux moulin à eau, fort bien restauré, et du petit Musée archéologique, tous deux installés à proximité des chutes, sera l'occasion de faire un bond dans le passé : crémaillères, jarres, métier à tisser, instruments de musique, lavoir (dans la grotte)... Et si le temps s'y prête et que vous avez pensé à emporter votre maillot de bain, vous pourrez vous rafraîchir dans le lac inférieur. ***Accès en voiture*** *Cf. Mode d'emploi* ***Accès en bateau*** *De Skradin, 1 bateau/h de 8h à 19h tlj. en été (croisière de 20min, retour 9h30-19h30 : attention, longue attente en début de soirée), fréquence réduite l'hiver*

☆ **Monastère de Visovac / Samostan Sv. Franje** Fondé en 1445 sur un îlot du lac de Visovac par des franciscains réfugiés de Bosnie, le monastère Saint-François abrite un exceptionnel ensemble de peintures italiennes des XVIe et XVIIe siècles, de précieux ouvrages anciens, dont des *Fables* d'Ésope imprimées en 1487, ainsi que d'autres documents historiques d'une très grande valeur. ***Accès en bateau*** *De Skradin à Stinice (Brištane), sur la rive gauche de la Krka (accès principal) ou à Remetić (Dubravice), sur la rive droite. De là, 7 AR en bateau tlj. d'avr. à oct. (horaires de départ variables, en fonction du nombre de visiteurs). De Skradinski buk, excursion de 2h incluant la croisière AR et la visite du monastère (30min) Tarif mars-nov. de Skradinski buk : 130kn, réduit 90kn ; de Stinice ou Remetić : 50kn, réduit 35kn Hors saison : il faut passer par une agence, tarif 90kn, réduit 55kn*

Roški Slap Ces douze cascades, qui se succèdent sur 650m et un dénivelé de 25,50m, sont un peu moins spectaculaires que celles de Skradinski Buk, mais légèrement plus amples : 450m dans leur plus grande largeur. Là aussi, de vieux moulins à eau se dressent encore à proximité des chutes. ***Accès en voiture*** *10km en amont de Skradinski Buk (de Skradin, via Dubravice et Rupe, sur la rive droite de la Krka, tournez à droite 2km au nord de Rupe ; ou via Drniš, sur la rive gauche, mais la route est deux fois plus longue)* ***Accès en bateau*** *De Skradinski Buk, excursion de 4h incluant la croisière AR et la visite du monastère de Visovac Ouvert mars-avr., oct. : tlj. 9h-18h ; mai-sept. : tlj. 9h-20h ; nov.-fév. : tlj. 9h-16h Tarif (Roški Slap uniquement) en saison : 60kn, réduit 40kn ; hors saison : 30kn, réduit 20kn*

☺ **Monastère Saint-Archange / Samostan Sv. Arhanđela - Manastir Krka** Ce monastère orthodoxe bâti à la fin du XIVe siècle par des moines serbes est installé au nord de Roški Slap, en contrebas du village de Kistanje. Son église, d'influence byzantine, renferme une belle iconostase des XVIe et XVIIe siècles. Demandez à voir les catacombes (Ier s.) où, sous la domination romaine, les chrétiens célébraient la messe en cachette. **Accès en voiture** *35km au nord de Skradin et 3km au sud-est de Kristanje De Skradin, via Dubravice et Rupe, sur la rive droite de la Krka (2km au nord de Rupe, prendre, à gauche, la route de Varivode, et 1,5km plus loin, celle de Kistanje, à droite)* **Accès en bateau** *De Roški Slap., d'avr. à oct., excursion de 2h30 incluant la croisière AR jusqu'aux forteresses de Trošenj et de Nečven et la visite du monastère Tarif avr.-oct. : 100kn, réduit 70kn ; nov.-mars : il faut passer par une agence, tarif 70kn, réduit 45kn*

Site et musée archéologique de Burnum Les restes d'un camp militaire romain du début de notre ère ont été exhumés sur la rive droite de la Krka, dans le nord du parc, 1,2km à l'est du village d'Ivoševci. Les fouilles, toujours en cours, ont mis au jour des restes du quartier général ainsi qu'un vaste amphithéâtre et livré un abondant matériel archéologique. Ce dernier est exposé à Puljani, en aval du site, sur l'autre rive, dans un musée appelé à s'agrandir. *6km au nord de Kistanje, 20km avant Knin Tél. (021) 630 676 Ouvert 10h-18h Tarif 40kn, réduit 30kn*

Partir en randonnée Profitez des sentiers aménagés de Skradinski Buk et Roški Slap. Entre Skradin et Skradinski Buk, belle balade d'une heure environ. Départ devant le pont, 500m à l'est (avant l'entrée) de Skradin.

Se baigner, faire du bateau Les baignades sont autorisées (zone délimitée) dans le lac inférieur de Skradinski Buk. Vous pouvez naviguer de Šibenik à Skradin (en empruntant le lac de Prokljan). Il existe une petite marina à Skradin (p.398).

Au nord-est du parc

Knin Établie sur la rive gauche de la Krka, aux confins de la Dalmatie et de la Bosnie, Knin fut l'un des sièges de la royauté croate au Moyen Âge avant de passer sous tutelle ottomane (1522-1688), vénitienne, puis autrichienne. En 1991, quand la Croatie déclara son indépendance, les Serbes, majoritaires dans la région, décidèrent de faire sécession. Knin devint alors la capitale de la république autonome serbe de Krajina et le demeura jusqu'à la grande offensive lancée par l'armée croate en août 1995. Pratiquement déserte à la fin de la guerre, Knin s'est progressivement repeuplée depuis, mais ce centre industriel n'a pas retrouvé sa prospérité d'autrefois. Seul intérêt de la visite, la **forteresse** (Tvrđava), qui dresse ses robustes remparts sur le mont Saint-Sauveur (Sveti Spas). Cette citadelle, la plus monumentale de Dalmatie, fut érigée au xe siècle pour les rois et seigneurs croates, et agrandie à plusieurs reprises jusqu'au XVIIIe. Des passerelles permettent de passer entre les différents corps de bâtiment, en partie ruinés. Vous y trouverez un petit musée consacré à l'histoire de Knin et un restaurant, mais vous retiendrez surtout le panorama sur la plaine qu'offre le sommet des remparts. *56km au nord-est de Šibenik (12 cars/j.) via Drniš* **Office de tourisme** *Dr F. Tuđmanova 24 Tél. (022) 664 822 www.tz-knin.hr* **Forteresse** *Ouvert tlj. lever du soleil-coucher du soleil Tarif musée 20kn, réduit 10kn*

CARNET D'ADRESSES

Restauration, hébergement

À Skradin, vous trouverez des chambres d'hôtes (env. 250kn la chambre double) sans difficulté dans le secteur où sont regroupés les hôtels et les pensions, ainsi que deux petits campings (moins de 150kn pour deux).

petits prix

Vila Marija Sept chambres et un appartement sans effort de décoration, mais propres et assez confortables. Attention, pas de clim. et rue assez bruyante. L'accueil est chaleureux et la table plutôt bonne. La chambre double revient à 300kn en haute saison. *Dr F. Tuđmana 2* ***Skradin*** *Tél. (022) 771 110 ou 098 266 495* Ouvert *toute l'année*

prix moyens

Bonaca Si plusieurs restaurants animés sont installés sur les quais, ce sympathique établissement à la terrasse fleurie, retranché dans une ruelle calme, a l'originalité de servir des assiettes composées de poisson. Daurade, rouget, anguille, loup... à vous de choisir ! Comptez 250-400kn le kg. Également d'autres plats dalmates. Mieux vaut réserver. *Rokovača 5* ***Skradin*** *(derrière l'ACI Marina et le restaurant Marina) Tél. (022) 771 444 ou 091 510 5575 Ouvert avr.-nov. : tlj. 12h-0h*

prix élevés

Zlatne Školjke Depuis 1974, Ante et Marija Petrović ont fait de ce lieu discret une adresse gastronomique incontournable de la Dalmatie. Si l'intérieur semble d'une autre époque, la décoration annonce leur passion pour la mer, et une vie dédiée à ce qu'elle a de plus beau et de meilleur à offrir. Le menu est ainsi riche en coquillages et fruits de mer, les poissons, d'une grande fraîcheur, n'étant pas en reste. À harmoniser avec la riche carte des vins : laissez Marija vous guider, c'est une grande sommelière. En dessert, ne manquez pas la Torta Skradin, spécialité aux amandes, noix, miel et chocolat. Comptez 100-180kn le plat. *Grgura Ninskog 9* ***Skradin*** *Tél. (022) 771 022 www.zlatne-skoljke.com Ouvert tlj. 12h-23h*

Hotel Skradinski Buk Il vous faudra débourser de 420kn (basse saison) à 650kn (juil.-août) pour l'une des 25 chambres doubles, certes confortables, mais tristounettes, de cet établissement qui compte également 2 suites et 3 chambres simples. Préférez celles du dernier étage. Parking 22kn. *Burinovac bb* ***Skradin*** *Tél. (022) 771 771 www.skradinskibuk.hr Ouvert toute l'année*

GAMME DE PRIX	RESTAURATION	HÉBERGEMENT
Très petits prix	moins de 75kn	moins de 300kn
Petits prix	de 75 à 120kn	de 300 à 450kn
Prix moyens	de 120 à 180kn	de 450 à 600kn
Prix élevés	de 180 à 250kn	de 600 à 1 100kn
Prix très élevés	plus de 250kn	plus de 1 100kn

GEOREGiON

LE CENTRE DE LA DALMATIE

V

Knin
Kistanje
Biskupija
Cetina
Le nord de la Dalmatie
Uzdolje
KOZJAK
KRKA
Drniš
Visovac
Skradin
PARC NATIONAL DE LA KRKA
Lozovac
ČIKOLA
PERUĆKO JEZ.
ZADAR
Dubrava
Šibenik
CETINA
Sinj
Brnaze
DALMACIJA
KOZJAK
Trilj
Primošten
Bisko
Ugljane
Kaštela
Klis
Solin
Salonac
MOSOR
Marina
Seget
Stobreč
Arbanija
Trogir
ČIOVO
Ermitage
Split
Podstrana
Gata
CETINA
Dugi Rat
Omiš
ANCÔNE
DRVENIK MALI
DRVENIK VELI
Maslinica
Rogač
Nečujam
ŠOLTA
Supetar
Sutivan
Mirca
Postire
Škrip
Dol
Ložišća
Donji Humac
Nerežišća
Pučišće
Milna
VIDOVA GORA 780 M
BRAČ
Blaca
Murvica
Bol
ZLATNI RAT
KABAL
RT PELEGRIN
Brusje
Stari Grad
Hvar
Vrboska
Palmižana
HVAR
Vrbanj
Jelsa
PAKLENI OTOCI
Sveti Nedjelja
SVETI NIKOLA 628 M
Pitve
Donji Humac
ANCÔNE
ŠĆEDRO
VIS
Stončica
Komiža
Vis
HUM 585 M
Plisko Polje
Podhumlje
U. SREBRENA
Modra spilja
Polje
BIŠEVO
Vela Luka

LE CENTRE DE LA DALMATIE

La partie centrale de la Dalmatie peut s'appréhender comme un gigantesque théâtre. Derrière les massifs du Biokovo et du Mosor, les coulisses, faites de paysages de montagnes et de lacs encaissés. Devant, la scène, propice aux plus beaux acteurs : Split et son palais impérial, Trogir, petit bijou incongru, l'île de Brač, icône un peu défraîchie du tourisme balnéaire local, et celle de Hvar, repaire des jet-setteurs. Perdue au loin, l'île de Vis, ancienne base militaire qui accueillit Tito et ses partisans, est aujourd'hui le paradis des plongeurs et des misanthropes, et constitue la touche romantique. Si ces premiers rôles se laissent par moments aller au cabotinage, les seconds sont pleins de caractère : Makarska et sa riviera kitsch, le delta de la Neretva qui se bâtit un avenir écologique, Stari Grad et Jelsa, discrètement à l'ombre de leur capitale (Hvar-ville), et Tučepi ou Kaštela, villes littorales qui s'affranchissent d'un développement inconsidéré et d'une trop grande mélancolie postindustrielle. Le vrai charme de la Dalmatie centrale apparaît ainsi aussi entre les lignes.

★ SPLIT

21000

Dominée par les massifs dénudés du Kozjak et du Mosor, Split est la deuxième ville de Croatie (env. 175 000 hab., 480 000 dans l'agglomération) et l'un de ses principaux pôles économiques et culturels. Que vous arriviez par la voie des airs, la mer ou la route, ne vous laissez pas déconcerter par l'étendue de ses zones industrielles et de ses banlieues bétonnées, et plongez sans attendre dans le plus étonnant centre-ville de Croatie : le palais de Dioclétien, immense quadrilatère peu à peu remodelé par 1 700 ans d'histoire. Inscrite sur la liste du patrimoine mondial de l'Unesco depuis 1979, l'ancienne résidence de l'empereur romain déploie, sur 38 700m², un dédale de ruelles et de constructions digne d'une chasse au trésor. Les colonnes corinthiennes de son Péristyle flirtent désormais avec des bas-reliefs romans et des façades gothico-Renaissance, tandis que l'effervescence des boutiques et des cafés fait vibrer la moindre impasse de l'ancien palais. Mais le dynamisme de Split s'étend bien au-delà des murailles romaines, rythmé par la valse incessante des ferries dans le port et les soirées animées de Bačvice. Pour retrouver le calme, il vous suffira de grimper sur la colline du Marjan, véritable poumon vert de la ville.

CAÏUS AURELIUS DIOCLES DIOCLETIANUS Né en l'an 245 de notre ère, Dioclétien était probablement originaire de Salona, la capitale de la Dalmatie romaine, située à quelques kilomètres au nord de l'actuelle Split. Ce consul illyrien est proclamé empereur en 284 par ses soldats. En 286, il décide de diviser l'Empire romain pour enrayer sa décadence, et installe Maximien sur le trône d'Occident comme Auguste, se réservant celui d'Orient. En 293, il va plus loin en nommant deux césars et instaure ainsi une tétrarchie. Se voulant le fils divinisé de Jupiter, Dioclétien exerce une véritable tyrannie sur l'empire d'Orient et persécute les chrétiens. Il abdique en 305 et se retire dans l'opulent palais qu'il a fait édifier à Split à partir de 295. Il y meurt en 313.

UN PALAIS DEVENU VILLE À la chute de l'Empire, au Vᵉ siècle, le palais fortifié est abandonné. Mais au début du VIIᵉ siècle, face aux invasions slaves et avares, les habitants de Salona s'y réfugient. Les appartements sont transformés en habitations, les temples et le mausolée convertis en églises et le palais se mue en une petite ville, siège d'un évêché dès le VIIIᵉ siècle. Elle se développe sous la domination de Constantinople, puis des rois hungaro-croates, avant de déborder hors les murs au XIᵉ siècle. Le nouveau faubourg occidental devient le centre administratif de la cité durant la période vénitienne (1420-1797). Comme dans le reste de la Dalmatie, le XVIᵉ siècle est marqué par une renaissance culturelle et architecturale et par une nouvelle campagne de fortifications destinée à parer les attaques ottomanes. À partir de 1809, le maréchal Marmont, nommé gouverneur général des provinces Illyriennes par Napoléon, mène une grande opération d'urbanisme. Les remparts vénitiens sont démantelés pour laisser place à des jardins et à d'élégantes avenues, tandis que le front de mer est aménagé en une vaste promenade. À la fin du XIXᵉ siècle, Split, sous tutelle autrichienne, commence à s'industrialiser. Mais ce n'est qu'après la Seconde Guerre mondiale qu'elle devient l'un des fers de lance de l'économie yougoslave. Ses chantiers navals comptent encore parmi les plus dynamiques de Croatie. La capitale de la Dalmatie est également un centre universitaire et artistique actif.

MODE D'EMPLOI

accès

EN VOITURE

Split est située 410km (4h) au sud de Zagreb par l'autoroute A1, 80km au sud-est de Šibenik (moins d'une heure par l'autoroute A1, ou 90km et env. 1h30 par la Magistrale via Trogir) et 230km au nord-ouest de Dubrovnik (3h40).

EN AVION

Des lignes régulières relient Split à Zagreb et Dubrovnik ainsi qu'à de nombreuses villes européennes, dont Paris, Lyon, ou Bruxelles.

Tableau kilométrique

	Split	Dubrovnik	Makarska	Ploče	Sinj	Trogir
Dubrovnik	230					
Makarska	65	150				
Ploče	125	100	55			
Sinj	35	220	80	120		
Trogir	25	255	80	155	50	
Zadar	155	350	205	250	160	130

Aéroport / Zračna Luka Split L'aéroport international est situé à Kaštel Štafilić, 25km à l'ouest de Split, sur la route de Trogir. La compagnie Pleso, en coopération avec Croatia Airlines, assure une liaison en autocar entre l'aéroport et la ville (30min, 30kn). Sinon, les lignes 37 et 38 desservent l'aéroport toutes les 30min de 5h à 0h (30kn). Taxi pour le centre-ville : 300kn. Des navettes maritimes privées mettent l'aéroport à 15min du centre de Split (rens. à l'OT) *Tél. (021) 203 555 ou (021) 203 507 ou 062 777 777 (rés.) www.split-airport.hr*

EN TRAIN

En été, plusieurs trains/j. pour Zagreb, via Knin et Karlovac. Liaisons avec Budapest.

Gare ferroviaire / Željeznički kolodvor (plan 14, C2) Elle est voisine de la gare maritime. *Obala Kneza Domagoja 9 Tél. (021) 338 525 ou 060 333 444 (rés.)*

EN CAR

Nombreuses liaisons avec toute la Croatie (Zagreb, Dubrovnik, Šibenik, Zadar, Rovinj...) et plusieurs lignes internationales (Berlin, Francfort...).

Gare routière / Autobusni kolodvor (plan 14, C2) Elle jouxte la gare de chemin de fer. *Obala Kneza Domagoja 12 Tél. 060 327 777 www.ak-split.hr*

EN BATEAU

Sise à l'est (2min à pied) du palais de Dioclétien, la gare maritime (Trajektna Luka) accueille les ferries en provenance d'Ancône, en Italie ; toutes les grandes lignes côtières y font escale. La compagnie Jadrolinija assure la plupart des liaisons avec les îles voisines : Brač, Hvar, Vis, Korčula, Lastovo, Šolta, etc. Le détail des trajets et des fréquences est donné dans le Mode d'emploi de chacune.

Jadrolinija (plan 14, C2) Plusieurs kiosques sur le port pour l'achat des billets. *Gat Sv. Duje bb Tél. (021) 338 333 ou (051) 666 125 (rés.) www.jadrolinija.hr*

In Capita (plan 14, C2) Liaisons avec Ancône et Hvar. *Gat. Sv. Duje bb Tél. (021) 352 533 booking@incapita.hr*

Blue Line Liaison entre Ancône, Split et Hvar. Billets en vente au bureau de In Capita (voir ci-dessus). *www.blueline-ferries.com*

SNAV (plan 14, C2) Ferries pour Hvar et Ancône, en Italie. *Gat Sv. Duje bb Tél. (021) 322 252 www.snav.it*

ACI Marina Split (plan 14, B2) Pour les plaisanciers, la marina principale de Split est installée au sud-ouest du centre-ville, dans l'anse de Baluni (sous les jardins de Sustipan). *Uvala Baluni bb Tél. (021) 398 599 www.aci-marinas.com*

Autorités portuaires de Split *Tél. (021) 362 436*

orientation

Le palais de Dioclétien, entièrement piéton, s'ordonne autour de l'esplanade du Péristyle (Peristil). Il constitue, avec la place de la Nation (Narodni Trg), le cœur de la ville. Au sud s'étend la Riva, large promenade qui longe le front de mer, de la gare maritime, à l'est, à la colline boisée du Marjan, à l'ouest. À 10-15min à pied à l'est, la plage de Bačvice est connue pour ses restaurants et ses bars animés.

circuler

En été, la circulation est assez dense aux abords du palais de Dioclétien et de la gare maritime. Vous trouverez un parking payant sur la Riva, juste devant le palais (10kn/1h, puis 15kn les suivantes). Sinon, il faudra tenter votre chance dans les ruelles voisines (sta-

tionnement souvent payant) ou vous éloigner. Attention, les contrôles de stationnement sont réguliers !
Radio-taxi *Tél. 970 ou (021) 475 343 ou (021) 475 248 ou (021) 473 737*
Taxi maritime Des vedettes privées assurent des croisières commentées de 30min autour de Split et de ses îles. Elles permettent également de rallier l'aéroport rapidement. Rens. à l'office de tourisme. *www.visitsplit*

informations touristiques

Office de tourisme municipal (plan 15, B3) *Hrvatskog narodnog preporoda 9 Tél. (021) 348 600 www.visitsplit.com Ouvert lun.-ven. 8h-16h, sam. 8h-13h* **Annexe (plan 15, C3)** Bien documentée et bien située, sur le Péristyle, au cœur du palais de Dioclétien. *Peristil bb Tél. (021) 345 606 Ouvert lun.-sam. 8h-21h, dim. et j. fér. 8h-19h*
Office de tourisme régional (plan 14, C2) *Prilaz braće Kaliterna 10 Tél. (021) 490 032 ou (021) 490 033 www.dalmatia.hr Ouvert lun.-ven. 8h-16h*
Bureau des guides (plan 15, C3) Sur le Péristyle du palais de Dioclétien, à droite de l'entrée du vestibule. Comptez env. 550kn la visite guidée de 2h. *Peristil 1 Tél. (021) 361 936 ou 098 361 936 www.guides.hr Ouvert tlj. 9h-13h*

agences de voyages

Il y en a des dizaines. Celles que nous citons assurent la réservation d'appartements et de chambres chez l'habitant.
Atlas (plan 14, C4) *Obala Lazareta 3 Tél. (021) 355 380 www.atlas-croatia.com*
Daluma (plan 15, C4) *Obala kneza Domagoja 1 Tél. (021) 338 424 www.daluma-travel.hr*
Turistički biro (plan 15, C4) *Obala Hrvatskog narodnog preporoda 12 Tél. (021) 347 100 www.turistbiro-split.hr*

adresses utiles

Nombreuses **banques** dans le centre-ville (attention, toutes sont fermées le samedi après-midi). Deux bureaux de **poste** en centre-ville, Kralja Tomislava 9 (plan 15, B1) et Obala kneza Domagoja 3 (plan 15, C4).
Alliance française (plan 15, A2) Presse française et divers ouvrages en libre accès. *Marmontova 3 Tél. (021) 347 290 http://split.alliance-francaise.hr*
Lučac (plan 14, C2) Une pharmacie ouverte 24h/24 *Pupačićeva 4 Tél. (021) 533 188 ou (021) 542 363*

marchés

Marché / Pazar (plan 15, C3-C4) Le grand marché de Split s'étend à l'est du palais. C'est l'un des plus colorés et des plus animés de la côte dalmate, surtout le samedi. *Derrière la porte d'Argent (Srebrena Vrata) Tlj. 6h-14h*
☺ **Marché aux poissons / Ribarnica (plan 15, B2)** Il s'abrite sous une petite halle à l'ouest du centre. Particulièrement animé le vendredi. *Marmontova Tlj. 6h-13h*

fêtes et manifestations

Saint Domnius / Sudamja La fête du saint patron de Split donne lieu à une grande procession, à une régate mais aussi à des spectacles et à des concerts. *7 mai*
Festival d'été de Split / Splitsko ljeto Musique classique, *klapa*, opéra, théâtre et danse, les spectacles sont donnés le plus souvent sur le Péristyle. Programme à l'OT. *Tél. (021) 306 908 www.splitsko-ljeto.hr Mi juil.-mi août*

Tournoi de chevalerie de Sinj / Sinjska alka L'une des plus importantes fêtes de la région, cf. Sinj (p.423). *1er w.-e. d'août*
Les Jours de Dioclétien / Dani Dioklecijana Plusieurs manifestations en costumes de la Rome antique transfigurent le palais durant quatre jours. Mais les festivités commencent dès mi-mai (jusqu'à mi-septembre), avec, tous les jours à 12h dans le péristyle, le salut du couple impérial. *Mi-août*

DÉCOUVRIR

Split

☆ **Les essentiels** Le palais de Dioclétien, le Musée archéologique **Découvrir autrement** Déambulez dans les ruelles du faubourg de Veli Varoš, offrez-vous un bain de mer sur une île au large de Split

☆ Le palais de Dioclétien

Le palais, édifié en pierre de Brač, forme un rectangle à peu près régulier de 215m sur 180m, que délimitent des murailles percées de **quatre portes** axiales : la porte d'Or (Zlatna vrata) au nord, la porte d'Argent (Srebrna vrata) à l'est, la porte de Bronze (Mjedne vrata) au sud, et la porte de Fer (Željezna vrata) à l'ouest. Si la structure du palais romain a été considérablement bouleversée au fil des siècles, on distingue encore le tracé du ***cardo maximus*** (principal axe nord-sud) et du ***decumanus*** (son pendant est-ouest). Ces deux grands axes perpendiculaires se croisent au niveau du **Péristyle**, centre névralgique de la cité palatiale, fort bien conservé. À l'époque de Dioclétien, des ateliers et les casernements de la garde impériale occupaient toute la partie nord du palais, et les appartements impériaux la partie sud. Un portique courait tout le long de la façade sud pour permettre à l'empereur d'admirer la mer. En longeant la Riva, vous en apercevrez de beaux vestiges parmi des constructions plus récentes.

Salles souterraines / Podrumi (plan 15, C2-C3) Passé la petite porte de bronze en venant de la Riva, quelques marches vous feront plonger dans les souterrains incroyablement frais du palais : un labyrinthe de salles voûtées réparties de part et d'autre d'une allée commerçante. Ces substructures, construites sous le quart méridional du palais pour rattraper la déclivité du terrain littoral, suivent le même plan que les appartements qui s'étendaient juste au-dessus, mais qui ont pratiquement disparu. Si les souterrains sont si bien conservés, c'est qu'ils furent peu à peu comblés par des déchets et des gravats à partir du VIIe siècle. Déblayés dans les années 1950, ils accueillent des concerts et des expositions temporaires, et constituent surtout un but de visite insolite. On a longtemps raconté qu'il s'agissait des prisons du palais ou des quartiers des esclaves, mais la grande presse à olives retrouvée dans la partie ouest semble indiquer qu'on est en présence d'entrepôts. Côté est, vous découvrirez une grande table de banquet en marbre. *Tél. (021) 348 177 Ouvert avr.-mai : tlj. 8h30-21h ; juin-oct. : tlj. 8h30-22h ; nov.-mars : lun.-sam. 9h-17h, dim. 9h-14h Tarif 40kn, réduit 22kn*

Plan 14 Split, agglomération

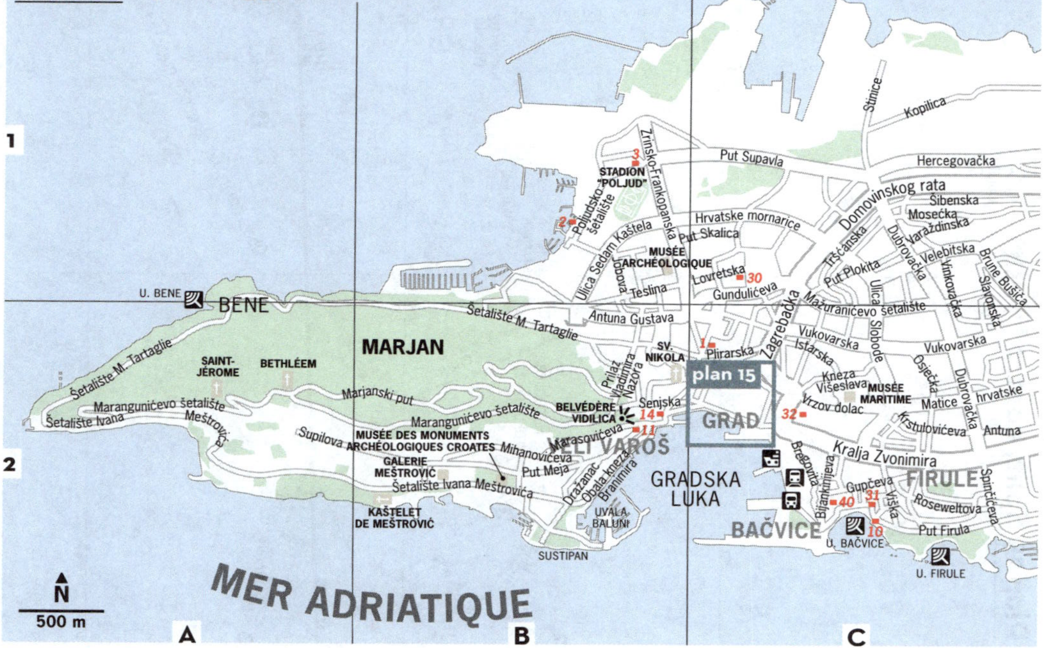

Cafés, bars et lieux de sortie ■ 1 à 3

Hemingway p.426	2	B1
Luka p.420	1	C2
Vanilla p.426	3	B1

Restauration ■ 10 à 14

Bokamorra p.427	11	B2
Buffet Fife p.427	14	B2
Stellon p.427	10	C2

Hébergement ■ 30 à 32

Hostel Split-Pletković p.428	32	C2
Hotel Globo p.429	30	C1
Hotel Park p.429	31	C2

Shopping ■ 40

Vinoteka Terra p.420	40	C2

Plan 15 Split, centre

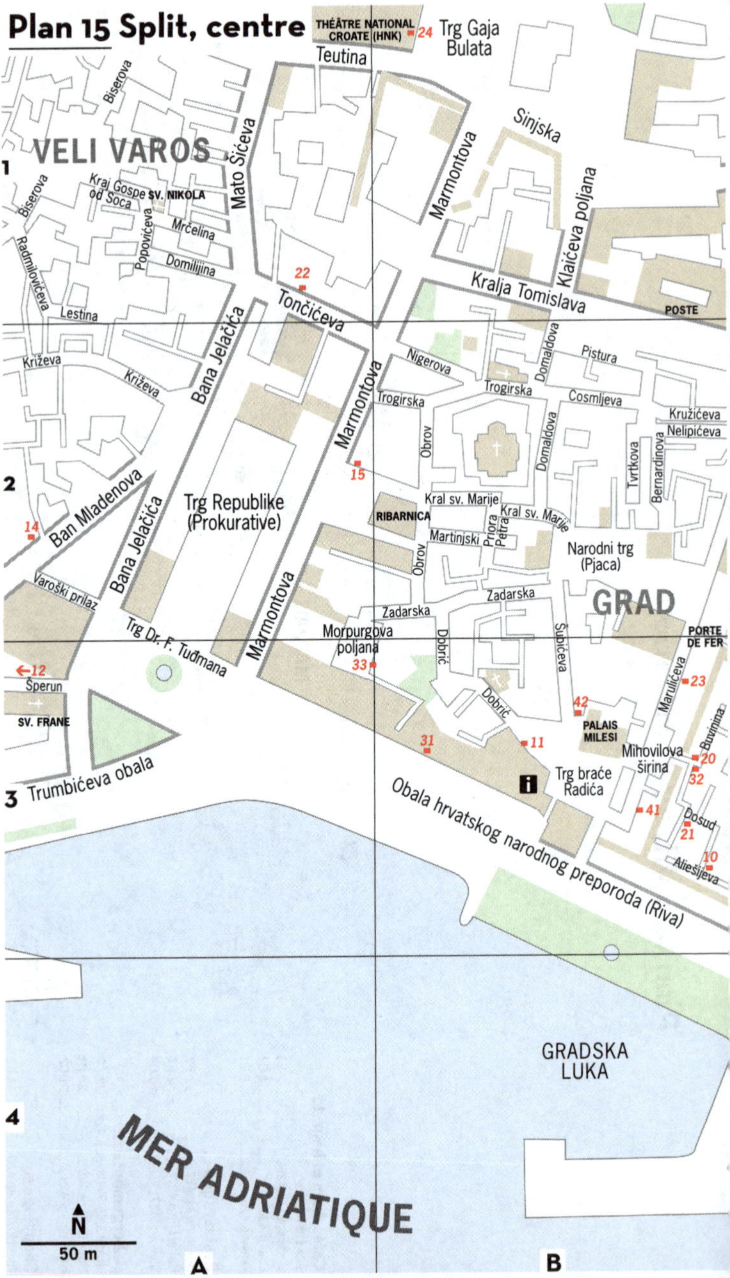

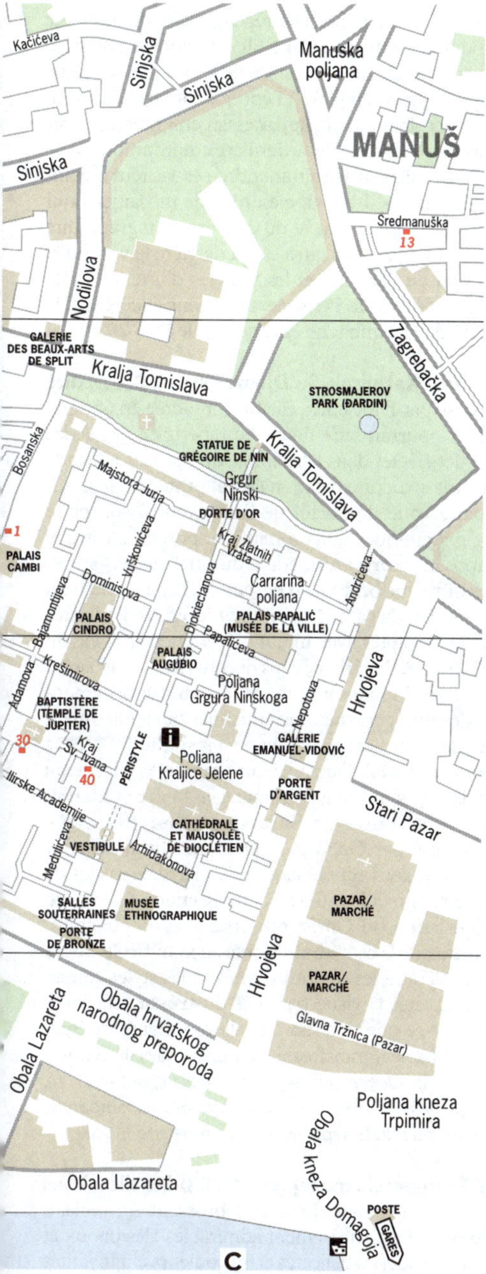
Kačićeva
Sinjska
Sinjska
Sinjska
Manuška poljana
MANUŠ
Sredmanuška
13
Nodilova
GALERIE DES BEAUX-ARTS DE SPLIT
Kralja Tomislava
Zagrebačka
STROSMAJEROV PARK (ĐARDIN)
STATUE DE GRÉGOIRE DE NIN
Kralja Tomislava
Bosanska
Majstora Jurja
Grgur Ninski
PORTE D'OR
1
PALAIS CAMBI
Vuškovićeva
Kraj Zlatnih Vrata
Dominisova
Carrarina poljana
Andrićeva
Bajamontijeva
PALAIS CINDRO
Dioklecijanova
PALAIS PAPALIĆ (MUSÉE DE LA VILLE)
Papalićeva
PALAIS AUGUBIO
Kresimirova
Adamova
BAPTISTÈRE (TEMPLE DE JUPITER)
Poljana Grgura Ninskoga
Nepotova
Hrvojeva
30
Kraj Sv. Ivana
40
PÉRISTYLE
Poljana Kraljice Jelene
GALERIE EMANUEL-VIDOVIĆ
PORTE D'ARGENT
Ilirske Akademije
Stari Pazar
CATHÉDRALE ET MAUSOLÉE DE DIOCLÉTIEN
Medulićeva
VESTIBULE
Arhidakonova
SALLES SOUTERRAINES
MUSÉE ETHNOGRAPHIQUE
PAZAR/ MARCHÉ
PORTE DE BRONZE
Hrvojeva
PAZAR/ MARCHÉ
Obala Lazareta
Obala hrvatskog narodnog preporoda
Glavna Tržnica (Pazar)
Poljana kneza Trpimira
Obala kneza Domagoja
Obala Lazareta
POSTE
GARES
C

☺ **Péristyle / Peristil (plan 15, C3)** Cette placette rectangulaire de 35m sur 13m constitue depuis toujours le cœur du palais. Elle est bordée sur trois côtés par une colonnade. À l'est se dressait le mausolée de Dioclétien (actuelle cathédrale) et à l'ouest s'élevaient trois temples. À l'époque romaine, l'espace était dédié au culte de l'empereur divinisé, qui apparaissait en grand apparat à ses fidèles du haut de la tribune, côté sud. Cette dernière communique avec l'impressionnant vestibule où Dioclétien faisait attendre ses visiteurs avant de les recevoir dans ses appartements. La coupole ornée de mosaïques qui couvrait cette belle salle a disparu. Une annexe du Musée ethnographique (cf. ci-après) est installée au fond de la cour qui s'étend derrière le vestibule. Elle abrite une petite collection de dentelles et les vestiges d'une adorable église des VIIe-IXe siècles. De retour sur le Péristyle, notez, sur le côté est, le sphinx en granit noir rapporté de la campagne égyptienne de 297-298.

☺ **Cathédrale Saint-Domnius / Katedrala Sv. Dujma (plan 15, C3)** Dédiée à un évêque de Salona martyrisé par Dioclétien, elle fut consacrée en 650 par l'archevêque de Ravenne. Elle pourrait faire figure de répertoire des styles qui se sont superposés au fil des siècles dans l'ensemble du palais. La façade intègre, en effet, le portique et la structure octogonale qui protègent le mausolée de Dioclétien, sanctuaire voué du vivant de l'empereur à son culte personnel. Gardé par deux magnifiques lions romans, le porche n'est que la partie inférieure d'un imposant **campanile** édifié du XIIIe au XVIe siècle. Restauré en 1908, ce dernier offre une belle vue d'ensemble du palais du haut de ses six étages. Avant d'entrer dans la cathédrale, prenez le temps d'admirer les vantaux en noyer du portail, sculptés avec minutie de scènes de la vie du Christ par Andrija Buvina (1214). À l'intérieur, vous découvrirez le mausolée de Dioclétien, structure ronde qui a conservé toute sa richesse ornementale. Remarquez, au-dessus des huit colonnes corinthiennes qui soutiennent sa coupole, la frise représentant des scènes de chasse ainsi que les bustes de l'empereur et de son épouse Prisca. Parmi les innombrables pièces du mobilier de la cathédrale se distinguent la chaire romane en pierre et marbre finement ciselée (XIIIe-XIVe s.) et l'**autel de Saint-Anastase** (Sv. Staš), à gauche du maître-autel. Réalisé par Georges le Dalmate (Juraj Matejev Dalmatinac) en 1448, il présente, sous un baldaquin de pierre, le gisant de saint Anastase portant à son cou la meule qui servit aux Romains à le noyer. Le bas-relief figurant la flagellation du Christ qui orne le sarcophage est encore plus admirable. Le **chœur** de la cathédrale, ajouté au XVIIe siècle, abrite d'extraordinaires stalles du XIIIe, dont les sculptures mêlent les styles roman et byzantin. Vous pourrez compléter la visite par celle du **trésor**, conservé à l'étage de la sacristie, ne serait-ce que pour admirer l'évangéliaire de Split (VIIe-VIIIe s.). La crypte du mausolée, transformée en une chapelle Sainte-Lucie, est accessible de l'extérieur. *Ouvert juin-sept. : tlj. 8h-20h ; oct.-mai : tlj. 7h-12h et 17h-19h sauf durant les messes Tarif 45kn (avec cathédrale, campanile, trésor, crypte, temple de Jupiter) ou billets séparés pour chaque site 15-25kn*

Musée ethnographique / Etnografski muzej (plan 15, C3) Installées dans un palais de la vieille ville, les collections du musée brossent un tableau intéressant de l'artisanat régional. Particulièrement admirables : les bijoux et costumes traditionnels, dont les broderies délicates et les couleurs chatoyantes dénotent des influences orientales. *Iza Vestibula 4 Tél. (021) 344 164 www.etnografski-muzej-split.hr Ouvert juin-sept. : lun.-sam. 9h30-19h, dim. 10h-14h ; oct.-mai : lun.-ven. 9h30-16h, sam. 10h-14h Tarif 20kn, réduit 10kn*

Temple de Jupiter / Jupiterov hram (plan 15, C3) À l'ouest du Péristyle, le temple de Jupiter, gardé lui aussi par un sphinx égyptien, devint le baptistère Saint-Jean (Sv. Ivan) de la cathédrale aux IXe-Xe siècles. Ainsi, sa superbe voûte à caissons d'origine protège des fonts baptismaux des XIe-XIIe siècles. La cuve cruciforme est ornée d'entrelacs géométriques et d'un magnifique bas-relief représentant un roi assis sur son trône, un serviteur à ses pieds et un autre à son côté. La statue en bronze de saint Jean-Baptiste qui domine l'ensemble est l'œuvre d'Ivan Meštrović. Pour admirer le tympan du temple, contournez-le par la minuscule venelle que les Splitois surnomment “Laissez-moi passer”. *Ouvert tlj. 8h30-19h30 Tarif 10kn (ou entrée incluse dans le billet de la cathédrale)*

Musée de la Ville / Muzej grada (plan 15, C2) Au nord-est du Péristyle, le musée municipal occupe le palais Papalić, fleuron de l'architecture gothico-Renaissance splitoise, réalisé vers le milieu du XVe siècle par Georges le Dalmate. On admirera tout particulièrement les baies flamboyantes de la façade sud, le patio, l'escalier ouvragé et la loggia où l'on retrouve le traitement souple des feuilles d'acanthe qui caractérise le grand architecte. Bien présentées dans les salles du palais et accompagnées d'excellentes explications en français, les collections du musée retracent l'histoire de la ville de la période romaine à la fin du XIXe siècle. *Papalićeva 1 Tél. (021) 360 171 ou (021) 344 917 www.mgst.net Ouvert avr.-oct. : tlj. 8h30-21h ; nov.-mars : mar.-sam. 9h-17h, dim. 9h-14h Tarif 22kn, réduit 12kn*

Porte d'Or / Zlatna vrata (plan 15, C2) Richement ornementée, la plus impressionnante des quatre portes du palais en constituait sans doute l'entrée principale : elle s'ouvrait, au nord, face à la route de Salona. Au XIe siècle, on fit reconstruire, à l'étage, la chapelle Saint-Martin qui existait déjà au haut Moyen Âge (visite sur demande au monastère dominicain, juste à l'ouest, intra-muros). Devant la porte se dresse le bronze monumental dû à Ivan Meštrović et représentant **Grégoire de Nin** (Grgur Ninski). Cet évêque du Xe siècle est passé à la postérité pour avoir défendu la langue slave face au latin. Toucher le gros orteil gauche de la statue est censé porter bonheur.

Galerie Emanuel-Vidović / Galerija Emanuel Vidović (plan 15, C3) Ce musée consacré à la vie et à l'œuvre du postimpressionniste Emanuel Vidović (1872-1953) occupe une élégante maison romane voisine de la porte d'Argent. Outre des toiles du maître splitois - essentiellement des vues crépusculaires de sa ville, de Venise et d'autres cités riveraines de l'Adriatique - on pourra y voir une reconstitution fidèle de son atelier. *Poljana kraljice Jelene Tél. (021) 360 155 www.mgst.net Ouvert avr.-oct. : tlj. 8h30-21h ; nov.-mars : mar.-sam. 9h-17h, dim. 9h-14h Tarif 22kn, réduit 12kn*

Où faire du shopping ? La plupart des grandes marques de prêt-à-porter sont regroupées dans la rue Marmont ou Marmontova (plan 15, A3-B1) et autour de la place de la Nation ou Narodni Trg (plan 15, B2). Nombreuses boutiques également dans Krešimirova (plan 15, C3), rue qui relie le Péristyle à la porte de Fer (Željezna vrata).

Sfinga (plan 15, C3 n°40) Entre le Péristyle et le temple de Jupiter, cette cordonnerie artisanale vend de belles spartiates en cuir, souples et confortables, aux longues lanières montantes. Un look gladiateur repensé, qui fait des ravages ! Comptez 350kn la paire. *Kraj. Sv. Ivana 5 Tél. (021) 346 387 Ouvert été : lun.-ven. 9h-16h et 17h30-20h30, sam. 9h-16h ; hiver : lun.-ven. 9h30-12h et 17h30-19h, sam. 9h30-12h*

Où s'offrir une pâtisserie ?

Tradicija (plan 15, C2 n°1) Dans cette minuscule pâtisserie cachée dans une ruelle au nord-est de la place de la Nation (Narodni Trg), laissez de côté les banals *štrudels* et brioches pour accorder toute votre attention aux sablés et aux biscuits traditionnels : *preznic, bobići, ravioli, aranci* ou *mandulat*... tous méritent d'être goûtés ! À emporter uniquement. *Bosanska 2 Tél. (021) 361 070 Ouvert été : lun.-ven. 8h-21h30, sam. 8h-19h ; hiver : lun.-sam. 8h-20h*

Où boire un verre ?

Zinfandel Food and Wine Bar (plan 15, B3 n°23) Un bistrot-bar à vins-restaurant, ouvert sur la rue, qui présente une sélection des meilleurs vins du pays. Dans une décoration chaleureuse (*pršut* - jambons - suspendus, alignement de bouteilles, bar central, menus à la craie...), mêlant bois et matières modernes, on découvre, au verre (25-60kn) ou dans un "menu" (4 verres pour 220kn), les riches atouts du vignoble croate. Belle carte de plats dalmates et méditerranéens respectant le rythme des saisons : optez pour le filet d'agneau (190kn), accompagné d'un bon verre de rouge, bien entendu. Concerts certains soirs. Sinon, la rue suffit à mettre l'ambiance... *Marka Marulića 2 Tél. (021) 355 135 www.zinfandelfoodandwinebar.com Ouvert fév.-déc. : tlj. 8h-1h*

À l'extérieur du palais

Place de la Nation / Narodni trg (plan 15, B2) Cette vaste place triangulaire, bordée de commerces et de terrasses animées, s'étend à l'ouest du palais, derrière la porte de Fer (Željezna vrata). Sa construction, au XIIIe siècle, coïncida avec l'expansion de la cité hors de ses murs. Centre névralgique de la ville vénitienne aux XVe et XVIe siècles, la place a conservé quelques belles façades gothico-Renaissance, dont la plus remarquable est celle de l'ancien hôtel de ville (début XVe s.), dressé sur une élégante loge gothique. Du côté de la porte de Fer se distingue une maison-tour romane du XIIIe siècle que coiffe une grosse horloge du XVe. En face, dans l'angle sud-est de la place, la façade du palais Ciprianis (fin XIVe s.) arbore de jolies arcatures géminées et un bas-relief figurant saint Antoine.

Place des Frères-Radić / Trg braće Radića (plan 15, B3) Cette jolie place pavée porte encore le surnom de place aux Fruits (Voćni trg), même si aucun marché ne s'y tient plus depuis des années. Elle est dominée par une imposante tour octogonale du XVe siècle, vestige du *kaštel* vénitien. La statue du poète Marko Marulić (1450-1524), au centre de la place, est l'œuvre de l'infatigable Meštrović.

☺ **Place de la République / Trg Republike (plan 15, A2)** Sur cette vaste esplanade qui s'étend à l'ouest de Marmontova donnent les bâtiments des Procuraties, édifiés de 1859 à 1928 sur le modèle de celles de Venise.

Galerie des beaux-arts de Split / Galerija umjetnina Split (plan 15, C2) La collection, commencée en 1908, comprend des œuvres de maîtres anciens tels Blaž Jurjev, Andrija Aleši, Juraj Čulinović, Andrija Medulića, Albrecht Dürer et Paolo Veneziano, une belle série d'icônes des XVe-XIXe siècles, des peintures baroques (Matej Poncun, Frederik Benković, notamment) ainsi que des toiles monumentales et des photographies contemporaines. Mais c'est à la peinture et à la sculpture modernes qu'elle fait la part belle, avec de nombreuses œuvres de Vlaho Bukovac, Mate Celestin Medović, Emanuel Vidović, Ignjat Job, Branislav Dešković et Ivan Meštrović, entre autres. *Ulica Kralja Tomislava 15 Tél. (021) 350 110/112 www.galum.hr Ouvert mai-sept. : mar.-dim. 10h-21h ; oct.-mai : mar.-ven. 9h-17h, sam. 9h-13h Tarif 40kn, réduit 20kn* **Café** *Ouvert tlj. 8h-23h*

ODEUR DE SOUFRE
Pourquoi le Ribarnica, marché aux poissons de Split (plan 15, B2) est-il unique au monde ? On tentera de répondre en cheminant parmi les étals, pleins ou vides, entourés de quelques déchets pas encore éliminés, en remarquant qu'il n'y a pas... une mouche ! Installé au-dessus de sources soufrées, le marché bénéficie en effet des effluves qui s'échappent du sol, éloignant tous les insectes. Merveilleuse opportunité pour un poissonnier...

Rue Marmont / Marmontova (plan 15, A2-B1) Cette grande artère piétonne et commerçante fut aménagée à l'ouest du centre vénitien sur des plans d'urbanisme approuvés au XIXe siècle par le maréchal Marmont. En remontant la rue, vous dépasserez (à droite) l'étonnante façade Sécession de l'établissement de bains sulfureux (Sumporno kupalište, 1903), puis le **Ribarnica**, petit marché aux poissons, cf. marchés (p.409). Marmontova débouche, au nord, sur la place du Théâtre national croate (Hrvatsko narodno kazalište, fin XIXe s.).

☆ ☺ **Musée archéologique / Arheološki muzej (plan 14, B1)** Essentiellement consacré aux périodes romaine et paléochrétienne, il offre un excellent complément d'information à la visite de la ville. La majeure partie de la collection provient des fouilles entreprises sur le site de Salona (p.422). Les galeries à arcades qui bordent son jardin abritent une impressionnante collection de bas-reliefs, de stèles et de mosaïques, ainsi que de splendides sarcophages, dont notamment ceux de Phèdre et d'Hippolyte (IIe s.) et du Bon Pasteur (IVe s.), respectivement à gauche et à droite de l'entrée. À l'intérieur du musée, des bijoux, de la verrerie et des poteries, aussi curieuses que raffinées, présentées par ordre chronologique. *Zrinsko-Frankopanska 25 (env. 15min à pied au nord-est du palais) Tél. (021) 329 340 www.mdc.hr Ouvert juin-sept. : lun.-sam. 9h-14h et 16h-20h ; oct.-mai : lun.-ven. 9h-17h et 16h-20h, sam. 9h-14h Tarif 30kn, réduit 15kn*

Musée maritime / Hrvatski pomorski muzej (plan 14, C2) Les collections du musée maritime sont installées dans la forteresse Gripe (Tvrđava Gripe, XVIIe s.), édifiée par les Vénitiens sur une colline de l'est de la ville (à 10min à

GEOPLUS

Deux jours à Split

Un immense palais aux multiples facettes qui n'a jamais cessé d'être occupé depuis l'Antiquité, et où se télescopent les époques et les styles, une promenade en bord de mer qui, depuis les quais jusqu'aux quartiers bourgeois de Bačvice, concentre une partie de l'effervescence urbaine, et enfin, à l'autre extrémité de la baie, la colline du Marjan, poumon arboré toisant avec un certain dédain la ville moderne, reléguée au second plan. À quelques kilomètres, Trogir, véritable petit bijou médiéval, constitue une échappée idéale. L'ensemble mérite au moins deux jours de découverte.

Samedi

Direction le palais de Dioclétien et ses nombreuses strates historiques, avant de prendre un peu de recul dans les quartiers occidentaux de la ville, plus arborés.

MATINÉE

9h **Place de la République** (p.417)
À l'ombre des arcades de la place de la République, prenez un copieux petit déjeuner attablé à une terrasse : les forces acquises vous seront précieuses pour arpenter le vaste palais de Dioclétien.

9h30 **Marmontova** (p.417)
Traversez la rue Marmont, piétonne, pour profiter quelques instants de l'ambiance de Ribarnica, le marché au poisson. Puis rejoignez la place Braće Radića pour finalement déboucher sur la Riva.

10h **Salles souterraines** (p.410)
Une bonne option pour entamer la visite du palais de Dioclétien consiste à emprunter la porte de Bronze qui donne accès aux salles souterraines, d'anciens entrepôts, avant de pénétrer dans le Péristyle, au pied de la cathédrale Saint-Domnius. Saisissant.

10h30 **Cathédrale Saint-Domnius** (p.414) Placée au cœur du palais, la cathédrale, avec le mausolée de Dioclétien, son campanile et son trésor, constitue une étape incontournable.

12h30 **Porte d'Or** (p.415)
Rejoignez-la et admirez, en pleine lumière, l'élégante statue de Grégoire de Nin. Ne dérogez pas à la superstition et caressez l'orteil illustre, puis traversez le parc Strosmajerov pour vous ouvrir l'appétit. Profitez ensuite du calme de la terrasse la plus élevée, chez **Kod Joze** (p.427).

APRÈS-MIDI

14h **Veli Varoš** (p.421) et **colline du Marjan** (p.420) Arpentez Veli Varoš, faubourg posté à l'ouest du palais, puis poursuivez jusqu'à la colline du Marjan. Son belvédère vous révélera un panorama splendide. Rejoignez ensuite les jardins de Sustipan pour une parenthèse bucolique et un peu de fraîcheur.

16h30 **Galerie Meštrović** (p.421)
Ivan Meštrović est considéré comme

l'un des plus grands sculpteurs croates. Cette galerie propose une très belle collection de ses œuvres, pour respirer une bonne bouffée d'âme slave.
18h **Croata** (p.420) et **Franja** (p.420) Retour en ville pour quelques emplettes : une cravate au salon Croata (un legs de la Croatie à l'humanité, tout de même !) et quelques douceurs à emporter au comptoir de Franja.

SOIRÉE
19h30 **Šperun** (p.427) Pour s'attabler en terrasse comme dans la charmante petite salle, il est prudent de s'annoncer assez tôt. Une ponctualité qui sera payée en retour d'un accueil particulièrement chaleureux !
22h **Academia Ghetto Club** (p.426) Finissez la journée sur un petit air de Split "underground".

Dimanche

Familiarisé avec la ville, vous en profitez encore un peu avant de rejoindre Trogir, petite merveille installée sur un îlot. Un contraste surprenant après les majestés de Split ! De retour en ville, vous dînerez dans le quartier qui borde la baie de Bačvice pour prolonger les effets enchanteurs de votre excursion.

MATINÉE
9h **Figa** (p.426) Installé le long d'une ruelle du palais, choisissez l'une des formules de petit déjeuner et profitez de l'ambiance.
9h30 **Marché** (p.409) Rejoignez la porte d'Argent, à l'est du palais. À l'extérieur, le marché bat son plein. Déambulez entre les stands de maraîchers, jusqu'aux galeries de boutiques couvertes qui longent l'avenue Kralja Zvonimira.

SPLIT CARD Cette carte, valable 72h, permet d'entrer gratuitement ou à tarif réduit dans les musées, certains théâtres et galeries. Vous aurez aussi droit à des réductions (de 5 à 20%) dans certains restaurants, hôtels et commerces ainsi que sur les locations de voitures. Coût : 70kn. Dans les bureaux de l'office de tourisme et les hôtels. *Rens. www.split.info et www.visitsplit.com*

10h30 **Musée archéologique** (p.417) Une incursion dans la ville moderne pour visiter ce musée, parfait complément à la visite du palais.
12h30 **Nostromo** (p.428) Ne boudez pas votre plaisir et goûtez aux meilleurs poissons et fruits de mer de la ville. Le personnel est aux petits soins.

APRÈS-MIDI
14h **Trogir** (p.430) Départ pour Trogir, à 30km à l'ouest de Split, petit musée à ciel ouvert. Empruntez une ruelle et perdez-vous dans ce labyrinthe aux nombreuses surprises.
16h **Cathédrale Saint-Laurent** (p.432) Elle est à l'image de la ville : précieuse.
18h **Riva** (p.433) Promenez-vous et prenez un verre sur la Riva, avant de rejoindre Split.

SOIRÉE
20h **Bokamorra** (p.427) De retour à Split, optez pour la meilleure pizza de la ville dans un décor joyeux et coloré, avant de faire une promenade digestive sur les quais tout proches.
22h **Hemingway** (p.426) Un dernier cocktail dans ce bar tendance un peu excentré, posté au nord de la ville, près d'une marina.

pied du centre). Le billet d'entrée pour le musée inclut une visite guidée, en anglais, par un conservateur passionné. Des amphores romaines aux cartes secrètes de la Seconde Guerre mondiale, en passant par les maquettes de galéasses vénitiennes et les premières torpilles fabriquées à Rijeka : les sujets d'anecdotes ne manquent pas ! *Glagoljaška 18 Tél. (021) 347 346 www.hpms.hr Ouvert été : lun.-sam. 9h-20h ; hiver : lun.-mer. et ven.-sam. 9h-15h, jeu. 9h-19h Tarif 20kn, réduit 10kn*

Où s'offrir une cravate croate ?

☺ **Croata (plan 15, B3 n°41)** La cravate est croate : ce sont les cavaliers du pays qui exportèrent ce foulard noué autour du cou, popularisé ensuite par les soldats français. La boutique Croata constitue le lieu idéal pour en trouver une à votre goût, grâce à un large assortiment, classique et élégant. *Mihovilova širina 7 Tél. (021) 346 336 Ouvert lun.-ven. 8h-20h, sam. 8h-14h*

Où dénicher un souvenir gourmand ?

Franja (plan 15, B3 n°42) Ce point de vente spécialisé dans le café et le thé s'avère surtout intéressant pour ses autres produits, plus locaux : vins réputés, *grappa* aromatisée, *maraschino*, biscuits typiques de Split (*Bobići*), huile d'olive à la truffe, au citron, à l'orange, ou encore confitures ou écorces confites. *Trg braće Radića 5 Tél. (021) 345 064 ou 091 562 7746 Ouvert tlj. 8h-21h*

Où goûter de grands crus croates ?

Vinoteka Terra (plan 14, C2 n°40) Non loin de l'Hotel Park, une cave élégante où goûter les grands crus de Croatie et d'ailleurs, accompagnés, pour les gourmands, d'une assiette garnie (pâtés, jambon cru ou poisson fumé, fromages, etc.) ou d'un plat plus élaboré. De 20kn le verre à 300-500kn pour une dégustation des vins et un menu. *Prilaz braće Kaliterna 6 Tél. (021) 314 802 www.vinoteka.hr Ouvert lun.-ven. 8h-20h30, sam. 9h-13h30*

Où faire une pause sucrée ou glacée ?

Luka (plan 14, C2 n°1) Ce ne sont que des glaces et des pâtisseries artisanales, certes, mais qui bénéficient de l'effervescence créative d'une équipe concoctant des recettes et des combinaisons de saveurs et de couleurs issues d'une autre planète. Les glaces, sans doute les meilleures de la ville, se déclinent en une centaine de saveurs, constamment renouvelées et réalisées avec des produits frais de la région. Citons par exemple miel et lavande de Hvar, figues de Dalmatie, romarin frais, biscuits salés, chocolat chili, framboise au *prošek*, sorbet mojito citron ou citron et basilic, etc. De quoi vous rafraîchir le corps et l'esprit. Glaces 9kn la boule, pâtisseries 10-21kn. *Svačićeva 2 (derrière le théâtre national) Tél. 091 908 0678 Ouvert tlj. 8h30-23h30*

La colline du Marjan

La presqu'île du Marjan, qui s'étend sur env. 3,5km de long, juste à l'ouest du centre-ville, est dominée par une colline boisée. Sa partie sud, occupée par une petite banlieue peu attrayante, n'en abrite pas moins quelques musées importants. Toute la presqu'île est desservie par le bus n°12, qui vient du centre-ville (arrêt Sv. Frane, face à l'hôtel Bellevue sur la Riva).

☺ **Veli Varoš (plan 14, B2)** Accroché au flanc oriental du Marjan, ce faubourg populaire fut fondé au Moyen Âge par des paysans et des pêcheurs. Bordées de jardinets et de maisons traditionnelles du XVIIe siècle, ses ruelles escarpées forment un véritable labyrinthe plein de charme autour de l'église Saint-Nicolas (Sv. Nikola, XIe s.). Le petit sanctuaire de style roman est accessible par la ruelle Jerina, perpendiculaire à la rue Šperun. Pour poursuivre la balade, visez toujours le haut de la colline et vous finirez par atteindre le splendide belvédère du café Vidilica.

Circuit des chapelles (plan 14, A2-B2) Plusieurs petites chapelles et ermitages des XIIIe, XIVe et XVe siècles sont disséminés sur la colline du Marjan. Un agréable sentier vous y mènera à partir du belvédère de Vidilica. Comptez moins de 5min pour rejoindre la chapelle Saint-Nicolas, mais plus de 45min pour atteindre celles de Bethléem et de Saint-Jérôme (Sv. Jere).

Jardins de Sustipan (plan 14, B2) Dans le sud-est de la presqu'île, juste derrière la marina, ce beau parc hérissé de cyprès abrite les ruines d'une grande église paléochrétienne et offre un panorama somptueux sur la ville et un grand bol d'air iodé. *Ouvert tlj. lever-coucher du soleil*

Musée des Monuments archéologiques croates / Muzej hrvatskih arheoloških spomenika (plan 14, B2) Une très belle collection lapidaire où l'on retrouve les entrelacs typiques de l'art préroman en Croatie (IXe-XIIe s.), mais qui paraît un peu perdue dans les salles gigantesques de ce bâtiment contemporain. *Šetalište Ivana Meštrovića 18 (sur la côte sud de la presqu'île, à env. 2km du centre) Bus n°12 Tél. (021) 323 901 ou (021) 323 905 www.mhas-split.hr Ouvert été : lun.-ven. 9h-13h et 17h-20h, sam. 9h-14h ; hiver : lun.-ven. 9h-16h, sam. 9h-14h Entrée libre*

☺ **Galerie Meštrović / Galerija Meštrović (plan 14, B2)** Le grand sculpteur Ivan Meštrović (1883-1962) se fit construire dans les années 1930 cette imposante résidence d'été, doublée d'un lieu de travail et d'exposition. Le domaine abrite près d'une centaine de ses œuvres, fort bien mises en valeur sur les deux étages aérés du logis néoclassique et dans son grand jardin. Une visite riche en émotions où les thèmes de la femme sensuelle et de la mère côtoient les grandes inspirations patriotique et religieuse de l'artiste. Plan détaillé de la galerie à l'entrée. *Šetalište I. Meštrovića 46 (bus 12, 7 & 8) Tél. (021) 340 800 www.mestrovic.hr Ouvert été : mar.-dim. 9h-19h ; hiver : mar.-sam. 9h-16h, dim. 10h-15h Tarif 40kn, réduit 20kn (billet valable aussi pour le Kaštelet)*

Kaštelet de Meštrović (plan 14, B2) Ivan Meštrović acheta en 1939 cette demeure Renaissance perchée sur un promontoire au-dessus de la mer, à quelques centaines de mètres de sa résidence d'été. Il y réalisa l'une de ses plus grandes œuvres mystiques : la chapelle Sainte-Croix. La nef est ornée de splendides panneaux sculptés illustrant les scènes de la vie du Christ. *Šetalište Ivana Meštrovića 39 Tél. (021) 358 185 www.mestrovic.hr Mêmes horaires que la galerie Tarif 40kn, réduit 20kn (billet valable aussi pour la galerie)*

Promenade M. Tartaglie / Šetalište M. Tartaglie (plan 14, A1-B2) Elle longe la côte nord de la presqu'île, et attire, aux beaux jours, une foule de promeneurs, de joggeurs et de cyclistes venus profiter de la fraîcheur des pinèdes et des nombreux coins baignades. La petite plage aménagée de Bene dispose de quelques douches et d'une aire de jeux pour enfants. Location de vélos au niveau du centre sportif du port de Špinut. *Accès bus 12*

Aller à la plage Pour un plongeon dans une mer limpide, mieux vaut s'échapper sur l'une des nombreuses îles ancrées au large de Split. Vous trouverez cependant quelques jolis coins de baignade dans le nord de la colline du Marjan ainsi qu'une grande plage de sable dans la baie de **Bačvice**, à l'est de la ville (plan 14, C2). Ses eaux peu profondes sont appréciées des amateurs de *picigin*, un jeu de balle populaire.

S'initier à la voile

Ultra Sailing (plan 14, B2) Cette école de voile renommée de Split propose des cours, des stages et des régates d'une semaine, avec le logement et la nourriture. *Uvala baluni bb Tél. (021) 398 578 ou (021) 398 629 www.ultra-sailing.hr*

Pratiquer l'escalade

Club Mosor (plan 15, A2) Ce club d'escalade et d'alpinisme organise des sorties sur la colline du Marjan et dans le massif du Mosor. *Sinovčićeva 2 Tél. (021) 394 365 ou 091 509 9545 www.hpd-mosor.hr*

LE CENTRE DE LA DALMATIE

Les environs de Split

☆ **Les essentiels** Salona, le musée de l'Alka à Sinj **Découvrir autrement** Assistez en août au tournoi de chevalerie de l'Alka de Sinj, faites du rafting dans les gorges de la Cetina

Dans les terres

☆ ☺ **Salona / Solin** Éparpillées sur 156ha au milieu des champs, les ruines de Salona invitent à une promenade archéologique aussi passionnante qu'agréable, malgré la proximité de la nationale. Les Romains occupèrent ce port illyrien à partir du Ier siècle av. J.-C. et ils en firent leur plus grande colonie de Dalmatie. Sous le règne de l'empereur Dioclétien, cette vaste cité fortifiée, dotée d'un forum, de thermes, d'un amphithéâtre et de nombreux autres bâtiments publics comptait quelque 60 000 habitants. Le christianisme s'y répandit au IIe siècle, notamment sous l'impulsion des évêques Domnius et Anastase et, malgré la répression sanglante menée par Dioclétien, les habitants continuèrent à se convertir en secret dans de petits oratoires aménagés à l'abri des maisons : les fameuses *domus ecclesiæ*. Après la signature de l'édit de Milan, en 313, Salona devint le siège d'un important évêché et se para de basiliques, édifiées le plus souvent sur les tombeaux des martyrs de Dioclétien. À partir de 614, les invasions slaves et avares obligèrent les habitants à se réfugier dans le palais de Split. Dévastée, Salona ne fut jamais reconstruite. À gauche de l'entrée du site, on peut admirer les vestiges du Manastirine, une nécropole couplée à une basilique, où reposerait saint Domnius. Un peu plus bas, le Tusculum, édifié en 1898 par l'archéologue Frane Bulić pour servir de base à ses collègues travaillant sur le site, est une curieuse demeure faite de ruines et de bas-reliefs trouvés sur le lieu des fouilles. Charmant jardin envahi de roses grimpantes et de chèvrefeuille. Il abrite un minuscule musée. De là, vos pas vous mèneront à travers champs à la découverte des ruines de l'enceinte, des thermes, du forum, de la porte Cæsarea, de plusieurs basiliques... Impossible de tout voir, mais ne manquez pas les ruines du grand amphithéâtre du IIe siècle qui gisent à la lisière orientale du site. Plan détaillé à l'entrée (3kn) et panneaux explicatifs en anglais sur tout le site. Comptez 2h de visite. *6km au nord de Split (bus n°1 à partir du Théâtre national croate / Hrvatsko narodno kazalište) Tél. (021) 212 900 Ouvert avr.-sept. : lun.-sam. 9h-19h, dim. 9h-14h ; oct.-mars : lun.-ven. 9h-15h Tarif 30kn, réduit 15kn*

Forteresse de Klis / Tvrđava Klis La forteresse médiévale de Klis est perchée à 340m d'altitude sur un éperon rocheux effilé dominant d'un côté le littoral et de l'autre le col de Klis, entre les massifs du Kozjak à l'est et du Mosor à l'ouest. Une position stratégique appréciée des Illyriens, au IIe siècle av. J.-C., puis des rois croates (IXe s.)., mais qui servit avant tout aux seigneurs locaux à contrer l'avancée des armées ottomanes venues de Bosnie au XVIe siècle. La forteresse passa néanmoins sous la domination turque de 1537 à 1648, comme en témoigne sa petite mosquée, mais elle fut surtout remaniée par les Vénitiens, les Autrichiens et les Français. Et pour les fans de la série *Game of Thrones*, Klis n'est autre que la superbe cité de Meereen... Plan détaillé en français disponible à l'entrée. *17km au nord de Split par l'A1 (bus n°34 ou n°36 à partir de la rue Solinska à Split) Le village de Klis se compose de 3 hameaux : Klis-Varoš sous la forteresse, Klis-Megdan à l'entrée de la forteresse et Klis-Grlo env. 1km au nord Tarif 60kn, réduit 30kn* **Office de tourisme** *Megdan 57 Tél. (021) 240 578 www.tvrdavaklis.com Ouvert juil.-oct. : tlj. 9h-19h ; nov.-mai : mer.-lun. 10h-16h*

Sinj Cette petite ville de 12 000 habitants est surtout connue pour son **tournoi de chevalerie de l'Alka** (*Sinjska alka*), qui commémore la victoire de la cavalerie de Sinj sur les Ottomans en 1715. Le premier week-end du mois d'août, des milliers de visiteurs viennent encourager les cavaliers costumés qui lancent leur monture au galop sur une longue piste de sable et tentent de ficher leur lance dans un anneau (*alka*) placé à 3m du sol. Les festivités s'accompagnent de musique, de coups de canon et de réjouissances culinaires. Les billets d'entrée s'achètent dans la plupart des agences de voyages de Split (de préférence quelques jours avant). Il est toujours possible d'assister à l'entraînement des cavaliers durant les deux semaines qui précèdent le tournoi (vers 18h en général). Depuis 2015, un très beau ☆ **musée** rend hommage à cette manifestation. Installé dans le palais des Alkari entièrement rénové, il propose une visite audiovisuelle et multimédia unique répartie sur trois espaces et deux étages, pour mieux comprendre cet héritage inscrit sur la liste du patrimoine immatériel de l'humanité par l'Unesco. Sinj est également réputée pour abriter, dans son église, une icône miraculeuse de la Vierge (*Sinjska gospa*, début XVIe s.), que les pèlerins viennent adorer le 15 août. *35km au nord de Split (une dizaine de cars/j. à partir de Split)* **Musée de l'Alka / Muzej Sinjske alke** *Put Petrovca 12 Tél. (021) 444 730 www.alka.hr Ouvert mar.-dim. 9h-17h Tarif 40kn, réduit 20kn*

Au large

Île de Šolta À 45min en bateau au sud-ouest de Split, cette île de 58km² ne peut prétendre rivaliser par sa beauté avec ses grandes voisines, mais elle reste une excursion appréciée des Splitois en quête de calme et de fraîcheur estivale. En dehors de ses jolies criques et de ses plages de galets, vous y découvrirez quelques beaux villages de pêcheurs, comme Maslinica, à la pointe ouest de l'île, connu pour ses demeures du XVIIIe siècle. Si vous souhaitez passer la nuit sur place, évitez le gros complexe hôtelier de la baie de Nečujam et louez une chambre chez l'habitant. *De 3 à 5 ferries/j. jusqu'au port de Rogač avec Jadrolinija (55min), et quelques catamaran express (35min) avec Linijska Nacionalna Plovidba* **Office de tourisme** *À Grohote, dans l'intérieur de l'île Tél. (021) 654 151 http://visitsolta.com*

Vers Trogir

☺ **Kaštela** Sur la route de Trogir, la commune de Kaštela regroupe sept villages côtiers connus pour abriter chacun un *kaštel*. Les *kaštel* sont ces petits manoirs fortifiés que les nobles et les dignitaires de l'Église se firent construire aux XVe-XVIe siècles pour protéger leurs terres de la menace ottomane. Les mieux conservés sont ceux de Kaštel Gomilica, Kaštel Lukšić et Kaštel Štafilić. **Kaštel Gomilica** est le deuxième village que l'on traverse en venant de Split (5km env.). Le château occupe un îlot relié à la terre ferme par un joli pont de pierre, le long duquel se balancent des barques colorées. Construit par des bénédictines de Split en 1529, il englobe désormais un minuscule quartier populaire. À 2km, **Kaštel Lukšić**, le quatrième village, est le plus touristique. Il faut dire que le palais d'été (Dvorac Vitturi), édifié en 1564 par les frères Vitturi, accueille le musée de la ville et l'office de tourisme et qu'il a été restauré entre 1993 et 2001. Faites un détour par l'église paroissiale du XVIIIe siècle, pour voir la chapelle du Bienheureux-Arnir, et son autel sculpté par Georges le Dalmate en 1448. À 3km de là, le dernier village, **Kaštel Štafilić**, se distingue par son agréable front de mer encadré par le manoir fortifié de 1508 à l'est (résidence privée) et un petit fort trapu du XVIe siècle à l'ouest. *De Split, dir. Trogir/aéroport et, à la sortie de la ville, prendre la route parallèle à la Magistrale en dir. de Kaštela : les villages sont établis entre la route et la mer (bus n°37 Split-Trogir, qui marque un arrêt dans chaque localité)* **Office de tourisme de Kaštel Lukšić** *Tél. (021) 227 933 ou (021) 228 355 www.kastela-info.hr Ouvert juin-août : lun.-sam. 8h-12h et 18h-21h, dim. 18h-21h ; sept.-juin : lun.-ven. 8h-15h, sam. 8h-12h* **Bureau d'informations touristiques** *Kastel Novi Tél. (021) 232 044 Ouvert été : tlj. 8h-11h et 17h-21h* **Musée de Kaštel Lukšić** *Tél. (021) 260 245 www.muzej-grada-kastela.hr Ouvert juin-sept. : lun.-ven. 9h-20h, sam. 18h-21h ; oct.-mai : lun., mer. et ven. 9h-16h, mar. et jeu. 9h-19h, sam. 9h-13h Tarif 15kn, réduit 5kn*

Vers Makarska

Omiš Cette petite station balnéaire est postée à l'embouchure de la **Cetina**, flanquée d'impressionnants massifs rocheux. Réputées au Moyen Âge pour abriter de dangereuses bandes de pirates, les gorges de la Cetina font aujourd'hui le bonheur des amateurs de rafting et de canoë-kayak (voir ci-après). Si vous n'êtes pas tenté par les sports d'eau vive, vous pouvez toujours remonter le fleuve en bateau ou en voiture jusqu'au vieux moulin de Radman (Radmanove Mlinice), grand restaurant traditionnel et point d'arrivée des descentes en raft, à 6km en amont d'Omiš. La ville elle-même est dominée, à l'est, par deux forteresses vénitiennes. La première, Mirabela, est accessible en moins de 15min à partir du centre historique, tandis que la seconde, Fortica, nécessite une ascension éprouvante de 45min, récompensée par une vue splendide sur la côte. Enfin, si vous séjournez dans la région au mois de juillet, renseignez-vous sur le programme du Festival de *klapa*. *25km au sud-est de Split (cars réguliers de Split)* **Office de tourisme** *Trg kneza Miroslava bb Tél. (021) 861 350 www.visitomis.hr Ouvert lun.-ven. 8h-20h, dim. 8h-12h*

Pratiquer des sports d'eau vive À quelques kilomètres en amont d'Omiš (25km au sud-est de Split), les gorges de la **Cetina** se resserrent, et le cours du fleuve se fait tumultueux, idéal pour une descente en rafting ou en canoë-kayak. Le parcours le plus connu débute à **Slime** (12km d'Omiš) et se termine 6km plus bas au moulin de Radman (Radmanove Mlinice). Certaines agences organisent des descentes en canyoning sur le cours supérieur de la rivière. La plupart des agences sont basées à Omiš et assurent les transferts en minibus. À titre indicatif, pour une descente en rafting, comptez de 250 à 450kn/pers.

Adventure Dalmatia Rafting, canoë-kayak, canyoning autour de Split, et notamment à Omiš. *Tomića stine 8* ***Split*** *Tél. 091 182 8995 www.adventuredalmatia.com*

Adventure Omiš Une petite agence très professionnelle spécialisée dans le canyoning, qui propose aussi des sorties kayak, escalade, etc. Également location de matériel (vélo, kayak, paddle). Sortie canyoning 300-450kn selon le niveau. *Cetinska cesta 30* ***Omiš*** *Tél. 098 447 135 www.adventure-omis.com*

CARNET D'ADRESSES

Lieux de sortie

salles de spectacle

Théâtre national croate / Hrvatsko narodno kazalište (plan 15, B1 n°24) Opéras, ballets, concerts et pièces de théâtre. *Trg Gaja Bulata 1* ***Split*** *Tél. (021) 344 999 www.hnk-split.hr Saison début oct.-mi-août*

Cinéma d'été de Bačvice / Ljetno kino Bačvice (plan 14, C2) Films en V.O., diffusés en plein air sous les pins de la baie de Bačvice. Tarif 25kn ***Split*** *Tél. (021) 348 676 www.kinomediteran.hr Ouvert juil.-sept. séances à 21h et 23h*

bars et clubs

Plutôt que les grandes terrasses qui jalonnent la Riva, nous vous conseillons d'aller explorer la belle rue Majstora Jurja dans le nord du palais. Regroupées sur une petite place carrée, les conviviales terrasses des cafés Porta, Dante et Teak sont très appréciées à l'heure de l'apéritif. Le soir, une foule plutôt compacte de Splitois et de touristes se presse dans les bars qui jouxtent la venelle Buvinina, dans le sud-est du palais. Puis l'animation se déplace vers la baie de Bačvice et son complexe moderne, qui regroupe sur deux étages une dizaine de bars de nuit aux ambiances et aux musiques variées. Les bars à cocktails du bord de mer sont un tantinet plus tranquilles.

Figa (plan 15, B3 n°20) Ce petit bar-restaurant colonise les escaliers de la ruelle Buvinina : coussins, tabourets, tables basses et bougies envahissent les marches. Il en résulte une plaisante ambiance à laquelle participent souvent des musiciens de passage. Cocktails et jus de fruits réputés. DJ vendredi et samedi soir. *Buvinina 1* ***Split*** *Tél. (021) 274 491 Ouvert été : dim.-jeu. 8h-1h, ven.-sam. 8h-2h ; hiver : tlj. 9h-0h*

Paradiso Cocktail Bar (plan 15, A1 n°22) Boire un café est une institution chez les Dalmates, et ce bar, avec sa grande terrasse, est une référence. En soirée, les jeunes s'y retrouvent volontiers et passent du café au cocktail, dans une ambiance animée et bon enfant à la fois. Belle présentation des verres et service sympathique. En été, des groupes de musique se produisent trois fois par semaine. Également des soirées animées par des DJ. *Tončićeva 4* ***Split*** *Tél. (021) 334 132 ou 091 317 3001 Ouvert juin-oct. : tlj. 7h-2h ; nov.-mai : tlj. 7h-1h*

Academia Ghetto Club (plan 15, B3 n°21) À deux pas du précédent, mais plus calme, un bar associatif un peu décalé, apprécié pour sa grande cour, ses petites guirlandes lumineuses, ses vieux fauteuils multicolores et ses parasols hawaïens. Un décor kitsch à souhait pour une bonne musique soul, R'n'B, funk, jazz, ou groove. Également des expos, des concerts et des performances. *Dosud 10* ***Split*** *Tél. (021) 346 879 ou 091 197 7790 Ouvert tlj. 16h-1h*

Hemingway (plan 14, B1 n°2) Lieu tendance des nuits splitoises, ce vaste bar à cocktails est situé au-dessus d'une petite marina, près du stade Poljud. Il est illusoire de vouloir s'y rendre à pied, alors consultez les affiches et les flyers distribués dans les bars du centre pour connaître le programme des soirées et, si le cœur vous en dit, prenez un taxi. *VIII. Mediteranskih igara 5* ***Split*** *Tél. (021) 384 339 ou 099 211 9993 www.hemingway.hr Ouvert dim.-jeu. 10h-0h, ven.-sam. 10h-4h*

Vanilla (plan 14, B1 n°3) L'un des clubs les plus vastes et les plus populaires de la ville, installé au nord de la ville, près du stade Poljud. *Poljudsko šetalište bb* ***Split*** *Tél. 098 831 3050 ou 095 517 5687 www.vanilla.hr Ouvert été : lun.-jeu. 7h-0h, ven.-sam. 7h-4h*

Et aussi...

Bar

Zinfandel Food and Wine Bar ... 416

Shopping

Sfinga ... 416
Croata ... 420
Franja ... 420
Vinoteka Terra ... 420

Pâtisseries, glaciers

Tradicija ... 416
Luka ... 420

Restauration

petits prix

Dioklecijan (plan 15, B3 n°10) Cette gargote est aussi connue sous le nom de Tri volta, car sa terrasse est dominée par trois grandes baies percées dans la muraille sud du palais. Cuisine simple et bon marché : plats du jour, *ćevapčići* et brochettes à partir de 40kn. *Dosud 9* ***Split*** *Tél. (021) 346 683 Ouvert tlj. 7h-1h*

Buffet Fife (plan 14, B2 n°14) Une taverne sans prétention, connue pour ses plats copieux à moins de 60kn. L'établissement étant bondé à toute heure de la journée, on partage la table des habitués dans une atmosphère conviviale. Avant de partir, jetez un coup d'œil aux caricatures du Splitois Davor Štambuk. Repas env. 100kn. *Trumbićeva obala 11* ***Split*** *Tél. (021) 345 223 ou 098 403 730 Ouvert tlj. 6h-0h*

☺ **Šperun (plan 15, A3 n°12)** Bonne cuisine dalmate à base de produits du terroir, de poisson et d'huile d'olive, servie dans un intérieur coquet ou sur une minuscule terrasse en contrebas du vieux quartier de Veli Varoš. Excellents desserts : sorbet à la pêche maison et crêpes aux figues et au citron. Accueil chaleureux et jovial. Comptez 100kn minimum. Autre petite salle de l'autre côté de la rue. *Šperun 3* ***Split*** *Tél. (021) 346 999 ou 091 555 4262 Ouvert tlj. 9h-23h*

Stellon (plan 14, C2 n°10) Une cuisine méditerranéenne, autour du poisson et des produits de la mer, à déguster dans un décor chic et branché ou sur la terrasse dominant la baie de Bačvice. Comptez moins de 100kn par personne. Les bars de nuit de Bačvice étant installés juste au-dessous, le restaurant fait salle comble les vendredi et samedi soir. *Bačvice plaža bb* ***Split*** *Tél. (021) 489 200 Ouvert tlj. 12h-0h*

☺ **Bokamorra (plan 14, B2 n°11)** Les meilleures pizzas de Split, des cocktails créatifs, et une déco particulièrement soignée : voilà la combinaison gagnante de cette adresse au succès grandissant. Dans la salle, des couleurs et de la bonne humeur (une belle collection d'affiches !), et dans l'assiette, d'excellentes pizzas cuites au feu de bois, dans la pure tradition napolitaine, malgré leurs noms originaux : Oh Cheeses, Seljanchizza, Porco Moi, Slatkizza, Mortadelicious, etc. (n'hésitez pas à demander des explications pour ne pas avoir de mauvaises surprises...). Et n'oubliez pas de goûter aux cocktails de Marinjo Karinja, fameux dans toute la ville. Service convivial et chaleureux. Pizzas 60-100kn, cocktails 60-120kn. Également à emporter. Réservation conseillée. *Trumbićeva obala 16* ***Split*** *Tél. 099 417 7191 Ouvert tlj. 12h-1h*

prix moyens

Kod Joze (plan 15, C1 n°13) Un peu à l'écart des sentiers battus, au nord du palais, deux terrasses ombragées et une petite salle voûtée pour un repas au calme. Grand choix de coquillages, de poissons et de viandes, mais aussi des cuisses de grenouille et, pour les petits budgets, des pâtes et des risottos. La qualité est, hélas, irrégulière. Comptez 100-140kn. *Sredmanuška 4* ***Split*** *Tél. (021) 347 397 Ouvert lun.-ven. 10h-0h, sam.-dim. 12h-0h*

Konoba Varoš (plan 15, A2 n°14) Une taverne de quartier – celui des pêcheurs de Veli Varoš – appréciable pour sa cuisine de la mer, ses viandes sous la cloche (pour 4 pers. minimum, à commander au moins 3h avant) et la bonne humeur ambiante. Il n'est pas rare, en soirée, que les clients entonnent des chansons traditionnelles. Env. 200-300kn le repas. *Ban Mladenova 9* ***Split*** *Tél. (021) 396 138 www.konobavaros.com Ouvert tlj. 9h-0h*

Konoba Marul (plan 15, B3 n°11) Sur la place où se dresse la statue de l'écrivain Marko Marulić, de petites tables massives en terrasse protégées par des parasols écrus annoncent le caractère de cette taverne dalmate. À l'intérieur, le bois et la pierre ramènent à l'attachement des anciens Splitois pour les repas simples, mais bons. Carte très variée de viande et de poisson, et des recettes traditionnelles comme la fameuse *pašticada* (bœuf braisé) et ses gnocchis (80kn). Belle carte des vins, service rapide et agréable. Attention, les accompagnements sont en supplément. *Trg Braće Radić 2* ***Split*** *Tél. (021) 339 068 ou 095 777 0777 Ouvert mi-mars-mi-jan. : tlj. 8h-0h*

prix élevés

☺ **Nostromo (plan 15, A2 n°15)** Un escalier, aux murs couverts de toiles contemporaines, donne accès à une salle tout en recoins, où chaque table, recouverte d'une nappe blanche, donne un sentiment d'intimité. Nostromo s'apprécie dans les détails : le service attentionné, l'excellent pain maison, la climatisation agréable. Si la carte semble conventionnelle, l'immédiate proximité du marché aux poissons se retrouve dans toute la cuisine de la mer, généreuse et d'une exceptionnelle fraîcheur. Comptez 200-300kn pour un repas. *Kraj Sv. Marje 10* ***Split*** *Tél. 091 405 6666 www.restoran-nostromo.hr Ouvert tlj. 8h-0h*

Dans les environs

Si vous allez visiter la citadelle de Klis, sachez que la région est réputée pour son agneau rôti à la broche (*janjetina*). Klis Grlo, à env. 1km au nord de la forteresse, compte plusieurs restaurants spécialisés. Si leur situation en bordure de la nationale n'est guère agréable, vous y dégusterez une viande fondante à souhait à des prix très raisonnables.

petits prix

☺ **Restoran Odmor** Sur la route de Trogir, à Kaštel Kambelovac, en contrebas de l'avenue Dr. Franje Tuđman, la terrasse d'Odmor, petit bar-restaurant de village, vous immergera dans une atmosphère très locale (surtout si vous assistez à une retransmission sportive). Plats (50-80kn) simples, copieux et bon marché. *F. Tuđmana 62 Kaštel Kambelovac* ***Kaštela*** *Tél. (021) 220 263 ou 091 220 2633*

Hébergement

Pour les chambres chez l'habitant, adressez-vous aux agences de voyages, cf. Mode d'emploi (p.407). Si vous êtes véhiculé, il est conseillé de passer la nuit à Trogir, 10km à l'ouest, plus calme et moins onéreux.

auberges de jeunesse

Hostel Split-Pletković (plan 14, C2 n°32) À l'orée de la vieille ville, cette auberge de jeunesse privée offre de nombreux services (consigne, connexion wifi, laverie, clim.) et commodités (chambres double, simple, quadruple, privée ou non, appartements). Comptez de 110 à 150kn par personne. *Poljana kneza Trpimira 1* ***Split*** *Tél. 098 933 7428 www.hostelinsplit.com*

Goli & Bosi (plan 15, A3-B3 n°33) Une auberge de jeunesse moderne et très "tendance" ! Idéalement placée à proximité de la Riva, la terrasse devant l'entrée puis l'immense bar en fer à cheval donnent le ton : couleurs vives, ambiance conviviale et décontractée. On vous proposera de partager des chambres de 4 ou 6 lits au premier étage ou bien des chambres doubles au second. Salle de bains, toilettes et wifi dans toutes les chambres. Comptez à partir de 700kn pour une double en été, et de 250kn hors saison ; pour le dortoir, 250kn par pers. en été, et à partir de 120kn hors saison. *Morpurgova poljana 2* ***Split*** *Tél. (021) 510 999 www.golibosi.com*

prix élevés

Hotel Adriana (plan 15, B3 n°31) Une bonne adresse qui allie une situation idéale sur la Riva et un confort sans faille. Hélas, l'hôtel ne compte que 15 chambres et 2 appartements (2-4 pers.) et affiche souvent complet. Réservez donc dès que possible, mais vous pourrez profiter du restaurant, également coté. Double 1250-1400kn en été, appartement 700/1 650kn. *Obala hrvatskog narodnog preporoda 8* ***Split*** *Tél. (021) 340 000 www.hotel-adriana.hr*

Hotel Globo (plan 14, C1 n°30) Établi au cœur d'une résidence sans charme de la ville moderne, l'hôtel Globo n'en dispose pas moins de 33 chambres spacieuses d'un très bon standing (clim., tél., TV...). Un bel escalier en fer forgé et des aquarelles complètent la décoration soignée. Double à partir de 950kn en saison avec le petit déj. *Lovretska 18* ***Split*** *(à 10min à pied au nord du palais) Tél. (021) 481 111 ou (021) 481 112 www.hotelglobo.com*

prix très élevés

Hotel Slavija (plan 15, B3 n°32) Dans une ruelle du palais envahie l'été par les terrasses des bars de nuit, la façade de pierre de cet hôtel dissimule une jolie réception et 25 chambres d'un bon standing. Double à partir de 1 300kn en pleine saison, 1 000kn hors saison. *Buvinina 2* ***Split*** *Tél. (021) 323 840 www.hotelslavija.hr*

Jupiter Luxury Hotel (plan 15, C3 n°30) Ce luxueux boutique hôtel est niché au cœur du palais de Dioclétien. Le style est délibérément contemporain : équipement sophistiqué, parquet en bois et murs blancs. Les chambres sont équipées de baignoires à remous et, sur le toit, la terrasse, agrémentée d'un jacuzzi, décidera les plus sourcilleux ! Comptez à partir de 1 400kn la double en saison. *Grabovčeva širina 1* ***Split*** *Tél. (021) 786 500 ou 095 233 0000 www.lhjupiter.com*

Hotel Park (plan 14, C2 n°31) Non loin de la baie de Bačvice, 10min à pied à l'est du centre historique, cette belle villa des années 1920, qui a bénéficié en 2015 d'importants travaux de rénovation, est de loin le meilleur établissement de sa catégorie. Outre l'excellent confort de ses 65 chambres et 7 suites, on appréciera l'élégance de la terrasse sous les palmiers et le luxueux buffet du petit déjeuner (jambon dalmate, champagne...). Double à partir de 1 450kn. *Hatzeov perivoj 3* ***Split*** *Tél. (021) 406 400 www.hotelpark-split.hr*

Dans les environs

prix élevés

☺ **Baletna Škola** D'allure moderne, ce petit hôtel, posté à 10min de l'aéroport de Split, ne possède pas de charme particulier, sinon celui de déboucher sur un bord de mer charmant et tranquille. Le bâtiment est équipé d'une verrière qui concentre en été la chaleur au deuxième étage : préférez, si possible, le premier. Les chambres sont spacieuses, confortables et pourvues de grands balcons, d'une connexion wifi et de clim. Une auberge (excellente) et un café jouxtent l'hôtel. Comptez de 600 à 780kn selon la saison pour une chambre double avec petit déj. *Kaštel Kambelovac* ***Kaštela*** *Tél. (021) 221 912 www.hotel-baletnaskola.com*

☺ **Hotel San Antonio** À 10min du centre de Split, cet établissement à taille humaine, en bord de mer, permet de profiter d'un certain standing, d'un très bon restaurant sous tonnelle, de la plage et d'une piscine intérieur avec sauna et salle de fitness. Comptez à partir de 590kn pour une chambre double, env. 1 100kn en saison. *Grljevačka 30* ***Podstrana*** *(10km au sud-est du centre de Split, entre la Magistrale et la mer) Tél. (021) 336 111 www.hotel-sanantonio.com*

★ ☺ TROGIR

21220

Inscrite par l'Unesco sur la liste du patrimoine mondial depuis 1997, Trogir compte parmi les plus belles villes médiévales de la côte dalmate. Ses venelles pavées, ses palais élégants et son admirable cathédrale romane se serrent sur un îlot jadis ceint de remparts. En été, cette cité ramassée sur elle-même peine à contenir le flot des visiteurs, et son charme s'en trouve sensiblement altéré, surtout si l'on ajoute le survol incessant des avions, l'aéroport de Split n'étant qu'à quelques kilomètres à l'ouest. Il serait pourtant impardonnable de ne pas s'y arrêter. Un conseil : tâchez de visiter Trogir tôt le matin, quand ses ruelles et ses quais sont encore assoupis. En juillet-août, c'est une retraite charmante, assez proche de Split, de Kaštela, voire de Šibenik, pour en faire une base rêvée.

UN ÂGE D'OR PRÉCOCE Fondée au IIIe siècle av. J.-C. par les Grecs d'Issa (Vis), puis occupée par les Romains, Trogir prend son essor au début du XIIe siècle, quand les rois hungaro-croates lui accordent son autonomie. La noblesse locale, enrichie par le commerce maritime, renforce les défenses de la cité et la dote d'une magnifique cathédrale au XIIIe siècle. Malgré la résistance armée de ses oligarques, Trogir passe aux mains des Vénitiens en 1420, sans pour autant cesser de s'embellir. Ses remparts sont consolidés et de grands architectes et artistes de la Renaissance, tels que Bonino da Milano, Nicolas le Florentin (Nikola Firentinac) et Andrija Aleši, mandatés pour l'embellir. La chute de la Sérénissime, en 1797, entraînera le déclin de Trogir.

MODE D'EMPLOI

accès

EN VOITURE
Trogir est situé 25km à l'ouest de Split et 50km au sud-est de Šibenik.

EN AVION
L'aéroport de Split (p.408) se trouve 6km à l'est de Trogir. Le bus 37 Split-Trogir y passe toutes les 20min.

EN CAR
Départ du bus 37 pour Split (1 heure de trajet) toutes les 20min. Une ligne directe (1 à 3 départs toutes les heures) vous mène à Split en 30min. Les cars à destination de Čiovo, Medena, Šibenik et Slatine s'arrêtent de l'autre côté de la route, devant le supermarché Konzum.

Gare routière / Autobusni kolodvor Elle est située sur la terre ferme, à l'est du pont desservant la vieille ville. *Kneza Trpimira 2 Tél. (021) 882 947*

EN BATEAU

En été, 2 ou 3 liaisons/j. avec les îles Drvenik Veli et Drvenik Mali. Les ferries de la compagnie Jadrolinija accostent au pied de la forteresse de Kamerlengo. Liaisons directes avec Split en empruntant la compagnie Bura Line.

Jadrolinija *Gat Sv. Duje bb* ***Split*** *Tél. (021) 338 333 www.jadrolinija.hr*

ACI Marina Trogir La marina de Trogir s'étend sur le quai de Čiovo, juste en face de la vieille ville. *Put Cumbrijana 22 Tél. (021) 881 544 www.aci-marinas.com*

Capitainerie *Obala bana Berislavića Tél. (021) 881 508*

orientation

La vieille ville de Trogir est bâtie sur un îlot relié à la terre ferme, au nord, par un pont et une passerelle, et à l'île de Čiovo, au sud, par un pont mécanique qui relève ses tabliers au passage des plus gros navires. Gradska et Augustina Kažotića, les deux principaux axes de la vieille ville s'étirent en parallèle du nord au sud. La promenade animée de la Riva (Obala bana Berislavića) fait face à la marina de Čiovo.

circuler

La vieille ville est entièrement piétonne et, l'été, l'affluence touristique rend la circulation cauchemardesque à ses abords, notamment sur les ponts qui la relient à la terre ferme et à l'île de Čiovo. Mieux vaut donc vous garer dès que possible. Vous trouverez des parkings sur la terre ferme, le long de la Magistrale (5kn/h) et sur le quai nord de la vieille ville (10kn).

EN TAXI

Taxi Trogir Une station à l'angle du supermarché Konzum, en face du pont Trogirski. *Tél. (021) 881 277*

informations touristiques

Office de tourisme *Trg Ivana Pavla II Tél. (021) 885 628 www.tztrogir.hr Ouvert été : lun.-sam. 8h-20h, dim. 9h-14h ; hiver : lun.-ven. 8h-16h*

agences de voyages

Atlas *Rimski put 5 Tél. (021) 881 374 www.atlas-trogir.hr*

Portal *Obala bana Berislavića 3 Tél. (021) 885 016 www.portal-trogir.com*

adresses utiles

Il existe plusieurs **bureaux de change** à l'intérieur de la vieille ville. Une **banque** au niveau de la porte de la Terre-ferme (Kopnena vrata) et une autre derrière le chevet de la cathédrale. **Poste** au n°5 d'Obala Jurja Trogiranina.

marchés, fêtes et manifestations

☺ **Marchés** Le marché aux primeurs, très animé, et le marché aux poissons, sont établis sur la terre ferme, à l'ouest du pont menant à la vieille ville. *Ouvert lun.-sam. 6h-0h*

Festival d'été Concerts, pièces de théâtre, ensemble Kvadrilja et séances de cinéma données dans la forteresse de Kamerlengo et dans toute la ville. Le festival se termine par la compétition internationale des ténors. Rens. auprès de l'office du tourisme. *Juil.-août*

DÉCOUVRIR

☆ **Les essentiels** La cathédrale Saint-Laurent, la pinacothèque **Découvrir autrement** Flânez sur la Riva et prenez un verre à l'une de ses terrasses, profitez de la vue offerte par la forteresse de Kamerlengo

Trogir

Musée de la Ville / Muzej grada Trogira Assez décevant, il est installé dans le palais baroque Garagnin (XVIIIe s.), juste derrière la porte de la Terre-ferme. La collection lapidaire, de l'Antiquité au XVIIIe siècle, occupe le rez-de-chaussée, et une petite galerie d'art moderne le 1er étage. La section ethnographique, accessible par la rue Gradska, compte quelques meubles des XVIIIe et XIXe siècles et le célèbre *Coq de Lépante*, figure de proue récupérée sur une galère turque lors de la célèbre bataille navale (1571). La riche bibliothèque du palais ne se visite pas. *Gradska vrata 4 Tél. (021) 881 406 Ouvert juin, sept. : lun.-sam. 9h-12h et 17h-20h ; juil.-août : tlj. 9h-12h et 18h-21h ; oct.-mai : lun.-ven. 9h-14h Tarif 20kn, réduit 15kn*

☆ ☺ **Cathédrale Saint-Laurent / Katedrala Sv. Lovre** La cathédrale de Trogir est l'une des plus remarquables de Croatie avec celle de Šibenik. Si la majeure partie de ce vaste sanctuaire à trois nefs fut édifiée au XIIIe siècle, sa construction se prolongea jusqu'au début du XVIIe siècle, comme en témoigne l'architecture éclectique du clocher. Le **portail principal**, sculpté à partir de 1240 par Maître Radovan, compte parmi les chefs-d'œuvre de l'art roman croate. Encadrées par les statues d'Adam et d'Ève juchées sur deux lions gardiens, ses colonnes historiées représentent avec verve les travaux du calendrier agricole et des scènes de la vie quotidienne médiévale. En vous attardant, vous remarquerez des créatures exotiques ou fantastiques. Le tympan, surmonté d'une statue de saint Laurent, est orné d'une touchante *Nativité*, tandis que les arcades content la vie du Christ. À gauche du portail, sous le porche, s'ouvre le baptistère, décoré par Andrija Aleši (1467). Sa voûte d'ogives, son plafond à caissons et ses frises de fleurs et d'angelots offrent une belle synthèse des styles gothique et Renaissance. À l'intérieur de la cathédrale, vos pas vous guideront instinctivement vers la **chapelle funéraire du Bienheureux-Jean-de-Trogir**. Ce petit bijou Renaissance (1469-1489) fut conçu par Nicolas le Florentin (Nikola Firentinac), qui le réalisa avec le concours d'Andrija Aleši et d'Ivan Duknović. De la voûte à caissons et des niches murales, quelque cent soixante visages ou personnages en pied, notamment des apôtres et des saints grandeur nature, veillent sur le sarcophage. Les angelots qui sortent des portes inférieures, une torche à la main, symbolisent le passage de la vie à la mort. Moins exceptionnel, le trésor de la cathédrale est conservé dans les belles armoires marquetées de la sacristie. Pour une vue panoramique de Trogir, ne manquez pas de grimper au clocher. *Trg Ivana Pavla II Ouvert été : lun.-sam. 9h-20h, dim. 14h-18h ; basse saison : lun.-sam. 9h-17h30, dim. 9h-17h Tarif 25kn*

Place Jean-Paul-II / Trg Ivana Pavla II Sur la grand-place du Vieux Trogir donnent plusieurs autres édifices remarquables. Face à l'entrée de la cathédrale, le palais Ćipiko (XVe s.) se distingue par ses baies gothiques sculptées par Andrija Aleši. Sous le porche trône une copie du *Coq de Lépante*, dont l'original est conservé au musée municipal. À l'est de la place, l'hôtel de ville est installé dans l'ancien palais des recteurs, bâti au XIIIe siècle et remanié dans le style Renaissance au XVIe siècle. Le côté sud de la place est dominé par la tour de l'Horloge et la magnifique loge (XVIe s.) où siégeait le tribunal. Une allégorie de la Justice sculptée par Nicolas le Florentin veille sur la table des juges, tandis que le mur sud est orné d'un bas-relief de Meštrović (1938) figurant le ban et évêque croate Petar Berislavić (XVIe s.). En contournant l'édifice, rejoignez le passage voûté de la rue Gradska pour admirer, à gauche, les entrelacs romans qui ornent le linteau sculpté du portail de l'église Sainte-Barbe (XIe s.), l'une des plus vieilles de Trogir.

☆ ☺ **Pinacothèque / Pinakoteka** Ce musée d'art sacré occupe l'église Saint-Jean-Baptiste (Crkva Ivana Krstitelja, XIIIe s.). La sobriété de la nef ne fait que mettre en valeur les œuvres exposées - des tableaux, statues et manuscrits enluminés du XIVe au XVIIe siècle -, peu nombreuses mais de qualité. On retrouve le talentueux peintre Blaž Jurjev Trogiranin, avec son polyptyque de *La Vierge à l'Enfant* (1434-1435) et *La Vierge dans le jardin des roses* (1433) ; voyez aussi le magnifique diptyque de saint Jean-Baptiste et de saint Jérôme du Vénitien Gentile Bellini (1429-1507). *Au sud de l'hôtel de ville Tél. (021) 881 426 Ouvert été : lun.-sam. 9h-20h, dim. 12h-18h Tarif 20kn*

Monastère Saint-Nicolas / Samostan Sv. Nikole Ce couvent fondé en 1064 et agrandi au XVIe siècle est occupé par des bénédictines. Outre un très joli cloître Renaissance, il est célèbre pour abriter l'un des rares bas-reliefs hellénistiques connus représentant Kairos. Ce dieu de l'Instant propice figure sous les traits d'un jeune homme nu et ailé, au crâne rasé, dont seul le toupet frontal permet à celui ou celle qui le croise de s'en saisir prestement ! *Gradska 2 (dans le sud de la vieille ville) Tél. (021) 881 631 Ouvert lun.-sam. 10h-12h et 16h-19h Tarif 20kn*

Riva La promenade aménagée sur le rivage sud de l'île, face à Čiovo, est bordée d'agréables terrasses de cafés et d'élégantes façades du XVe au XIXe siècle. Les Français abattirent la majeure partie des remparts au début du XIXe siècle, afin d'assainir la ville, alors infestée par la malaria. Seul en subsistent un pan à l'est, près de la porte de la Mer (XVIe s.) et une ravissante loge de la même époque, où les voyageurs trouvaient asile s'ils arrivaient après la fermeture des portes de la ville à minuit. Les jolies maisons basses attenantes seraient aussi d'anciennes auberges. L'extrémité ouest de la Riva est dominée par l'imposante **forteresse de Kamerlengo**, édifiée par les Vénitiens de 1420 à 1437. Sa vaste cour intérieure accueille les spectacles du Festival d'été, tandis que ses remparts crénelés offrent une splendide vue sur la ville. Isolés au nord-ouest, derrière le stade de football, la gloriette de Marmont, érigée par les Français au début du XIXe siècle, et la tour Saint-Marc, vestige des remparts vénitiens. **Forteresse de Kamerlengo / Gradina Kamerlengo** *Ouvert tlj. 9h-22h Tarif 25kn, réduit 15kn*

Où boire un verre ? Appréciables à toute heure de la journée, les terrasses de la Riva frôlent la saturation les soirs d'été. Bonne ambiance et concerts gratuits sur la jolie place Radovanov, derrière la cathédrale. Renseignez-vous sur les programmes du Festival d'été, cf. Mode d'emploi (p.430). Mais peut-être préférerez-vous tout simplement une balade sur la marina de Čiovo pour admirer la vieille ville au clair de lune.

Les environs de Trogir

Île de Čiovo Reliée au Vieux Trogir par un pont, cette bande de terre s'étend d'ouest en est sur une dizaine de kilomètres, jusqu'en face de Split. Bordé presque sans interruption de résidences secondaires, d'appartements et de chambres à louer, son littoral n'a pas grand intérêt. Mais si vous êtes motorisé et que vous voulez faire une petite escapade iodée loin des foules de Trogir, poussez jusqu'à la pointe orientale de l'île. Vous y découvrirez, au creux de petites falaises, l'église et l'**ermitage de Gospa od Prizidnice** (XVIe s.). Rien de spectaculaire, mais le site est encore assez sauvage, et l'on peut se baigner entre les rochers. **Ermitage** *Du pont de Trogir, longer la côte nord de Čiovo jusqu'à Slatine sur env. 8km, puis suivre l'indication à droite et faire encore 3km env. (chemin caillouteux)*

Marina Une altière tour vénitienne du XVe siècle garde ce petit port abrité tout au fond d'une baie. Un hôtel, le Marinska Kula, en occupe les étages. *15km à l'ouest de Trogir, sur la route de Šibenik*

Aller à la plage, s'adonner aux sports nautiques Vous trouverez une grande base de loisirs et de sports nautiques à **Seget**, environ 3km à l'ouest de Trogir. Pour la baignade, vous pourrez faire le tour des plages de l'île de Čiovo, mais vous y serez rarement seul. Les gens du cru leur préfèrent les criques plus tranquilles de Drvenik Veli et de Drvenik Mali, deux îles situées respectivement à 1h et 1h20 de ferry de Trogir, cf. accès (p.430).

CARNET D'ADRESSES

Restauration

prix moyens

Škrapa Installée sur le quai nord de la vieille ville, cette petite taverne populaire fait salle comble midi et soir en été... pour ses prix plus sûrement que pour la sophistication de sa cuisine ! Comptez 70-80kn pour des calamars, des moules, des *čevapčići* ou un risotto noir. *Hrvatskih mučenika 9* ***Trogir*** *Tél. (021) 885 313 ou 091 784 2795 Ouvert juil.-août : tlj. 10h30-0h ; sept.-nov., avr.-juin : lun.-sam. 11h-23h Fermé déc.-mars*

Piccolo Ponte Pour s'éloigner d'une Riva trop bruyante et dîner même assez tard, Piccolo Ponte s'avère un choix parfait, avec sa terrasse fleurie en plein cœur de la vieille ville, où vous serez accueilli avec bienveillance. Le patron s'honore d'un four à pizza importé d'Italie, et y cuit 19 variations, de 30 à 50kn. Si vous optez pour une autre des propositions (classiques !) de la carte, la galette de pain maison, sortant fumante du four, est un plaisir à ne pas bouder. Plateaux de viandes pour deux à 100 et 180kn. Cuisine simple et sans surprise. Comptez de 80 à 150kn pour un repas. *Vukovarska 9* ***Trogir*** *Tél. (021) 440 632 Ouvert été : tlj. 12h-24h*

Fontana Kod Zeca Le restaurant de l'Hotel Fontana (p.436) permet de goûter goûter aux spécialités de poisson et de crustacés, installé à une élégante terrasse sous les palmiers du front de mer. De nombreuses formules de menu de 50 à 100kn. Env. 150kn à la carte. *Obrov 1* ***Trogir*** *Tél. (021) 884 811 ou (021) 887 744 Ouvert tlj. 12h-1h*

prix élevés

Alka S'il fait beau, vous pouvez dîner sur l'agréable place voisine du restaurant, mais, pour plus d'intimité, nous vous conseillons de réserver l'une des 5 tables dressées sur l'adorable toit-terrasse. Service attentif et d'excellentes recettes de poisson et de viande, comme la *pašticada* (bœuf mariné à la Dalmate). Env. 150-200kn. *Augustina Kažotića 15* ***Trogir*** *Tél. (021) 881 856 ou 091 202 36 39 www.restaurant-alka.hr Ouvert tlj. midi et soir*

☺ **Frankie** Il n'est pas facile de débusquer ce "Frankie", mais l'effort est récompensé ! Cette excellente table à prix très raisonnables propose une carte très "dalmate" remarquable, où se distinguent les coquillages, les grillades et les vins locaux. Les classiques, comme la salade de poulpe, sont magnifiés et certaines spécialités maison méritent de renouveler l'expérience : marmite de la mer pour deux personnes (spaghettis, langoustines, coquillages, crabe et langouste, 400kn) ou le demi-kilo de pâtes à la langouste pour 250kn. Comptez 200-250kn pour un repas. ***Seget Donji*** *(prendre la route dir. Šibenik sur 2km, puis panneau indiquant le restaurant sur la gauche. Se garer au parking qui borde le quai en bord de mer, et traverser le hameau vers l'est) Tél. (021) 880 562 ou 098 313 444 Ouvert tlj. 11h-0h*

Hébergement

Vous trouverez des chambres et des appartements dans la vieille ville et sur l'île de Čiovo. Adressez-vous aux agences de voyages (p.431), ou à celle de l'hôtel Vila Sikaa. Comptez env. 300kn par pers. la nuit (400kn pour un appartement). Signalons que **Seget**, 3km à l'ouest de Trogir, regroupe plusieurs gros complexes balnéaires (piscines, centre de loisirs, etc.).

camping

Camping Rožac Sur la côte ouest de l'île de Čiovo, à proximité immédiate de la vieille ville, cet agréable camping dispose de 180 emplacements bien ombragés, répartis sur une petite pointe en bord de mer. Restaurant et supérette. Env. 190kn pour 2 pers. avec tente et voiture en haute saison. Mobil-homes avec deux chambres doubles, terrasse et vue sur la mer, parfaitement équipées : 910kn en été, 335-690kn sinon. *Šetalište Stjepana Radića 56* ***Okrug Gornji*** *Tél. (021) 806 105 ou 098 457 664 www.camp-rozac.hr Ouvert avr.-mi-oct.*

prix moyens

☺ **Klaudija** Cette pension familiale procure un confort parfait à deux pas de la vieille ville : 3 appartements et 4 chambres doubles très spacieuses (clim., wifi, réfrigérateur, TV sat.), ainsi qu'une terrasse commune de 100m² équipée d'un barbecue et deux places de parking en garage. Comptez de 265 à 550kn pour une chambre, 350-650kn pour un appartement selon la période. Petit déjeuner en supplément (65kn). Les propriétaires proposent aussi un service de blanchisserie et des sorties en mer. *Tina Ujevića 1a* ***Trogir*** *(150m après le pont de Čiovo, sur la gauche) Tél. (021) 881 183 ou 098 177 8466 www.klaudija.com Ouvert mars-nov.*

☺ **Apartmani Trogir** Une pension aux allures d'hôtel, bénéficiant d'un accueil très sympathique et d'un rapport qualité-prix imbattable. Chambres et appartements de 350 à 600kn selon la saison avec parking, clim., TV sat., wifi, kitchenette, et balcon. *K.A. Stepinca 78a* ***Trogir*** *(sur le continent, 100m après le supermarché Konzum, dir. Šibenik) Tél. (021) 884 687 ou 098 265 397 www.apartmani-trogir.com*

prix élevés

Hotel Concordia Ce petit hôtel à la décoration classique est idéalement situé sur la Riva, à deux pas de la forteresse de Kamerlengo. Ses 11 chambres bien équipées donnent, pour la plupart, sur la marina de Čiovo, mais certaines sont un peu exiguës. Préférez les numéros 2, 3, 5, 6, 8 et 9 qui sont plus vastes. De 600 à 730kn la double. *Obala bana Berislavića 22* ***Trogir*** *Tél. (021) 885 400 www.concordia-hotel.net Ouvert toute l'année*

Hotel Fontana Au cœur de la vieille ville, 13 chambres doubles et 4 suites très bien équipées. Si vous y séjournez plus d'une semaine, vous pourrez prendre une demi-pension au restaurant de l'hôtel (p.435). Comptez 760-860kn pour une double avec petit déjeuner en été, à partir de 530kn hors saison, 115kn supplémentaires pour un jacuzzi. Place de parking 75kn/24h. La maison propose aussi 3 appartements (1 080kn en haute saison). *Obrov 1* ***Trogir*** *Tél. (021) 885 744 ou (021) 885 757 www.fontana-trogir.com Ouvert toute l'année.*

☺ **Vila Sikaa** Sur le quai de Čiovo, face à la vieille ville, cet établissement qui semble au premier abord anodin est pourtant abrité par un bâtiment classé monument historique. Les 10 chambres, magnifiques, décorées avec goût de meubles vernissés, de parquets, respirent un luxe des années 1950, tout comme la salle réservée au petit déjeuner. Trois niveaux de standing et de prix, à réserver longtemps d'avance. Comptez 620-1 100kn la double selon la saison et la catégorie (même si l'isolation phonique est excellente, préférez les chambres donnant sur le jardin : côté quai, une boulangerie est le rendez-vous des noctambules, parfois bruyants en fin de semaine). Location de scooters. *Obala kralja Zvonimira 13* ***Trogir*** *Tél. (021) 881 223 ou (021) 798 240 www.vila-sikaa-r.com*

prix très élevés

Trogir Palace Si le Trogir Palace n'a pas beaucoup de charme et arbore une décoration clinquante et un peu kitsch, vous y serez très bien accueilli et disposerez d'un confort sans faille et d'un parking, tout en n'ayant que 200m à parcourir pour rejoindre la vieille ville : un luxe en pleine saison touristique. Comptez 1250kn pour une chambre double. *Put gradine 8* ***Trogir*** *(tout de suite à gauche après le pont de Čiovo) Tél. (021) 685 555 http://hotel-palace.net*

MAKARSKA ET SA RIVIERA

21300

Grande station balnéaire de 14 000 habitants, réputée pour ses folles nuits estivales, le port de Makarska a donné son nom à la mince bande littorale qui s'étire sur 60km de part et d'autre, au pied du massif du Biokovo. De Brela, au nord, à Gradac, au sud, une vingtaine de petits ports de pêche convertis au tourisme de masse depuis les années 1970 s'inscrivent dans ce cadre spectaculaire, où le gris de la roche nue le dispute au vert sombre des pinèdes et au bleu éclatant de la mer. Malgré l'affluence estivale et une architecture pas toujours très heureuse, vous apprécierez sans doute les flâneries nocturnes sur les quais de ces stations balnéaires et leurs petites plages de galets. Sinon, considérez Makarska comme une bonne base pour explorer le massif du Biokovo. Mais si vous êtes féru d'art et d'histoire, inutile de vous y attarder. Comme dans l'intérieur du pays, les traces de l'occupation turque (1498-1646) furent rapidement effacées, et rares sont les monuments qui ont résisté au séisme de 1962.

MODE D'EMPLOI

accès

EN VOITURE

Makarska est accessible par la Magistrale à partir de Split (env. 65km) et de Dubrovnik (env. 150km).

EN CAR

Nombreuses liaisons quotidiennes avec Split, Dubrovnik, Zagreb, Ploče. De 2 à 4 bus par jour pour Sarajevo et Mostar. Rares sont les cars qui desservent les villages de la Riviera, ils se contentent le plus souvent de déposer leurs passagers sur la Magistrale.

Gare routière / Autobusni kolodvor *Ante Starčevića 30* ***Makarska*** *(à 5min à pied au nord-ouest du centre-ville) Tél. (021) 612 333*

EN BATEAU

De 3 à 5 liaisons en ferry/j. entre Makarska et l'**île de Brač** (port de Sumartin, 1h de trajet). Pour l'**île de Hvar** (port de Sućuraj, à l'est de l'île), départ de Drvenik, 28km au sud de Makarska : de 6 à 10 ferries/j. (35min de traversée).

Jadrolinija Billetteries sur les quais, mais pour tout renseignement joignez les bureaux de la compagnie à Split. *Tél. (021) 679 515*

Capitainerie de Makarska *Tél. (021) 611 977*

informations touristiques

Office de tourisme de Makarska Brochures et cartes nécessaires pour explorer la région. *Obala kralja Tomislava 16 Tél. (021) 612 002 www.makarska-info.hr Ouvert mai-sept. : tlj. 8h-20h ; oct.-avr. : lun.-ven. 8h-14h*

Bureau du parc naturel du Biokovo *Marineta Mala Obala 16 Tél. (021) 616 924 www.biokovo.com*

orientation

Le port principal et le centre de Makarska sont séparés de la plage et des grands hôtels, au nord, par la pointe Saint-Pierre (Sv. Petar). Les villages de la riviera sont tous desservis par la Magistrale.

adresses utiles

Banques et **bureaux de change** dans les agences de voyages, sur le quai principal de Makarska (Obala kralja Tomislava). Bureau de **poste** Trg 4. svibnja 533 (derrière l'hôtel Biokovo).
Sauvetage en montagne *Tél. (021) 690 017 ou 091 721 0011*

agences de voyages

Biokovo Active Holidays Une excellente agence sportive, qui propose des excursions dans le parc naturel du Biokovo. Possibilités de randonnées d'un ou plusieurs jours avec nuits en refuge des bergers. *Kralja Petra Kresimira IV 7b Tél. (021) 679 655 ou 098 225 852 www.biokovo.net*

Marivaturist Représentée dans presque tous les villages de la riviera. Hébergement chez l'habitant, excursions, location de voitures... Bureau principal à Makarska. *Obala Kralja Tomislava 15A Tél. (021) 616 010 ou (021) 615 644 www.marivaturist.hr*
Turist Biro Agence spécialisée dans l'hébergement chez l'habitant. *Obala Kralja Tomislava 2 Tél. (021) 611 688 www.turistbiro-makarska.com*

marchés, fêtes et manifestations

Marché Situé au-dessus de la place Kačić, à gauche de l'église Saint-Marc, l'attrayant, bien que modeste, marché de Makarska réunit des maraîchers, des fleuristes et différents producteurs locaux (huiles, fromages, miel, fruits séchés). *Tlj. jusqu'à 12h*
Soirées d'été de Makarska Théâtre, concerts, soirées jeux, Nuits des pêcheurs et carnaval d'été (autour du 6 août). Rens. à l'office de tourisme. *Juil.-août*

DÉCOUVRIR

☆ **Les essentiels** Le petit port de Brela **Découvrir autrement** Promenez-vous dans le jardin botanique de Kotišina et dans le parc du Biokovo, reprenez votre souffle au sommet du Sveti Jure

Makarska

En dehors de ses nuits trépidantes, Makarska invite à une plaisante promenade le long des quais et de la pointe Saint-Pierre (Sv. Petar). Cette presqu'île recouverte de pins dispense des vues splendides sur le port et les massifs dénudés du Biokovo. Après une petite flânerie sur la grande place Kačić, dominée par l'église Saint-Marc (Sv. Marko, XVIIIe s.), vous pourrez rejoindre, au sud-est de la vieille ville, le monastère franciscain (Franjevački samostan), fondé au XVIe siècle par des franciscains de Bosnie. Les collections exotiques du **musée des Coquillages** s'organisent autour de son joli cloître. **Musée des Coquillages / Malakološki muzej** *Franjevački put 1 Tél. (021) 611 256 Ouvert avr.-mai, oct. : tlj. 9h-12h ; juin-sept. : tlj. 10h-12h et 17h-19h Tarif 15kn*

Où faire la fête ? En été, les terrasses de cafés envahissent les quais de Makarska, les bateaux d'excursions se transforment en bars, une fête foraine et des buvettes s'installent près de la pointe Saint-Pierre, sans parler des bars bondés de la Marineta et de la rue Lištun qui poussent leur sono à fond...

Deep Le bar en vogue. On emprunte quelques marches le long du rivage pour accéder à l'entrée d'une grotte profonde, ouverte sur les flots. Plutôt calme et parsemée jusqu'à minuit, la jeune clientèle troglodytique se métamorphose ensuite en foule dansante. *Šetalište fra Jure Radića 21 Tél. 098 320 055 Ouvert tlj. 10h-5h*

Grotta Deux terrasses à même la roche brute surplombent la mer et offrent une vue splendide sur la baie illuminée de Makarska. Il suffit ensuite de descendre quelques marches pour accéder à la grotte ouverte sur la mer : ambiance garantie ! *Šetaliste sv. Petar bb. (à la pointe est de la prequ'île Sv. Petar) Tél. 091 721 7028 ou 098 947 6431 Ouvert tlj. le soir en pleine saison*

Les environs de Makarska

Le nord de la riviera

☺ **Bratuš** Pas un hôtel n'est venu défigurer le front de mer ; seul un chapelet de villas récentes s'égrène le long d'une belle plage de galets. Leurs propriétaires tirent des tables sur le quai pour jouer aux cartes, et surtout profiter du spectacle de la grande bleue à l'ombre des palmiers et des lauriers-roses. Un petit coin tranquille à l'écart des foules de Makarska. *À 3km de Makarska Rens. office de tourisme de Baška Voda (voir ci-après)*

Baška Voda Voiliers, yachts, cafés, restaurants, commerces, hôtels... La longue promenade du front de mer ne trompe pas : Baška Voda est bien le port le plus animé du nord de la riviera de Makarska. Si la foule estivale vous insupporte, réfugiez-vous dans l'adorable hameau de Topići, accroché au flanc du Biokovo, environ 3km à l'est (accès par la route ou par un sentier). Vous y découvrirez une poignée de vieilles maisons en pierre abandonnées, envahies par des figuiers et des grenadiers. Les soirs d'été, la *konoba* Panorama (p.442) met de l'animation dans le hameau. *À 9km de Makarska* **Office de tourisme** *Obala Sv. Nikole 31 Tél. (021) 620 713 www.baskavoda.hr*

☆ **Brela** Malgré la présence de quelques grands hôtels, Brela a su conserver le charme de son petit port tranquille et la beauté de ses plages de galets. Séparées par de petites pointes rocheuses, elles s'étirent sur près de 2km à l'ombre des pins. *À 15km de Makarska* **Office de tourisme** *Trg Alojzija Stepinca Tél. (021) 618 455 www.brela.hr*

Le parc naturel du Biokovo

Classé parc naturel en 1981, l'impressionnant massif karstique du Biokovo s'étire sur près de 20 000ha au-dessus de la riviera. Il culmine au mont Sveti Jure (1 762m), et une quinzaine de ses sommets escarpés dépassent 1 400m. Malgré l'austérité de ses crêtes et plateaux entaillés de grottes, 1 270 espèces végétales parviennent à s'accrocher entre les blocs de calcaire. L'espèce endémique la plus représentative est la clochette du Biokovo (*Edraianthus pumilio*). Les hauteurs du massif offrent un refuge de choix aux rapaces, aux chamois, aux mouflons et aux loups. Pour découvrir ces trésors, l'idéal est de suivre l'un des sentiers pédestres qui sillonnent les reliefs, traversant parfois des villages abandonnés. Les offices de tourisme de la région distribuent des cartes gratuites des itinéraires à la journée (piétons et cyclistes), mais pour des expéditions plus longues, mieux vaut se procurer la carte au 1/25 000 publiée par les autorités du parc (45kn). Renseignements à Makarska au bureau du parc ou à l'agence de voyages Biokovo Active Holidays (p.438). *À 30km de Makarska dir. Vrgorac www.pp-biokovo.hr Ouvert avr.-mi-nov. Tarif entrée 50kn*

Randonner dans le parc

Jardin botanique de Kotišina Plusieurs circuits pédestres d'une durée variable et une route asphaltée permettent de rejoindre le village de Kotišina, à 3km à l'est de Makarska. Le jardin botanique, consacré aux espèces du Biokovo, est situé au pied d'une falaise gris-rose et des vestiges d'un ermitage du XVIIe siècle. L'occasion d'une agréable balade et d'une douce flânerie parmi les vieilles maisons du village. *Tél. (021) 616 924 Ouvert avr.-mi-nov. : lun.-ven. 8h-20h Entrée libre*

Sveti Jure Les cyclistes et les automobilistes pourront suivre la route asphaltée qui mène jusqu'au sommet du mont Saint-Georges (1 762m). Comptez 31km à partir de Makarska (dir. Vrgorac) en s'acquittant du droit d'accès au parc (50kn). Les marcheurs chevronnés prévoiront 6h d'ascension à partir de Makarska, en passant par le village de Makar et le mont Vošac (1 422m), qui peuvent faire l'objet de randonnées plus courtes. Attention, certaines années, le sommet est enneigé jusqu'en mai.

Le sud de la riviera

☺ **Tučepi** L'une des plus jolies stations balnéaires de la région. Sur près de 4km, un port de plaisance, des zones de baignade et une longue plage de galets ombragée par un cordon continu de conifères bordent une mer turquoise. Aux extrémités nord et sud, le littoral se fait plus sauvage et les plages plus intimes (on y trouve deux espaces réservés aux naturistes). Ne manquez pas la visite de la petite église Saint-Georges, nichée derrière l'hôtel Neptune. Autre centre d'intérêt, **Gornji Tučepi**, le village ancien sur les hauteurs, mérite le détour pour ses vénérables maisons de pierre et ses bonnes tavernes. *À 5km de Makarska* **Office de tourisme** *Donji Ratac Tél. (021) 623 100 www.tucepi.com*

Zaostrog Dans cette petite station balnéaire familiale bordée par deux campings surpeuplés, se niche un **monastère franciscain** du XVe siècle. Une élégante pergola permet d'accéder à son petit cloître planté de mandariniers et à un jardin botanique, assez mal entretenu. Quelques statues de poètes locaux, réalisées par Ivan Rendić (fin XIXe s.) et Ivan Meštrović (XXe s.), jalonnent le parcours. *À 35km de Makarska Rens. à l'office de tourisme de Gradac (voir ci-après)*

Gradac La longue plage de galets et la promenade du front de mer de Gradac sont si étroites que l'on a continuellement l'impression d'avoir les pieds dans l'eau. Si vous restez à distance des complexes hôteliers du nord du village, vous serez sans doute séduit par la douceur des soirées sur le port, particulièrement appréciables de la terrasse de l'hôtel Marco Polo (p.443). *À 42km de Makarska* **Office de tourisme** *Stjepana Radića 1 Tél. (021) 697 511 www.gradac.hr*

☺ **Delta de la Neretva** La Neretva, l'un des principaux fleuves de Dalmatie, prend sa source près de Sarajevo, rejoint Mostar où il coule sous le célèbre pont médiéval, avant de se jeter dans l'Adriatique entre Ploče et la frontière bosniaque sous la forme d'un vaste delta. La route Magistrale surplombe cette immense vallée fertile (192km^2), irriguée par un réseau labyrinthique de canaux, qui rappelle par sa biodiversité le delta du Danube. Malgré la culture extensive des arbres fruitiers, notamment des mandariniers, la zone humide continue d'offrir un refuge privilégié à quelque deux cent cinquante espèces d'oiseaux sédentaires et migrateurs. Au nord-est du delta, le village de **Vid** (3km au nord de Metkovic) a révélé la présence d'une antique ville grecque, **Narona**, sans doute édifiée dès le IVe siècle av. J.-C. On peut y voir les ruines de l'Augusteum, imposant temple consacré à l'empereur Auguste, et visiter le petit musée archéologique. En descendant le fleuve, on rejoint le village de **Kula Norinska**, avec sa tour ottomane du XVIe siècle. Plus en aval, le quadrillage régulier des canaux est de plus en plus marqué. Il est possible de parcourir ces cours d'eau en *trupica*, barque traditionnelle, en se renseignant auprès des agences de voyages de Makarska (p.438), Pelješac (p.527) ou Dubrovnik (p.485).

Une échappée en Bosnie-Herzégovine

Mostar La ville de Mostar, capitale de l'Herzégovine, constitue depuis des siècles une passerelle entre l'Orient et l'Occident, statut idéalement symbolisé par son célèbre **pont** (*stari most*) qui enjambe la Neretva. Reliant depuis 1566 la partie chrétienne aux quartiers musulmans, cet ouvrage imposant et audacieux (une seule arche de 28m de long, un exploit pour l'époque) fut détruit en 1993 sans doute par des miliciens croates, bien que cela reste sujet à polémique. Reconstruit et inauguré en juillet 2004 grâce aux aides de la communauté internationale, il suscite à nouveau aujourd'hui l'admiration des visiteurs. Sur la rive gauche de la Neretva s'étend la vieille ville, rare exemple d'architecture ottomane médiévale en Europe, également restaurée en 2004. Elle abrite encore quelques demeures et bâtiments remarquables, comme la maison turque, la maison Muslibegovic, témoins de la vie des pachas, mais aussi la mosquée Koski Mehmed Pacha, l'une des trente-six que comptait Mostar avant la guerre. Enfin, le modeste musée municipal donne quelques clefs pour mieux appréhender la période sombre que connut la ville dans les années 1990. Si l'ambiance entre les différentes communautés, à défaut d'être complètement apaisée, semble être normalisée, les stigmates de la guerre demeurent, et la Neretva, malgré ce pont chargé de symboles, continue de marquer une frontière tant géographique qu'ethnique entre les différentes composantes de la population. *À 56km de Ploče (env. 10km jusqu'à Metković sur la frontière croato-bosniaque, puis 46km le long de la Neretva) Bus (3-5/j.) au départ de Dubrovnik et Split, et nombreuses excursions organisées par les agences de voyage* **Formalités** *Passeport ou pièce d'identité, papiers de la voiture pour le passage de frontière* **Monnaie** *Euros ou kunas acceptés dans de nombreux établissements*

CARNET D'ADRESSES

Restauration

prix moyens

Susvid Une petite terrasse, idéale pour profiter de l'animation de la place Kačić, en savourant une viande accompagnée de pommes de terre grillées au feu de bois, un poisson ou des crustacés. De nombreux menus (viande ou poisson) de 60 à 150kn. En été, les serveurs sont parfois débordés. S'il n'y a plus de table libre, rendez-vous au Peškera, au nord du front de mer (même maison et même qualité). Prévoyez de 150 à 200kn à la carte. *Kačićev trg 8* ***Makarska*** *Tél. (021) 612 732 www.susvid.com Ouvert tlj. 9h-1h*

☺ **Konoba Feral** Une bonne taverne du front de mer de Brela, où l'on pourra déguster des pâtes maison, une salade de roquette aux crevettes, une brochette de lotte ou une raie au vin blanc. Quelques photos sépia de pêcheurs en guise de décor. Env. 150kn. Attention à l'affluence : réservez ou arrivez tôt ! *Obala K. Domagoja 30* ***Brela*** *(15km au nord-ouest de Makarska) Tél. (021) 618 909 Ouvert fév.-déc. : tlj. 12h-23h*

Konoba Ivandića Dvori Cette belle demeure dalmate, inscrite comme monument historique, mérite une halte. L'été, une très belle terrasse s'ouvre sur le canal de Brač et le coucher du soleil. Par temps frais, les beaux volumes intérieurs, avec pierre de taille et poutres, et le coin du feu procureront chaleur et bien-être. Au menu, des plats dalmates faits de produits de la région : poisson, succulentes *peka* de viande (cuites sous la cloche) à réserver la veille, grillades de fruits de mer, le tout avec un sens de l'accueil aiguisé. Carte de vins locaux. Compter 60-160 kn le repas. *Peka* pour quatre 480kn, poisson 450kn/kg. Parking, wifi. *Banje 1* ***Brela*** *Tél. (021) 618 407 ou 098 771 819 Ouvert mi-avr.-mi-oct. : tlj. 17h-1h*

prix élevés

☺ **Jež** L'une des meilleures tables de la région. Cet élégant restaurant se cache dans le nord de la ville, au milieu des résidences d'été et des hôtels du littoral. Cuisine raffinée et créative qui met le poisson et les fruits de mer à l'honneur. Et, chose rare dans les restaurants croates, des pâtisseries maison, chaque jour différentes. Menus du jour (viande ou poisson) à 120kn, carte env. 200kn. Menu à 80kn à midi (soupe, plat et salade). *Kralja Petra Krešimira IV 90* ***Makarska*** *Tél. (021) 611 741 Ouvert tlj. 12h-0h*

☺ **Konoba Panorama** Dans l'adorable hameau abandonné de Topići, sur les hauteurs de Baška Voda, une vieille taverne familiale comme on les aime, dont la terrasse domine la côte. On y savoure une bonne cuisine du

GAMME DE PRIX	RESTAURATION	HÉBERGEMENT
Très petits prix	moins de 75kn	moins de 300kn
Petits prix	de 75 à 120kn	de 300 à 450kn
Prix moyens	de 120 à 180kn	de 450 à 600kn
Prix élevés	de 180 à 250kn	de 600 à 1 100kn
Prix très élevés	plus de 250kn	plus de 1 100kn

terroir (jambon fumé, agneau grillé et viandes cuites sous la cloche) accompagnée de musique traditionnelle les ven. et sam. soir. Env. 160-200kn. ***Topići*** *(3km à l'est de Baška Voda) Tél. (021) 620 356 ou 098 770 848 Ouvert été : tlj. 17h-0h*

Hébergement

Nombreuses chambres et appartements à louer par l'intermédiaire des agences de voyages (p.438).

prix moyens

Hotel Biokovo L'hôtel Biokovo jouit d'une situation idéale sur le quai principal de Makarska. Ses 55 chambres et 1 suite sont d'un excellent confort, et celles qui donnent sur la mer particulièrement agréables. Café, restaurant et pizzeria au rdc. Selon la vue et la présence, ou non, d'un balcon, comptez pour une double en pleine saison de 470 à 700kn. Connexion wifi, sauna, parking. Réduction de 20% au-delà de 3 nuits. *Obala kralja Tomislava 14* ***Makarska*** *Tél. (021) 615 244 http://holidaymakarska.com*

Hotel Makarska Séparé du centre-ville par la route principale, ce petit hôtel accueillant dispose de 20 chambres très bien tenues pour 1 à 3 pers., toutes avec un balcon et la clim., et de 6 appartements. Décor rustique et plantes à tous les étages, parking et connexion wifi. Comptez de 565 à 675kn la double selon la saison (de 430 à 555kn pour les appartements). Possibilité de demi-pension. *Potok 17* ***Makarska*** *Tél. (021) 616 622 www.makarska-hotel.com*

prix élevés

Phare Sveti Petar Ce vieux phare, dressé en 1884 à la pointe Saint-Pierre, à 800m du centre de Makarska, a été réaménagé en un appartement de 80m² pour 4 pers. Location à la semaine 7 900kn en haute saison (réservation auprès de l'agence de Plovput), ou 540kn par nuit en basse saison. ***Makarska*** *Tél. (021) 390 609 www.lighthouses-croatia.com*

Bluesun Hotels Marina (3-étoiles), Berulia (4-étoiles), Maestral (3-étoiles) et Soline (3-étoiles) : les 4 hôtels de Brela sont gérés par la même société hôtelière, Bluesun. Il s'agit de grands immeubles sans âme des années 1970, mais dotés de tout le confort (piscines, restaurants, centres de fitness...) et abrités dans les pinèdes du bord de mer. *Centrale de rés.* ***Brela*** *Tél. 013 844 288 www.bluesunhotels.com*

☺ **Hotel Marco Polo** Sur le port de Gradac, une terrasse au-dessus des vagues, une grande véranda, un jardin d'hiver, un salon avec cheminée et coin bibliothèque... Ce petit hôtel aux 25 chambres impeccables est le gage d'un séjour relaxant en toute saison ! Vivement conseillé également pour son restaurant, où les amateurs de sucré-salé pourront goûter les calamars au *prošek*. Si l'hôtel affiche complet, son agence de voyages, Paškal, pourra vous aider à trouver une chambre chez l'habitant. De la double standard sans balcon à celle avec vue sur mer et balcon, comptez de 765 à 1 200kn en pleine saison. Réduction de plus de 40% en hiver. *Obala 15* ***Gradac*** *(42km au sud de Makarska) Tél. (021) 695 060 www.hotel-marcopolo.com*

prix très élevés

Hotel Porin Huit chambres cosy et une façade rose saumon face à la mer : sans doute l'hôtel le plus séduisant de Makarska, avec une vaste terrasse à la vue panoramique. Il est, hélas, installé juste au-dessus des bars de la Marineta et il est parfois difficile d'y fermer l'œil l'été ! Une bonne adresse pour l'arrière-saison, donc. Comptez de 1 075 à 1 540kn pour deux en pleine saison avec petit déj., 460-690kn en basse saison. Réduction de 30% au-delà de 3 nuits. Restaurant, bar et parking payant. *Marineta 2* ***Makarska*** *Tél. (021) 613 744 www.hotel-porin.hr*

Villa Marija Ce petit établissement de 30 chambres (4 étoiles) possède une situation idéale, à l'entrée de Tučepi. Le petit parking et le service prévenant séduisent les voyageurs motorisés à la recherche d'une base d'exploration. Chambres agréables et confortables, salles de bains spacieuses, balcons, clim., réfrigérateur, connexion wifi. Comptez de 1 160 à 1 380kn pour une double en pleine saison. *Donji Ratac 24* ***Tučepi*** *Tél. (021) 695 000 www.hotelvilla marija.com*

Villa Andrea Charmant "boutique-hôtel" discrètement installé le long de la promenade piétonne qui longe la plage de Tučepi, la Villa Andrea conjugue luxe et intimité. Son restaurant, l'Olive Tree, dédié comme son nom l'indique à l'huile verte, complète l'idyllique tableau. Double de 1 000 à 1 450kn en pleine saison (selon la vue et les prestations). *Kamena 46* ***Tučepi*** *Tél. (021) 695 240 ou 098 356 718 www. villa-andrea.info*

LE CENTRE DE LA DALMATIE

ÎLE DE BRAČ

La troisième île de Croatie par la superficie (394km²) et la plus proche de Split (moins d'une heure de bateau) voit débarquer chaque été des foules de touristes attirés par l'aura paradisiaque de Zlatni Rat. Ce long cap de galets dorés de la côte sud, près de Bol, est certes l'une des plus belles plages du pays, mais les petits ports tranquilles de la côte nord-ouest de Brač et le charme agreste de l'intérieur de l'île méritent tout autant le déplacement. Sur ses hauts plateaux rocailleux s'étendent des pâturages, des oliveraies et des vignobles délimités par des murets de pierre sèche, et de petits villages de caractère.

L'OR BLANC DE BRAČ Utilisée au IIIe siècle pour la construction du palais de Dioclétien à Split, la pierre de Brač a aussi servi à celles du Parlement de Budapest, du Reichstag de Berlin, de la cathédrale de Liverpool et de la Maison-Blanche à Washington. Ce calcaire qui ressemble à du marbre est d'une blancheur éclatante. Très tendre, il se travaille facilement et a pour principale qualité de durcir en vieillissant, assurant ainsi la solidité des bâtiments. Brač compte une dizaine de carrières et un grand nombre de sculpteurs talentueux, dont certains sortent à peine de l'école de Pučišća.

MODE D'EMPLOI

accès

EN AVION

Aéroport / Zračna Luka Brač Le minuscule aéroport de Brač est situé au centre de l'île. Il accueille, d'avril à octobre, 2 vols hebdomadaires en provenance de Zagreb. *Tél. (021) 559 711 www.airport-brac.hr*

EN BATEAU

De **Split**, la compagnie Jadrolinija affrète de 9 à 14 ferries/j. pour le port de Supetar (50min), un catamaran quotidien en été pour celui de Bol (1h10) qui passe aussi à **Jelsa (île De Hvar)**, et un autre hebdomadaire pour le port de Milna (40min). Toujours de Split, la compagnie Kapetan Luka/Krilo assure une ligne quotidienne pour **Dubrovnik**, en passant par Milna, mais aussi **Hvar**, **Korčula** et **Mljet**.
De **Makarska**, de 3 à 5 ferries Jadrolinija à destination de Sumartin. Trajet de 30min à 1h.
Jadrolinija *Supetar Tél. (021) 631 357 www.jadrolinija.hr*
Kapetan Luka *Tél. (021) 645 476 www.krilo.hr*
ACI Marina Milna Milna est un petit port bien abrité, sur la côte sud-ouest de l'île. *Tél. (021) 636 306 www.aci-marinas.com*
Capitaineries *Supetar Tél. (021) 631 116 Milna Tél. (021) 636 205* ***Bol*** *Tél. (021) 635 903* ***Sumartin*** *Tél. (021) 648 222*

orientation

Brač est ancrée entre Split et l'île de Hvar, dont elle est séparée par le canal du même nom. L'île s'étend sur 40km d'est en ouest et sur 14km de large. Le plus haut sommet des îles croates, le Vidova Gora, y culmine à 780m. Les deux plus grandes stations balnéaires, Supetar, au nord, et Bol, au sud, sont reliées par une route de 36km qui traverse l'île en contournant les massifs escarpés de la côte sud.

circuler

Un service de cars dessert pratiquement tous les villages. En été, comptez env. 7 AR/j. Les agences de voyages assurent la location de vélos, de scooters et de voitures. Vous trouverez des stations-service à Supetar et à Bol.

informations touristiques

Office de tourisme de Supetar À côté du débarcadère des ferries. *Porat 1 Tél. (021) 630 551 www.supetar.hr Ouvert juin-sept. : tlj. 8h-22h ; oct.-mai : lun.-ven. 8h-15h30*
Office de tourisme de Bol Sur le port, dans une demeure des XVe-XVIe siècles. *Porat bolskih pomoraca bb Tél. (021) 635 638 www.bol.hr Ouvert juin, sept. : tlj. 8h30-14h et 16h-21h ; juil.-août : tlj. 8h30-22h ; nov.-mai : tlj. 8h30-14h*
Office de tourisme de Milna *Riva bb Tél. (021) 636 233 tzmilna@milna.hr Ouvert juin-sept. : tlj. 8h-22h ; oct.-mai : lun.-ven. 8h-15h, sam. 8h-12h*

adresses utiles

Vous trouverez des **banques** à Supetar et à Bol, des **bureaux de poste** à Supetar (Vlačica 13) et à Bol (Uz Pjacu 5).
Interactiv Appels internationaux (3kn/min), impression de documents, wifi (compatible Apple), etc. Onze ordinateurs ; 30kn/h. *Rudina 6* ***Bol*** *Tél. 091 572 5855 Ouvert mai-sept. : tlj. 9h-0h ; avr., oct. : 9h-13h et 17h-21h*
Antenne médicale de Supetar *Mladena Vodanovića 24 Tél. (021) 640 014*
Police de Supetar *Tél. (021) 631 145*

marchés, fêtes et manifestations

À Bol, comme à Supetar, vous trouverez un petit marché regroupant une poignée de producteurs locaux : fruits, légumes, huile d'olive, fromages, liqueurs.

Marché de Supetar *Mladena Vodanovića (près de l'office de tourisme) Tlj. jusqu'à 13h*

Marché de Bol *Près du port, au niveau de Porat bolskih Pomoraca Tlj.*

Festival d'été de Supetar Il débute le 29 juin avec la fête de Saint-Pierre. Concerts, pièces de théâtre et spectacles folkloriques presque chaque soir. Programme à l'OT. *Sur le port et à l'église paroissiale Fin juin-août*

Vanka Regule Festival de sports extrêmes à Sutivan. Démonstration de planche *free style*, plongée en apnée, varappe, VTT... *www.vankaregule.com Fin juil.*

agences de voyages

☺ **Koki** Boris, le patron-philosophe, saura vous dénicher les meilleurs logements tout en vous conseillant doctement sur les plus belles excursions. Location de chambres et d'appartements juste derrière l'agence, dans la maison de Boris, "Villa Ena". *Bračka Cesta 4* **Bol** *Tél. (021) 635 746 ou (021) 635 343 ou 098 194 1308 www.koki.hr*

Adria Tours *Bračka Cesta 10* **Bol** *Tél. (021) 635 966 www.adria-bol.hr*

Boltours *Vladimira Nazora 18* **Bol** *Tél. (021) 635 693 ou (021) 635 694 www.boltours.com*

DÉCOUVRIR

L'île de Brač

☆ **Les essentiels** Bol et la plage de Zlatni Rat, l'ermitage de Blaca **Découvrir autrement** Gravissez le mont Vidova Gora pour admirer le paysage, allez observer un sculpteur à l'œuvre à Donji Humac, offrez-vous un séjour douillet à la Villa Giardino à Bol, cf. Carnet d'adresses (p.450)

Le nord et l'ouest de l'île

Supetar La plus grande agglomération de l'île (3 500 hab.) est une station balnéaire à taille humaine animée par le va-et-vient des ferries qui la relient à Split. Bordée de terrasses de cafés, la promenade du front de mer s'étend du port principal (Porat) à la pointe Saint-Nicolas (Punta Sv. Nikole), à l'ouest. Les pinèdes de ce petit cap abritent un **cimetière** et ses élégantes sépultures commandées au début du XXe siècle par les familles aisées de la région. La plus impressionnante, le mausolée des Petrinović, sculptée en 1927 par Toma Rosandić (1875-1958) dans la pierre de Brač, présente un curieux mariage des styles néoroman, néobyzantin et néo-islamique. Elle est reconnaissable de loin à son dôme d'un blanc crémeux, ponctué d'un ange. À l'intérieur, on remarquera le visage étonnamment serein du Christ sur sa croix et un joli prie-Dieu en bois sculpté (visite sur demande au gardien). Le cimetière abrite aussi des œuvres d'Ivan Rendić (1849-1932), grand sculpteur croate qui passa les onze dernières années de sa vie à Supetar. Un circuit en 13 points retrace la carrière du sculpteur et son influence sur la ville, passant par la galerie Ivan Rendić où sont exposées 18 sculptures et des dizaines de croquis préparatoires, ainsi que de nombreuses photos d'époque.

Škrip C'est sur les hauteurs de ce hameau perché aux belles maisons de pierre que dorment les vestiges de la première agglomération de l'île. Jetez un coup d'œil aux sarcophages romains qui gisent devant le petit château des Cerinić (XVIe s.), puis rendez-vous au **musée de Brač**, à deux pas, pour découvrir ses collections archéologiques et ethnographiques. Si sa tour fortifiée appartient au palais des Radojković (XVIe s.), les fondations de l'édifice sont bien plus anciennes. Elles englobent les vestiges d'une muraille illyrienne (IIIe s. av. J.-C.) et un mausolée romain qui, d'après la légende, serait celui de l'épouse et de la fille de l'empereur Dioclétien. Parmi les trésors du musée figurent deux bas-reliefs d'Hercule (IIIe-IVe s.), dont le culte était très répandu parmi les soldats et les tailleurs de pierre romains. Derrière le musée, ne manquez pas la jolie chapelle Saint-Duh (Sv. Duh VIIe-XIIe s.) blottie dans un petit cimetière à côté d'une église plus récente. *9km au sud-est de Supetar, en suivant la route côtière jusqu'à Splitska (6km), puis en tournant à droite (env. 3 cars/j. de Supetar)* **Musée / Brački Muzej** *Tél. (021) 637 092 ou (021) 646 325 Ouvert été : tlj. 8h-20h Tarif 15kn, réduit 5kn*

Ložišća Accroché au flanc d'une vallée encaissée, sur la route de Milna, le bourg de Ložišća est dominé par un étonnant **clocher à bulbe**. Cette construction extravagante fut réalisée en 1920 par Ivan Rendić à la demande des habitants, qui souhaitaient faire pâlir de jalousie ceux de Bobovišća, le village voisin. Loin de décourager ses commanditaires en leur demandant

Donji Humac, fief des sculpteurs

Ce petit village situé 8km au sud de Supetar et près de plusieurs carrières compte quelques sculpteurs de renom, tel Pero Jakšić, qui organise, chaque été, des rencontres internationales de sculpture. Les artistes se retrouvent sur le parvis de l'église pour donner vie à de gros blocs de pierre de Brač, et leurs œuvres restent souvent exposées toute l'année, faisant de Donji Humac une galerie d'art en plein air. Plus minimaliste, Ida Jakšić, elle aussi native du village, utilise la pierre de Brač pour créer des souvenirs (porte-clefs, porte-photos...). N'hésitez pas à joindre les deux sculpteurs pour visiter leur atelier.

Pero Jakšić *Tél. 098 287 287 www.croarte.com*

Ida Jakšić *Tél. (021) 647 742 ou 098 422 499*

Galerija Jakšic *Tél. (021) 647 710 ou 098 442 499 www.drazen-jaksic.hr*

École des tailleurs de pierre de Pučišća Cent vingt étudiants sont formés chaque année aux techniques de la sculpture grécoromaine. L'école fonctionne de sept. à mai, mais des visites gratuites sont organisées en été le mer. de 20h à 22h. Sinon, contactez le directeur. *Tél. 098 212 005 (M. Tonči Vlahović)* une rémunération faramineuse, le célèbre sculpteur se prêta au jeu et se fit payer symboliquement de 24 bouteilles de *prošek*. *14km au sud-ouest de Supetar*

Milna La baie de Milna abrite une petite marina et un agréable port de pêche, où les insulaires viennent tôt le matin acheter leur poisson frais. On peut paresser aux agréables terrasses de café installées sur les quais, que domine l'église baroque de l'Annonciation (XVIIIe s.), ou bien aller se baigner dans les criques paradisiaques de la côte sud, à 2 ou 3km de là. *6km au sud de Ložišća*

Où acheter un souvenir ?

Brocart Un bazar un peu baroque où se mêlent une galerie avec les œuvres de quelques peintres locaux, et un magasin d'antiquités. L'occasion de dénicher un cadeau ou un souvenir original. *Porat bb* ***Supetar*** *(dans le centre-ville) Tél. (021) 630 658 ou 091 521 0067 Ouvert juin-sept. : 8h30-13h et 17h-19h ; basse saison : 9h-12h et 16h-19h*

Le sud de l'île

☆ ☺ **Bol** La principale station balnéaire de l'île doit sa renommée à la **plage de Zlatni Rat**, spectaculaire “corne d'or” de petits galets lisses, qui s'avance sur 500m dans une mer turquoise et dont la pointe se déplace au gré des vents et des marées. Pour aller s'étendre sur la plage de carte postale la plus célèbre de Croatie, il suffit de longer la promenade du front de mer, aménagée sous les pinèdes à l'ouest de la ville (20min), de prendre un bateau-taxi (5kn) dans le port ou encore le train touristique qui part de l'extrémité ouest de la Riva. L'extension des infrastructures touristiques a épargné les quais du petit port et quelques vieilles maisons dans les ruelles adjacentes. À l'est (10min à pied), le **monastère dominicain** (Dominikanski samostan) est campé sur une pointe rocheuse séparant deux adorables criques. Fondé en 1475, il possède un agréable jardin et abrite un petit musée archéologique. Vous y découvrirez quelques œuvres de maîtres vénitiens comme le retable du Tintoret conservé dans l'église. Deux plages sont réservées aux naturistes. La première à l'ouest, au-delà de Zlatni Rat, la seconde à l'est, après le monastère. **Monastère** *Tél. (021) 778 000 Ouvert tlj. 8h-12h et 17h-20h Tarif 10kn*

Vidova Gora Ce mont qui culmine à 780m au-dessus de Bol offre un panorama époustouflant sur la côte sud de Brač et les îles environnantes. L'ascension à partir de Bol (2h de marche env.) est assez éprouvante. *Accès en voiture par la route de Supetar sur 24km, puis, 4km avant Nerežišća, bifurquer à gauche : le sommet et son restaurant sont à 4km*

Grotte du Dragon / Drakonjina špilja Elle aurait été aménagée au XVe siècle par les moines de Blaca (voir ci-après). C'est à eux que les archéologues attribuent les bas-reliefs à motifs de dragons et de monstres fantastiques qui ornent ses parois et dont la symbolique reste mystérieuse. Visites guidées en anglais ou en allemand organisées à partir de Bol avec transport en minibus. **Murvica** *(5km à l'ouest de Bol) Tél. 091 514 9787 Visite guidée 4h, 50kn/pers.*

☆ ☺ **Ermitage de Blaca / Samostanu Blaca** Isolé dans un canyon de la côte sud, uniquement accessible à pied, l'ermitage de Blaca est l'un des plus beaux sites de Dalmatie centrale. Fondé en 1551 par des moines adeptes du glagolitique chassés de Krk, le monastère fut reconstruit au XVIIIe siècle après un incendie. Le père supérieur Nikola Miličević installa un télescope en 1926. À la mort, en 1963, de cet astrophysicien de premier plan, l'ermitage fut transformé en un centre d'étude. La visite guidée évoque, non sans humour, le souvenir de ce moine et la vie quotidienne de la communauté. ***Accès de Bol*** *1h en bateau jusqu'à la baie de Blaca et 30min d'ascension à pied (excursion organisée par la plupart des agences de voyages de Bol, env. 90kn/pers.)* ***Accès de Nerežišća en voiture*** *Dir. Bol sur env. 4km, puis tourner à droite dir. Vidova Gora, et 1km après, encore à droite pour Blaca avec 6,5km de piste (rouler lentement) jusqu'au parking, puis 30min à pied en descente* ***Accès de Nerežišća à pied*** *2h30 de marche en prenant le sentier au-dessus du cimetière : arriver tôt le matin pour profiter d'un peu de fraîcheur et de tranquillité Tél. 091 516 4671 Ouvert mar.-dim. 9h-18h Attention, des éboulements peuvent obliger à la fermeture du site : renseignez-vous auprès de l'office de tourisme avant d'entreprendre l'excursion Tarif 40kn, réduit 10kn*

Où boire un verre ? Le front de mer de Supetar ne manque pas de terrasses animées, mais les jeunes leur préfèrent les bars à cocktails de Bol.

☺ **Varadero** Style moderne, fauteuils profonds, parasols aux toits de paille : les canons du style *lounge* sont parfaitement respectés. Posté à l'immédiate proximité du quai, en contrebas de l'hôtel Kaštil (dont il dépend), le Varadero sert d'excellents cafés, des oranges et des citrons pressés reconstituants. La soirée venue, la carte pléthorique des alcools et cocktails (50-70kn) répondra à tous les désirs. *Frane Radića 1* ***Bol*** *(sur le quai, entre l'hôtel Kaštil et la poste) Tél. (021) 635 995 ou 091 233 3471 Ouvert tlj. 7h-22h*

Stina Sur le quai, à l'entrée du port, cet entrepôt servait autrefois de cave aux vignerons qui exportaient leur production. Magistralement restauré, il constitue désormais la vitrine du producteur Jako Vino. Dans une belle salle confortablement meublée, on découvre le *pošip* (rosé), le *plavac mali* “barrique”, le *vugava* (blanc) ou l'*opol* (blanc), que l'on peut accompagner d'une assiette de charcuterie ou de fromage. Vin au verre de 8 à 15kn, bouteille de 65 à 95kn. *Bračka cesta 13* ***Bol*** *Tél. (021) 306 220 www.stina-vino.hr Ouvert avr.-nov. : 16h-0h*

Pratiquer des sports nautiques Les vents qui s'engouffrent dans le canal de Hvar font de Bol un spot privilégié par les planchistes et kitesurfers.

Yellow Cat Le seul club de kitesurf de l'île. Cours d'initiation pour une journée 840kn. ***Bol*** *(sur la plage, entre le centre-ville et Zlatni Rat) Tél. 098 247 348 www.zutimacak.hr*

Big Blue Cours de plongée et sorties accompagnées (250-600kn), cours (300kn/h) et location (130kn/h) de planche à voile, location de kayaks (une ou deux places), de paddle (50-100kn/h) et de VTT (90kn/j.). *Podan Glavice 2* ***Bol*** *Tél. 098 425 496 ou 098 212 419 www.big-blue-diving.hr www.big-blue-sport.hr*

Se balader à pied et à vélo Les sentiers de randonnée sont recensés sur une carte au 1/45 000 qui inventorie aussi les parcours cyclistes. Elle est distribuée gratuitement dans les offices de tourisme. La plupart des clubs sportifs louent des VTT.

CARNET D'ADRESSES

Restauration, hébergement

Vous aurez le choix entre les hôtels de Bol, les petites pensions de Supetar et un appartement ou une chambre chez l'habitant. Réservations en agence de voyages (p.446). Côté gastronomie, sachez que le fromage de chèvre de Brač compte parmi les plus savoureux de la côte adriatique avec celui de l'île de Pag. La production est restreinte, mais vous pourrez en déguster dans certains restaurants et lors de la foire aux bestiaux de Gažul, le dernier dimanche de juillet. La veille, la *konoba* Turanj, à Donji Humac, organise une séance de dégustation.

À Supetar et dans ses environs

Les infrastructures hôtelières de Supetar sont regroupées à l'ouest du port, près de la pointe Saint-Nicolas. Grand choix de pensions familiales et de chambres à louer rue Put Pašika.

petits prix

Bistro Palute Situé sur le port, à côté du débarcadère, ce bistrot familial sert une cuisine saine et bon marché, à base de poisson frais et de produits de la ferme. Menu du jour de 50 à 90kn, menu enfants à 30kn. *Porat 4* ***Supetar*** *Tél. (021) 631 730 ou 098 360 205 Ouvert juin-oct. : tlj. 8h-0h ; nov.-mai : tlj. 8h-22h*

prix moyens

Moli Onte Postée au-dessus de l'eau, dans le village de Milna, à l'écart de l'agitation touristique, cette auberge familiale accueille pour un repas dalmate ou un séjour au calme dans l'un de ses 3 appartements. Avec de la chance (ou en ayant réservé la veille), installez-vous sur la terrasse posée à fleur d'eau pour déguster l'une des spécialités insulaires cuites au feu de bois sous cloche (*peka*) ou en grillade, un plateau de fruits de mer particulièrement frais ou, plus inattendu, un plat de gibier en goulash ou en *pašticada* (viande braisée), un délice. Les *peka* sont à réservées la veille. Comptez 120-200kn le repas, plateau de poisson pour deux 390kn, appartement 225-450kn/nuit. *Punta Milna 42* ***Milna*** *Tél. (021) 745 017 ou (021) 745 025 www.molionte.com Ouvert mai-début oct. : tlj. 8h-0h*

prix élevés

Konoba Vinotoka La taverne la plus réputée de Supetar se cache dans une ruelle au sud du port. L'été, il faut patienter pour obtenir une table en terrasse et faire ainsi honneur à sa cuisine de la mer. Chaleureux décor traditionnel. Le repas revient à 150-200kn. *Jobova 6* ***Supetar*** *Tél. (021) 630 969 ou 091 207 4470 Ouvert tlj. 15h-0h*

☺ **Villa Adriatica** Ce petit hôtel récent dispose de 24 chambres lumineuses et claires (4 avec vue sur mer), dont l'exiguïté est compensée par l'agréable cour sous les palmiers, la petite piscine et le franc sourire des gérants. Double avec petit déjeuner de 650 à 1 400kn selon la saison. *Put Vele Luke 31* ***Supetar*** *Tél. (021) 755 010 ou 098 215 777 www.villaadriatica.com*

☺ **Kopačina** Les habitants de Brač font régulièrement le déplacement jusqu'à Donji Humac en soirée, pour y déguster les excellentes viandes de cette taverne tenue par des éleveurs. Agneau, bœuf et veau, grillés à la braise ou cuits sous la cloche (à réserver au moins 2h avant) : les morceaux fondent dans la bouche ! De la terrasse, la vue sur le nord-ouest de l'île est splendide. Comptez env. 120-200kn le repas. Musique traditionnelle le jeudi soir. ***Donji Humac*** *Tél. (021) 647 707 ou 098 689 760 www.konoba-kopacina.com Ouvert fév.-mars, nov.-déc. : 10h-22h ; avr.-oct. : 10h-0h Fermé jan.*

Villa Jakšić Cette vieille bâtisse de pierre de Donji Humac, 8km au sud de Supetar, accueille jusqu'à 7 personnes dans plusieurs dépendances, pour 1150 à 1800kn selon la saison (4 nuits minimum). La retraite idéale pour savourer l'atmosphère campagnarde de l'intérieur des terres et profiter des soirées étoilées dans l'adorable cour fleurie ou près de la petite piscine. Les propriétaires invitent même les résidants à cueillir les fruits et les légumes du potager ! ***Donji Humac*** *(en venant de Supetar, tournez au panneau "Nerežišće", à l'entrée du village. Juste à côté de l'église) Tél. (021) 631 567 ou 098 292 667 www.dvori-jaksic.com*

prix très élevés

☺ **Bračka Perla** Un "Agro Resort" 4 étoiles, cela ne s'invente pas ! Ce bel établissement, intime et romantique, bâti avec les pierres de Brač, respecte l'architecture traditionnelle tout en l'agrémentant d'une piscine et d'un solarium. Après vous être régalé de plats gastronomiques, on vous proposera de participer aux travaux des champs (mais il n'y a aucune obligation !). Selon la saison, comptez de 700 à 4 600kn. Réductions possibles en avril et octobre. *Put Vele Luke 53* ***Supetar*** *Tél. (021) 755 530 www.perlacroatia.com*

Villa Gumonca Postée directement sur la plage, cette villa de standing dispose de 5 chambres extrêmement confortables et agréables, avec équipements dernier cri, décor élégant, billard, patio, piscine, etc., et nombreux services (blanchisserie, massage, garderie), pour 10 à 12 personnes. Comptez de 10 100kn (1 350€) par jour en été, et à partir de 3 580kn (480€) hors saison. ***Mirca*** *(3km à l'ouest de Supetar) Tél. (021) 630 237 ou 091 333 0383 www.gumonca.hr*

À Bol

Il existe près d'une dizaine de campings à Bol, mais rares sont ceux qui comptent plus de 25 emplacements et qui sont aménagés en bord de mer. Établis, pour la plupart, sur les hauteurs rocailleuses et peu ombragées de la baie, ils affichent souvent complet en été. Rien de très engageant donc, mais si vous évitez la proximité d'une boîte de nuit, vous aurez déjà tout gagné !

très petits prix

Arguola Posté près du petit parking qui marque le début de la zone piétonne, ce petit "sandwich-bar" offre un coin d'ombre lorsque le soleil tape fort. Les chauffeurs de taxi, les marins du ferry, le pompiste de la station viennent tous s'y restaurer : un signe qui ne trompe pas... Sandwichs chauds et froids, ingrédients au choix. Simple, bon marché et goûtu ! De 10 à 25kn pour les sandwichs, frites 10kn. *Vladimira Nazora 6* ***Bol***

petits prix

☺ **Pizzeria Maza** Aménagée à l'écart de l'agitation du port, surplombant une petite plage, une terrasse toute simple permet d'admirer l'horizon, essentiellement occupé par l'île de Hvar : idéal au coucher du soleil. Choix d'une vingtaine de pizzas classiques, immenses et généreuses, cuites au feu de bois (50-70kn). Quelques plats et hors-d'œuvres, des pâtes (50-65kn) et une dizaine de salades (30-60kn). *A. Starčevića 9* **Bol** *Tél. (021) 635 399 Ouvert juin-nov. : tlj. 17h-0h*

prix moyens

Konoba Mlin La vaste terrasse arborée et fleurie a été aménagée sur le site d'un ancien moulin habilement restauré. La vue sur la mer et la brise du soir complètent le tableau. Au menu, un large choix de plats locaux, des entrées froides ou chaudes (de 25 à 75kn), des plats de viande grillée ou braisée (de 55 à 130kn), ainsi qu'une belle carte de la mer (calamars, langoustines, moules, etc.). De nombreuses spécialités (viscères d'agneau à la mode de Brač, agneau braisé, pieuvre à l'étouffée sous cloche *peke*) sont servies pour deux convives minimum et doivent être commandées la veille. Comptez de 120 à 180kn pour un repas. *Ante Starčevića 11* **Bol** *Tél. (021) 635 376 Ouvert avr.-oct. : tlj. 17h-1h*

Topolino Le succès de Topolino résulte d'un savant mélange : une carte qui déroule, des pizzas aux calamars, plus de 120 propositions (!), des musiciens qui participent à l'ambiance en jouant de vieux standards américains, des assiettes copieuses et des prix honnêtes (entrées 50-90kn, plats 65-100kn, pizzas 50-70kn, salades 20kn). Comptez 150kn pour un repas. Également des formules petit déjeuner et brunchs. *Riva 2* **Bol** *Tél. (021) 635 767 Ouvert mai-oct. : tlj. 8h-23h*

☺ **Vagabundo** Sa terrasse couverte, large et baignée de lumière, fait face à la mer. À l'intérieur, l'artiste aux commandes n'est autre que le chef Vinko Marinkovic Puko, qui concocte une cuisine dalmate revisitée grâce à ses expériences aux Bermudes, aux îles Caïmans ou aux États-Unis. Le résultat ? Beaucoup de couleurs et de fraîcheur, comme pour les crevettes à la noix de coco sauce moutarde et miel (74kn), le risotto de langouste aux tomates grillées, basilic doux et huile de truffe (119kn) ou le jarret d'agneau braisé "Osso Bucco" au romarin, sauce au *prošek* et vin rouge de Bol (138kn). Une très belle table gastronomique. Bonne carte des vins et service impeccable. Comptez 110-170kn le repas. Réservation souhaitée en été. *Ante Radića 36* **Bol** *Tél. (021) 635 436 www.vagabundobol.com Ouvert mai-oct. : tlj. 12h-0h*

prix élevés

Taverna Riva Bar, pizzeria, restaurant : la Taverna Riva offre un choix multiple, ce qui en fait l'un des lieux préférés des habitants, également attirés par son agréable terrasse face au port. Les habitués se pressent au **bar-pizzeria** du rez-de-chaussée pour déguster une bière (une vingtaine, env. 30kn), une pizza (de 30 à 40kn), ou encore des croissants, fruits pressés, assiettes froides, salades ou lasagnes. Comptez de 80 à 100kn pour un repas. Au **restaurant**, à l'étage, on choisira entre une très belle carte de produits de la mer et une liste, non moins excitante, de viandes et grillades. En salle, le chef s'active devant un âtre magnifique. Le service est impeccable et les assiettes généreuses. On commencera avec des gnocchis maison aux truffes avant de savourer un carpaccio de thon ou une langouste grillée, en observant le va-et-vient des bateaux et des véliplanchistes. Comptez 200-

250kn minimum. *Frane Radića 5* **Bol** *Tél. (021) 635 236 ou 091 20 25 377 http://tavernariva-bol.com Ouvert avr.-oct. : tlj. 12h-0h*

Konoba Dalmatino Une auberge particulièrement chaleureuse, décorée de bric et de broc, où l'on pourra goûter une cuisine simple, avec les plats de viande à l'honneur : steak ou jambon dalmate, poulet à la sauce gorgonzola, bœuf aux truffes... Prévoyez 150-200kn. *Frane Radića 14* **Bol** *Tél. (021) 634 135 Ouvert avr.-oct. : tlj. 12h-0h*

Hotel Kaštil Dans une villégiature datant du XVIIe siècle, cet établissement propose 32 chambres modernes et confortables donnant, pour la plupart, sur le port animé (mais 6 seulement disposent d'un balcon). Double à partir de 860kn en été, 500kn hors saison. La maison gère aussi un restaurant, le Vusio (comptez 200kn pour un repas à la carte, 10% de remise pour les clients de l'hôtel), une pizzeria, le Topolino (p.452) et un bar sur le quai, le Varadero (p.449). *Frane Radića 1* **Bol** *Tél. (021) 635 995 www.kastil.hr Ouvert mars-nov.*

☺ **Villa Giardino** Cette villa du XIXe siècle située dans une ruelle au-dessus du port loue 10 chambres cosy, meublées d'antiquités. Ajoutez-y deux grands jardins fleuris, de gros chats ronronnants et des petits déjeuners prolongés sous la treille, et vous obtenez une pension aussi douillette qu'élégante ! Aussi faut-il réserver sa chambre longtemps d'avance. Double de 800 à 875kn selon la saison. Pas de CB. *Novi Put 2* **Bol** *Tél. (021) 635 286 ou (021) 635 900 www.dalmacija.net/bol/villagiardino Ouvert avr.-oct.*

Villa Daniela Un petit hôtel à taille humaine, proche du port. Les chambres sont fonctionnelles et bien équipées, et l'établissement dispose d'une piscine et d'une salle de fitness. En fonction des prestations, comptez de 670 à 970kn pour une chambre double en pleine saison (avec petit déj.), à partir de 375kn hors saison. *Domovinskog rata 54* **Bol** *Tél. (021) 635 959 ou (021) 635 969 ou 091 51 96 993 www.villadaniela.com*

★ÎLE DE HVAR

21450

Imaginez une île de 300km² couverte d'oliveraies, de vignobles, de pinèdes, de champs de lavande et d'autres plantes officinales ; une mince langue de terre montagneuse semée de vieux villages vénitiens et ourlée de plages de sable... Ajoutez-y un ensoleillement maximal et des hivers particulièrement doux et vous obtiendrez un petit coin de paradis. Enfin... hors saison ! Car tous ces atouts ont fait du charmant port de Hvar (ou Hvar-ville) un rendez-vous de la jet-set internationale, une station balnéaire à la mode et donc l'une des plus fréquentées de la côte adriatique l'été. Mieux vaut donc la découvrir en septembre ou en octobre quand la mer est encore chaude et que les figues sont mûres !

DE PHAROS À HVAR En 385 av. J.-C., des Grecs venus de Paros, dans les Cyclades, fondent Pharos (l'actuelle Stari Grad) dans la baie la plus profonde de l'île. La petite cité fortifiée, qui vit de l'agriculture (blé, huile, vin) autant que du commerce maritime, tombe aux mains des Romains en 219 av. J.-C. Rebaptisée Pharia, l'île devient Fara, puis Hvar, sous la domination des Byzantins, des Slaves puis des rois hungaro-croates. Ce sont les Vénitiens qui, en 1278, fondent l'actuelle commune de Hvar, incitant les habitants de Stari Grad à s'y installer. Ballottée pendant près de cent cinquante ans entre les puissances régionales, l'île repasse en 1420 sous la coupe de Venise, devenant la base principale de sa flotte en Adriatique. Le commerce du poisson salé, les chantiers navals et les vignobles enrichissent toute la population, et l'île donne à la littérature croate deux poètes humanistes, Hanibal Lucić (1485-1553) et Petar Hektorović (1487-1572). Toutefois, les nobles déniant aux roturiers tout droit politique, l'armateur Matija Ivanić prend, en 1510, la tête d'une révolte qui sera sévèrement réprimée par l'armée vénitienne quatre ans plus tard. En 1571, quelques mois avant la bataille de Lépante, les Turcs dévastent les principaux ports de l'île. La reconstruction se double d'une campagne de fortification de nombreux édifices. Pendant ce temps, la lutte des classes a repris, obligeant le provéditeur (recteur) Pietro Semiticollo à signer, en 1610, un accord garantissant aux roturiers les mêmes droits politiques qu'aux nobles. L'avènement de cette démocratie précoce est marqué par l'instauration d'un nouveau calendrier : l'année 1610 devenant "l'année 0 de la paix". Après la chute de Venise, en 1797, l'histoire de Hvar se confond avec celle de la Dalmatie. En 1868, la fondation de la Société d'hygiène révèle à l'aristocratie autrichienne la douceur et les bienfaits de son climat et fait de l'île l'une des premières destinations touristiques d'Europe.

MODE D'EMPLOI

accès

EN BATEAU

Aucune voiture n'est autorisée à débarquer dans le port de Hvar-ville. Si vous souhaitez vous rendre dans l'île de Hvar avec votre véhicule, prenez un ferry à destination de Stari Grad (16km à l'est de Hvar-ville) ou de Sućuraj (80km à l'est).

De **Split**, la compagnie Jadrolinija permet de rejoindre Hvar-ville en catamaran (1/j., trajet 55min) ou en car-ferry (1 à 2/j., trajet 2h). Un catamaran de la compagnie Kapetan Luka relie également tlj. Split à Hvar-ville (1h). Le deuxième port de Hvar, Stari Grad, est relié de 6 à 7 fois/j. par des car-ferries Jadrolinija (trajet 2h).

De **Bol (île de Brač)**, 1 catamaran/j. de Jadrolinija pour le port de Jelsa (nord de Hvar) l'été seulement (trajet 20min).

De **Vela Luka (île de Korčula)**, toujours avec Jadrolinija, 1 catamaran/j. vers Hvar-ville (55min).

De **Korčula-ville**, avec Jadrolinija, 2 à 3 catamarans/j. vers Hvar-ville (1h25-1h45min).

D'**Ubli (île de Lastovo)**, également avec Jadrolinija, 1 catamaran/j. vers Hvar-ville (trajet de 2h).

De **Drvenik** (sur le continent, entre Makarska et Ploče), de 6 à 11 liaisons

Jadrolinija/j. à destination de Sućuraj, trajet 35min.
De **Dubrovnik**, 1 catamaran Jadrolinija/j. vers Hvar-ville (1h30) en été.
Jadrolinija *Hvar-ville Tél. (021) 741 132* ***Stari Grad*** *Tél. (021) 765 048 www.jadrolinija.hr*
Kapetan Luka *Tél. (021) 645 476 www.krilo.hr*
ACI Marina Vrboska À l'entrée sud de la baie de Vrboska. ***Vrboska*** *Tél. (021) 774 018 www.aci-marinas.com*
ACI Marina Palmižana À Palmižana, sur l'île Saint-Clément (Sv. Klement), dans l'archipel des Pakleni (Pakleni Otoci). *Tél. (021) 744 995 www.aci-marinas.com*
Nautical Center Hvar S'occupe de la régulation du port de Hvar-ville notamment pour les yachts. ***Hvar-ville*** *Tél. (021) 717 630*
Capitaineries ***Hvar-ville*** *Tél. (021) 741 007* ***Stari Grad*** *Tél. (021) 765 060* ***Jelsa*** *Tél. (021) 761 055* ***Sućuraj*** *Tél. (021) 773 228*

orientation

Avec Cres, Hvar est la plus longue île de l'Adriatique. Sa largeur ne dépasse pas 11km, mais elle s'étire sur 68km d'est en ouest. La chaîne calcaire qui domine l'île sur toute sa longueur culmine au mont Sveti Nikola (628m). La baie de Hvar-ville s'étend à l'extrémité occidentale de l'île. De là, la route principale et le "nouveau tunnel" permettent de rejoindre les ports de Stari Grad (20km), de Vrboska (30km) et de Jelsa (32km). La partie orientale de l'île et le port de Sućuraj ne présentent pas un grand intérêt touristique.

circuler

Vous trouverez des stations-service à Hvar, Jelsa, et Vrboska. Ci-dessous, quelques loueurs de voitures et de deux-roues (voir aussi les agences Atlas, ci-dessus).
Antonio Rent Voiture, vélo, scooter, bateau… le tout avec le sourire et en parfait état. *Težačka 5* ***Hvar-ville*** *Tél. 091 572 2147 www.antoniorent.com*
Luka Rent *Dolac bb* ***Hvar-ville*** *(derrière l'hôtel Slavija) Tél. (021) 742 946 ou 091 591 7111 www.lukarent.com*

EN CAR

Au départ et à l'arrivée des ferries, des cars permettent de rejoindre Stari Grad, Hvar-ville, Jelsa et Vrboska. Pour chaque trajet, comptez 4 à 8 cars/j. selon l'importance de la destination et le jour de la semaine. Cars moins fréquents pour Sućuraj (2/sem.).

EN TAXI

Stations à Hvar, Stari Grad et Jelsa.
Taxis Tihi ***Hvar-ville*** *Tél. 098 894 825 ou 098 338 824*
Taxis Brkić ***Jelsa*** *Tél. 091 527 6457*
Taxi Goić ***Jelsa*** *Tél. 091 521 5585*
Bateau-Taxi Luka Un Zodiac pour vous rendre où vous voulez 24h/24 (12 pers. maximum). Cher, mais pratique. *Burak bb* ***Hvar-ville*** *Tél. (021) 742 946 ou 098 95 95 094 www.lukarent.com*

informations touristiques

La plupart des établissements touristiques sont fermés de novembre à avril. Vous trouverez tout de même quelques chambres à louer et au moins un hôtel ouvert à Hvar en cette saison.
Office de tourisme de Hvar-ville *Trg svetog Stjepana 42 Tél. (021) 741 059 www.tzhvar.hr Ouvert été : tlj. 8h-14h et 15h-21h ; hiver : lun.-ven. 8h-14h, sam. 8h-12h*
Office de tourisme de Stari Grad *Obala Dr Franja Tuđmana 1 Tél. (021) 765 763 www.stari-grad-faros.*

hr Ouvert été : lun.-sam. 8h-14h et 15h-22h, dim. 9h-12h et 18h-22h ; hiver : lun.-ven. 8h-14h, sam. 9h-13h
Office de tourisme de Vrboska *(sur la rive nord) Tél. (021) 774 137 www.vrboska.info Ouvert été : lun.-sam. 8h-22h, dim. 8h-12h ; hiver : lun.-ven. 8h30-12h*
Office de tourisme de Jelsa *Riva bb Tél. (021) 761 017 www.tzjelsa.hr Ouvert été : lun.-sam. 8h-23h, dim. 10h-12h et 19h30-21h30 ; hiver : lun.-ven. 8h-12h*

agences de voyages

Atlas *Fabrika 27* ***Hvar-ville*** *Tél. (021) 741 911 ou 091 517 2661 www.atlas-hvar.hr*
Pelegrini Tours *Riva 20* ***Hvar-ville*** *Tél. (021) 742 743 www.pelegrini-hvar.hr*
Hvar Touristik Excursions, locations de véhicules (voitures, scooters, vélos, bateaux). *Šiberija 31* ***Stari Grad*** *Tél. (021) 717 580 ou 091 895 7733 www.hvar-touristik.com*
Hvar Unlimited Pensions et chambres chez l'habitant, mais aussi excursions et transferts, location de véhicules à deux ou quatre roues. *Put bana Josipa Jelačića* ***Stari Grad*** *Tél. 091 534 5018 ou 095 752 3824 www.hvar-unlimited.com Ouvert avr.-oct. : lun.-sam. 8h30-13h30 et 16h-21h (plus tard en été)*

adresses utiles

Plusieurs **banques** à Hvar sur le front de mer et la grand-place ; deux banques à Jelsa ; une à Stari Grad. Bureaux de **poste** à Hvar-ville, Stari Grad, Vrboska et Jelsa. Poste de **police** à Hvar-ville (Fabrika 35).
Antenne médicale *Trg Sv. Stjepana bb* ***Hvar-ville*** *Tél. (021) 743 103 ou (021) 717 422* ***Stari Grad*** *Tél. (021) 766 200 ou (021) 765 373*
Urgences ***Hvar-ville*** *Tél. (021) 741 300* ***Jelsa*** *Tél. (021) 765 122*

marchés, fêtes et manifestations

Le marché de **Hvar-ville** se tient tous les jours face à la gare routière. À **Stari Grad**, un petit marché, derrière l'office de tourisme, mélange boutiques de souvenirs, maraîchers et producteurs locaux d'huiles et de fromages.
Semaine sainte Dans la nuit du jeudi au Vendredi saint, procession célébrant la Passion du Christ, qui va de Jelsa à Vrboska en passant par Pitve, Vrisnik, Svirce et Vrbanj. *Mars-avr.*
Festival d'été Expos, théâtre et concerts de musique classique dans le cloître du monastère franciscain (2-3 fois/sem. env.). Programme à l'office de tourisme. ***Hvar-ville*** *Mai-mi-oct.*

DÉCOUVRIR

L'île de Hvar

☆ **Les essentiels** Les îles Pakleni, la maison de Hektorović et le monastère dominicain à Stari Grad, la presqu'île de Kabal, Vrboska et son musée de la Pêche **Découvrir autrement** Admirez la dentelle des bénédictines de Hvar, reposez-vous de la frénésie de Hvar-ville au hameau de Pitve

Hvar-ville

Gardée au nord par une forteresse vénitienne et des remparts crénelés qui disparaissent sous la végétation, la ville de Hvar (ou Hvar-ville, 3 800 hab.)

s'étire tout le long d'une petite baie protégée par les îles Pakleni. La plupart des monuments, des commerces et des cafés se trouvent sur les quais (Riva au sud et Fabrika au nord-ouest) et sur la place Saint-Étienne. En été, pour échapper à la cohue et aux paillettes de la Riva, il suffit de s'enfoncer dans le dédale des ruelles escarpées au nord et au sud de la place Saint-Étienne.

☺ **Place Saint-Étienne / Trg Sv. Stjepana** Également appelée Pjaca, cette superbe place Renaissance de 4 500m², la plus grande de Dalmatie, constitue le cœur de la ville. Dominée par la cathédrale, elle s'ouvre sur le Mandrač, élégant bassin du XVe siècle dans lequel se balance une myriade de bateaux de pêche. À l'époque vénitienne, on proclamait les décisions communales et l'on exposait les criminels sous le porte-étendard. Aujourd'hui, la blancheur des façades et les larges pavés brillants invitent à s'attarder sur ses terrasses de café. Remarquez, au centre, le joli puits édifié en 1780 sur une citerne du XVIe siècle.

Cathédrale Saint-Étienne / Katedrala Sv. Stjepana Élevée à partir du XVIe siècle sur les fondations d'un sanctuaire gothique, elle monopolise tous les regards. Difficile, en effet, de ne pas admirer l'élégant mariage des styles Renaissance et baroque de la façade en pierre de Korčula. Le fronton trilobé imite celui de la cathédrale de Šibenik, tandis que le campanile du XVIIe siècle reprend le développement graduel des ouvertures, typique des églises romanes. Au-dessus de l'autel gothique dédié à saint Luc (XVe s.), à gauche de l'entrée, est exposé un bas-relief de Georges le Dalmate, une ébauche de la *Flagellation du Christ* qu'il réalisa pour la cathédrale de Split. L'abside a conservé les voûtes gothiques du sanctuaire antérieur, mais son décor est baroque. On remarquera les belles stalles du chœur (XVIe s.). Le Musée épiscopal attenant renferme une petite collection de reliques et d'objets liturgiques. *Ouvert haute saison : tlj. 10h-19h ; basse saison : lun.-sam. 7h-12h et 17h-19h, dim. 10h-19h Fermé les j. fér. Tenue correcte exigée (éviter les shorts) Tarif 10kn*

Arsenal Édifié au XIIIe siècle pour abriter la galère municipale, il prit sa forme actuelle au XVIIe siècle. Certaines parties sont encore en travaux, mais la rénovation du rez-de-chaussée est achevée et il accueille aujourd'hui des expositions temporaires sur le thème de la marine. Son grand porche voûté est particulièrement bien éclairé la nuit. *Sur la Riva*

☺ **Théâtre / Kazalište** Installé juste au-dessus de l'arsenal, ce merveilleux petit théâtre Renaissance ouvert en 1612 fut le premier théâtre public d'Europe. L'inscription que l'on peut lire au-dessus de l'entrée rappelle que cette année-là correspond à l'an 2 de la paix hvaroise (*anno secundo pacis*) et de l'égalité entre les citoyens. Nobles et paysans, pêcheurs et soldats, tous les insulaires de sexe masculin pouvaient se divertir et se cultiver dans ce théâtre. Les femmes durent attendre la seconde moitié du XIXe siècle pour pouvoir y entrer. Son décor néobaroque du XIXe siècle et ses adorables loges lui donnent des airs de bonbonnière. L'impressionnante figure de proue, le Zvir, exposée dans le hall d'entrée fut probablement récupérée sur une embarcation turque pour orner la galère municipale au XVIe siècle. *Visite pendant les travaux : se renseigner auprès de l'office de tourisme*

Hotel Palace Construit en 1903 pour héberger les premiers touristes autrichiens, il s'élève à l'emplacement du palais du Provéditeur (XVe s.), comme en témoignent la tour de l'Horloge et les lions ailés de Saint-Marc qui ornent l'escalier. L'élégante loggia qui sert de terrasse à l'hôtel date de la restauration entreprise après le siège turc de 1571. Cf. également le Carnet d'adresses (p.467). *Trg Sv. Stjepana (au-dessus du bassin, derrière la loge municipale)*

Palais Hektorović / Palača Hektorović Dans une ruelle au nord-ouest de la place principale, on découvrira, derrière un énorme laurier blanc, les splendides baies gothiques de ce palais inachevé (XVe s.). Le palais étant une propriété privée, on se contentera d'admirer sa magnifique façade.

Monastère bénédictin / Benediktinski samostan Les bénédictines de Hvar sont devenues expertes dans le tissage des feuilles d'agave. Les **dentelles** d'une extrême minutie qu'elles réalisent d'après une technique importée de Tenerife au XIXe siècle sont exposées et vendues au musée du couvent. *Tél. (021) 741 052 Ouvert lun.-ven. 10h-12h et 17h-19h Tarif 10kn, réduit 5kn*

Monastère Saint-Marc / Sv. Marka L'église de ce monastère dominicain du XIVe siècle fut en partie détruite en 1819 pour laisser place à un cimetière. Quelques pierres tombales gisent sous son beffroi élancé. Actuellement fermé pour rénovation, ce lieu insolite sert régulièrement de cadre à des expositions temporaires sur fond de musique classique. *Tél. (021) 741 009 ou (021) 717 164*

☺ **Monastère franciscain / Franjevački samostan** Repérable à son haut campanile, ce monastère du XVe siècle est installé dans l'anse de Križ, au sud de la Riva. Selon la légende, sa construction aurait été financée par un officier vénitien rescapé d'un naufrage. Après avoir admiré, sur le tympan de l'église, la douceur des traits de la *Vierge à l'Enfant* réalisée en 1467 par Nicolas le Florentin, laissez-vous envahir par la fraîcheur et la sobriété du cloître. Réputé pour ses qualités acoustiques, il accueille les concerts classiques du festival d'été. À l'intérieur de l'église, vous remarquerez les stalles de 1583 et le somptueux jubé orné de stucs dorés et de scènes de la Passion. Hanibal Lucić, grand poète humaniste hvarois, est enterré au pied de l'autel. Le musée du monastère conserve quelques belles œuvres d'art des XVe-XVIIIe siècles, dont un *Mariage mystique* de Blaž Jurjev Trogiranin (1430) et une extraordinaire *Cène* de 2,50m sur 8m (fin XVIe-début XVIIe s.), dont les effets de lumière laissent à penser qu'elle fut peinte dans le réfectoire même du monastère. On appréciera la dynamique des personnages, les teintes chaudes et les petits détails comme la vaisselle vénitienne. L'identité de l'artiste reste

RÉVOLUTION CADASTRALE

En 2010, la municipalité de Hvar a décidé de bouleverser l'organisation de la ville. Alors que la dénomination de certaines rues se confondait jusqu'alors avec celle de l'artère principale la plus proche, le tout avec une numérotation quasiment inexistante, chaque ruelle porte désormais un nom et chaque maison un numéro. Nul doute qu'il faudra un certain temps pour que les plans, les habitants, les guides et les touristes s'entendent vraiment sur la place véritable de chaque chose...

controversée. La visite se termine dans le jardin, sous l'ombre d'un cyprès plus de deux fois centenaire. *Tél. (021) 741 193 Ouvert mai-mi-oct. : lun.-sam. 9h-13h et 17h-19h ; mi-oct.-avr. sur rdv Tarif 30kn*

Forteresse espagnole / Tvrđava španjola Perchée sur une colline au nord de la cité, cette Fortica (forteresse) vénitienne fut édifiée au milieu du XVIe siècle par des architectes espagnols (d'où son nom). Endommagée par une explosion de poudre en 1579, elle subit de nombreux remaniements jusqu'au XIXe siècle. Visitez les cachots et profitez du coucher de soleil sur la ville et les îles Pakleni. Restaurant sur la terrasse. *Comptez 15min par le sentier qui monte en lacet au nord de la vieille ville Tél. (021) 742 620 ou 098 567 541 Ouvert tlj. 9h-22h Tarif 40kn*

Que rapporter de Hvar-ville ?

☺ **Sonja Šoša** Peinture, sculpture, céramique... les créations de Darko Šoša et de son épouse sont pleines de couleurs et parfois d'humour, comme la série des petites barques en terre cuite sur lesquelles vous pouvez faire inscrire votre devise ou le prénom d'un être cher. Les colliers, surprenants, constitueront de la même manière des souvenirs originaux. *Petar Hektorovića 1 (ruelle donnant sur la place Saint-Étienne) Tél. (021) 718 498 ou 091 559 7025 www.sosahvar.com Ouvert mars-nov. : lun.-sam. 8h-20h (si la porte est close, n'hésitez pas à passer un coup de fil)*

Où faire une pause sucrée ?

Nonica À la fois pâtisserie traditionnelle, café et salon de thé, on peut y goûter aux *medenjok, paprenjok, smovenjok* et autres délices sucrés typiques de Hvar. À base de miel, de figues ou de plantes aromatiques, certaines recettes datent de l'Antiquité. Nonica s'avère également un lieu idéal pour un petit déjeuner... si l'on réussit à trouver une place (cinq devant la façade et guère plus à l'intérieur). *Kroz Burak 23 Tél. 091 739 2390 Ouvert avr.-oct. : lun.-sam. 8h-14h et 17h-23h, dim. 17h-23h*

Où boire un verre le soir ?

Kiva Bar Un petit bar de nuit convivial, qui change des lieux m'as-tu-vu de la Riva. Les habitués s'y retrouvent vers minuit. Bière 20kn. *Fabrika 10 (venelle perpendiculaire au quai nord-ouest de la ville) Tél. 098 729 399 www.kivabarhvar.com Ouvert juin-oct. : tlj. 21h-2h ; nov.-mai : ven.-sam. 21h-2h*

Carpe diem Le soir, c'est le lieu de rendez-vous tendance des *beautiful people*, face aux yachts de luxe de la Riva : cocktails et *after-beach parties*, DJ et performances se succèdent dans une ambiance glamour. Pas votre truc ? Alors, profitez de ses matinées, plus tranquilles, pour vous affaler sur ses banquettes moelleuses en sirotant un grand jus de fruits pressés. Comptez de 65 à 90kn pour un cocktail, 50kn pour un jus de fruit. Une déclinaison plus fastueuse, le **Carpe Diem Beach**, sur l'îlot de Marinkovac (archipel des Pakleni), propose lunchs, dîners à thèmes et soirées folles (tous les soirs, avec des DJ prestigieux, de 1h30 à 6h). *Riva bb Tél. (021) 742 369 www.carpe-diem-hvar.com Ouvert mai-oct. : tlj. 9h-3h*

Pratiquer des sports nautiques Maintes activités sportives vous sont proposées sur les plages et dans les grands complexes hôteliers de l'île.

Club de voile Zvir *Krizna Luka 2 Tél. (021) 741 415 www.jkzvir.hr*
Viking diving Centre de plongée compétent et professionnel proposant baptêmes et excursions. *Podstine bb (près de l'hôtel Podstine) Tél. 091 620 5847 ou 091 568 9443 www.viking-diving.com*
Adventure Dalmatia Basée à Split, ce centre organise de nombreuses activités sur et autour de Hvar : kayak de mer, randonnée à pied, palmée ou à vélo, escalade... *Tél. 091 182 8995 ou 091 501 2913 www.adventuredalmatia.com*

Les environs de Hvar-ville

☆☺ **Îles Pakleni / Pakleni otoci** Bordées de criques paradisiaques et couvertes de pinèdes odorantes, les "îles infernales", qui ferment la baie de Hvar au sud, sont facilement accessibles du port en bateau-taxi et constituent une excursion de baignade incontournable. **Jerolim**, la plus proche, est réservée aux nudistes, tout comme la baie de Stipanska, sur l'îlôt de **Marinkovac**. L'île de **Saint-Clément** (sv. Klement), la plus grande, est aussi la plus belle et la plus fréquentée. Les bateaux-taxis vous déposeront à la marina de **Palmižana**, d'où un petit sentier vous conduira, au sud, jusqu'à la plage de sable de la baie de Vinogradišće. Magnifique, mais souvent bondée l'été ! Poursuivez donc le long du sentier à l'ouest : vous dénicherez sans problème des rochers isolés. Avant de repartir, faites un crochet par le jardin botanique et la terrasse de la pension Meneghello (p.469). *De la Riva, départs des bateaux-taxis à 8h30, retours entre 17h et 19h Tarif AR 40-60kn*

Brusje Une petite échappée vers le joli village de Brusje, environ 6km au nord-est de Hvar, sera l'occasion de découvrir un panorama splendide sur la côte nord et l'île de Brač. Des champs de lavande s'étendent à la sortie est du village, dans un labyrinthe de murets en pierre sèche. De mi-juillet à mi-août, vous pourrez visiter la **distillerie** (ouverte en continu), ou acheter essences, onguents, huiles de massages de Karmen et Antun Barčot dans leur petite boutique sur la Riva de Hvar-ville. **Distillerie** *Poljoprivredna Zadruga Dolac bb*

Stari Grad

Niché au fond d'une longue baie de 6km, protégée au nord par la presqu'île de Kabal, ce port de 2 000 habitants compte parmi les mieux abrités de l'île. C'est dans ce refuge apprécié des plaisanciers que les Grecs fondèrent leur première colonie en 385 av. J.-C. Si les vestiges de **Pharos**, la ville de l'époque, sont maigres, notez que la parcellisation du vignoble, à l'ouest de la ville, respecte le cadastre antique. C'est ce système de parcellisation et d'organisation agricole, resté intact pendant 24 siècles, qui ont permis d'inscrire la **plaine de Stari Grad** au patrimoine mondial de l'humanité. Aujourd'hui, malgré la présence de quelques gros complexes balnéaires au nord-ouest de Stari Grad, les quais animés et les venelles tortueuses de la vieille ville, au sud, sont vraiment pleins de caractère.

Place Škor Avec leurs jolis volets verts et leurs grappes de lauriers blancs, les demeures en pierre des XVIe-XVIIe siècles qui bordent la place Škor composent l'ensemble le plus séduisant de la vieille ville.

Église Saint-Jean / Sv. Ivan Cette chapelle romane élevée au XIIe siècle, sur les restes d'un temple antique, se visite pour sa sobriété et ses mosaïques byzantines (VIe s.). Derrière le chevet, on aperçoit, en pleine nature, les vestiges de la muraille grecque et un baptistère du VIe siècle.

☆ ☺ **Maison de Petar Hektorović / Tvrdalj Petra Hektorovića** Le grand poète humaniste Petar Hektorović (1487-1572), célèbre pour son recueil *Ribanje i ribarsko prigovaranje (Pêche et Conversations avec les pêcheurs)*, fit ériger cette splendide demeure en 1520. Selon les inscriptions que l'on peut lire sur ses murs, ce palais dûment fortifié fut conçu pour accueillir les amis du poète, mais aussi les passants (*"pro itinerantibus"*) et les pauvres (*"pro pauperibus"*) en cas d'attaque ottomane. Ne manquez pas le vivier rempli de mulets et ceint de belles arcades, que prolonge un jardin clos planté de magnolias, de lauriers et d'essences exotiques. Une visite rafraîchissante et reposante ! *Tél. (021) 765 068 Ouvert été : tlj. 10h-13h et 18h-21h (théoriquement) ; basse saison sur rdv Tarif 20kn, réduit 10kn*

POUR UN VERRE LE SOIR
Essayez sans hésiter le Cocktail Bar du restaurant Antika (p.465) ! Sinon, vous trouverez d'autres terrasses, mais plus conventionnelles, le long de la Riva.

Palais Biankini / Palača Biankini À deux pas de la maison Hektorović, ce palais néoclassique abrite un petit musée d'histoire maritime. Collections succinctes, mais intéressant montage audiovisuel en anglais sur le sauvetage d'une cargaison d'amphores romaines (IVe-Ve s.) *Tél. (021) 766 324 www.stari-grad-museum.net Ouvert mai-juin, sept.-oct. : lun.-sam. 10h-13h ; juil.-août : lun.-sam. 10h-13h et 19h-21h, dim. 19h-21h ; oct.-mai sur rdv Tarif 20kn*

☆ **Monastère dominicain / Dominikanski samostan** Fondé en 1481 sur les hauteurs sud de la vieille ville, il fut fortifié après le siège ottoman de 1571. La collection du musée rassemble quelques vestiges des périodes grecque et romaine, dont un gracieux bas-relief de bateau (Ier s.). Ne manquez pas la *Déploration du Christ* peinte par le Tintoret au XVIe siècle. Le vieillard, en haut à droite, serait Petar Hektorović. Ce dernier est enterré dans l'église près de l'autel. *Tél. (021) 765 442 Ouvert juin-oct. : lun.-sam. 9h30-12h et 17h-19h, dim. 17h-19h ; basse saison sur rdv Tarif 20kn*

Où acheter des souvenirs gourmands ?

Vedrana Tudor Les pains d'épices de Vedrana Tudor sont de véritables œuvres d'art, élaborés selon la recette et les formes traditionnelles (animaux, fleurs, amphores...). Attention, la production étant artisanale, la boutique est rapidement dévalisée ! Pourquoi ne pas prendre rendez-vous avec la cuisinière ? *Ulica Petra Kuničića 1* ***Stari Grad*** *Tél. (021) 765 374*

Où s'offrir une œuvre d'art ?

☺ **Fantazam-Galerie Zoran Tadić** Prisonnier volontaire de sa maison galerie, Tadić Zoran est un artiste total. Toute tentative de décrire son travail s'apparente à une petite trahison, consommons la nôtre : en ne s'interdisant l'emploi d'aucun matériau, il crée, créature après créature, un bestiaire fantasmagorique, peuplé d'hybrides, aboutissement de diverses mutations et d'hypothétiques évolutions. La visite de son antre s'impose, elle ne vous laissera sans doute pas indifférent. Pièces à partir de 400€. *Ivana Gundulića 6* ***Stari Grad*** *Tél. 098 953 2967 www.fantazam.com*

Où faire une dégustation de vins ?

Podrum Plančić Parmi la dizaine de vins produits par la famille Plančić, les plus réputés sont le *bogdanuša* (blanc sec et léger), le *parč* (blanc plus aromatique et plus fort) et surtout l'excellent *Ivan Dolac* (un rouge moelleux issu du fameux cépage *plavac mali* qui pousse au-dessus du village d'Ivan Dolac sur la côte sud). Espace dégustation. ***Vrbanj*** *(5km au sud-est de Stari Grad) Tél. (021) 768 030*

Le reste de l'île

☆ ☺ **Presqu'île de Kabal** Cette superbe étendue sauvage au littoral très découpé protège tout le nord de la baie de Stari Grad. Délaissée par la plupart des touristes, elle donne l'occasion d'une échappée formidable pour les amateurs de sérénité, mais aussi de baignade dans l'une de ses innombrables petites criques, de randonnée ou de cyclisme (rens. sur les itinéraires à l'OT). *Au nord-ouest de Stari Grad*

☆ ☺ **Vrboska** Plus paisible que Hvar, Jelsa ou Stari Grad, le port de Vrboska (500 hab.) constitue une base de séjour tout indiquée si vous ne rêvez que de quiétude et de petites embarcations de pêche se balançant le long des quais. Le village s'étire de part et d'autre d'un petit fjord qu'enjambe une série de ponts. La rive sud est dominée par la silhouette massive de l'**église Sainte-Marie** (Sv. Marija, XVe-XVIe s.), fortifiée après l'attaque turque d'Uluz Ali. Ses deux tours hémisphériques, ses murs épais de 4m et sa citerne devaient permettre aux habitants de résister à un nouveau siège. Sa terrasse offre une vue unique sur la baie. Plus à l'ouest, l'**église Saint-Laurent** (Sv. Lovre, également du XVe-XVIe s.) abrite quelques chefs-d'œuvre de maîtres vénitiens, dont un polyptyque attribué à Véronèse et la *Madone du rosaire* de Bassano. Enfin, n'hésitez pas à pousser la porte du **musée de la Pêche**, sur le quai méridional. Vous y découvrirez un bric-à-brac vraiment incroyable ayant trait au travail des pêcheurs de jadis et à l'histoire des conserveries de Vrboska. Une fiche de présentation détaillée en plusieurs langues accompagne chaque objet. Pour la baignade, rendez-vous sur la presqu'île de Glavice, à 2km au nord-est. *7km à l'est de Stari Grad* **Églises Sainte-Marie et Saint-Laurent** *Ouvert été : lun.-sam. 10h-12h et 19h30-21h Tarif 10kn (une église)/15kn (deux églises)* **Musée de la Pêche / Ribarski muzej** *Tél. 098 920 26 67 Ouvert tlj. 10h-12h30 et 18h30-21h Tarif 10kn*

Jelsa Ce port de quelque 1 500 habitants se signale par son ambiance méditerranéenne décontractée plutôt que pour ses centres d'intérêt culturel. Ses villas, campings et hôtels attirent en nombre les vacanciers, et ses glaciers - les meilleurs de l'île - tous les gourmands ! Vous pourrez aller visiter Saint-Jean (Sv. Ivan, XVIIIe s.), une ravissante église baroque blottie dans une ruelle du sud de la ville. Les amateurs de bains de mer rejoindront les plages des campings, env. 2km à l'est de la baie. En saison, les agences proposent des excursions à la journée en direction de la plage de Bol, sur l'île de Brač (p.444). *4km à l'est de Jelsa, 9km de Stari Grad*

☺ **Pitve** Une route étroite vous mènera jusqu'à ce paisible hameau accroché à un contrefort montagneux de l'intérieur de l'île, à 3km au sud-ouest de Jelsa. Égarez-vous dans les ruelles escarpées de la partie haute, pour admirer des façades anciennes, égayées par des hortensias et des lauriers-roses. Abandonnées dans les années 1970, ces vieilles maisons sont peu à peu rachetées et rénovées par des étrangers. Rappelons que Pitve possède une excellente taverne, la *konoba* Duboković (p.466). *10km au sud-est de Stari Grad*

Sveta Nedjelja et la côte sud Difficile d'accès, le littoral méridional est bien moins touristique que la côte ouest. En attendant la fin de la construction d'une route qui mettra Sveta Nedjelja à 20km de Hvar, il faut en faire près de 40 et passer par Jelsa, Pitve, un vieux tunnel de 1,5km et Zavala ! Mais la dégustation des vins de Zlatan Plenković, cf. Où acheter du vin, de l'huile d'olive ? (p.463), et la vue sur les vignobles et les versants escarpés du Sveti Nikola (628m) méritent bien le détour si vous êtes motorisé.

Où acheter du vin, de l'huile d'olive ?

Konoba Lavčević Une petite cave à vins de Vrboska, joliment aménagée en espace dégustation, que l'on vous conseille surtout pour son huile d'olive, primée plusieurs fois. ***Vrboska** (7km à l'est de Stari Grad, sur la rive sud, face au petit pont de pierre) Tél. (021) 774 052 ou 091 521 0085 Ouvert été : tlj. 18h-22h*

☺ **Zlatan Plenković** Rares sont les Croates qui ne connaissent pas les vins de Zlatan Plenković : mort en 2016, il était en effet considéré comme l'un des plus grands vignerons du pays. Étendus sur une dizaine d'hectares sur les versants ensoleillés du mont Sveti Nikola, les vignobles de *plavac mali* donnent l'un des meilleurs rouges de Dalmatie : le *zlatan plavac*. La production du blanc sec *zlatan otok* est moins importante, mais tout aussi honorable. Les dégustations se déroulent dans le restaurant installé sur le port. De 10 à 25kn/pers. ***Sveta Nedjelja** (à 30km de Stari Grad, 20km de Jelsa) Tél. (021) 745 709 www.zlatanotok.hr*

Où boire un verre le soir ?

Villa Verde C'est la cour d'une vieille demeure de Jelsa qui accueille ce vaste bar à cocktails installé sous une pluie de palmiers et de lauriers en fleurs. Ambiance un brin élégante, mais qui reste détendue grâce à une bonne musique funk, jazz et world. Concerts et happenings en juil.-août. *Lućica bb **Jelsa** Tél. (021) 761 617 Ouvert juin-oct. : tlj. 18h-2h*

Se promener à vélo Les meilleurs itinéraires cyclistes sont situés entre Vrboska, Jelsa et Stari Grad. Carte distribuée par l'office de tourisme de Stari Grad.

Aller à la plage Nous avons un petit faible pour les criques de la presqu'île de Kabal et pour celles des îles Pakleni, mais vous trouverez assurément votre bonheur sur la plupart des côtes découpées de l'île.

CARNET D'ADRESSES

Restauration

C'est l'occasion ou jamais de goûter au fameux *brodet* dalmate, une matelote de poisson et de fruits de mer au vin blanc, généralement accompagnée de polenta. Essayez aussi la *gregada*, préparation typiquement hvaroise qui s'apparente à un gratin de poisson et de pommes de terre. Dans la plupart des restaurants, vous pourrez choisir les poissons que vous souhaitez voir entrer dans l'une ou l'autre de ces deux préparations. Côté desserts, Hvar est réputée pour son excellente *rožata*, une crème aux œufs délicatement caramélisée. Pour accompagner le tout, ne manquez surtout pas de goûter aux délicieux vins régionaux, dont certains ont acquis une renommée nationale.

À Hvar-ville

prix moyens

Luviji Cachée derrière la cathédrale de Hvar, cette vieille cave abrite un bar à vins, mais on y sert également quelques plats copieux du terroir. Minuscule terrasse panoramique à l'étage, appréciée par les artistes du cru. *Jurja Novaka 6* ***Hvar-ville*** *(par un escalier à droite de la cathédrale en venant de la place) Tél. (021) 741 646 ou 091 519 8444 Ouvert mai-sept. : tlj. 10h-2h*

☺ **Đorđota Vartal** La vue offerte par la terrasse couverte sur le monastère franciscain et la mer suffit à faire de ce "jardin de Georges" un lieu recommandable. Exposé à la brise, il devient incontournable pour déjeuner paisiblement par forte chaleur. Le service prévenant, rapide et attentif ajoute au plaisir de goûter une cuisine simple et sans prétention à des prix raisonnables. Comptez entre 150 et 200kn selon votre appétit. *Uvala križa* ***Hvar-ville*** *Tél. (021) 743 077 ou 091 532 0382 http://restoran-vartal.com Ouvert tlj. 12h-0h*

prix élevés

Restaurant Park Dans le centre-ville de Hvar, à quelques pas du rivage, ce restaurant gastronomique accueille sur de belles et vastes terrasses, couvertes ou à ciel ouvert, et ornées de palmiers et de fleurs. Dans l'assiette, couleurs et saveurs se mêlent avec bonheur : pâté de poisson aux truffes noires d'Istrie, langoustines de l'Adriatique à la *buzara*, sauce au vin blanc, ail et persil, mais aussi des plats de viande dont un exquis médaillon de bœuf aux truffes. En dessert, testez les figues sèches pochées et fourrées aux noix, accompagnées de glace à la vanille. Carte des vins soignée. Menu en français. Comptez 90-185kn le plat. Réservez en été. *Bankete bb* ***Hvar-ville*** *Tél. (021) 718 337 ou (021) 741 149 www.restaurantparkhvar.com.hr Ouvert avr.-oct. : tlj. 7h-14h et 18h-0h*

Lucullus Un restaurant gastronomique tenu par une bande dynamique et passionnée. La carte, brève, est fréquemment renouvelée et varie selon les arrivages et l'inspiration du chef : tartare de thon (exquis), risotto aux champignons et truffes noires (80kn), pâtes maison au jambon et sauce aux truffes (80kn)... Chaque soir en été, des musiciens viennent bercer les repas des convives. Env. 200kn par personne. *P. Hektorovica* ***Hvar-ville*** *Tél. (021) 718 073 ou 095 900 2000 Ouvert mai-oct. : lun.-sam. 11h-1h, dim. 18h-1h*

Gostionica Junior Tenu par une famille de pêcheurs, ce petit établissement sans chichis est l'un des rares de la ville de Hvar à ouvrir toute l'année. Une valeur sûre pour goûter aux spécialités de la mer, même s'il vous faudra attendre un peu votre commande (un gage de qualité). Comptez 380kn/2 pers. le plat de poisson, moins pour un risotto ou pour des moules à la *buzara* (env. 90kn). *Kroz Burak 10* ***Hvar-ville*** *Tél. (021) 741 069 ou 098 922 3091 Ouvert tlj. 13h-0h*

DiVino Sur la promenade du front de mer, une porte discrète dans un mur signale l'entrée de l'une des tables les plus courues de l'île. Son atout principal : une terrasse faite de pierre et de parquet, et qui offre une vue splendide sur l'archipel des Pakleni Otoci et l'entrée du port de Hvar, l'un des meilleurs endroits pour admirer les couchers de soleil ! À la nuit tombée, l'ambiance est romantique, idéale pour profiter d'une cuisine d'inspiration méditerranéenne qui fait la part belle à la créativité et aux produits frais et locaux. Comptez 400-500kn. Menus dégustation (5 ou 7 plats), belle carte de vins croates. Accueil chaleureux. *Šetalište put Križa 1* ***Hvar-ville*** *Tél. 091 437 7777 www.divino.com.hr Ouvert avr.-oct. : tlj. 11h-14h et 17h-1h*

prix très élevés

Macondo Sans conteste l'une des meilleures tables de Hvar. Dans un intérieur sobre, orné de tableaux contemporains, on vous sert un *brodet* ou une *gregada* préparés dans les règles de l'art. Comptez env. 250-300kn. *Marije Maričić 7* ***Hvar-ville*** *Tél. (021) 742 850 Ouvert avr.-oct. : lun.-sam. 12h-14h et 19h-0h, dim. 19h-0h*

Dans le reste de l'île

prix moyens

Stari Mlin Au cœur de la vieille ville de Hvar, une bonne adresse gastronomique pour tous les budgets. La terrasse couverte et la petite salle, sombre et fraîche, sont parfaites pour se rassasier de soupes, poisson, coquillages, plats en sauce, risottos... Mention spéciale pour les spaghettis aux poulpes et aux courgettes, et pour le risotto à la langouste ! De 140 à 180kn selon votre choix. *Petra Kunišića bb* ***Stari Grad*** *Tél. (021) 765 804 ou 091 601 4510 Ouvert tlj. 12h-14h30 et 18h30-0h*

☺ **Antika** Une taverne d'allure médiévale s'ouvre au coin d'une ruelle de Stari Grad, quelques bancs et tables rustiques en colonisant les abords. Voici Antika, où il est également possible d'enfourcher un tabouret au bar, de monter à l'étage pour dominer la vie urbaine ou de s'exiler sur une placette pour prendre ses aises. L'accueil chaleureux préfigure un service prévenant et attentif. Petits déjeuners, amuse-gueule, soupes, salades, plats végétariens, risottos et pâtes, poissons, coquillages et viandes. Quelques plats typiques doivent être commandés

GAMME DE PRIX	RESTAURATION	HÉBERGEMENT
Très petits prix	moins de 75kn	moins de 300kn
Petits prix	de 75 à 120kn	de 300 à 450kn
Prix moyens	de 120 à 180kn	de 450 à 600kn
Prix élevés	de 180 à 250kn	de 600 à 1 100kn
Prix très élevés	plus de 250kn	plus de 1 100kn

la veille (*brodet, gregada*). Comptez 130-150kn en moyenne pour un solide et agréable repas. À partir de 12h, le Cocktail Bar du lieu propose plus de 100 boissons ou recettes (de 20 à 40kn). *Donjo Kola bb* ***Stari Grad*** *Tél. (021) 765 479 Ouvert été : tlj. 9h-1h ; hiver : tlj. 11h-23h*

Eremitaž Une promenade de 10min le long du quai nord vous mènera jusqu'à cet ermitage du XVe siècle. La terrasse verdoyante plaira autant aux familles qu'aux couples romantiques. Carte variée : carpaccio de calamars, poisson grillé, risotto... Comptez 150kn. *Obala hrvatskih branitelja* ***Stari Grad*** *Tél. (021) 766 167 ou 091 542 8395 Ouvert avr.-oct. : tlj. 12h-15h et 18h-0h*

☺ **Konoba Pelago** Un restaurant de Jelsa un peu plus cher que la moyenne, mais considéré comme le meilleur de la ville par les habitants de l'île. Au menu, des plats traditionnels ou plus créatifs, comme les pâtes aux fruits de mer et au safran, à savourer dans le patio sous une grande bougainvillée ou dans l'une des deux petites salles. Service affable et ambiance feutrée. Comptez 160kn. *Trg Sv. Ivana bb* ***Jelsa*** *(au sud du port) Tél. 091 588 1009 ou 091 940 2445 Ouvert mai-oct. : tlj. 14h-0h ; nov.-avr. : sam.-dim. 16h-0h*

☺ **Konoba Duboković** Pour découvrir tout le cachet des vieilles demeures de Pitve ! Cette taverne est tenue par un couple chaleureux. Plein de recoins enchanteurs sous la treille pour déguster une cuisine dalmate traditionnelle qui varie en fonction des saisons. Service un peu lent, mais qu'importe, les soirées à Pitve sont si douces ! Env. 150-180kn le repas. ***Pitve*** *(10km au sud-est de Stari Grad) Tél. 098 172 1726 ou 098 412 299 Ouvert mai-oct. : tlj. 18h-1h*

☺ **Konoba Humac** Perdu au milieu des champs de lavande, Humac compte parmi les nombreux hameaux abandonnés de l'intérieur des terres. Un chapelet de vieilles maisons en pierre envahies par les herbes folles, qui ne revit que grâce à cette taverne traditionnelle et lors du pèlerinage de Saint-Jean et Saint-Paul, le 26 juin. L'eau et l'électricité n'étant jamais arrivées jusqu'à Humac, les repas se font au feu de bois et à la bougie. Pour les viandes ou le poulpe cuits sous la cloche, pensez à réserver au moins 2h avant. Comptez env. 140-180kn le repas. ***Humac*** *(10km à l'est de Jelsa, sur la route principale en dir. de Sućuraj, embranchement signalé à droite) Tél. 098 229 415 ou 091 523 9463 Ouvert été : lun.-sam. 9h-22h ; hiver sur demande*

Aux îles Pakleni

prix élevés

Dionis Sur l'île Saint-Clément (Sv. Klement), à 45min à pied de l'anse de Palmižana, un sentier ombragé vous mènera jusqu'à cette vaste terrasse, protégée par un toit de palme et donnant sur les vignes et la mer. Cuisine saine et simple du terroir (salade de poulpe, agneau grillé, beignets de courgettes...), très appréciée des plaisanciers qui viennent s'amarrer dans la baie de Vlaka en contrebas. Sur réservation. Prévoyez 200kn par personne. ***Palmižana*** *Tél. 098 167 1016 ou 091 765 6044 Ouvert mai-mi-oct. : tlj. 12h-23h*

Hébergement

L'offre est assez large, mais il s'agit souvent de complexes touristiques des années 1970, sans charme. Nous vous conseillons de louer une chambre ou un appartement directement à son propriétaire (pancartes sur les portes) ou en passant par une agence de voyages, cf. Mode d'emploi (p.454). Les offices de tourisme peuvent vous fournir une liste complète des hébergements. En raison de l'affluence, en juillet-août, il est vivement conseillé de réserver votre chambre à **Hvar-ville**. Si vous recherchez le calme, réfugiez-vous à **Vrboska** ou sur la côte sud, vers **Ivan Dolac** et **Sveta Nedelja**. Pour un séjour prolongé à proximité de Hvar-ville, nous vous recommandons les villas Meneghello sur l'**île Saint-Clément** (p.469). Nombreuses chambres et appartements à louer sur le port de **Jelsa**, mais si vous préférez le calme et que vous êtes motorisé, n'hésitez pas à rejoindre les villas de la côte ouest, à env. 2km, sur la route de Vrboska.

À Hvar-ville

auberge de jeunesse

Hvar Out Hostel Un confort moderne, une situation idéale à deux pas de la mer et des prestations de qualité rendent cette auberge de jeunesse séduisante pour les petits budgets. Chambres doubles et dortoirs de 6 lits, cuisine commune, connexion wifi, clim. et eau chaude à toutes heures. Comptez de 120 à 180kn selon le type de location. *Kroz Burak 32* ***Hvar-ville*** *Tél. (021) 717 375 hvarouthostel@gmail.com*

petits prix

☺ **Guesthouse Paulina** Une petite pension de Hvar (2 chambres, 2 appartements), discrète et d'un excellent rapport qualité-prix. Les deux chambres disposent d'un grand balcon, d'un réfrigérateur, et d'une connexion wifi. Les salles de bains sont impeccables et la patronne s'occupera de votre linge sans supplément. Les appartements disposent en plus d'une cuisine, d'un téléviseur et d'une baignoire. Comptez de 130 à 400kn pour une chambre selon la saison, de 300 à 800kn pour les appartements. *Šime Tome Buzolić 47* ***Hvar-ville*** *Tél. (021) 741 884 ou 091 907 5791 www.guesthouse-paulina-hvar.com Ouvert avr.-oct.*

☺ **Chambres chez Mira Barbarić** Dans le paisible quartier de Križa, juste au-dessus du monastère franciscain de Hvar-ville, 4 appartements et 1 double confortable. Demandez si possible le côté mer, pour la luminosité et les balcons fleuris. Cette bonne adresse constitue aussi l'occasion de faire connaissance avec Ana Marija, une francophone charmante, qui pourra vous donner une foule de renseignements sur l'île. Comptez de 300 à 450kn pour la chambre double selon la saison. *Ambroza Barišića 7 Kriźa* ***Hvar-ville*** *(accès compliqué : téléphonez et l'on viendra vous chercher) Tél. (021) 741 263 ou 091 503 5020 ou 098 180 4374 Ouvert avr.-oct.*

prix moyens

Villa Dinka L'établissement est réputé à Hvar pour sa pizzeria, mais c'est pour ses 3 appartements, loués à prix doux, qu'il est particulièrement intéressant. La vue du balcon est superbe, le confort tout à fait convenable, et l'accueil familial chaleureux. Parking privé. Comptez de 500 à 1120kn selon la saison. *Dinka Kovačevića 14* ***Hvar-ville*** *(derrière l'hôtel Amphora, au nord-ouest de la ville) Tél. (021) 741 192 ou 098 180 4396 www.visit-hvar.com/villa-dinka*

prix élevés

Hotel Palace Ce bâtiment de légende se distingue par son élégante terrasse ombragée, aménagée au-dessus de la loggia Renaissance. On s'attendrait à un meilleur standing dans les 73 chambres, certes confortables mais sans clim. (cela devrait changer en 2017) et un peu vétustes. Préférez celles des 3e et 4e étages pour leur vue dégagée. Piscine, restaurant et accès Internet. Double côté mer de 750 à 1 350kn selon la saison ; côté parc, de 500 à 1 000kn. Les prix peuvent être très fluctuants, n'hésitez pas à demander une remise ! *Trg Sv. Stjepana* ***Hvar-ville*** *(au-dessus du bassin, derrière la loge municipale) Tél. (021) 741 966 ou Réservations (021) 750 750 www.suncanihvar.com Ouvert mai-oct., déc.-jan.*

prix très élevés

☺ **Hotel Croatia** Sans luxe ostentatoire ni modernisme exacerbé, le Croatia dégage pourtant un certain charme. La décoration est certes un peu datée et l'ensemble mériterait un petit rafraîchissement, mais le parquet, les balcons dévoilant une vue pleine de charme et, par-dessus tout, le parc arboré combleront les amateurs d'une certaine quiétude. Si vous avez le choix entre les 22 chambres et les 6 suites, optez pour une vue sur la mer avec balcon (1 300-1 490kn en pleine saison). Les prix baissent de plus de moitié en mai et en octobre. Parking privé. *Majerovica bb* ***Hvar-ville*** *Tél. (021) 742 400 www.hotelcroatia.net Ouvert mai-oct.*

Hotel Podstine Dominant une petite baie face aux îles Pakleni, le meilleur hôtel de la ville compte 40 chambres haut de gamme, qui marient une décoration fraîche et design à des murs en pierre de Brač. Plusieurs petites terrasses ombragées au bord de l'eau, accès Internet et massages. Réservation vivement recommandée. En pleine saison, comptez à partir de 1 770kn pour une double, en fonction de la vue et du standing de la chambre. *Put Podstina 11* ***Hvar-ville*** *(5km à l'ouest du centre, soit 15min à pied en longeant le front de mer ; en voiture, contourner la ville par le tunnel) Tél. (021) 740 400 ou (021) 740 401 www.podstine.com Ouvert avr.-nov.*

Riva Hvar Yacht Harbour Hotel Cet hôtel 4 étoiles compte parmi les plus centraux de Hvar. Dressée sur la Riva, sa belle façade de pierre blanche dissimule 54 chambres, un restaurant et un lounge bar, le BB Club. Accès Internet. Double de 990kn à 3 945kn. *Riva bb* ***Hvar-ville*** *Tél. (021) 750 100 ou (021) 750 555 (rés.) www.suncanihvar.com Ouvert avr.-nov.*

Dans le reste de l'île

campings

Trois campings se succèdent sur la route côtière à l'est de Jelsa, dont le Camp Grebišće. Appréciables pour la proximité de la mer, mais sans réelle intimité.

Kamp Nudist Si vous êtes adepte du naturisme, nous vous conseillons ce camping pour son calme et son cadre agréable sur l'isthme menant à la presqu'île de Glavice (2km au nord-est de Vrboska). Restaurant, supérette et coins baignade parmi les rochers. Comptez 160kn pour 2 pers. avec tente et voiture. ***Vrboska*** *Tél. (021) 774 034 ou 091 261 1126 www.nudistcamp-vrboska.hr Ouvert mai-oct.*

Camp Grebišće Le mieux équipé et le plus familial des trois campings, mais pris d'assaut en été. Emplacements bien ombragés, restaurant, supérette, barbecues, aire de jeux, machines à laver, terrain de volley. Comptez env. 260kn pour 2 pers. avec tente et voiture en été. ***Jelsa*** *Tél. (021) 761 191 www.grebisce.hr Ouvert mai-oct.*

prix moyens

Villa Darinka Cachée derrière un rideau de végétation sur le quai nord du port de Vrboska, la villa Darinka abrite 2 appartements (2-4 pers.), 1 studio et 6 chambres doubles fort plaisantes. Demandez, si possible, l'une de celles qui donnent sur la baie. Vous profiterez de la vue de la terrasse du restaurant. L'ambiance familiale et chaleureuse tendant à fidéliser les clients, pensez à réserver. En plein été, comptez à partir de 375kn la double (260kn hors saison), 670/485kn pour un appartement. ***Vrboska*** *Tél. (021) 774 188 ou 091 516 9351 Ouvert avr.-oct.*

Aux îles Pakleni

À moins d'une demi-heure de bateau de Hvar-ville, l'île Saint-Clément offre une merveilleuse retraite aux amateurs de calme et de baignade.

prix élevés

☺ **Villas Meneghello** L'une des pensions les plus originales de Croatie ! Installée à Palmižana, au milieu d'un jardin botanique dominant des eaux cristallines, elle se compose d'une douzaine de petites maisons indépendantes de 2 à 7 pers., décorées avec goût : à chacune sa couleur, ses matériaux et ses œuvres d'art. Doublé d'un excellent restaurant, l'ensemble est tenu par Dagmar Meneghello, figure de la vie culturelle hvaroise, qui organise des concerts de musique classique en été. Locations pour 3 nuits minimum, à réserver très longtemps d'avance ! Selon la saison, comptez 1 340kn pour 2 en été, 900kn hors saison. Comptez env. 200kn le repas. ***Palmižana*** *Accès en bateau-taxi du port de Hvar, ou avec celui de la pension Tél. (021) 717 270 ou 091 478 3111 www.palmizana.com Ouvert avr.-nov.*

☺ ÎLE DE VIS

21480

Base de l'armée yougoslave de 1945 à 1989 et donc interdite aux touristes pendant plus de quarante ans, Vis demeure une enclave préservée au large des côtes dalmates. On peut en faire le tour dans la journée, mais le charme du port de Komiža, les petites criques de galets, les grottes sous-marines fabuleuses et les excellentes tables de l'île vous y retiendront sans doute plus longtemps !

UN PEU D'HISTOIRE L'île est occupée dès le néolithique et sa position stratégique entre les côtes orientale et occidentale de l'Adriatique y attire les Grecs au IVe siècle av. J.-C. Dans l'actuelle baie de Vis, les colonisateurs fondent la cité d'Issa, qui rayonne bientôt sur la Dalmatie, jusqu'à Trogir (Salona) et Korčula. Romaine à partir de 47 av. J.-C., Issa demeure une ville florissante qui comptera jusqu'à 10 000 habitants. À la période vénitienne (1420-1797), les aristocrates de Hvar en font leur villégiature. Vis est ensuite tiraillée entre les Autrichiens, les Français, les

Anglais, puis les Italiens. Pendant la Seconde Guerre mondiale, elle devient une base alliée et le quartier général des partisans de Tito en 1944. L'installation d'une base militaire, en 1945, entraîne un exode de la population vers d'autres régions du pays, mais aussi jusqu'en Australie et aux États-Unis. Au début des années 1990, Vis compte moins de 3 000 habitants. Mais l'indépendance de la Croatie et le développement du tourisme ont incité certains émigrés à revenir… et à relancer la viticulture.

MODE D'EMPLOI

accès

EN BATEAU

De **Split**, les catamarans et les car-ferries de la compagnie Jadrolinija relient le port de Vis (Luka) 2 à 3 fois/j. (trajet de 2h20). Un catamaran de la compagnie Kapetan Luka relie quotidiennement Vis à Split (trajet env. 1h30). Pas de marina officielle sur l'île, mais amarrage possible sur les quais de Vis (Luka et Kut) et de Komiža.

Jadrolinija Bureau attenant à celui de l'OT de Vis (Luka). ***Vis-ville*** *Tél. (021) 711 032 www.jadrolinija.hr*

Kapetan Luka *Tél. (021) 645 476 www.krilo.hr*

Capitainerie de Vis-ville *Tél. (021) 711 111*

Capitainerie de Komiža *Tél. (021) 713 085 ou 091 252 63 67*

orientation

Vis est une petite île de 13km de long sur 4km de large, traversée par une vallée. Son chef-lieu, **Vis** (ou Vis-ville), sur la côte nord, est scindé en deux : Kut à l'ouest et Luka à l'est, où accostent les ferries. Le charmant port de **Komiža**, sur la côte ouest, constitue la deuxième agglomération de l'île. Les deux bourgades sont reliées par deux routes principales, la première traversant l'île par le centre (env. 11km), la seconde épousant les hauteurs de la côte sud (20km).

circuler

À DEUX-ROUES

Idéal pour faire le tour de l'île. Adressez-vous aux agences de voyages. Station-service seulement à Vis (Luka).

EN CAR

Vis Bus De 6 à 9 AR/j. en été entre Vis-ville et Komiža. Les cars attendent à l'arrivée des ferries. *Tél. (021) 713 849 ou 091 271 3008*

EN TAXI

Taxi Cliff *Tél. 098 740 315*

Taxi Đulic *Tél. 098 432 534*

informations touristiques

Office de tourisme de Vis-ville À Luka, face au débarcadère des ferries. *Šetalište Stare Isse 5 Tél. (021) 717 017 www.tz-vis.hr* Ouvert été *: mar.-ven. 8h-14h et 17h-20h, sam. 8h-14h, dim. 11h-13h ; hiver : lun.-ven. 8h-14h*

Office de tourisme de Komiža *Riva Svetog Mikule 2 Tél. (021) 713 455 www.tz-komiza.hr* Ouvert été *: lun.-sam. 9h-21h, dim. 14h-21h ; hiver : lun.-ven. 8h-15h*

agences de voyages

Ionios Chambres, excursions, location de vélos (20kn/h, 100kn/j.) et de scooters (200kn/j.). *Obala svetog*

Jurja 37 (Luka) ***Komiža*** *Tél. (021) 711 532 ionios@st.t-com.hr*

VisIt Nombreuses propositions d'excursions, notamment un original "Top secret military tour", occasion de découvrir le passé militaire de l'île (quartier général de Tito, bases secrètes, etc.). Locations de chambres et d'appartements et activités diverses. *Obala Sv. Jurja 31 (Hotel Tamaris)* ***Vis-ville*** *Tél. (021) 711 144 ou 091 202 2866 www.visit.hr*

Darlić & Darlić Chambres, excursions, location de scooters. *Riva Sv. Mikule 13* ***Komiža*** *Tél. (021) 713 760 ou 098 784 664 www.darlic-travel.hr*

Alter natura Excursions autour de l'île, sorties en *falkuša* (bateau traditionnel de Vis), trekking, escalade, visites historiques et militaires, plongées, etc. *Hrvatskih mučenika 2* ***Komiža*** *Tél. (021) 717 239 ou 091 945 8003 www.alternatura.hr*

adresses utiles

Vous trouverez des **banques** à Vis-ville (Luka) et à Komiža, des bureaux de **poste** à Vis-ville (à côté de la mairie, ou Hrvatski dom) et à Komiža (Hrvatskih mučenika 12, derrière la place Škor).

DÉCOUVRIR

L'île de Vis

☆ **Les essentiels** Komiža, la grotte Bleue de l'île de Biševo **Découvrir autrement** Montez au mont Hum pour le panorama, baignez-vous dans la jolie baie d'Uvala Srebrena

Vis-ville Étendue au fond d'une large baie, Vis est un port paisible, né de la réunion, au début du XVIe siècle, des hameaux de Luka et de Kut, aujourd'hui reliés par une agréable promenade (20min à pied). La gare maritime, l'office de tourisme et ses deux hôtels font de Luka le centre actif de la ville. C'est également là que se trouvent les rares vestiges gréco-romains d'**Issa**. Rien de spectaculaire, mais vous pourrez jeter un coup d'œil aux stèles de la nécropole grecque (IIIe-IIe s. av. J.-C.) enfouies dans la végétation, derrière les courts de tennis, à 50m du débarcadère. Un peu plus haut, face à la station-service, quelques mosaïques à motifs de poissons rappellent l'existence des thermes romains (IIe s.). Sur les fondations du théâtre romain qui occupait la presqu'île, à l'ouest du débarcadère, les franciscains édifièrent, au XVIe siècle, le monastère Saint-Jérôme. Seul son cimetière se visite. Vous y découvrirez, dans l'ombre fraîche des cyprès, des tombes de style Sécession. L'émouvante jeune fille qui arrose la tombe de Tomo Bradanović est l'œuvre du célèbre sculpteur Ivan Rendić (1849-1932). Sur la promenade qui mène à Kut, l'église Notre-Dame-de-la-Grotte (Gospa od Spilica) fut élevée en 1512 pour marquer l'unification des deux villages et achevée au XVIIIe siècle. Elle doit son nom aux grottes cachées sous ses fondations. Derrière le sanctuaire, l'imposante batterie autrichienne du XIXe siècle (Baterija) abrite les collections du **Musée archéologique** de Vis : un bel espace, essentiellement consacré au patrimoine gréco-romain de l'île. Ne manquez pas la superbe *Tête d'Artémis* en bronze (IVe s. av. J.-C.). En approchant de Kut, vous découvrirez les élégantes villégiatures construites par les nobles hvarois du XVIe au XVIIIe siècle.

Les terrasses de la place principale, dominées par l'église Saint-Cyprien-et-Saint-Justin (Sv. Ciprinjana i Justine, XVIIIe s.), invitent à une halte bienvenue. **Musée archéologique / Arheološki muzej** *Viškog boja 12 Tél. (021) 711 729 ou 091 799 0276 Ouvert juin-sept. : lun.-ven. 10h-13h et 17h-20h Tarif 20kn, réduit 10kn*

Mont Hum Culminant à 587m au sud-est de Komiža, le mont Hum dévoile un panorama splendide sur l'île. On peut y accéder à pied du monastère Saint-Nicolas (45min env.), sinon un chemin carrossable y monte de Podšpilje (à env. 10km de Komiža). Non loin de là s'ouvre la grotte (Titova spilja) où Tito établit son QG durant la Seconde Guerre mondiale.

☆☺ **Komiža** Niché au pied du mont Hum (587m), l'adorable port de Komiža se révèle à la fois plus intime et plus animé que Vis, avec les terrasses de sa petite place Škor, ses étroites plages de galets et ses vieilles maisons de pêcheurs bercées par les vagues. Komiža possède une longue tradition de navigation et de pêche. Au XIXe siècle, ses marins sillonnaient les mers jusqu'en Alaska, rapportant des tonnes de poisson aux conserveries du village. Le **musée de la Pêche**, installé dans le Kaštel vénitien, au sud du port, évoque succinctement ce passé glorieux et renferme une remarquable reproduction de *falkuša*, un petit voilier utilisé jusque dans les années 1920. La terrasse supérieure du Kaštel offre une très belle vue sur le port et les environs. En longeant les quais vers le nord, on rejoint la plage municipale et l'église Notre-Dame-des-Pirates (Gospa od Gusarica), consacrée au XVIe siècle quand, selon la légende, un tableau de la Vierge fut miraculeusement rapporté par les flots quelques jours après avoir été dérobé par des pirates. Enfin, vous aurez sûrement remarqué le monastère bénédictin Saint-Nicolas, perché sur une butte au-dessus du village. Fondé au XIIIe siècle et fortifié au XVIIe pour tenir les pirates en respect, il est rarement ouvert aux visiteurs, mais peut-être aurez-vous l'occasion d'assister à la procession de la Saint-Nicolas, le 6 décembre. Ce jour-là, on brûle devant le monastère une vieille barque en offrande au saint patron des marins, juste avant de baptiser une nouvelle embarcation de pêche. *À 10km de Vis* **Musée de la Pêche / Ribarski muzej** *Tél. (021) 713 726 ou 091 527 85 62 Ouvert juin-sept. : tlj. 10h-12h et 20h-23h Tarif 10kn, réduit 5kn*

☆ **Île de Biševo** L'attraction majeure de cette petite île de 6km², ancrée au large de Komiža, est sa **grotte Bleue** (Modra spilja, entrée 70kn, réduit 35kn pour 5-10min de visite). Chaque jour, entre 11h et midi, les rayons du soleil y pénètrent par une ouverture sous-marine, illuminant les parois d'une teinte bleue complètement irréelle. Le plaisir suprême est d'y plonger avec un masque et un tuba, mais c'est impossible en été, en raison des nombreuses embarcations touristiques. Toutes les agences de Komiža proposent l'excursion à la demi-journée ou à la journée avec une pause baignade sur l'île (de 150 à 200kn/pers.).

Où faire une dégustation de vins ? Comme l'île de Hvar et la péninsule de Pelješac, Vis produit du *plavac* (rouge), mais elle est plus connue pour son *vugava*, un bon blanc sec assez alcoolisé, dont la couleur et le goût rappellent parfois ceux du miel

Lipanović Le *vugava* d'Antonio Lipanović est considéré comme le meilleur de l'île. Lipanović produit également un peu de *plavac* (rouge), du *prošek* (vin cuit de dessert) et de la *rogačuša* (liqueur de caroube). En téléphonant 2h avant, il est possible de visiter sa cave, aménagée dans un ancien tunnel militaire, derrière le supermarché de Vis (Luka). Sinon, vous trouverez un point de vente à côté du marché au poisson de Luka (Ribarnica). *Augusta Šenoe 4* ***Vis-ville*** *Tél. (021) 711 386 ou (021) 711 932 ou 091 547 2766*

Où boire un verre ? **Komiža** est le port le plus vivant de l'île. Ses habitants se retrouvent pour le café journal du matin comme pour un apéritif prolongé sur les terrasses de la petite place Škor. À **Vis-ville**, les bars les plus animés se trouvent à Luka, face au débarcadère.

Prendre un bain de mer

☺ **Uvala Srebrena** Vis recèle des plages de galets et de jolies baies échancrées, mais leur accès est parfois difficile. Mieux vaut rejoindre, au sud-ouest, à partir du village de Rukavac, la délicieuse Uvala Srebrena (baie d'Argent). Derrière un bouquet de pins et de cyprès, ses gros galets blancs et lisses sont encadrés par de larges rochers plats sur lesquels il fait bon lézarder.

Faire de la plongée

Issa Diving Center Le plus connu des clubs de plongée de l'île est situé à Komiža. Sorties accompagnées (190-250kn sans matériel) : "Faune et flore", grottes sous-marines, épaves et sites archéologiques, plongée nocturne. Différents forfaits, par exemple : 6 plongées en trois jours pour 1 100kn. *Ribarska 91* ***Komiža*** *Tél. (021) 713 651 ou 091 201 2731 www.scubadiving.hr*

Manta Situé sur la plage de l'hôtel Biševo, le club Manta dispose de plusieurs bateaux permettant de rejoindre un grand nombre de sites d'exploration (tombants et épaves) mais aussi l'organisation de véritables "croisières-plongée". Pack 6 plongées 1 110kn, plongée découverte 365kn, plongée pour enfants à partir de 8 ans. ***Komiža*** *Tél. 091 447 7020 ou 098 443 283 www.crodive.info*

CARNET D'ADRESSES

Restauration

petits prix

Lambik Cette modeste pizzeria de Vis occupe une ancienne prison du XVe siècle, là où l'on enfermait les pirates. La cour pavée, les colonnes, une voûte de pierre soutenue par des arcades et la vigne qui s'empare des verticales composent un lieu d'exception, calme et frais. Quelques tables à l'extérieur, sur la placette séparant l'auberge Pojoda de Vatrica, autorisent un plaisir plus contemporain : siroter une orange pressée ou un cocktail (50-60kn) tout en surveillant la tranquille circulation piétonne. Pizzas 50-70kn, hors-d'œuvre et salades 25-80kn. *Pod Loža 2 (Kut)* ***Vis-ville*** *Tél. 091 168 1952 Ouvert été : tlj. 7h-2h*

Pizzeria Charly Bar-glacier-pizzeria sans prétention de Komiža, Charly, un peu à l'écart des terrasses les plus touristiques, fleure bon la simplicité et l'authenticité. Pizzas au feu de bois, bières pression, carte simple et prix corrects. Comptez 80kn pour un repas. *Riva Sv. Mikule* ***Komiža*** *Tél. (021) 713 841 Ouvert été : tlj. 7h-0h*

prix moyens

☺ **Vatrica** Particulièrement prisée, la terrasse du Vatrica, déployée sur le quai principal de Kut, à Vis-ville, ne se vide qu'en hiver ! Mieux vaut donc arriver tôt le soir, si vous voulez pouvoir faire votre choix parmi les poissons, grillés au feu de bois à la perfection et accompagnés de légumes tout aussi fondants. Le panorama et l'ombre dispensée par la vigne qui recouvre la tonnelle finiront de vous satisfaire. Comptez de 150 à 200kn, poisson grillé 300kn. ***Vis-ville*** *Tél. (021) 711 574 ou 091 594 9047 Ouvert été : tlj. 9h-2h ; hiver : tlj. 17h-23h*

Stončica Dissimulée derrière un rideau de roseaux sur la modeste plage de sable de Stončica, à 9km à l'est de Vis, cette taverne est tenue par les trois frères Lincir, qui se font tour à tour jardiniers, éleveurs, pêcheurs ou cuisiniers. La table est réputée, l'accueil bonhomme et le grill imposant ! Délicieuses viandes et poulpe préparés sous la cloche pour 4 pers. minimum sur réservation. Autour de 600-700kn le repas pour 4 pers. *Plage de* ***Stončica*** *(de Vis, prendre la route qui monte en lacet au-dessus de Kut jusqu'à un petit parking, puis 5min à pied pour rejoindre la plage) Tél. (021) 711 952 ou 091 251 2262 www.konoba-stoncica.com Ouvert avr.-oct. : 13h-23h*

Konoba Roki's Encore de bonnes viandes cuites sous la cloche et d'excellents légumes du potager, mais à déguster cette fois, dans une jolie maison campagnarde du hameau de Plisko Polje. La famille Roki (Olivier, le patron, incarne la cinquième génération) est particulièrement réputée pour ses petits vins biologiques (bouteille 100-170kn). Vous pourrez les goûter, attablé dans la cour, sous la frondaison d'un grand mûrier. Réservez au moins 2h avant. Comptez de 140 à 180kn pour un repas. ***Plisko Polje*** *(env. 7km au sud de Vis par la "vieille" route de Komiža, Stara cesta. Si vous n'êtes pas motorisé, on pourra aller vous chercher) Tél. (021) 714 004 ou 098 303 483 ou 098 328 626 Ouvert avr.-oct. : 13h-0h*

Barba Bako et la Konoba Jastožera, cf. prix élevés (p.474), sont pleins à craquer ? Posté juste entre les deux, Barba apparaît comme un refuge salvateur : une carte classique, des prix plus raisonnables que chez ses deux prestigieux voisins, et une vue de la terrasse sur Komiža charmante. Comptez de 120 à 180kn pour un repas. *Gundulićeva 4* ***Komiža*** *Tél. 098 577 994 Ouvert tlj. 18h-0h*

prix élevés

☺ **Pojoda** Installé à Kut, autour d'un agréable patio planté d'orangers et de mandariniers, le Pojoda est le repaire des gourmets, qui reviennent, chaque année, goûter aux créations de Zoran Brajčić. Du thon à la sauce aux câpres

GAMME DE PRIX	RESTAURATION	HÉBERGEMENT
Très petits prix	moins de 75kn	moins de 300kn
Petits prix	de 75 à 120kn	de 300 à 450kn
Prix moyens	de 120 à 180kn	de 450 à 600kn
Prix élevés	de 180 à 250kn	de 600 à 1 100kn
Prix très élevés	plus de 250kn	plus de 1 100kn

à l'exquise sériole au vin blanc, en passant par le *bronzinić* à la paysanne (ragoût de calamars aux lentilles et à l'orge), les produits de la mer sont accommodés avec talent ! Comptez 150-220kn selon vos expériences. *Don Cvjetka Marasovića 8* ***Vis-ville*** *Tél. (021) 711 575 Ouvert été : tlj. 12h-1h ; basse saison : uniquement soir*

Bako Un menu sans surprise, mais une terrasse ravissante installée sur un petit quai battu par les vagues, d'où l'on aperçoit toute la partie est du port de Komiža. À l'intérieur, les homards évoluent dans un vieux bassin en pierre au milieu d'amphores romaines. Comptez 170-200kn le repas, moins si vous optez pour des spaghettis ou un risotto (env. 120kn le plat). Il est prudent de réserver, la maison est très courue. *Gundulićeva 1* ***Komiža*** *Tél. (021) 713 742 ou 098 360 469 www.konobabako.hr Ouvert été : tlj. 16h-2h ; hiver : tlj. 17h-0h*

Konoba Jastožera Juste à côté du précédent, cet établissement sur pilotis est posé au-dessus d'un ancien vivier à homards. Un cadre spectaculaire, pour faire honneur au meilleur des crustacés ! Minimum 200-250kn. Comme pour son voisin, il est prudent de réserver. *Gundulićeva 6* ***Komiža*** *Tél. (021) 713 859 Ouvert mai-oct. : tlj. 17h-1h ; juil.-août : midi*

☺ **Dalmatino** La crique de Rukavac constitue un petit bout du monde rêvé. Accroché à la roche comme un arapède, ce petit bar-restaurant (à peine 35 couverts) offre un grand choix de produits de la mer. Se baigner au pied de l'établissement, puis décortiquer une langouste, en contemplant l'île plate de Ravnik, confine au bonheur. Comptez de 180 à 200kn par personne. *Luka 1* ***Rukavac*** *(8km au sud de Vis) Tél. (021) 714 194 ou 099 508 4029 Ouvert juin-oct. : 11h-1h*

prix très élevés

Villa Kaliopa La douceur de Kut vous a donné envie d'un souper en tête à tête dans un cadre romantique ? Alors, n'hésitez pas à vous réfugier dans le parc de cette villa Renaissance du XVIe siècle. On y dîne à la bougie, caché au milieu des palmiers et d'une foule d'essences exotiques. Ici pas de carte ni de prix indicatifs, mais du poisson et des crustacés selon l'arrivage. Comptez au minimum 300kn/pers. sans les vins. *Vladimira Nazora 34* ***Vis-ville*** *(à l'ouest de Kut, sur la promenade menant à Luka) Tél. 091 271 1755 Ouvert avr.-nov. : mar.-dim. 8h-1h*

Hébergement

Pour les chambres et appartements chez l'habitant, adressez-vous directement aux agences de voyages (p.470), car vous trouverez peu de pancartes dans les rues. Réservation conseillée pour les deux premières semaines d'août.

petits prix

Hotel Biševo L'unique hôtel de Komiža domine la plage principale, à l'extrémité nord du port. L'établissement n'est pas tout jeune, mais les 131 chambres sont peu à peu rénovées. Demandez si possible à les visiter avant de faire votre choix (balcon et clim. en option, literie parfois fatiguée). Belles vues sur la mer du dernier étage. Double de 160 à 380kn selon la saison (tarifs valables à compter de 3 nuits, sinon comptez 25% de plus). *Ribarska 72* ***Komiža*** *Tél. (021) 713 279 ou (021) 713 985 www.hotel-bisevo.com.hr*

prix moyens

☺ **Komiža provita** Cette pension familiale pleine de charme vous ouvre ses portes sur le quai, en bord de mer, à deux pas du port. Avec chaleur et enthousiasme, Mira Prohaska accueille ses visiteurs dans son petit monde, une cour et trois étages où se succèdent chambres et studios, une cuisine commune et enfin, au sommet, une merveilleuse terrasse. Chambres propres et correctes, clim. ou non. Comptez 470kn en pleine saison pour une double. *Obala pape Aleksandra III 5* ***Komiža*** *Tél. (021) 713 463 ou 098 758 056*

prix élevés

Hotel Tamaris Sur le port de Luka, derrière une belle façade en pierre de la fin du XIXe siècle, 27 chambres basiques avec parquet et hauts plafonds profitent d'une vue splendide sur la baie de Vis et le monastère Saint-Jérôme. Clim. et wifi. Le prix d'une double varie de 550 à 950kn selon la saison. *Obala Sv. Jurja* ***Vis-ville*** *Tél. (021) 711 164 www.hotelsvis.com*

Hotel Issa Ce grand immeuble de 128 chambres très "70's" est situé au-dessus de la plage de Luka, au nord du débarcadère. Même propriétaire que l'Hotel Tamaris. Les vues sur la mer sont splendides (30 chambres). Pas d'air conditionné. Double de 500 à 900kn selon la saison. *Šetalište Apolonija Zanelle 5* ***Vis-ville*** *Tél. (021) 711 164 www.hotelsvis.com*

Villa Kuljis Attenante à la précédente, cette pension de 3 appartements (2-4 pers.) et 2 chambres (2-3 pers.) profite de la même situation idéale. Si l'accueil est plus distancié, les prestations sont plus confortables. Les meubles anciens, la salle de bains moderne et la connexion wifi forment un ensemble enviable au vu de l'offre locale. Chambre double en saison à 610kn, à partir de 270kn hors saison. *Obala pape Aleksandra III 4* ***Komiža*** *Tél. (021) 713 155 ou 098 268 452 www.vis-apartments-kuljis.hr*

prix très élevés

☺ **Hotel San Giorgio** Blotti dans une ruelle de Kut, ce petit établissement familial propose 26 lits répartis dans une dizaine de chambres colorées, à la déco individualisée, et dont le prix dépend de la taille et du standing. Les plus luxueuses sont dotées d'un jacuzzi et d'une terrasse. Restaurant (le Boccadoro) installé dans un charmant patio sous une voile de bateau. Double en haute saison de 1 080 à 1720kn, hors saison à partir de 730kn. *Petra Hektorovića 2* ***Vis-ville*** *Tél. (021) 711 362 ou 099 248 9715 www.hotelsangiorgiovis.com*

GAMME DE PRIX	RESTAURATION	HÉBERGEMENT
Très petits prix	moins de 75kn	moins de 300kn
Petits prix	de 75 à 120kn	de 300 à 450kn
Prix moyens	de 120 à 180kn	de 450 à 600kn
Prix élevés	de 180 à 250kn	de 600 à 1 100kn
Prix très élevés	plus de 250kn	plus de 1 100kn

LE SUD DE LA DALMATIE

V

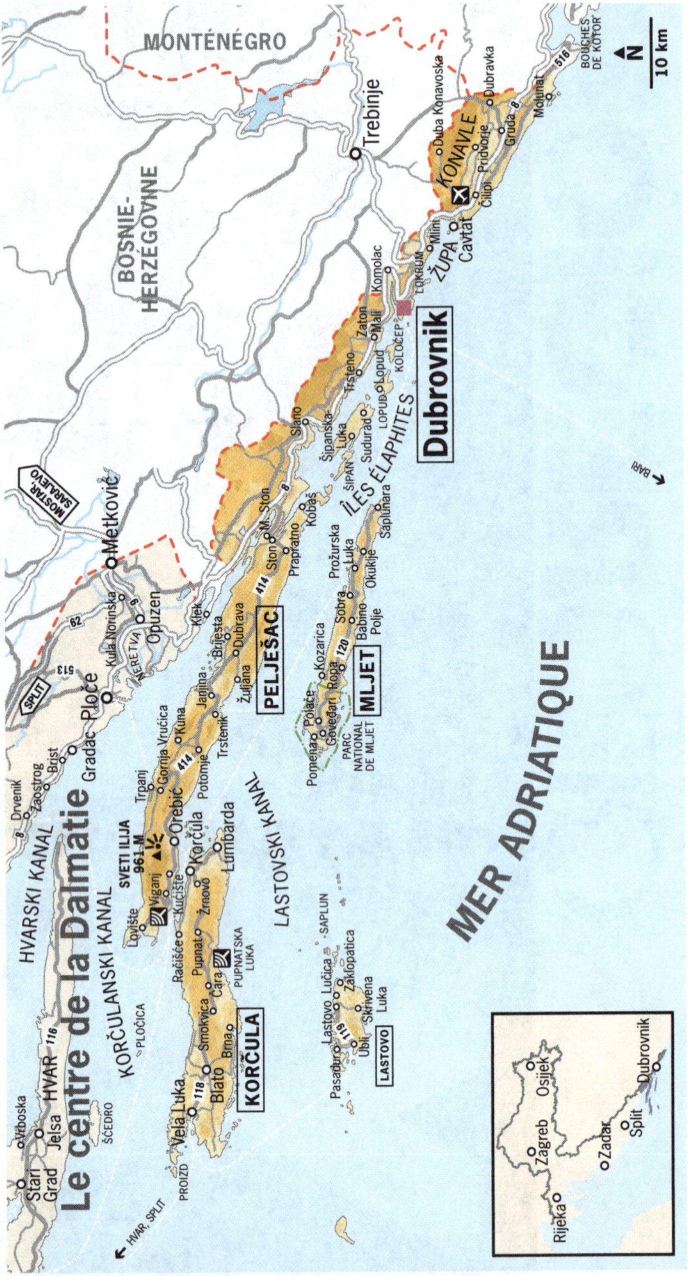
Le centre de la Dalmatie
MONTÉNÉGRO
BOSNIE-HERZÉGOVINE
MER ADRIATIQUE
HVARSKI KANAL
KORČULANSKI KANAL
LASTOVSKI KANAL
ÎLES ÉLAPHITES
KORČULA
PELJEŠAC
MLJET
LASTOVO
KONAVLE
ŽUPA
Dubrovnik
Trebinje
Metković
Opuzen
Ploče
Gradac
Brist
Zaostrog
Drvenik
Kula Norinska
NERETVA
Klek
Stari Grad
Jelsa
Vrboska
HVAR
ŠĆEDRO
PLOČICA
PROIZD
Vela Luka
Blato
Brna
Smokvica
Čara
Pupnat
Račišće
Žrnovo
Korčula
Lumbarda
Kućište
Viganj
Lovište
SVETI ILIJA
961 M
Orebić
Trpanj
Gornja Vrućica
Kuna
Potomje
Trstenik
Janjina
Žuljana
Brijesta
Dubrava
Ston
M. Ston
Prapratno
Kobaš
Slano
Šipanska Luka
ŠIPAN
Sudurad
LOPUD
Lopud
KOLOČEP
Trsteno
Zaton
Mali
Komolac
LOKRUM
Mlini
Cavtat
Čilipi
Pridvorje
Duba Konavoska
Gruda
Dubravka
Molunat
BOUCHES DE KOTOR
Pomena
Polače
Goveđari
Kozarica
Ropa
Babino Polje
Sobra
Prožurska Luka
Okuklje
Saplunara
PARC NATIONAL DE MLJET
PUPNATSKA LUKA
SAPLUN
Pasadur
Lastovo
Lučica
Zaklopatica
Skrivena Luka
Ubli
HVAR, SPLIT
SPLIT
MOSTAR SARAJEVO
BARI
N
10 km
8
9
62
513
116
118
119
120
414
516
Rijeka
Zagreb
Osijek
Zadar
Split
Dubrovnik

Le petit corridor bosniaque qui sépare le sud de la Dalmatie du reste de la Croatie s'avère une bonne métaphore géographique ! Cette région est en effet à part. Riche de l'incomparable Dubrovnik, du célèbre parc de Mljet, de la charmante cité de Korčula, ou de la proximité des bouches de Kotor (Monténégro), elle demeure pourtant authentique et secrète derrière cette séduisante et attractive façade. L'île de Lastovo, éloignée et sauvage, l'intérieur et la côte de Pelješac, l'arrière-pays de Korčula, cachent des sites éblouissants, des villages perdus dans les collines, des petits ports sans préoccupations touristiques, offrant l'image d'une Croatie sans apprêt, paisible et heureuse. Ce cocktail unique permet aux plus pressés d'aller de merveille en merveille, et aux plus aventureux de goûter à une société rurale, intemporelle, encore épargnée par les circuits touristiques. Dubrovnik, définitivement incontournable, se trouve désormais périodiquement victime de son succès. Les foules débarquées des paquebots géants engorgent trop facilement une cité qui n'en peut plus, et dont les habitants s'exilent hors des remparts, évincés par la hausse de l'immobilier, les boutiques de souvenirs et les gargotes aux menus sans fin. Mieux vaut donc éviter le milieu de l'été pour en jouir pleinement. À Pelješac, Korčula, Mljet et Lastovo, le développement est plus mesuré, les habitants se tournent vers l'agrotourisme, améliorent la qualité de leurs vignobles, cultivent l'hospitalité et l'entreprise familiale. C'est l'assurance de riches rencontres, d'hébergements chaleureux et de tables excellentes. Quintessence de la Dalmatie, sa partie méridionale cumule donc tous les atouts.

★ ☺ DUBROVNIK

20000

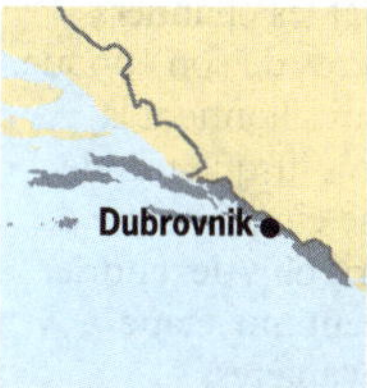

Illustre cité portuaire, ceinte de spectaculaires fortifications, la "Perle de l'Adriatique" fascine et surprend même les voyageurs les plus blasés. Inscrite sur la liste du patrimoine mondial de l'Unesco en 1979, la vieille ville de Dubrovnik regorge de palais et d'églises dont la splendeur témoigne des grandes heures de la république de Raguse. Mais au-delà des remparts et des monuments dressés, pour la plupart, sur l'artère principale du centre fortifié, n'hésitez pas à vous perdre dans les ruelles plus secrètes des hauteurs. Une infinité de chapelles et de façades ornées de bas-reliefs et de balcons ouvragés s'y dissimulent derrière des grappes de lauriers et de bougainvillées. Succès oblige, le centre historique, désormais uniquement consacré au tourisme, se trouve parfois saturé de visiteurs. Pour respirer un peu, privilégiez un logement en bord de mer à Lapad, Gruž, Babin Kuk, ou même Cavtat ou Mlini, puis rejoignez la paradisiaque Lokrum, le "jardin de Dubrovnik" : vos escapades à Stari grad ("vieille ville") n'en seront que plus aventureuses.

LA NAISSANCE D'UNE CITÉ Au VIIe siècle, les habitants de la colonie gréco-romaine d'Epidaurum (actuelle Cavtat, 19km au sud-est de Dubrovnik) se réfugient sur l'îlot rocheux de Laus pour échapper aux invasions slaves et avares. C'est ainsi que naît la petite cité commerçante de Ragusium. Placée sous la protection de Byzance, elle prospère rapidement et s'entoure de remparts, tandis qu'en face, sur la terre ferme, se développe la communauté slave de Dubrovnik (du terme *dubrava*, "forêt de chênes"). Les deux localités tissent des liens, participent aux combats des Byzantins contre les Arabes et finissent par combler le bras de mer qui les sépare au XIe siècle. Au XIIe siècle, la nouvelle ville croate est fortifiée et jouit d'un statut indépendant. Toutefois, la puissance de sa flotte suscite les convoitises de Venise, qui parvient à placer Dubrovnik sous sa domination en 1204. Cette dernière devra attendre le traité de paix de Zadar en 1358 pour recouvrer son indépendance.

LA RÉPUBLIQUE DE RAGUSE Raguse reconnaît le pouvoir des rois hungaro-croates, qui lui garantissent son entière autonomie. La république indépendante de Raguse voit alors le jour avec, à sa tête, trois conseils renouvelables tous les ans et un recteur, chef de l'exécutif élu pour un mois seulement. Les affaires politiques restent aux mains de l'aristocratie, mais le développement rapide du commerce maritime bénéficie à toute la population. Au XVe siècle, le pouvoir de Dubrovnik s'étend sur tout le Konavle, la péninsule de Pelješac, les îles de Mljet et de Lastovo. Pour garantir sa sécurité, la cité signe des accords de reconnaissance mutuelle avec Ancône, Ravenne et Pise – autant d'alliées contre Venise –, et surtout avec les Ottomans, qui viennent d'envahir la Bosnie toute proche. Moyennant un tribut annuel de 12 500 ducats, ces derniers ne traverseront jamais les Alpes Dinariques, barrière naturelle qui marque encore la frontière croato-bosnienne. Constantinople accorde également à Raguse le monopole de l'exploitation du sel dans la baie de Ston et la libre exploitation des mines d'argent et de plomb de Bosnie et de Serbie. Aux XVe et XVIe siècles, le commerce des matières premières et les chantiers navals font de Dubrovnik l'une des cités les plus prospères de son époque. Sa flotte compte près de 180 navires et 5 000 marins qui sillonnent la Méditerranée et la mer Noire, s'aventurant même parfois jusqu'en Inde et en Amérique. La république de Raguse dispose d'une cinquantaine de consulats dans de grandes villes étrangères telles que Tripoli, Alexandrie, Tunis, Tanger, Barcelone et Marseille ; Dubrovnik devient une étape majeure sur toutes les grandes routes maritimes et caravanières.
Ses somptueux palais forcent l'admiration des voyageurs, et son impressionnant système de défense prévient toute attaque extérieure. Le vent de paix, de liberté et de prospérité qui souffle alors sur la République favorise le développement des arts et de la culture. Les poètes humanistes abandonnent le latin au profit du croate, et les peintres de l'école locale rivalisent avec les grands maîtres vénitiens de la Renaissance.

DÉCLIN ET RENOUVEAU Au XVIIe siècle, l'activité commerciale de la république de Raguse pâtit du déplacement des routes maritimes vers l'Atlantique. Déjà sensiblement affaiblie, la ville doit faire face, en 1667, à un violent séisme. On compte près de 5 000 victimes, la plupart des monuments sont détruits et les navires hors service. Seuls les remparts et quelques palais échappent à la catastrophe. Reconstruite dans le style baroque, Dubrovnik se relève doucement et relance sa flotte sur les océans, mais le déclin est bel et bien amorcé. En 1806, Napoléon met fin à la République. Intégrée aux provinces Illyriennes, puis annexée par l'Empire austro-hongrois de 1815 à 1918, Dubrovnik s'efface de la scène internationale jusqu'à l'arrivée des premiers touristes, dans les années 1950. Destination phare de la Yougoslavie dans les années 1970 et 1980, l'ancienne Raguse voit défiler les visiteurs du monde entier. Les complexes hôteliers fleurissent sur les presqu'îles de Lapad et de Babin Kuk, tandis que la ville moderne s'étend autour du port de Gruž. Mais, de novembre 1991 à mai 1992, la "Perle de l'Adriatique" est assiégée par l'armée yougoslave, et le bombardement de ses joyaux, largement médiatisé, suscite l'indignation internationale. Les dégâts matériels sont cependant bien moins dramatiques que dans d'autres villes comme Vukovar et Osijek, et l'aide financière venue de l'étranger permet une reconstruction rapide des monuments. Avec le retour en masse des touristes ces dernières années, la prospérité de Dubrovnik semble de nouveau assurée.

MODE D'EMPLOI

accès

EN VOITURE

Pour le moment, seule la fameuse Magistrale, encombrée à toute heure de la journée, permet de rallier Dubrovnik en provenance du nord du pays (prévoyez 4h, voire plus, pour couvrir les 230km au départ de Split). Conservez votre passeport pour parcourir les 10km de côte bosnienne (75km au nord-ouest de Dubrovnik). La frontière du Monténégro se situe 37km au sud-est de Dubrovnik.

EN AVION

De fin mars à fin octobre, nombreux vols directs avec la plupart des capitales européennes (Paris, Bruxelles, Londres...), mais aussi avec plusieurs villes françaises. Croatia Airlines propose ainsi des départs de Paris Charles-de-Gaulle et de Nice. La compagnie Volotea assure des vols directs au départ de Bordeaux, Marseille, Nantes, Strasbourg, et EasyJet au départ de Toulouse, Lyon et Genève. Le reste de l'année, les liaisons internationales sont en revanche quasi-

Tableau kilométrique

	Dubrovnik	Kotor (Monténégro)	Orebić (Pelješac)	Šibenik	Split	Ston (Pelješac)
Kotor (Monténégro)	95					
Orebić (Pelješac)	110	200				
Šibenik	275	360	290			
Split	230	320	240	80		
Ston (Pelješac)	55	145	60	230	185	
Zadar	350	440	360	80	155	305

inexistantes. Il faut alors transiter par Zagreb (Croatia Airlines) pour rejoindre Dubrovnik par l'une des nombreuses liaisons directes quotidiennes. Comptez alors 3h15 minimum de trajet de Paris (au lieu de 2h20 pour un vol direct).

Aéroport / Zračna luka Dubrovnik L'aéroport international de Dubrovnik se trouve à Čilipi, 21km au sud de la ville. Les bus Atlas attendent l'arrivée des vols et vous conduisent au centre-ville en 30min (billet AS 40kn, AR 70kn). En taxi, comptez env. 250-300kn jusqu'à la vieille ville. *Čilipi Tél. (020) 773 100 ou (020) 773 377 www.airport-dubrovnik.hr*

www.atlas-croatia.com Dépliez l'onglet "Dubrovnik Shuttle Bus" pour consulter les horaires des navettes Atlas qui relient la ville à l'aéroport.

Croatia Airlines *Zračna luka Dubrovnik Čilipi Tél. (020) 772 255 www.croatiaairlines.com*

EN CAR

Liaisons quotidiennes fréquentes avec Zagreb (comptez env. 11h de trajet), Split et Šibenik. Un ou plusieurs départs/j. pour les villes de l'intérieur (Varaždin, Vukovar, Osijek) et vers les grandes villes des pays limitrophes (Sarajevo, Mostar, Ljubljana, Trieste...). Plusieurs bus par jour pour les bouches de Kotor (Herceg Novi, durée 1h15, env. 15€ ; Kotor, durée 2h15, env. 20€) et les principales villes du Monténégro. Horaires disponibles sur le site Internet de la gare routière, où l'on peut acheter les billets en ligne.

Gare routière / Autobusni kolodvor (plan 17, B1) Elle est située à Gruž, non loin de la gare maritime. *Obala Pape Ivana Pavla II Tél. 060 305 070 http://kolodvor.hr Ouvert tlj. 6h-21h*

EN BATEAU

La gare maritime se trouve à Gruž, 3km au nord de la vieille ville. Les compagnies Jadrolinija et G&V Line permettent de gagner en ferry l'**île de Mljet**, et en ferry ou en catamaran les **îles Élaphites** (Šipan, Lopud et Koločep, 3-5 départs/j.). La compagnie Krilo relie Dubrovnik à **Split** en passant par Mljet, Korčula, Hvar, Brač (avr.-oct. 1 fois/j.). Plusieurs petites compagnies font la liaison entre le vieux port (Stara Luka, à l'est de la vieille ville) et l'**île de Lokrum** ou le port de **Cavtat**, 24km au sud-est de Dubrovnik.

Jadrolinija (plan 17, B1) *Obala Stjepana Radića 40 Tél. (020) 418 000 www.jadrolinija.hr*

G&V Line (plan 17, B1) Liaisons avec Šipan, Mljet, Lastovo et Korčula. *Vukovarska 34 Tél. (020) 313 119 ou 091 435 77 88 www.gv-line.hr*

Krilo *Tél. (021) 645 476 www.krilo.hr*

ACI Marina Dubrovnik (hors plan 17 par B1) *Mokošica-Komolac (3km au nord-ouest de Dubrovnik, dans la baie de Rijeka Dubrovačka) Tél. (020) 455 020 www.aci-marinas.com*

Capitainerie (plan 17, B1) *Obala Pape Ivana Pavla II Tél. (020) 313 333*

saison touristique

De juin à septembre, la ville est saturée de touristes et les prix de certains hôtels peuvent tripler ! Mieux vaut éviter cette saison pour visiter Dubrovnik, et en particulier la période du Festival d'été (début juillet-fin août), où l'on atteint des sommets de fréquentation. Privilégiez les mois d'avril, mai ou octobre : l'aéroport est bien desservi en vols internationaux, la majorité des hôtels et restaurants sont ouverts, les hébergements moins chers, et vous pourrez jouir de belles journées ensoleillées aux températures clémentes : les conditions idéales pour un séjour réussi.

orientation

La cité fortifiée de Dubrovnik (Stari Grad, ou simplement Grad), entièrement piétonne, est ceinte de remparts percés de trois portes. La première, la **porte Pile** (Vrata od Pila), dans le rempart ouest, constitue l'accès principal. Elle donne sur le magnifique **Stradun**, ou **Placa**, axe majeur qui court jusqu'à la **porte Ploče** (Vrata od Ploča), ouverte dans le rempart oriental, au pied duquel s'étend le vieux port. Si vous vous garez sur l'un des parkings aménagés au nord des remparts, vous pourrez entrer dans Stari Grad par la **porte Buže** (Vrata od Buže). Enfin, sachez que les portes Pile et Ploče ont donné leur nom aux deux quartiers périphériques les plus proches. La ville moderne s'est développée à l'ouest et au nord (port de Gruž et complexes hôteliers sur les presqu'îles de Lapad et de Babin Kuk).

circuler

EN VOITURE

En été, essayer de stationner à proximité de la vieille ville peut tourner au cauchemar. Il existe plusieurs parkings payants le long du rempart nord, et à l'ouest de Pile et de la forteresse Saint-Laurent (Lovrijenac). Ils disposent de peu d'emplacements, occasionnent des bouchons redoutables et sont très chers (jusqu'à 40kn/h en saison, et amende de 800kn en cas d'infraction !). Le parking public couvert situé au nord-ouest de la vieille ville (Zagrebačka ulica bb) est lui aussi très cher (40kn/h en saison) mais bien situé, à 5min à pied de la porte Pile. Les quartiers de Boninovo, Gruž, Babin Kuk et Lapad comptent plusieurs parkings moins onéreux, que l'on peut rejoindre grâce au réseau de bus très efficace (plan 16). La meilleure option est de se garer sur le vaste parking du port de Gruž, le plus économique de tous (10kn/h et 100kn/24h), puis d'emprunter les bus qui mènent en 10min à la porte Pile (ligne 1a, 1b, 1c et 3). Ce parking est aussi tout indiqué si vous souhaitez embarquer pour une journée aux Élaphites.

EN BUS

Libertas Dubrovnik L'arrêt principal de la vieille ville est situé devant la porte Pile. Achetez votre ticket dans les kiosques à journaux ou les guichets Libertas (12kn) plutôt qu'auprès du chauffeur (15kn). Il est valable 1h avec correspondances possibles. Ticket à la journée 30kn. *Tél. 0800 1910 www.libertasdubrovnik.com Bus de 4h20 à 0h (2h30 en été) pour certaines lignes*

EN TAXI

Vous n'aurez pas de mal à trouver un taxi. Plusieurs stations autour de la vieille ville (près des portes Pile et Ploče, au nord des remparts), mais aussi dans tous les autres endroits fréquentés (port de Gruž, gare routière, Lapad, etc). Les taxis utilisent un compteur mais s'avèrent assez onéreux. Prevoyez, par exemple, 70kn pour une course entre la porte Pile et le port de Gruž (4km).

Taxi Ragusa Dubrovnik *Tél. 0800 14 41 ou (020) 333 570 www.taxidubrovnik.eu*

Taxi Service Dubrovnik *Tél. 0800 09 70 www.taxi-dubrovnik.net*

Radio taxi Dubrovnik *Tél. (020) 411 411 www.radiotaxidubrovnik.com*

informations touristiques

Plusieurs points d'informations près de la porte Pile, dans le quartier de Lapad et au port de Gruž. On peut s'y procurer entre autres les revues saisonnières gratuites *The Best in Dubrovnik, Dubrovnik in your Pocket, Dubrovnik Riviera Info*, qui recensent les événements et des informations sur les musées, les activités, les restaurants, etc. Le journal *The Dubrovnik Times*, gratuit lui aussi, publie des articles traitant de la ville et des environs proches. N'hésitez pas à consulter les sites Internet www.tzdubrovnik.hr (site officiel), www.dubrovnik-online.com, visitdubrovnik.hr ou www.lostindubrovnik.com.

Office de tourisme de Pile (plan 17, C2) *Brsalje 5 (porte Pile) Tél. (020) 312 011 www.tzdubrovnik.hr Ouvert avr.-mai, oct. : tlj. 8h-20h ; juin-sept. : tlj. 8h-21h ; nov.-mars : lun.-sam. 8h-19h, dim. 9h-15h*

Office de tourisme de Gruž (plan 17, B1) *Obala Ivana Pavla II, br. 1 (port de Gruž) Tél. (020) 417 983 Ouvert avr. : lun.-ven. 8h-20h, sam.-dim. 8h-14h ; mai, oct. : tlj. 8h-20h ; juin-sept. : tlj. 8h-21h ; nov.-mars : lun.-ven. 8h-15h, sam. 8h-13h*

Office de tourisme de Lapad (plan 17, B1) *Kralja Tomislava 7 (Lapad) Tél. (020) 437 460 Ouvert avr. : lun.-ven. 9h-16h, sam. 9h-14h ; mai : lun.-ven. 8h-12h et 17h-20h, sam. 9h-14h ; juin-sept. : tlj. 8h-20h ; oct. : lun.-ven. 8h-20h, sam.-dim. 9h-12h et 17h-20h*

Office de tourisme de Lopud *Obala I. Kuljevana 12 Tél. (020) 759 086 Ouvert mai-juin, sept. : sam.-jeu. 9h-13h et 17h-19h ; juil.-août : mer. et ven.-lun. 8h-20h, mar. et jeu. 8h-13h et 18h-20h ; oct. : sam.-jeu. 9h-16h*

Office de tourisme de Zaton *Zaton Veliki 2 Tél. (020) 891 230 Ouvert mai, oct. : lun., mer. et ven. 8h-14h, mar., jeu. et sam. 14h-20h ; juin-sept. : tlj. 8h-20h*

Office de tourisme de Šipan *Luka bb Luka Šipanska Tél. (020) 758 084 Ouvert juin, sept. : mer.-lun. 9h-13h et 17h-19h ; juil.-août : mer.-lun. 9h-13h et 18h-20h*

BILLETS GROUPÉS ET DUBROVNIK CARD

Billets musées groupés L'achat d'un billet (120kn, tarif réduit 25kn) au musée ethnographique Rupe, au musée maritime, au palais des Recteurs, au musée d'Histoire naturelle ou à l'exposition d'archéologie du fort Revelin vous donne ensuite un accès gratuit aux autres musées de cette liste.

Dubrovnik Card En vente dans la plupart des hôtels, les bureaux de l'office de tourisme, les kiosques Libertas et les agences de voyages, la Dubrovnik Card permet d'effectuer des trajets en bus, d'accéder aux remparts, à six musées (maritime, d'Histoire naturelle, ethnographique, maison de Marin Drižići, palais des Recteurs, monastère franciscain) et à deux galeries (galerie d'Art moderne, galerie Dulčić-Masle-Pulitika), tout en bénéficiant de nombreuses réductions (restaurants, boutiques, téléphérique, etc.). Trois versions : **Card 1** (190kn, valable une journée, trajets en bus illimités), **Card 3** (250kn, valable 3 jours, 6 trajets en bus dans la ville et 2 dans les environs), et **Card 7** (350kn, valable une semaine, 10 trajets en bus dans la ville et 4 dans les environs). Les Card 3j. et 7j. donnent également le droit à une visite gratuite de la maison de Vlaho

Débarquements géants

Les commerçants de la vieille ville possèdent une source d'informations précieuse : le site Internet du port de Gruž (*www.portdubrovnik.hr*), qui recense les dates et heures d'arrivée des paquebots, ainsi que le nombre de passagers. Certains jours, plus de 8 000 visiteurs débarquent pour arpenter le Stradun ! Utilisez-le à votre tour pour échapper à l'affluence...

Bukovac à Cavtat et à des réductions sur l'entrée de la réserve de Lokrum, sur les spectacles du Festival d'été, etc. La Dubrovnik Card est fournie avec un livret pratique et un plan de la ville. Rabais de 10% si vous achetez la carte sur le site Internet. *www.dubrovnikcard.com*

visites guidées et agences de voyages

Dubrovnik compte un nombre impressionnant d'agences de voyages (pas moins d'une cinquantaine !). Elles organisent des circuits en Croatie ou dans les pays limitrophes (dont le Monténégro), mais aussi des excursions à Dubrovnik ou autour, et diverses activités. Certaines proposent des locations d'appartements. En voici quelques-unes aux références solides.

Bureau des guides de l'association "Dubrovnik" / Društvo turističkih vodiča "Dubrovnik" (plan 18, B3) L'association répertorie, sur son site Internet, les coordonnées de nombreux guides susceptibles de vous accompagner dans une visite de la vieille ville, des remparts, des musées. Nombre d'entre eux parlent français. Il vous suffit ensuite de les contacter. *Sv Križa 3 Tél. (020) 323 608 ou 098 251 090 www.vodici-dubrovnik.hr*

Dubrovnik Walks (plan 17, C2) Visites guidées en anglais et en espagnol : la vieille ville (1h30, 120kn/pers.), les remparts (2h, 130kn/pers.)... *Od tabakarije 22 Tél. 095 806 4526 www.dubrovnikwalks.com*

Atlas (plan 17, C1) Visites guidées de la ville et des environs, excursions dans les villages traditionnels du Konavle, transfert vers l'aéroport, croisières dans les îles... *Vukovarska 19 (port de Gruž) Tél. 091 285 22 12 ou 0800 44 22 44 (rés.) www.atlas-croatia.com*

Elite Travel Croatia (plan 17, B1) Visites guidées de la vieille ville et des remparts, balades en buggy ou en jeep dans les environs de Dubrovnik, sorties en kayak, croisières dans les îles... *Vukovarska 17 (port de Gruž) Tél. (020) 358 200 www.elite.hr*

Sweet Travel (plan 17, C2) Cette agence, qui se targue d'avoir accueilli Brad Pitt, propose des plongées, des croisières aux îles Élaphites, des croisières à Lopud au coucher du soleil... *Gabra Rajčevića 4 Tél. 098 605 340 www.sweet-travel.hr*

Gulliver Travel (plan 17, B1) Excursions dans les vignobles du Konavle, croisières en voilier autour des îles Élaphites, visites de la vieille ville (classiques ou à thématique photo), sorties en kayak, randonnée à la demi-journée dans les environs de Dubrovnik... *Obala S. Radića 25 Tél. (020) 410 888 www.gulliver.hr*

Amico Tours (plan 18, A2) Croisières aux Élaphites, transferts de et vers l'aéroport, et une quinzaine d'appartements à louer (de 50 à 130€/nuit pour 2 pers.). *Čubranovićeva 9a Tél. 091 444 4445 www.amico-tours.com*

adresses utiles

Vous trouverez banques, distributeurs d'argent et bureaux de change dans la ville ceinte sur le Stradun et à l'extérieur des portes Pile et Ploče. Sinon, autour de la gare routière et de la gare maritime de Gruž.

Bureau de poste principal (plan 17, C2) *Vukovarska 16 Tél. (020) 413 962 Ouvert été : lun.-ven. 7h-20h, sam. 8h-16h ; hiver : lun.-ven. 8h-19h, sam. 8h-15h*

fêtes et manifestations

Fête de la Saint-Blaise / Festa Sveti Vlaho Grande procession des reliques du saint patron de la ville. Une fête primordiale pour les habitants de Dubrovnik et des villages, qui invitent leurs parents éloignés et revêtent, pour l'occasion, leurs costumes traditionnels. *2 et 3 fév.*

Le Petit Festival du théâtre Un petit festival à dimension internationale, qui ne se limite pas au seul théâtre : expositions, projections de films, concerts... *Lazarets Frana Supila bb http://lepetitfestival.com Mi-juin*

Midsummer Scene Chaque année, la forteresse Saint-Laurent sert de cadre à une pièce de Shakespeare, jouée en anglais (*Hamlet, Songe d'une nuit d'été, La Nuit des rois*). *http://midsummer-scene.com Fin juin-début juil.*

☺ **Festival d'été de Dubrovnik / Dubrovačke ljetne igre** Un événement culturel très attendu. De prestigieux concerts de musique classique, des opéras, des pièces de théâtre, des spectacles de danse... donnés dans le palais des Recteurs, le palais Sponza, les forts Revelin et Saint-Laurent, le monastère franciscain, les lazarets, le musée d'Art moderne. La séance d'inauguration, tout aussi grandiose, se déroule sur la place de la Loge (Luža). Un drapeau blanc est hissé au-dessus de la statue de Roland. *Bureau du Festival Od Sigurate 1 Tél. (020) 326 100 www.dubrovnik-festival.hr 10 juil.-25 août*

Folklor Linđo Spectacle de danses et de musiques folkloriques en plein air aux lazarets (p.506). *Tél. 099 833 06 79 www.lindjo.hr Tous les mar. et ven. à 21h30 en juil.-août (achat des billets à l'entrée)*

Orchestre symphonique de Dubrovnik / Dubrovački simfonijski orkestar Lorsqu'il n'est pas en tournée au bout du monde, cet orchestre réputé se produit régulièrement à Dubrovnik, à l'occasion de concerts de musique classique ou baroque, à l'atrium du palais des Recteurs, sur les places ou dans les églises de la ville. Programme en ligne sur le site Internet. *Ulika sv. Dominika 9 Tél. (020) 417 110 www.dso.hr*

marchés

Marché de la vieille ville / Tržnica Stari Grad (plan 18, B3 n°49) Adorable marché de primeurs et de produits locaux (lavande, huile d'olive, grappa, liqueurs aux herbes ou à la rose, etc.) sur la **place Gundulić** (p.486). *Gundulićeva poljana Tlj. 7h-13h*

Marché de Gruž / Tržnica Gruž (plan 17, B1 n°40) Marché aux poissons et aux fruits et légumes sur le port de Gruž (p.508) : idéal pour préparer un pique-nique avant de prendre le ferry. *Obala Stjepana Radića Tél. (020) 419 365 Mai-oct. : lun.-sam. 6h-20h, dim. et j. fér. 6h-11h ; nov.-avr. : lun.-sam. 6h-18h, dim. et j. fér. 6h-11h*

DÉCOUVRIR

La vieille ville

☆**Les essentiels** Le Stradun, le monastère franciscain, le palais Sponza, la place Gundulić, le palais des Recteurs, le vieux port, les remparts, le monastère dominicain, le musée maritime **Découvrir autrement** Traversez les murailles pour faire une pause ou vous baigner au Mala Buža Bar

De la porte Pile à la place de la Loge

Porte Pile / Vrata od Pila (plan 18, A2) Percée dans le rempart ouest de la vieille ville, la porte Pile en constitue l'entrée principale. Un pont de pierre et un pont-levis mènent le visiteur jusqu'au portail Renaissance (1537) surmonté d'une statue de saint Blaise. Il faut ensuite descendre un bel escalier de pierre pour passer la porte intérieure, de style gothique (1460), gardée elle aussi par le saint patron de la ville.

☆ **Stradun / Placa (plan 18, A2-B2)** La ville ceinte doit beaucoup de son élégance à cette grande artère piétonne qui la traverse d'ouest en est. Placa, ou Stradun, du vénitien *stradon*, "grand-rue", est en réalité le chenal qui séparait l'île de Laus de la terre ferme avant d'être comblé au XIe siècle. Après le séisme de 1667, ses somptueux palais gothiques et Renaissance furent remplacés par des façades baroques de calcaire blanc, simples et uniformes. Ajoutez-y de larges pavés lisses et brillants, nombre de commerces et de cafés avec terrasse, et vous comprendrez que le Stradun demeure la rue la plus fréquentée de Dubrovnik. *Entre la porte Pile et la place de la Loge*

Grande fontaine d'Onofrio / Velika Onofrijeva fontana (plan 18, A2) Cette fontaine monumentale, coiffée d'un dôme, accueille les visiteurs derrière la porte Pile. Dessinée par le Napolitain Onofrio Della Cava en 1438, elle est alimentée par une source située à 12km de Duvrovnik. L'eau douce et fraîche qui jaillit de ses 16 bouches ornées de mascarons en fait l'un des points de rendez-vous préférés des touristes comme des gens de la ville. *Place Miličević*

Couvent Sainte-Claire / Samostan Sv. Klare (plan 18, A2) Au sud de la grande fontaine d'Onofrio, ce couvent fondé au XIIIe siècle abrita en 1434 l'un des premiers orphelinats d'Europe. La terrasse du restaurant Klarisa occupe son grand cloître. *Place Miličević*

Église Saint-Sauveur / Crkva Sv. Spasa (plan 18, A2) Cette jolie petite église votive Renaissance (XVIe-XVIIe s.) propose régulièrement des expositions et des concerts de musique classique. *Entre la porte Pile et le monastère franciscain Ouvert tlj. Dates et horaires des concerts affichés sur la porte de l'église*

☆ ☺ **Monastère franciscain / Franjevački samostan (plan 18, A2)** Stratégiquement situé derrière la porte Pile et faisant pendant au monastère domini-

Dubrovnik reconnaissante

En 1991, le bombardement de Dubrovnik constitua un véritable traumatisme pour les habitants, et nombre d'entre eux n'oublieront pas l'action décisive des Français, dont Bernard Kouchner, Robert Badinter et quelques intellectuels, qui permirent de rompre le blocus. En souvenir, le président de la République croate remit en 2009 à Bernard Kouchner l'ordre du duc Trpimir, l'une des plus hautes distinctions du pays. Il fut même question de débaptiser une rue de la vieille ville en son honneur, mais le cadastre, trop ancien, ne fut finalement pas modifié...

cain établi derrière la porte Ploče, ce complexe fut édifié aux XIVe et XVe siècles. Le cloître, réalisé de 1327 à 1348 par Mihoje Brajkov, est sans conteste une admirable expression du style roman tardif, avec ses galeries soutenues par des colonnettes jumelées aux délicats chapiteaux historiés. L'autre curiosité du monastère est sa pharmacie, la plus ancienne de Croatie (1317) encore en activité. Le tout premier comptoir de cette officine est exposé au musée du monastère, avec quelques beaux objets d'art sacré. L'église (entrée côté Stradun) fut remaniée dans le style baroque après le séisme de 1667, mais elle conserve un portail gothico-Renaissance surmonté d'une splendide pietà de 1499. *Placa 2 Tél. (020) 321 410 Ouvert avr.-oct. : tlj. 9h-18h ; nov.-mars : tlj. 9h-17h Tarif 30kn, réduit 15kn*

ÉLIXIRS DE JOUVENCE

Eau de rose, de lavande, crèmes antirides ou hydratantes et autres produits de soins élaborés par les moines selon des recettes ancestrales et vendus dans un décor néobaroque de 1901, celui de la plus ancienne pharmacie de Croatie. **Pharmacie du monastère franciscain (plan 18, A2 n°47)** *Placa 2 Tél. (020) 321 411 Ouvert lun.-ven. 7h-19h, sam. 7h30-15h*

Rue Prijeko (plan 18, B2-C2) Charmante ruelle des hauteurs nord de la vieille ville, elle s'étire parallèlement au Stradun. Entre les parasols de ses restaurants pour touristes et la végétation, on distingue de superbes balcons en pierre ouvragés.

☺ **War Photo Limited (plan 18, B2)** Dans cette galerie, une exposition permanente affiche les clichés des meilleurs photographes qui ont couvert les guerres en Croatie, en Bosnie-Herzégovine et au Kosovo, révélant la violence du démantèlement de l'ex-Yougoslavie dans les années 1990. D'autres conflits (Syrie, Israël, Soudan, etc.) sont aussi mis en exergue à l'occasion d'expositions temporaires. Un lieu poignant, des photos brutes, violentes, à l'image des affrontements dont elles témoignent. *Antuninska 6 (prendre la venelle perpendiculaire au Stradun, côté nord) Tél. (020) 322 166 www.warphotoltd.com Ouvert avr., oct. : mer.-lun. 10h-16h ; mai-sept. : tlj. 10h-22h Tarif 50kn, réduit 40kn*

Synagogue / Sinagoga (plan 18, B2) Pour découvrir cette synagogue du XVe siècle, l'une des plus anciennes d'Europe encore affectées au culte, il faut s'enfoncer dans la ruelle Žudioska (des Juifs), perpendiculaire au Stradun. C'est là que vivait la communauté hébraïque de Dubrovnik, essentiellement composée de juifs expulsés d'Espagne en 1492. Leur existence n'y fut guère plus heureuse, car la ruelle devint vite un ghetto. On peut visiter la synagogue et son musée, qui recèle des Torah des XIIIe-XIVe siècles. *Žudioska 5 Tél. (020) 321 028 Ouvert mai-oct. : tlj. 9h-19h ; nov.-avr. : lun.-ven. 10h-15h Tarif 50kn*

Place de la Loge / Luža (plan 18, C2) Située à l'extrémité est du Stradun, elle constituait jadis le centre de la vie publique ragusaine, comme en témoignent les monuments qui l'entourent. Elle doit son nom à la loge aménagée au-dessus du passage voûté menant au vieux port ou à la porte Ploče (p.504), on en faisait sonner les cloches en cas de danger ou pour convoquer le Conseil majeur, organe législatif de la cité. Au milieu de la place s'élève la colonne

Plan 16 Dubrovnik, bus

Plan 17 Dubrovnik, agglomération

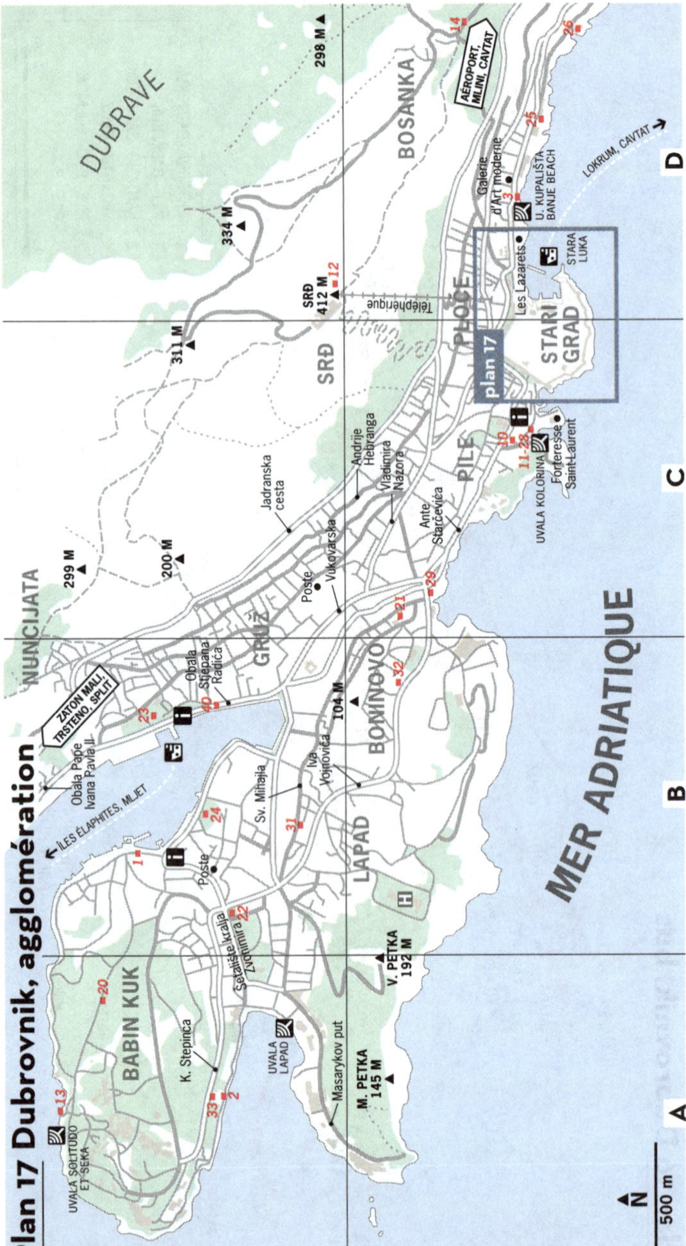

◂Plan 17

Plan 18▸

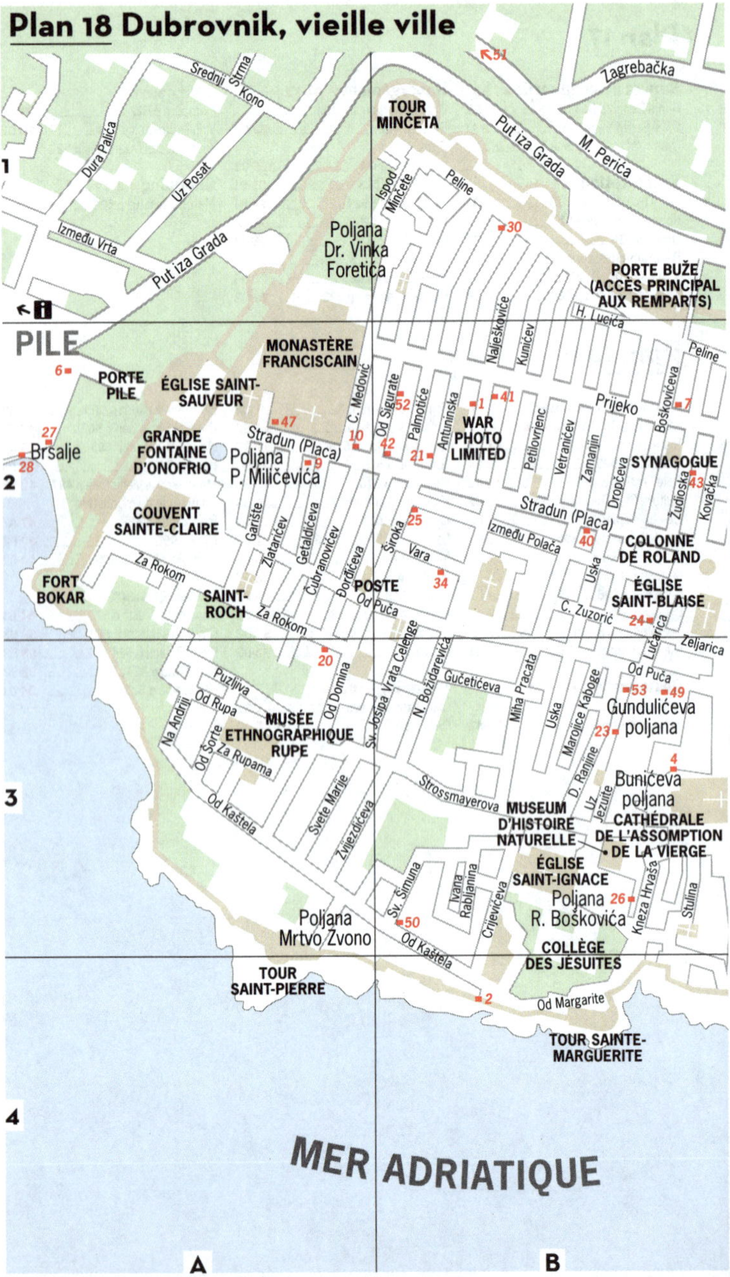

Plan 18 Dubrovnik, vieille ville
51
Zagrebačka
Srednji Strma
Kono
TOUR MINČETA
Put iza Grada
M. Perića
Đura Palića
Uz Posat
Ispod Minčete
Peline
Između Vrta
Put iza Grada
Poljana Dr. Vinka Foretića
30
PORTE BUŽE (ACCÈS PRINCIPAL AUX REMPARTS)
H. Lucića
PILE
MONASTÈRE FRANCISCAIN
Naješkoviće
Kuničev
Peline
6
PORTE PILE
ÉGLISE SAINT-SAUVEUR
C. Medović
Od Sigurate
Palmotiće
Antuninska
1
41
WAR PHOTO LIMITED
Prijeko
Boškovićeva
7
47
52
27
Brsalje
28
GRANDE FONTAINE D'ONOFRIO
Stradun (Placa)
10
42
21
Petilovrjenc
Vetranićev
Zamanjin
Dropčeva
SYNAGOGUE
Poljana P. Milićevića
9
Žudioska
43
Kovačka
1
2
3
4
COUVENT SAINTE-CLAIRE
Garište
Zlatarićev
Getaldićeva
Čubranovićev
Đorđićeva
Široka
25
Stradun (Placa)
Između Polača
40
COLONNE DE ROLAND
Vara
34
Za Rokom
Uska
FORT BOKAR
SAINT-ROCH
POSTE
Od Puča
C. Zuzorić
ÉGLISE SAINT-BLAISE
24
Za Rokom
Sv. Josipa
Vrata Celenge
N. Božidarevića
Lučarica
Željarica
20
Od Domina
Gučetićeva
Miha Pracata
Uska
Marojice Kaboge
Od Puča
53
49
Puzljiva
Od Rupa
Na Andriji
MUSÉE ETHNOGRAPHIQUE RUPE
Gundulićeva poljana
23
Od Sorte
Za Rupama
4
D. Ranjine
Uz Jezuite
Bunićeva poljana
Od Kaštela
Svete Marije
Zvijezdićeva
Strossmayerova
MUSEUM D'HISTOIRE NATURELLE
CATHÉDRALE DE L'ASSOMPTION DE LA VIERGE
ÉGLISE SAINT-IGNACE
Sv. Šimuna
Ivana Rabljanina
Crijevićeva
Poljana R. Boškovića
26
Kneza Hrvaša
Stulina
Poljana Mrtvo Zvono
50
Od Kaštela
COLLÈGE DES JÉSUITES
TOUR SAINT-PIERRE
2
Od Margarite
TOUR SAINTE-MARGUERITE
MER ADRIATIQUE
A
B

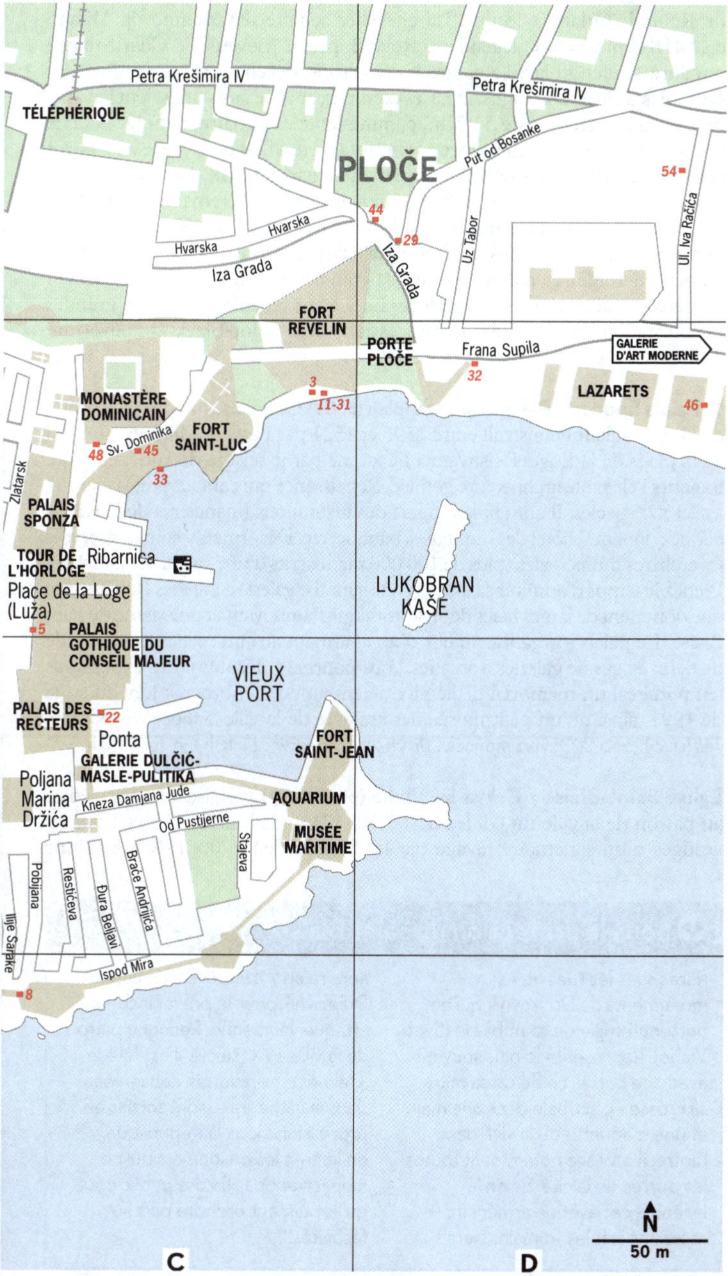

Petra Krešimira IV
TÉLÉPHÉRIQUE
Petra Krešimira IV
PLOČE
Put od Bosanke
54
Hvarska
Hvarska
Iza Grada
44
29
Iza Grada
Uz Tabor
Ul. Iva Račića
FORT REVELIN
PORTE PLOČE
Frana Supila
GALERIE D'ART MODERNE
32
LAZARETS
46
3
11-31
MONASTÈRE DOMINICAIN
FORT SAINT-LUC
Sv. Dominika
48
45
33
Zlatarsk
PALAIS SPONZA
TOUR DE L'HORLOGE
Ribarnica
Place de la Loge (Luža)
LUKOBRAN KAŠE
5
PALAIS GOTHIQUE DU CONSEIL MAJEUR
VIEUX PORT
PALAIS DES RECTEURS
22
Ponta
FORT SAINT-JEAN
GALERIE DULČIĆ-MASLE-PULITIKA
Poljana Marina Držića
Kneza Damjana Jude
AQUARIUM
Od Pustijerne
Stajeva
MUSÉE MARITIME
Pobljana
Restićeva
Đura Beljavi
Braće Andrijića
Ilije Sarake
Ispod Mira
8
N
50 m
C
D

de Roland (Orlandov Stup). Le chevalier sculpté par Bonino da Milano en 1418 représente le légendaire Roland, preux "neveu" de Charlemagne qui aurait défendu la ville contre les Sarrasins, devenant de ce fait l'un des symboles de la liberté ragusaine. Les commerçants de jadis utilisaient l'avant-bras de la statue, long de 51,2cm, comme unité de mesure, d'où la "coudée ragusaine". La tour de l'Horloge (31m) fut érigée à l'est de la place en 1444 et restaurée en 1929 dans un habit de pierre peu harmonieux. À droite se dresse le palais du Conseil majeur, édifice gothique entièrement remanié aux XVIIIe et XXe siècles et aujourd'hui occupé par le théâtre et le Gradska Kavana (p.496). Devant, vous pourrez vous désaltérer à la jolie petite fontaine d'Onofrio (Mala Onofrijeva fontana), réalisée comme sa grande sœur en 1438. Elle alimentait le marché qui se tenait sur la place. La Luža accueille encore les grandes manifestations locales, telles les processions de la Saint-Blaise et l'ouverture du Festival d'été.

☆ **Palais Sponza / Palača Sponza (plan 18, C2)** Ce palais, l'un des plus beaux de Dubrovnik, fut construit entre 1506 et 1521 par Paskoje Miličević au nord de la place de la Loge. Relativement épargné par le séisme de 1667, il arbore toujours l'élégante architecture gothico-Renaissance qui caractérisait la cité aux XVe et XVIe siècles. Il abritait la plupart des institutions financières de la République : douanes, hôtel des monnaies, banque, etc. Désormais y sont conservées les archives municipales (plus de 100 000 manuscrits d'une valeur inestimable). Prenez le temps d'admirer sa façade : une superbe galerie à arcades Renaissance que dominent de larges baies de style gothique flamboyant et une statue de saint Blaise. Le palais s'organise autour d'un charmant atrium rectangulaire bordé de deux étages de galeries à arcades. Vous pourrez y découvrir des expositions temporaires, un mémorial dédié aux défenseurs de Dubrovnik lors du siège de 1991, ainsi qu'un petit musée des archives de la ville. *Espace d'exposition Tél. (020) 321 032 Ouvert mai-oct. : tlj. 9h-22h ; nov.-avr. : tlj. 10h-15h Tarif 25kn*

Église Saint-Blaise / Crkva Sv. Vlaha (plan 18, B2) L'église baroque dédiée au patron de la ville fut édifiée de 1707 à 1715 par Marino Gropelli sur les vestiges d'un sanctuaire ravagé par les flammes en 1706. Précédée d'une

Sous la protection de saint Blaise

Rares sont les rues et les monuments de Dubrovnik qui ne portent l'effigie de saint Blaise (Sveti Vlaho). Représenté le plus souvent avec une barbe, coiffé de sa mitre, sa crosse épiscopale dans une main et une maquette de la ville dans l'autre, il protège notamment toutes les portes de la cité. Selon la légende, cet évêque arménien, assassiné par les Romains, serait apparu en 791 en rêve à un curé de Dubrovnik pour le prévenir d'une attaque vénitienne. Reconnu patron de la ville au Xe siècle, il est fêté le 3 février : ses reliques, conservées dans la cathédrale, sont sorties en procession. Sous la République, on libérait les prisonniers qui ne menaçaient pas l'ordre public pour qu'ils puissent prendre part aux festivités.

volée de marches et surmontée d'un dôme, la façade principale est ornée de statues, de pilastres et de frises baroques. L'intérieur est tout aussi riche. La statue en argent doré de saint Blaise tenant une maquette de Raguse trône dans le chœur. Cette œuvre du xve siècle, qui aurait miraculeusement échappé à l'incendie de 1706, tient une place particulière dans le cœur des habitants de Dubrovnik et lors des processions de la Saint-Blaise, les 2 et 3 février, cf. fêtes et manifestations (p.485). *Ouvert juil.-août : tlj. 8h-16h ; sept.-juin : lun.-sam. 8h-12h et 16h-17h, dim. 9h-12h*

Où s'offrir un bijou original ?

☺ **Clara Stones (plan 18, B2 n°41)** Dans cette boutique, les bijoux sont conçus avec du corail rouge (Corallium rubrum) provenant pour l'essentiel des profondeurs de l'Adriatique et, dans une moindre mesure, avec du corail polynésien, tirant sur l'orangé. Nikola vous expliquera (en français) comment différencier ces coraux, mais aussi comment l'on confectionne les perles et les figurines. Passionnant. Prix à partir de 190kn et jusqu'à… 20 000kn. *Nalješkovićeva 8 Tél. (020) 321 140 www.clarastones.com Ouvert tlj. 9h30-0h*

Où faire du shopping gourmand ?

Uje (plan 18, B2 n°40) Huile d'olive, oranges confites, gâteau de figues, confitures, fruits secs, olives et pâte d'olives… autant de délicieux produits venant uniquement de Croatie, tout comme les jolis objets en bois d'olivier (planches à découper, couverts, plats, etc.). *Placa 5 Ouvert juil.-sept. : tlj. 9h-0h Horaires variables hors saison*

☺ **Vinoteka Miličić (plan 18, B2 n°42)** Cette famille de viticulteurs établie sur la presqu'île de Pelješac vous réservera un accueil charmant. Elle vend ici ses propres crus, mais aussi quelques références issues d'autres domaines locaux ou venant de l'étranger. Une bonne occasion de vous laisser tenter par des vins rouges croates puissants, comme le *dingač* ou le *postup*, qui comptent parmi les plus réputés. À moins que vous ne préfériez un *pošip* (blanc) de l'île de Korčula. Une bouteille coûte entre 35 et 150kn. *Placa 24 Tél. (020) 321 777 ou 098 407 218 Ouvert avr.-juin : tlj. 9h-21h ; juil.-sept. : tlj. 9h-22h ; oct.-mars : lun.-sam. 9h-15h*

Où dénicher des produits de beauté très nature ?

☺ **House of Nature (plan 18, B2 n°43)** À deux pas de la place de la Loge, cette boutique aux originales étagères en bois est une véritable bouffée de nature. Ana, la sympathique propriétaire, vous vantera les bienfaits des crèmes pour le visage, du gommage à la cannelle, des laits pour le corps aux senteurs d'immortelles, et d'autres produits tous plus séduisants les uns que les autres. Surtout lorsque l'on apprend que l'ensemble est fabriqué à partir des fruits et des plantes de son domaine, sur l'île de Korčula. Comptez de 100 à 250kn, selon le produit. *Žudioska 4 Tél. 098 130 4758 Ouvert mars-déc. : tlj. 9h-21h*

Où savourer une glace ?

Sladoledarna (plan 18, A2 n°9) Face au monastère des Franciscains, un attroupement se forme régulièrement en été devant l'enseigne qui vend parmi les meilleures glaces intra-muros : chez Sladoledarna, on est glacier de père en fils depuis trois générations, et les bonnes recettes se perpétuent. Faites votre choix parmi les 32 variétés de parfums, dont 6 sorbets, sans trop hésiter, car, derrière, ça se bouscule ! Ensuite, il ne reste qu'à déguster, avant d'aller se nettoyer les mains dans la grande fontaine d'Onofrio voisine. Tarif 10kn/boule avec cornet classique, supplément 2kn pour un grand cornet. *Placa 17 Tél. 099 771 5143 Ouvert fév.-juin, sept.-nov. : tlj. 9h-0h ; juil.-août : tlj. 9h-2h*

☺ **Dolce Vita (plan 18, B2 n°1)** L'adresse fétiche des habitants de Dubrovnik qui viennent s'y attabler dans la petite salle ou en terrasse pour profiter d'un large choix de coupes de glaces à des prix raisonnables (30-35kn). La maison est tout aussi recommandable pour son expresso (7kn), ses crêpes (18kn), sa limonade (12kn) ou ses milk-shakes (22kn). *Nalješkovićeva 1a Tél. (020) 321 666 Ouvert tlj. 9h-0h*

Où faire une pause café, boire un verre ?

Café Festival (plan 18, A2 n°10) Cet établissement datant de 1927 est tout aussi agréable à l'intérieur (beau comptoir en bois) qu'à l'extérieur où il déploie une vaste terrasse sur le Stradun. Idéal pour boire un café le matin, faire une pause-goûter l'après-midi et se régaler d'un gâteau (cheesecake, tiramisu, tartes aux fruits, 40 à 60kn) ou d'une coupe de glace. Également des sandwichs, des burgers et quelques plats. *Placa 28 Tél. (020) 321 148 Ouvert tlj. 7h-2h*

☺ **Matuško-D'Vino Wine Bar (plan 18, B2 n°7)** Ce bar à vins aux allures de club anglais commercialise les vins Matuško. Le propriétaire, Mato Violic, a créé son propre vignoble en 1998, avec son cépage préféré, le *plavac mali*. Vous pourrez déguster ses vins de grande qualité dans les meilleures conditions, et pourquoi pas vous offrir une bouteille à ramener dans vos bagages. Vin au verre 30-100kn. *Prijeko 6 Tél. (020) 742 399 ou 099 807 0802 www.matusko-vina.hr Ouvert juin-sept. : tlj. 10h-1h ; oct.-déc., fév.-mai : tlj. 10h-0h*

Gradska Kavana (plan 18, C2 n°5) Avec ses hauts plafonds et sa ravissante terrasse, le Gradska Kavana, véritable institution, rappelle les cafés viennois de jadis. *Pred Dvorom 1 (à côté du palais des Recteurs et face à l'église Saint-Blaise) Tél. (020) 321 202 ou 098 983 08 31 Ouvert juil.-août : tlj. 8h-2h ; sept.-juin : tlj. 8h-0h*

S'offrir un moment zen

Icona (plan 18, B2) Des espaces élégamment décorés façon asiatique et une atmosphère feutrée : ici, l'équipe d'Icona pratique les massages thaïs, des soins très complets qui combinent le modelage musculaire et des pressions sur des points précis d'acupuncture. De quoi vous relaxer et vous redonner aussi de l'énergie. De 395 à 1 200kn pour 1 à 2h de massage. *Od Sigurate 4 Tél. (020) 322 244 www.iconathaispa.com Ouvert tlj. 10h-20h*

Autour de la place Gundulić

☆ **Place Gundulić / Gundulićeva poljana (plan 18, B3)** Difficile de ne pas être séduit par cette jolie place aérée, bordée de sobres façades en pierre ocre, comme celle de l'hôtel Pucić, et égayée de terrasses de bars et de restaurants. Une statue du poète ragusain Ivan Gundulić (1589-1638), réalisée par Ivan Rendić en 1892, veille chaque matin sur un petit **marché** aux fruits et aux légumes.

☆ ☺ **Palais des Recteurs / Knežev dvor (plan 18, C3)** Le palais le plus somptueux et le plus visité de Dubrovnik est aussi le plus emblématique de

SOUVENIRS GOURMANDS

Sur la belle place carrée, où trône la grande statue d'Ivan Gundulić, se tient blotti sous les parasols rouge et blanc le petit marché de la vieille ville. Selon la saison, vous y trouverez fruits et légumes de petits producteurs de la région, huile d'olive, figues sèches, miel et souvenirs originaux à emporter. À midi, les pigeons se donnent rendez-vous ici pour recevoir des kilos de maïs en guise de repas : ballet ornithologique garanti.

Marché de la vieille ville / Tržnica Stari Grad (plan 18, B3 n°49)
Gundulićeva poljana
Ouvert tlj. 7h-13h Tlj. 7h-13h

la république de Raguse. C'est là, en effet, que travaillait et vivait le recteur, chef de l'exécutif élu pour un mois seulement. Il occupait seul ce palais et ne le quittait que pour affaire d'État, se voyant remettre, chaque soir, les clés des deux portes de la ville. L'édifice abritait aussi la salle des Conseils (législatif pour le Conseil majeur, judiciaire pour le Conseil mineur, le Sénat ayant la haute main sur la diplomatie, les finances et l'Intérieur), les administrations, les prisons, l'arsenal et sa poudrière. Les explosions qu'a connues cette dernière et le séisme de 1667 expliquent l'aspect éclectique de la construction. Le palais gothique à un étage (début XVe s.), bâti par Onofrio Della Cava sur les restes d'une maison forte, fut restauré et agrandi moins d'un siècle plus tard par les grands maîtres de la Renaissance auxquels on doit notamment les splendides chapiteaux historiés du portique et de l'atrium. Les rénovations de la fin du XVIIe siècle apportèrent les influences baroque et rococo qui caractérisent l'escalier de l'atrium. Remarquez, dans ce dernier, la petite fontaine gothique d'Onofrio et le buste de Miho Pracat (1522-1607), riche armateur de l'île de Lopud qui légua sa fortune à la République. Il s'agit de l'unique portrait d'un citoyen jamais sculpté à Raguse. Après avoir jeté un coup d'œil aux anciens cachots, grimpez à l'étage visiter les collections du **musée d'Histoire culturelle de Dubrovnik**. Vous y découvrirez une reconstitution des appartements du recteur : portraits, armoiries, mobilier baroque, etc. Des tableaux, des objets du quotidien, des armes, des collections de pièces, allant du XVIe au XIXe siècle, sont également exposés. *Pred Dvorom 1 Tél. (020) 321 422 Ouvert avr.-oct. : tlj. 9h-18h ; nov.-mars : tlj. 9h-16h Tarif 120kn, réduit 25kn (billet incluant l'entrée au musée maritime, au musée Rupe, etc.) Entrée comprise également dans la Dubrovnik Card*

Galerie Dulčić-Masle-Pulitika / Galerija Dulčić Masle Pulitika (plan 18, C3) Cette annexe de la galerie d'Art moderne de Ploče (p.506) occupe une vénérable maison adossée au rempart, à deux pas du palais des Recteurs. Comme son nom l'indique, elle présente des toiles de trois peintres locaux réputés pour leur palette éclatante, Ivo Dulčić (1916-1975), Antun Masle (1919-1967) et Đuro Pulitika (1922-2006), et aussi d'autres œuvres puisées dans le fonds du musée, pour en promouvoir la visite. Elle accueille également des expositions temporaires. *Držićeva poljana 1 Tél. (020) 323 172 Ouvert mar.-dim. 9h-20h Tarif 120kn, réduit 25kn (entrée comprise dans la Dubrovnik Card)*

☆ ☺ **Vieux port / Stara Luka (plan 18, C3)** L'un de nos endroits préférés à Dubrovnik pour une flânerie ensoleillée, rythmée par la valse des bateaux de pêche et des vedettes touristiques. On en viendrait presque à oublier qu'au temps de la République le port était la partie la plus vulnérable de la cité. Les forts Saint-Luc, au nord, et Saint-Jean, au sud, en assuraient la défense. Le brise-lames en pierre fut réalisé en 1484 pour remplacer la chaîne et les poutres que l'on tendait la nuit entre ces deux bastions afin de barrer l'entrée du port.

Cathédrale de l'Assomption-de-la-Vierge / Katedrala Uzne-senja Marijina (plan 18, B3) Les fouilles effectuées en 1981 sous ses fondations ont prouvé l'existence d'une basilique du VIe siècle. Ces vestiges paléochrétiens ne se visitent pas plus que ceux du sanctuaire roman élevé au XIIe siècle. Ce dernier aurait, selon la légende, été construit grâce à un don de Richard Cœur de Lion, qui souhaitait remercier la Vierge de l'avoir sauvé d'un naufrage au large de Lokrum. La cathédrale actuelle fut érigée de 1672 à 1713 dans le style baroque. La façade doit son caractère monumental à sa décoration profuse : colonnes corinthiennes, large fronton, balustrades, niches, statues, etc. Par contraste, l'intérieur paraît bien sobre, tout de blanc revêtu et largement éclairé par une haute coupole. Après avoir longé les autels latéraux, en marbre polychrome pour certains, vous observerez, dans le chœur, un polyptyque de la Vierge attribué à l'atelier du Titien (XVe-XVIe s.). Mais le clou de la visite se cache dans une petite salle à gauche du chœur : il s'agit du **trésor** de la cathédrale (Riznica), jalousement gardé comme au temps de la République quand chacune de ses trois clefs était détenue par un haut dignitaire. Parmi la multitude d'objets présentés, dont beaucoup de reliquaires, les plus remarquables sont mis en valeur dans une vitrine à l'entrée. Notez en particulier les trois reliquaires de saint Blaise : celui qui renferme la jambe (1684), en or ; celui du bras droit (XIIe s.), en or et émaux, œuvre d'orfèvres de Dubrovnik ; celui du crâne (XIIe s.), aux plaquettes d'or ornées d'émaux ouvragés par des maîtres byzantins. Les deux derniers ne quittent la cathédrale que lors des processions de la Saint-Blaise, cf. fêtes et manifestations (p.485). Dans un registre moins macabre, un ravissant plateau en argent doré de 1550 s'orne de lézards, serpents, tortues, poissons... *Ouvert avr.-oct. : lun.-sam. 9h-16h, dim. 11h-17h ; nov.-mars : lun.-sam. 9h-12h, dim. 11h-12h* **Trésor** *Ouvert lun.-sam. 8h-19h30, dim. 11h-16h Tarif 20kn*

Musée d'Histoire naturelle / Prirodoslovni muzej Dubrovnik (plan 18, B3) En montant vers l'église Saint-Ignace, faites une incursion dans la ruelle Androvićeva et poussez la porte de ce petit musée qui propose des expositions temporaires sur la faune et la flore locales, une jolie collection de papillons et des animaux empaillés. La partie la plus intéressante est à découvrir au deuxième étage. Là une exposition très artistique et originale intitulée “Sous Pression” permet de se familiariser avec la vie des grands fonds via des panneaux explicatifs, des dessins, des tablettes tactiles, avant de s'immerger dans un univers sous-marin reconstitué où flottent quelques poissons à peine éclairés par les lumières d'une boule à facettes. Une musique planante vient conforter l'impression d'une plongée dans le monde des grandes profondeurs. *Androvićeva 1 Tél. (020) 324 888 www.pmd.hr Ouvert juin-oct. : lun.-sam. 10h-18h ; nov.-mai : lun.-ven. 10h-17h, sam. 10h-14h Tarif 120kn, réduit 25kn (billet incluant l'entrée au musée maritime, au musée Rupe, etc.) Entrée comprise également dans la Dubrovnik Card*

Église Saint-Ignace / Crkva Sv. Ignacija (plan 18, B3) De la place Gundulić un escalier magistral, dessiné par Pietro Passalacqua en 1738, grimpe jusqu'à l'église baroque des Jésuites (1725) et jusqu'au collège Ragusain (1669-1703), perchés sur les hauteurs sud-est de la vieille ville. La façade massive de l'église vous touchera sans doute moins que les immenses fresques en trompe l'œil de son abside. Réalisées par le peintre espagnol Gaetano Garcia en 1737-1738, elles illustrent la vie de saint Ignace, entouré d'une foule d'angelots. Vous remarquerez au fond de l'église, à droite de l'entrée, une surprenante reconstitution de la grotte de Lourdes. *Ouvert avr.-oct. : tlj. 7h-20h ; nov.-mars : tlj. 7h-19h Messe en anglais mai-oct. : dim. 11h*

Les remparts et leurs abords

☆ ☺ **Remparts / Gradske Zidine (plan 18, A2-A1-B1)** Si vous n'avez que quelques heures à consacrer à la visite de Dubrovnik, n'hésitez pas : c'est en faisant le tour de ses remparts que vous mesurerez l'ampleur et la beauté de la "Perle de l'Adriatique". Le chemin de ronde dévoile des perspectives magnifiques sur les clochers, les dômes, les toits de tuiles et les jardinets de la ville fortifiée, et permet de distinguer sa structure : au sud du Stradun, l'axe principal, un quartier à la trame irrégulière et, au nord, des venelles qui se croisent à angle droit. Tout aussi grisantes, les vues sur la mer et sur l'île de Lokrum deviennent magiques au coucher du soleil. Mais la promenade sur les remparts est surtout l'occasion d'admirer l'ingéniosité du système de défense ragusain. Conçue au XIIIe siècle et renforcée au XVe siècle face à la

Dubrovnik au royaume des Sept Couronnes

Fans de la série *Game of Thrones* (*Le Trône de fer*), vous êtes ici à Port-Réal, siège du pouvoir royal ! Dubrovnik est en effet l'un des principaux lieux où ont été tournées les aventures de Cersei, Joffrey, Tyrion ou Sansa ! Beaucoup s'amusent à suivre les traces de leurs héros, de la forteresse Saint-Laurent (p.508) à la porte Pile (p.486), en passant par les remparts et la tour Minčeta (p.499), sans oublier les marches d'Ulica uz Jezuite (plan 18, B3), théâtre de la terrible "marche de la honte" de la reine Cersei. Vous pouvez chercher les ressemblances vous-mêmes, ou suivre l'un des nombreux "Game of Thrones Tours". Mais Dubrovnik n'est pas seule en Croatie à avoir accueilli les tournages de la série : l'arboretum de Trsteno (p.511) sert ainsi de cadre aux jardins de Port-Réal, la forteresse de Klis (p.423) à la cité de Meereen, l'île de Lokrum (p.509) à celle de Qarth, et même les sous-sols du palais de Dioclétien à Split (p.410) ont participé à l'intrigue, en retenant prisonniers les dragons de Daenerys !

Tour The Game of Thrones (plan 17, B1) *Marka Marojice 11 Tél. 091 200 86 95 www.tourthegameofthrones.com*

Game of Thrones Dubrovnik Tours (plan 17, B1) *Od Batale 6 Tél. 098 175 17 75 www.game-of-thrones-dubrovnik-tour.com*

GEOPLUS

Trois jours à Dubrovnik

Icône du patrimoine croate et méditerranéen, Dubrovnik possède plusieurs visages. Attirant tous les regards, la vieille ville, fascinant bijou architectural parfaitement préservé au sein de ses remparts, est entourée d'une agglomération moderne déconcertante, sans réel centre. La cité ne renie pas non plus son identité balnéaire tranquille, sur les îles proches telle Lokrum, et dans les villages côtiers des environs comme Cavtat. Autant d'aventures à vivre en suivant les conseils ci-dessous le temps d'un long week-end.

Vendredi

Au programme, une déambulation dans les ruelles chargées d'histoire de la "Perle de l'Adriatique", avec quelques pauses méritées, surtout en été, où la chaleur peut être étouffante.

MATINÉE

Petit déjeuner **Dubravka 1836** (p.518) Avant d'emprunter le pont et de franchir la porte Pile, profitez de la place Braslje en prenant place à une table de cette brasserie. Offrez-vous un solide petit déjeuner et laissez-vous séduire par le panorama que dessinent les fortifications de la vieille ville, la mer et la forteresse Saint-Laurent.

9h30 **Stradun** (p.487) Déambulez sur cette grande artère piétonne, admirez-en les perspectives splendides et les façades finement sculptées.

10h **Gradska Kavana** (p.496) Cette institution de la place de la Loge est le lieu idéal pour observer le va-et-vient des passants venus admirer la colonne et la statue de Roland ou la majesté du **palais Sponza** (p.494).

10h30 **Palais des Recteurs** (p.496) Le plus beau palais de Dubrovnik en porte aussi toute l'histoire architecturale, avec ses multiples styles.

12h **Cathédrale de l'Assomption-de-la-Vierge** (p.498) À deux pas du Palais, offrez-vous la visite des trésors fantastiques de la cathédrale de Dubrovnik.

Déjeuner **Kamenice** (p.516) Place Gundulić, à côté des étals du marché, encore garnis pour certains, les tables ombragées de ce restaurant sont providentielles.

APRÈS-MIDI

14h **Musée ethnographique Rupe** (p.503) Flânez le long des ruelles comprises entre le Stradun, Od Puča et Strossmayerova, aux multiples échoppes, et poussez jusqu'au musée ethnographique Rupe.

15h30 **Musée Maritime** (p.504) Empruntez la rue Strossmayerova jusqu'à la placide esplanade de l'**église Saint-Ignace** (p.499), puis poursuivez jusqu'au **musée maritime**, indispensable !

17h **Remparts** (p.499) Accédez à l'entrée des remparts à proximité du musée pour en entamer le parcours. La lumière déclinante révèle tous les charmes de la cité fortifiée.

Pause drink et baignade **Mala Buža Bar** (p.505) Débusquez l'entrée anonyme de ce bar accroché au pied de la muraille et, confortablement installé, un cocktail à la main, profitez de la vue sur Lokrum. Rien ne vous empêche non plus de descendre sur la petite plage au pied du bar et faire quelques brasses.

SOIRÉE

Dîner **Lokanda Peskarija** (p.516) Il est l'heure de rejoindre le port. Commencez par vous attabler chez Lokanda Peskarija pour déguster un plat de moules, une salade de poulpe ou un risotto dans une joyeuse animation. Accordez-vous ensuite quelques pas sur le brise-lames qui barre l'entrée de la rade. Les remparts et le port illuminés, la douce litanie du ressac et les couples d'amoureux alanguis composent un tableau parfait.

22h **The Troubadour** (p.515) Terminez votre journée au son du jazz, de la soul ou du swing à la terrasse de ce bar populaire de la place Bunićeva poljana.

Samedi

Après avoir encore un peu musardé dans la cité fortifiée, évadez-vous jusqu'à Lokrum, jardin de Dubrovnik. Le contraste est saisissant et la vue sur la ville, depuis le Fort royal, imprenable. De retour sur le continent, visitez la galerie d'Art moderne dans le quartier de Ploče avant de vous téléporter au sommet du mont Srđ.

MATINÉE

Petit déjeuner **Café Festival** (p.496) Pour un café accompagné d'un croissant ou d'un cheesecake sur la vaste terrasse bordant le Stradun.

10h **Monastère franciscain** (p.487) Le cloître est charmant, la visite brève mais impressionnante, grâce à ses remarquables reliquaires finement ouvragés et à la pharmacie, une curiosité historique et inattendue.

10h45 **War Photo Limited** (p.488) Une autre visite, tout aussi courte et intéressante que la précédente. Les images de conflits signés des meilleurs photographes européens rappellent que la guerre est ici toujours présente dans les mémoires.

Pique-nique **Île de Lokrum** (p.509) Embarquez pour Lokrum, puis pique-niquez sous les oliviers centenaires avant de grimper au Fort royal pour la vue sublime. En redescendant, trouvez un rocher plat près de l'embarcadère pour une pause baignade.

APRÈS-MIDI

17h **Galerie d'Art moderne** (p.506) De retour au port, sortez de la ville close par l'imposante porte Ploče et admirez les peintures d'artistes de la région.

Pause apéritive **Mont Srđ** (p.506) Prenez place dans le téléphérique pour atteindre le sommet qui domine Dubrovnik : vue de si haut, presque à l'à-pic de la cité, la Perle de l'Adriatique provoque une nouvelle émotion d'émerveillement. Admirez le panorama complet en sirotant un cocktail à la terrasse du bar d'altitude (p.520), et imaginez un instant la position des assaillants qui bombardaient d'ici la ville assiégée...

SOIRÉE

Dîner **Zuzori** (p.517) Régalez-vous simplement d'un risotto ou d'un plat de pâtes. Si vous faites l'impasse ➤

sur l'entrée, ne boudez pas les desserts.
En piste ! **Banje Beach** (p.507) Pour danser au bord de l'eau avec la vieille ville illuminée en ligne de mire.

Dimanche

En explorant les quartiers de Lapad, Babin Kuk et Gruž, vous aurez une vision plus complète de Dubrovnik, étrange cité de plus de 43 000 habitants, encaissée sur un bord de mer vallonné. Avec Cavtat, plus au sud, on touche au charme d'une petite citée balnéaire.

MATINÉE

Petit déjeuner **Babin Kuk** (p.508) Rejoignez l'avenue piétonne Šetalište kralja Zvonimira et choisissez une terrasse pour siroter un café avant de prendre un bain sur la **plage de Lapad** (p.509), au bout de l'avenue.
10h30 **Baie de Gruž** (p.507) Sautez dans un bus : le port de Gruž est tout proche. Les quais où s'alignent les goélettes d'inspiration vaguement barbaresque sont bordés de gargotes, bars et commerces. Le petit parc qui épouse le fond de la baie accueille les amoureux et les pêcheurs. Sur ses pelouses, quelques reliques blindées du dernier conflit sont définitivement plus loufoques que solennelles.
Déjeuner **Sesame Tovjerna** (p.520) Sur le chemin du retour vers la ville close, arrêtez-vous à cette table particulièrement appréciée des habitants, et réputée bien au-delà de Dubrovnik. Des plats de gourmets dans un décor sans apprêt.

APRÈS-MIDI

14h30 **Cavtat** (p.512) Au départ du vieux port, embarquez sur l'une des navettes privées qui assurent la liaison avec Cavtat. Laissez-vous guider par vos pas : les ruelles piétonnes du village médiéval, les palais Renaissance qui toisent la Méditerranée, la maison natale de Vlaho Bukovac, l'imposant mausolée des Račić seront autant d'étapes qui rythmeront votre après-midi. À moins que vous ne préféreriez profiter des criques rocheuses ou du simple farniente le long des quais, en bord de mer.

SOIRÉE

Dîner **Galija** (p.521) Sûrement la meilleure table de la baie de Cavtat. Laissez-vous surprendre par un poulpe flambé, des calamars farcis ou des crevettes grillées au miel. N'oubliez pas votre navette de retour !

menace turque, cette formidable enceinte s'étire sur près de 2km, atteignant jusqu'à 24m de hauteur et 6m de largeur côté terre. Le plus haut et le plus impressionnant de ses nombreux bastions est la **tour Minčeta** (Tvrđava Minčeta), élevée à partir de 1319 dans l'angle nord-ouest pour prévenir les attaques terrestres (plan 18, B1). Cette construction quadrangulaire fut doublée, aux XVe et XVIe siècles, d'une structure ronde imaginée par Georges le Dalmate (Juraj Dalmatinac) et le Florentin Michelozzo di Bartolomeo. Un panorama spectaculaire vous attend sur sa terrasse. Le rempart oriental est dominé par l'imposante silhouette du fort Saint-Jean (Tvrđava Sv. Ivan), érigé du XIVe au XVIe siècle, avec le fort Saint-Luc, pour défendre le vieux port (plan 18, C2-C3). Trois buvettes jalonnent le parcours, la plus importante (au sud-est) dispose même de quelques tables ombragées. Attention, si vous êtes de haute stature et sujet au vertige, certains passages du chemin de ronde sont impressionnants. Prudence. Comptez 1h de balade pour faire le tour. *Entrée principale sur la gauche de la porte Pile, entrées secondaires au niveau de la porte Ploče et du fort Saint-Jean Tél. (020) 324 641 Ouvert avr.-mai : tlj. 8h-18h30 ; juin-juil. : tlj. 8h-19h30 ; août-mi-sept. : tlj. 8h-19h ; mi-sept.-oct. : tlj. 8h-18h ; nov.-mars : tlj. 9h-15h Tarif 150kn, réduit 50kn (entrée comprise dans la Dubrovnik Card)*

Musée ethnographique Rupe / Etnografski muzej Rupe (plan 18, A3) Dissimulé dans une ruelle du sud-ouest de la vieille ville, l'édifice qui abrite le musée ethnologique est l'un des plus surprenants de Dubrovnik. Il s'agit d'un grenier construit de 1542 à 1590 par les Ragusains en vue de pouvoir soutenir un siège ou une famine. Il en existait d'autres dans la ville, notamment dans les monastères, mais celui-ci était le plus important, avec ses 15 silos de 15m de profondeur chacun et d'une capacité totale de stockage de 1 200t. Après avoir jeté un coup d'œil au fond de ces fameux "trous" (*rupe*), grimpez dans les étages découvrir les collections consacrées à l'artisanat, aux costumes, aux bijoux et aux instruments de musique traditionnels. Succinct, mais non dénué d'intérêt. *Od Rupa 3 Tél. (020) 323 013 Ouvert mer.-lun. 9h-16h Tarif 120kn, réduit 25kn (billet incluant l'entrée au palais des Recteurs, au musée maritime, etc.) Entrée comprise dans la Dubrovnik Card*

☆ ☺ **Monastère dominicain / Dominikanski samostan (plan 18, C2)** La communauté dominicaine s'établit à Dubrovnik en 1225 près de la porte Ploče, au nord-est de la cité. Cette situation stratégique lui permettait d'assurer l'accueil des visiteurs et la sécurité de cette partie de la ville, le monastère fut intégré aux remparts au XIVe siècle. Ses façades, relativement austères, cachent des trésors architecturaux et artistiques. Ainsi, son cloître du XVe siècle est un chef-d'œuvre du gothique tardif, avec ses galeries percées d'élégantes baies polylobées. Au milieu prospère un jardin planté d'orangers et de palmiers d'une fraîcheur délicieuse. D'une grande sobriété, l'église (XIVe-XVIIIe s.) n'en abrite pas moins un somptueux crucifix en bois de 1358, œuvre de Paolo Veneziano, accroché au-dessus du maître-autel. On notera, sur le côté nord, *Le Miracle de saint Dominique*, peint par Vlaho Bukovac (1855-1922), originaire de Cavtat. Mais c'est au musée du monastère que les amateurs d'art sacré trouveront leur bonheur. Les plus belles œuvres de l'école Renaissance de Dubrovnik y sont conservées, notamment le polyptyque du

Baptême du Christ de Lovro Dobričević (1448) et le célèbre triptyque de Nikola Božidarević (XVIe s.) représentant saint Blaise portant une maquette détaillée de la ville telle qu'elle était avant le séisme de 1667. *Sv. Dominika 4 Tél. (020) 322 200 www.dominikanci-dubrovnik.hr Ouvert mai-oct. : tlj. 9h-18h ; nov.-avr. : tlj. 9h-17h Tarif 30kn (entrée comprise dans la Dubrovnik Card)*

☺ **Fort Revelin / Tvrđava Revelin (plan 18, C1-C2)** Relié à la porte Ploče par un pont de pierre, il fut érigé à partir de 1462 pour renforcer les défenses orientales de la ville face aux Ottomans basés en Bosnie. Un siècle plus tard, c'est la menace vénitienne qui imposa son agrandissement de 1583 à 1594. Maintes fois rénové, il possède la plus grande terrasse de la ville, où ont lieu concerts et spectacles dans le cadre du Festival d'été. Le fort accueille une petite exposition permanente d'archéologie regroupant des fragments en pierre de chaires, d'autels, de chapiteaux, etc. provenant de plusieurs églises pré-romanes (VIIIe-IXe s.) et romanes (Xe s.) de Dubrovnik et des environs. Ils sont ornés de sculptures (volutes, rosaces, fleurs, animaux, etc.) dont la finesse laisse admiratif. À ne pas manquer ! *Sv. Dominika Ouvert jeu.-mar. 10h-16h Tarif 120kn, réduit 25kn (billet valable pour le musée de la Marine, le musée Rupe, etc.)*

Porte Ploče / Vrata od Ploča (plan 18, C2) Plus imposante que son pendant occidental, Pile, la porte Ploče était jadis la plus fréquentée. Ouverte à l'est, elle accueillait les caravanes venues d'Orient.

☆ **Musée maritime / Pomorski muzej (plan 18, C3)** La visite de ce musée installé dans les étages du fort Saint-Jean vous permettra de mieux appréhender l'histoire d'une cité qui vécut longtemps du commerce maritime. Des objets trouvés lors de fouilles d'épaves autour de Dubrovnik, des maquettes de bateaux, des livres anciens, des instruments de navigation sont exposés au premier étage, couvrant une période allant de l'Antiquité à la chute de la République. Les belles salles voûtées du deuxième étage invitent à naviguer du XIXe siècle à nos jours. Dans la section consacrée au XIXe siècle, arrêtez-vous devant les remarquables maquettes de bateaux à voile, les figures de proue, les nombreuses marines qui décoraient les maisons des capitaines, les instruments de navigation ou encore la pharmacie de bord du voilier *Rado*. Dans les collections illustrant le XXe siècle, vous admirerez la très belle maquette du vapeur *Sveti Vlaho* (1928), celles des paquebots de l'entre-deux-guerres ou encore la vitrine réservée à l'argenterie et à la vaisselle estampillée DP, du nom de la société maritime *Dubrovačka plovidba* à laquelle appartenaient ces navires. Excellente brochure explicative en français (5kn). *Tél. (020) 323 904 Ouvert mi-mars-mi-juin, mi-sept.-oct. : mar.-dim. 9h-18h ; mi-juin-mi-sept. : mar.-dim. 9h-20h ; nov.-mi-mars : mar.-dim. 9h-16h Tarif 120kn, réduit 25kn (billet incluant l'entrée au palais des Recteurs, au musée Rupe, etc.), entrée comprise dans la Dubrovnik Card*

Aquarium / Akvarij (plan 18, C3) Cet aquarium installé au rez-de-chaussée du fort Saint-Jean est plutôt vieillot, mais il a le mérite de présenter les différentes espèces qui vivent dans les eaux de l'Adriatique. Vous y observerez aussi des tortues marines blessées, qui séjournent ici le temps de se refaire une santé avant de retourner dans leur milieu naturel. *Kneza Damjana Jude 12 Tél. (020) 323 978 Ouvert juil.-août : tlj. 9h-21h ; sept.-juin : tlj. 9h-20h Tarif 60kn, réduit 20kn*

Où trouver des idées de cadeaux ?

☺ **Galerija Sebastian (plan 18, C2 n°48)** Jouxtant le monastère des Dominicains, cette galerie d'art occupe une ancienne église jadis dédiée à saint Sébastien. Depuis quelques années, elle est le lieu privilégié d'expositions d'œuvres contemporaines croates : peintures, sculptures, bijoux originaux... De belles pièces d'artisanat d'art et du choix, à des tarifs abordables, de quoi combler celles et ceux à la recherche d'authentique et d'originalité. *Sv. Dominika 5 Tél. 091 464 5607 www.sebastian.gallery Ouvert mai-oct. : tlj. 9h-21h ; nov.-avr. : lun.-sam. 9h-16h*

Dubrovačka kuća (plan 18, C2 n°45) Cette très belle demeure ancienne de trois étages, voisine du monastère dominicain, abrite une galerie d'art, mais aussi une boutique qui vend des produits d'épicerie fine (huile d'olive, vin, orangettes, amandes cristallisées, etc.) et des cosmétiques à base de plantes dalmates. *Sv. Dominika (près de la porte Ploče) Tél. (020) 322 092 Ouvert juin-sept. : tlj. 9h-23h ; oct.-mai : tlj. 9h-20h*

Où boire un verre ?

☺ **Buža Bar (plan 18, B4 n°2)** *"Buža Cold drinks"* : c'est le seul panneau qui vous mènera à cette terrasse de rêve cachée dans les rochers, derrière le rempart sud de la vieille ville. L'emplacement est surprenant et le panorama balaie l'horizon maritime : idéal pour assister au coucher du soleil. Assis sous un toit de palme, on fait durer son verre, les yeux perdus vers le large et l'île de Lokrum. Boissons 25-50kn. *Au niveau du restaurant Konoba Jezuite, sur la place où se trouve l'église Saint-Ignace, prendre à droite et longer le rempart sud par Od Margarite en suivant le panneau "Buža Cold drinks" Tél. 098 361 934 Ouvert avr.-oct. : tlj. 8h-2h sauf par mauvais temps*

☺ **Mala Buža Bar (plan 18, C4 n°8)** Beaucoup surnomment l'endroit "Buža II" et c'est bien naturel. Aucune indication, un simple passage ouvert dans la muraille, et la surprise spectaculaire de se retrouver à l'extérieur, à même le rocher, adossé aux remparts. L'espace est plus vaste, et les tables sont posées sur les méplats naturels. La même vue merveilleuse sur Lokrum et le coucher de soleil, la même impression d'échapper à la ville ceinte. La pente, douce, se conclut par une petite plage de béton accueillante pour une baignade par temps calme. La musique, la carte des cocktails et les prix tendent à faire du Mala Buža un lieu légèrement plus "branché" que son concurrent. Boissons 30-60kn, cocktails 60-70kn. *Au niveau du restaurant Konoba Jezuite, prendre à gauche en suivant le rempart jusqu'à atteindre une porte percée dans la muraille face à Ulica Pobijana Tél. (020) 324 753 Ouvert avr.-oct. : tlj. 10h-0h*

☺ **Bistro Revelin (plan 18, C2 n°11)** La vaste terrasse aérée de ce bon restaurant (p.517), bien plus paisible que celles des bars de la vieille ville, est parfaite pour boire un verre à toute heure de la journée. À l'ombre des grands pins, on y observe le va-et-vient des embarcations dans le vieux port. Comptez de 30 à 50kn pour un verre de vin et 60kn pour un cocktail. *Ulica Svetog Dominika 3 Tél. (020) 322 164 www.bistro-revelin.com Ouvert avr.-mi-oct. : tlj. 9h-23h*

Hors les murs

☆ **Les essentiels** La galerie d'Art moderne, la vue du mont Srđ, la forteresse Saint-Laurent **Découvrir autrement** Buvez un verre au Cave Bar More, offrez-vous une vision insolite de Dubrovnik grâce à une balade en kayak, dansez les pieds dans le sable au Banje Beach, cf. Carnet d'adresses (p.515)

À l'est

Lazarets / Lazareti (plan 18, D2) Non loin de la porte Ploče, dans le quartier du même nom, ces belles bâtisses en pierre très bien rénovées, furent construites au XVIe siècle pour servir de lieu de quarantaine aux caravanes venues d'Orient. De même, par temps d'épidémie, tous les voyageurs qui arrivaient à Dubrovnik étaient tenus de passer 40 jours dans ces lazarets. Les bâtiments abritent aujourd'hui un théâtre en plein air où se produit l'ensemble de danses folkloriques Lindo, une salle de concerts, un centre culturel, une galerie d'exposition (Galerija Otok) et l'association Deša, engagée dans des missions humanitaires et solidaires, cf. Où acheter des broderies traditionnelles ? (p.507). *Frana Supila 8* **Folklor Lindo** Spectacle de danses et de musiques traditionnelles. *Tél. 099 833 06 79 www.lindjo.hr Tous les mar. et ven. à 21h30 en juil.-août (achat des billets à l'entrée)*

TÉLÉFÉERIQUE
Le petit téléphérique mis hors d'usage par l'armée yougoslave lors du siège de 1991-1992 a repris du service en 2010, épargnant aux piétons l'éprouvante ascension du sentier tortueux qui part de Jadranska cesta (départ à 250m de la porte Buže). Il offre, en outre, une vue époustouflante au fil d'une montée de 4min. Un conseil : programmez cette escapade au coucher du soleil !
Téléphérique / Cable Car (plan 18, C1) *Petra Krešimira 4 Tél. (020) 325 393 www.dubrovnikcablecar.com Ouvert jan., déc. : tlj. 9h-16h ; fév.-mars, nov. : tlj. 9h-17h ; avr., oct. : tlj. 9h-20h ; mai : tlj. 9h-21h ; juin-août : tlj. 9h-0h ; sept. : tlj. 9h-22h Tarif AR 150kn, AS 85kn, 4-12 ans 60/40kn*

☆ **Galerie d'Art moderne / Umjetnička galerija (plan 17, D2)** Dans le faubourg de Ploče, à environ 500m à l'est des lazarets, cette galerie occupe une grande villa des années 1940. Sa collection permanente fait la part belle aux artistes de la région, comme Vlaho Bukovac, originaire de Cavtat (p.513), mais elle cède souvent la place à d'excellentes expositions et rétrospectives d'artistes croates et étrangers. La terrasse, ponctuée d'étonnantes sculptures modernes, dont certaines de Meštrović, offre une belle vue sur la ville ceinte. *Frana Supila 23 Tél. (020) 426 590 www.ugdubrovnik.hr Ouvert mar.-dim. 9h-20h Tarif 120kn, réduit 25kn (entrée comprise dans la Dubrovnik Card)*

☆ ☺ **Mont Srđ / Srđ (plan 17, D1)** Le mont Srđ s'élève au nord de Dubrovnik, offrant une vue imprenable du haut de ses 412m. Contempler la "Perle de l'Adriatique" depuis son sommet est une expérience magnifique : la ville ceinte apparaît dans son unicité, gardée par Lokrum et des îles plus lointaines. Là-haut, attablez-vous pour un petit déjeuner, un verre ou un dîner au restaurant Panorama. Sinon visitez le fort bâti sur ses hauteurs par les troupes napoléoniennes, entre 1806 et 1812, qui abrite désormais un petit musée de la Guerre d'indépendance. *Accès par la route (à 7km env. de la vieille ville), par téléphérique, ou par un sentier en lacets (1 à 2h de montée) au départ de la route D-8*

Musée de la Guerre d'indépendance / Muzej domovinskog rata Aménagé dans une dizaine de salles du Fort impérial, ce musée retrace la guerre d'indépendance croate (1991-1995) à travers des panneaux explicatifs, des photos, et des armes, etc. À voir surtout, les deux vidéos en anglais sur le bombardement de Dubrovnik de 1991, qui donnent bien la mesure des traumatismes subis par la ville et les habitants. Un escalier mène au sommet du fort d'où l'on jouit d'une superbe vue sur la vieille ville en contrebas, l'île de Lokrum au sud, le port de Gruž et un chapelet d'îles, dont les Élaphites, à l'ouest. *Fort impérial Ouvert mi-mars-début nov. : tlj. 8h-18h ; début nov.-mi-mars : tlj. 8h-16h Tarif 30kn, réduit 15kn*

Où acheter des broderies traditionnelles ?

Deša (plan 18, D2 n°46) Cette association installée dans les lazarets œuvre depuis 1993 à la réinsertion des femmes du Konavle, une province située au nord-est de Dubrovnik et particulièrement touchée par la guerre de 1991. Ses actions ont permis, notamment, de relancer la sériciculture, activité ancestrale de cette région. C'est donc là qu'il faut aller acheter les broderies typiques du Konavle (confitures, bijoux également). *Frana Supila 8 Tél. (020) 420 145 www.desa-dubrovnik.hr Ouvert lun.-sam. 9h-19h (cours et ateliers : sur rés.)*

Où trouver des souvenirs originaux ?

☺ **Kawa (plan 18, D1 n°44)** Quel plaisir de flâner dans cette boutique à l'esprit contemporain qui met à l'honneur des réalisations d'artisans et de designers croates. Et surtout quelle aubaine pour ceux qui désirent dénicher de jolis souvenirs : de très beaux plats en olivier côtoient des sacs faits main, des vêtements, des bijoux, des céramiques originales, des éponges naturelles, mais aussi des produits gourmands (orangettes, huile, vin, etc.). *Hvarska 2 Tél. (020) 696 958 Ouvert avr.-oct. : tlj. 9h-0h ; nov.-mars : tlj. 12h-20h*

Aller à la plage

Banje Beach / Uvala Kupališta (plan 17, D2) À 5min à pied de la porte Ploče, cette petite plage de gravier et de sable est la plus réputée de Dubrovnik. Occupée en bonne partie par les transats du restaurant-bar le Banje Beach (p.515), bondée l'été, elle présente néanmoins l'avantage d'être très facile d'accès pour piquer une tête et offre une jolie vue sur Lokrum. *Frana Supila 10B*

☺ **Sveti Jakov Beach** Un peu plus éloignée au sud-est et bien plus tranquille que Banje Beach, une jolie anse de sable et de galets nichée au pied d'une falaise avec, en prime, une vue imprenable sur la ville ceinte. *1,5km à l'est de la porte Ploče par Frana Supila (compter 30min à pied, ou bus 8, arrêt au terminus Viktorija, et de là 15min de marche)*

À l'ouest

Place Braslje (plan 18, A2) Le lieu est très apprécié des habitants l'été, lorsqu'une petite brise dévale des hauteurs et vient se glisser entre les remparts et la forteresse Saint-Laurent, jusqu'à la mer. On y trouve, à proximité immédiate de la vieille ville, plusieurs restaurants, une station de bus, un supermarché, un office de tourisme, une grande librairie, des kiosques à journaux, et même une boîte de nuit ! *À la sortie de la cité fortifiée, côté porte Pile*

☆ **Forteresse Saint-Laurent / Tvrđava Lovrijenac (plan 17, C2)** Perchée sur un éperon rocheux de 37m, à l'ouest de la porte Pile, cette imposante sentinelle de pierre (XIVe-XVIe s.) jouait un rôle primordial dans la défense de la cité. Ses trois terrasses offrent, en effet, une vue imprenable sur la mer, les premiers contreforts des Alpes Dinariques et toute la partie ouest de la ville close. Peu de touristes daignant s'y aventurer, vous pourrez jouir du panorama en toute tranquillité. Lors du festival Midsummer Scene (p.486), le fort sert de cadre à des représentations très attendues de pièces de Shakespeare. *Ouvert avr.-mai, sept.-oct. : tlj. 8h-18h ; juin-août : tlj. 8h-19h30 ; nov.-mars : tlj. 9h-15h Tarif 50kn (ou gratuit avec le billet pour les remparts)*

Babin Kuk (plan 17, A1) Quartier moderne, Babin Kuk montre une facette différente et méconnue de Dubrovnik. Sa principale avenue piétonne, **Šetalište kralja Zvonimira**, est jalonnée de restaurants, de bars et de boutiques, et aboutit à une plage publique (Uvala Lapad) bordée d'un parc de jeux pour enfants. *4km au nord-ouest de la cité fortifiée*

Où remplir son panier pique-nique ?

Marché de Gruž / Tržnica Gruž (plan 17, B1 n°40) Situé dans le port de Gruž, face aux quais où sont amarrés quelques bateaux de pêche et de plaisance, le marché couvert vibre tôt le matin au rythme de ses visiteurs venus s'approvisionner en fruits, légumes, fleurs ou produits du terroir, ou pour débusquer des idées cadeaux et des souvenirs gourmands. Pour qui est en quête de produits de la mer, la poissonnerie, l'une des plus modernes et des plus fournies de la côte, se trouve dans le bâtiment à droite en entrant. Garez-vous un peu plus loin, sur le parking du port : les places sont rares en matinée autour du marché. *Obala Stjepana Radića Tél. (020) 419 365 Ouvert mai-oct. : lun.-sam. 6h-20h, dim. et j. fér. 6h-11h ; nov.-avr. : lun.-sam. 6h-18h, dim. et j. fér. 6h-11h*

Où boire un verre ?

Cave Bar More (plan 17, A1 n°2) Le bar à ne pas rater si vous empruntez le chemin de promenade en bord de mer dans la baie de Lapad. Aménagé dans une grotte naturelle, découverte lors de la construction de l'hôtel More qui le domine, il est régulièrement cité comme l'un des plus beaux bars au monde. À l'intérieur, une installation lumineuse met en valeur les formations karstiques et les étonnantes couleurs qui s'en dégagent. Voilà un endroit où vous pourrez venir vous réfugier l'été en cas de coup de chaleur pour siroter un verre, ou grignoter un en-cas léger. Belle terrasse également où vous pourrez vous installer au bord de l'eau. Café 10-15kn, cocktails 65kn, en-cas 50-70kn (12h-17h). *Nika i Meda Pucića 13 Tél. (020) 494 200 http://cavebar-more.com Ouvert avr.-oct. : tlj. 10h-0h*

Orsan Yacht Club (plan 17, B1 n°1) Sur la rive sud du port de Gruž, la terrasse arborée du restaurant du Yacht Club constitue un refuge agréable loin des foules de la vieille ville pour prendre un verre ou se restaurer. Ambiance décontractée qui brasse une clientèle d'habitués, de pêcheurs et de plaisanciers. *Ivana Zajca 2 Tél. (020) 436 822 ou 099 303 15 59 Bus 6 au départ de la porte Pile Ouvert tlj. 8h-0h*

Aller à la plage

☺ **Uvala Kolorina (plan 17, C2)** Au pied du fort Saint-Laurent, côté ouest, une adorable crique de galets nichée entre deux caps et investie en masse par les familles du quartier.

Plages de Lapad et Babin Kuk Les rivages de la péninsule qui s'étend au nord-ouest de la vieille ville sont jalonnés de plages comme Uvala Lapad (quartier Lapad) ou Uvala Seka (Copacabana Beach) et Uvala Solitudo, au nord du quartier Babin Kuk. Elles sont surpeuplées et assez décevantes, mais vous pourrez y pratiquer des sports nautiques.

Pratiquer le kayak, la plongée ou le snorkeling

Adventure Dubrovnik (plan 17, B1) Ce prestataire organise des sorties kayak à la demi-journée (230kn/pers.). Vous embarquerez sur la plage en contrebas de la porte Pile pour mettre le cap sur l'île de Lokrum avant de rallier une plage de la côte. Là une pause est prévue pour pique-niquer et découvrir les fonds sous-marins avec palmes, masque et tuba. Retour au point de départ en longeant les remparts, l'occasion d'avoir un autre regard sur la vieille ville. Autre option : une balade de 3h au coucher du soleil (250kn/pers.). *Sv. Križa 3 (siège) Tél. 098 531 516 ou 099 336 13 36 ou 099 755 44 94 www.adventuredubrovnik.com Ouvert tlj.*

Dubrovnik Local Tours (plan 17, C2) Programmes identiques au prestataire précédent et aux mêmes tarifs. *Près de la porte Pile, en face du SkyBar Tél. 091 766 57 99 www.dubrovniklocaltours.com Ouvert avr.-mi-oct. : tlj.*

Adria Adventure (plan 17, B1) Pour une sortie kayak à la journée aux îles Élaphites (Lopud et Šipan), à partir de 400kn/pers. Accès à Lopud en ferry au départ du port de Gruž. *Vukovarska ulica 17 (centre commercial) Tél. (020) 311 545 ou 098 428 888 www.kayakingcroatia.com*

Blue Planet (plan 17, A2) Ce club certifié PADI, hébergé par l'hôtel Dubrovnik Palace, assure tous les types de formations. Il propose par ailleurs des plongées sur la côte autour de Dubrovnik, mais aussi près des îles (Lokrum, Élaphites), dont certaines sur des épaves. Plongées de nuit également. Comptez à partir de 370kn pour une plongée. *Hotel Dubrovnik Palace Masarykov put 20 Tél. 091 899 09 73 Bus 4 depuis la porte Pile www.blueplanet-diving.com*

Les environs de Dubrovnik

☆ **Les essentiels** L'île de Lokrum, les îles Élaphites, une échappée dans les bouches de Kotor (Monténégro) **Découvrir autrement** Rejoignez Cavtat en bateau-taxi pour le déjeuner, arpentez les allées de l'arboretum de Trsteno, prévoyez une baignade dans le ravissant port de Lučica

☆ ☺ L'île de Lokrum

Otok Lokrum C'est le “jardin” de la vieille ville : à peine 10min de traversée, et l'on débarque sur une île enchantée et préservée, où l'on ne circule qu'à pied. Seul bémol : elle est très fréquentée en été. Couverte de pins, de cyprès, de lauriers-roses et d'essences exotiques, Lokrum a été déclarée réserve naturelle en 1962. En une demi-journée, vous pourrez conjuguer

PIQUE-NIQUE SOUS LES OLIVIERS
Au nord du monastère (en face de l'entrée du jardin botanique), le vaste espace planté d'imposants oliviers - certains ont plus de 300 ans ! - est parfait pour un pique-nique à l'ombre, ou une sieste.

plongeons du haut de ses rochers et visite de l'île. Vous y découvrirez les vestiges d'une abbaye bénédictine, un jardin botanique et un petit fort royal juché à son sommet. Faites une halte à la maison d'information de Lokrum dès votre arrivée pour récupérer un plan. Ensuite, les panneaux informatifs vous aideront à vous repérer facilement. Embarquez votre panier pique-nique pour déjeuner à l'ombre des oliviers. Ou offrez-vous un repas sur la terrasse noyée dans la verdure du restaurant Lacroma, attenant au cloître du monastère (pour un déjeuner rapide, direction le snack-bar Lacroma, à proximité de la maison d'information). Les eaux limpides qui entourent l'île invitent à la baignade. Vous ne trouverez pas de plage à proprement parler à Lokrum mais des rochers plats où l'on peut étendre sa serviette, et de nombreuses échelles pour se mettre à l'eau. Une zone est réservée aux naturistes à la pointe sud-est de l'île. Un panneau vous préviendra de la limite à ne pas dépasser, à moins de vous dévêtir. ***Accès en bateau*** *Au départ du vieux port* ***Liaison*** *Début juin-août : tlj. 9h-20h toutes les 30min ; sept.-début juin : tlj. 10h-18h toutes les heures Tarif 120kn AR, réductions avec la Dubrovnik Card 3j. et 7j.* **Maison d'information de l'île** *Baie de Portoć (à côté de l'arrivée du bateau) Tél. (020) 322 300 www.lokrum.hr Ouvert avr., oct.-nov. : tlj. 10h-17h ; mai-août : tlj. 9h-20h ; sept. : tlj. 10-18h* **Restaurant Lacroma** *Tél. 098 345 085 www.lacroma.restaurant Ouvert été : tlj. 9h-20h* **Snack-bar Lacroma** *Tél. 098 990 1866 Ouvert été : tlj. 9h-19h*

Ancien monastère bénédictin / Benediktinski samostan Cet ancien monastère en cours de restauration a été fondé au XIe siècle, agrandi au fil du temps et détruit en bonne partie par le séisme de 1667. Au XIXe siècle, l'archiduc Maximilien de Habsbourg installa sa résidence d'été à l'emplacement de l'aile sud-est de l'édifice. Votre balade vous mènera aux vestiges d'une basilique (XIIe-XIIIe s.), au cloître (XVe-XVIe s.), à l'ancienne demeure de l'archiduc et au ravissant jardin qui la devance. *À l'ouest de la maison d'information, compter 5min à pied Ouvert tlj. Entrée libre*

Jardin botanique / Botanički vrt Créé en 1959 afin d'étudier l'adaptation des végétaux exotiques au climat méditerranéen, ce jardin botanique abrite des plantes originaires d'Australie et d'Amérique (eucalyptus, pins, palmiers, etc.). Ravagé en 1991-1992 durant la guerre d'indépendance (il reçut pas moins de 50 projectiles !), il est en cours de réhabilitation depuis 1993. Outre les plantes, vous y croiserez des familles de paons et des lièvres peu farouches. Remarquez à côté de l'entrée du jardin l'adorable chapelle de l'Annonciation (Crkvica navještenja), datant des XVe et XVIe siècles. *Au nord du monastère Ouvert tlj. Entrée libre*

Grimper au sommet de l'île

☺ **Fort royal / Vtrda royal** Il est possible et recommandé de grimper jusqu'à ce petit fort, édifié au sommet de l'île (97m) par les troupes napoléoniennes en 1806. Le chemin, en bonne partie ombragé et facile, est un peu raide vers la fin, mais de la terrasse du fort, la vue est sublime sur la côte et Dubrovnik. *Ouvert en permanence* ***Départ*** *Maison d'information de l'île* ***Durée*** *1h30 AR* ***Balisage*** *Suivre les panneaux indicateurs*

Piquer une tête dans la "mer morte"

Mer morte / Mrtvo more Un nom un peu pompeux pour ce bassin d'eau turquoise, entouré de rochers et de pins, et très prisé des familles qui s'installent sur sa petite plage de graviers ou se baignent dans ses eaux calmes. Séparé de l'Adriatique par une bande rocheuse, il est alimenté en eau de mer par un tunnel naturel. *Au sud du monastère, compter 10min à pied*

Trsteno

Arboretum de Trsteno Le modeste port de Trsteno recèle l'un des derniers parcs botaniques Renaissance de la région. Cette petite oasis fut conçue au début du XVIe siècle pour agrémenter la villa d'été de la noble famille ragusaine Gučetić-Gozze. Plus de 400 espèces méditerranéennes et exotiques bordent les allées ombragées et l'élégante pergola. Une promenade qui vous mènera en douceur jusqu'à la fontaine de Neptune, chef-d'œuvre baroque de 1736 alimenté par un aqueduc de 70m. Enfin, ne manquez pas la vue plongeante sur le port et les îles Élaphites de la terrasse du pavillon. *Potok 20 21km au nord-ouest de Dubrovnik Tél. (020) 751 019* ***Bus*** *12, 15, 21, 26 et 35 au départ de la gare routière Ouvert mai-oct. : tlj. 7h-19h ; nov.-avr. : tlj. 8h-16h Tarif 50kn, réduit 30kn*

Lézarder en bord de mer

☺ **Port de Lučica** En poursuivant la route (très étroite !) sur 1km après l'arboretum, vous parviendrez à ce petit port plein de charme : une poignée de maisons, quelques barques de pêche et une vue superbe sur les îles Élaphites ! Vous pourrez lézarder sur les quais aménagés, fréquentés surtout par les habitants du coin, vous baigner, ou tout simplement savourer la beauté du lieu. *21km au nord-ouest de Dubrovnik*

☆ Les îles Élaphites

Elafitski otoci L'archipel des Élaphites, qui s'étire le long de la côte ouest de Dubrovnik, se compose de 14 îles luxuriantes, dont trois sont habitées : Koločep, Lopud et Šipan. Les ferries qui partent du port de Gruž n'embarquant pas de voitures, vous y jouirez d'un calme absolu et vous vous déplacerez à pied en suivant les nombreux sentiers. Une escapade idéale pour profiter des eaux limpides de l'Adriatique et fuir la foule de Dubrovnik. Outre les villas Renaissance du patriciat ragusain, les îles Élaphites possèdent une dizaine de petites églises du haut Moyen Âge et de l'époque romane très bien conservées, plusieurs ornées de peintures murales. **Koločep**, la plus proche et la plus petite (2,35km^2) de l'archipel, est surtout appréciée pour la baignade (certaines petites criques, sont réservées aux nudistes). Plus touristique, **Lopud** (4,63km^2) recèle quelques belles plages, comme celle de Šunj, mais elle doit surtout sa renommée aux somptueuses villégiatures que l'aristocratie ragusaine s'y fit construire aux XVe-XVIe siècles. Voir notamment les vestiges du palais d'été des Recteurs et ceux du monastère franciscain (XVe s.). **Šipan**, la plus grande île de l'archipel (16,5km^2), se répartit entre ses deux communes : Suđurađ à l'est et Šipanska Luka à l'ouest, séparées par 7km de vergers, de prairies, de champs de lavande et d'oliviers. Agréables balades à pied en perspective, et là encore, de beaux vestiges de villas patriciennes.

Traversée maritime Dubrovnik-Îles Élaphites Deux compagnies assurent des liaisons régulières vers les îles Élaphites au départ du **port de Gruž** (accès par bus 1, 3 ou 7 de la porte Pile). La compagnie de ferries Jadrolinija effectue toute l'année des liaisons régulières avec Koločep (30min de trajet), Lopud (1h) et Šipan (1h15), comptez 46kn/pers. AR. La compagnie G&V Line rallie une fois par jour toute l'année Šipan (de 40min à 1h15 de trajet), comptez 70kn/pers. AR. Pour une croisière typiquement touristique, cf. Passer la journée aux îles Élaphites (p.512). **Jadrolinija** *Obala Stjepana Radića 40 Tél. (020) 418 000 www.jadrolinija.hr* **G&V Line** *Vukovarska 34 Tél. (020) 313 119 ou 091 435 77 88*

Passer la journée aux îles Élaphites Plusieurs prestataires ou agences touristiques organisent des croisières à la journée aux îles Élaphites. Les départs se font du port de Gruž (plan 17, B1), mais vous pourrez les rencontrer au vieux port (plan 18, C2), derrière leurs stands.

Regina Maris Cette agence touristique propose des croisières à la journée pour explorer les îles Élaphites, avec, au programme, trois escales : 1h à Koločep, 3h à Lopud et 1h30 à Šipan (250kn/pers., repas inclus). Départ à 10h du port de Gruž. *Petra krešimira IV 55 Tél. 098 565 004 www.reginamaris.hr*

Galion Tirena Au vieux port ou au port de Gruž, vous remarquerez à coup sûr ce superbe navire, réplique d'un galion du XVe siècle. De quoi vous donner envie d'embarquer pour une croisière vers les Élaphites. Départ du port de Gruž à 9h et retour à 17h30. Trois escales : 45min à Koločep, 3h30 à Lopud et 1h30 à Šipan. Comptez 370kn/pers. (repas inclus), 4-12 ans 185kn, moins de 4 ans gratuit. *Tél. 098 970 37 42 www.tirena.com*

Cavtat et la Konavle

☺ **Cavtat** L'ancienne colonie grecque d'Epidaurum est une charmante station balnéaire, facilement accessible de Dubrovnik en bateau-taxi (30min). Son adorable port, enserré entre deux presqu'îles verdoyantes, ses ruelles médiévales réservées aux piétons, ses criques rocheuses et sa douce animation en font une base de séjour plus tranquille et meilleur marché que Dubrovnik, cf. Hébergement (p.521). Faire étape à Cavtat peut être aussi l'occasion de s'enfoncer au cœur de la **Konavle**. Cette région montagneuse, qui s'étend le long de la frontière bosno-herzégovinienne jusqu'à la frontière monténégrine, est notamment célèbre pour ses broderies sur soie et ses costumes traditionnels. Vous pourrez en admirer quelques exemples dans les restaurants touristiques de la région ou

BELVÉDÈRE
En vous promenant à Cavtat sur la **presqu'île de Rat**, n'hésitez pas à grimper jusqu'au belvédère du cimetière Saint-Roch où se dresse le mausolée de la famille Račić, réalisé dans les années 1920 par Ivan Meštrović : une œuvre monumentale de calcaire blanc, gardée par deux impressionnantes cariatides. **Mausolée Račić / Mauzolej Obitelji Račić** *Trumbićev put 25 (au nord du port, fléchage) Tél. (020) 478 646 Ouvert avr.-nov. : lun.-sam. 10h-17h Tarif 10kn, réduction avec la Dubrovnik Card 3j. et 7j.*

lors des spectacles de danses folkloriques donnés le dimanche matin (du dimanche des Rameaux à fin octobre), devant l'église de **Ćilipi** (à 3km de Cavtat). Plusieurs départs de randonnées (demandez conseil à l'office de tourisme de Cavtat). *19km au sud-est de Dubrovnik* **Office de tourisme** *Zidine 6 (sur l'esplanade face à l'entrée du parking) Tél. (020) 479 025 https://visit.cavtat-konavle.com Ouvert avr., oct. : lun.-sam. 8h-19h ; mai-juin, sept. : lun.-sam. 8h-20h ; juil.-août : tlj. 8h-21h ; nov.-mars : lun.-ven. 8h-14h*

Maison Vlaho Bukovac / Kuća Bukovac Cavtat est fière d'avoir vu naître Vlaho Bukovac (1855-1922), grand maître impressionniste et figure de proue de la Sécession croate. Sa maison natale se cache dans une ruelle de la vieille ville. Vous y contemplerez nombre de ses œuvres, dont la célèbre *Trilogie de Dante*, des autoportraits, ainsi que des fresques colorées, réalisées par l'artiste à l'âge de 16 ans. *Le Carnaval de Cavtat*, autre tableau renommé de Vlaho Bukovac, est quant à lui conservé dans l'ancien palais des Recteurs (Knežev dvor), au milieu des collections éclectiques du scientifique croate Baltazar Bogišić (1834-1908). Vous trouverez d'autres œuvres du peintre dans l'église Saint-Nicolas (Crkva Sv. Nikole) et dans l'abbatiale franciscaine (Franjevački samostan), campées aux deux extrémités du quai principal. *Ulica Vlaha Bukovca 5* **Cavtat** *Prendre la promenade qui longe le port vers le nord, puis tourner à dr. dans une ruelle en suivant le panneau indicatif "Bukovac House" Tél. (020) 478 646 Ouvert avr.-oct. : lun.-sam. 9h-18h, dim. 9h-14h ; nov.-mars : mar.-sam. 10h-18h, dim. 14h-18h Tarif 30kn, réduit 15kn, entrée comprise dans la Dubrovnik Card 3j. et 7j.*

Fort Sokol / Sokol Grad Juchée sur un rocher, Sokol Grad, la "ville faucon", été chargée d'abriter les habitants du Konavle en cas de conflit, et de garder la frontière sud de la République de Raguse. Elle a été édifiée en plusieurs phases à partir de la fin du XIVe siècle, mais le lieu a été occupé pendant plus de 4 000 ans, comme le prouvent les recherches archéologiques. Régulièrement agrandie et renforcée, la forteresse a survécu au séisme de 1667, mais a sans doute été abandonnée peu après, et une partie de ses pierres pillées et réutilisées dans la construction de maisons ou de murets. Après quelques années de restauration, l'Association des amis du patrimoine de Dubrovnik a réussi avec brio à faire renaître le site de ses ruines. Aujourd'hui, se visitent les tours et les remparts, où de nombreux petits escaliers mènent à différents niveaux qui délivrent des panoramas époustouflants sur l'Adriatique. Également une exposition archéologique (bijoux, objets de verre et d'ornements, armes…), et une boutique de souvenirs, dans la citerne au niveau de la tour supérieur. *Dunave Krajnje* **Dunave** *(22km à l'est de Cavtat, dir. Dubravka) Tél. (020) 638 800 http://citywallsdubrovnik.hr Ouvert avr.-mai : tlj. 10h-18h ; juin-oct. : tlj. 10h-19h ; nov. : tlj. 10h-16h ; déc.-mars : tlj. 12h-15h*

Se balader à cheval

Kojan Koral Pero Kojan vous emmène à dos de cheval à la découverte de la Konavle, région montagneuse de l'arrière-pays de Cavtat. Balade de 2h30 environ (groupe de 6 pers. maximum). Comptez 650kn/pers. *Radočići 1* **Gruda** *(15km au sud-est de Cavtat) Tél. (020) 798 899 ou 099 300 5001 www.kojan koral.hr*

☆ ☺ Une échappée au Monténégro

Bouches de Kotor Rattachées au Monténégro en 1946, les bouches de Kotor n'en restent pas moins la conclusion naturelle du littoral dalmate. En arrivant de la mer, un premier étranglement côtier veille sur une vaste baie protégée des humeurs méditerranéennes. Au bout de celle-ci, un second goulet étroit, le défilé de Verige, donne accès au majestueux golfe de Kotor. On imagine ici sans mal la submersion marquant la fin de la dernière grande glaciation, événement constitutif du paysage actuel : l'engloutissement des deux cols et celui du cirque, entouré de montagnes vertigineuses (plus de 1 700m au-dessus de la ville de Kotor) produisirent ce décor stupéfiant. Quelques villages accrochés aux berges dressent leurs clochers vénitiens et leurs quartiers baroques au-dessus de petites plages ou de pontons. Deux îlots, l'un surmonté d'une chapelle et de quelques cyprès, l'autre d'une église, paraissent flotter sur les eaux. La ville fortifiée de Kotor est naturellement installée dans la partie la plus reculée de la baie, au pied des parois les plus abruptes. *À 95km de Dubrovnik (75km pour atteindre les abords du défilé de Verige puis 20km pour Kotor). Comptez de 1h30 à 3h selon la circulation (difficile) et le passage de la frontière. Un bac assure la traversée du défilé (15mn, env. 35kn par véhicule, départ toutes les 5-20min selon la saison) entre Kamenari et Lepetane. Sur le quai du port de Gruž, des goélettes typiques proposent également de rejoindre Kotor par la mer, probablement la plus judicieuse façon de vivre l'aventure ! De nombreuses agences organisent des excursions à la journée en bus.* ***Formalités*** *Passeport ou pièce d'identité, papiers de la voiture pour le passage de frontière* ***Monnaie*** *Euro (mais kuna croate acceptée)*

Kotor Inscrite sur la liste du Patrimoine mondial, la vieille ville de Kotor, remarquable d'unicité architecturale, demeure jusqu'au XIVe siècle une cité autonome gérée par des confréries de marins. Son rôle de port marchand à la frontière de l'empire ottoman lui assure sa prospérité et une certaine indépendance sous la domination vénitienne, avant que la marine à vapeur ne précipite son déclin. Ce sont ses prodigieux remparts, jetés à l'assaut des contreforts du mont Lovćen, qui ont fait sa renommée : un réseau long de 4km sur 250m de dénivelé, atteignant jusqu'à 20m de hauteur et 15m de largeur, et jalonné d'une dizaine de bastions. Une visite sportive ! La ville close semble, comme Dubrovnik, figée depuis des siècles : ruelles et venelles bordées de palais serpentent sans logique apparente, ponctuées de petites places aux pavés polis et de plusieurs églises (Saint-Tryphon, Saint-Michel, Saint-Luc…). À voir également la tour-horloge et le musée maritime. ***Remparts*** *Tarif 3€*

Perast C'est le village le plus ancien de la baie. Son style baroque exemplaire date des XVIIe et XVIIIe siècles. Admirez la belle église Saint-Nicolas, et cherchez une embarcation (env. 35kn/pers.) pour rejoindre les deux îlots situés en face du village. Le premier, Saint-Georges, abrite une ravissante chapelle du XIIe siècle et le cimetière du village. Le second est un îlot artificiel, créé par les marins au XVe siècle autour d'un simple récif en accumulant épaves et rochers. Ils bâtirent plus tard l'église Notre-Dame-du-Récif (ou Notre-Dame-des-Rochers), où vous pourrez admirer une impressionnante collection d'ex-voto.

CARNET D'ADRESSES

Lieux de sortie

bar, musique live

The Troubadour (plan 18, B3 n°4) Le plus populaire des bars de la place Bunićeva poljana organise chaque soir en été des concerts de jazz, de soul ou de swing, en plein air, à écouter confortablement assis sur la terrasse. Détour obligé, malgré le prix un peu exagéré des boissons (comptez 98kn pour un mojito). Il arrive parfois que les musiciens se mettent à jouer en pleine journée. ***Vieille ville*** *Bunićeva poljana 2 Tél. (020) 323 476 Ouvert avr.-oct. : lun.-ven. 9h-0h, w.-e. 9h-2h*

clubbing

Skybar (plan 18, A2 n°6) Placée à l'entrée de la cité fortifiée, c'est l'une des boîtes les plus prisées de la jeunesse locale et des étrangers, notamment des Australiens. Musique internationale. Entrée 50kn. ***Hors les murs*** *Brsalje 8 Tél. 091 420 2094 Ouvert juin-mi-sept. : tlj. 22h-6h ; mi-sept.-mai : jeu.-sam. 22h-6h*

Culture Club Revelin (plan 18, C2 n°3) Les soirs d'été (et les ven. et sam. soir, d'octobre à mai), une clientèle très jeune (18-21 ans) prend possession du dance-floor installé dans les souterrains du fort Revelin (p.504). Au programme : house, techno etc. Mais là, attention aux prix des consommations... ***Hors les murs*** *Sv. Dominika 3 Entrée par le restaurant Bistro Revelin Tél. (020) 436 010 www.clubrevelin.com Ouvert juin-sept. : tlj. 23h-6h ; oct.-mai : ven.-sam. 23h-6h*

Banje Beach (plan 17, D2 n°3) Soirées R'n'B, house music, hip-hop, etc. (22h-6h) dans ce restaurant-lounge-club installé sur la plage du même nom. Pour se déhancher les pieds dans le sable jusqu'au petit matin avec vue sur la vieille ville illuminée. ***Hors les murs*** *Frana Supila 10b Tél. (020) 412 220 www.banjebeach.com Ouvert mai-oct.*

Restauration

Îlots de verdure perdus entre deux volées d'escalier, terrasses superbes avec vue sur la cathédrale, sur le vieux port, sur les remparts ou petites ter-

Et aussi...

Cafés, bars

Café Festival — 496
Matuško-D'Vino Wine Bar — 496
Gradska Kavana — 496
Buža Bar — 505
Mala Buža Bar — 505
Bistro Revelin — 505
Cave Bar More — 508
Orsan Yacht Club — 508

Glaciers

Sladoledarna — 495
Dolce Vita — 496

Shopping

Pharmacie du monastère franciscain — 488
Clara Stones — 495
Uje — 495
Vinoteka Miličić — 495
House of Nature — 495
Galerija Sebastian — 505
Dubrovačka kuća — 505
Deša — 507
Kawa — 507
Marché de Gruž — 508

rasses intimistes cachées dans les ruelles... les adresses de charme ne manquent pas ! Partout, on vous proposera une cuisine dalmate très correcte à base de poisson et de fruits de mer. Quelques restaurants se démarquent par leur délicieuse cuisine inventive, mais affichent souvent des prix exagérés. Notez aussi que si la ruelle Prijeko a un cachet indéniable (plan 18, B2), ses restaurants et gargotes, sauf exception, sont plutôt quelconques et leurs rabatteurs exaspérants.

très petits prix

Buffet Škola (plan 18, B2 n°21) La réputation des sandwichs de Škola a depuis longtemps franchi les remparts de Dubrovnik. C'est dans les années 1980 que Dinka Popovic reprend ce petit café pour y servir des en-cas à partir de pain maison - excellent - et d'un nombre restreint de produits, mais tous fameux et de qualité : jambon dalmate, fromage mariné, huile d'olive... Sandwichs de 26 à 30kn. Quelques plats et assiettes froides (80-90kn). ***Vieille ville*** *Antuninska 1 Tél. (020) 321 096 Ouvert été : tlj. 8h-2h ; reste de l'année : tlj. 8h-22h*

prix moyens

Mea Culpa (plan 18, A3 n°20) Les pizzas les plus célèbres de la ville ceinte, à prix modiques (76-120kn) et si copieuses que l'on vous met au défi de terminer la vôtre. Les soirs d'été, il n'est pas rare qu'une longue file d'attente se forme devant l'entrée. Comptez de 100 à 145kn pour une pizza et un dessert. Une spaghetteria et un restaurant, mitoyens, déclinent l'enseigne sous les noms de Mea Culpa 2 et 3. ***Vieille ville*** *Za Rokom 3 Tél. (020) 323 430 www.meaculpa-pizzeria.com Ouvert avr.-nov. : tlj. 9h-0h*

☺ **Kamenice (plan 18, B3 n°23)** La carte succincte mais alléchante attire les amateurs de saveurs iodées : des langoustines, des calamars, des moules, des huîtres et de petits poissons frits à prix doux, à déguster sur l'une des plus jolies places de la vieille ville. L'ambiance, populaire à midi - le marché bat son plein -, prend des accents romantiques le soir, quand les musiciens se mettent à improviser sous la statue du poète Gundulić. Comptez de 110 à 170kn pour un plat et un dessert, plats de 88 à 140kn. ***Vieille ville*** *Gundulićeva poljana 8 Tél. (020) 323 682 Ouvert fév.-avr., déc. : tlj. 8h-16h ; mai-juin : tlj. 8h-23h ; juil.-sept. : tlj. 8h-0h ; oct.-nov. : tlj. 8h-20h*

☺ **Lokanda Peskarija (plan 18, C3 n°22)** Cette taverne conjugue avec bonheur un cadre des plus agréables - terrasse face au vieux port ou bel intérieur sous les poutres d'un ancien entrepôt -, des plats savoureux (moules, salade de poulpe, risottos, sardines, calamars, etc.) et un service efficace. Revers de la médaille, il faut parfois patienter pour avoir une table. Comptez de 125 à 200kn pour un plat et un dessert. ***Vieille ville*** *Na ponti bb Tél. (020) 324 750 Ouvert avr.-oct. : tlj. 11h-23h*

Art Restaurant Renaissance (plan 18, B2 n°34) Une jolie adresse, en plein cœur de la vieille ville. Les tables, dressées sous les voûtes d'une ruelle, accueillent des gourmands en quête de fraîcheur, ou d'ambiance romantique le soir. L'intérieur, également voûté, est peint de motifs dorés néoRenaissance. Dans l'assiette, des couleurs simples, naturelles, sans chichis, une cuisine méditerranéenne légère et savoureuse pour une carte évoluant selon la pêche ou le marché du jour. Comptez 120-200kn le repas.

Réservation conseillée. ***Vieille ville*** *Vara 2 Tél. (020) 324 799 Ouvert mars-déc. : tlj. 11h-0h*

Konoba Dubrava (plan 17, D2 n°14) Postée sur les hauteurs de la vieille ville, près du hameau de Bosanka, cette taverne est une institution locale. Dans une belle salle de pierres et de poutres, ou en terrasse, on y savoure ses spécialités de jambon fumé dalmate (*pršut*), de fromages, et surtout de plats de veau, d'agneau ou de poulpe mijotés sous cloche (*peka*), servis avec des patates douces bien fondantes (160kn/pers). Également d'excellentes grillades. L'hiver, les locaux s'y retrouvent autour d'un bon verre au coin de la cheminée : convivialité assurée. Menu *peka* 170kn (réservation 3h avant), à la carte 120-200kn. ***Hors les murs*** *Bosanka (4km à l'est de Dubrovnik, bus 17 de la porte Pile) Tél. (020) 416 405 www.konobadubrava.com Ouvert tlj. 10h-0h Fermé en jan.*

prix élevés

☺ **Zuzori (plan 18, B2 n°24)** De nombreux Croates travaillant à l'intérieur des fortifications viennent s'attabler ici pour déjeuner, signe que l'on y mange bien, et surtout pour un coût relativement raisonnable. Le couvert soigné et la décoration discrète se singularisent, sans affectation, des établissements voisins, et l'accueil achèvera de vous conforter dans votre bonne fortune. Le chef propose une cuisine méditerranéenne à base de produits frais, concoctant des entrées et des plats pleins de saveurs. Comptez de 185 à 425kn pour un plat et un dessert. Juste à côté, Oliva, la pizzeria du même propriétaire, connaît une réussite analogue. ***Vieille ville*** *Cvijete Zuzorić 2 Tél. (020) 324 076 www.zuzori.hr Ouvert mars-oct. : tlj. 11h-0h*

Konoba Jezuite (plan 18, B3 n°26) Postée face à l'église Saint-Ignace, sur l'esplanade bordée par le collège des Jésuites, la terrasse du restaurant, ombragée de larges parasols, assure un calme relatif, comparé à l'effervescence qui se devine en contrebas, autour de la place Gundulić. On débute par un hors-d'œuvre souvent copieux et accompagné de garnitures (75-90kn), avant de poursuivre par un plat de viande ou de poisson (85-140kn), ou par quelques spécialités maison servies pour deux personnes. ***Vieille ville*** *Poljana Ruđera Boškovića 5 Tél. 098 740 073 www.restaurantjezuitedubrovnik.com Ouvert avr.-oct. : tlj. 9h-0h*

Lady Pi Pi (plan 18, B1 n°30) Il y a quelques années, Dinko reprit l'atelier de son père, le légendaire sculpteur Pero, pour en faire une petite taverne. Il la baptise du nom d'une de ses œuvres, la fameuse Lady Pi Pi, qui trône d'ailleurs entre les colonnes à chapiteaux. Aujourd'hui, le succès est tel que la file d'attente peut s'avérer un peu longue les soirs d'été. Il faut s'armer d'un peu de courage pour monter jusqu'aux remparts et à la tour Minčeta... mais l'effort est récompensé par la cuisine, simple et copieuse, dans la lignée des vrais repas dalmates, et par la splendide vue sur les toits de la ville ceinte qu'offre la terrasse couverte d'une tonnelle de vigne. À recommander : la grillade de poisson à la dalmate et ses légumes (330kn, plateau pour 2), ou les viandes au feu de bois. Pas de réservation et fermé en cas de pluie. Comptez entre 215 et 250kn pour une entrée et un plat. ***Vieille ville*** *Antuninska 21 (Peline bb) Tél. (020) 321 154 Ouvert mi-avr.-mi-oct. : tlj. 9h-22h*

☺ **Bistro Revelin (plan 18, C2 n°31)** Juste après avoir franchi la porte

Ploče, à l'entrée de la ville close, s'ouvre une vaste terrasse ombragée de grands pins. De là, on admire la vue imprenable sur le vieux port en contrebas, encore plus magique la nuit lorsque les lumières illuminent les remparts. Bonne cuisine méditerranéenne, avec une mention particulière pour l'excellent risotto aux crevettes (119kn). Comptez de 218 à 308kn pour une entrée et un plat. ***Hors les murs*** *Ulica Svetog Dominika 3 Tél. (020) 322 164 www.bistro-revelin.com Ouvert avr.-mi-oct. : tlj. 9h-23h*

Gusta Me (plan 18, D1 n°29) Une adresse relativement discrète qui surprend par sa qualité et séduit par la vue de carte postale qui s'offre à vous : les palmiers, la porte Ploče sur fond bleu marine, le vieux port et l'imposant fort Revelin. L'agréable terrasse couverte permet de profiter sereinement d'une carte réduite mais efficace, mettant l'accent sur les produits frais de la mer. Les amateurs de viande ne sont pas oubliés avec quelques spécialités comme le tournedos sauce au *mali plavac* et sa purée de pommes de terre et légumes au fromage fumé. Testez les calamars braisés farcis au jambon fumé et à la mozzarella ou les ravioles aux poissons blancs dans une soupe de langouste. Carte de vins variés. Bon rapport qualité-prix : comptez 150-250kn pour une entrée et un plat. Réservation conseillée. ***Hors les murs*** *Hvarska bb (face au fort Revelin) Tél. (020) 420 013 ou 091 796 0203 www.gustame-dubrovnik.com Ouvert mai-oct. : tlj. 8h-0h ; nov.-avr. : tlj. 11h-23h*

Restaurant Komarda (plan 18, D2 n°32) Ici vous serez aussi près que possible de la mer, au point d'y respirer l'air iodé. Ajoutez à cela de grands arbres à l'ombrage généreux, une vue sur le vieux port, et vous obtenez un cadre est on ne peut plus plaisant et délassant. La cuisine est à l'unisson, maîtrisant parfaitement les classiques de la gastronomie dalmate : grillades, poissons, risottos, etc. Pour profiter au mieux de cette escale gourmande, évitez d'y déjeuner en haute saison où le restaurant fait le plein avec des groupes. Comptez de 220 à 350kn pour une entrée et un plat. ***Hors les murs*** *Frana Supila bb Tél. (020) 311 393 Ouvert tlj. 9h-22h30*

Dubravka 1836 (plan 18, A2 n°27) À la fois café, snack-bar, pizzeria et restaurant, le Dubravka 1836 est une institution à Dubrovnik, l'équivalent des brasseries françaises. Avec en plus une vue unique (la mer, encadrée des forts Bokar et Lovrijenac), un emplacement idéal (la fraîche place Brsalje), une terrasse confortable et élégante, et un personnel affable. La carte, très complète, aligne 5 formules de petit déjeuner (68-76kn), des pizzas (74-104kn), des salades, pâtes et risottos (70-130kn), des plats végétariens (50-96kn), des spécialités de viande et de poisson (90-250kn), un beau choix de desserts (15-60kn) et une carte des vins bien fournie. Comptez de 160 à 380kn pour une entrée et un plat. Également une boutique de souvenirs et un bureau de change. ***Hors les murs*** *Brsalje 1 Tél. (020) 426 319 www.nautikarestaurants.com Ouvert tlj. 8h-0h*

☺ **Orhan (plan 17, C2 n°11)** L'une de nos terrasses favorites, sur le minuscule port, entre Pile et le fort Saint-Laurent. Cuisine dalmate de bord de mer classique et service pas toujours très aimable, mais les heures y filent douces et romantiques. Comptez de 240 à 285kn pour une entrée et un plat. ***Hors les murs*** *Od Tabakarije 1 Tél. (020) 411 918 ou 091 725 5109 www.restaurant-orhan.com Ouvert fév.-nov. : tlj. 9h-0h*

Coral Beach Club (plan 17, A1 n°13) Amateurs de chaise longue et de palmiers, voici votre adresse : une plage artificielle de graviers fins inaugurée en 2016 dans le quartier de Babin Kuk. Ici, tout est fait pour justifier cette appellation de Beach Club : choix des matériaux (pierre naturelle, bois exotiques), variété des espaces (loggias VIP, baldaquins, chaises longues simples ou doubles, grands parasols...), musique lounge et DJ, et bien sûr un bar et un restaurant où se rafraîchir de cocktails et déguster une cuisine méditerranéenne savoureuse. À la carte : risotto de crevettes aux tomates séchées, macaronis maison au jambon fumé et aux truffes, roulade de filet de bar farcie à la méditerranéenne, poisson frais du jour (550kn/kg), etc. Concerts et spectacles en début de soirée. Café 18-28kn, cocktails 38-85kn, plats 115-175kn, location de chaise 140kn/j. ***Hors les murs*** *Ivana Zajca 30 Tél. 099 193 1478 www.coral-beach-club.com Ouvert avr.-oct. : tlj. 9h-0h*

prix très élevés

☺ **Restaurant 360 (plan 18, C2 n°33)** Atmosphère intimiste, éclairage doux et tables pour deux disposées le long des remparts avec vue sur le vieux port : un cadre des plus agréables auquel vient s'ajouter une cuisine aussi succulente qu'inventive. Le chef, Marijo Curić, n'a pas son pareil pour allier les saveurs, agrémentant le turbot d'une crème d'artichauts ou les coquilles Saint-Jacques de Porto et de truffes. Belle carte de vins croates. Formule entrée-plat à 480kn ou entrée-plat et dessert à 570kn. Accueil un peu guindé, mais très prévenant. ***Vieille ville*** *Sv. Dominka bb Tél. (020) 322 222 www.360dubrovnik.com Ouvert avr.-oct. : tlj. 18h30-22h30*

Proto (plan 18, B2 n°25) À la carte de cette bonne table de la vieille ville : de petits délices de la mer, simples mais très frais, comme les carpaccios de poisson à la roquette, le loup à la sauce citron ou la truite aux amandes. Pour varier les plaisirs, vous pouvez également tester les escargots de Pelješac. Réservez si vous voulez profiter de la terrasse sur le toit. Comptez de 340 à 800kn pour une entrée et un plat. ***Vieille ville*** *Široka 1 Tél. (020) 323 234 www.esculaprestaurants.com Ouvert avr.-fin déc. : tlj. 11h-23h*

Nautika (plan 18, A2 n°28) Idéalement situé à Pile, face au fort Saint-Laurent, le NautiKa, l'un des restaurants les plus sélects de Dubrovnik, propose une belle carte de viandes et de poissons agrémentés par le chef Mario Bunda de truffes et de garnitures raffinées provenant de productions locales, et qui varient au fil des saisons. La clientèle est plutôt internationale, les gens de Dubrovnik considérant les tarifs exagérés : entrée et plat, de 430 à 740kn, menu à 780kn. Réservez votre table pour jouir du meilleur point de vue et, à l'occasion, des concerts de musique traditionnelle en été. ***Vieille ville*** *Brsalje 3 Tél. (020) 442 526 www.nautikarestaurants.com Ouvert fin mars-fin oct. : tlj. 18h-0h*

GAMME DE PRIX	RESTAURATION	HÉBERGEMENT
Très petits prix	moins de 75kn	moins de 300kn
Petits prix	de 75 à 120kn	de 300 à 450kn
Prix moyens	de 120 à 180kn	de 450 à 600kn
Prix élevés	de 180 à 250kn	de 600 à 1 100kn
Prix très élevés	plus de 250kn	plus de 1 100kn

Panorama Restaurant & Bar (plan 17, D1 n°12) La plus belle vue sur Dubrovnik : du sommet du mont Srđ (p.506) se déploient sur 360° la ville, son littoral et l'arrière-pays. Installé sur de petits îlots-terrasses en pierre, bercé par des airs de jazz, on se laisse transporter par la beauté du paysage le temps d'une pause-café, d'un déjeuner ou d'un dîner romantique. Ambiance sereine et décontractée. En cas de vent ou de météo incertaine, vous pouvez opter pour la salle aux baies vitrées. Dans l'assiette, deux spécialités à ne pas rater : le jarret d'agneau au *dingač* sur un lit de purée de pommes de terre (236kn), et les grandes crevettes Panorama avec leur sauce au vin rouge (214kn). Entrée et plat : de 200 à 370kn. Réservation au moins 24h à l'avance pour une table avec vue. Café 30-55kn, cocktails 78-98kn, sandwichs et hamburgers 90-130kn. ***Hors les murs** Station téléphérique du mont Srđ Tél. (020) 312 664 www.nautikarestaurant.com Ouvert jan., déc. : tlj. 9h-16h ; fév.-mars, nov. : tlj. 9h-17h ; avr., oct. : tlj. 9h-20h ; mai : tlj. 9h-21h ; juin-août : tlj. 9h-0h ; sept. : 9h-22h*

Sesame Tovjerna (plan 17, C2 n°10) À 100m de l'entrée de la ville close côté porte Pile, une adresse chérie des Ragusains où le chef distille une cuisine pleine de saveurs : carpaccio de bœuf aux truffes (115kn), soupe d'huîtres (60kn), Saint-Jacques au jambon fumé (140kn), mérou au fenouil et sauce vanille (160kn). Çà et là s'immiscent la sauge, le basilic ou le romarin… Terrasse ensoleillée et taverne aux allures de petit musée. Comptez de 275 à 400kn pour une entrée et un plat. ***Hors les murs** Dante Alighieria (accès par B. Dubrovnika) Tél. (020) 412 910 www.sesame.hr Ouvert tlj. 8h-23h*

Dans les environs

prix moyens

Konoba Popret Sur les hauteurs de Dubrovnik, dans le petit village de Gornji Brgat, la famille Nadramija a transformé une vieille boutique en pierre de taille en taverne-restaurant. À la carte figurent des plats oubliés, préparés au feu de bois ou cuits sous la cloche (*peka*). Ils sont servis à l'intérieur ou sur une grande terrasse permettant d'admirer le spectacle des rayons du soleil sur la montagne de Maleštica. Au menu, essayez la *Zelena menestra*, choux variés mijotés avec de la viande d'agneau et du porc fumé, le chevreuil et ses gnocchis ou, pour les plus affamés, la *peka* d'agneau ou de poulpe avec ses patates douces (à réserver au minimum 2h à l'avance). Aire de jeux pour les enfants. Grillades 65-140kn, *peka* 90-100kn, poissons 95-165kn, desserts 20-45kn. *Put Hrvatskih branitelja 40 **Gornji Brgat** (6km au sud-est de Dubrovnik : dir. Cavtat, puis à gauche dir. Bosanka sur une route raide et très étroite ; en haut de la route en lacet, 1re à droite et tout droit jusqu'à Gornji Brgat) Tél. (020) 312 731 ou 095 198 9263 Ouvert juin-sept. : lun.-ven. 16h-0h, sam.-dim. 12h-0h ; oct.-mai : lun.-ven. 15h-23h, sam.-dim. 12h-23h*

Konoba Tauris À l'abri du soleil, protégée par les arbres centenaires du port de Šipan et de grands parasols blancs, cette petite taverne discrète perpétue la tradition culinaire insulaire dalmate. Aux effluves qui s'en dégagent, celle-ci est à découvrir sans hésitation ! De la pêche du jour aux légumes des potagers environnants, de la bouillabaisse (*popara s krumpirom*, 150kn) aux vins locaux, tout est recommandable. Service chaleureux et attentionné. Comptez 100-250kn le repas. *Šipanska luka 96* ***Île de Šipan (Élaphites)*** *Tél. (020) 758 088 www.sipan.info.hr Ouvert avr.-oct. : tlj. 10h-0h*

Bowa Dans l'une des plus belles criques de l'île de Šipan, au nord de Suđurad, se cache un petit paradis : des cabanes de bois sur pilotis, où l'on s'attable à des tables en teck avec pour tout horizon les eaux cristallines. Dans l'assiette, des plats de pêcheurs traditionnels mais d'une grande fraîcheur, et à la présentation moderne. Légumes et fruits bio du potager et des vergers de l'île, menu variable selon la pêche du jour, mais aussi des grillades de viande au feu de bois. Plats 120-280kn, poissons 690kn/kg, menu dégustation 7 plats (sur rés.) 750kn. Petite plage de gravillons, service chaleureux. Transfert par bateau sur réservation. *Pakljena 3 Suđurad* ***Île de Šipan (Élaphites)*** *Tél. 091 636 6111 www.bowa-dubrovnik.com Ouvert mai-sept. : tlj. 11h-18h*

prix élevés

☺ **Gverović-Orsan** Cet établissement de Zaton Veliki sert le meilleur risotto noir de la région (180kn) ! Le secret ? Un savoir-faire éprouvé et... un peu d'eau de mer dans la préparation. La terrasse s'étire au bord d'une eau turquoise dans laquelle vous pourrez faire quelques brasses en attendant votre plat – il y a même des transats à disposition ! Par mauvais temps, les clients se réfugient dans la belle salle voûtée d'un ancien hangar à bateau. Réservation conseillée. Entrée et plat de 220 à 380kn. *Štikovica 43* ***Zaton Mali*** *(8km au nord-ouest de Dubrovnik, à l'entrée sud du village, au bord de la Magistrale) Tél. 098 271 555 www.gverovic-orsan.hr Ouvert mars-déc. : tlj. 12h-0h*

☺ **Galija** Discrètement nichée à l'extrémité nord de la baie de Cavtat et ombragée par de solides conifères, cette taverne, adossée au couvent des Franciscains cache bien son jeu. Ce décor tout en douceur sert en effet d'écrin à une cuisine délicieuse, où les entrées (poulpe flambé au mousseux, jambon cru aux truffes, crevettes grises grillées au miel) comme les plats (homard au sherry et à la crème, ou calamars farcis à la feta) font preuve d'originalité et surprendront vos papilles. Compter de 100 à 330kn pour une entrée et un plat. Service prévenant et discret. *Vulićevićeva 1* ***Cavtat*** *Tél. (020) 478 566 www.galija.hr Ouvert mars-début déc. : tlj. 10h-23h*

Konavoski Dvori Un magnifique moulin en activité, au cœur du Konavle, des serveuses en costume traditionnel, des viandes cuites sous la cloche : il n'en fallait pas plus pour faire de ce restaurant perdu en pleine nature l'une des destinations privilégiées des tour-opérateurs. Dommage, car ce lieu est vraiment magique ! Comptez de 200 à 350kn pour une entrée et un plat. *Ljuta* ***Gruda*** *(19km à l'est de Cavtat par la Magistrale jusqu'à Gruda, puis suivre les indications) Tél. (020) 791 039 www.esculap restaurants.com Ouvert mars-mi-nov. : tlj. 11h-23h*

Hébergement

Entre juin et septembre, difficile de trouver une chambre double à moins de 900kn la nuit dans un hôtel, et les prix peuvent atteindre des sommes astronomiques dans des établissements haut de gamme. À cette période de l'année, en dehors du camping et de l'auberge de jeunesse, la meilleure solution pour les petits budgets est donc de louer une chambre ou un appartement chez l'habitant, si possible à Stari Grad (vieille ville), dans l'ancien quartier des pêcheurs entre Pile et la forteresse Saint-Laurent ou dans le quartier de Ploče. Pour cela, il suffit de repérer les pancartes "*sobe*", en privilégiant celles qui comportent des étoiles certifiées par un label d'État. Vous pouvez aussi passer par une agence de voyages ou, mieux encore, faire votre recherche sur les sites spécialisés (p.52). Les hôtels et les grands complexes balnéaires sont concentrés sur les presqu'îles de Lapad et de Babin Kuk, respectivement 3km et 5km à l'ouest de la ville close. Plus proches, les hôtels de luxe sont perchés au-dessus de la mer à l'est de la porte Ploče. Rappelons que le petit déjeuner est inclus dans le prix de la chambre, hormis chez l'habitant. Enfin, la plupart des grands hôtels vont chercher gratuitement leurs clients à l'aéroport sur demande préalable.

camping

Solitudo Sunny Camping (plan 17, A1 n°20) L'unique camping de Dubrovnik est installé sur la presqu'île de Babin Kuk et est géré par le grand complexe balnéaire Valamar Club Dubrovnik. Vous aurez donc accès à ses piscines, mais aussi aux plages Cava Beach (à 300m) et Copacabana Beach (à 250m). Peu ombragé, mais dispose de sanitaires impeccables. Comptez 377kn en haute saison pour 2 pers. avec emplacement et voiture. ***Hors les murs*** *Vatroslava Lisinskog 60 Tél. (020) 448 686 (bus 6 à partir de Pile) www.camping-adriatic.com Ouvert avr.-nov.*

auberges de jeunesse

City Walls Hostel (plan 18, B3 n°50) Anciennement Fresh Sheets Hostels, cette auberge de jeunesse privée jouit d'une situation enviable, à deux pas du Buža Bar, et de points de vue uniques sur la vieille ville. Deux dortoirs de 6 lits, plus un de 4 au dernier étage (mansardé), et une chambre double avec vue sur la mer. Une sdb par dortoir et une cuisine commune. Propre, d'allure moderne, une adresse de charme pour budget serré. Le salon au rdc permet de consulter ses mails ou de se connecter à Internet, mais aussi d'échanger avec les hôtes. Comptez de 280 à 300kn par nuit et par personne en dortoir (petit déj. inclus). ***Vieille ville*** *Svetog Šimuna 15 Tél. 091 799 2086 www.citywallshostel.com Ouvert début mars-mi-nov.*

Youth Hostel Dubrovnik (plan 17, C2 n°21) L'AJ de Dubrovnik se trouve dans une rue très calme sur les hauteurs sud de Gruž, à 15-20min à pied de la ville close. Elle dispose de 82 lits répartis en chambres de 4, 6 et 2 pers. avec sdb sur le palier et d'une agréable terrasse où vous pourrez sympathiser avec vos voisins de chambre. De 155kn à 200kn la nuit/pers. en juillet et en août (de 110 à 170kn hors été). Petit déj. compris. Réservez bien à l'avance en haute saison. ***Hors les murs*** *Ulica Vinka Sagrestana 3 Tél. (020) 423 241 www.hfhs.hr*

petits prix

Chambres du restaurant Orhan (plan 17, C2 n°28) Dans l'adorable quartier de pêcheurs qui jouxte Pile et le fort Saint-Laurent, 11 chambres doubles très correctes avec sdb. Comptez de 400 à 450kn la double. Adressez-vous au restaurant Orhan (p.518). ***Hors les murs*** *Od Tabakarije 1 Tél. (020) 414 183 www.restaurant-orhan.com*

prix moyens

☺ **Villa Gloria (plan 18, D1 n°54)** Cette demeure, juchée sur les hauteurs de Ploče à 5min à pied de la vieille ville, abrite 2 chambres d'hôtes et 7 petits appartements (de 2 à 4 pers.), clairs, parfaitement tenus et bien équipés. Au retour de vos visites, vous trouverez un calme bienfaiteur dans le joli jardin d'où l'on aperçoit l'île de Lokrum. Petite piscine. En haute saison, studio pour 2 pers. 660kn et double 550kn. Petit déj. 22kn. Accueil charmant. Seul point délicat : la centaine de marches à monter dans la ruelle d'accès. ***Hors les murs*** *Iva Racica 3 Tél. 091 530 2799 ou 091 572 9726 www.villa-gloria.com Ouvert avr.-oct.*

Apartmani Ivušić (plan 18, B1 n°51) Située à quelques dizaines de mètres seulement des murailles de la cité fortifiée, au nord de la tour Minčeta, cette pension tenue par Dubravka et Mario Ivusic comprend un appartement avec kitchenette, une chambre double et une chambre pour 4 personnes. En été, comptez env. 600kn pour la double. ***Hors les murs*** *Bernarda Shawa 1 Tél. (020) 432 654 ou 098 162 0850 www.apartmani-ivusic.hr Ouvert fév.-nov.*

prix élevés

☺ **Hotel Zagreb (plan 17, B1 n°22)** Un établissement fort plaisant, entouré d'un petit parc et à la situation idéale (plage, station de bus à 5min, rue piétonne). Les 24 chambres, hautes de plafond, impeccables et climatisées, disposent pour certaines d'un balcon (15 et 17) ou d'une terrasse (31). Double, en haute saison, 1 245kn, petit déj. inclus. ***Hors les murs*** *Šetalište kralja Zvonimira 5 Tél. (020) 438 930 ou (020) 438 938 (bus 6 de Pile) www.hotelzagreb-dubrovnik.com Ouvert avr.-oct.*

Hotel Ivka (plan 17, B1 n°31) Un établissement sobre et classique, bien situé, à proximité de Gruž et d'une station de bus. Les 76 chambres sont vastes, et presque toutes sont pourvues de balcons ou de grandes terrasses. Double de 900 à 1 100kn petit déj. compris en été et à partir de 600kn hors saison. Pour un séjour en saison, réservez longtemps à l'avance, car les prix peuvent flamber. ***Hors les murs*** *Put Sv. Mihajla 21 Tél. (020) 362 600 (bus 6 de Pile) www.hotel-ivka.com Ouvert avr.-oct.*

Hotel Petka (plan 17, B1 n°23) À défaut de charme, l'hôtel Petka jouit de la proximité de la gare maritime (port de Gruž), de 104 chambres confortables (clim., TV sat.) et d'une belle vue sur le port pour une bonne partie des chambres. Double de 1 040 à 1 185kn en été. Sauna, jacuzzi et massages. ***Hors les murs*** *Obala Stjepana Radića 38 Tél. (020) 410 500 (bus 1a, 1b, 1c et 3, de Pile) www.hotelpetka.hr*

☺ **House Boninovo (plan 17, C2 n°29)** Proche de tout, loin de rien, la pension Boninovo est pleine d'attraits, à commencer par la belle tonnelle couverte

GAMME DE PRIX	RESTAURATION	HÉBERGEMENT
Très petits prix	moins de 75kn	moins de 300kn
Petits prix	de 75 à 120kn	de 300 à 450kn
Prix moyens	de 120 à 180kn	de 450 à 600kn
Prix élevés	de 180 à 250kn	de 600 à 1 100kn
Prix très élevés	plus de 250kn	plus de 1 100kn

de vigne qui vous accueille pour le petit déjeuner. Postée à égale distance de la ville close et des plages, face à un arrêt de bus (ligne 4), elle possède 4 chambres spacieuses pourvues de salle de bains et de tout le confort (clim., TV sat.). Le hic : cette jolie maison est longée des deux côtés par deux rues passantes. Comptez 750kn la double en juillet et août. ***Hors les murs*** *Branitelja Dubrovnika 54 Tél. (020) 412 787 www.houseboninovo.net*

prix très élevés

☺ **Stari Grad (plan 18, B2 n°52)** Ce petit boutique-hôtel 5 étoiles (8 chambres) occupe l'ancienne demeure des comtes Drašković, à l'intérieur des remparts. La coquette terrasse sur le toit, meublée de fauteuils en rotin, offre un panorama unique sur Dubrovnik et suffit à rendre cette adresse très séduisante. Double 2 890kn en haute saison (à partir de 2 017kn en basse saison), simple de 1 530 à 2 078kn. Un conseil : anticipez votre réservation. ***Vieille ville*** *Od Sigurate 4 Tél. (020) 322 244 ou 098 534 819 www.hotelstarigrad.com*

Pucić Palace (plan 18, B3 n°53) Dominant la jolie place Gundulić (p.496), la façade du XVIIIe siècle de ce boutique-hôtel 5 étoiles dissimule 17 chambres et 2 suites grand confort, décorées avec raffinement. Les salles de bains sont particulièrement bien aménagées, avec de beaux carrelages, des lavabos en marbre et des baignoires en cuivre pour certaines. L'hôtel dispose d'une brasserie, le café Royal sur la place Gundulić, d'un restaurant haut de gamme et d'un élégant bar à vins. Accès privé à la plage Banje Beach, à l'est de la porte Ploče. De 3 000 à 4 500kn la double en été (de 1 100 à 3 000kn saison). ***Vieille ville*** *Od Puča 1 Tél. (020) 326 222 www.thepucicpalace.com Ouvert fév.-déc.*

Grand Villa Argentina (plan 17, D2 n°25) À environ 800m à l'ouest de la porte Ploče, ce vaste complexe de luxe propose 165 chambres et suites réparties dans 4 édifices : la villa Argentina, l'hôtel Argentina, la villa Orsula (la plus charmante) et la villa Glavić. Mis à part cette dernière, toutes donnent sur des jardins luxuriants qui descendent jusqu'à la mer. Nombreux recoins pour paresser à l'ombre et admirer les remparts de Dubrovnik au loin. Centre de fitness, piscine, sauna, et petite plage en béton pour les baigneurs. Double de 2 500 à 2 800kn en haute saison pour les villas Glavić et l'hôtel Argentina, et de 2 800 à 9 600kn pour les villas Argentina et Orsula (respectivement 750-850kn et 955-7 460kn en basse saison). ***Hors les murs*** *Frana Supila 14 Tél. (020) 440 555 (bus 5 et 8) www.adriaticluxuryhotels.com*

☺ **Villa Dubrovnik (plan 17, D2 n°26)** Non loin de la Grand Villa Argentina, à 10min à pied à l'est de la porte Ploče, la Villa Dubrovnik est un édifice moderne construit sur un rocher au-dessus de la mer. Les 56 chambres de l'hôtel s'accompagnent de prestations d'un 5-étoiles. Restaurant et bar, avec belles terrasses dominant la mer. Piscine, plage privée, Spa. Double de 3 740 à 5 037kn en haute saison. ***Hors les murs*** *Vlaha Bukovca 6 Tél. (020) 500 300 (bus 5 et 8, de Ploče, arrêt devant l'hôtel Villa Argentina) www.villa-dubrovnik.hr Ouvert mi-mars-nov.*

☺ **Hotel Lapad (plan 17, B1 n°24)** Un peu isolé sur la rive sud du port de Gruž, à env. 3km du centre historique, ce grand hôtel propose 157 chambres et 6 suites réparties dans un élégant édifice du début du XXe siècle et un bâtiment plus récent. Avec sa piscine en plein air et ses palmiers, l'ensemble ne manque pas d'allure. Double de 1 600kn à 2 700kn en haute saison. ***Hors les murs*** *Lapadska obala 37 Tél. (020) 455 555 ou (020) 455 570 (bus 6 et 9 de Pile) www.hotel-lapad.hr Ouvert mars-oct.*

Hotel Lero (plan 17, B2 n°32) Un établissement moderne situé au-dessus de la mer, face à un arrêt de bus et proche de la vieille ville (20min à pied). Si les 200 chambres n'y sont guère spacieuses, elles offrent néanmoins tout le confort attendu d'un 3-étoiles (TV écran plat, clim., etc.). Une agréable piscine et un centre de bien-être (spa, massages, pédicure, manucure) achèvent d'en faire un parfait lieu de détente. Double de 1 700 à 1 900kn en été (à partir d'octobre les prix chutent, comptez dans les 500-600kn). ***Hors les murs*** *Iva Vojnovića 14 Tél. (020) 341 435 (bus 4, de Pile) www.hotel-lero.hr*

Hotel More (plan 17, A1 n°33) Sur la presqu'île de Babin Kuk, un boutique-hôtel luxueux (5 étoiles) bâti à flanc de falaises abritant 8 suites et 77 chambres. Le confort y est exceptionnel, la vue magnifique. On en profite de la salle de restaurant ou de la terrasse, où l'on se sent véritablement privilégiés... Au niveau de la mer, un bar extraordinaire occupe une vaste excavation, à même la roche brute : il mérite le détour, y compris si vous ne logez pas à l'hôtel, cf. Cave Bar More (p.508). Plage, piscine et centre de bien-être. Double de 2 100 à 2 600kn avec vue mer (indispensable !) en haute saison (1 340kn en basse saison). ***Hors les murs*** *Kardinala Stepinca 33 Tél. (020) 494 200 (bus 6, de Pile) www.hotel-more.hr*

Dans les environs

Les chambres et appartements à louer dans les villages côtiers constituent une bonne alternative. Même chose pour les campings, qui bénéficient, en outre, d'un peu plus d'intimité que celui de Babin Kuk. Hélas, ces derniers sont presque tous situés en bordure de la Magistrale, la route principale. Enfin, n'hésitez pas à pousser jusqu'à l'adorable station balnéaire de Cavtat, 19km au sud-est, facilement accessible de la vieille ville de Dubrovnik en bateau. Vous y trouverez plusieurs hôtels et de nombreuses chambres d'hôtes. Un peu plus loin dans les terres du Konavle, le village de Gruda compte un grand nombre de chambres d'hôtes affiliées au réseau français "Accueil paysan" (www.accueil-paysan.com).

campings

Camping Kate Aux premiers emplacements, assez impersonnels et trop proches de la route, préférez les recoins plus calmes et plus intimes qui s'étendent près d'une jolie chapelle en contrebas. L'équipement est sommaire (sanitaires et machines à laver), mais la plage est à 5min. Comptez en été 210kn pour 2 personnes avec tente et voiture. *Tupina 1* ***Mlini*** *(8km au sud-est de Dubrovnik ; les cars qui relient Dubrovnik à Cavtat peuvent marquer l'arrêt devant l'entrée) Tél. (020) 487 006 http://campingkate.incroatia.info Ouvert avr.-oct.*

Autocamp Trsteno Malgré la proximité de la Magistrale, c'est l'un des campings les plus agréables du secteur, avec ses emplacements étagés sous les figuiers et les oliviers, sa pelouse bien entretenue, ses sanitaires impeccables et son café-restaurant. Baignade possible dans le charmant petit port de Lučica (p.511) en contrebas. Comptez 155kn pour 2 pers. avec tente et voiture. Pas de CB. ***Trsteno*** *(16km au nord-ouest de*

Dubrovnik, juste au-dessus de l'arboretum) Tél. (020) 751 060 www.trsteno.hr Ouvert avr.-oct.

prix très élevés

Hotel Astarea Situé à 9km de Dubrovnik, sur la route de Cavtat, l'Astarea est l'un des vieux dinosaures des années socialistes, propice à une plongée dans un univers un peu suranné. Entouré de jardins touffus et d'une piscine, l'imposant bâtiment de huit étages, proche du rivage, contient 307 chambres, toutes pourvues d'un balcon et d'une vue sur l'Adriatique. Restaurant, piscines découverte et couverte, salles de sport, de billard, boutiques, centre de massage, spa et... coiffeur ! Double de 1 250 à 1 422kn en été. *Šetalište M Marojice 40* **Mlini** *(12,5km au sud-est de Dubrovnik) Tél. (020) 484 066 www.dubrovnik-riviera-hotels.com Ouvert fév.-déc.*

Hotel Supetar Dans une belle demeure en pierre sur le vieux port de Cavtat, 28 chambres (8 avec vue sur la mer), un restaurant en terrasse donnant sur le port et un jardin fleuri où il fait bon paresser. Double 1 200kn en été. *Obala Dr. Ante Starčevića 27* **Cavtat** *(22km au sud-est de Dubrovnik) Tél. (020) 479 833 www.adriaticluxuryhotels.com Ouvert avr.-nov.*

PRESQU'ÎLE DE PELJEŠAC

20250

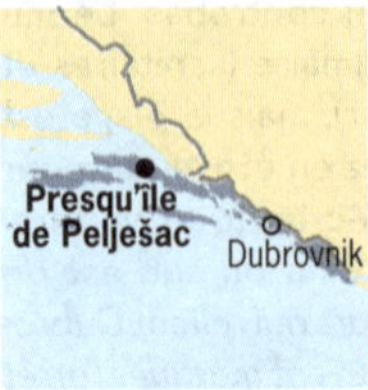

La plupart des voyageurs ne font que traverser cette longue bande de terre montagneuse pour rejoindre l'île de Korčula. Pourtant, malgré ses paysages un peu austères et la faiblesse de son infrastructure touristique, la presqu'île de Pelješac ne manque pas d'atouts. La grande muraille de Ston – souvenir de la république de Raguse, à laquelle la péninsule fut rattachée en 1333 – et les somptueuses demeures construites au XIXe siècle par les capitaines d'Orebić séduiront les amateurs d'histoire et d'architecture. Les gastronomes, quant à eux, feront honneur aux huîtres et aux moules élevées dans la baie de Mali Ston, avant de faire le tour des producteurs de *dingač*, l'un des meilleurs vins rouges de Croatie.

MODE D'EMPLOI

accès

EN VOITURE
De Dubrovnik, comptez 55km jusqu'à Ston. De là, une route traverse la presqu'île dans toute sa longueur, jusqu'à Orebić (60km).

EN CAR
Deux cars relient quotidiennement Dubrovnik à Ston et à Orebić, un troisième continue jusqu'à Korčula. Les autres villages sont plus rarement desservis.

Libertas Dubrovnik *Tél. 0800 1910 www.libertasdubrovnik.com*

EN BATEAU

De nombreux ferries et catamarans de la compagnie Jadrolinija traversent chaque jour le canal de Pelješac pour relier Orebić à **Korčula-ville**. Comptez 15min de traversée. De début juin à début oct., Jadrolinija propose 5 ferries/j. qui relient l'**île de Mljet** (Sobra) à Prapratno, sur la côte sud de la péninsule (45min). Liaisons Jadrolinija également entre **Ploče** et Trpanj, sur la côte nord de la péninsule (de début juin à début oct., 6 à 7 ferries/j., 1h).

Jadrolinija *Tél. (020) 418 000 / 380 www.jadrolinija.hr*

Capitainerie de Ston *Tél. (020) 754 026*

orientation

La presqu'île de Pelješac s'étire sur près de 70km d'est en ouest, parallèle à la côte et à l'île de Korčula. Les deux localités principales que compte la presqu'île de Pelješac sont Ston à l'est (formée de deux villages, Ston et Mali Ston) et Orebić, à la pointe ouest, petite station balnéaire séparée de Korčula-ville par le canal de Pelješac. Le point culminant de la presqu'île est le mont Sveti Ilija (961m), qui s'élève au-dessus d'Orebić.

informations touristiques

En dehors des offices de tourisme de Ston et d'Orebić, vous trouverez des kiosques saisonniers dans tous les villages côtiers. Pour en savoir plus sur Orebić, vous pouvez aussi vous adresser à l'OT de Korčula (p.537) ou consulter le site www.visitpeljesac.hr.

Office de tourisme de Ston *Pelješki put bb. Tél. (020) 754 452 www.ston.hr Ouvert été : lun.-sam. 8h-20h, dim. 8h-12h et 17h-20h ; hiver : lun.-sam. 8h-13h*

Office de tourisme d'Orebić *Zrinsko-Frankopanska 2 Tél. (020) 713 718 www.visitorebic-croatia.hr Ouvert juil.-août : lun.-sam. 8h-22h ; sept.-juin : lun.-ven. 8h-15h* **Antenne** *Bana Jelačića 56 Tél. (020) 714 070 Ouvert mai-juin, sept.-oct. : tlj. 8h-19h ; juil.-août : tlj. 8h-20h*

agences de voyages

Orebić Tours Location de chambres et d'appartements, et excursions. *Bana Jelačića 84a* **Orebić** *Tél. (020) 713 367 ou (020) 714 054 www.orebic-tours.hr*

Dalmatino Tours Location de voitures, scooters, vélos, kayaks, bateaux, et excursions sur terre (en buggy) ou sur mer (voilier, bateau à fond de verre, snorkeling) à destination de Mljet ou de Dubrovnik. *Fiskovićeva 29* **Orebić** *Tél./fax (020) 713 800 www.dalmatino-tours.eu*

adresses utiles

La plupart des services sont concentrés à Orebić. Petit bureau de poste à Ston.

Antenne médicale *Kralja Tomislava 24* **Orebić** *Tél. (020) 713 694*

DÉCOUVRIR
La presqu'île de Pelješac

☆ **Les essentiels** Mali Ston, le musée de la Marine et le monastère franciscain d'Orebić **Découvrir autrement** Dégustez l'huître plate de la péninsule, au goût unique, gravissez le mont Sveti Ilija pour jouir d'un panorama sensationnel

Mali Ston et Ston

Ces deux localités, distantes d'un kilomètre, sont situées de chaque côté de l'isthme qui rattache la presqu'île de Pelješac à la côte. Sur la colline qui les sépare s'étire une impressionnante muraille de 5,5km, la plus longue de l'Adriatique. Sa construction fut menée du XIVe au XVIe siècle par Raguse pour contrôler l'accès de la presqu'île et protéger les marais salants de Ston, source vitale de revenus de la République.

LA REINE DES HUÎTRES
Ostrea edulis, l'huître plate des baies de Mali Ston et de Bistrina, est réputée à juste titre pour son goût inimitable, liée peut-être au mélange des eaux douces sous-marines qui se marient à l'eau de mer. Les plus riches en goût se dégustent au mois de mars, à la Saint-Joseph, mais rien ne vous empêche de tester la "reine des huîtres" tout au long de l'année !

☆ **Mali Ston** Si ce petit port conserve quelques beaux vestiges de ses fortifications du XIVe siècle et d'admirables demeures en pierre, il est avant tout célèbre pour ses huîtres et pour ses moules, élevées dans le chenal bien protégé qui sépare la presqu'île du continent. Les grands restaurants de fruits de mer établis sur l'adorable quai attirent le week-end les gastronomes de toute la région.

Ston Plus étendue que sa voisine, Ston présente un plan sagement rectiligne. Le quadrillage de ses rues, enserrées dans une muraille pentagonale, semble faire écho à celui des marais salants qui s'étendent au sud. Ses remparts, qui sont reliés à ceux de Mali Ston, offrent de belles vues sur tout le nord de la presqu'île. N'hésitez pas à vous perdre dans les ruelles bordées de quelques belles demeures gothico-Renaissance avant de rejoindre le monastère franciscain (XIVe-XVe s.). Son église Saint-Nicolas, accessible par un joli cloître fleuri, abrite un superbe crucifix en bois réalisé par Blaž Jurjev Trogiranin en 1428 (sonnez à la porte pour visiter). À environ 1km au sud de Ston, sur la route d'Orebić, vous apercevrez la petite chapelle Saint-Michel, perchée sur la colline de droite. Ce sanctuaire, hélas rarement ouvert à la visite (rens. à l'OT de Ston), est décoré de précieuses fresques des XIe-XIIe siècles.

Marché de Ston Quelques étals couverts permettent aux paysannes de vendre leur modeste production de saison. *Porte percée dans la muraille, entre la poste et le supermarché Ouvert tlj. 8h-12h*

Où dénicher un souvenir ?

Vinoteka Tirs Cette petite boutique propose un grand choix de vins issus des vignobles de Korčula et de Peljesac, ainsi qu'un large assortiment de produits croates : liqueurs, confitures, huiles essentielles, etc. *Placa* **Ston** *Tél. 098 427 633 Ouvert été : tlj. 9h-12h et 15h-22h*

Où se régaler d'huîtres et de moules ?

Andro et Pero Miljević Depuis 20 ans, la famille Miljević élève des huîtres et des moules dans la baie de Bistrina et approvisionne les plus grands restaurants de la région. Pero, le fils, organise des séances de découverte, avec présentation des techniques d'élevage, balade en bateau dans les parcs à huîtres, et dégustation accompagnée de vin du pays. Une sortie gastronomique à ne pas manquer ! Durée 2h, 4 pers. minimum, visite en anglais (réservation la veille). Comptez 100-190kn par pers. *À 10km de Mali Ston, de l'autre côté de la baie : sur la Magistrale, tournez à droite après le grand pont de Bistrina, continuez sur 1km jusqu'à la plage en contre-bas à droite et le panneau "Školjke Miljević" Tél. 092 162 2077 Ouvert tlj. 10h-19h*

Entre Ston et Orebić

Žuljana Surplombé par d'imposants promontoires rocheux, ce petit village de pêcheurs sort de sa torpeur en été. Les vacanciers apprécient ses eaux turquoise et ses plages de galets, dont la plus belle, celle de Vučine, est située 15min à pied au sud du village. Plusieurs campings, des chambres d'hôtes et des clubs nautiques. *26km à l'ouest de Ston (bifurcation à Dubrava)*

Trstenik Ce petit port tranquille et charmant est abrité au fond d'une baie à l'eau cristalline, idéale pour la baignade. Un bar, un restaurant et un centre de plongée constituent l'ensemble des infrastructures touristiques : parfait pour un moment de farniente, ou une dégustation de vin chez Grgić, à la sortie du bourg (voir ci-après). *35km à l'ouest de Ston*

Potomje C'est le centre de la production du *dingač* et du *postup* (autre vin rouge local). Issus des cépages *plavač mali*, qui poussent sur les versants sud de la presqu'île, ces vins se caractérisent par leur intense couleur rubis, leurs saveurs robustes et fruitées et un taux d'alcool relativement élevé (plus de 13°). Le village regroupe plusieurs caves privées et une coopérative (voir ci-après). Toutes proposent des dégustations. Enfin, sachez que l'accès aux vignobles a été facilité par la percée d'un tunnel en 1974. *47km à l'ouest de Ston*

Où faire une dégustation de vins ? La presqu'île de Pelješac produit l'un des vins rouges les plus appréciés du pays, que l'on peut découvrir en suivant une route des vins jalonnée de caves et de vignobles renommés (à Potomje, Kuna, Pijavičino, etc.). On dénombre près de 45 producteurs et négociants proposant plusieurs appellations contrôlées disponibles à la dégustation et à la vente. Partez à la rencontre des cépages locaux, tel le *plavač mali*, et des vignes accrochées aux pentes escarpées qui surplombent la mer.

☺ **Cave Grgić** Parti s'installer en Californie en 1958, Miljenko Grgić est revenu sur ses terres natales en 1990 mettre à profit son savoir-faire de viticulteur. La production de *pošip* (blanc sec et agréable) et de *plavač mali* (un excellent rouge puissant aux saveurs fruitées), lancée en 1996, compte parmi les plus florissantes de la presqu'île. N'hésitez donc pas à faire halte pour une petite dégustation ou acheter quelques bouteilles. Comptez à partir de 120kn pour une bouteille de *pošip*, 220kn pour un *plavač mali*. *Trstenik 78* ***Trstenik*** *(à l'entrée est du village, avant de descendre sur le port) Tél. (020) 748 090 www.grgic-vina.com Ouvert été : tlj. 9h-17h ; hiver sur rdv*

Matuško Vina Les caves Matuško méritent vraiment un (petit) détour pour leur espace d'accueil à la solide et fonctionnelle architecture. Autour de la salle principale, avec ses barriques et bouteilles, de petites pièces annexes permettent de s'adonner à la dégustation (par exemple d'un *dingač riserva*, sublime cru plusieurs fois primé) avec tout le cérémoniel nécessaire. *Potomje 5A* ***Potomje*** *Tél. (020) 742 399 www.matusko-vina.hr Ouvert mars-déc. : 8h-20h*

PZ i vinarija Dingač La cave de la coopérative de Potomje, établie depuis 1902, compte 330 membres. Elle produit une large gamme de vins rouges, et notamment d'excellents *postup*. *Potomje 3* ***Potomje*** *Tél. (020) 742 010*

Vinarija Bartulović La famille Bartulović travaille la vigne à Pelješac depuis plus de 400 ans ! Sa cave dispose d'une petite salle où l'on vous servira des spécialités dalmates avec les vins de la maison (*rukatac, bartul*). *Prizdrina bb* ***Oskorušno*** *(45km à l'ouest de Ston) Tél. (020) 742 506 ou 099 792 3830*

Orebić

La principale station balnéaire de la presqu'île est blottie au pied du mont Sveti Ilija (961m) et séparée de l'île de Korčula par le canal de Pelješac. Au XVIe siècle, Orebić était l'un des ports les plus actifs de la république de Raguse. Mais c'est avec la relance des activités commerciales sur l'Adriatique, au XIXe siècle, que la ville connut son apogée. Ses riches armateurs fondèrent en 1863 l'une des sociétés maritimes les plus importantes de l'époque, placée sous la bannière autrichienne. Témoins de cette période de prospérité, les splendides demeures des capitaines qui s'égrènent sur toute la partie orientale du front de mer, entourées de jardins luxuriants et devancées par d'élégantes pergolas aux fines colonnettes de pierre. *60km à l'ouest de Ston*

☆ **Musée de la Marine / Pomorski muzej** Les collections d'amphores, de tableaux, de cartes et de maquettes exposées dans l'ancien hôtel de ville (XVIIIe s.) retracent l'histoire de la marine régionale en accordant une très large place aux armateurs et à la société maritime d'Orebić. *Trg Mimbelli bb (à côté de l'office de tourisme) Tél. (020) 713 009 Ouvert été : tlj. 9h-12h et 17h-20h ; hiver : lun.-ven. 7h-15h Tarif 15kn, réduit 10kn*

Plage de Trstenica Incontestablement la plus jolie mais aussi la plus fréquentée des plages d'Orebić. *À la sortie est de la ville, à env. 15min à pied par la promenade du front de mer*

☆ **Monastère franciscain / Franjevački samostan** Perché à 152m d'altitude, sur une colline à l'ouest d'Orebić, ce monastère fut édifié à partir de 1470 avec des subsides de la république de Raguse, soucieuse d'assurer sa sécurité. Sa terrasse, en effet, offre une vue plongeante sur le canal de Pelješac et toute la partie sud de l'île de Korčula, qui était alors aux mains des Vénitiens. L'église gothico-Renaissance renferme une icône de Notre-Dame des Anges (Gospa od Anđela), censée protéger les marins. Lorsqu'ils réchappaient des tempêtes, ces derniers lui offraient jadis de petites peintures votives sur bois. Ces œuvres, souvent naïves, sont conservées dans le musée des Ex-voto, attenant au sobre cloître Renaissance. À côté du monastère, le cimetière des Capitaines abrite quelques belles sépultures du XIXe siècle, tel le mausolée réalisé par Ivan Rendić pour la famille Mimbelli. *Celestina Medovića 6 (à 25min à pied par la route escarpée qui part en face de l'hôtel Bellevue, voitures autorisées) Tél. (020) 713 075 Ouvert mai-oct. : lun.-sam. 9h-12h et 15h-20h ; nov.-avr. sur demande Tarif musée 20kn*

Crapahuter... et plonger son regard jusqu'en Italie !

Mont Sveti Ilija Culminant à 961m au-dessus de la presqu'île, le mont Sveti Ilija (Saint-Élias) offre un panorama sensationnel qui s'étend jusqu'en Italie par beau temps. Ascension éprouvante de 3h minimum, déconseillée durant les chaleurs estivales. *Plusieurs voies à partir d'Orebić : demandez la petite carte topographique distribuée par l'office de tourisme d'Orebić*

Autour d'Orebić

Viganj Balayée par le mistral et le *jugo* (vent du sud), qui s'engouffrent dans le canal de Pelješac, la plage de Viganj est le rendez-vous des véliplanchistes et kitesurfers de la région (et d'ailleurs). Ils sont des dizaines à fendre les flots, à exécuter des figures et des sauts parfois vertigineux : un véritable spectacle, surtout lors des championnats nationaux de planche à voile en juillet. *8km à l'ouest d'Orebić (3 cars/j. lun.-ven. sur la ligne Orebić-Lovište)*

Lovište Ce petit port s'abrite dans une baie, 10km au nord-ouest de Viganj. La route qui y mène serpente à travers le maquis et la rocaille avant d'offrir une vue splendide sur la côte. À peine troublée par la présence de quelques tavernes, l'atmosphère du port est des plus paisibles. *18km à l'ouest d'Orebić (2 cars/j. à partir d'Orebić)*

Pratiquer des sports nautiques

Adriatic Diving Centar Baptême 330kn. *Mokalo 6 (3km à l'est d'**Orebić**) Tél. (020) 713 420 ou 098 344 162 www.adriatic-mikulic.hr*

Liberan Windsurf and Kite Center L'école de planche à voile de Viganj est basée au camping Liberan, et possède le même propriétaire que le camping Antony Boy (p.534). Cours de windsurf, de kitesurf, de wakeboard, et location de matériel. ***Viganj** Tél. (020) 719 077 http://liberansurf.eu*

Surf Centar Perna Sport très en vogue, le kitesurf n'a pas fini de faire des émules, même si la location de matériel et les cours restent onéreux. Comptez 1125kn/pers. l'initiation de 3h proposée par ce petit centre d'instruction. Location de planches à voile (et de vélos, kayaks et paddles), et cours de freestyle. Une webcam, installée sur le spot, permet de visualiser les conditions de vent sur le site Internet *Autocamp Perna, entre Viganj et Orebić Tél. 098 395 807 ou 098 968 5435 www.surf-perna.com Ouvert juin-sept.*

CARNET D'ADRESSES

Restauration, hébergement

Ston, Mali Ston et alentours

Mali Ston est la destination incontournable des amateurs de fruits de mer (huîtres et moules en particulier). Vous y trouverez les meilleures tables de la presqu'île ainsi que quelques hôtels élégants. Si les tarifs se révèlent trop élevés pour vous, optez pour les chambres chez l'habitant – cf. Office de tourisme de Ston (p.527) – et les tavernes sans prétention de Ston.

camping

Autocamp Prapratno Ce grand camping familial et bien équipé occupe à lui seul la petite baie de Prapratno, 3km au sud de Ston. Site magnifique, belle plage de sable et base de loisirs attenante. Comptez de 120 à 200kn selon la saison pour 2 pers. avec voiture et tente. ***Prapratno** (les cars Dubrovnik-Orebić peuvent marquer un arrêt sur la route principale, à 500m du camping) Tél. (020) 754 000 www.duprimorje.hr Ouvert mai-oct.*

très petits prix

☺ **Konoba Kod Baće** La présence de nombreux convives locaux vaut label pour ce petit restaurant en terrasse, au bord de la route principale, ouvert depuis... 1902 ! Entrées de 25 à 50kn, spécialités de la mer de 50 à 70kn, plats à la carte de 60 à 80kn, et 2 menus à 75kn. Les assiettes sont copieuses et le personnel aux petits soins. *Kroz Polje 5* ***Ston*** *(sur la place de l'église) Tél. (020) 754 876 ou 098 285 803 Ouvert tlj. 7h-23h*

prix moyens

Bistro Stagnum La terrasse recouverte de glycine, ombragée par des citronniers et ceinte de murs de pierre, peut accueillir une quarantaine de convives. Un âtre ancien, recouvert d'une large grille et prêt à rôtir poissons ou agneau donne la touche finale à cette ambiance bucolique. Carte riche et éclectique : pizzas (à partir de 45kn), salade de moules (40kn), riz à l'encre de seiche et aux fruits de mer (65kn), pâtes vertes à la lotte (65kn). Comptez environ 150kn pour un repas. *Imena isusova 25* ***Ston*** *Tél. (020) 754 158 ou 098 977 4096 Ouvert mai-sept. : tlj. 12h-0h*

prix élevés

☺ **Bota Šare** Notre restaurant préféré à Mali Ston pour ses excellents fruits de mer et poissons, son service attentionné et pour son cadre : un entrepôt à sel du XVe siècle aux dimensions impressionnantes et magnifiquement restauré avec pierres apparentes et mezzanine sous la charpente, l'assurance d'une fraîcheur bienvenue. Terrasse sur le quai également. Comptez 200-250kn/pers. Le patron organise des sorties "dégustation" sur deux barques de pêcheurs : au programme, huîtres et vin blanc, perdus au milieu de petites baies désertes. ***Mali Ston*** *Tél. (020) 754 482 ou 091 175 44 79 www.bota-sare.hr Ouvert été : tlj. 11h-0h ; reste de l'année : tlj. 11h-22h*

Vila Koruna Si l'accueil n'est pas toujours aimable, les 5 chambres doubles et l'appartement (3-6 pers.) de la Vila Koruna se révèlent particulièrement confortables (clim., wifi). Le restaurant de l'hôtel, installé sous une grande verrière, face à la mer, jouit également d'une bonne réputation. Env. 660kn la double et 1 300kn l'appartement, petit déj. inclus. Comptez 200kn pour un repas à la carte. ***Mali Ston*** *Tél. (020) 754 999 www.vila-koruna.hr*

☺ **Hotel Ostrea** Cette admirable maison en pierre du XIXe siècle, campée sur le quai de Mali Ston, abrite une suite présidentielle et 13 chambres raffinées, meublées d'antiquités et climatisées. Vous pouvez dîner au Kapetanova Kuća, restaurant de fruits de mer réputé, installé à deux pas de là et tenu par les mêmes propriétaires. Environ 850-1 000kn la double avec petit déj. (620-800kn hors saison). ***Mali Ston*** *Tél. (020) 754 555 www.ostrea.hr*

prix très élevés

☺ **Gastro Mare** La table dirigée par Ante "Toni" Bjelančić est considérée par certains gourmets croates comme la meilleure du pays, tout simplement ! Le piano du cuisinier trône au milieu d'une petite salle ouverte sur le quai, simple et sans chichis, d'où l'on peut contempler le travail des produits, et patienter en goûtant aux sublimes huiles d'olives et au délicieux pain maison. Les portions sont plutôt réduites, certes, mais c'est pour pouvoir goûter à plus de plats ! Cuisine méditerranéenne inventive, souvent surprenante, toujours savoureuse, à déguster à la carte ou en donnant au chef carte blanche. Gastronomes, considérez cette adresse comme incontournable... Comptez 400-500kn par pers. Réservation indispensable. L'établissement offre également une large gamme de services aux plaisanciers qui constituent sa clientèle naturelle (électricité, blanchisserie, transfert vers les aéroports, etc.). *Kobaš 4* ***Ston*** *(à la sortie de Ston, prendre dir. Broce puis à droite dir. Kobaš, une route superbe de 5km avec ruines de chapelle et vaste baie déserte) www.gastromare.com Ouvert avr.-nov. : 12h-0h*

Au centre de la presqu'île

camping

Autocamp Vrela & Zakano Une âme de Robinson ? Il vous faut alors faire l'expérience de planter votre tente dans ce petit village perdu. Le camping, un peu informel, borde une rivière, un petit cimetière et une vigne étant ses autres limites. Ombragé par des oliviers et des cyprès, le terrain s'étend jusqu'au bord de mer, avec un panorama superbe sur les parcs à huîtres. Prestations minimum, peu d'emplacements : n'attendez rien d'autre que le plaisir d'être là. Comptez 135kn pour 2 pers. avec une tente et une voiture en été. ***Brijesta*** *(23km à l'ouest de Ston : route 414 dir. Orebić puis à droite après 15km) Tél. 098 344 204 www.brijesta.com*

petits prix

Konoba Maris Voici une retraite hors des sentiers battus, dans un petit port authentique installé sur une baie tranquille, idéale pour se baigner... Le restaurant sous tonnelle embrasse ce décor enchanteur, tout en servant des repas à prix raisonnables (80 à 120kn). Trois appartements sont proposés à la location (de 3 à 5 lits, clim., TV, wifi, lave-linge pour certains), ceux situés au-dessus du restaurant bénéficiant d'une vue (sur mer) épatante. Comptez à partir de 300kn pour le plus petit, 540kn pour les deux autres.

Possibilité de formules petit déjeuner, demi-pension et pension complète. Accueil chaleureux. *Kraj 39* ***Trstenik*** *Tél. 092 276 2023 ou 098 398 332 www.trstenikhouse.com*

prix moyens

Konoba Antunović Tenue par Anna Antunović, cette taverne promet une véritable immersion dans la Croatie profonde. Si les habitants du village observeront votre arrivée avec curiosité, les enfants parlent un peu anglais et vous guideront si nécessaire jusqu'aux quelques tables avec vue installées sur la rue, qui précèdent une vaste salle aux murs de pierres et meubles rustiques, avec jambons et saucissons accrochés aux poutres et attendant d'être descendus. Les propriétaires sont avant tout éleveurs, c'est donc leurs bêtes, agneaux et cabris, qui viennent rôtir sur la broche. Le pain et le fromage sont également maison. Comptez env. 150kn le repas. Possibilité de visiter l'exploitation. ***Kuna*** *(rue centrale du village) Tél. (020) 742 101 ou 098 170 1511 www.opgantunovic.hr Ouvert été : tlj. 12h-23h*

Orebić et alentours

C'est là que vous trouverez la plus grande offre touristique de la presqu'île. En dehors du grand complexe hôtelier que constitue Orebić avec ses nombreux appartements et chambres à louer, vous découvrirez plusieurs petits campings sur la route de Mokalo, à l'est, ou du côté de Viganj, à l'ouest. Pour plus de tranquillité, poussez jusqu'à Lovište, 18km au nord-ouest. Pour les chambres d'hôtes, suivez les panneaux ou joignez Orebić Tours (p.527). L'animation nocturne se concentre sur le front de mer d'Orebić. Sinon, faites comme les Croates : traversez le canal de Pelješac pour aller boire un verre à Korčula. Comptez 15min aller, cf. accès (p.537).

campings

Autocamp Antony Boy Le camping le mieux équipé de Viganj accueille aussi bien les familles que les véliplanchistes et kitesurfers venus profiter de la force des vents. Emplacements spacieux et ombragés, café-restaurant, location de caravanes et de vélos, et école de planche à voile à proximité. Comptez 200kn pour 2 pers. avec tente et voiture en été. ***Viganj*** *(sur la route principale) Tél. (020) 719 077 www.antony-boy.com Ouvert toute l'année*

Nevio Camping Un camping séduisant, aménagé en terrasses jusqu'à la mer. Restaurant, piscine, sanitaires impeccables, wifi et équipements pour les personnes handicapées. Si la plage de galets s'avère parfaite pour la baignade, une jetée en béton servira d'embarcadère aux capitaines de petites embarcations qui pourront mouiller leur unité sur place. À partir de 175kn en haute saison pour une voiture, 2 pers. et une tente. Mobile-homes et bungalows à partir de 650kn en pleine saison, 260kn en basse saison. ***Orebić*** *(à l'entrée de la ville, en arrivant de Potomje) Tél. (020) 713 100 ou 098 312 541 www.nevio-camping.com*

prix moyens

Bistro Dalmatino La carte, sommaire, ne réserve aucune surprise, avec ses assiettes froides et ses quelques plats copieusement servis. En revanche, l'emplacement, au bord de l'eau, est tout à fait stratégique : installé autour de petites tables en bois, sous des parasols en paille ou alangui près du coin bar, plus confortable, vous serez toujours à l'endroit idéal pour surveiller l'arrivée du ferry pour Korčula. Comptez 100-150kn pour un repas. *Obala dr. Franje Tuđmana* ***Orebić*** *Tél. 098 448 400 Ouvert été : tlj. 10h-22h*

Konoba Babilon Derrière l'église Sainte-Marie (Sveta Marija Pomoćnica) à Orebić, une taverne sans prétention appréciée des gens du cru pour sa jolie terrasse fleurie et ses copieuses viandes grillées. Comptez 120kn. *Đivovićeva 2* ***Orebić*** *Tél. (020) 713 352 Ouvert avr.-mi-nov. : tlj. 12h-0h*

Pansion Tamaris Avec sa situation idéale, au centre du bourg, il suffit de traverser la rue pour profiter d'un bain de mer. Les chambres disposent d'un confort correct et de grands balcons, celles donnant sur la mer étant plus spacieuses, et donc plus onéreuses. Studios et appartements de différentes surfaces. Comptez de 450 à 600kn en pleine saison, de 335 à 450kn en basse saison. ***Lovište*** *(sur la route principale, en bord de mer) Tél. (020) 718 014 www.pansion-tamaris.com*

prix élevés

Complexe hôtelier d'Orebić D'un confort très correct, les hôtels Orsan (3 étoiles) et Bellevue (4 étoiles), à l'ouest d'Orebić, appartiennent au même groupe et ont le même aspect convenu : d'imposants bâtiments séparés du rivage par une piscine généreuse. Chambres, bungalows et appartements, animations pour enfants, courts de tennis au Bellevue ainsi qu'un centre de plongée. Double à partir de 330kn. *Obala Pomoraca 36* ***Orebić*** *Tél. (020) 713 193 ou (020) 713 162 www.orebic-hotels.hr*

Aminess Grand Azur Hotel Le bâtiment n'a pas de charme ou de caractère particulier, à part peut-être ce parfum de nostalgie des années 1970-80, mais les 185 chambres offrent un confort satisfaisant, et la piscine, entourée d'arbres et d'arbustes, marque une transition parfaite avec la plage en contrebas. Enfin, les prix sont très convenables : comptez à partir de 600kn pour une chambre en pleine saison (avec ou sans balcon, avec ou sans vue mer), ajoutez environ 200kn par personne pour une pension complète. Wifi autour de la réception. Clientèle française nombreuse. *Kralja Petra Krešimira IV 107* ***Orebić*** *Tél. (052) 858 600 www.aminess.com*

prix très élevés

Hotel Indijan Un établissement moderne et au confort irréprochable. Les belles chambres au sol en parquet bénéficient de vastes salles de bains, d'une clim. puissante et d'un balcon pour profiter de la vue sur Korčula. Une terrasse en bord de mer s'avère parfaite pour dîner en amoureux ou profiter d'exceptionnels petits déjeuners. Service très prévenant. Chambre double en haute saison à partir de 1 400kn (hors saison 700kn). *Škvar 2* ***Orebić*** *Tél. (020) 714 555 www.hotelindijan.hr*

★ ÎLE DE KORČULA

20260

Séparée de la presqu'île de Pelješac par un chenal large de 2km, cette grande île dalmate accueille l'été les nombreux touristes venus admirer son "Petit Dubrovnik", la cité médiévale de Korčula. La plupart en restent là, et c'est tant mieux ! À vous les villages de caractère de l'intérieur, les oliveraies et les vignobles délimités par un lacis de murets de pierre, et les baies secrètes aux eaux translucides… Sans oublier les bonnes étapes gastronomiques, nées d'un récent développement du tourisme rural (*agroturizam*). Si la découverte de l'île peut être compliquée, voire décourageante en transports en commun, elle fera, en revanche, le bonheur des randonneurs et des cyclistes.

UN PEU D'HISTOIRE Les fouilles effectuées dans la grotte de Vela Spila, près de Vela Luka, attestent l'occupation de l'île dès le paléolithique. Au IIIe siècle av. J.-C., les Grecs d'Issa (actuelle île de Vis) fondent une colonie à Lumbarda, dans l'est de l'île, et y introduisent la culture de la vigne qui fait encore sa réputation. Conquise par les Romains (Ier s.), puis par les Slaves (VIIe s.), Korčula est annexée au royaume croate puis occupée par les Vénitiens en l'an 1000. L'île change ensuite plusieurs fois de maître, dont Raguse de 1413 à 1420, juste avant de revenir aux Vénitiens. Jusqu'en 1797, la Sérénissime utilisera la position stratégique de Korčula (la ville) sur le canal de Pelješac pour surveiller les manœuvres de la flotte ragusaine. La petite capitale insulaire vit alors de ses chantiers navals et de la taille de la pierre extraite des carrières de calcaire des îlots voisins. De 1797 jusqu'à son intégration à la Yougoslavie, en 1918, l'île sera soumise par les Autrichiens, les Français, puis les Anglais.

DES TRADITIONS BIEN ANCRÉES L'été, la ville de Korčula accueille les représentations très attendues de la *moreška*, ou danse des épées. Cette tradition, qui aurait été introduite après le siège turc de 1571, est empruntée aux Espagnols et symbolise la lutte entre chrétiens et musulmans. La *moreška* raconte le combat mené par le roi blanc (vêtu de rouge !) et ses chevaliers pour récupérer sa fiancée Bula, enlevée par le roi noir et sa suite. Durant sept tableaux, épées et danseurs virevoltent, accompagnés par un orchestre de cuivres. Plus le rythme s'accélère, plus les coups sont violents. On peut assister à des danses semblables dans le reste de l'île. Les plus importantes sont la *kumpanija* de Blato et la *moštra* de Žrnovo. La tradition musicale est également bien représentée à Vela Luka par les *klape*, chœurs masculins a cappella de six à onze chanteurs, dont les merveilleuses polyphonies rappellent l'identité slave de la Dalmatie. Enfin, sachez qu'il existe à Korčula trois confréries dont l'origine remonte au Moyen Âge. Ces associations charitables de laïcs prennent une part active aux grandes célébrations religieuses. Chacune possède ses prières, ses chants mais aussi ses habits liturgiques que vous pourrez admirer lors des processions de la Semaine sainte.

MODE D'EMPLOI

accès

EN BATEAU

Ferry au départ d'**Orebić (presqu'île de Pelješac)** et à destination de Dominče (2km à l'est de Korčula-ville) pratiquement toutes les heures, de 4h à 0h en saison (15min de trajet). Si vous n'êtes pas motorisé, mieux vaut prendre l'une des vedettes qui relient Orebić à la vieille ville de Korčula (quai ouest). En saison : env. 1 navette/h de 5h à 23h. Jadrolinija gère la ligne de ferries **Split-Ubli (Lastovo)-Vela Luka (Korčula)** et les lignes de catamaran **Split-Hvar-Vela Luka-Ubli**, **Split-Hvar-Korčula** et **Dubrovnik-Korčula-Hvar-Bol** (1 rotation/j. en été). La compagnie G&V exploite la ligne **Lastovo-Korčula-Polače-Sobra (Mljet)-Luka Šipanska-Dubrovnik** avec des catamarans à grande vitesse (en été seulement, 2 rotations complètes/sem., plus 5 rotations partielles). Plusieurs compagnies privées desservent Korčula au départ de **Ploče** ou de **Drvenik**, notamment pendant la période estivale. Quelques-unes également offrent des alternatives aux lignes régulières de Split ou de Dubrovnik.

Jadrolinija (plan 19, A3) *Plokata 21* ***Korčula*** *Tél. (020) 715 410 www.jadrolinija.hr* ***Vela Luka*** *Tél. (020) 812 015*

G&V Line *Tél. (020) 313 119 www.gv-line.hr*

Capitainerie de Korčula (plan 19, A1) *Obala dr. Franje Tuđmana bb Tél. (020) 711 178*

Capitainerie de Vela Luka *Tél. (020) 812 023*

ACI Marina Korčula (hors plan 19 par B3) Très bien située, à l'est de la vieille ville, 160 emplacements. *Tél. (020) 711 661 www.aci-marinas.com*

Marina Lumbarda Une alternative à celle de Korčula en cas de trop forte affluence. *6km à l'est de Korčula Tél. (020) 712 489*

EN CAR

Les cars en provenance de Dubrovnik (1/j., mais 3 en été), de Zagreb (2/j.) et de Sarajevo (1/sem.) embarquent sur le ferry pour rejoindre la gare de Korčula.

Gare routière / Autobusni kolodvor (hors plan 19 par B3) Elle est installée au sud-est de la vieille ville. *Obala Korčulanskih brodograditelja Tél. 060 37 30 60 Ouvert tlj. 6h30-19h*

orientation

Parallèle à la côte et à la presqu'île de Pelješac, dont elle est séparée par le canal du même nom, l'île de Korčula culmine à 569m et s'étire sur 47km de long et sur 8km de large maximum, pour une superficie totale de 270km². Les deux localités principales sont situées aux deux extrémités de l'île : Vela Luka, à l'ouest, et Korčula-ville, à l'est. Sachez qu'en dehors de celles de Korčula-ville, rares sont les rues qui portent un nom. N'hésitez pas à demander votre chemin, car tout le monde se connaît.

circuler

Stations service à Korčula-ville et Vela Luka.

EN CAR

Env. 7-8 AR/j. entre Korčula et Vela Luka via les villages de Žrnovo, Pupnat, Čara, Smokvica, Blato, etc.

À VÉLO ET À SCOOTER

Location dans les agences de voyages, notamment à Korčula-ville.

Rent a Đir-Cro Rent (plan 19, A3) *Ulica 29 br.10* ***Korčula-ville***

Tél. (020) 711 908 ou 098 243 209 ou 098 661 273 www.cro-rent.com
Agence Mediterano *Obala 3, bb* ***Vela Luka*** *Tél. (020) 813 832 ou 095 911 5204 www.mediterano.hr*

EN TAXI
Radonić ***Korčula-ville*** *Tél. (020) 711 785 ou 091 202 55 12*

informations touristiques

Attention, très peu d'établissements restent ouverts de novembre à avril.
Office de tourisme de Korčula-ville (plan 19, A2) Dans l'ancienne maison des Douanes (1540) à l'ouest des remparts, près de l'Hotel Korčula. Demandez la carte de la ville et celle des randonnées possibles dans la région. *Obala dr. Franje Tuđmana 4 Tél. (020) 715 701 ou (020) 715 867 www.visitkorcula.eu Ouvert juin, sept.-mi-oct. : tlj. 9h-19h ; juil.-août : tlj. 9h-22h ; mi-oct.-mai : lun.-sam. 8h-15h*
Office de tourisme de Lumbarda *Centre-ville Tél. (020) 712 005 www.tz-lumbarda.hr Ouvert mi-juin-fin juin, mi-sept.-fin sept. : tlj. 8h-12h et 16h-20h ; juil.-mi-sept. : tlj. 8h-22h ; oct.-mi-juin : tlj. 8h-14h*
Office de tourisme de Vela Luka *Obala 3 br. 19 Tél. (020) 813 619 www.tzvelaluka.hr Ouvert juin-sept. : lun.-sam. 8h-21h, dim. 9h-12h ; oct.-mai : lun.-ven. 8h-14h*

agences de voyages

Toutes proposent des excursions et la réservation d'hébergement chez l'habitant.
Atlas Korčula (plan 19, A3) Plusieurs agences, dont deux à proximité de la grand-place de la ville. *Trg 19 travnja bb* ***Korčula-ville*** *Tél. (020) 711 060*
Korkyra Info Hébergements privés, location de véhicules et de bateaux, excursions. *Trg Petra Šegedina 3a* ***Korčula-ville*** *Tél. (020) 711 750 ou 091 571 4355 www.korkyra.info*
Atlas Vela Luka *Obala III, 21* ***Vela Luka*** *Tél. (020) 812 078 www.atlas.com.hr*

adresses utiles

Vous trouverez **banques** et distributeurs sur Trg Kralja Tomislava, sur Plokata 19 travnja 1921, et près de la gare routière. Le **bureau de poste** est situé Foša/Trg kralja Tomislava.

fêtes et manifestations

Semaine sainte La grande procession a lieu le soir du Vendredi saint. Elle rassemble les membres des confréries de la Toussaint, de Saint-Roch et de la Vierge de la Consolation (dite aussi confrérie de Saint-Michel). ***Korčula-ville***
Festival de danses des épées *Moreška, kumpanija* et *moštra* en alternance dans les différents villages de l'île. À Korčula, les représentations de la *moreška* ont lieu dans divers lieux de la ville. *Mai-juin et sept.-mi-oct. : jeu. 21h ; juil.-août : lun., jeu. 21h (programme disponible à l'OT, achat des billets dans les agences de voyages)*
Festival de *Klape* à Vela Luka Env. 1 fois par sem. devant l'église paroissiale. *En juil. (rens. à l'OT de Vela Luka)*
Korkyra Baroque Festival Inaugurée en 2012, cette manifestation a l'ambition de réunir les meilleurs solistes et ensembles d'Europe et du monde, spécialisés dans la musique baroque, avec comme théâtres la cathédrale et les plus belles églises de la vieille ville. ***Korčula-ville*** *Tél. 099 35 54 903 www.korkyrabaroque.com Deux semaines en sept.*

DÉCOUVRIR

L'île de Korčula

☆ **Les essentiels** Les fortifications et la cathédrale Saint-Marc de Korčula-ville **Découvrir autrement** Faites une pause au coucher du soleil au Massimo, paressez sur les plages de Lumbarda

☺ Korčula-ville

Installée sur une petite presqu'île, la vieille ville de Korčula s'organise selon un astucieux plan en "arêtes de poisson", conçu au XIIIe siècle par les Vénitiens. Les rues secondaires s'embranchent toutes sur Korčulanskog Statuta, axe majeur orienté nord- sud. Celles qui sont situées à l'ouest de la rue principale sont rectilignes pour permettre au *maestral* de rafraîchir la cité en été, tandis qu'à l'est, elles dessinent une légère courbe pour la protéger de la bora, vent froid soufflant du nord-est en hiver. La vieille ville est entièrement piétonne et tous ses édifices portent l'empreinte élégante de Venise et des tailleurs de pierre qui firent la renommée de l'île. Au hasard de votre promenade, votre regard accrochera d'extraordinaires bas-reliefs, des balcons délicatement sculptés et une myriade de petits ponts jetés au-dessus des venelles.

☆ **Fortifications (plan 19, A2-A3-B3)** Édifiés du XIIIe au XVe siècle, les remparts de la vieille ville furent démantelés au XIXe siècle. Subsistent quelques belles tours rondes ou hémisphériques, telles que la grande et la petite tour du Gouverneur à l'ouest (Velika kneževa kula et Mala kneževa kula) et la tour de Tous-les-Saints (Kula Svih Svetih) à l'est. Mais c'est surtout la porte de la Terre ferme (Kopnena Vrata), entrée principale de la vieille ville, qui force l'admiration. Précédée par un escalier-pont monumental du XIXe siècle, elle est surmontée par la puissante tour quadrangulaire Revelin (XIVe s.). Cette dernière arbore, en façade, le lion ailé de saint Marc, et accueille de juin à octobre une petite exposition consacrée à la *moreška*.

Place Antuna et Stjepana Radića / Trg Antuna i Stjepana Radića (plan 19, A3-B3) Autrefois, cette place était le centre de la vie de Korčula. On y trouvait alors réunis la prison, l'arsenal, le Palais des recteurs, l'hôtel de ville et la citerne d'eau (le précieux liquide n'est acheminé du continent que depuis 1986 !). Notez la petite église baroque Saint-Michel (Crkva Sv. Mihovila, XVIIe-XVIIIe s.), et le joli portique Renaissance de l'hôtel de ville (XVIe s.), qui devient aux beaux jours l'un des rendez-vous favoris des chanteurs de *klapa* (chœur masculin). De là, l'étroite Korčulanskog Statuta permet de rejoindre la cathédrale.

☆ ☺ **Cathédrale Saint-Marc / Katedrala Sv. Marka (plan 19, B2)** Elle constitue à la fois le cœur et le point le plus élevé de la vieille ville. Sa construction (XVe-XVIe s.) fut menée conjointement par de grands architectes locaux et italiens, d'où cet extraordinaire mariage des styles gothique et Renaissance. Sa façade principale, taillée dans un calcaire ocre roux et ponctuée d'un clocher ouvragé, attire tout particulièrement l'attention. Le portail de Saint-Marc, réalisé par Bonino da Milano en 1412, est flanqué de deux lions sculptés, sous lesquels s'offrent les corps dénudés d'Adam et Ève. Au-dessus de la rose, remarquez les personnages fantastiques qui animent la frise. À l'intérieur, le regard se pose instantanément sur le baldaquin de pierre du maître-autel. Ce ciborium réalisé par Marko Andrijić en 1486 met parfaitement en valeur un tableau du Tintoret (XVIe s.), représentant saint Marc, saint Barthélemy et saint Jérôme. Dans la nef sud, vous pourrez admirer le diptyque de *L'Annonciation*, également attribué au Tintoret. *Trg Sv. Marka Tél. (020) 711 049 Ouvert avr.-oct. : tlj. 9h-14h et 17h-19h ; nov.-mars sur rdv Tarif 25kn (trésor de la cathédrale compris)*

Trésor de la cathédrale / Biskupska riznica (plan 19, B2) Exposé dans le palais épiscopal (XIXe s.), il constitue l'une des collections d'art sacré les plus riches de Dalmatie. Outre de nombreuses icônes allant du XVe au XIXe siècle, des reliquaires, des vêtements sacerdotaux, des manuscrits précieux, etc., vous y découvrirez de très belles peintures Renaissance. Parmi les plus belles pièces, le splendide polyptyque de *L'Immaculée Conception*, réalisé par Blaž Jurjev Trogiranin au XVe siècle et les œuvres provenant des ateliers de grands maîtres vénitiens tels que Titien, Véronèse ou Jacopo Bassano. Autre merveille : une icône italo-crétoise de la Vierge (XIIIe-XIVe s.), provenant du monastère de Badija, et qui fait l'objet d'une dévotion toute particulière. En 1571, assiégés par les Turcs, les habitants de Korčula s'en remirent à la Vierge et prièrent pour leur salut. Une tempête emporta alors les ennemis jusqu'à Hvar, et la Vierge fut remerciée avant de devenir la gardienne de la cité. Le trésor de la cathédrale constitue un véritable musée vivant, dont sont extraits les plus belles pièces, tels que les costumes de protocole, à l'occasion des très nombreuses fêtes religieuses de l'île. *Trg Sv. Marka Tél. (020) 711 049 Ouvert juil.-août : tlj. 9h-14h et 17h-19h ; sept.-juin sur rdv à l'OT Tarif 25kn (visite cathédrale comprise)*

Musée municipal / Gradski muzej (plan 19, B2) Logé dans l'élégant palais Renaissance Gabrielis (XVIe s.), en face de la cathédrale, le musée brosse un tableau un peu sommaire et désordonné de l'histoire et de la culture régionales. On retiendra surtout la copie du précieux *Pséphisme de Lumbarda* – une tablette du IIIe siècle av. J.-C. recensant 200 propriétaires terriens grecs –, la section consacrée aux chantiers navals et les reconstitutions d'un atelier de sculpteur et d'une cuisine traditionnelle. Attention, en raison de travaux, le musée est abrité dans une maison juste à côté avec des collections réduites. Réouverture dans son emplacement d'origine prévue en 2020. *Trg Sv. Marka Tél. (020) 711 420 Ouvert juil.-sept. : lun.-sam. 9h-21h ; oct.-juin : lun.-ven. 10h-13h Tarif 20kn, réduit 6kn*

Maison de Marco Polo / Kuća Marka Pola (plan 19, B2) Si la plupart des livres d'histoire font naître Marco Polo (1254-1324) à Venise, tous les habitants de Korčula vous affirmeront que le célèbre navigateur est un enfant de l'île. Plausible, si l'on tient compte du fait que la flotte vénitienne recrutait ses capitaines parmi les Dalmates et que de nombreuses familles Depolo peuplent encore Korčula. Quoi qu'il en soit, Marco Polo fait figure de héros local, et le

Plan 19 Korčula-ville

Shopping 1 à 3
Cukarin p.543 — 1 A3
Seba Dizajn p.543 — 3 B2
Vapor Gallery p.542 — 2 A2

Glacier, cafés, bars et lieux de sortie 10 à 13
Kiwi p.543 — 10 A3
Massimo p.543 — 11 B1
Step p.543 — 12 A3
Tramonto p.543 — 13 A2

Restauration 20 à 26
Adio Mare p.547 — 20 B2
Aterina p.546 — 26 A2
Kanavelić p.547 — 23 B1
Konoba Mareta p.547 — 21 B2
Morski Konjic p.546 — 22 B2
Planjak p.546 — 24 A3-B3

Hébergement 30 et 31
Hotel Korčula De la Ville p.547 — 30 A2
Lešic Dimitri Palace p.548 — 31 B2

MARCO POLO À KORČULA

Le 7 septembre 1298, une terrible bataille navale réunissant plus de 100 navires, 15 000 marins et soldats, oppose Gênes à Venise, dans le détroit séparant Korčula de Pelješac. Marco Polo, revenu d'Orient, commande une galère. Venise défaite, il est fait prisonnier et en profitera pour dicter *Le Devisement du monde*, renommé *Les Merveilles du monde*, un récit de ses voyages en Orient qui se termine par une description de la bataille. C'est l'unique trace indiscutable d'un passage de Marco Polo dans l'île.

700e anniversaire de son retour de Chine, en 1995, comme le 750e anniversaire de sa naissance, en 2004, ont donné lieu à de grandes célébrations. La maison dite de Marco Polo se dresse dans une venelle au nord-est de la cathédrale. Cette demeure gothico-Renaissance assez délabrée fut, en fait, construite après la mort du célèbre voyageur. Et sa tour, loin de bénéficier d'un beau panorama sur la vieille ville, n'offre qu'une vue tronquée du toit de la cathédrale, de la ruine attenante et de quelques paraboles… *Ulica Depolo Tél. (020) 716 529 Ouvert juil.-août : tlj. 9h-21h ; sept.-juin : tlj. 9h-15h Tarif 20kn, moins de 10 ans gratuit*

Musée des Icônes / Muzej Ikona (plan 19, B3) Belle collection d'icônes crétoises des XIVe-XVIIe siècles, rassemblée par la confrérie de la Toussaint, la plus ancienne de Korčula (1301). Le pont de pierre qui enjambe la ruelle relie le musée à l'église baroque de la Toussaint (XVIIIe s.). Le ciborium du chœur abrite une douce *Pietà* en noyer, sculptée à la fin du XVIIe siècle par l'artiste vénitien Antonio Corradini. À sa droite, un polyptyque de Blaž Jurjev Trogiranin (XVe s.) représente les membres de la confrérie agenouillés devant le Christ. À gauche de la *Pietà*, on notera le grand crucifix byzantin en bois peint du XVe siècle. Les apôtres de la tribune et les scènes bibliques du plafond à caissons ont été peints à la fin du XVIIe siècle par Tripo Kokolja. *Bratovština Svih Svetih/Kaporova ulica Tél. (020) 711 306 Ouvert avr.-oct. : lun.-sam. 9h-14h et 17h-20h Tarif 20kn*

Musée Marco Polo / Marko Polo muzej (plan 19, A3) Ouvert en 2012, ce musée multimédia retrace à l'aide de dioramas (scènes de vie quotidienne reconstituées avec mannequins et décors) la vie de Marco Polo, sans grande originalité, mais avec beaucoup d'efficacité. *Plokata 19. Travnja 1921 33 Tél. 098 970 5334 Ouvert avr.-mai, oct.-nov. : tlj. 10h-15h ; juin-sept. : tlj. 9h-0h Tarif 60kn, réduit 30kn*

Plages La **plage municipale**, qui s'étend devant l'hôtel Marko Polo, à l'est de la vieille ville, est souvent noire de monde en été. N'hésitez pas à prendre un bateau-taxi sur le quai oriental pour rejoindre les petites îles ancrées au large de Korčula. La plus grande et la plus appréciée est celle de **Badija**, connue pour son rivage boisé et son monastère franciscain des XIVe-XVe siècles.

Où s'offrir une œuvre d'art ?

Vapor Gallery (plan 19, A2 n°2) Lieu d'exposition et de vente de différents artistes locaux, la galerie propose de très belles toiles et pièces (gravures, sculptures, objets, bijoux) souvent inspirées du monde marin. À partir de 300-

400kn. *Kula morska vrata (par les escaliers de la porte ouest de la vieille ville, à droite) Tél. (020) 715 909 ou 098 490 498 www.korcula-wind.com Ouvert juin-sept. : 9h-23h ; basse saison : 10h-13h et 17h-20h*

Où acheter des biscuits traditionnels ?

Cukarin (plan 19, A3 n°1) *Cukarin, klašun, amaret* et *marko polo* : voilà quatre délicieux sablés régionaux à base d'amandes ou de noix, à déguster sans modération. La pâtisserie est située dans une ruelle du sud de la vieille ville. *Hrvatske bratske zajednice bb Tél. (020) 711 055 Ouvert lun.-ven. 8h30-12h30 et 17h-20h30*

Où dénicher un bijou original ?

Seba Dizajn (plan 19, B2 n°3) La famille Seba pratique l'art de la joaillerie depuis près de 500 ans, créant colliers, boucles d'oreilles, bracelets ou pendentifs en argent au design unique. Également des foulards et autres souvenirs. *Ulica Depolo (juste à côté de la tour Marco Polo) Tél. (020) 715 080 ou 098 198 8088 www.sebasilver.com Ouvert mai-sept. : tlj. 10h-20h*

Où déguster une glace ?

Kiwi (plan 19, A3 n°10) Pour une pause glacée (coupes 20 à 40kn), ou pour craquer sur les mignonnes pâtisseries locales (*bombica, cukarin, klašun, utopljenik*, de 9 à 20kn). *Biline 16 Tél. (020) 715 781 ou 098 880 995 Ouvert jan.-fév. : tlj. 8h-15h ; mars, nov.-déc. : tlj. 8h-20h ; avr.-oct. : tlj. 8h-0h*

Où faire une pause ?

Step (plan 19, A3 n°12) Ce café-bar, avec sa position stratégique au pied des escaliers qui mènent à la vieille ville, constitue un lieu de rendez-vous fonctionnel pour grignoter petits déjeuners, salades, sandwichs, crêpes ou pizzas. Espace wifi libre. *Trg Kralja Tomislava 6 Tél. (020) 715 501 Ouvert tlj. 7h-0h*

Où boire un verre le soir ?

Quelques terrasses plaisantes s'égrènent sur Šetalište Petra Kanavelića (plan 19, A1-A2), la promenade aménagée sur le flanc oriental de la vieille ville. Le soir, l'animation se déplace plus à l'est, dans les bars qui s'alignent au-dessus du port, sur Obala korčulanskih brodograditelja (plan 19, B3) et Šetalište Frana Kršinića (plan 19, B3).

☺ **Massimo (plan 19, B1 n°11)** Un bar à cocktails installé dans la tour Zakerjan (XVe s.), vestige du rempart nord. La terrasse aménagée au sommet, derrière les créneaux, offre une vue splendide sur la vieille ville et les reliefs abrupts de la presqu'île de Pelješac. Jubilatoire au coucher du soleil ! Env. 50-70kn le cocktail. *Šetalište Petra Kanavelića Tél. (020) 715 073 ou 098 191 3538 Ouvert mai-oct. : tlj. 15h-1h*

Tramonto (plan 19, A2 n°13) Une terrasse toute simple, aménagée avec quelques tables et perchée sur les remparts au-dessus du restaurant-pizzeria du même nom. Parfait pour admirer la partie ouest de l'île, Pelješac et l'isthme qui les sépare, en sirotant un cocktail ou une sangria (50-75kn). Happy Hour de 22h à 23h. *Ismaelli 12 Tél. (020) 711 080 ou 098 924 80 03 Ouvert juin-sept. : tlj. 18h-2h*

Faire de la planche à voile

Oreb Club Un club de voile renommé de Korčula-ville, qui propose cours et stages de voile à la semaine, et des balades organisées en kayak ou en paddle.

Activités nautiques également sur la plage de l'hôtel Marko Polo à Korčula. L'Oreb Club gère aussi deux autres centres à Lumbarda et à Brna. À partir de 390kn pour un stage découverte de 2h, 225kn pour une balade de 3h en kayak. *Gradski Park Tél. 099 534 1369 www.oreb-sailing.com En été, prendre contact entre 8h et 20h*

Entre Korčula et Vela Luka

Lumbarda et ses vignobles Étendue sur plusieurs petites baies, Lumbarda est une station balnéaire à taille humaine, appréciée pour sa tranquillité, ses eaux claires et son *grk*, un vin blanc sec et fruité, issu du cépage éponyme qui pousse sur les terres sablonneuses du village (celui produit par Branimir Cebalo est le meilleur et le plus célèbre). Les plages les plus agréables sont situées 2km à l'est de Lumbarda. Celle de **Pržina** est orientée au sud et offre une belle étendue de sable, tandis que les criques rocheuses de **Bilin Žal** sont tournées vers le nord. *6km au sud de Korčula-ville*

Račišće La vie s'écoule paisiblement dans ce petit port de pêche. Rien d'autre à y faire que de nager dans ses eaux claires. Belles criques de galets, appréciées des naturistes, 1 ou 2km à l'ouest. *13km à l'ouest de Korčula-ville par la route côtière*

Žrnovo et Pupnat Ces deux petits villages de l'intérieur de l'île, situés respectivement 3km et 13km à l'ouest de Korčula, recèlent d'adorables maisons en pierre à toit de lauzes, ainsi qu'un camping pour le premier (p.548) et une auberge pour l'autre (p.550).

Pupnatska luka L'une des plus belles baies de l'île, à quelques kilomètres au sud de Pupnat. Pas toujours asphaltée, la route panoramique qui la dessert court en parallèle à la route principale sur 12km entre Pupnat et Čara. *15km à l'ouest de Korčula-ville*

Čara, Smokvica et leurs vignobles Ces deux autres petits villages, situés à l'intérieur de l'île, sont particulièrement réputés pour leurs vignobles. C'est en effet ce terroir qui produit le célèbre *pošip* et le *rukatac*, deux bons petits vins blancs secs. La plupart des producteurs de la région proposent des dégustations-ventes, mais la maison Toreta, à Smokvica, est incontestablement l'une des plus renommées. Comme ailleurs, il est préférable de prendre rendez-vous. À Čara, une grande procession fête le 25 juillet saint Jacques et la Vierge, et se termine en danse des sabres. Autres curiosités du village, son cyprès quadriséculaire et son bassin artificiel médiéval. *À 25km environ de Korčula* **Vinarija Toreta / Paval Baničević** *Tél. (020) 832 100 ou 098 908 0638 ou 098 178 2645 Ouvert mai-oct. : tlj. 10h-18h*

Blato Une superbe allée de tilleuls, appelée Zlinja, traverse de bout en bout ce gros bourg qui s'étire sur plusieurs petites collines. Une courte balade vous emmènera au pied de l'église baroque de Tous-les-Saints (XVIIe s.), près de laquelle se dresse une adorable loge, aux dalles lisses et brillantes. *À 38km de Korčula et 9km de Vela Luka*

Où faire une dégustation de vins ?

☺ **Cave Branimir Cebalo** La famille Cebalo accueille volontiers les visiteurs, de préférence sur rendez-vous. Dégustation et vente (bouteille de *grk* : 100kn env.). ***Lumbarda** (traverser le centre du village en dir. des plages, et une fois dans les vignobles, grimper à gauche vers **Vela Glavica** ; c'est la maison la plus proche de l'église) Tél. (020) 712 044* ou *098 188 2539*

Randonner dans le sud de l'île Un grand nombre de sentiers permettent de rallier les adorables petits villages de la partie sud de l'île. Carte détaillée des itinéraires disponible à l'OT de Korčula-ville.

Vela Luka

Au fond d'une baie échancrée, à l'extrémité occidentale de l'île, la plus grande agglomération de Korčula est aussi la plus active comme en témoignent son chantier naval de Greben et sa conserverie Jadranka. Sa promenade en bord de mer et une frénésie touristique moindre pourront séduire ceux qui recherchent un séjour plus "authentique". Vela Luka accueille différentes rotations de ferries, elle pourra donc vous servir d'étape vers Split, Lastovo ou Hvar. *À 40km de Korčula*

Centre culturel / Centar za kulturu Il accueille des expositions temporaires et présente aussi une petite collection archéologique provenant du site néolithique de **Vela Špila**. Cette grotte, située 1km au nord-ouest de la ville, est l'un des sites archéologiques les plus féconds du bassin méditerranéen. Elle se visite sur demande au centre culturel ou à l'office de tourisme (tarif 10kn). *Tél. (020) 813 602 Ouvert juil.-août : lun.-sam. 9h-12h et 18h-22h, dim. 8h30-14h ; sept.-juin : lun.-ven. 8h-15h Tarif 10kn*

Musée de l'huile d'olive / Etnografska zbirka Un titre un peu pompeux pour une visite néanmoins agréable. Les huileries Zlokić exposent de vieux pressoirs ainsi que les instruments utilisés autrefois. La production actuelle est proposée à la dégustation et à la vente. *Immanquable, au niveau de l'accès à Vela Luka depuis la nationale. Tél. (020) 813 111 ou 098 929 5073 Ouvert été : lun.-ven. 10h-12h et 18h-20h Entrée libre*

Où boire un verre ?

Caffe Bar Inglezo Ce petit bar en vogue, flanqué d'une terrasse qui donne sur le front de mer, offre un tranquille panorama, des fauteuils aux coussins profonds, quelques ventilateurs et des tarifs honnêtes, le tout arrosé de pop-rock croate. Expresso 6kn, soda 7-15kn, vin au verre 6-20kn. *Sur les quais, un peu au sud de l'embarcadère Ouvert tlj. 8h-23h*

Piquer une tête

Île de Proizd Les amateurs de bains de mer pourront rejoindre les belles criques de cet îlot posté à 30min de Vela Luka en bateau-taxi (env. 5 AR/j., 50kn AR).

CARNET D'ADRESSES

Restauration, hébergement

À Korčula-ville

Pour louer une chambre chez l'habitant, adressez-vous aux propriétaires (pancarte "*sobe*" ou "*apartaman*" sur les portes) ou à l'une des agences de voyages situées à l'entrée de la vieille ville, cf. Mode d'emploi (p.537). Orientez vos recherches vers le port ouest, le long de Put sv. Nikole : la plupart des chambres donnent sur la vieille ville, et les pontons du quai constituent des plongeoirs idéals après les visites.

camping

Kamp Kalac Grand camping familial installé en bord de mer sous une agréable pinède, 3km à l'est de la vieille ville (près du port des ferries de Dominče). Sanitaires impeccables mais un peu vieillottes, plusieurs cafés-restaurants, supermarché et activités nautiques. Env. 200kn pour 2 pers. avec tente et voiture en juil.-août. Réservation auprès du groupe hôtelier HTP (p.547). *Dubrovačka cesta 19* ***Korčula-ville*** *(accès de la vieille ville : bateau-taxi toutes les 30min env., 10kn, ou 20min à pied par le front de mer) Tél. (020) 726 693 www.korcula-hotels.com Ouvert mai-oct.*

petits prix

Planjak (plan 19, A3-B3 n°24) Une petite adresse simple et centrale, sans doute l'une des seules ouvertes toute l'année. Menu du jour à 75kn et plats à la carte (50-90kn) servis en été sur une agréable terrasse ombragée. *Trg Plokata 19. travnja* ***Korčula-ville*** *Tél. (020) 711 015 Ouvert été : tlj. 8h-0h ; reste de l'année : tlj. 8h-22h*

☺ **Pension Hajduk 1963 (hors plan 19 par B3)** Malgré sa situation un peu excentrée, 15min à pied à l'est de la vieille ville, cette petite pension familiale ne devrait faire que des heureux. Outre une quinzaine de chambres parfaitement tenues et bientôt équipées (TV et clim.), vous y trouverez un accueil mémorable, une piscine délassante, un grand jardin potager et une belle terrasse sous la treille où vous seront servies, le soir venu, d'excellentes viandes cuites sous la cloche. Restaurant ouvert aux non-résidents. Prévoyez en été 335kn la chambre double avec petit déj., et 290kn (par personne) en demi-pension. *Ulica 67, br. 6* ***Korčula-ville*** *Tél. (020) 711 267 ou 098 287 216 www.hajduk1963.com*

prix moyens

Aterina (plan 19, A2 n°26) Ce lieu un peu décalé est tenu par une équipe de jeunes gens, soucieux de simplicité. On s'installe à quelques tables disposées sur une place discrète, adossée aux fortifications, et on pioche dans la carte, sobre et originale, aux plats élaborés à base de produits de saison. Le service est à la fois un peu nonchalant et sympathique. Carte des vins de qualité (proposés aussi au verre). Comptez autour de 120-150kn pour un repas. *Trg Korčulanskih klesara i kipara 2* ***Korčula-ville*** *Tél. 091 986 1856 Ouvert juil.-sept. : tlj. 10h-15h et 18h-0h*

Morski Konjic (plan 19, B2 n°22) En haute saison, il faudra sans doute patienter un peu pour obtenir une table en terrasse, et profiter de la vue sur la péninsule de Pelješac, particulièrement belle et principal intérêt de l'adresse. Cuisine honnête : anneaux de calamars frits 70kn, brochettes de crevettes 100kn (comptez 100-150kn pour un repas). Plats végétariens. *Šetalište Petra Kanavelića* **Korčula-ville** *Tél. (020) 711 878 Ouvert mai-oct. : tlj. 8h-0h*

Konoba Mareta (plan 19, B2 n°21) Une petite taverne à l'allure et à l'accueil sympathique. Au menu, des plats simples : dattes au fromage frais, champignons et courgettes marinés, sauce à l'oignon blanc et citron (39kn), carpaccio de poulpe, roquette et parmesan, plats végétariens (60-70kn), brochettes, baby menu (20kn). Pour un repas complet, comptez 150-200kn. *Ulica Sv. Roka 4* **Korčula-ville** *Tél. (020) 711 144 Ouvert tlj. 12h-0h*

☺ **Apartments Karisima (hors plan 19 par A3)** Ivana Grbin et ses parents vous accueillent simplement et discrètement à moins de 150m du centre-ville de Korčula, dans trois appartements bien équipés (clim., wifi, lave-linge). Décoration à la fois basique, moderne et amusante. Comptez 610-690kn pour deux en été, de 300 à 540kn hors saison. *Ulica 22 Lipnja 1941 bb* **Korčula-ville** *Tél. (020) 715 394 ou 099 246 2547 www.apartments-karisima.com*

prix élevés

Adio Mare (plan 19, B2 n°20) Un grand classique de Korčula, installé depuis 1974 dans une belle demeure en pierre de la vieille ville, et qui s'honore d'avoir accueilli tous les présidents de Croatie ! Sous de hauts plafonds et des maquettes de bateaux, dans la petite salle richement décorée, ou sur la terrasse surplombant la place, on vient déguster des plats de poissons et de fruits de mer ou l'excellente *pašticada* (bœuf mariné à la dalmate). Compter 200-250kn. Petite attente prévisible pour avoir une table. *Marka Pola 2* **Korčula-ville** *Tél. (020) 711 253 www.konobaadiomare.hr Ouvert avr.-oct. : lun.-sam. 12h-23h, dim. 17h-23h*

Kanavelić (plan 19, B1 n°23) Sur sa belle terrasse, séparée de la rue par un imposant mur crénelé et surplombé de colonnes, ou dans la salle si le soleil est trop ardent, on déguste des spécialités de la mer. Comptez env. 200-250kn pour un repas (attention : les prix sont généralement donnés pour 100g). Accueil attentionné et agréable. *Sv. Barbara 12* **Korčula-ville** *(derrière l'hôtel Korčula) Tél. (020) 711 800 Ouvert juil.-oct. : tlj. 18h-23h*

HTP Korčula (hors plan 19 par B3) Ce groupe gère les hôtels Park et Bon Repos (2 et 3 étoiles), Korčula (3 étoiles), Liburna et Marko Polo (4 étoiles) sur la presqu'île, à l'est de la vieille ville, ainsi que des appartements, le camping Kalac, et un resort destiné aux familles, inauguré en 2017. Plages, piscines, restaurants et activités nautiques. *Šetalište Frana Kršinića 102* **Korčula-ville** *Tél. (020) 726 480 ou (020) 726 336 www.korcula-hotels.com*

prix très élevés

Hotel Korčula De la Ville (plan 19, A2 n°30) C'est le seul hôtel traditionnel de la vieille ville. Installé face à la mer, sur le quai ouest, il occupe un édifice fin XIXe-début XXe siècle, dont l'élégante façade et la terrasse frangée de palmiers et de lauriers attirent immanquablement l'œil des promeneurs. Ses 20 chambres, avec balcon sur le port, certes un peu petites, ont été joliment rénovées en 2015. Comptez à partir de 1 200kn la double en haute saison, et de 500kn en basse saison. *Obala dr. Franje Tuđmana 5* ***Korčula-ville*** *Tél. (020) 726 900 www.korcula-hotels.com Ouvert toute l'année*

Hotel Korsal (hors plan 19 par B3) Cet établissement moderne et confortable, fruit de la rénovation d'un édifice inscrit au patrimoine culturel de la ville, abrite une dizaine de chambres lumineuses (parquet et salle de bains équipée d'une douche avec hydromassage). Compter à partir de 1 380kn pour une double en pleine saison. Le restaurant, dont la cuisine et la cave sont réputés, offre une belle vue sur la baie. *Šetalište Frana Kršinića 80* ***Korčula-ville*** *Tél. (020) 715 722 ou 091 533 83 02 www.hotel-korsal.com*

Lešic Dimitri Palace (plan 19, B2 n°31) En voyage de noce, ou simplement pour se faire plaisir, offrez-vous une nuit dans ce palace au luxe très personnalisé, dont la décoration a été conçue par des créateurs du monde entier. L'hôtel a investi l'ancien palais de l'évêque (XVIIIe s.), localisé dans la vieille ville, et qui a été partagé en cinq "résidences" offrant chacune un confort extrême : le studio le plus modeste (Ceylan, de 2 350 à 3 700kn - 315 à 495€ - selon la saison), situé au rez-de-chaussée, mesure ainsi 45m², le plus grand... 120m· ! *Don Pavla Poše 1-6* ***Korčula-ville*** *Tél. (020) 715 560 www.ldpalace.com*

Dans le reste de l'île

La plupart des touristes apprécient la petite station balnéaire de **Lumbarda** (6km à l'est de Korčula-ville) pour ses prix abordables. Si vous préférez la tranquillité et les ambiances rurales, n'hésitez pas à louer une chambre dans l'un des adorables villages de l'intérieur. Enfin sachez qu'une partie des adresses mentionnées ci-dessous sont affiliées au réseau "*agroturizam*".

campings

Kamp Oskorušica Un camping affilié au réseau français "Accueil paysan", idéal si vous recherchez calme et nature. Équipements et sanitaires très sommaires, mais de nombreux recoins plantés d'oliviers, de figuiers, d'orangers et de caroubiers. Comptez 145kn pour 2 pers. avec voiture et tente en été. *Žrnovo 73* ***Žrnovo*** *(8km à l'ouest de Korčula-ville, au bord de la route de Račišće) Tél. (020) 710 897 ou 098 950 3068 http://camposkorusica.com Ouvert mai-début oct.*

Autocamp Mindel Isolé à l'extrémité sauvage de l'île, ce camping, tenu depuis les années 1980 par une famille charmante, dispose de 60 emplacements sous les oliviers, délimités par les murets de pierre typiques de la région. La clientèle est composée d'habitués convaincus, et le silence est impératif à partir de 22h. À moins de 15min de marche, vous pourrez explorer les nombreux coins à baignade qu'offre la région. Sanitaires très propres, barbecues, machines à laver, terrain de tennis et cabine téléphonique pour 120kn/2 pers. avec tente et voiture. *Stani 192* ***Vela Luka*** *(6km au nord-ouest de la ville) Tél. (020) 813 600 ou 099 302 8881 www.mindel.hr Ouvert mai-oct.*

petits prix

☺ **Pansion Bebić** Cette confortable pension, perchée au-dessus de la mer, à l'ouest de Lumbarda, dispose de 2 chambres doubles et d'une dizaine d'appartements pour 2 à 4 pers (clim., balcon). L'endroit est particulièrement convivial avec sa grande terrasse, sa salle de billard, ses kayaks à louer, et son très bon accueil. Le tout avec un excellent rapport qualité-prix ! Comptez de 250 à 450kn la double, 370-500kn l'appartement pour 2 pers., selon la saison. Possibilité de demi-pension avec la taverne du même nom. Majoration de 30% pour une location de moins de 3 jours. Petit plus, on vient vous chercher à l'embarcadère si vous n'êtes pas motorisé. ***Lumbarda*** *(en venant de Korčula-ville, prendre à gauche avant le centre du village) Tél. (020) 712 505 www.bebic.hr Ouvert avr.-oct.*

☺ **Pansion Marinka** Notre adresse préférée à Lumbarda. Tenue avec beaucoup de cœur par Frano Bire et sa famille, la pension Marinka dispose d'une dizaine de chambres doubles très propres, agréables et bien entretenues. Jusqu'ici, rien de singulier, mais si vous optez pour la demi-pension, vous pourrez faire honneur aux produits du potager et de la ferme : fromage de chèvre, jambon fumé (*pršut*), huile d'olive, vins et liqueurs. L'été, le petit déj. et le dîner sont servis sur la terrasse, sous les mandariniers. Si vous ne souhaitez pas y séjourner, rien ne vous empêche de faire, sur rdv, une dégustation de tous ces produits à la ferme (50-120kn/pers.). Comptez 180-250kn la nuitée, 45kn le petit déj., et 120kn le dîner (vin compris). La cave tenue par la famille constitue également une étape incontournable. ***Lumbarda*** *(à l'entrée du village, sur la droite, en venant de Korčula) Tél. 098 962 2010 ou 098 344 712 www.bire.hr*

prix moyens

☺ **Zure** À deux pas de la pension Marinka, à Lumbarda, cette petite taverne (une vingtaine de couverts) est tenue par une famille de pêcheurs, mais les deux fils, Ivan et Marco, étudient, eux, l'agronomie et l'œnologie). Des vignes, un verger, une oliveraie, un grand potager et un peu d'élevage complètent l'approvisionnement. Installez-vous sur la terrasse ombragée par des citronniers et une vigne grimpante, et si la pêche du jour le permet, commandez sans hésiter un chapon (poisson scorpion) : grillé à point, c'est tout simplement divin ! Accueil souriant, carte succincte et des prix très doux : comptez 120-150kn/pers. env., poisson (frais) 275kn/kg. *Vela Glavica* ***Lumbarda*** *Tél. (020) 712 334 ou 091 512 87 12 www.zure.hr Ouvert été : tlj. 18h-0h ; hiver : mar.-sam. 18h-0h*

Restoran Pod Bore Malgré son décor un peu trop classique et ses allures d'attrape-touristes, le Pod Bore affiche des tarifs très abordables et compte parmi les valeurs sûres du front de mer de Vela Luka. Bons plats de saison, belle carte des vins. Env. 120-150kn le repas. *Obala 2/3* ***Vela Luka*** *Tél. (020) 812 123 www.podbore.hr Ouvert fév.-déc. : tlj. 11h-23h*

prix élevés

Konoba More Une auberge romantique avec vue sur la baie de Lumbarda et les îles au large. Protégée par une poignée de conifères protecteurs, la

GAMME DE PRIX	RESTAURATION	HÉBERGEMENT
Très petits prix	moins de 75kn	moins de 300kn
Petits prix	de 75 à 120kn	de 300 à 450kn
Prix moyens	de 120 à 180kn	de 450 à 600kn
Prix élevés	de 180 à 250kn	de 600 à 1 100kn
Prix très élevés	plus de 250kn	plus de 1 100kn

terrasse affleure le niveau de la mer d'où le bruit du ressac apaisant participe à la quiétude du lieu. Les murs de la salle sont couverts des toiles du patron, un artiste-peintre, sorte de néo-réaliste méditerranéen, qui a concocté une carte assez traditionnelle avec des plats de coquillages et de poisson (filet de Saint-Pierre 130kn), ainsi que des grillades. Comptez env. 200kn pour un repas. ***Lumbarda*** *(en bord de mer, à l'entrée du village) Tél. (020) 712 068 ou 098 427 843 Ouvert mai-sept. : tlj. 11h-16h et 18h-0h*

☺ **Mate** Au centre du village de Pupnat, cette petite taverne propose une cuisine du terroir entièrement "bio" et évoluant selon les saisons : du pain à la graine d'anis aux viandes cuites sous la cloche, en passant par la liqueur de pétales de rose et les raviolis au fromage de chèvre et à la sauge. Une excellente adresse connue des cyclistes et des randonneurs. Essayez les raviolis aux crevettes, sauce basilic ! Env. 160-180kn le repas. ***Pupnat*** *(env. 13km à l'ouest de Korčula-ville) Tél. (020) 717 109 Ouvert mai-oct. : lun.-sam. 11h-14h et 19h-23h, dim. 19h-23h*

Hotel Korkyra Un établissement de luxe qui a rouvert en 2010 après une profonde rénovation. Installé sur le front de mer de Vela Luka, il s'appuie aujourd'hui sur un style moderne et épuré. Très belles chambres avec parquets et salles de bains élégantes. Piscine (modeste), spa, salle de sport et restaurant réputé (160kn). Comptez de 400 à 1 000kn pour une double standard selon la saison. Parking 75kn. *Obala 3 br. 21* ***Vela Luka*** *Tél. (020) 601 000 www.hotel-korkyra.com*

☺ ÎLE DE LASTOVO

20290

Ce petit bout de terre escarpé de 47km² compte parmi les îles croates les plus isolées. Pour cette raison même, Lastovo accueillit, comme Vis, une base de l'armée yougoslave et demeura interdite aux étrangers de 1976 à 1989. Ses baies échancrées et ses reliefs boisés sont donc particulièrement bien préservés, et ses eaux cristallines, sur lesquelles s'éparpillent 46 îlots, sont réputées abriter la faune et la flore les plus riches de l'Adriatique. Aussi bénéficient-elles désormais d'une protection au sein d'un parc naturel. Lastovo reste une destination en marge des grands flux touristiques, et elle séduit surtout les plaisanciers, les plongeurs et les randonneurs.

MODE D'EMPLOI

accès

EN BATEAU

Deux ou trois ferries et un catamaran de la compagnie Jadrolinija rejoignent chaque jour le port d'Ubli (Lastovo) à partir de **Split**, via les îles de **Hvar** (Hvar-ville) et de **Korčula** (Vela Luka). De Split, comptez 3h en catamaran et 4h30 en ferry. Prévoyez de passer au moins deux nuits sur place, les bateaux arrivant généralement à Lastovo en fin d'après-midi et repartant le matin vers 4h30. Vous pouvez réserver une cabine à bord du ferry au retour en vous adressant la veille au bureau de Jadrolinija. Si vous souhaitez poursuivre votre périple par l'île de Hvar, sachez que les voitures ne sont pas autorisées à débarquer à Hvar-ville. En juillet et août, G&V Line assure une ligne express reliant Ubli à **Dubrovnik**, le mardi et le jeudi (4 à 5 escales, 4h de voyage). Pour les **plaisanciers**, les innombrables baies de l'île offrent de superbes mouillages, les plus abritées, Zaklopatica et Skrivena Luka, étant équipées d'un ponton.

Jadrolinija *Ubli Tél. (020) 805 175*
G&V Line *Tél. (020) 313 119 www.gv-line.hr*
Capitainerie *Ubli Tél. (020) 805 006*
Marina de l'hôtel Solitudo *Ubli Tél. (020) 802 100 www.hotel-solitudo.com*

orientation

Lastovo est avec Vis, l'île la plus éloignée du continent. Ancrée au sud de Korčula, elle s'étend sur environ 10km de long pour 5km de large, entourée d'un archipel de 45 îlots inhabités. Lastovo-ville, centre administratif de l'île, est située dans les terres, 10km à l'est du port d'Ubli, où accostent les ferries. Le mont Hum culmine à 417m.

informations touristiques

Office de tourisme *Pjevor 7* ***Lastovo-ville*** *Tél. (020) 801 018 http://tz-lastovo.hr Ouvert été : tlj. 8h-20h ; hiver : lun.-ven. 8h-16h*

adresses utiles

Vous trouverez une **banque** à Lastovo-ville, une **station-service** à Ubli, deux **distributeurs de billets** et deux **bureaux de poste**, un de chaque à Lastovo-ville et à Ubli.

circuler

EN CAR

À l'arrivée et au départ des bateaux, connexions avec Pasadur et Lastovo.

EN TAXI

Bartul Antičević *Ubli Tél. 098 16 61 507 ou 095 517 2004*

LOCATION DE VOITURES ET DE DEUX-ROUES

Rent-a-car Dragan Pejović Location de petites voitures et de vélos. ***Ubli*** *Tél. 098 338 283 www.rentacarlastovo.com*
Chez Mario Location de vélos et de petits bateaux. *Put Lenge 50* ***Pasadur*** *Tél. (020) 805 001 ou 098 657 653*
Ivago Location de scooters et de buggies. *Put Lenge 1* ***Pasadur*** *Tél. 091 579 0737*

fêtes et manifestations

Poklad Ce carnaval est l'un des plus singuliers de Croatie. Le personnage principal, le Poklad, est un pantin de paille que l'on promène à travers la ville sur un âne avant de l'accrocher à une corde. À trois reprises, on lui fait dévaler une colline, des pétards accrochés aux pieds, avant de le transpercer de coups d'épée. Il est finalement brûlé sur la place de l'église à grand renfort de chants et de danses populaires. D'après la légende, ce rituel symboliserait le triste sort réservé par les insulaires à un messager que des pirates catalans leur avaient envoyé pour leur demander de se rendre. *En fév.*

DÉCOUVRIR

L'île de Lastovo

☆ **Les essentiels** Lastovo-ville avec l'église Saint-Côme-et-Saint-Damien et le fort de Glavica, la baie de Lučica **Découvrir autrement** Allez faire quelques pas sur le sable - une rareté - de la plage de Saplun, passez une nuit dans le phare de Struga, cf. Carnet d'adresses (p.553)

Ubli (ou Uble) Aménagé en 1936 par les Italiens, qui occupèrent l'île de 1920 à 1943, ce petit port austère ne vous retiendra que le temps de débarquer du ferry. En suivant la route côtière au nord, on rejoint, à 3km, le hameau de **Pasadur** et l'Hotel Solitudo (p.554). Là, un petit pont relie Lastovo à l'**îlot de Prežba**. Une belle baie s'ouvre de chaque côté.

Zaklopatica En arrivant par l'ouest, la route principale dévoile une vue plongeante sur cette splendide baie presque entièrement fermée. Les plaisanciers y trouvent un mouillage de choix, et les résidences secondaires et les appartements de location s'y multiplient. Le port n'en demeure pas moins très agréable et constitue une bonne base de séjour. *7km à l'est d'Ubli et 3km à l'ouest de Lastovo*

☆ ☺ **Lastovo-ville** Construites à flanc de colline aux XVe et XVIe siècles, dos à la mer pour se protéger des pirates, les vieilles demeures trapues de Lastovo s'étagent en amphithéâtre au-dessus des vergers et des vignobles de la plaine. Beaucoup d'entre elles ayant été abandonnées depuis la Seconde Guerre mondiale, figuiers, lauriers-roses et palmiers ont repris leurs droits dans ce dédale escarpé de ruelles et d'escaliers, d'où émergent de singulières cheminées tronconiques. Une balade pleine de charme vous mènera, sur les hauteurs du village, jusqu'à la place de l'église **Saint-Côme-et-Saint-Damien** (Sv. Kuzme i Sv. Damjana, XVe-XVIIe s.) et sa gracieuse loge du XVe siècle, où siégeait jadis le tribunal. De là, on jouit d'une belle vue sur le village avec, au premier plan, une jolie chapelle en pierre et lauzes. Pour un panorama plus étendu encore, ne manquez pas de grimper jusqu'au **fort de Glavica**, construit par les Français en 1808 sur la plus haute colline du village. Le bastion abrite désormais une station météorologique. *11km au nord-est d'Ubli*

☆ ☺ **Lučica** Une grappe de maisons de pêcheurs blotties dans une baie minuscule et quelques embarcations ballottées par une mer turquoise : pas de doute, Lučica est bien l'un des ports les plus charmants de Lastovo. *1km au nord de Lastovo-ville*

Sveti Mihovil Juste à côté du précédent, ce petit port se résume à la jetée en béton bâtie par les Italiens pour le transport de l'huile d'olive, comme en témoignent les vestiges de l'ancien pressoir. Les insulaires vont s'y dorer au soleil ou y boire un verre le soir. *1km au nord de Lastovo-ville (route très escarpée !)*

☺ **Skrivena Luka** Au sud de la bourgade de Lastovo, les plaines fertiles laissent peu à peu place à des collines arides, victimes d'incendies. Le paysage presque lunaire, aux tons d'ocre et de gris, qui s'offre alors à la vue, plonge doucement vers le bleu profond de Skrivena Luka, la "baie cachée". Bien protégée par le cap Struga, cette baie est en effet invisible du large. Vous l'entendrez peut-être aussi appeler Porto Rosso, le "port Rouge", un surnom italien qu'elle doit, dit-on, à la couleur que prennent les collines après cinq jours de pluie. Seules quelques vieilles maisons de pêcheurs et des villas récentes s'égrènent au bord de l'eau. Un havre de paix pour de doux après-midi de baignade au-dessous de ses rochers plats. Vous trouverez aussi une jolie petite crique non loin du restaurant Porto Rosso. Les plus courageux pourront gagner à pied le **phare de Struga**, environ 4km au sud-est de la baie. *7km au sud de Lastovo-ville*

Saplun Cet îlot inhabité au nord-est de Lastovo est apprécié pour sa plage de sable : une rareté dans l'archipel ! Des excursions sont proposées au départ du port (comptez env. 200kn/pers. avec pique-nique).

Faire de la plongée Faune, flore, grottes, épaves... les fonds marins de l'archipel de Lastovo figurent parmi les plus riches de la côte dalmate.
Diving Paradise Ce club de plongée dépend de l'hôtel Solitudo. Cours et sorties accompagnées (230kn), baptême (460kn), location de matériel. *Uvala Pasadur bb* ***Ubli*** *Tél. (020) 805 179 ou 091 201 1080*
Ankora Diving Center Les deux frères Frlan sont installés dans la baie de Zaklopatica. Comptez 390kn pour un baptême, matériel inclus. ***Zaklopatica*** *Tél. (020) 801 170 ou 091 761 32 10 www.lastovo-diving-ankora.com*

Partir en randonnée De nombreux sentiers vous permettront d'aller de village en village et de découvrir quelques petites baies, comme celle de Zace, à env. 1h de marche au nord-est de Lastovo. *Rens. à l'office de tourisme*

CARNET D'ADRESSES

Restauration, hébergement

Il n'existe qu'un seul hôtel dans l'île, mais vous trouverez des chambres et des appartements à louer dans les différentes agglomérations. Optez de préférence pour la baie animée de Zaklopatica ou pour le minuscule port de Lučica. Les réservations, conseillées en juil.-août, s'effectuent à l'office de tourisme (p.551).

camping

Kamp Skriveni Situé à l'entrée du port de Skrivena Luka, l'unique camping de l'île offre une paisible retraite sous les oliviers, à peine perturbée par le chant des cigales. Équipement sommaire, mais vous pouvez passer commande pour vos courses. Une trentaine d'emplacements. Env. 130kn pour 2 avec tente et voiture. ***Skrivena Luka*** *(7km au sud de Lastovo-ville) Tél. (020) 801 189 ou 095 573 4102 Ouvert mai-oct.*

petits prix

Konoba Bačvara Cachée dans une ruelles de Lastovo, cette petite taverne constitue l'adresse préférée des habitants. Dans une déco très rustique, on célèbre les traditions de l'île : la pêche et le travail des champs. Au menu, des plats simples et délicieusement relevés : soupes de poisson, pâté de thon, pois chiche, sardines salées... Prix petits et accueil chaleureux. Comptez 65-95kn par repas. *Počuvalo 14* ***Lastovo-ville*** *Tél. (020) 801 131 ou 099 68 52 544 Ouvert juin-sept. : tlj. 17h-0h ; oct.-mai : tlj. 17h-22h*

prix moyens

Villa Maria Six appartements (2-5 pers.) avec terrasse, donnant, pour la plupart, sur la splendide baie de Zaklopatica. Au pied de la maison de Milan Frlan, un petit quai en béton vous invite, dès le réveil, à plonger dans les eaux transparentes. Une très bonne adresse ! Env. 350-650kn en saison, 300-500kn hors saison. ***Zaklopatica*** *(3km à l'ouest de Lastovo-ville) Tél. (020) 801 127 ou 091 562 8978 www.villamarialastovo.com*

prix élevés

Konoba Porto Rosso Agréable terrasse au bord de l'eau, sur la baie de Skrivena Luka, où l'on peut savourer de bons produits de la mer, mais également des viandes cuites sous la cloche (à commander 2h d'avance), des risottos et d'excellents plats de légumes. Un ponton permet aux bateaux de plaisance de s'amarrer. Env. 250kn/pers. ***Skrivena Luka*** *Tél. (020) 801 261 ou 098 981 3797 www.portorus.com Ouvert mars-nov. : tlj. 7h30-1h*

Konoba Triton La réputation du Triton contribue à l'animation de la baie de Zaklopatica. Voiliers et yachts vont s'amarrer sous le restaurant, et chaque soir, y règne une ambiance chaleureuse. Pas de menu, mais des plats qui varient selon la pêche du jour et l'humeur des cuisiniers. Env. 150-200kn/pers. ***Zaklopatica*** *Tél. (020) 801 161 ou 098 177 8065 Ouvert avr.-nov. : tlj. 17h-0h*

OPG Podanje Dans la partie orientale de l'île, à 3,5km de Lastovo, entre les collines et les champs, la famille Šimić reçoit tous les soirs dans sa ferme, proposant ses recettes insulaires authentiques réalisées avec les produits bio de la ferme : *peka* de poulpe aux pommes de terre, spécialités aux tomates séchées, jambon fumé, fromages, légumes du potager et fruits des vergers, le tout arrosé d'un bon vin du pays. Activités pour les enfants et, certains soirs, concerts de *klapa* (chœur a cappella) : à ne pas rater. Repas 150-200kn. Réservation préalable, possibilité de transfert jusqu'à 6 personnes. ***Podanje*** *Tél. 098 920 4821 www.podanje.com Ouvert avr.-oct. : tlj. 17h-2h*

Hotel Solitudo Dans le hameau de Pasadur, au niveau du petit pont qui relie Lastovo à l'îlot de Prežba, ce grand complexe hôtelier propose 76 suites et chambres fraîches et confortables. Qu'elles soient dotées d'un balcon ou d'une terrasse, la plupart offrent de belles vues sur la mer. Comptez env. 1 000kn la double, petit déj. inclus ; 2 040kn la suite pour 4 pers. Restau-

GAMME DE PRIX	RESTAURATION	HÉBERGEMENT
Très petits prix	moins de 75kn	moins de 300kn
Petits prix	de 75 à 120kn	de 300 à 450kn
Prix moyens	de 120 à 180kn	de 450 à 600kn
Prix élevés	de 180 à 250kn	de 600 à 1 100kn
Prix très élevés	plus de 250kn	plus de 1 100kn

rant, club de plongée (p.553), marina, excursions. *Uvala Pasadur bb* ***Ubli*** *(3km au nord du village) Tél. (020) 802 100 ou 098 424 552 www.hotel-solitudo.com Ouvert toute l'année*

Phare de Struga Quitte à privilégier les sites isolés, pourquoi ne pas passer la semaine dans ce phare de 1839, qui veille, du cap Struga, sur la baie de Skrivena Luka ? Quatre appartements pour 2, 3, 4 et 5 pers. à réserver par le biais de Plovput, cf. phares et "maisons Robinson" (p.54), à partir de 4 500kn la semaine en été, et de 380 à 600kn/j. hors saison. ***Skrivena Luka*** *(à env. 4km à l'est du port. Le gardien du phare peut organiser votre transfert à partir d'Ubli) www.lighthouses-croatia.com*

★ ☺ ÎLE DE MLJET

20225

À moins de deux heures de bateau à l'ouest de Dubrovnik, la plus méridionale des grandes îles croates offre une échappée paradisiaque à tous les amoureux de la nature en quête de tranquillité. La Melita des Grecs - peut-être l'île où la nymphe Calypso aurait retenu Ulysse prisonnier sept ans durant - est aussi surnommée l'"île Verte", en raison des épaisses forêts qui moutonnent sur ses reliefs (75% de la superficie totale) et elle abrite l'un des plus beaux parcs nationaux de Croatie. La plupart des visiteurs se contentent d'y faire une excursion à la journée, mais si vous ne rêvez que de baignades et de longues balades en forêt, alors Mljet est un lieu de séjour tout trouvé.

LE PARC NATIONAL DE MLJET Il occupe sur 5 375ha le tiers occidental de l'île et a été créé en 1960 afin de protéger le cadre exceptionnel de deux lacs salés : le Veliko Jezero (Grand Lac) et le Malo Jezero (Petit Lac). Comme dans le reste de l'île, la végétation du Nacionalni Park Mljet est dominée par les pins d'Alep et les chênes verts. Sa faune variée (oiseaux, reptiles, poissons, mammifères...) compte assez curieusement une colonie de mangoustes. En fait, ces jolis mammifères carnivores furent introduits en 1910 à Mljet pour enrayer la prolifération des serpents venimeux. Mais le parc doit surtout sa célébrité au monastère Sainte-Marie, un petit joyau du XIIe siècle posé sur un îlot au milieu du Grand Lac.

MODE D'EMPLOI

accès

EN BATEAU

Les catamarans de la compagnie G&V (pas de voitures) assurent une liaison quotidienne au départ de **Dubrovnik** pour Sobra (1h05) et Polače (1h40). Des ferries de Jadrolinija partent de l'embarcadère de **Prapratno** (péninsule de Pelješac) à destination de Sobra (45min). Pour les plaisanciers, pas de marina officielle, mais possibilité de s'amarrer à Pomena, Polače et Sobra, et des mouillages de rêve dans les autres baies abritées de la côte nord.

G&V Line *Tél. (020) 313 119 www.gv-line.hr*

Jadrolinija *Tél. (020) 418 000 www.jadrolinija.hr*

Capitainerie de Sobra *Tél. (020) 745 040*

orientation

Mljet s'étire sur 37km d'ouest en est et ne dépasse que rarement 3km de large. Une seule route très étroite dessert tous les villages. Le parc national, qui couvre toute la partie ouest de l'île, est accessible à partir des petits ports de Pomena et de Polače. Ces derniers, distants de 3km, concentrent l'activité touristique de l'île. Les ferries accostent à Sobra, situé 27km à l'est de Polače. Dans la partie orientale de l'île, bien moins fréquentée, l'activité se concentre à Saplunara.

circuler

L'île ne compte qu'une seule **station-service**, située à Sobra près de l'embarcadère.

EN CAR

Les cars qui relient Sobra à Pomena, Polače et Saplunara s'adaptent aux heures d'arrivée et de départ des ferries (rarement plus d'une liaison par jour).

LOCATION DE VÉLOS

L'idéal si l'on ne compte pas s'éloigner du parc national. Plus sportif pour rejoindre la côte est. Nombreux points de location à Pomena, Polače et Mali Most.

Radulj Tours Location de vélos (40kn/1h, 240kn/24h, 650kn/sem.) et de tandems. Location de kayaks 1 ou 2 places. ***Polače*** *Tél. 098 176 7048 ou 098 428 074 Ouvert été : 9h-19h*

LOCATION DE VOITURES

Agence Minibrum Location de voitures (à partir de 390kn/24h), petites décapotables, buggies et scooters (250kn/24h). Si le bureau principal se trouve à Sobra, vous trouverez des antennes de l'agence à Pomena, Polače et Babino Polje. *Tél. (020) 745 084 ou 099 611 5574 www.rent-a-car-scooter-mljet.hr*

adresses utiles

Distributeurs de billets (pas toujours en activité !) et accès Internet à l'hôtel Odisej, à Pomena (p.562). Les bureaux de poste de Babino Polje et Pristanište offrent un service de change.

Antenne médicale *Babino Polje* *Tél. (020) 745 005* ***Goveđari*** *Tél. (020) 744 199*

conseils de sécurité

L'accès au parc est strictement réglementé : interdiction de faire du camping sauvage, de chasser, de pêcher, de cueillir des végétaux et de circuler en voiture le long des lacs. Interdiction également de faire du feu et de jeter des mégots de cigarette : les autorités craignent par-dessus tout les incendies de forêt en été. Procurez-vous la carte du parc, vendue dans les kiosques d'informations, et où figurent tous les chemins.

informations touristiques

La plupart des insulaires vivent désormais sur le continent et ne reviennent à Mljet qu'aux beaux jours. Aussi, sachez qu'en dehors de la saison touristique (avr./mai à sept./oct.), rares sont les infrastructures touristiques ouvertes. En saison, Mljet sert d'étape pour de nombreux circuits en bateaux charters. D'ordinaire, ils stationnent à Pomena, du dimanche au mercredi.

Privilégiez donc jeudi, vendredi et samedi pour visiter l'ouest de l'île et le parc.

Office de tourisme de Sobra *Au débarcadère Tél. (020) 746 025 www.mljet.hr Ouvert mai-sept. : lun.-sam. 8h30-12h30 et 15h30-18h30 Horaires réduits en hiver*

Office de tourisme de Polače *25km à l'ouest de Sobra Tél. (020) 744 186 www.mljet.hr Ouvert été : lun.-sam. 8h-20h, dim. 8h-12h ; hiver : lun.-ven. 8h-13h*

Bureaux du parc national Kiosques d'information à Polače et à Pomena où vous pourrez acheter votre billet (90-100kn, réduit 50-60kn). Ce dernier vous donne droit à un transfert en mini-van de Polače à Pristanište et à un aller-retour en bateau pour l'îlot Sainte-Marie. ***Pristanište*** *(sur la rive du Grand Lac, au sud de Goveđari) Tél. (020) 744 041 http://np-mljet.hr Ouvert avr.-juin, sept.-oct. : tlj. 8h-20h ; juil.-août : tlj. 7h-21h ; nov.-mars : lun.-ven. 7h-15h*

DÉCOUVRIR

L'île de Mljet

☆**Les essentiels** Le Grand Lac et le Petit Lac, le monastère Sainte-Marie, le sommet du Montokuc **Découvrir autrement** Explorez les lacs du parc national en kayak

Le parc national

☆ ☺ **Grand Lac et Petit Lac / Veliko Jezero et Malo Jezero** Alimentés par la mer et reliés par un étroit chenal, le Grand Lac (Veliko Jezero, 145ha) et le Petit Lac (Malo Jezero, 24ha) se formèrent lors de l'inondation des vallées karstiques après la dernière grande glaciation. Au XIIe siècle, les moines bénédictins, installés sur l'îlot Sainte-Marie, élargissent le chenal et l'embouchure du Veliko Jezero, ce qui permet de rehausser le niveau des lacs et d'actionner leur moulin à marée. Toutes les six heures, on peut encore observer le flux et le reflux, notamment au niveau de Mali Most, le petit pont jeté sur le chenal. La température de l'eau, de 2 ou 3°C supérieure à celle de la mer, promet des baignades inoubliables que vous conjuguerez avec la visite du monastère Sainte-Marie, une virée en kayak, un circuit à vélo ou une simple balade à pied au bord des lacs. Que vous longiez la rive nord, pour traverser les ravissants villages de Babine Kuće, de Pristanište et de Soline, ou la rive sud, plus sauvage et ombragée, les sentiers vous emmèneront jusqu'au golfe de Soline (embouchure du Grand Lac). Comptez respectivement 5km et 7km à partir de Mali Most. Attention, il n'y a pas de pont qui relie les deux rives à l'embouchure du Grand Lac. **De Pomena** *10-15min à pied jusqu'à Mali Most* **De Polače** *25min jusqu'à Pristanište*

☆**Monastère Sainte-Marie / Samostan Sv. Marije** Campé sur l'îlot Sainte-Marie, au milieu du Grand Lac, il fut fondé au XIIe siècle par des bénédictins venus des Pouilles, en Italie. De cette époque, le monastère conserve une église romane d'une merveilleuse sobriété, insérée au XVIe siècle dans un complexe fortifié. En sortant de l'église, ne manquez pas d'aller jeter un coup d'œil à son adorable chevet qui semble faire de la résistance derrière les fortifications. Les dépendances et le cloître ont été restaurés il y a peu. Sur place, vous trouverez un petit café-restaurant, le Melita, dernier vestige d'un complexe hôtelier des années 1970 (p.562). *Accès par un petit bateau-navette, départ toutes les 45min en été de Mali Most et de Pristanište (AR compris dans l'entrée du parc, ou 20kn/pers.)*

Goveđari Avec ses jardins minuscules, ses lauriers blancs et ses belles maisons de pierre, dont certaines remontent au XVIIIe siècle, ce petit village est perché sur l'une des collines boisées qui s'étirent entre Pomena et Polače. *26km à l'ouest de Sobra*

Pomena Si son hôtel Odisej et la proximité des lacs (10min à pied jusqu'à Mali Most) en ont fait le chef-lieu touristique de l'île, Pomena demeure un petit port charmant où il fait bon séjourner. Parsemée d'îlots verdoyants, et orientée à l'ouest, la baie est particulièrement spectaculaire au coucher du soleil. *2km après Goveđari en venant de Sobra*

☺ **Polače** Deuxième port touristique de l'île, Polače jouit d'une agréable animation en été. Le village doit son nom à l'imposant palais (*palača*) du Ve siècle dont les vestiges, de style antique tardif (rares en Europe), enjambent la route principale. Non loin de là gisent les ruines de deux églises des Ve-VIe siècles sur un complexe de villa romaine. Nombreux restaurants et chambres d'hôtes. *À 25km de Sobra, 3km de Goveđari.*

Randonner vers un panorama

☆ **Montokuc** Malgré son altitude relative (253m), le sommet du Montokuc permet d'embrasser tout le parc national d'un seul regard. On distingue parfaitement le contour des lacs, le monastère, la baie de Polače et, par beau temps, les îles de Korčula et de Lastovo. L'itinéraire le plus facile part de Polače : suivre la vieille route (Stari Put) jusqu'au grand parking des visiteurs (20min env.), puis le sentier (Polov Put) qui part à l'est et s'élève doucement jusqu'au sommet (45min-1h d'ascension). Un second sentier (Švicarski Put), plus abrupt, permet de gravir le Montokuc à partir de la rive nord du Grand Lac. *Départ à 150m à l'est de la chapelle (Kapela), compter 1h jusqu'au sommet*

Le reste de l'île

Sobra En dehors de la gare maritime et de l'office de tourisme, Sobra ne justifie pas de détour particulier. Vous y trouverez toutefois plusieurs restaurants et chambres chez l'habitant : une halte bien pratique si vous devez prendre un ferry à l'aurore.

Babino Polje Centre administratif de l'île, établi à l'intérieur des terres entre Polače et Sobra, ce village d'environ 400 habitants aligne ses maisons le long de l'étroite route principale. C'est dans la fameuse **grotte d'Ulysse** (Odisejeva spilija), non loin de là, sur la côte sud, que la nymphe Calypso aurait retenu Ulysse captif sept ans durant. La grotte n'est accessible qu'en bateau et ne présente pas grand intérêt, mais si vous le souhaitez, vous pourrez vous joindre aux excursions organisées par l'Hotel Odisej (p.562). *6km à l'ouest de Sobra*

Prožurska Luka Littéralement le "port de Prožura", cette adorable petite baie est située au pied du village de Prožura (5km à l'est de Sobra). Fermée par plusieurs îlots et ourlée d'un chapelet de maisons familiales, elle peut constituer une agréable pause baignade et gastronomique à la Konoba Marijina (p.561). *5km à l'est de Sobra (route asphaltée jusqu'à un parking, puis 200m à pied)*

Okuklje Encore un petit port enchanteur, communément appelé Porto Cammera ("port Secret") par les plaisanciers. À peine visible du large, sa baie est l'une des mieux abritées de l'île. Les habitations (et les touristes) y restent rares en raison de son accès difficile : on ne peut en effet rejoindre Okuklje que par une simple piste très escarpée. *10km à l'est de Sobra (de la route principale, bifurcation à Maranovići, 3km après Prožura, puis 3km pour bons conducteurs uniquement, sinon compter 1h à pied)*

Saplunara Campé au bord d'une baie profonde, à moins d'une vingtaine de kilomètres de Sobra, Saplunara est le village le plus oriental de l'île. Ses petites plages de sable, son eau turquoise et son atmosphère paisible en font un excellent point d'attache si vous êtes motorisé. Les amateurs de baignade pourront pousser un peu plus à l'est, à 20min à pied, jusqu'à la belle anse sablonneuse de **Blace** (ou Plaža).

Plonger, faire de la planche à voile Location de planches à voile à Pomena, à la réception de l'hôtel Odisej (p.562). Compter 100kn pour la première heure, 50kn chaque heure supplémentaire.
Aquatica Mljet présente de nombreux attraits pour les plongeurs : récifs coralliens, épaves, vestiges antiques... Le centre de plongée Aquatica est parfaitement situé au cœur de la réserve marine. ***Pomena** (à l'entrée du bourg) Tél. 098 479 916 ou 091 767 7190 www.aquatica-mljet.hr*

Faire du kayak dans le parc national
Radulj Tours Louer un kayak constitue indéniablement une manière originale de découvrir les lacs du parc national (Veliko Jezero et Malo Jezero) et d'accoster sur l'îlot Sainte-Marie, au milieu du Grand Lac. Location au niveau du petit pont de Mali Most. Comptez 120kn/j. *Tél. 098 176 7048*

Randonner Tous les sentiers qui sillonnent le parc national sont répertoriés sur une carte au 1/20 000, vendue 28kn dans les kiosques d'information du parc, cf. informations touristiques (p.556).

CARNET D'ADRESSES

Restauration, hébergement

Il n'existe qu'un seul hôtel à Mljet, mais on trouve de nombreuses chambres et appartements à louer dans tous les villages. Liste disponible à l'office de tourisme de Polače pour la partie ouest de l'île, et à l'office de tourisme de Sobra pour sa partie orientale. Si vous ne comptez passer qu'une journée ou deux à Mljet, établissez-vous à **Pomena** ou à **Polače**, mais si vous avez plus de temps à lui consacrer et que vous recherchez la tranquillité, n'hésitez pas à rejoindre l'adorable hameau de **Soline** à l'embouchure du Grand Lac. Pour ceux qui sont motorisés, le village de **Saplunara**, à la pointe orientale de l'île, est un petit paradis. Si vous êtes plusieurs, vous avez intérêt à louer un appartement plutôt que des chambres (souvent moins confortables et moins modernes). De mi-juil. à mi-août, il est préférable d'avoir réservé. Autre recommandation : l'eau se faisant de plus en plus rare à Mljet, évitez de la gaspiller. Côté restauration, en dehors des pensions, vous trouverez, à Pomena et à Polače, de nombreuses petites tavernes au bord de l'eau. Au menu, du poisson et des fruits de mer (dont l'excellent homard de Mljet), pêchés du jour.

camping

Autocamp Marina Un petit camping rustique retiré dans le hameau de Ropa, entre Babino Polje (8km) et Polače (15km). Équipement un peu sommaire, accueil très chaleureux (Marina est un personnage haut en couleur). Les amoureux de la nature vont adorer les petits emplacements en terrasse sous les oliviers, la proximité de la mer (10min à pied) et des sentiers de randonnée. Pain frais tous les matins, réfrigérateur et cuisine à disposition, toilette écologique, cabine téléphonique, petite épicerie et service de restauration le soir. Env. 150kn pour deux avec tente et voiture. ***Ropa** (15km à l'ouest de Sobra. Si vous prenez l'un des cars qui relient Sobra à Polače, précisez au chauffeur que vous vous rendez au camping ; il vous déposera au bord de la route et il restera env. 1km à faire à pied) Tél. (020) 745 071 Ouvert avr.-sept.*

petits prix

☺ **Pansion Mljet** Cette petite adresse a tout d'une grande ! Nichée au sein d'un vaste jardin fleuri, flanquée d'une pergola recouverte par la vigne, elle surplombe la mer toute proche. Ses 8 chambres impeccables avec balcons bénéficient d'une cuisine commune à disposition de chacun, et d'un calme olympien. Comptez 300kn. Possibilité de demi-pension. Attention, ni télévision, ni Internet ! Pas d'animaux domestiques. *Polače 46 **Polače** (juste après le panneau de sortie du village, enseigne indiquant "chambres" en 5 langues) Tél. 020 744 162 ou 098 233 171 www.pansion-mljet.com*

Chambres Franka Bašica Pour ceux qui souhaitent s'évader sur la côte est jusqu'à Saplunara, voici 6 chambres, pourvues chacune d'une grande terrasse, et 6 appartements. La situation au-dessus de la mer, la plage au pied de la terrasse, l'accueil jovial et les tarifs modiques du restaurant (80kn env. par repas) constituent les atouts de cette tranquille retraite. Si les chambres présentent un confort rustique (par prudence, prévoir serviette et savon !), elles offrent tout de même clim., réfrigérateur et réchaud. Chambre 225-380kn, appartements 380-600kn. Demi-pension de 85 à 120kn, petit déjeuner 50kn. *Saplunara 16* ***Saplunara*** *Tél. (020) 746 177 ou 099 474 6177 www.saplunara.com Ouvert toute l'année*

prix moyens

Konoba Ana Un accueil simple et direct, une vaste terrasse ombragée par des toiles tendues, des nappes blanches et des sièges confortables. Que demander d'autre, lorsqu'en plus les assiettes sont copieuses et gourmandes ? Belle carte de produits de la mer (vous pouvez choisir votre loup ou votre langouste dans son bassin). Repas aux alentours de 150kn. *Pomena 5* ***Pomena*** *(sur le quai opposé à la route) Tél. (020) 744 034 ou 098 608 609 Ouvert mai-oct. : tlj. 9h-0h*

☺ **Konoba Marijina** L'occasion de découvrir le site enchanteur de Prožurska Luka. Malgré l'éloignement relatif du parc national et l'absence de transports en commun, ne manquez pas de venir prendre votre repas chez Marijina (réservez 2h avant minimum). Déjà conquis par la terrasse, installée face à la mer sous un toit de palmes, la vue encadrée de cactus, vous serez définitivement emballé quand on vous aura servi des huîtres bien fraîches et un poisson grillé à point. Comptez de 150 à 200kn. ***Prožurska Luka*** *(5km à l'est de Sobra) Tél. (020) 746 113 Ouvert avr.-nov. : tlj. 8h-0h*

Porto Della Vita Dans le petit port d'Okuklje, ce restaurant et sa terrasse les pieds dans l'eau propose des plats traditionnels dalmates comme la *popara* de poissons ou le brodet, ou la bouillabaisse de rascasse rouge et de langoustines, à réserver quelques heures à l'avance. Également d'autres spécialités de la mer, mais aussi des pizzas au feu de bois et quelques plats de viande. Choix de vin restreint mais de qualité. La maison dispose aussi de deux belles chambres lumineuses à louer, pour être très vite à table et dans l'eau. *Popara* et brodet 600kn pour 4 pers., pizza 40-70kn, autres plats 100-180kn. Chambre 300-375kn selon période (remise de 20% au restaurant). Parking. *Okuklje 12* ***Okuklje*** *Tél. 099 662 2051 www.portodellavita.com Ouvert mai-oct. : tlj. 8h-0h*

Konoba Antika La belle terrasse qui longe le quai constitue l'endroit rêvé pour faire une pause à l'ombre et profiter de la brise, tout en surveillant l'activité de la baie de Polače. Les plats, typiques de l'île (brodet, poulpe et agneau "Peke", goulash de poulpe), sont souvent prévus pour deux convives. Entrées 20-80kn, plats 50-130kn, menu (soupe, plat, salade et dessert) à 70kn de 12h à 16h. Pour prolonger la soirée, pensez à la limonade maison et aux nombreux cocktails ***Polače*** *Tél. (020) 744 093 ou 091 725 6419 ou 091 699 9876 Ouvert mai-nov. : 8h-0h*

Pansion Matana L'accueil chaleureux fait que l'on s'y sent vite comme chez soi dans cette pension familiale de Pomena, qui dispose de 5 appartements (2-5 pers.) et de 2 chambres doubles plus modestes (petit balcon, micro-ondes, réfrigérateur, TV). De douces soirées vous attendent sur la terrasse du restaurant (ouvert aux non-résidents), où vous commanderez sans hésiter le poisson du jour, pêché par le patron. De 450 à 500kn en été pour une chambre double avec petit déj., à partir de 190kn hors saison. Ajouter 60kn/pers. pour la demi-pension. Compter de 440kn à 550kn pour les appartements en été, à partir de 260kn hors saison. Wifi gratuite. *Pomena 10* ***Pomena*** *Tél. (020) 744 066 ou 098 573 099 www.croatia-mljet-apartment.com*

prix élevés

Nine Sur le quai le plus animé de Pomena, cette terrasse vous invite à déguster une cuisine de la mer simple, mais savoureuse (le propriétaire, pêcheur sous-marin émérite, se fera un plaisir de vous projeter les films de ses captures). Comptez env. 200kn pour un repas, sinon rabattez-vous sur le copieux risotto de gambas à 100kn. *Pomena 6* ***Pomena*** *Tél. (020) 744 037 ou 098 808 608 Ouvert tlj. 11h-0h (en hiver, appelez pour que le restaurant ouvre ses portes)*

Restoran Melita Une terrasse idyllique, installée à l'ombre du monastère sur l'îlot Sainte-Marie. D'un côté, sous un énorme palmier, une pizzeria (55 à 65kn) propose aussi des sandwichs. De l'autre, face au débarcadère, le restaurant proprement dit aligne de nombreuses tables protégées par un toit de canisses ou dans une magnifique salle voûtée, fraîche et pleine de cachet. Cuisine de la mer sans mauvaise surprise (risotto noir, moules ou langoustines à la *buzara*). Comptez 200kn minimum. ***Îlot Sainte-Marie*** *Tél. (020) 744 145 ou 098 162 4157 www.mljet-restoranmelita.com Ouvert avr.-oct. : tlj. 9h-21h*

Hotel Odisej Dressé sur le port de Pomena, l'unique hôtel de l'île loue 155 chambres doubles et 2 appartements pour 4 pers. d'un bon confort, bien qu'un peu daté. Restaurant, excursions, accès wifi (au niveau de la réception). De 500 à 890kn selon la saison pour une double standard, de 536 à 978kn pour une double avec balcon sur la mer et 1 450-2 500kn pour un appartement. Attention, les prix affichés sont curieusement beaucoup plus élevés, payez d'avance le prix annoncé et vous dormirez plus tranquille ! ***Pomena*** *Tél. (020) 362 111 www.adriaticluxuryhotels.com Ouvert avr.-oct.*

☺ **Stermasi** Une petite terrasse bâtie sur un promontoire domine la mer, offrant une vue sans pareille sur deux îlots sauvages et, au loin, sur les Elaphites et Dubrovnik. Bien sûr, le propriétaire et sa maman se poussent un peu du col, mais ils le font avec bonhommie. La cuisine, excellente, décline les spécialités maison et dalmates, le plus souvent servies pour deux personnes : gnocchi au sanglier, spaghettis aux langoustes, chèvre ou poulpe sous cloche (*peka*), brodet, etc. Compter de 200 à 250 kn pour un repas. Belle carte des vins. Également 9 appartements et une chambre avec clim. (485-560kn/2 pers. selon la taille en été). Simple et un peu cher pour les prestations proposées, mais le site naturel exceptionnel justifie le prix. *Saplunara 2* ***Saplunara*** *Tél. (020) 746 179 ou 098 939 03 62 www.stermasi.hr Ouvert avr.-oct.*

GEODOCS

EN SAVOIR PLUS

BIBLIOGRAPHIE

histoire et société

Balkans : héritages et évolutions (Les) P. Garde, Flammarion, Paris, 2010
Comprendre les Balkans J.-A. Dérens et L. Geslin, Non Lieu, Paris, 2007
Croatia, A History I. Goldstein, Hurst & Company, Londres, 1999
Désespoirs de paix : l'ex-Yougoslavie de Dayton à la chute de Milosevic Th. Hofnung, Atlantica, Anglet, 2001
Discours balkanique (Le) P. Garde, Fayard, Paris, 2004
France, la création du royaume yougoslave et la question croate, 1914-1929 (La) M. Kovać, éd. Peter Lang, Berne, 2001
Histoire de la Croatie et de la Slovénie G. Castellan, G. Vidan et A. Bernard, Armeline, Crozon, 2011
Histoire de l'Empire des Habsbourg J. Bérenger, Tallandier, Paris, 2012
Quand Le Monde... : décryptage des conflits yougoslaves F. Garniron, Elya Editions, coll. "Voies nouvelles" 2013
Révoltés de Villefranche (Les) M. D. Grmek et L. Lambrichs, éd. du Seuil, Paris, 1998
Union forcée (L') : La Croatie et la création de l'État yougoslave J. Adler, Georg, Genève, 1997
Vie et Mort de la Yougoslavie P. Garde, Fayard, Paris, 2000

arts et architecture

Architecture in Croatia A. Mohorovičić, Croatian Academy of Sciences & Arts, Zagreb, 1994
Art Dalmate (L')", in La Méditerranée et l'art, de Mahomet à Charlemagne M. Jurković, Citadelles et Mazenod, Paris, 2001
Croatie : le temps du baroque et des Lumières I. Golub et I. Supičić, coll. "La Croatie et l'Europe", Presses universitaires de Rennes, Rennes, 2011
Diocletian and His Palace N. Cambi, PEN Centre, Zagreb/Split, 1997
Et ils s'émerveillèrent, l'art médiéval en Croatie Exposition au Musée national du Moyen Âge, RMN-Grand Palais, Paris, 2012
Paysages culturels de la Méditerranée et de l'Europe centrale en Croatie (Les) collectif, Union paneuropéenne croate, Zagreb, 1997
Renaissance en Croatie (La) Exposition au Musée national de la Renaissance Château d'Écouen, A. Erlande-Brandenburg et M. Jurković (dir.), RMN, Paris, 2004
Trésor artistique de Croatie R. Ivančević, ITP Motovun, Zagreb, 1993

art de vivre

Cuisine de Croatie E. Marty-Marinone, Édisud, Aix-en-Provence, 2008

littérature

Cahiers croates (Les) Revue semestrielle éditée par l'AMCA, association des anciens étudiants des universités croates, Paris
Goût de la Croatie (Le) recueil de textes littéraires sur la Croatie, dir. S. Massalovitch, Mercure de France, Paris, 2005
Andrić, I. *Le Pont sur la Drina*, Livre de Poche, Paris, 2013 (1re éd. 1945) ; *La Chronique de Travnik*, Rocher, Monaco, 2011

Bodrožić, M. *Tito est mort*, L'Olivier, Paris, 2004
Echenoz, J. *Des éclairs*, Éditions de la Loupe, Paris, 2011
Hatzfeld, J. *L'Air de la guerre*, L'Olivier, Paris, 1994
Ivšić, R. *Poèmes*, Gallimard, Paris, 2004 ; *Théâtre*, Gallimard, Paris, 2005 ; *Cascades*, Gallimard, Paris, 2006
Jergović, M. *Freelander*, Actes Sud, Arles, 2009 ; *Ruta Tannenbaum*, Actes Sud, Arles, 2012
Krleža, M. *Enterrement à Theresienbourg*, Ombres, Paris, 1994 ; *Le Retour de Philippe Latinovicz*, Calmann-Lévy, Paris, 1988 ; *Mars, dieu croate*, Calmann-Lévy, Paris, 1971
Matvejević, P. *Bréviaire méditerranéen*, Fayard, Paris, 1992
Mihalić, S., Kušan, I. *La Poésie croate des origines à nos jours*, Seghers, Paris, 1972
Pavličić, P. *Le Calligraphe, les six jours d'une étrange affaire*, Gingko, Paris, 2008
Pejaković, H. *Angle nord*, L'Atelier de l'Agneau, Saint-Quentin-de-Caplong, 2004
Tomasović, M. *Marko Marulić-Marcus Marulus*, MCA/Marulianum, Paris-Split, 1996
Ugrešić, D. *Le Musée des redditions sans condition*, Fayard, Paris, 2004

langue

Croate de poche (Le) D. Jovanović, Assimil, Paris, 2011
Grand dictionnaire français-croate V. Putanec, Dominovic, Paris, 1996

GEOPLUS

Lexique

Premiers contacts

Oui Da
Non Ne
Bienvenue Dobrodošli
Bonjour Dobro jutro / dobar dan
Bonsoir Dobra večer
Bonne nuit Laku noć
Salut ! Bog !
Au revoir Doviđenja
Comment vas-tu / allez-vous ? Kako si/ste ?
Bien merci, et toi / vous ? Dobro hvala, a ti / vi ?
Merci (beaucoup) Hvala (lijepo)
De rien Nema na čemu
S'il vous/te plaît Molim vas / te
Pardon Oprostite
Bon appétit Dobar tek
Santé ! Živjeli !
D'accord U redu
Je ne comprends pas Ne razumijem
Je ne parle pas croate Ne govorim hrvatski

Compter

Zéro Nula
Un Jedan
Deux Dva
Trois Tri
Quatre Četiri
Cinq Pet
Six Šest
Sept Sedam
Huit Osam
Neuf Devet
Dix Deset
Onze Jedanaest
Douze Dvanaest
Treize Trinaest
Vingt Dvadeset
Vingt et un Dvadeset i jedan
Trente Trideset
Quarante Četrdeset
Cinquante Pedeset
Cent Sto
Deux cents Dvjesto
Mille Tisuća

Se repérer dans le temps

Quelle heure est-il ? Koliko je sati ?
Il est cinq heures (et quart / et demie) Točno je pet sati (i četvrt / i pol)
Horaires Radno vrijeme / red vožnje / vozni red
Jour Dan
Nuit Noć
Matin Jutro
Midi Podne
Après-midi Popodne
Soir Večer
Aujourd'hui Danas
Hier Jučer
Demain Sutra
Tôt Rano
Tard Kasno
Semaine Tjedan
Week-end Vikend
Lundi Ponedjeljak
Mardi Utorak
Mercredi Srijeda
Jeudi Četvrtak
Vendredi Petak
Samedi Subota
Dimanche Nedelja
Mois Mjesec
Année Godina
Janvier Siječanj
Février Veljača
Mars Ožujak
Avril Travanj
Mai Svibanj
Juin Lipanj

Juillet Srpanj
Août Kolovoz
Septembre Rujan
Octobre Listopad
Novembre Studeni
Décembre Prosinac

Se repérer dans l'espace

Nord Sjever
Sud Jug
Est Istok
Ouest Zapad
Près Blizu
Loin Daleko
À gauche Lijevo
À droite Desno
Tout droit Ravno
Place Trg
Rue Ulica
Route Cesta
Autoroute Autocesta
Carrefour Raskršće
Rond-point Kružni tok
Pont Most
Où est ? Gdje je ?
Est-ce la direction pour... ? Je li ovo smjer za... ?
Combien de km ? Koliko kilometara ?

Transports

Train Vlak
Autobus/car Autobus
Voiture Automobil
Avion Avion
Bateau Brod
Ferry Trajekt
Gare Željeznički kolodvor
Gare routière Autobusni kolodvor
Aéroport Zracna luka
Port Luka
Station-service Benzinska crpka
Arrivée Dolazak
Départ Odlazak/Polazak
Quand part... ? Kada polazi... ? / Kada kreće... ?

PRONONCIATION
c se prononce "ts"
č "tch"
ć "tch" mouillé
đ "dj"
e "è"
g "gu"
j "y"
nj "gn"
r entre deux consonnes "eur" (ex. trg : "teurg")
š "ch"
u "ou"
ž "j"

Quand arrive... ? Kada dolazi... ? / Kada stiće... ?
Billet Karta
Aller-retour Odlazak-dolazak
Première/seconde classe Prvi/drugi razred
Couchette Kušet
Consigne Garderoba

Visiter

Ouvert/e Otvoren/a/o
Fermé/e Zatvoren/a/o
Horaires Radno vrijeme / red vožnje / vozni red
Cathédrale Katedrala
Château Dvorac
Église Crkva
Forteresse Tvrđava
Hôtel de ville Gradska vijećnica
Île Otok
Lac Jezero
Monastère Samostan
Montagne Brdo/Planina
Monument Spomenik
Musée Muzej
Office de tourisme Turistički ured
Palais Palača
Plage Plaža
Promenade Šetalište
Théâtre Kazalište
Tour Toranj/Kula
Village Selo
Ville Grad
Ville haute Gornji Grad

GEOPLUS

Ville basse Donji Grad
Vieille ville Stari Grad
Ville nouvelle Novi Grad

Services et urgences

Banque Banka
Poste Pošta
Police Policija
Pompiers Vatrogasci
Hôpital Bolnica / klinički centar
Pharmacie Ljekarna
Médecin Liječnik / Doktor
Dentiste Zubar / Stomatolog
Urgences Hitna pomoć
Je suis malade Bolestan / sna sam
Au secours ! U pomoć !

Achats

Où puis-je acheter... ? Gdje mogu kupiti... ?
Marché Tržnica / Pazar / Pijaca
Supermarché Robna kuća
Boulangerie Pekarnica
Poissonnerie Ribarnica
Boucherie Mesnica
Magasin Trgovina / dućan / prodavaonica
Librairie Knjižara
Prix Cijena
Combien coûte... ? Koliko košta / pošto je... ?
C'est trop cher To je preskupo
Payer Platiti
Puis-je payer en euros ? Mogu li platiti u eurina ?
Prenez-vous les cartes de crédit ? Primate li kreditne kartice ?
Distributeur de billets Bankomat

Restauration

Petit déjeuner Doručak
Déjeuner Ručak / **Dîner** Večera
Avez-vous une table ? Imate li stol ?
Menu Menu
Carte Jelovnik
Assiette Tanjur
Verre Čaša
Couverts Prostirak
Couteau Nož
Fourchette Vilica
Cuiller Žlica
Serviette Ubrus
Cendrier Pepeljara
Santé ! Živjeli !
L'addition Račun
Pourboire Napojnica / bakšiš

Hébergement

Hôtel Hotel
Camping Auto Kamp / auto camp
Auberge de jeunesse Omladinski Hostel
Agrotourisme Agroturizam
Appartement Apartman
Chambre Soba
- **simple** Jednokrevetna soba
- **double** Dvokrevetna soba

Avec vue sur la mer Ss pogledom na more
Avec salle de bains Ss kupaonicom
Lit Krevet
Tente Šator
Caravane Prikolica
Avez-vous une chambre libre ? Imate li jednu slobodnu sobu ?
Baignoire Kada
Douche Tuš
Toilettes Klozet / wc / toalet
Terrasse Terasa
Balcon Balkon
Air conditionné Klimatizacija
Clé Ključ
Draps Plahte
Couverture Deke/pokrivači
Petit déjeuner Doručak
B&B (nuit + petit déj.) Noćenje i doručak
Demi-pension Polupansion
Pension complète Puni pansion
Taxe de séjour Boravišna pristojba
Réductions Sniženja

Glossaire culinaire

Condiments (*začin*) et produits de base

Češnjak Ail
Šećer Sucre
Jaje Œuf
Kruh Pain
Luk Oignon
Maslac Beurre
Maslinovo ulje Huile d'olive
Masline Olives
Ocat Vinaigre
Papar Poivre
Sol Sel

Hors-d'œuvre (*predjela*)

Burek (sa sirom / sa mesom) Feuilletés (au fromage / à la viande)
Hladna predjela Entrées froides
Juha Soupe
Kajgana Omelette
Kozji sir Fromage de chèvre
Kulen Saucisse sèche au paprika
Ovčji sir Fromage de brebis
Paški sir Fromage de brebis de l'île de Pag
Pašteta Pâté
Pršut Jambon fumé
Rižoto Risotto
Salata od hobotnice Salade de poulpe
Salata od plodova mora Salade de fruits de mer
Sir Fromage
Topla Predjela Entrées chaudes
Zelena Salata Salade verte

Poisson (*riba*) et crustacés (*mekušci*)

Bakalar Morue
Barbun Mulet
Brancin/lubin Loup
Brbavice Praires
Brodet Ragoût/gratin de poisson
Crni rižot Risotto noir à l'encre de seiche et aux calamars séchés
Dagnje/mušule Moules
Fiš paprikaš Ragoût de poisson au paprika
Grdobina Lotte
Gregada Sorte de bouillabaisse
Hobotnica Poulpe
Jastog Homard
Kamenice / ostrige Huîtres
Kirnja Mérou noir
Kovač/šampjer Saint-pierre
Kućie/vongole Palourdes
Lignje Calamars
List Sole
Lubin/brancin Loup
Orada Daurade
Pastrva Truite
Rak Crabe
Ribice Friture de petits poissons
Romb Turbot
Skuše Maquereau
Smuđ Perche
Som Silure
Srdele Sardines
Šaran Carpe
Škampi Langoustines
Škarpina Rascasse
Školjke Coques
Štuka Brochet
Vongole / kućice Palourdes
Zubatac Denté commun
Žablji kraci Cuisses de grenouille

Viande (*meso*)

Čevapčići Boulettes de viande
Divljač Gibier
Govedina Bœuf
Gulaš Goulasch
Guska Oie
Janjetina Agneau
Jetra Foie
Kobasice Saucisses
Kunić Lapin

Miješano meso Assortiment de viandes grillées
Odojak Porcelet
Odrezak Escalope
Pašticada Bœuf mariné, piqué de clous de girofle et de lardons
Patka Canard
Pečeno meso Viande grillée
Perad Volailles
Piletina Poulet
Pura Dinde
Purica Dinde
Ražnjići Brochettes
Svinjetina Porc
Teletina Veau

Cuisson et sauces (*umaci*)

Krvav Saignant
Dobro pečen Bien cuit
Ispod peke / pod peka Cuit sous la cloche
Kuhano Bouilli
Na žaru Grillé
Na buzaru Sauce à base de tomates, d'oignons et de vin blanc
Pečeno Au four
Peka Sous cloche
Pohano Pané
Prženo Frit

Légumes (*povrće*) et accompagnements

Ajvar Purée de poivrons
Blitva Blette
Gljive Champignons
Grah Haricots secs
Karfiol Chou-fleur
Krumpir Pomme de terre
Kupus Chou
Mahune Haricots verts
Mlinci Pâtes
Mrkva Carottes
Njoki Gnocchis
Paprika Poivron
Patlidžan Aubergine
Pomfrit Frites
Paradajz / pomadora/rajčica Tomate
Riža Riz
Špinat Épinards
Štrukle Gros ravioli au fromage
Tartufi Truffes

Fruits (*voće*) et desserts (*deserti*)

Breskva Pêche
Dinja Melon
Grožđe Raisin
Jabuka Pomme
Jagoda Fraise
Kruška Poire
Lubenica Pastèque
Marelica Abricot
Naranča Orange
Smokva Figue
Fritule Petit beignet croustillant
Kolač Gâteau
Kremšnita Gâteau à la crème
Krafna Beignets
Palačinke Crêpes
Rožata Crème aux œufs
Sladoled Glace
Šlag Crème Chantilly
Štrudla Feuilleté aux cerises (*višnja/ trešnja*) ou aux pommes (*jabuka*)
Torta Gâteau

GEO BOOK

GEO ANNIVERSAIRE DE GEO : 40 ANS

LE LIVRE IDÉAL POUR TOUS LES AMOUREUX DES VOYAGES

Le guide indispensable pour bien planifier son prochain départ, en répondant à ces questions essentielles :

OÙ ALLER ? QUAND PARTIR ? QUE VOIR ? QUE FAIRE ?

À découvrir dans cette édition anniversaire :

- 120 destinations et 7000 idées de voyages
- Édition luxe : une fabrication à la finition exceptionnelle incluant un dos toilé et des lettres d'or

une collection **BEST-SELLER** vendue à 200 000 exemplaires* !

Disponible en librairie
GEOBook 120 pays 7000 idées
29,95€ - 448 PAGES

*sources : données GFK juillet 2018

Retrouvez l'intégralité de la collection sur www.editions-prisma.com

Découvrez l'univers GEO

GEO Hors-série

GEO Collection

GEO Aventure

GEO Histoire

GEO, UNE IRRÉSISTIBLE ENVIE DE CONNAÎTRE LE MONDE

AIDEZ-NOUS À CONSTRUIRE DES GEOGUIDE QUI RÉPONDENT ENCORE MIEUX À VOS ENVIES !

Merci de nous retourner ce questionnaire à l'adresse suivante :

Questionnaire GEOGUIDE - CS 80240 - 59564 La Madeleine Cedex

VOS VOYAGES

● **Combien de séjours à but touristique effectuez-vous chaque année ?**

En France ❑ 1 ❑ 2 ❑ 3 et +
À l'étranger ❑ 1 ❑ 2 ❑ 3 et +

● **Vous partez pour** (plusieurs réponses possibles, hors visite parents et amis) :

La France ❑ 1 semaine ❑ 2 semaines ❑ 3 semaines et +
L'étranger ❑ 1 semaine ❑ 2 semaines ❑ 3 semaines et +

● **Combien de week-ends à but touristique effectuez-vous chaque année ?**
(hors visite parents et amis)

En France ❑ 1 ❑ 2 ❑ 3 et +
À l'étranger ❑ 1 ❑ 2 ❑ 3 et +

● **Vous partez** (plusieurs réponses possibles) :

	Voyage en France	Voyage à l'étranger	Week-end
Seul	❑	❑	❑
En couple	❑	❑	❑
En famille	❑	❑	❑
Avec des amis	❑	❑	❑
En voyage organisé	❑	❑	❑

VOS GUIDES DE VOYAGE

● **Quand vous partez, combien et quel type de guides achetez-vous ?**

	Voyage en France	Voyage à l'étranger	Week-end
Guides pratiques *	......	......	......
Guides culturels **	......	......	......

*axés sur les informations pratiques et les adresses, contenant plus de texte et de cartes que de photographies
**axés sur l'histoire et la culture, contenant beaucoup de photographies et d'illustrations

● **Combien de temps avant votre départ achetez-vous votre (vos) guide(s) ?**

	Voyage en France	Voyage à l'étranger	Week-end
Entre 3 et 6 mois avant	❑	❑	❑
Dans le mois qui précède	❑	❑	❑
Sur place	❑	❑	❑

● **Avec les guides de quelles collections partez-vous le plus souvent ?** (plusieurs réponses possibles) ....

....

● **Cherchez-vous de l'information sur votre destination ailleurs que dans les guides de voyage ?**

❑ Oui ❑ Non

Si oui, où :
❑ presse magazine
❑ forums de voyageurs
❑ voyagistes en ligne
❑ sites internet des offices de tourisme
❑ offices de tourisme (sur place)
❑ autre : ....

VOTRE GEOGUIDE

● **Si vous avez acheté ce guide vous-même, pourquoi avez-vous choisi GEOGUIDE ?**
(plusieurs réponses possibles) :

❑ conseil de votre entourage
❑ conseil de votre libraire
❑ publicité
❑ vous l'avez découvert sur votre lieu d'achat
❑ article de presse
❑ confiance dans les guides Gallimard
❑ confiance dans le magazine GEO

Dans ce dernier cas, qu'est-ce qui a motivé l'achat de ce GEOGUIDE ?

❑ format
❑ couverture
❑ rabat proposant des cartes dépliantes
❑ photographies couleur
❑ présentation intérieure en couleurs
❑ contenu pratique
❑ contenu culturel
❑ volume d'information
❑ prix
❑ autre : ....

● **Que pensez-vous de votre GEOGUIDE et de ses différentes rubriques ?**
Concernant les informations culturelles, vous avez trouvé GEOGUIDE :

❑ Très fiable ❑ Fiable ❑ Assez fiable ❑ Pas du tout fiable

Concernant les informations pratiques (horaires, coordonnées...), vous avez trouvé GEOGUIDE :

❑ Très fiable ❑ Fiable ❑ Assez fiable ❑ Pas du tout fiable

Votre opinion sur la sélection d'adresses :

	Qualité des adresses		**Nombre d'adresses**	
	Suffisante	Insuffisante	Suffisant	Insuffisant
Hébergement	❑	❑	❑	❑
Restauration	❑	❑	❑	❑
Monuments, sites	❑	❑	❑	❑
Balades et randonnées	❑	❑	❑	❑
Activités de loisirs	❑	❑	❑	❑
Shopping	❑	❑	❑	❑

● **Avez-vous des remarques et suggestions ?** ....
....
....

● **Repartirez-vous avec un GEOGUIDE ?** ❑ Oui ❑ Non

VOUS

● **Vous êtes :** ❑ un homme ❑ une femme

● **Votre âge :** ❑ - de 25 ans ❑ 25-34 ans ❑ 35-44 ans ❑ 45-64 ans ❑ 65 ans et +

● **Votre profession :**
❑ agriculteur ❑ profession libérale ❑ cadre supérieur ❑ encadrement et technicien
❑ employé ❑ ouvrier ❑ retraité ❑ sans activité professionnelle ❑ étudiant

● **Êtes-vous lecteur du magazine GEO ?** ❑ Oui ❑ Non

Quel est votre magazine préféré ? ....

Merci de nous indiquer votre adresse

Nom : ....

Adresse : ....

Code postal : .... Ville : .... Pays : ....

Acceptez-vous d'être contacté(e) par mail sur les nouveautés GEOGUIDE ? ❑ Oui ❑ Non

Adresse mail : ______________________________

En application de l'article 27 de la loi du 6 janvier 1978, les personnes physiques sont informées qu'elles pourront faire l'objet d'un droit d'accès et de rectification des données nominatives les concernant.

INDEX

P

R

S

T

U

V